UNTERWEGS IN DEUTSCHLANDS STÄDTEN

FASZINIERENDE METROPOLEN REIZVOLLE KLEINSTÄDTE

Weltbild

UNTERWEGS IN DEUTSCHLANDS STÄDTEN
FASZINIERENDE METROPOLEN · REIZVOLLE KLEINSTÄDTE

INHALTSVERZEICHNIS

Keine andere deutsche Landeshauptstadt ist kleiner als Schwerin. Doch mangelnde Größe macht der Ort durch verschwenderisches Idyll mehr als wett.

Bilder auf den vorangegangenen Seiten:

Seite 2/3: Blick auf die Hamburger Binnenalster und den Jungfernstieg.
Seite 4/5: Hinter dem Brandenburger Tor ragt ein Stück des Reichstagsgebäudes ins Berliner Nachtbild.

Schleswig-Holstein · Hamburg
Flensburg	12
Schleswig	13
Kiel	14
Lübeck	16
Plön	20
Eutin	20
Husum	21
Friedrichstadt	21
Hamburg	22

Bremen · Niedersachsen
Bremen	34
Bremerhaven	38
Wilhelmshaven	40
Stade	41
Emden	41
Oldenburg	42
Osnabrück	44
Lüneburg	46
Celle	47
Hannover	48
Hildesheim	52
Braunschweig	54
Wolfsburg	56
Wolfenbüttel	57
Hameln	57
Goslar	58
Göttingen	60

Mecklenburg-Vorpommern
Schwerin	64
Wismar	66
Rostock	68
Stralsund	70
Binz	71
Sellin	71
Greifswald	72
Neubrandenburg	73

Berlin · Brandenburg
Berlin	76
Potsdam	88
Cottbus	92

INHALTSVERZEICHNIS

Das Wahrzeichen der Stadt und ihre mit Abstand bekannteste Ansicht: das Schweriner Schloss am Ufer des Burgsees.

Nordrhein-Westfalen	
Münster	96
Bielefeld	100
Paderborn	102
Minden	103
Lemgo	104
Detmold	105
Warburg	105
Kalkar	106
Kevelaer	106
Gelsenkirchen	107
Bottrop	108
Oberhausen	109
Duisburg	110
Essen	114
Bochum	118
Dortmund	120
Wuppertal	124
Mülheim an der Ruhr	126
Krefeld	127
Mönchengladbach	128
Solingen	129
Düsseldorf	130
Remscheid	136
Bergisch Gladbach	137
Monschau	137
Bonn	138
Aachen	140
Köln	142
Hessen · Thüringen	
Kassel	154
Melsungen	156
Korbach	157
Marburg	158
Alsfeld	159
Fulda	160
Wetzlar	161
Limburg an der Lahn	162
Darmstadt	163
Frankfurt am Main	164
Wiesbaden	172
Heppenheim	174
Michelstadt	175
Mühlhausen	175
Eisenach	176
Gotha	177
Erfurt	178
Weimar	182
Jena	184

INHALTSVERZEICHNIS

Das Römische Imperium hat auch in Deutschland seine Spuren hinterlassen, die bis heute sichtbar sind. So gründete Kaiser Marc Aurel 179 n. Chr. Regensburg.

Rheinland-Pfalz · Saarland
Trier	188
Bernkastel-Kues	192
Zell (Mosel)	192
Cochem	193
Koblenz	194
St. Goarshausen	195
Mainz	196
Bacharach	198
Worms	199
Speyer	200
Völklingen	201
Saarbrücken	202

Sachsen-Anhalt · Sachsen
Magdeburg	206
Wernigerode	208
Quedlinburg	209
Halberstadt	210
Blankenburg (Harz)	211
Stolberg (Harz)	211
Bernburg (Saale)	212
Lutherstadt Eisleben	212
Dessau	213
Lutherstadt Wittenberg	214
Halle (Saale)	216
Leipzig	218
Meißen	224
Dresden	226
Bautzen	232
Görlitz	233
Chemnitz	234

Baden-Württemberg
Mannheim	238
Heidelberg	240
Karlsruhe	244
Baden-Baden	246
Gengenbach	247
Freiburg im Breisgau	248
Schiltach	250
Weikersheim	250
Mosbach	251
Bad Wimpfen	251
Ludwigsburg	252
Stuttgart	254
Esslingen am Neckar	260
Tübingen	261
Schwäbisch Hall	262
Kirchberg an der Jagst	263

INHALTSVERZEICHNIS

Die Stadt hat ihre lange Geschichte genutzt, um zu einer der schönsten Deutschlands zu werden. Über 1000 denkmalgeschützte Gebäude stehen in der Altstadt.

Vellberg	263
Ulm	264
Meersburg	266
Konstanz	267

Bayern

Aschaffenburg	270
Miltenberg	271
Würzburg	272
Nürnberg	276
Rothenburg ob der Tauber	282
Dinkelsbühl	284
Coburg	285
Bamberg	286
Bayreuth	288
Regensburg	290
Landshut	294
Straubing	295
Passau	296
Nördlingen	297
Lindau	298
Füssen	299
Augsburg	300
München	302
Eichstätt	312
Ingolstadt	313
Garmisch-Partenkirchen	314
Mittenwald	314
Wasserburg am Inn	315
Burghausen	315

Register	318
Bildnachweis/Impressum	320

Schleswig-Holstein · Hamburg

Schleswig-Holstein liegt zwischen der wilden Nordsee, die die Westküste mit ihren Inseln und Halligen über Jahrtausende geformt hat, und der sanfteren und ruhigeren Ostsee. Im Norden wartet Flensburg, das kurz vor der Grenze zu Dänemark liegt, im Süden trifft das Land auf die Elbe und die Hansestadt Hamburg.

Knapp sechs Millionen Besucher zieht es Jahr für Jahr in das nördlichste aller Bundesländer. Die Natur spielt hier die Hauptrolle. Der Westen ist geprägt von den Gezeiten der Nordsee. Mal klatschen Wellen an den Strand, überspülen gar flaches Marschland und Salzwiesen, dann wieder zieht sich das Meer zurück, hinterlässt das einzigartige Watt, das sich seit 2009 Weltnaturerbe der Menschheit nennen darf. Die Städte sind eher klein und beschaulich. Die Theodor-Storm-Stadt Husum ist wohl die bekannteste. Aber auch die sogenannte Holländerstadt Friedrichstadt mit ihren Grachten und den Treppengiebelhäusern zieht Besucher an.

An der Ostküste ist der Unterschied von Ebbe und Flut kaum zu bemerken. Die Landschaft wurde nicht ständig von der Gewalt des Wassers zerstört, sodass hier heute noch Städte mit langer Geschichte und reichen Traditionen zu finden sind. Zum Beispiel Eckernförde, die Stadt der Reeder, die seit dem 15. Jahrhundert vom wirtschaftlichen Erfolg Rendsburgs profitiert. Rendsburg, einstige Garnisonsstadt unter den Dänen und berühmt für seine Eisenbahn-Hochbrücke, liegt direkt am Nord-Ostsee-Kanal, der meistbefahrenen künstlichen Wasserstraße weltweit. Und noch ein Superlativ: Die Kieler Woche ist die größte Segelveranstaltung der Welt. Adolf IV. Edler Herr von Schauenburg hat offenbar das Potenzial der geschützten Lage am Ende der Förde erkannt, als er Kiel gründete. Rund 300 Seen gibt es, der größte ist der 28 Quadratkilometer große und 58 Meter tiefe Plöner See. Der verdankt seinen Namen der Stadt Plön, im Herzen der Holsteinischen Schweiz zwischen Kieler und Lübecker Bucht gelegen. Hier ist Schleswig-Holstein nicht platt, sondern sanft hügelig. Über dem See thront das weiße Plöner Schloss, das Herzog Joachim Ernst während des Dreißigjährigen Krieges erbauen ließ. Fährt man von dort vorbei an prächtigen Gutshäusern und urigen Windmühlen, erreicht man die Marzipan-Stadt Lübeck, einst Königin der Hanse. Ganz gleich, ob

Blick über den Großen Plöner See in der Holsteinischen Schweiz.

Die Landungsbrücken im Hafen ziehen in Hamburg Besucher an.

Glückstadt an der Elbe oder Ratzeburg und Mölln im Süden des Landes, immer liegen die Städte eingebettet in Rapsfelder, die im Sommer gelb leuchten, ist die Landschaft durchzogen von für die Region typischen Knicks – bepflanzten Erdwällen, die dem ständigen Wind die Stirn bieten. Und dann ist da noch das »Venedig des Nordens«: Hamburg. Die Stadt trägt diesen Beinamen zu Recht, denn rund 2500 Brücken überspannen Kanäle und Fleete. Aber das ist längst nicht alles, was die nördliche Hansestadt mit der italienischen Lagunenstadt gemein hat. Beide blicken auf eine bedeutende Kaufmannsgeschichte zurück. Und wenn man verträumt auf die weißen Bögen der Alsterarkaden schaut, die sich im Wasser spiegeln, fühlt man sich wirklich ein wenig wie in der italienischen Lagunenstadt.

Großes Bild: Lübecks Stadtkern auf der Altstadtinsel zählt zum UNESCO-Welterbe.

Die Hamburger Speicherstadt war der weltgrößte Lagerhauskomplex.

Schleswig-Holstein · Hamburg

Flensburg

Prachtvolle Bauten auf dem Moränenplateau rund 50 Meter über der Stadt, unten rund um den lebendigen Hafen hübsche Hinterhöfe und schmale Gassen, Kopfsteinpflaster und Fachwerkhäuschen – Flensburg punktet mit reizvollen Gegensätzen.

»Frieden ernährt – Unfrieden verzehrt«. So steht es in das ca. 1595 erbaute Nordertor gemeißelt. Diese Weisheit prägt die nördlichste Stadt Deutschlands. Sowohl ihre Grenze zum heute dänischen Jütland als auch der Zugang über die Förde zu den Ländern im Osten brachten ihr schon immer zweierlei: Wohlstand durch Handel, aber auch Not durch kriegerische Auseinandersetzungen. Die St.-Johannis-Kirche aus dem 11. Jahrhundert ist eines der ersten Gebäude der Stadt, die anfangs nur eine kleine Schiffersiedlung war. Um das Jahr 1200 rückte man ein Stückchen den Fördeverlauf hinauf, denn die neuen Frachtschiffe konnten aufgrund ihres Tiefgangs nicht bis an deren Ende segeln. Die St.-Marien-Kirche wurde erbaut, eine Stadtmauer errichtet. Vermutlich im 14. Jahrhundert entstand das Nordertor, dessen Nachfolgebau heute Wahrzeichen Flensburgs ist.

Sehenswürdigkeiten

❶ St.-Johannis-Kirche Die Feldsteinkirche St. Johannis ist die älteste und gleichzeitig die kleinste der drei Flensburger Hauptkirchen. Immer wieder wurde der romanische Bau erweitert und verändert. Ende des 15. Jahrhunderts musste die Holzbalkendecke einem gotischen Gewölbe weichen. Bemerkenswert ist die Bemalung mit Motiven des Garten Eden von Peter Lykt. Nirgends sonst ist ein Werk des Kirchenmalers vollständig erhalten. Sehenswert ist auch der Barockturm, der einen älteren Holzturm ersetzt hat.

❷ Nordertor Wer die Stadt von Norden betreten wollte, musste das Nordertor passieren. In seiner heutigen Form ist der rote Backsteinbau Ende des 16. Jahrhunderts entstanden. Es ist das nördlichste Stadttor Deutschlands. Seit 1795 verläuft Flensburgs Stadtgrenze allerdings nicht mehr dort. Hier am Ende der Norderstraße geht die Altstadt in die Neustadt über.

❸ Burghof Zwischen der Marien- und der Toosbüystraße befindet sich der Burghof. Zwar gab es an dieser Stelle höchstwahrscheinlich eine kleine mittelalterliche Burg, das heute existierende Bauwerk hat damit jedoch nichts zu tun. Es wurde erst Anfang des 20. Jahrhunderts nach Plänen des damaligen Stadtbauinspektors Paul Ziegler errichtet, um eine unschöne Baulücke zu schließen. Mehrfamilien- und Geschäftshäuser sind durch kopfsteingepflasterte Höfe miteinander verbunden.

❹ Flensborghus Schon der Name weist auf die dänischen Nachbarn hin. Tatsächlich ist der Backsteinbau Sitz der dänischen Minderheit. Das war nicht immer so. Errichtet wurde er als Waisenhaus, später wurden die Räumlichkeiten als Kaserne und auch als Hotel genutzt. Ein Besuch lohnt sich wegen der Gemäldeausstellung und wegen der alten Holzbalken mit dänischen Inschriften. Ebenfalls interessant: Das Flensborghus besteht zum Teil aus Steinen der ehemaligen Duburg, die im 15. Jahrhundert oberhalb von St. Marien gestanden hat.

Museen

❶ Museumsberg Geschichte, Kunst und Kultur des ehemaligen Herzogtums Schleswig werden in einem der größten Museen des Landes lebendig. Original hergerichtete Bauernstuben, die gute Stube eines Sylter Kapitäns, Pesel genannt, Möbel und Gemälde sind im Heinrich-Sauermann- und im Hans-Christiansen-Haus zu sehen. Die Stadt Flensburg hat eine eigene Abteilung, und auf die kleinen Gäste warten interaktive Elemente.

❷ Museumshafen Flensburg Unmittelbar am Zentrum liegen Museumshafen, Museumswerft und Schifffahrtsmuseum der Stadt. Neben historischen Segelschiffen, darunter der Haikutter »Dagmar Aaen«, mit dem Arved Fuchs die Polargebiete bereiste, gibt es einen Kran aus dem Jahr 1726. In der Museumswerft werden Arbeitsboote aus dem 18. und 19. Jahrhundert mit traditionellem Werkzeug hergestellt. Zum Museumshafen gehört auch Deutschlands einziges Rum-Museum.

An der Flensburger Förde werden Holzboote nach historischem Vorbild restauriert. Im Hafen von Flensburg dagegen liegen Segeljachten.

Besucher-Tipps:

folkBALTICA Jedes Jahr im April lohnt ein Besuch der Fördestadt besonders. Dann treffen sich Musiker aus dem baltischen und nordischen Raum zur Folksound erklingen.
Brauereibesichtigung Flensburg und sein Bier gehören zusammen. Einblicke in die Braukunst gibt es bei einer Führung durch Sudhaus, Gär- und Filterkeller. Anschließend wird geschmaust und gern auch ein Bier probiert.
Rote Straße Für einen Bummel durch die Rote Straße sollte man sich Zeit nehmen. Die malerische Gasse ist Teil eines historischen Ochsenweges. Hier wurden Pferde ausgespannt, Händler plauderten miteinander. Heute findet man 40 Geschäfte und Cafés verteilt auf fünf Höfe.

ⓘ Touristeninformation: Rote Straße 15–17, 24937 Flensburg, Tel. 0461/90 90 920, E-Mail: info@flensburgtourismus.de, www.flensburg-tourismus.de

Schleswig

Wikinger, ein Bischof, Herzöge, Grafen und Könige, sie alle haben in Schleswig gelebt. Der Ort, der bereits im Jahr 800 urkundlich erwähnt wurde, hat glanzvolle Zeiten erlebt. Und Schleswig zählt zu den ältesten Städten des Landes.

Die schillernde Vergangenheit als Residenzstadt und Bischofssitz ist Schleswig noch heute deutlich anzusehen. Dieser Eindruck ist in erster Linie Schloss Gottorf mit seiner barocken Front, dem weißen Geschützturm und dem Barockgarten zu verdanken, den Herzog Friedrich III. anlegen ließ. Immer wieder wurde die Festungsanlage an den Ufern der Schlei erweitert. Zuletzt im 17. Jahrhundert unter Friedrich IV. Sein Tod während der Bauzeit führte dazu, dass nur der Südflügel vergrößert wurde und das Schloss nun nicht mehr rechteckig ist, sondern ein wenig asymmetrisch erscheint. Das zweite dominierende Gebäude, das schon im 12. Jahrhundert erwähnt wurde, ist der Dom. Stolz blickt der neugotische Westturm hinab auf die Schlei. Schon im Jahr 948 wurde hier ein Bistum gegründet und ein erster Dom errichtet, von dem jedoch nichts übrig ist.

Sehenswürdigkeiten

❶ Dom St. Petri Er wurde als romanischer Bau begonnen und als gotischer fertiggestellt. Trotz Umbauten sind viele mittelalterliche Elemente erhalten. Highlight ist der Brüggemann-Altar von 1666. Er ist mehr als zwölf Meter hoch und sieben Meter breit, das Altarblatt zieren knapp 400 aus Eichenholz geschnitzte Figuren.

❷ St.-Johannis-Kloster Am Holm an der Schlei entstand um 1200 ein Benediktinerinnenkloster. Seit 1740 ist die Anlage, die am besten erhaltene ihrer Art landesweit, Sitz des Nordelbischen Bibelzentrums. Neben der Architektur, wie etwa dem Kreuzgang, und der Innenausstattung ist die historische Orgel interessant. Auf ihr komponierte der Kantor des Klosters, Carl Gottlieb Bellmann, das Schleswig-Holstein-Lied.

❸ Schloss Gottorf Ein Papst hat im Schloss residiert, fünf Herzöge und der dänische König Christian I. Es ist eine gewaltige Anlage, die vom Ende des 16. bis in die Mitte des 17. Jahrhunderts den Ruf eines europäischen Kulturzentrums genoss. Heute beherbergt es zwei Museen. Sehenswert ist der Barockgarten mit dem Globushaus. Darin ist die Nachbildung eines riesigen dreh- und begehbaren Globus von 1651 zu sehen.

❹ Stadthafen Noch immer gibt es Fischer auf dem Holm. Am Stadthafen verkaufen sie ihren Fang. Für Segler ist der kleine Hafen Ausgangspunkt für Schlei-Touren.

Museen

❶ Landesmuseum für Kunst und Kulturgeschichte Kunst vom Mittelalter bis heute ist im Schloss Gottorf zu sehen. Es beginnt in der aus dem 16. Jahrhundert erhaltenen Gotischen Halle und führt bis in die »Galerie der Moderne«, zum Beispiel mit Werken von Emil Nolde.

❷ Archäologisches Landesmuseum Es erzählt 120 000 Jahre Landesgeschichte. Höhepunkt ist das 1700 Jahre alte hochseetaugliche Nydamboot.

Eine besondere Sehenswürdigkeit im St. Petri-Dom ist der von Hans Brüggemann geschnitzte Altar aus dem Jahr 1666.

Ausflugstipps:

Tolk-Schau Eine Sommerrodelbahn, Autoscooter und gleich daneben eine Dampflok – das und viel mehr erwartet große und kleine Besucher des Erlebnisparks. Gute Idee: 50 Grillhütten stehen zur Verfügung, die gegen eine kleine Gebühr genutzt werden können. Nun geht es weiter in das Tal der Dinosaurier, wo schon 100 lebensgroße Figuren warten.

Kappeln In der Stadt Kappeln an der Schlei steht die Holländer Windmühle Amanda, die während der Öffnungszeiten des dort untergebrachten Touristenbüros besichtigt werden kann. Die Stadt ist außerdem Sitz eines Museumshafens und der Angelner Dampfeisenbahn, die regelmäßig Fahrten in historischen Zügen anbietet.

Besucher-Tipps:

Haithabu Vor mehr als 1000 Jahren lebten Seefahrer, Nordmänner genannt, gegenüber der heutigen Stadt Schleswig. Besser bekannt sind sie als Wikinger. Wo sie siedelten, im Haddebyer Noor, entführt das Museum Haithabu in ihre ferne Zeit. Häuser, Schiffe und Handwerkskunst der Wikinger sind zu bestaunen und zu erleben.

Fischersiedlung Holm Unweit der Altstadt liegt der Holm. Das Wort bedeutet »kleine Insel«, und genau das war die Fischersiedlung, bis sie 1933 mit dem Festland verbunden wurde. Ein Ausflug zu den hübschen Häuschen, zum Anleger mit seinen Booten und Netzen lohnt sich. Im Holm-Museum erzählen alte Fotos vom Leben der Fischer.

ⓘ Touristeninformation: Plessenstraße 7, 24837 Schleswig, Tel. 04621/85 00 50, E-Mail: info@ostseefjordschlei.de, www.ostseefjordschlei.de

Schleswig-Holstein · Hamburg

Kiel

Die Landeshauptstadt Kiel trägt ein Boot in ihrem Wappen. Kein Wunder, denn der Hafen hat seit jeher das Schicksal der Einwohner bestimmt. »Sailing City« nennt sich Kiel selbst. Und das nicht nur während des jährlichen Segel-Festes, der Kieler Woche.

In der Schlacht bei Bornhöved triumphierte ein Zusammenschluss norddeutscher Regenten über die Dänen. Daraufhin gründete Adolf IV. von Schauenburg und Holstein mehrere Siedlungen. Kiel gehörte dazu und erhielt 1242 die Stadtrechte. Der Schauenburger legte nicht nur den Grundstein des Ortes, sondern auch den eines Klosters. 1261 ist er dort als »Bruder Adolf« gestorben. Der Graf hatte ein Gelübde abgelegt und war Franziskaner geworden. Seine Grabplatte ist in den restaurierten Teilen des Kreuzganges zu sehen. Das Kloster und viele andere Bauwerke wurden im Zweiten Weltkrieg zerstört oder schwer beschädigt. Als bedeutender Militär- und Rüstungsstandort lag Kiel im Zentrum zahlreicher Luftangriffe. Der Besucher findet heute moderne Architektur, schicke Cafés und Shoppingmöglichkeiten. Und mittendrin den Hafen, das Herz der Stadt.

Sehenswürdigkeiten

❶ Rathaus Oberbürgermeister, Stadtpräsident und Ratsversammlung haben ihren Sitz in dem 1907–1911 errichteten Gebäude am Rathausplatz. Sehenswert und zu besichtigen ist der Turm, der dem Campanile des Markusdoms von Venedig nachempfunden ist. Von oben hat man einen traumhaften Blick auf Stadt und Förde.

❷ Alter Markt Unweit des Rathausplatzes liegt der Alte Markt, das ehemalige Zentrum der Stadt Kiel. Wo einmal das alte Rathaus und Bürgerhäuser gestanden haben, ist die beschauliche Atmosphäre betriebsamem Treiben gewichen.

❸ Nikolaikirche Die Ursprünge von Kiels Hauptkirche fallen mit dem Gründungsjahr der Stadt zusammen. Auch sie ist im Zweiten Weltkrieg arg beschädigt worden, große Teile der Innenausstattung konnten jedoch bewahrt werden. Dazu gehört das Bronzetaufbecken von 1344. Es wurde von Hans Apengeter geschaffen, einem der berühmtesten Erzgießer Norddeutschlands der damaligen Zeit. Ebenfalls erhalten und Prunkstücke der Nikolaikirche sind der Flügelaltar aus dem Jahr 1460 und die prächtige Schnitzkanzel aus dem Barock.

❹ Kieler Schloss Vom ursprünglichen Kieler Schloss steht nur noch der Westflügel, Heimat kulturgeschichtlicher Sammlungen und der Gemäldegalerie. Der Rest wurde nach den Plänen der Hamburger Architekten Sprotte und Neve, die dafür einen Wettbewerb gewonnen hatten, auf altem Grundriss neu erbaut. Dieser Teil ist heute Veranstaltungsort.

❺ Bahnhofsbrücke Die Bahnhofsbrücke ist ein Holzsteg gegenüber dem Hauptbahnhof. Von dort starten Ausflugsdampfer und Schiffe zu den Badestränden.

❻ Kiellinie Die Hafenpromenade ist für ihre Blicke auf Forschungs- oder Kreuzfahrtschiffe bekannt. Die meisten Kreuzfahrer von ganz Deutschland machen in Kiel fest! Auf der Kiellinie flanieren Bewohner und Besucher der Stadt gleichermaßen. Sie bummeln vorbei am Landtag und kehren in den hübschen Cafés ein.

❼ Opernhaus Kiel Neben dem Rathaus steht der rote Backsteinbau. Die Außenmauern konnten nach dem Krieg zum Teil beim Wiederaufbau genutzt werden. Außen Denkmalschutz, innen moderne Bühnentechnik.

Museen

❶ Schifffahrtsmuseum Direkt am Hafen ist das 2014 komplett renovierte Museum in einer ehemaligen Fischhalle untergebracht. Neben Schiffsmodellen und nautischem Gerät ist maritime Malerei zu sehen. Besondere Schätze sind das Modell des ältesten U-Boots der Welt und die drei Museumsschiffe, die an der Brücke gleich nebenan liegen.

❷ Alter Botanischer Garten Der Park erstreckt sich auf zweieinhalb Hektar. Das ehemalige Garteninspektorenhaus ist inzwischen Literaturhaus. Der alte Baumbestand, die Lage mit Blick auf die Förde und die naturnahe Gestaltung machen seinen Reiz aus.

Als Ausgangspunkt ins Baltikum und nach Skandinavien kommt dem Seehafen Kiels eine wichtige Bedeutung zu.

Besucher-Tipps:

Tatort-Tour Die Tourismuszentrale von Kiel hält Karten für eine besondere Fahrradtour bereit. Darin sind 24 Schauplätze Kieler Tatort-Folgen eingezeichnet, Inhaltsangaben zu einigen Episoden gibt es inklusive.

Mediendom Der Mediendom der Fachhochschule Kiel ist mehr als ein simples Planetarium. Unter einer riesigen 360°-Kuppel kann man den Sternenhimmel betrachten und dabei Fantasiewelten aus Licht und Klang dreidimensional erleben.

Dänische Straße Die Straße beim Alten Markt ist nicht nur exklusive Shoppingmeile. Oft ist sie Veranstaltungsort für ein buntes Kulturprogramm. In Haus Nummer 19, dem ältesten Wohnhaus Kiels, befindet sich das Stadtmuseum.

ⓘ Touristeninformation: Andreas-Gayk-Str. 31B - Neues Rathaus, 24103 Kiel, Tel. 0431/679 100, E-Mail: info@kiel-sailing-city.de, www.kiel-sailing-city.de

Schleswig-Holstein · Hamburg

Lübeck

»Concordia domi foris pax« lautet eine Inschrift im Holstentor, einem der berühmtesten Bauwerke der Hansestadt. Das heißt: »Drinnen Eintracht, draußen Frieden« und macht Lübecks Gesinnung allen Besuchern deutlich, die durch das Stadttor treten.

Fast gäbe es das Holstentor nicht mehr, denn es sollte Mitte des 19. Jahrhunderts Gleisanlagen weichen. Dieses Schicksal hat die weiteren der ursprünglich vier hintereinander gebauten Tore tatsächlich ereilt. Glücklicherweise durfte es bleiben und hat Stürme und Kriege überdauert. Das gilt für viele Gebäude, die der Stadt ihren Charme verleihen. Da sind die engen Gängeviertel, die ehemaligen Wohnstätten von einkommensschwachen Arbeitern. Und da sind die reich verzierten Giebelhäuser, mit denen die Hanse-Kaufleute ihren Wohlstand zur Schau stellten. Die Altstadt liegt auf einer Erhebung zwischen Stadt- und Kanal-Trave und reckt ihre sieben Türme stolz in den Himmel. Bummelt man vom Burgtor vorbei am Heiligen-Geist-Hospital weiter zum Rathaus, fühlt es sich an wie ein Spaziergang durch die Vergangenheit.

Sehenswürdigkeiten

❶ Altstadt Wohnhöfe und Kirchen, Speicher und Patrizierhäuser – in Lübecks Altstadt liegt alles so dicht beieinander, dass man die wichtigsten Sehenswürdigkeiten wunderbar zu Fuß erkunden kann. Zeit sollte man trotzdem mitbringen, denn allein das Angebot an Museen ist groß. Und auf den Terrassen der Cafés, etwa an der Obertrave, lässt es sich herrlich sitzen.

❷ Holstentor Das kleine schiefe Stadttor aus dem späten Mittelalter ist das Wahrzeichen Lübecks und eines der beliebtesten Fotomotive. Es wird von zwei eisernen Löwen bewacht. Im Inneren des Tores ist das Stadtgeschichtliche Museum untergebracht. In sieben Themenräumen kann man auf den Spuren der Lübecker Fernhandelskaufleute wandeln oder den Gefahren der Seefahrt zu Zeiten der Piraten nachspüren. Auch der doppelköpfige Adler, Teil des Stadtwappens, ist zu sehen.

❸ Rathaus Zwischen Marktplatz und Breiter Straße liegt das 1308 fertiggestellte Rathaus. Durch mehrfaches Anbauen verschiedener Elemente, wie zum Beispiel der Renaissancetreppe von 1594, präsentiert sich der Backsteinkomplex in mehreren Stilrichtungen. Markant sind die Türmchen und die über den Giebeln sitzenden Schaufronten. Große Windlöcher darin sorgen dafür, dass die kulissenartigen Aufbauten selbst Stürmen trotzen können. Eine Besichtigung ist empfehlenswert. Neben dem pompösen Audienzsaal ist vor allem die Gemäldegalerie der Bürgermeister erwähnenswert.

❹ Marienkirche Rund 100 Jahre dauerte der Bau von St. Marien zu Lübeck. Das Gotteshaus sollte nicht nur den Reichtum der Stadt demonstrieren, sondern auch die Macht der Bürger über die Geistlichkeit. Kirche des Rats wird die Marienkirche auch genannt. Das höchste aus Backstein

UNESCO-Welterbe

Hansestadt Lübeck mit Holstentor Streift man durch Lübecks Gassen und streicht in Gedanken Verkehrsschilder und Autos, fühlt man sich in die Vergangenheit zurückversetzt. Wohl deshalb wurde die Altstadt mit dem Holstentor im Dezember 1987 als erste in Nordeuropa zum Welterbe ernannt. Lübeck ist das größte Flächendenkmal des UNESCO-Welterbes in Deutschland überhaupt. Die markante Silhouette der Altstadt mit den sieben Türmen, die prachtvollen historischen Kirchen und der Stadtkern, der einige unruhige Zeiten überstanden hat, brachten Lübeck diesen ehrenvollen Titel ein. Noch heute lässt sich in der Stadt gut nachvollziehen, wie das Leben im Mittelalter hier ausgesehen hat.

ⓘ *Touristeninformation: Holstentorplatz 1, 23552 Lübeck, Tel. 0451/88 99 700, E-Mail: info@luebeck-tourismus.de, www.luebeck-tourismus.de*

Schleswig-Holstein · Hamburg

Besucher-Tipps:

Gänge Als Lübeck die Königin der Hanse war, wuchs die Bevölkerungszahl rasch an und es wurde eng auf der Altstadtinsel mit ihrem begrenzten Platzangebot. Deshalb schuf man Durchbrüche in den Vorderhäusern und setzte sogenannte Buden in die Hinterhöfe. Ein Teil der 90 Gänge und Höfe ist frei zugänglich. Am besten per Stadtführung erkunden.

Hansemuseum Am Burgkloster entsteht das Europäische Hansemuseum, wo ab März 2015 Hanse und Mittelalter lebendig werden. **Teufel von St. Marien** Nach dem Besuch der Marienkirche lohnt ein Abstecher zum »Teufel«. Die Bronzefigur hockt auf einem Stein an der Fassade des Gotteshauses. Wer seine Hörner reibt, kommt nach Lübeck zurück.

gemauerte Kirchenschiff der Welt thront auf dem höchsten Punkt der Altstadtinsel. Nicht weniger als eine dreischiffige Basilika hat der Rat sich geleistet, die an der Ostsee zum Vorbild vieler anderer Gotteshäuser wurde. Im März 1942 brannte die Marienkirche aus. In dieser Nacht herabgestürzte Glocken erinnern noch heute in einer Kapelle an das schreckliche Ereignis.

❺ Heiligen-Geist-Hospital Schon 1227 gründete Lübeck eine der ersten Sozialeinrichtungen Europas. Das Gebäude von 1286 ist bereits der Neubau, in dem Alte und Kranke untergebracht wurden. Bis 1970 lebten Senioren in sogenannten Kabäusterchen, kleinen Schlafkammern. Eine Besichtigung lohnt zu jeder Jahreszeit, im Winter findet ein Weihnachtsmarkt mit Kunsthandwerk statt.

Das Wahrzeichen Lübecks ist das Holstentor (großes Bild). Der gotische Backsteinbau des Rathauses ist bis heute Sitz des Bürgermeisters (kleines Bild).

Schleswig-Holstein · Hamburg

6 Haus der Schiffergesellschaft Im 16. Jahrhundert nannte sich das markante Backsteingebäude mit dem Treppengiebel »Amtshaus der Schiffer und Bootsleute«. Noch heute ist die ehemalige Versammlungsstätte der Seefahrer ein geselliger Ort. Im Restaurant hängen alte Schiffsmodelle, maritime Wandgemälde und ein pompöser Kronleuchter, in dem abends natürlich echte Kerzen brennen. Gespeist wird zum Teil auf alten Gelagen, rustikalen Holzbänken.

7 Große Petersgrube Vom Holstentor die Trave entlang und dann links abbiegen, schon erreicht man die Große Petersgrube, ein Muss für Architekturliebhaber. Hier stehen Häuser der Gotik, des Barock, des Spätbarock, des Rokoko und des Klassizismus dicht beieinander.

8 Buddenbrookhaus Thomas Mann und sein Roman »Die Buddenbrooks« gehören fest zu Lübeck. Ein Großteil der Geschichte spielt in einem Haus in der Mengstraße, in dem Manns Großeltern lebten. Mehr über den Autor und seine Werke erfährt man im dort eingerichteten Heinrich-und-Thomas-Mann-Zentrum.

9 Salzspeicher Fährt man auf das Holstentor zu, fallen rechts davon sechs windschiefe Häuser auf, alte Salzspeicher. In den Lagerhäusern der Backsteinrenaissance wurde Salz aufbewahrt, das unter großer Mühe aus Lüneburg kam und für das Konservieren von Fisch und Fleisch unentbehrlich war.

Museen

1 Museumshafen zu Lübeck Am Wenditzufer am Rand der Altstadt schaukeln meist über zehn historische Wasserfahrzeuge vor der malerischen Kulisse der denkmalgeschützten Drehbrücke von 1892. Darunter sind Schönheiten wie ein Stagsegelschoner aus dem Jahr 1893. Wer mit dem eigenen Schiff die Brücke passieren und im Museumshafen festmachen will, muss Kontakt zum Hafenmeister aufnehmen.

2 TheaterFigurenMuseum Mitten in der Altstadt schlummert in fünf alten Kaufmannshäusern eine faszinierende fremde Welt. Handpuppen, Marionetten, Schattenspielfiguren aus Europa und Übersee und aus drei Jahrhunderten sind liebevoll in Szene gesetzt. Zusätzlich widmen sich wechselnde Sonderausstellungen Themen wie dem Trickfilm oder der Augsburger Puppenkiste.

3 Willy-Brandt-Haus Der große SPD-Politiker und ehemalige Bundeskanzler Willy Brandt wurde in Lübeck geboren. Allerdings nicht in der Altstadt. Dort erinnert dennoch eine Gedenkstätte in einem eleganten Patrizierhaus an ihn und seine Zeit. Brandts Leben wird dem Besucher anschaulich als Spiegelbild deutscher und europäischer Geschichte nahegebracht.

4 Marzipan-Salon im Café Niederegger Das Café Niederegger in der Breiten Straße steht auf dem Plan jedes Lübeck-Besuchers. Neben der Marzipan-Nuss-Torte ist ein Besuch im zweiten Stock empfehlenswert. Im Marzipan-Salon erfährt man alles Wissenswerte über die Süßigkeit aus Mandeln, und man kann lebensgroße, per Hand modellierte Persönlichkeiten aus Marzipan bestaunen.

Lübeck wird »Stadt der Türme« genannt. Unter anderem dominieren die Marien- und die Petrikirche sowie der Blick über die Trave die Altstadt.

Ausflugstipps:

Gothmund Schilfbewachsen und idyllisch gibt sich die Trave im Stadtteil St. Gertrud in Gothmund. Das ehemalige Fischerdorf, das 1502 erstmals urkundlich erwähnt wurde, hat sich herausgeputzt. Herrlich restaurierte Reetdachhäuser schauen auf das Wasser, davor winzige Gärten mit blühenden Stockrosen und Mohn, mit bunten Booten und Hütten, in denen früher die Netze zum Trocknen aufgehängt wurden.

Günter Grass-Haus Nobelpreisträger Grass ist nicht nur Literat, sondern auch bildender Künstler. Im Grass-Haus in der Glockengießerstraße lernt man all seine Facetten kennen. Im hübschen Hof des Museums kann man zwischen Originalskulpturen entspannen.

Schleswig-Holstein · Hamburg

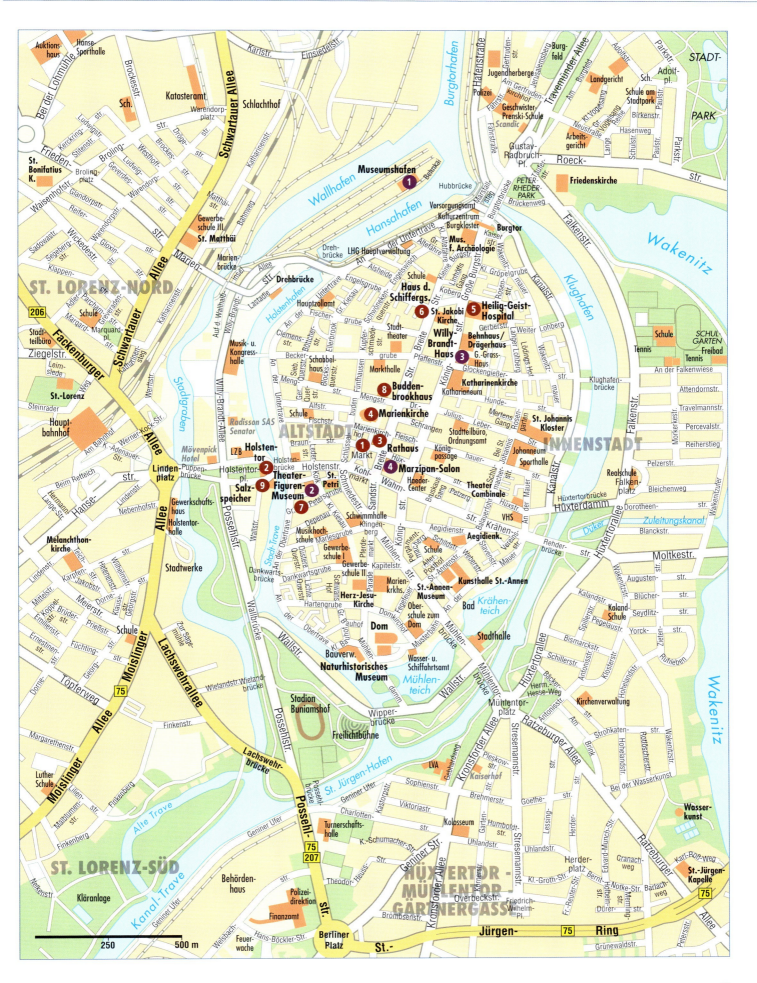

Schleswig-Holstein · Hamburg

Plön

Inmitten einer großzügigen Seenlandschaft liegt der Luftkurort Plön im Herzen des Naturparks Holsteinische Schweiz. Schon von Weitem sieht man das weiß strahlende Plöner Schloss, Residenz von Herzog Friedrich Carl und Wahrzeichen der Stadt.

Überreste alter Brückenpfeiler belegen, dass schon vor 1000 Jahren Menschen in der Gegend des heutigen Plön siedelten. Sie ließen sich an den 16 Seen nieder und bauten eine Burg. Nach deren Zerstörung wurde eine neue Festung errichtet, höher und größer als die erste, auf dem heutigen Schlossberg. 1633 ließ Herzog Joachim Ernst sie abreißen und seiner Frau, Prinzessin Dorothea Auguste von Holstein-Gottorf ein Schloss bauen. Nach mehreren Erweiterungen besteht die Anlage heute aus verschiedenen Gebäuden mit alten Lindenalleen dazwischen. Plön ist jedoch weit mehr als nur Beiwerk zum Schloss, es ist auch ein Naturparadies. Die Prinzeninsel sollte man gesehen haben. Per Rad oder zu Fuß erreicht man diesen Lieblingsplatz von Kaiserin Auguste Victoria mit dem reetgedeckten Bauernhaus aus dem 17. Jahrhundert.

Sehenswürdigkeiten

❶ **Plöner Schloss** Das Schloss hat eine bewegte Geschichte. Die herzoglichen Gemächer im Ostflügel erzählen von guten Zeiten. Dass die schlechten, in denen das Schloss als Kadetten- oder später Erziehungsanstalt genutzt wurde, nicht allzu viel hinterlassen haben, ist der Fielmann Akademie zu verdanken. Besichtigungen sind nach Anmeldung möglich.

❷ **Parnass-Turm** Der Turm aus offenem Stahlfachwerk ist ein Gefallenendenkmal. Vor allem aber ist er ein Aussichtsturm, von dem man einen traumhaften Blick hat.

❸ **Prinzenhaus** Das ehemalige Gartenhaus im Stil der Rokoko-Architektur von Herzog Friedrich Carl wurde 1895 um zwei Seitenflügel erweitert. Die Söhne des letzten Kaisers Wilhelm II. lebten dort.

Museen

❶ **Museum des Kreises Plön** Im sogenannten Witwenpalais befindet sich das Kreismuseum von Plön. Darin zu sehen sind Sammlungen zu altem Handwerk, zu Porzellan und Silber sowie die Norddeutsche Glassammlung, außerdem die Einrichtung und die Gerätschaften der Alten Apotheke, die in diesem Haus 125 Jahre lang ihren Sitz hatte.

Das Prinzenhaus in Plön auf dem Gelände des Plöner Schlosses. Es bekam seinen Namen, weil die Söhne Kaiser Wilhelms II. hier als Kinder lebten und unterrichtet wurden.

Eutin

Eutin nennt sich Rosenstadt und »Weimar des Nordens«. Beides passt. Im Schloss residierten die Lübecker Bischöfe und gegen Ende des 18. Jahrhunderts zog Eutin viele Denker und Künstler an. Durch die Gassen der Stadt weht noch der Atem dieser Vergangenheit.

Spaziert man am Großen Eutiner See entlang, kommt man unweigerlich zum Schloss mit seinem beeindruckenden Park und dem Burggraben, der erhalten geblieben ist. Schlendert man von dort in Richtung Kleiner Eutiner See, trifft man auf den für das beschauliche Städtchen überraschend großzügigen Marktplatz. Von da ist es nicht weit in die Lübecker Straße. Im Haus mit der Nummer 48 wurde der Komponist Carl Maria von Weber geboren. Geht man an der Südspitze des Schlossgartens vorbei, gelangt man zum ebenfalls an den Musiker erinnernden Weberhain. Umrahmt von alten Bäumen steht eine Büste von ihm und ein Relief, das eine Szene aus dem »Freischütz« zeigt. Ebenso berühmt wie Weber ist die Bräutigamseiche. Der Baum im Dodauer Forst am Stadtrand hat eine eigene Postadresse und fungiert als Kontaktbörse.

Sehenswürdigkeiten

❶ **Eutiner Schloss** Der vierflügelige Bau mit seinen Türmchen erinnert optisch sowohl an eine trutzige Burg wie auch an ein Märchenschloss. Die fürstbischöfliche Residenz verfügt über einen eindrucksvollen Rittersaal. Im Schlossgarten begegnete Zarin Katharina die Große erstmals Prinz Karl Peter Ulrich von Holstein-Gottorf, ihrem späteren Ehemann.

❷ **Jagdpavillon Sielbeck** Auf einer Anhöhe am Ukleisee steht der 1776 errichtete Barockbau, von dem schon Wilhelm von Humboldt schwärmte. Hier finden regelmäßig kulturelle Veranstaltungen statt.

❸ **Herzogliches Witwenpalais** Am Marktplatz steht ein Prachtbau, der für die Witwe von Herzog Peter Friedrich Ludwig gebaut wurde. Heute beherbergt er eine Gastwirtschaft.

Museen

❶ **Ostholstein-Museum** Als Eutin gegen Anfang des 19. Jahrhunderts nur noch als Sommerresidenz des Herzogs diente, errichtete man einen Marstall und eine Remise im klassizistischen Baustil. Im historischen Gebäude des Marstalls zeigt das Ostholstein-Museum heute unter anderem Landschaftsmalerei des 18. und 19. Jahrhunderts.

Das Eutiner Schloss, hier vom Rosengarten aus gesehen. Die Residenz in Ostholstein gilt als einer der wichtigsten Profanbauten Schleswig-Holsteins.

ⓘ Touristeninformation: Bahnhofstraße 5, 24306 Plön, Tel. 04522/50 950, E-Mail: touristinfo@ploen.de, www.holsteinischeschweiz.de
ⓘ Touristeninformation: Markt 19, 23701 Eutin, Tel. 04521/70 970, E-Mail: poststelle@eutin.de, www.eutin-tourismus.de

Husum

Beinahe verzweifelt versucht die Kreisstadt, ihr Image als »Graue Stadt am Meer«, das sie ausgerechnet ihrem berühmtesten Sohn Theodor Storm verdankt, loszuwerden und sich als bunte Stadt zu präsentieren. Nicht nur zur Krokusblüte gelingt das gut.

1362 riss eine verheerende Sturmflut, die sogenannte Große Mandränke, Landmassen, darunter den Hafen von Alt-Nordstrand, einfach mit sich. Die Dörfer Oster- und Westerhusum hatten mit einem Schlag einen Zugang zum Meer und entwickelten sich rasch zur Hafenstadt Husum. Der Hafen ist noch immer das Herz der Stadt. Bunte Häuser stehen am Kai. Bei Flut spiegeln sich die Kutter, die die berühmten Krabben fischen, im Wasser, bei Ebbe liegen sie auf dem Trockenen. Nur ein paar Schritte weiter liegt eine der ältesten noch erhaltenen Straßen von Husum, die Wasserreihe. Theodor Storm wohnte hier viele Jahre. Über den Nordmarkt erreicht man die klassizistische Marienkirche. Dann ist man schon ganz nah am Schloss vor Husum, einem Bau der Spätrenaissance, der trotz seines anders anmutenden Namens mitten in der Stadt liegt.

Sehenswürdigkeiten

❶ **Schloss vor Husum** Herzog Adolf I. von Schleswig-Holstein-Gottorf ließ das Schloss Ende des 16. Jahrhunderts als Zweitresidenz erbauen. Einige Zeit diente es dann als Wohnort der herzoglichen Witwen. Heute ist das Bauwerk für seine Musik- und Theaterveranstaltungen und für die Blüte von Millionen von Krokussen im Schlossgarten berühmt.

❷ **Marktplatz** Ringsherum sieht man die Fassaden alter Häuser, der Platz ist kopfsteingepflastert. In seinem Zentrum befindet sich ein Denkmal, das liebevoll Tine-Brunnen genannt wird. Die Bronzefigur stellt eine Fischerin in Holzschuhen dar.

Museen

❶ **Nordsee-Museum** Das Museum ist im Nissen-Haus untergebracht, benannt nach dem Husumer Ludwig Nissen, der in Amerika reich wurde. Man sollte sich unbedingt Zeit für die Ausstellungen über Naturgewalten, Deichbau und Halligleben nehmen.

❷ **Storm-Museum** Neben den Ausstellungen kann man im Haus, in dem Storm 14 Jahre lebte, sein Arbeitszimmer besuchen und den Schreibtisch sehen, an dem er seinen »Schimmelreiter« vollendet hat.

Das von einem Wassergraben umringte Schloss vor Husum wird so bezeichnet, weil es zur Zeit seiner Errichtung außerhalb der Stadtgrenzen lag.

Friedrichstadt

Das zauberhafte Städtchen macht keinen Hehl daraus, wer seine Erbauer sind. Auf Anhieb fühlt sich der Besucher nach Holland versetzt. Kein Wunder, dass die Holländer-Stadt mit ihren Grachten und Brücken den Spitznamen »Klein-Amsterdam« trägt.

Wo Eider und Treene aufeinandertreffen, ließen sich 1621 nach dem Willen von Herzog Friedrich III. von Schleswig-Holstein-Gottorf Siedler nieder. Sie kamen aus Holland und wurden dort wegen ihres Glaubens, der vor allem von Toleranz allen Glaubensrichtungen gegenüber geprägt ist, verfolgt. Der Regent gewährte den Remonstranten nicht uneigennützig Asyl, waren sie doch als begabte Handwerker und fleißige Arbeiter bekannt. Und wirklich, sie bauten sich eine Heimat aus Giebelhäusern, an denen sie ihre Hausmarken anbrachten. Sie legten Kanäle nach dem Vorbild der holländischen Grachten an und setzten kleine rund gewölbte Brücken darüber. Dieses Ortsbild zeigt sich dem Besucher heute nahezu unverändert. Man kann es bei Spaziergängen durch von Rosen bewachsene Gässchen oder bei einer Grachtenfahrt in aller Ruhe genießen.

Sehenswürdigkeiten

❶ **Marktplatz** Der quadratische Markt liegt direkt am Mittelburggraben. Die Gebäude der Ost- und Westseite sind am besten erhalten bzw. mit Originalsteinen restauriert. Am Markt steht auch das Rathaus, in dem das Tourismusbüro zu finden ist. Auf dem Platz befindet sich ein neugotischer Brunnen, verziert mit Versen des Dichters Klaus Groth.

❷ **Hausmarken** Statt Hausnummern waren im Holland des 17. Jahrhunderts Hausmarken üblich. Typische Motive sind Tiere oder Berufe. Noch heute lässt man sich in Friedrichstadt ein solches Zeichen montieren.

❸ **Saalkirche** Die einschiffige St.-Christophorus-Kirche ist niederländischen Gotteshäusern nachempfunden. Das Altarbild malte Jürgen Ovens, ein Rembrandt-Schüler, dessen Grab sich ebenfalls in der Kirche befindet.

Museen

❶ **Stadtmuseum »Alte Münze«** In einem 1626 erbauten Haus erzählt das städtische Museum von der Gründung und Entwicklung Friedrichstadts. Das Bürgerhaus war eigentlich für die Münzenherstellung errichtet worden, doch die Stadt erhielt nie das Münzrecht.

Ein von Motorbooten befahrener Kanal in der malerischen Altstadt von Friedrichstadt, die mit ihren weißen Giebelhäusern verzaubert.

ⓘ Touristeninformation: Großstr. 27, 25813 Husum, Tel. 04841/89 870, E-Mail: info@husum-tourismus.de, www.husum-tourismus.de
ⓘ Touristeninformation: Am Markt 9, 25840 Friedrichstadt, Tel. 04881/93 93 16, E-Mail: info@friedrichstadt.de, www.friedrichstadt.de

Schleswig-Holstein · Hamburg

Hamburg

Hamburg, die Perle an der Elbe. Die Stadt lebt durch ihren Hafen, den nahezu 10 000 Schiffe pro Jahr anlaufen, die Hälfte davon mit Containern beladene riesige Pötte. Hamburg ist aber auch die sündige Meile und das gediegene Blankenese, hanseatische Altstadt und moderne Architektur.

Wo heute das im Stil der Neorenaissance gebaute Rathaus steht, wurde 1165 eine Burg errichtet. Einige Jahre später folgte die Gründung von Stadt und Hafen. Dass die heutige Freie und Hansestadt Hamburg eine glänzende Karriere hinlegte, ist in vielen Stadtteilen und Straßenzügen zu sehen. Vor allem in den Elbvororten wie Blankenese mit seinen Lotsenhäusern aus dem 18. Jahrhundert und den noblen Villen der Elbchaussee. Oder rund um die Alster, einem Nebenfluss der Elbe. Hier wohnt so mancher Prominenter in unmittelbarer Nähe zu den Konsulaten verschiedener Länder, und hier – genauer gesagt: an der Binnenalster – liegen auch die eleganten Einkaufsstraßen Jungfernstieg, Neuer Wall und Große Bleichen. Wasser ist überall. Selbst wenn es das Meer sein soll, haben es Hamburger nicht weit: Ihre Stadt liegt genau zwischen Nord- und Ostsee.

Sehenswürdigkeiten

❶ Rund um den Jungfernstieg Hamburgs Flaniermeile Nummer eins ist ein künstlich aufgeschütteter Damm. Schon im 17. Jahrhundert gab es schicke Boutiquen, die vor allem Damen anlockten. Vielleicht ein Grund für den seit 1648 gültigen Namen. Hamburger Hof, Dresdner Bank und Alsterhaus haben hier repräsentative Sitze. Die Einkaufspassagen, Markenzeichen der Stadt, liegen gleich um die Ecke. Eine der ältesten ist das Hanse-Viertel, Vorbild vieler deutscher Passagen. Auch Gänsemarkt- und die neue Europa-Passage mit insgesamt rund 150 Läden sind vom Jungfernstieg nicht weit. Schräg gegenüber am Neuen Jungfernstieg liegt das Grandhotel Vier Jahreszeiten, eine Top-Adresse. Staatsmänner und Filmgrößen steigen hier ab. Einen schönen Blick darauf hat man vom Alsterpavillon aus, einem über die Stadtgrenzen hinaus bekannten Café, das sich aus Deutschlands erstem Eiscafé entwickelt hat.

❷ Alsterarkaden Schaut man vom Rathaus über die Kleine Alster, erblickt man einen weißen Arkadengang. Dann liegt ein Hauch von Venedig in der Luft. Kein Wunder, der Rathausplatz ist dem Markusplatz nachempfunden, die Säulen der Alsterarkaden könnten von italienischen Baumeistern stammen. Unbedingt empfehlenswert ist ein Bummel durch Hamburgs älteste Passage, die Mellin-Passage, die von den Arkaden zum Neuen Wall führt.

❸ Rathaus und Börse Links die Bürgerschaft, rechts der Hamburger Senat – das ist die Aufteilung des Rathauses. 1897 wurde es nach dem großen Brand aus Sandstein und Granit neu erbaut. Mit seinem 112 Meter hohen Turm und dem Kupferdach ist es eines der prachtvollsten Gebäude der Stadt. Eine Besichtigung der schlossähnlichen Anlage mit ihren 647 Räumen, darunter der 50 Meter lange Große Festsaal, sollte man sich nicht entgehen lassen. Das Rathaus schließt direkt an die Börse an, die älteste aktive in Deutschland. Das spätklassizistische Gebäude ist eines der wenigen, das den Brand unbeschadet überstanden hat.

❹ St. Petri Die gotische Hallenkirche aus dem 14. Jahrhundert wurde – wie so viele Gebäude – Opfer des großen Brandes von 1842. Teile der Ausstattung, wie etwa ein Türzieher des Hauptportals, konnten gerettet werden. Ihre Lage direkt an der breiten und stets belebten Mönckebergstraße macht die Petri-Kirche besonders. Sie bietet Stille inmitten des Trubels. Und sie hat Hamburgs höchsten Aussichtsturm.

❺ St. Jacobi Die Jacobi-Kirche ist eine wahre Fundgrube für Kunst- und Kulturliebhaber. Es gibt gleich drei Altäre aus dem Mittelalter. Über der Sakristei liegt der reich ausgeschmückte Herrensaal, ein Versammlungsraum der Kirchenherren. Spätestens seit 1500 gibt es ihn, zusammen mit der Sakristei bildet er den ältesten durchgehend erhaltenen Gebäudekomplex Hamburgs. Unbedingt erwähnt werden muss auch die größte Barockorgel Nordeuropas, die über 60 Register und 4000 Pfeifen verfügt.

❻ Chilehaus Das dunkle Backsteingebäude mit der spitzen Form ist nicht zu übersehen. Henry Brarens Sloman, ein armer Hamburger Kaufmann, brachte es im fernen Chile zu Reichtum. Er ließ das an ein Schiff erinnernde Bauwerk in das Kontorhausviertel setzen. Das Büro- und Geschäftshaus ist zum UNESCO-Weltkulturerbe vorgeschlagen.

❼ Fischmarkt Wer nicht auf dem Fischmarkt war, hat Hamburg nicht gesehen. Am besten geht man direkt nach dem Kneipenbummel sonntags morgens hin. In der einer Kathedrale nachempfundenen Fischauktionshalle von 1895 gibt es Live-Musik. Oder man hört den Marktschreiern zu, die Fisch, Tropenfrüchte, Pflanzen und

Schleswig-Holstein · Hamburg

Besucher-Tipps:

Musical-Hauptstadt Hamburg ist eine Metropole der Musicals. Im Operettenhaus, wo mit »Cats« alles begann, läuft nun »Rocky«. Per Boot geht es zum »König der Löwen«, der sein eigenes Theater mitten im Hafen hat. Auch die kleineren Produktionen sind sehenswert, darunter der Kiez-Klassiker »Heiße Ecke« im Schmidts TIVOLI.

Blankeneser Treppenviertel Im Herzen von Blankenese krallen sich unzählige Kapitänshäuser und Fischerquartiere an einen Steilhang. Hier herrscht Dorfcharakter statt Großstadt vor. Ein Besuch bedeutet 5000 Stufen Anstrengung, unvergessliches Ambiente und einen herrlichen Blick auf die Elbe. Unbedingt ansehen: das Museum des Fischerhauses, Elbterrasse 6.

allen möglichen Trödel anpreisen. Fischmann, Gemüsefrau und Minerva-Brunnen des Platzes entsprechen zwar alten Vorbildern, sind allerdings nur Replikate.

❽ **HafenCity mit Speicherstadt** Größer könnten die Gegensätze nicht sein: Um die historische Speicherstadt zwischen Norderelbe und Zollkanal schmiegt sich Hamburgs ehrgeizigstes Neubauprojekt, die HafenCity. In diesem Fall ziehen sich Gegensätze an. Neue Bauwerke bieten entweder einen charmanten Kontrapunkt zu den bestehenden, oder sie sind so brillant eingepasst, dass man Neu und Alt nicht auf Anhieb unterscheiden kann. In den Lager- und Kontorhäusern der ursprünglichen Speicherstadt haben Teppichhändler und eine Kaffeerösterei, ein Gewürzmuseum und »Dialog im Dunkeln«, eine Erlebnis-Ausstellung, die Sehenden ein Gefühl des Blindseins vermittelt, ihren Platz. Zur

Unterhalb des Michels finden sich die Krameramtsstuben (kleines Bild). Wie eine Schlossanlage wirkt das Hamburger Rathaus (großes Bild).

Schleswig-Holstein · Hamburg

HafenCity gehören Terrassen am Wasser, der Grasbrook mit dem Störtebeker-Denkmal, architektonisch interessante Wohn- und Bürohäuser und irgendwann wohl auch die 2007 begonnene Elbphilharmonie.

❾ St. Katharinen Von der Kirche des Katharinenviertels ist nach dem Zweiten Weltkrieg nichts übrig gewesen. In den 1950er-Jahren hat man das Gotteshaus nach alten Plänen neu errichtet und 2012 von Grund auf saniert. Beeindruckend ist vor allem der 115 Meter hohe Barockturm.

❿ Deichstraße/Nikolaifleet Die Deichstraße ist eine schmale Kopfsteinpflastergasse und glücklicherweise Fußgängerzone. Typisch hamburgische Restaurants gibt es hier und einen Tante-Emma-Laden wie aus der guten alten Zeit. Kaum zu glauben, dass hier die Keimzelle des Hamburger Hafens ist. Stimmt aber. Hamburger Kaufleute ließen sich auf die Deiche an den Verbindungskanälen zwischen Alster und Elbe kombinierte Lager- und Wohnhäuser bauen. Zur Straße hin verfügen sie über schicke Fachwerkfronten, zum Fleet sind sie einfach und mit Hebeeinrichtungen versehen. Waren wurden über das Wasser transportiert. In der Deichstraße am Nikolaifleet brach 1842 der verheerende Brand aus, der große Teile von Hamburgs Altstadt dem Erdboden gleichmachte.

⓫ Krameramtsstuben Das sogenannte Krameramt war ein Zusammenschluss von Krämern, also Einzelhändlern. 1676 richteten diese Kaufleute Wohnungen für Mitglieder, die nicht mehr arbeiten konnten oder Witwen ehemaliger Mitglieder ein. Die Fachwerkhäuser im Krayenkamp zählen zu den ganz wenigen erhaltenen Gebäuden aus dieser Zeit. Hübsche Geschäfte und ein Restaurant erfüllen sie jetzt mit Leben.

⓬ St. Michaelis Die Hamburger nennen ihr Wahrzeichen liebevoll »Michel«. Er ist eine der fünf Hauptkirchen der Stadt, aber auch Touristenmagnet. Und er ist ungewöhnlich. Obwohl sich die Hanseaten schnell dem Protestantismus zuwandten, bauten sie eine prächtig-barocke dreischiffige Kirche, die auch noch einen klassizistischen Turm bekam. Der lichtdurchflutete Kirchenraum in Weiß und Gold ist 44 Meter breit, 52 Meter lang und 27 Meter hoch. Neben der Aussichtsplattform des Turms sollte man auch die Krypta besuchen, die größte Nordeuropas.

⓭ Reeperbahn Als »geile Meile« besungen, ist die Reeperbahn Hamburgs Amüsierzentrum. Wachsfigurenkabinett und Varieté haben ihren Platz neben Spielcasino und Erotik-Shop. Zur Großen Freiheit ist es nicht weit. In der heutigen Indra Bar war der Star-Club zu Hause, der legendäre Auftrittsort der Beatles. Ebenfalls nur ein paar Schritte sind es bis zur Herbertstraße. Für Frauen ist die allerdings gesperrt, denn hier wollen die leichten Mädchen nur von Freiern taxiert werden.

⓮ St.-Pauli-Landungsbrücken Wo heute die Boote zur Hafenrundfahrt starten, legten früher große Dampfschiffe an. Man hatte sie aus Angst vor Funkenflug, der die Segelschiffe gefährden könnte, aus dem eigentlichen Hafen verbannt. Von dem schönen Tuffsteinbau mit den beiden Kuppeln ist man schnell bei den Museumsschiffen »Cap San Diego« und

Schleswig-Holstein · Hamburg

Ausflugstipps:

Schifferstadt Lauenburg Die Elbe kann der Schifferstadt bei Hochwasser bedrohlich nah kommen. Aber meist kann man trockenen Fußes durch die Kopfsteinpflasterstraßen schlendern, den 1590 angelegten Fürstengarten bewundern oder das Elbschifffahrtsmuseum besuchen, zu dem ein 100 Jahre alter Raddampfer gehört. Am Anleger steht die Skulptur eines Rufers, der die Boote aus Mölln oder Hamburg begrüßt.
Ahrensburg Das Prunkstück der kleinen Stadt ist das Ahrensburger Schloss. Der Renaissancebau liegt in einem Landschaftsgarten zwischen Mühlenteich und Wassergraben. Bemerkenswert sind die seltenen Bäume, darunter eine bereits über 150 Jahre alte Federbuche.

»Rickmer Rickmers«, die man beide besichtigen kann. An den Landungsbrücken ist auch der Eingang zum Alten Elbtunnel. Mit dem Fahrstuhl geht es hinab und am besten zu Fuß oder per Rad auf die andere Seite, von wo aus man einen tollen Blick auf die City hat.

⑮ Hamburger Hafen Er erstreckt sich über 75 Quadratkilometer, ist der größte Einfuhrplatz für Kaffee und der zweitgrößte europäische Seehafen. 140 000 Menschen arbeiten dort. Das Treiben sieht man sich am besten bei einer Hafenrundfahrt aus der Nähe an. Die führt durch Fleete und Schleusen oder auch zu den gigantischen Docks von Blohm & Voss. Gegenüber dem Hafen zwischen Landungsbrücken und Michel hat sich in den letzten Jahren das Portugiesenviertel entwickelt. Hier gibt es portugiesische und spanische Restaurants und ganz viel südliches Flair.

⑯ Planten un Blomen Hinter dem niederdeutschen Begriff stecken »Pflanzen und Blumen«. Der Park ist das grüne Herz der Stadt. Überall gibt es kleine Teiche und Bachläufe sowie Liegestühle zum Entspannen. Spaziert man vom Hamburg Museum durch die Wallanlagen vorbei an der Rollschuhbahn, erreicht man den Alten Botanischen Garten. Es folgen japanische Gärten, Schaugewächshäuser, die Mittelmeerterrassen, Abteilungen für Heilpflanzen und für Rosen. Wenn es dunkel wird, beginnen am Parksee die Wasserspiele. Zur Musik scheinen farbig beleuchtete Fontänen zu tanzen.

⑰ Hamburgische Staatsoper 1678 wurde in Hamburg das erste öffentliche Opernhaus eröffnet. Georg Friedrich Händel arbeitete hier, Georg Philip Telemann war Stadtmusikdirektor und Placido Domingos Karriere begann dort. Nach einer wechselvollen Geschichte mit vorübergehender Schließung und dem Umzug in das heutige Gebäude am Dammtor im Jahr 1827 hat die Staatsoper heute einen Ruf als bedeutendes musikalisches Zentrum. Dafür

Die legendäre Davidwache in St. Pauli (großes Bild), das vom Expressionismus inspirierte Chilehaus (links), klassische Werke in der Kunsthalle (rechts).

Schleswig-Holstein · Hamburg

stehen vor allem zwei Namen: John Neumeier, Ballettdirektor, und die australische Dirigentin Simone Young, die Intendantin.

18 Pöseldorf Das Dorf am Rande des Stadtzentrums und ganz nah bei der Außenalster entdeckt und erkundet man am besten auf der Milchstraße. So heißt die Einkaufsmeile, die mitten durch Pöseldorf führt. Früher ein Viertel der einfachen Leute, mauserte es sich zum In-Quartier. Geblieben sind Edelfriseur, Schönheitschirurg und Antiquitätengeschäft.

19 Tierpark Hagenbeck Schon Ende des 19. Jahrhunderts wurde aus dem Tierhandelshaus ein Tierpark. 1907 bezog man das 25 Hektar große Gelände, auf dem der Zoo auch heute noch zu finden ist. Dort leben mehr als 1850 Tiere aus aller Welt. Die Gehege liegen eingebettet in eine großartige Parklandschaft. Hinzu kommen das Tropen-Aquarium mit lebendem Korallenriff und einem Dschungelpfad, auf dem auch frei laufende Tiere unterwegs sind, und das über 8000 Quadratmeter große Eismeer. Die weltweit einzigartige Anlage ermöglicht es dem Besucher, zahlreiche Polarbewohner unter Wasser zu beobachten.

20 Paternoster Hamburg bekam 1886 als erste europäische Stadt einen Paternoster, oder Umlaufaufzug, wie diese etwas anderen Fahrstühle auch heißen. Fast 350 wurden es im Laufe der Jahre, davon sind 30 heute noch in Betrieb. Wer Lust auf eine Tour nach oben und zurück hat, kann zum Beispiel in der Finanzbehörde am Gänsemarkt 32 einen öffentlichen Paternoster nutzen.

Museen

1 Hamburger Kunsthalle Das Äußere der Kunsthalle ist ein Spiegelbild ihrer vielfältigen Ausstellungskultur. Säulen und eine Kuppel hier, strenge Symmetrie dort. Innen finden Alte Meister genauso ihren Platz wie die Galerie der Gegenwart. Über 120 000 Werke sind es allein im Kupferstichkabinett.

2 Hamburg Museum Schon der wuchtige Backsteinbau selbst ist ein Exponat. Statuen des Alten Hambur-

Schleswig-Holstein · Hamburg

Ausflugstipps:

Willkomm-Höft Es ist etwas ganz Besonderes, im Schulauer Fährhaus zu sitzen und die großen Kähne zu beobachten, wie sie vorbeiziehen. Besonders, weil es nur hier die Schiffsbegrüßungsanlage gibt. Rund 50 Schiffe werden täglich mit ihrer Nationalhymne willkommen geheißen. Informationen über den Pott, der gerade die Elbe passiert, gibt es dazu.

Friedrichsruh Mitten im Sachsenwald steht das Mausoleum des ersten deutschen Reichskanzlers Otto von Bismarck. In Friedrichsruh hat er gelebt, dort gibt es auch ein Bismarck-Museum mit nachgestelltem Arbeitszimmer und vielen originalen Erinnerungsstücken. Nicht weit davon ist der Garten der Schmetterlinge von Fürstin Elisabeth von Bismarck.

ger Rathauses sowie Fragmente stolzer Bürgerhäuser, die dem großen Brand zum Opfer gefallen sind, zieren die Fassade. An kaum einem anderen Ort bekommt man einen besseren Einblick in die Geschichte und den Alltag der Hansestadt. Neben Gemälden, Kleidern und Instrumenten beeindrucken vor allem historische Räume, die Kaufmannsdiele oder die Brücke eines Dampfers. Ob Hafenleben oder die Bedeutung Störtebekers für Hamburg, das Museum lädt zu vielen spannenden Entdeckungsreisen ein.

❸ **Museumshafen Oevelgönne** Unter Wasser durchqueren Autos die Elbe im Tunnel, darüber dümpeln historische Segler und ein Feuerschiff. Elf Schiffe gehören dem Verein Museumshafen Oevelgönne, dazu kommen ein Schwimmkran sowie »Leihgaben«. Sämtliche Wasserfahrzeuge sind funktionstüchtig.

Die Landungsbrücken sind eine der Besucherattraktionen Hamburgs und ein wichtiger Knotenpunkt für den öffentlichen Nahverkehr per U-Bahn und Schiff.

Schleswig-Holstein · Hamburg

④ Museum für Kunst und Gewerbe Mitten in Hamburg, vis-à-vis dem Hauptbahnhof, liegt das Museum, kurz MKG genannt. Etwa 500 000 Objekte verteilen sich auf Sammlungen wie Islam, Mode, Fotografie, Moderne, Jugendstil, Keramik oder Ostasien.

⑤ Hamburg Dungeon Ein bisschen Museum, ein bisschen Geisterbahn. Im Dungeon erlebt man Hamburger Geschichte als Grusel-Live-Event. Leibhaftige Schauspieler führen kostümiert durch ein Pestkrankenhaus, eine Folterkammer, lassen den Großen Brand wieder lebendig werden oder machen mit Freibeuter Störtebeker bekannt.

⑥ Museum der Arbeit Ein 14 Meter hohes Schneidrad, mit dem der Elbtunnel gebohrt wurde, ist nur eine Attraktion im Barmbeker Museum der Arbeit. Es macht Hamburger Industriegeschichte – vom Überseekontor zur Grafikwerkstatt – sichtbar und erlebbar. Eine ständige Ausstellung ist der »New-York Hamburger Gummi-Waaren Compagnie« gewidmet, auf deren ehemaligem Firmengelände das Museum seine Heimat gefunden hat.

⑦ Wachsfigurenkabinett Panoptikum Auf über 700 Quadratmetern auf vier Etagen stehen mehr als 130 aus Wachs geformte Figuren. Das Panoptikum in Hamburg ist das älteste seiner Art in Deutschland. Otto Waalkes steht einträchtig unter einem Dach mit Karl Lagerfeld, Barack Obama, mit Harry Potter und Friedrich dem Großen. Neben Sportlern, Schauspielern, Sängern und Politikern sind Absonderlichkeiten zu sehen, wie Menschen mit zwei Nasen oder gar zwei Gesichtern.

⑧ MiniaturWunderland Die größte Modellbahnanlage der Welt ist das meistbesuchte Museum Hamburgs. Man sollte sich einen ganzen Tag Zeit dafür nehmen, um die Alpen, Amerika, Skandinavien, Italien und natürlich alle deutschen Landschaften zu bestaunen. Dass hier ständig knapp 1000 Züge auf 13 Kilometern Gleisen unterwegs sind, ist gar nicht so wichtig. Das wirklich Tolle ist, Tausende liebevoll geschaffener Details zu entdecken.

⑨ Internationales Maritimes Museum Wenn auch 100 Kilometer vom Meer entfernt, ist Hamburg dennoch eine durch und durch maritime Stadt. Es gibt keinen besseren Ort, um 3000 Jahre Seefahrtsgeschichte Revue passieren zu lassen. Vor allem, weil das Museum in der Speicherstadt im Kaispeicher B unmittelbar am Wasser untergebracht ist. Der erste, 1657 gedruckte Meeresatlas ist neben 40 000 Schiffsmodellen zu sehen, eine Etage ist der Forschung gewidmet, neu ist der Schiffssimulator.

⑩ BallinStadt Auswanderermuseum Albert Ballin ließ 1901 auf der Elbinsel Veddel Baracken bauen, in denen auswanderungswillige Menschen eine Bleibe fanden, bevor es in die Fremde ging. Die sogenannte BallinStadt musste nach dem Abebben der Auswanderungswelle Straßen und Straßenbahn weichen, Teile wurden abgerissen. In den wiedererrichteten drei Hallen spürt der Besucher, wie es ist, seine Heimat zu verlassen. Auswanderung wird hier interaktiv erlebbar gemacht.

Im ersten fertiggestellten Quartier der HafenCity liegen im Sandtorhafen auch historische Segel- und Dampfschiffe.

Ausflugstipps:

Altes Land Das Alte Land südlich der Elbe ist eines der bekanntesten Obstanbaugebiete Deutschlands. Vor allem während der Blütezeit, wenn mehr als 15 Millionen Bäume um die Wette duften, strömen die Besucher heran. Doch die Region ist immer reizvoll. Viele Höfe mit ihren Fachwerkgebäuden und verzierten Torbögen haben ein kleines Café oder einen Hofladen. Besonderer Tipp: Im Obstparadies Schuback in Jork einen Picknickkorb buchen und damit mitten zwischen den Fruchtgehölzen in traumhafter Landschaft ausgedehnt frühstücken. Ebenfalls in Jork liegt das Museum Altes Land. Seit 2005 steht hier eines der ältesten Gebäude der Region, eine neu aufgebaute Scheune von 1590.

Schleswig-Holstein · Hamburg

Schleswig-Holstein · Hamburg

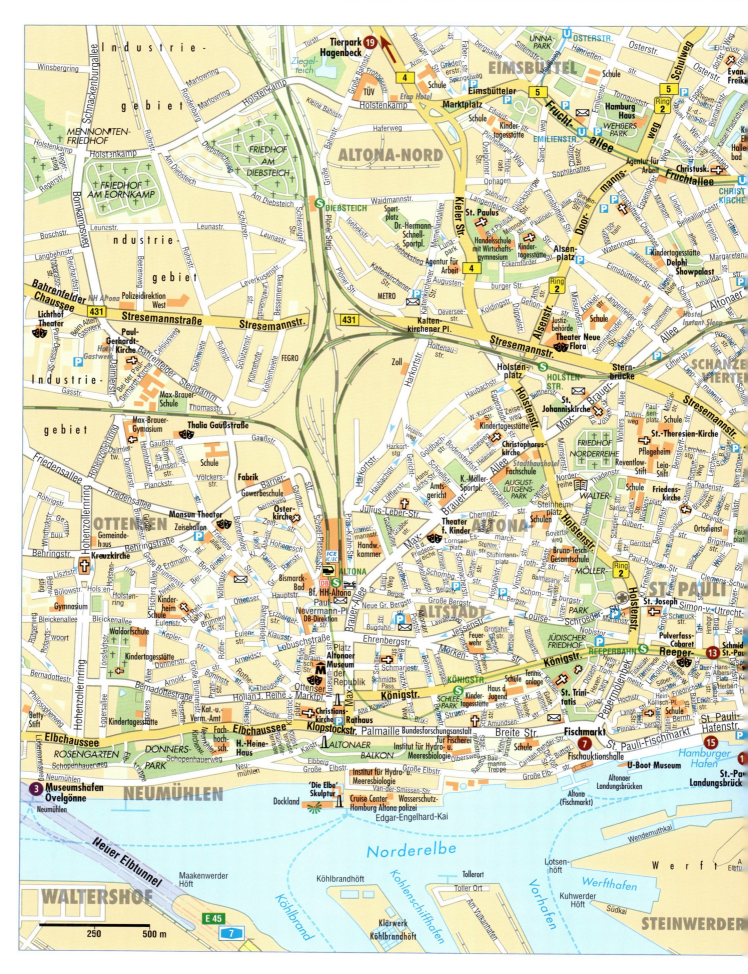

Schleswig-Holstein · Hamburg

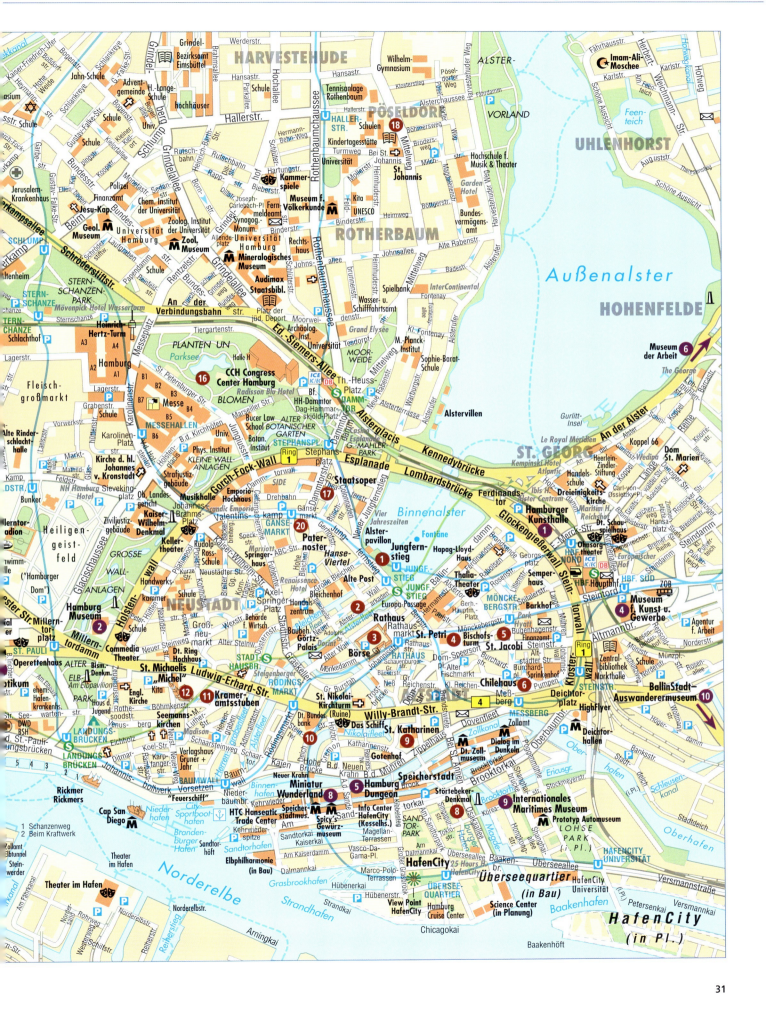

Bremen · Niedersachsen

Das zweitgrößte Bundesland ist eines der vielfältigsten. Vom flachen Ostfriesland im Norden verläuft es östlich der niederländischen Grenze südwärts. Im Osten die berühmte Lüneburger Heide, im Süden der Harz mit seinen Mittelgebirgsgipfeln.

Blick auf den Palas auf dem Burgplatz in Braunschweig.

Auch und gerade die Städte, die Metropolregionen, machen Niedersachsen aus. Messe und CeBIT haben der Landeshauptstadt Hannover einen Namen in der ganzen Welt verschafft. Wolfsburg ist und hat eine Autostadt, die Besucher in Scharen anzieht. Die Universitäten von Braunschweig und Göttingen blicken auf eine lange Tradition zurück. Niedersachsen, wie man es heute kennt, wurde nach dem Zweiten Weltkrieg gebildet. Der Name weist auf seine Bewohner, die Sachsen hin, die sich schon im dritten Jahrhundert im Nordwesten Deutschlands niederließen. Lange bevor die Industrie Einzug hielt, schrieb das Bundesland, das außer seinen Städten viel Natur zu bieten hat, bereits Geschichte. Papenburg im Emsland zum Beispiel: Wer den Namen hört, denkt sofort an die Meyer Werft und die Kreuzfahrtschiffe, die hier vom Stapel laufen. Aber die Stadt hat mehr zu bieten als die Überführung spektakulärer Schiffe durch die Ems in die Nordsee. Schon 1630 wurde sie in eigentlich unbewohnbarem Moorgebiet gegründet. Man baute Kanäle zum Entwässern, an deren Ufern die Siedler und Torfbauern ihre Häuser errichteten. Das Ganze nach niederländischem Vorbild, wie beispielsweise an den Klappbrücken noch heute gut zu sehen ist.

Ein Stück weiter südlich liegt Lingen, die größte Stadt im Emsland. Ende des 15. Jahrhunderts ist nach Teilung der Grafschaft Tecklenburg die Grafschaft Lingen entstanden, Graf Nikolaus IV. residierte auf der Lingener Burg, von der noch ein Teil des wieder aufgebauten Pulverturms in der Stadt steht. Östlich von Lingen liegt, eingerahmt von Wiehengebirge und Teutoburger Wald, Osnabrück. 1648 wurde der Westfälische Friede von der Rathaustreppe aus verkündet, was der Stadt den Beinamen »Friedensstadt« eingebracht hat. Reist man entlang des Mittellandkanals weiter nach Osten an der Landeshauptstadt Hannover vorbei, erreicht man die von Heinrich dem Löwen gegründete Stadt Braunschweig. An

Großsegler während des Windjammer-Treffs Sail in Bremerhaven.

Der Marktplatz von Hildesheim mit den spätmittelalterlichen Gildehäusern.

vielen Stellen der Stadt erstrahlt noch die Pracht der Zeit, als hier die Welfen residierten.
Nördlich beginnt bei Gifhorn die Lüneburger Heide. Die Natur liegt hier sozusagen vor der Haustür. In der Stadt selbst ist das Renaissanceschloss, in dem die Welfenherzöge zu Hause waren, mindestens ebenso sehenswert. Mehr Spuren der Welfen finden sich in der Residenzstadt Celle. Folgt man dem Elbe-Seitenkanal in Richtung Norden, durchquert man die Heide, eine einzigartige Landschaft, deren Gärtner Schafe und Ziegen sind. Kurz bevor der Kanal auf die Elbe trifft, liegt die alte Salzhandelsstadt Lüneburg auf dem Weg. Backsteingotik und mittelalterliches Flair prägen die Hansestadt, die gleichzeitig eine quirlige Universitätsstadt ist. Niedersachsen ist ein schillerndes Mosaik. Und mitten darin liegt die Enklave Bremen.

Großes Bild: Panoramaansicht der illuminierten Altstadt von Bremen, links im Bild das Haus Schütting.

Auf dem Wolfenbütteler Stadtmarkt findet sich ein Denkmal Herzog Augusts.

Bremen · Niedersachsen

Bremen

Bremen und Bremerhaven bilden zusammen als Freie Hansestadt das kleinste Bundesland. Damit unterscheidet es sich vom Stadtstaat Hamburg. Gemeinsamkeiten gibt es aber auch. Zum Beispiel den frühen Widerstand der Bürger gegen die Geistlichkeit.

Bei einem Spaziergang durch die Weserstadt wird die Bedeutung der Bürgerlichkeit rasch sichtbar. Kirchen oder Kathedralen prägen hier nicht die Architektur. Eine Ausnahme macht der Dom mit seinen zwei Türmen direkt am Marktplatz. Der spätgotische Bau ist durchaus imposant, hat aber unter jahrelanger Vernachlässigung gelitten. Aufwendiger angelegt und liebevoller gepflegt ist das 600 Jahre alte Rathaus. Oder die Böttcherstraße zwischen Rathaus und Weser. Mittelalterliche Häuser, dem Verfall geweiht, erstrahlen seit Anfang des 20. Jahrhunderts in neuem Glanz. Auch das Schnoor, eines der ältesten Viertel der Stadt, ist durch und durch bürgerlich. Hier reihen sich Fachwerkhäuser aneinander, die man in Bremen sonst nicht häufig sieht. Aus Angst vor Bränden hat der Rat der Stadt ihrem Bau nur sehr selten zugestimmt.

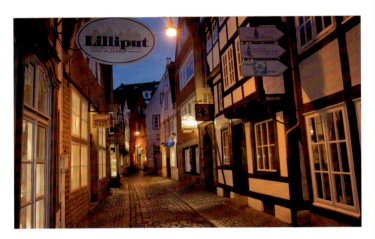

Sehenswürdigkeiten

❶ Markt mit Roland Der Marktplatz ist das Herz der Stadt und ihr Wohnzimmer. Nicht immer ging es hier fröhlich zu. Im 17. Jahrhundert fanden Börsenversammlungen und Verhandlungen statt. Der Pranger war ebenfalls vor Ort. Neben dem Rathaus steht seit 1404 der Roland, ein Symbol der Freiheit. Nicht weit von ihm die Bremer Stadtmusikanten, die ihm als Wahrzeichen Konkurrenz machen. Auch Schütting und Bürgerschaft rahmen den Platz ein und bilden einen der architektonisch schönsten Komplexe der Stadt.

❷ Bremer Dom Zwischen der gläsernen Front der Bürgerschaft und den reichen Verzierungen des Rathauses streckt der St.-Petri-Dom seine beiden Türme in den Himmel, als müsse er sich gegen seine Nachbarn behaupten. Als romanische Kirche begonnen, wurde er zum spätgotischen Hallenbau umgestaltet. Im 15. Jahrhundert erlebte er seine Hochzeit. 51 Altäre gab es im Dom, dazu eine umfangreiche Bibliothek sowie kostbare Reliquien. Mit der Reformation kam der Niedergang. Erst 1888 begann die Restaurierung.

❸ Liebfrauenkirche In unmittelbarer Nähe zum Rathaus und dem Dom steht die Kirche Unser Lieben Frauen. Ihr Ursprung geht auf das Mittelalter zurück, im Lauf der Jahre erhielt sie mehrere An- und Umbauten. Im Zweiten Weltkrieg wurde sie stark beschädigt. Allein eine Krypta mit Wandmalereien ist noch aus dem Mittelalter erhalten.

❹ Rathaus und Ratskeller Das Rathaus aus dem frühen 15. Jahrhundert erhielt im 17. Jahrhundert die heute noch beeindruckende Fassade im Stil der Weserrenaissance. Ihre Pracht spiegelt die Glanzzeiten der Stadt wider, als sie zusammen mit Lübeck und Hamburg an der Spitze der mächtigen Hanse stand. Nicht weniger

UNESCO-Welterbe

Bremer Rathaus und Bremer Roland Sicher, die Güldenkammer des Rathauses mit ihren kunstvollen Ornamenten und Schnitzereien und natürlich auch der prachtvolle 40 Meter lange Festsaal, der mit seinen dunklen Balken an der Decke, den Gemälden und Skulpturen beinahe Ehrfurcht einflößt, sind schützenswerte Kulturgüter. Ebenso die Fassade, der Bremer Roland sowieso. Immerhin ist er der älteste und größte in der Reihe der steinernen Ritter, die das Stadtrecht verkörpern.
Zum UNESCO-Welterbe wurde das Ensemble jedoch aus einem ganz anderen Grund: Das Komitee würdigt sie als Repräsentanten ziviler Autonomie und Souveränität in der Zeit des Heiligen Römischen Reiches.

Bremen · Niedersachsen

Besucher-Tipps:

Airbus Defence & Space Im nachgebauten Raumlabor Columbus, dessen Vorbild auf der ISS in Aktion ist, fühlt man sich wie ein Astronaut. Auch eine Kopie des Spacelabs ist im Besucherzentrum des bedeutenden Raumfahrtstandortes zu besichtigen.

Vegesack In Bremens Norden liegt der Stadtteil Vegesack. Bekannt geworden ist er für die größte deutsche Heringsflotte, die hier ihren Hafen hatte. Und natürlich für die Werft Bremer Vulkan, auf deren ehemaligem Gelände man noch heute Bootsbauern über die Schulter schauen kann. Unbedingt sollte man sich auch den Großsegler »Schulschiff Deutschland« ansehen, in dessen original erhaltenen Kojen man auch übernachten kann.

prunkvoll geht es innen zu, wo der Bürgermeister seiner Arbeit nachgeht. Der Ratskeller von 1409 nennt sich ältester Weinkeller Deutschlands. Über 600 edle Tropfen des Landes sollen hier serviert werden.

❺ Die Bremer Stadtmusikanten Wer kennt nicht das Märchen von Esel, Hund, Hahn und Katze, die ihr nacktes Leben retten und in Bremen musizieren wollen? Es steckt ein Fünkchen Wahrheit darin. Zum Beispiel, dass die Stadt im 14. Jahrhundert wirklich ein bekannter Ort für musikalische Veranstaltungen war. Und noch etwas soll stimmen: Mittellose Musikanten konnten darauf hoffen, in Bremen auf mildtätige und sozial eingestellte Kollegen zu treffen, die sie aufnahmen.

❻ Schütting Gleich gegenüber vom Rathaus steht das Haus Schütting, Sitz der Handelskammer. Woher sein

Der erleuchtete Rathausplatz mit dem Rathaus und dem Dom St. Petri (großes Bild). Eine Fachwerkgasse im Schnoorviertel (kleines Bild).

Bremen · Niedersachsen

Name kommt, ist nicht zweifelsfrei zu sagen. Die heutige Innenansicht des Schütting ist nach der Zerstörung im Zweiten Weltkrieg eine andere als zu Zeiten des Neubaus 1538. Damals war der Renaissancebau im flandrischen Stil mit der goldenen Kogge auf dem Giebel Sitz der bremischen Kaufmannschaft.

7 Böttcherstraße Ludwig Roselius, Erfinder des koffeinfreien Kaffees und Inhaber der »Kaffee Handels Aktien Gesellschaft«, heute noch bekannt als Kaffee HAG, hat sich mit der Böttcherstraße einen Traum erfüllt. Ab 1922 wurden die verfallenden Backsteingebäude nach seinen Vorstellungen umgestaltet. Die Fassaden strotzen vor Reliefs, Büsten und Glasverzierungen. In den Räumlichkeiten sind Kunsthandwerk sowie das Ludwig Roselius- und das Paula Modersohn-Becker-Museum zu finden. Um 12 oder 18 Uhr sollte man Rast am Roselius-Haus machen. Dann ist das zauberhafte Spiel von 30 Meißener Porzellanglocken zu hören.

8 Martini-Anleger Der Anleger befindet sich unterhalb der Martini-Kirche direkt an der Schlachte. Das ist die Weserpromenade, an der man herrlich flanieren kann. Vom Kai starten die Ausflugsschiffe nach Vegesack oder auch Bremerhaven. Fahrten sind auch auf originalgetreuen Nachbauten historischer Weserkähne möglich. Vom Martini-Anleger aus genießt man nicht nur einen großartigen Blick auf die Stadt, sondern auch auf einen alten Weserlastkahn und eine Kogge.

9 Schnoorviertel Die Bremer nennen das Viertel kurz »das Schnoor«. Das niederdeutsche Wort steht für Schnur und gibt Auskunft über die Art der Bebauung. Wie auf eine Schnur gezogen stehen die Häuser hier nämlich Seite an Seite. Im ältesten Quartier der Stadt waren früher Fischer zu Hause. Sie lebten direkt an der Balge, einem Nebenarm der Weser, der mitten durch das Schnoor führte. Die Balge ist inzwischen zugeschüttet, wie durch ein Wunder blieben aber viele architektonische Schätze erhalten. Hübsche Geschäfte, Cafés und Bars hauchen dem Altstadtviertel junges Leben ein.

10 »Schulschiff Deutschland« Das Segelschulschiff ist, wie der Name verrät, ein Ausbildungsschiff. Als solches lief es 1927 in Bremerhaven vom Stapel. Nach zahlreichen Fahrten über die Weltmeere wurde es 1945 zum Lazarettschiff umfunktioniert, um es – immerhin war es ein militärisches Ausbildungsschiff – vor der Zerstörung zu bewahren. Auch Jugendherberge war es zwischenzeitlich, bevor es in den 1990er-Jahren originalgetreu restauriert wurde. Es ist das einzige noch erhaltene Dreimastvollschiff Deutschlands.

Museen

1 Überseemuseum Völker- und Naturkundemuseum ergänzt durch Ausstellungen über den internationalen Handel, so könnte man das Überseemuseum beschreiben. Doch am besten erlebt man selbst die Bereiche über Amerika, Afrika, Ozeanien und Asien und die Mitmach-Stationen.

2 Kunsthalle Kern der Kunsthalle ist ein klassizistischer Bau, zu beiden Seiten hat er neue Seitenflügel bekommen. Das Museum existiert bereits mehr als 150 Jahre und präsentiert auf rund 2000 Quadratmetern Malerei, Skulpturen und Stiche vom Mittelalter bis zur Moderne.

3 Neues Museum Weserburg Das 1991 eröffnete Museum ist in mehrerlei Hinsicht außergewöhnlich. Da ist zunächst seine Lage mitten in der Weser. Außerdem handelt es sich um ein Sammlermuseum. Die Exponate der Dauerausstellung sind ausschließlich Leihgaben privater Sammler. Zu sehen gibt es moderne Kunst in allen Facetten, darunter Konzeptkunst und Installationen.

4 Paula-Modersohn-Becker-Museum Ludwig Roselius hat den Nachlass der zeitweise in Bremen lebenden Künstlerin Paula Modersohn-Becker aufgekauft. In der Böttcherstraße hat er ihn in einem eigens dafür reservierten Haus ausgestellt. Werke der Vertreterin des frühen Expressionismus, die in Paris, Berlin und natürlich Worpswede entstanden, sind zu bewundern.

Der »Lichtbringer« (unten), ein Fassadenrelief von Bernhard Hoetger, verweist am Eingang zur Böttcherstraße bereits auf die besondere Gestaltung dieser 100 Meter langen Straße in der Altstadt (oben).

Ausflugstipps:

Worpswede Ein Dorf mit hübschen Fachwerkhäusern auf einem sanften Hügel, eingerahmt von dichtem Wald – Worpswede ist Idylle pur. Ende des 19. Jahrhunderts zog sie Maler und Dichter an, darunter Paula Modersohn-Becker und Rainer Maria Rilke. Eine Künstlerkolonie entstand, die noch heute lebendig ist. Hauptattraktion bleibt die Natur. Man sollte unbedingt eine Fahrt mit dem Torfkahn durchs Teufelsmoor machen!

Fischerhude Kleiner und deutlich beschaulicher als Worpswede ist das Dorf Fischerhude. Seine malerische Lage in den Niederungen der Wümme zog ebenfalls Künstler an. Zu besichtigen ist das Otto-Modersohn-Haus sowie das Heimathaus Irmintraut.

Bremen · Niedersachsen

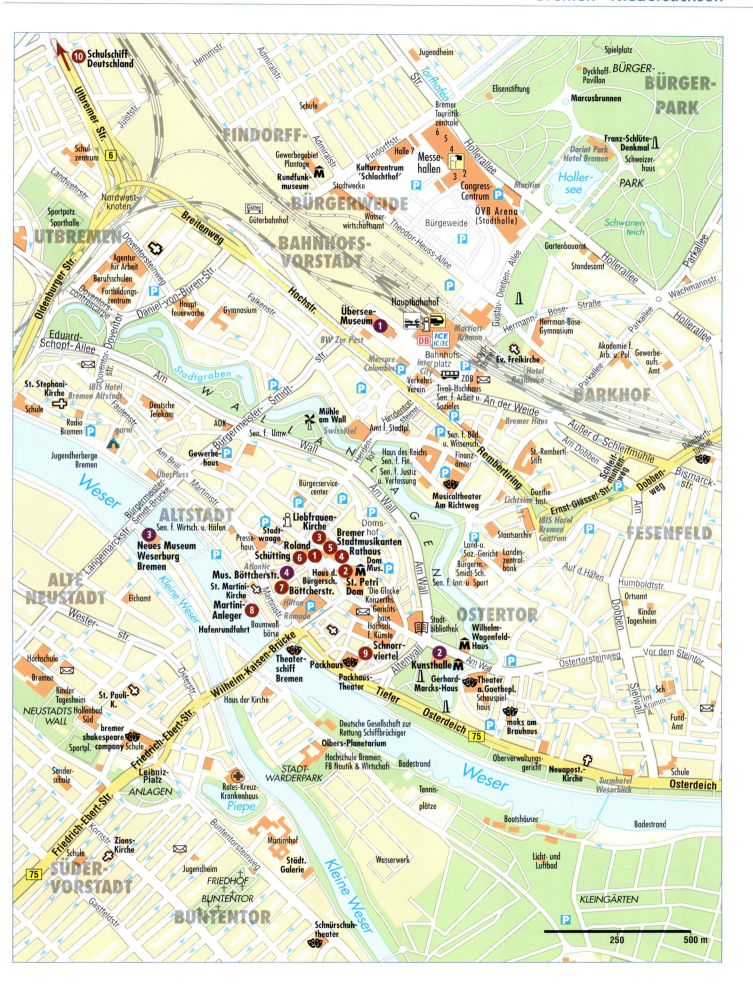

Bremen · Niedersachsen

Bremerhaven

Der Hafen und die Stadt entstanden aus blanker Not. 1827 drohte die Weser zu versanden. Die Bremer sahen ihre Geschäfte gefährdet und legten einfach, 60 Kilometer entfernt an der Nordsee, einen neuen Hafen an. Der Ort hat sich prächtig entwickelt.

Was als Außenposten von Bremen begann, ist längst die größte deutsche Stadt an der Nordsee. Ihr Hafen ist einer der wichtigsten Europas. Krananlagen und Container, so weit das Auge reicht. Gleich daneben am Alten Hafen ein Kreuzfahrtterminal und davon nicht weit entfernt am Neuen Hafen der Alte Leuchtturm, der daherkommt, als wäre er Teil einer Kathedrale. Er ist nicht der einzige in Bremerhaven. Der nördlichste ging um 1900 in Betrieb, seine Nebelglocke warnt die Kapitäne noch heute. Vom Ufer der Weser windet sich die Geeste durch die Stadt. Nur wenige Schritte von der Alten Geestebrücke liegt der ehemalige Marktplatz, jetzt Theodor-Heuss-Platz. Ein Denkmal erinnert an Bürgermeister Johann Smidt, der Hannover, dem das Land an der Geeste gehörte, dazu brachte, Bremen genug Fläche für den Bau des Hafens abzutreten.

Sehenswürdigkeiten

❶ **Zoo am Meer** Sein Ursprung ist ein Aquarium in den 1912 errichteten Wartehallen des Norddeutschen Lloyd. Daraus entwickelte sich ein Zoo, der in seiner aktuellen Form 2004 eingeweiht wurde. Neben Eisbär, Polarfuchs und Seehund gibt es einen Bereich, der über das Leben und den Zustand der Nordsee informiert.

❷ **Richtfunkturm** Der über 100 Meter hohe Turm aus Stahlbeton macht im Stadtbild nicht gerade eine gute Figur. Großartig ist dafür der Ausblick von der Besucherplattform in knapp 60 Metern Höhe.

❸ **Alter Hafen** Der Bau des Hafenbeckens, für die damalige Zeit eine technische Herausforderung höchsten Ausmaßes, dauerte von 1827 bis 1830. Dann legte erstmals ein Segelschiff aus Amerika an. Viele weitere sollten folgen, denn es begann eine Auswanderungswelle über Bremerhaven nach Übersee.

❹ **Neuer Hafen** Schneller als erwartet nahm der Schiffsverkehr so zu, dass der Alte Hafen erweitert werden musste. Hinzu kam, dass nicht mehr nur Segel-, sondern auch Raddampfschiffe kamen, die mehr Platz benötigten. Der niederländische Baumeister van Ronzelen, der bereits das erste Hafenbecken errichtet hatte, legte auch den Neuen Hafen an.

❺ **Atlantic Hotel Sail City** Die schicke Herberge am Weserdeich ist ein Hingucker. In Toplage direkt am Weserdeich besticht sie schon von Weitem mit ihrer einem Segel nachempfundenen Form.

Museen

❶ **Deutsches Schifffahrtsmuseum** Das 1975 eröffnete Museum widmet sich der Marine ebenso wie der Hochseefischerei. Prunkstück ist eine Hansekogge aus dem Jahr 1380. Um den Museumsbau erstreckt sich ein Außengelände mit Schiffen und Leuchtfeuer.

❷ **Deutsches Auswandererhaus** Das Auswandererhaus steht an der Stelle, an der viele Menschen im 19. Jahrhundert zum letzten Mal deutschen Boden unter den Füßen hatten, bevor sie einem ungewissen Schicksal entgegen fuhren. Eindrucksvoll sind die nachgestellten Szenen, z. B. von der Ankunftshalle auf Ellis Island.

❸ **Historisches Museum Bremerhaven** Das Museum am Ufer der Geeste schildert anschaulich die Entwicklung von Bremerhaven und seiner Umgebung. Ein Luftschutzkeller und funktionstüchtige Maschinen aus dem Hafenalltag machen Vergangenheit erlebbar.

❹ **Klimahaus Bremerhaven 8° Ost** Das Klimahaus nimmt den Besucher mit auf eine Reise durch sämtliche Klimazonen. Themen wie Klimaschutz oder Erderwärmung werden ohne erhobenen Zeigefinger nahegebracht.

Bremerhaven ist ein Standort für Forschung und Wissenschaft, wie das Klimahaus im Stadtviertel Havenwelten beweist (unten).

Besucher-Tipps:

Helgoland Deutschlands einzige Hochseeinsel sollte man mindestens einmal gesehen haben. Von Bremerhaven fahren Ausflugsdampfer zum Tagesbesuch hin. Die Aufenthaltsdauer reicht für einen Rundgang. Vom Oberland hat man einen tollen Blick über die rote Steilküste des Sandsteinfelsens. Im Unterland kann man Kegelrobben beobachten.

Freilichtmuseum Speckenbüttel Im Bremerhavener Stadtteil Lehe liegt Speckenbüttel. Anziehungspunkt ist das Freilichtmuseum, in dem etwa ein Rauch-, ein Backhaus und eine Moorkate aus dem 17. Jahrhundert stehen. Der Nachbau einer Bockwindmühle gehört ebenso dazu wie ein Kachelofen, Möbel und für die Region typische Malerei.

ⓘ Touristeninformation: H.-H.-Meier-Straße 6, 27568 Bremerhaven, Tel. 0471/41 41 41, E-Mail: touristik@erlebnis-bremerhaven.de, www.bremerhaven.de

Bremen · Niedersachsen

Bremen · Niedersachsen

Wilhelmshaven

Die ehemalige Garnisonsstadt am Treffpunkt von Jadebusen und Nordsee ist noch relativ jung. Erst 1869 gegründet, ist sie immer noch ein wenig auf der Suche nach einer eigenständigen Identität neben der als Marinestützpunkt.

Wilhelmshaven muss man sich erarbeiten. Aber es lohnt sich, denn auf den zweiten Blick gibt es in der rund 76 000 Einwohner zählenden Stadt eine Menge zu entdecken. Den Jade-WeserPort zum Beispiel. Alles über Deutschlands einzigen Container-Tiefwasserhafen erfährt man auf spannende Weise im Infocenter. Vom Dach aus hat man einen beeindruckenden Blick über das Hafengelände und einlaufende Schiffe. Zum Bummeln lädt die Nordsee-Passage ein, ein wuchtiger Klinkerbau mit auffälligem, aus vielen Elementen bestehenden Glasdach, das viel Licht hineinlässt. Wer auf der Suche nach Historischem ist, wird beim Robert-Koch-Haus fündig. Die Fassade im Stil der Neorenaissance ist sehenswert. Am Rand der Stadt liegt die Burg Kniphausen. Die Anlage wurde 1438 errichtet. Heute finden hier Ausstellungen und kulturelle Veranstaltungen statt.

Sehenswürdigkeiten

❶ Kaiser-Wilhelm-Brücke Das Wahrzeichen der Stadt ist eine technische Attraktion. Eingeweiht wurde sie von Wilhelm II. Die Doppeldrehbrücke ist die größte ihrer Art in Europa. Als Verbindung zwischen Südstadt und Maritimer Meile, dem touristischen Herzstück Wilhelmshavens, überspannt sie 159 Meter. Besonders hübsch ist sie abends, wenn die 2007 anlässlich ihres 100. Geburtstags installierten Portalleuchten erstrahlen.

❷ Rathaus Kaum vorstellbar, dass das Fundament des kantigen Klinkerbaus, der 1929 fertiggestellt wurde, auf 1000 Holzpfählen ruht. Sonderlich attraktiv ist das Rathaus nicht, aber interessant. Im Turm befindet sich heute ein Wasserspeicher. Und man kann auf eine Aussichtsetage fahren, die einen herrlichen Blick auf die Stadt bietet.

❸ Kopperhörner Mühle Die 70 Kilometer lange friesische Mühlenstraße macht auch in Wilhelmshaven Station. Einen kurzen Fußmarsch vom Rathaus entfernt, natürlich im Mühlenweg, steht die Kopperhörner Mühle, ein Galerieholländer, d. h. eine Mühle mit umlaufendem Balkon, von 1839.

❹ Rüstringer Stadtpark Der Name erinnert an die Zeit vor 1914, als Rüstringen noch eine eigenständige Nachbarstadt war. Dort war kurz vor dem Zusammenschluss mit Wilhelmshaven gerade ein 57 Hektar großer Landschaftspark entstanden. Durchquert man ihn entlang des Kanals, spaziert man mal durch dichten Wald, dann wieder öffnen sich weite Rasenflächen, von Hecken in hübsche kleine Ruheinseln gegliedert. Der Kanal verbindet zwei idyllische Teichanlagen miteinander, weiteres Highlight ist das Rosarium. Am nördlichen Parkrand ruhen 3000 Gefallene auf dem Ehrenfriedhof.

Museen

❶ Deutsches Marinemuseum Keimzelle der Stadt ist der Marinestützpunkt, der noch immer eine große Bedeutung hat. Die Geschichte der deutschen Marine im Allgemeinen und natürlich der in Wilhelmshaven ansässigen wird in einem Gebäude der ehemaligen kaiserlichen Werft dargestellt. Auf dem Freigelände kann man ein U-Boot, ein Minenjagdboot und einen Lenkwaffenzerstörer von innen erkunden. Der Höhepunkt des Besuchs ist eine Barkassenfahrt durch die verschiedenen Häfen und das Marinearsenal.

❷ Wattenmeer-Besucherzentrum Das niedersächsische Wattenmeer ist ein einzigartiger Naturraum. Eine Wattwanderung sollte man sich nicht entgehen lassen. Vorher kann man im Besucherzentrum einen Einblick in die Tierwelt und die Besonderheiten dieser Landschaft gewinnen. Einige der Schlickbewohner lernt man hautnah im Aquarium kennen. Auch die Gefahren, die der trocken fallende Meeresboden mit sich bringen kann, werden dem Besucher hier nahegebracht. Es gibt eine tolle Ausstellung über die Vogelwelt und über die Fischerei bei Ebbe und Flut. Den nachhaltigsten Eindruck hinterlässt sicher der Sturmerlebnisraum, in dem man sich mit den Kräften der Natur messen kann.

Die 1907 fertiggestellte Kaiser-Wilhelm-Brücke gilt als größte Drehbrücke Europas. Besonders imposant wirkt sie mit Beleuchtung am Abend.

Besucher-Tipps:

Piratenamüseum Piraten haben ihre Faszination aus Kindertagen nicht verloren. Schon der Name verrät, dass man sie hier auf besonders amüsante Weise entdecken kann. Ein wenig zu Störtebeker und ganz viel Spannendes rund um die berüchtigten Freibeuter kann man erfahren.

Banter Ruine Zwischen Handelshafen und Banter See liegt auf einer Landzunge die Banter Ruine. Sie ist ein Nachbau, der an das 1511 in den Fluten untergegangene Kirchspiel Bant erinnern soll, das früher auf dem heutigen Stadtgebiet von Wilhelmshaven beheimatet war. Neben der Ruine gibt es ein rustikales Restaurant, in dem man sich vom Spaziergang am Wasser und entlang vieler Traditionsschiffe erholen kann.

Bremen · Niedersachsen

Stade

Stade ist das Gegenteil von Wilhelmshaven. Hübsche Bürgerhäuser, wunderbar erhaltene Fachwerkgebäude und der Hansehafen mit Schwedenspeicher bieten Geschichte pur. Die Stadt blickt auf eine 1000-jährige Vergangenheit zurück und ist doch nicht verstaubt.

1645 von den Schweden erobert, wurde Stade zur Garnisonsstadt. 70 Jahre gehörte sie der schwedischen Krone. In dieser Zeit zerstörte ein Großbrand rund zwei Drittel der Stadt. Erfreulicherweise wurde sie am gleichen Platz und in ganzer Schönheit wiederaufgebaut und zur Festung erweitert. Burggraben und Wallanlagen erinnern gut sichtbar noch heute daran. Auch die barocke Architektur des 17. Jahrhunderts ist vielerorts noch im Original zu bewundern. Zum Beispiel am Rathaus, dessen Treppe und Portal von hervorragendem Kunsthandwerk zeugen. So auch die Kirche St.-Cosmae. Ihr achteckiger Turm geht auf das 13. Jahrhundert zurück, erst im 17. Jahrhundert erhielt er seinen Helm, der ihn zum Wahrzeichen der Stadt machte. Wer den steilen Aufstieg nicht scheut, hat von oben einen Traumblick bis zur Elbe.

Sehenswürdigkeiten

❶ **Altstadt** Durch die von Wallanlagen umgebene Altstadt schlängelt sich der kleine Fluss Schwinge. Auf Kopfsteinpflaster geht es vom historischen Pferdemarkt mit dem Zeughaus aus dem 17. Jahrhundert die Poststraße entlang, vorbei am denkmalgeschützten Hökerhus. Endstation und Treffpunkt für Jung und Alt ist der Fischmarkt.

❷ **Hansehafen** Im Zentrum der Stadt am Fischmarkt mit Cafés und Kneipen liegt der Alte Hansehafen. Rundherum Fachwerkhäuser, der Schwedenspeicher und ein Tretkran, der den Platz des ehemaligen Salzkrans von 1661 eingenommen hat.

❸ **Löwenapotheke** Schon zur Schwedenzeit gab es in dem Patrizierhaus eine Apotheke. Erhalten sind die typische Diele eines Kaufmannshauses der Hansezeit sowie einige Arbeitsgeräte der Apotheke aus dem 17. Jahrhundert.

Museen

❶ **Schwedenspeicher-Museum** Das Museum im ehemaligen schwedischen Provianthaus wurde 2011 erneuert. Man sollte Zeit mitbringen, um die Geschichte Stades, der Elbe sowie der Hanse zu erkunden.

Mit ihrer schönen Altstadt an den Fleeten und mit den Fachwerkfassaden ist die einst mächtige und einflussreiche Stadt Stade ein beliebtes Ausflugsziel.

Emden

Wo die Ems in die Bucht des Dollart mündet, ist Emden nicht weit. Schon etwa im Jahr 800 wurde an dem friesischen Ort Handel getrieben. Im 14. Jahrhundert hätte Emden Hansestadt werden können, machte aber lieber mit den Freibeutern gemeinsame Sache.

Die Stadt in Ostfriesland wäre platt wie ein Pfannkuchen, hätte man nicht im Mittelalter eine Warft aufgeschüttet, die vor der Gewalt der Nordsee schützen sollte. Wasser ist das bestimmende Element von Emden, vorneweg der Hafen, dazu Kanäle und Seen. Im 16. Jahrhundert erlebte Emden eine Blüte. Vertriebene Holländer ließen sich nieder, darunter erfolgreiche Kaufleute und Reeder, die sofort mit ihren Geschäften fortfuhren. Viele Gebäude, die den neuen Reichtum widerspiegelten, entstanden. Im 19. und 20. Jahrhundert kam die Industrie, Werften entstanden, die auch Kriegsschiffe bauten. So wurde Emden im Zweiten Weltkrieg massiv angegriffen und zu großen Teilen zerstört. Geblieben ist die Festungsanlage aus dem 17. Jahrhundert und die Kesselschleuse von 1886, das Rathaus ist ein modernisierter Nachbau nach alten Plänen.

Sehenswürdigkeiten

❶ **Emder Wall** In Emden wusste man sich schon immer selbst zu verteidigen, gegen Feinde und gegen die Nordsee. Ab 1606 wurde der Wall zu einer steinernen Festung mit elf fünfeckigen Bastionen ausgebaut. Der begrünte Wall am Stadtgraben ist heute Naherholungsgebiet für Spaziergänger, Radfahrer und Wassersportler.

Museen

❶ **Museumsfeuerschiff »Deutsche Bucht«** Ein Feuerschiff weist den Kapitänen den Weg wie ein Leuchtturm an Land. Die »Deutsche Bucht« hat das 65 Jahre lang getan. Nun beherbergt sie ein Schifffahrtsmuseum, ihr Leuchtfeuer ist heute noch intakt.

❷ **Dat Otto Huus** Gegenüber vom Rathaus zeichnet ein Museum die Karriere des 1948 in Emden geborenen Komikers Otto Waalkes nach. Das Ganze natürlich mit viel Humor.

❸ **Ostfriesisches Landesmuseum** Im ehemaligen Rathaus ist das Landesmuseum untergebracht. Es beschäftigt sich mit der Geschichte und der Kunst Ostfrieslands und Emdens. Der besondere Stolz des Hauses ist die Rüstkammer mit Waffen und Rüstungen aus dem 16. und 17. Jahrhundert.

Der historische Teil des Hafens vor dem Emdener Rathaus verweist auf die maritime Vergangenheit der Stadt.

ⓘ *Touristeninformation: Hansestraße 16, 21682 Stade, Tel. 04141/40 91 70, E-Mail: info@stade-tourismus.de, www.stade-tourismus.de*
ⓘ *Touristeninformation: Bahnhofsplatz 11, 26721 Emden, Tel. 04921/97 400, E-Mail: emden-touristik.de, www.emden-touristik.de*

Bremen · Niedersachsen

Oldenburg

Es gibt nicht nur ein Oldenburg. Hier handelt es sich um Oldenburg in Oldenburg, im Landkreis nämlich. Geschichte wird in der Stadt geehrt, Moderne gelebt. Oldenburg nennt sich auch »Übermorgenstadt«, in deren Innenstadt die Vergangenheit gegenwärtig ist.

Fährt man vom Jadebusen gen Süden, stößt man auf die ehemalige gräfliche Residenzstadt Oldenburg. 1345 wurde dem Handelsplatz an der Hunte das Stadtrecht verliehen. Das und die günstige Lage, am Fluss und nicht allzu weit vom Meer entfernt, schenkten der Stadt einen raschen Aufschwung. Der Dreißigjährige Krieg hat in der Stadt keine Spuren hinterlassen. Der Fürst ließ die alte Wasserburg zu Beginn des 17. Jahrhunderts entfernen und stattdessen ein hübsches Renaissanceschloss bauen. Ein Meilenstein in der Entwicklung war der Aufstieg der Grafschaft zum Herzogtum. Viele klassizistische Bauwerke aus dieser Zeit sind nicht zu übersehen, etwa das Mausoleum oder die Schlosswache. Seit 1946 gehört das Land Oldenburg zu Niedersachsen. Eine Universität wurde gegründet, Banken und Versicherungen residieren in modern gestalteten Gebäuden.

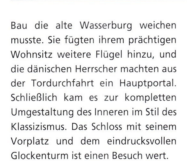

Sehenswürdigkeiten

1 Lappan Das Wahrzeichen der Stadt war früher Glockenturm des Heilig-Geist-Spitals Errichtet wurde er 1468 und gehört zu den Bauwerken, die den verheerenden Brand des Jahres 1676 überstanden haben.

2 Degodehaus Das gepflegte Fachwerkhaus am Marktplatz ist eines der ältesten Gebäude der Stadt. 1502 wurde an dieser Stelle bereits ein Wohnhaus errichtet, 1617 bekam es die Gestalt, die man heute noch bewundern kann. Kaufmann Degode bezog das Haus 1860.

3 St. Lamberti Zwischen Schloss und Rathaus liegt die älteste Kirche der Stadt. Der Ende des 19. Jahrhunderts neugotisch umgestaltete Backsteinbau ist bereits 1200 entstanden. Tritt man ein, wird man von einer hellen Rundkirche mit Glaskuppel überrascht, die 1795 im klassizistischen Stil in den alten Mauern geschaffen wurde.

4 Oldenburger Schloss Bis 1918 residierten Grafen und Großherzöge in dem Renaissanceschloss, für dessen Bau die alte Wasserburg weichen musste. Sie fügten ihrem prächtigen Wohnsitz weitere Flügel hinzu, und die dänischen Herrscher machten aus der Tordurchfahrt ein Hauptportal. Schließlich kam es zur kompletten Umgestaltung des Inneren im Stil des Klassizismus. Das Schloss mit seinem Vorplatz und dem eindrucksvollen Glockenturm ist einen Besuch wert.

5 Huntestraße Sechs von ursprünglich 18 klassizistischen Kavaliershäusern stehen noch in der Straße zwischen Hafen und Schlosswall. Die einstigen Eigenheime von Regierungsbeamten haben allerdings ihre idyllische Lage an der Biegung gegenüber des Paradewalls direkt an der Mühlenhunte eingebüßt. Die schmale Kopfsteinpflasterstraße ist heute ein breites Asphaltband.

6 Pulverturm Am Schlosswall ist der Rest der mächtigen Stadtbefestigung zu sehen. Der Pulverturm aus dem Jahr 1529, ein runder Bau mit runder Kuppe, wurde früher tatsächlich zur Lagerung von Munition genutzt, später wurde hier Eis zum Konservieren von Speisen gelagert. Heute finden Kunstausstellungen statt.

Museen

1 Landesmuseum Oldenburg Gleich drei Bauwerke sind Heimat des Landesmuseums. Das Schloss beherbergt Kunst und Kultur der Region, ganzer Stolz ist der aus 40 Gemälden bestehende Oldenburger Idyllenzyklus. Im Augusteum sind Alte, im Prinzenpalais Neue Meister zu sehen.

2 Stadtmuseum Oldenburg Das Stadtmuseum hat sein Zuhause in zwei Villen. Ursprung der Ausstellung, die Möbel, regionale Kunst, Stadtgeschichtliches und Asiatika zeigt, ist die private Sammlung des Stifters Theodor Francksen.

3 Horst-Janssen-Museum Schon das Äußere des Museums macht Spaß. Im Inneren des an ein U-Boot erinnernden Hauses bekommt der Besucher Kostproben aller Arbeiten des Oldenburgers Janssen zu sehen: Texte, Radierungen, Zeichnungen, Plakate, Lithografien oder auch Illustrationen.

Am Marktplatz von Oldenburg mit seinen herrschaftlichen Hausfassaden und dem Alten Rathaus laden Cafés zum Verweilen ein.

Besucher-Tipps:

Fußgängerzone Sie ist die älteste Fußgängerzone Deutschlands. Fast die gesamte Oldenburger Innenstadt ist seit 1967 autofrei. Besondere Attraktion sind die 19 in den Boden eingelassenen Vitrinen, in denen Nachbildungen dort entdeckter archäologischer Fundstücke zu bestaunen sind. Ob Lederschuh oder chinesische Teetasse – ein Schild erklärt, worum genau es sich handelt und wie alt das jeweilige Exponat ist.

Botanischer Garten Der Garten gehört zur Universität und verfügt über ein Sukkulentenhaus, den Arzneigarten, ein Alpinum sowie Volieren mit Vögeln und Terrarien mit Reptilien. Im Herzen des Alten Botanischen Gartens am Philosophenweg steht eine Sonnenuhr.

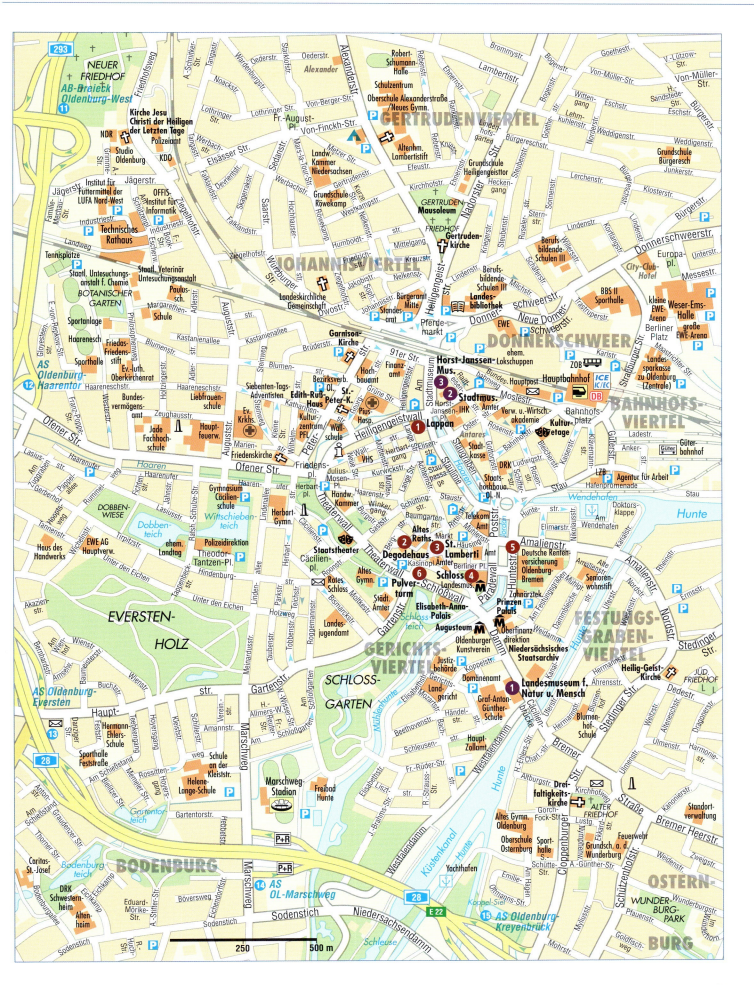

Bremen · Niedersachsen

Osnabrück

Geistliche und weltliche Macht haben der Stadt über Hunderte von Jahren ihren Charakter verliehen. Das ist in beinahe jedem Winkel zu spüren. Der Dom, das Barockschloss und nicht zuletzt das berühmte Rathaus des Westfälischen Friedens zeugen davon.

Der weitläufige Marktplatz mit Rathaus, Marienkirche und Stadtwaage ist eines der bekanntesten Gebäudeensembles. Lange bevor dieser Ort historische Bedeutung erlangte, war Osnabrück bereits Bischofsstadt. Schon 785 gab es einen bischöflich geweihten Dom, von dem nichts geblieben ist. Ein im 13. Jahrhundert geschlossenes Bündnis mit Münster und Minden war Keimzelle des Westfälischen Städtebundes, der wiederum in die Hanse überging. 1512 wurde das Rathaus fertiggestellt, in dem knapp 130 Jahre später die Friedensverhandlungen begannen, die dem Dreißigjährigen Krieg ein Ende setzten. Osnabrück ist sichtbare und erlebbare Geschichte. Das wird auch am 1680 vollendeten Schloss deutlich, in dem 1727 König Georg I. von England, Herzog zu Braunschweig und Lüneburg, auf dem Weg in seine Heimat Hannover verstarb.

Sehenswürdigkeiten

❶ **Rathaus** Der Höhepunkt Osnabrücker Stadtgeschichte ist mit dem Rathaus verbunden: die Verkündung des Endes des Dreißigjährigen Krieges nach fünf Jahren Verhandlung. Schon von außen ist das spätgotische Bauwerk ein Schmuckstück. Das wuchtig-hohe Dach wird von sechs feinen Türmchen flankiert, die Fassade zieren Statuen des Stadtgründers Karls des Großen sowie der deutschen Kaiser.

❷ **Dom St. Peter** Der Bau des spätromanischen Doms dauerte vom 11. bis in das 13. Jahrhundert. Die beiden Türme haben eine auffällig unterschiedliche Grundfläche. Im größeren sind die Glocken untergebracht. Taufbecken und Triumphkreuz aus dem frühen 13. Jahrhundert sind erhalten.

❸ **Schloss Osnabrück** Das Schloss wurde um 1670 von Ernst August I. von Braunschweig-Lüneburg erbaut, Fürst und Bischof in einer Person. Im Zweiten Weltkrieg wurde das Barockschloss samt Garten schwer zerstört. Eine Gedenkstätte erinnert an die Zeit, als die Gestapo im Schloss Menschen foltern ließ.

❹ **Heger-Tor-Viertel** Das Heger Tor, Teil der Stadtbefestigung, gibt es nicht mehr. An seiner Stelle steht heute das Waterloo-Tor. Trotzdem trägt das Altstadtviertel noch immer seinen alten Namen.

❺ **Ledenhof** Das Bauwerk von speziellem Reiz diente einmal als aus Bruchstein errichteter Speicher, bekam im 16. Jahrhundert den geschwungenen Giebel sowie einen Treppenturm. Kulturelle Veranstaltungen bieten die Möglichkeit der Besichtigung.

❻ **St. Marien** Sie ist die Kirche der Bürger. Schlank erhebt sie sich am Markt. Schon die vier Portale sind einen aufmerksamen Blick wert. Im Chorgewölbe hängt ein Triumphkreuz aus dem 13. Jahrhundert.

❼ **Bucksturm** Der begrünte Turm war einmal der höchste der Wehrtürme. Zunächst diente er den Wachen als Ausguck, über 200 Jahre war er Gefängnis, schließlich wurde er während der Zeit der Hexenverfolgung gar zur Folterkammer. An dieses grausige Kapitel erinnert eine Ausstellung.

Museen

❶ **Domschatz- und Diözesanmuseum** Das Museum präsentiert die Schätze des Doms aus Gold, Elfenbein und Edelsteinen. Das Prachtstück der Sammlung ist ein Kreuz aus dem 11. Jahrhundert, das noch immer für Prozessionen benutzt wird.

❷ **Felix-Nussbaum-Haus** Das Haus widmet sich Leben und Werk des jüdischen Malers Felix Nussbaum. Ein von Daniel Libeskind geschaffener Anbau verbindet es mit dem Kulturgeschichtlichen Museum.

Abends wird es gemütlich in der Altstadt, im Gegenlicht zeichnen sich Marienkirche und Rathaus ab. Im Dom beeindrucken der Flügelaltar und das Triumphkreuz.

Besucher-Tipps:

Museum Industriekultur Ein wenig außerhalb der Stadt, auf dem Gelände einer ehemaligen Steinkohlezeche, liegt das Industriemuseum. In mehreren Gebäuden wird der harte Alltag der Bergleute anschaulich dargestellt. Auch Osnabrücks Entwicklung von der Ackerbürger- zur Industriestadt wird gezeigt. In das alte Steinbrecherwerk soll ein Dampflok-Verein einziehen. Das älteste Gebäude ist die Schmiede von 1871, die bis 2010 genutzt wurde. Mit einer zu neuem Leben erweckten restaurierten Feldbahn kann man das Außengelände erkunden. Dazu gehören auch Stationen, an denen sich die Natur das früher von Menschen so intensiv genutzte Areal Stück für Stück wieder zurückerobert.

Touristeninformation: Bierstraße 22–23, 49074 Osnabrück, Tel. 0541/32 32 202, E-Mail: tourist-information@osnabrueck.de, www.osnabrueck.de/tourismus

Bremen · Niedersachsen

Bremen · Niedersachsen

Lüneburg

Die mittelalterliche Fachwerkstadt prahlt nicht mit einem pompösen Äußeren. Das Gold hier war weiß, und die Menschen mussten hart arbeiten, um daraus Wohlstand zu generieren. Salz ist noch immer das bestimmende Thema in der jungen alten Hansestadt.

Lüneburg hat das große Glück, im Zweiten Weltkrieg der Zerstörung entgangen zu sein. Diesem Umstand verdankt es sein intaktes Aussehen. Welche Stadt hat schon noch ein komplett erhaltenes mittelalterliches Zentrum? Seine Lage machte und macht das lebendige Universitätsstädtchen attraktiv. Mitten hindurch fließt die Ilmenau, die berühmte weitläufige Heidelandschaft liegt direkt vor der Tür, ebenso die Elbtalaue. Bei aller Schönheit ist Lüneburg bescheiden geblieben. Am Stintmarkt, wo der Fisch früher aus dem Fluss geholt und umgehend angeboten wurde, stellen im Sommer Restaurants und Kneipen Tische und Stühle nach draußen. Man sitzt entspannt im Freien und genießt beinahe Urlaubsflair. Norddeutsche Backsteingotik mit Kopfsteinpflaster auch am Platz Am Sande, dem ältesten der Stadt, der ebenfalls ohne großen Prunk auskommt.

Sehenswürdigkeiten

❶ Altstadt Mehr als 1000 Gebäude stehen in Lüneburgs Altstadt unter Denkmalschutz. Zentrum ist der Platz Am Sande mit seinen hübschen Patrizierhäusern und der nur wenige Schritte entfernten Johanniskirche. Von hier ist man rasch am Marktplatz mit dem Rathaus. Im Turm ein 41-teiliges Glockenspiel aus Meißener Porzellan. Wendet man sich der Ilmenau zu, trifft man wenig später auf das historische Hafenviertel, wo auch die Lüner Mühle steht.

❷ Alter Wasserturm Der Turm mit seinen Zinnen und Türmchen könnte ebenfalls ein Werk der Backsteingotik sein, doch er entstand erst Anfang des 20. Jahrhunderts. Aktuell finden in dem gründlich sanierten Gebäude Ausstellungen statt, die häufig einen Bezug zu Wasser und Umwelt haben. Von einer Aussichtsterrasse hat man einen grandiosen Blick über die gesamte Altstadt.

❸ St. Nicolai Zwischen Marktplatz und der Idylle des alten Hafens liegt die jüngste Kirche Lüneburgs, in die früher Schiffer und Fischer zum Gottesdienst kamen. Die Basilika nach dem Vorbild französischer Kathedralen vereint mehrere Stile und Epochen. Das Taufbecken aus der ersten Hälfte des 14. Jahrhunderts ist älter als die Kirche selbst, die bunten Glasfenster dagegen sind hochmodern. Eine Turmbesichtigung ist möglich. Sie führt an der imposanten alten Glocke vorbei.

❹ Alter Hafen Das historische Hafenviertel ist beinahe ein Freilichtmuseum. Der Alte Kran steht hier. Mit ihm wurden die schweren Salzsäcke auf Schiffe verladen. Noch nach Hunderten von Jahren sind die beiden Treträder in seinem Inneren funktionstüchtig. Auch zwei Mühlen aus dem 16. Jahrhundert und das Alte Kaufhaus, ursprünglich »Dat Heringshus«, sind hier zu finden. Darin wurde mit Stint und aus Lübeck eingeführten Heringen gehandelt.

Museen

❶ Deutsches Salzmuseum Erst 1980 wurde die Lüneburger Saline geschlossen. Auf ihrem Gelände, also genau dort, wo das kostbare Salz rund 1000 Jahre gewonnen wurde, befindet sich heute das Museum. Siede- und Brunnenhaus gibt es noch, auch das Pumpgestänge, das mit Wasserkraft den Solebrunnen in Betrieb hielt, ist zu sehen. Neben Gewinnung und Verarbeitung lernt der Besucher auch typische Berufe, die mit Salz zu tun haben, kennen, wie etwa den des Sülfmeisters.

❷ Ostpreußisches Landesmuseum Schon jetzt ist das Landesmuseum das einzige Museum in Deutschland, das sich derart umfassend mit dem Thema Ostpreußen und all seinen Facetten beschäftigt. Und doch wird es noch erweitert und erhält einen Eingang direkt von der Altstadt. Bei einem Bummel durch die Dauerausstellung erfährt man jede Menge über die Geschichte, Natur und Bewohner dieses Landstrichs. Mehr noch: Künstler und große Denker der Region werden ebenso präsentiert wie die Landwirtschaft, die für Ostpreußen immer von enormer Bedeutung war.

Im Sandviertel repräsentiert die fünfschiffige Hallenkirche St. Johannis schönste norddeutsche Backsteingotik.

Besucher-Tipps:

Schwangeres Haus Das Haus mit der gewölbten Fassade muss man gesehen haben. Zu stark gebrannter Gips, der zum Verfugen verwendet wurde, hat im Lauf der Zeit Feuchtigkeit aufgenommen und sich ausgedehnt.

Senkungsgebiet Spannend ist das Senkungsgebiet in der Straße »Auf dem Meere«. Weil so viel Sole abgepumpt wurde, hat sich die Oberfläche dort über den entstandenen Hohlräumen abgesenkt. Die alten Häuser, zu denen man früher Stufen hinauf steigen musste, liegen nun zum Teil unter Straßenniveau.

Heinrich-Heine-Haus In dem 1565 erbauten Haus am Ochsenmarkt lebten vier Jahre Heines Eltern. Bei Veranstaltungen kann man die Wandbemalung bestaunen.

ⓘ Touristeninformation: Rathaus / Am Markt, 21335 Lüneburg, Tel. 0800/22 05 005, E-Mail: touristik@lueneburg.de, www.lueneburg.info

Bremen · Niedersachsen

Celle

Ihr Charakter als einstige herzogliche Residenzstadt ist Celle vielerorts noch anzusehen. Nicht zuletzt im und am wunderschönen weißen Schloss. Oder auch im Französischen Garten, einem üppigen Park, der den hohen Herrschaften als Lustgarten diente.

Rund 300 Jahre residierten die Welfenherzöge in Celle. Vor allem auch architektonisch hinterließen sie ihre Spuren. Außer dem Schloss mit seiner Kapelle sind hier die Stadtkirche und das Alte Rathaus zu nennen. Auch das berühmte Landesgestüt, wo später Hannoveraner gezüchtet wurden, geht auf einen Welfen zurück, auf Herzog Christian Ludwig zu Braunschweig-Lüneburg. Der Aufstieg und die Erweiterung der Stadt schritten stetig voran. Zum Ende des 17. Jahrhunderts war der Aufschwung gefährdet, hatte der Dreißigjährige Krieg doch schwere Schäden zurückgelassen. Georg Wilhelm löste dieses Problem auf seine Weise. Er lud Menschen, die aufgrund ihrer Religion andernorts verfolgt wurden, dazu ein, sich in Celle niederzulassen. Eine große Zahl französischer Protestanten, die Hugenotten, folgten der Einladung. Auch sie haben die Stadt geprägt.

Sehenswürdigkeiten

❶ **Celler Schloss** Das Welfenschloss ist die bedeutendste Sehenswürdigkeit der Stadt. Sein Ursprung ist eine Burg, die bereits im frühen 14. Jahrhundert dort gestanden hat. Die Herzöge sorgten Stück für Stück für den Ausbau zu einer Schlossanlage mit vier Flügeln, die Elemente des Barock und der Renaissance in sich vereint. Bei Besichtigungen besonders interessant ist die Schlossküche.

❷ **Altstadt** Knapp 500 restaurierte Fachwerkhäuser aus dem 16. bis 18. Jahrhundert prägen den Kern der Stadt. Reich verzierte Giebel und Balken weisen bunte Ornamente, Schnitzereien und Inschriften auf. Die Wohn- und Geschäftshäuser schmiegen sich in eine Biegung des Flusses Aller, umgeben vom Stadtgraben, der Schlosspark und Französischen Garten verbindet.

❸ **Hoppener Haus** Das Fachwerkhaus ist nicht das älteste, aber bestimmt das am meisten fotografierte der Stadt. Die Balken des 1532 errichteten Hauses begeistern durch bunte Fabelwesen und Pflanzenranken.

❹ **Sprechende Laternen** In Celle findet man Geschichtenerzähler der ganz besonderen Art. Fünf Laternen sind mit Lautsprechern ausgestattet. Tritt man genau zwischen sie, werden sie aktiv und unterhalten mit Kurzgeschichten oder singen abends ein Gutenachtlied.

Museen

❶ **Bomann-Museum** Das Museum gegenüber vom Schloss zeigt seit über 100 Jahren Regionalgeschichte, vom Alltag der Bauern, über das Leben der Bürger bis hin zur Kunst.

❷ **Residenzmuseum** Neben dem historischen Barocktheater ist im Celler Schloss auch das besuchenswerte Residenzmuseum untergebracht. Es erzählt die wechselvolle Geschichte des Schlosses sowie die des Adelsgeschlechts der Welfen und seiner Herrscher. Königssaal, Schlafgemächer und Kapelle können im Rahmen einer Führung erkundet werden.

Das denkmalgeschützte Rathaus wird heute unter anderem von der Touristeninformation genutzt. Bis 1999 saß hier die Stadtverwaltung von Celle.

Ausflugstipps:

Aller-Schifffahrt Die Stadt vom Wasser aus zu erleben, ist ein gemütliches Erlebnis. Von Celle geht es vorbei an Boye und Winsen zur Schleuse von Bannetze und wieder zurück.

Winsen an der Aller Nur wenige Kilometer von Celle entfernt liegt der Luftkurort Winsen. Zu sehen gibt es eine Bockwindmühle von 1732. Auf jeden Fall sollte man einen Abstecher auf den Museumshof machen. Die hübsch gelegenen Fachwerkhäuser entführen in längst vergangene Zeiten. Im Kutschenhaus gibt es einen urigen Museumsladen. Das Bauernhaus, reichhaltig ausgestattet, kann ebenso besichtigt werden wie der Treppenspeicher, in dem einmal Lebensmittel und Getreide aufbewahrt wurden.

Besucher-Tipps:

Synagoge Der recht schlichte Fachwerkbau in einem Hinterhof dient der jüdischen Gemeinde von Celle als Gotteshaus. Für Besucher interessant ist das Museum in einem der Vorderhäuser, das sich mit der Geschichte der jüdischen Kultur in der Stadt befasst.

Kunstmuseum Das auffällig orange leuchtende Haus ist nicht nur optisch eine Besonderheit. Es ist das erste 24-Stunden-Kunstmuseum Deutschlands und bietet buchstäblich Kunst rund um die Uhr. Tagsüber kann man im Inneren zeitgenössische Werke betrachten, nachts wird die Fassade zum Lichtkunstobjekt.

Lecture Die Bronzeplastik auf dem Arno-Schmidt-Platz und ihre Aussage geben viele Anreize zum Interpretieren und Nachdenken.

ⓘ *Touristeninformation: Markt 14–16, 29221 Celle, Tel. 05141/12 12, E-Mail: info@celle-tourismus.de, www.celle-tourismus.de*

Bremen · Niedersachsen

Hannover

Den Titel Hauptstadt trägt Hannover wie einen alten Vertrauten. Er passt wie angegossen. Kein Wunder, schon in der Provinz Hannover war sie Hauptstadt, ebenso zuvor im Königreich Hannover und noch früher in Kurhannover.

Die Landeshauptstadt von Niedersachsen hat mindestens zwei Gesichter. Da ist die internationale Messestadt, die Wirtschaftsmetropole an der Leine mit ihrer Anbindung an gleich vier Autobahnen. Und da ist auch die alte Residenzstadt, die Stadt der Kurfürsten, der Königssitz, kurz: eine von blauem Geblüt geprägte Stadt. Das Alte und das Neue Rathaus, die drei gotischen Kirchen und nicht zuletzt die barocken Herrenhäuser Gärten zeugen davon. Das neuzeitliche Gesicht der Stadt ist von Hofbaumeister Laves zu großen Teilen im 19. Jahrhundert geplant und umgesetzt worden. Zu dieser Zeit entstand etwa der Bahnhof oder auch das Opernhaus. Im Zweiten Weltkrieg erheblich zerstört, wurde die Stadt wiederaufgebaut, aber auch neu gestaltet. Erhalten geblieben ist viel Grün, wie beispielsweise der künstlich angelegte Maschsee.

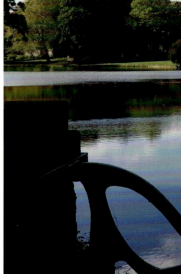

Sehenswürdigkeiten

❶ **Altes Rathaus** Die Perle norddeutscher Backsteingotik existiert nur noch dank einer Bürgerinitiative, denn das Alte Rathaus von 1410 sollte abgerissen werden. Schade wäre es gewesen um die filigranen Giebel, die Bogenfenster und die in Stein gehauenen Abbilder der Fürsten.

❷ **Marktkirche** Links vom Rathaus erhebt sich die Marktkirche aus dem 14. Jahrhundert. Sie ist dem Zweiten Weltkrieg zum Opfer gefallen, aber nach historischem Vorbild wiederaufgebaut worden.

❸ **Kreuzkirche** Weniger imposant als die Marktkirche ist die Kreuzkirche. Sie besticht durch ihre Schlichtheit, hat aber auch einen Schatz vorzuweisen: Das Altargemälde wurde von Lucas Cranach dem Älteren geschaffen.

❹ **Leibnizhaus** Das Original-Leibnizhaus, das nach dem Gelehrten Gottfried Wilhelm Leibniz benannt wurde, ist im Krieg bis auf die Grundmauern zerstört worden. Der Philosoph lebte und arbeitete dort bis zu seinem Tod. Das heutige Gebäude steht einige Meter vom ursprünglichen Standort entfernt.

❺ **Beginenturm** Der halbrunde Turm und ein Stück von der Stadtmauer ist alles, was von der mittelalterlichen Stadtbefestigung geblieben ist. Die aus Bruchstein gefertigten Bauwerke wurden in das Historische Museum integriert.

❻ **Calenberger Neustadt** In der Zeit des Königreichs Hannover ist die Stadt erheblich gewachsen. Calenberger Neustadt klingt modern, ist aber Teil des Bezirks Mitte, der bereits im 17. Jahrhundert zur westlichen Erweiterung der Altstadt entstanden ist.

❼ **Waterloosäule** Die Siegessäule in Hannovers Mitte steht auf dem Waterlooplatz, der allerdings mehr Park ist. Von dort hat man einen schönen Blick auf die Marktkirche.

❽ **Leineschloss** Als die Könige im Schloss an der Leine residierten, war der Waterlooplatz gewissermaßen der Schlossvorgarten. Über 40 Wohnhäuser mussten weichen, damit dieser Raum geschaffen werden konnte. Die Anlage im Stil des Klassizismus wurde mehrfach erweitert. Im Zweiten Weltkrieg ist sie vollständig ausgebrannt. Einige Außenmauern konnten gerettet werden und beherbergen heute den Niedersächsischen Landtag.

❾ **Neues Rathaus** Das Neue Rathaus ist bereits über 100 Jahre alt. Dies tut seiner Pracht jedoch keinen Abbruch. Der Sitz des Oberbürgermeisters gleicht einem Märchenschloss und dessen Turm in der Mitte beherbergt eine Attraktion. Mit dem einzigen Bogenaufzug der Welt geht es zur Aussichtsebene. In der Decke des Fahrstuhls ist ein Fenster, auch der Boden wird auf Knopfdruck durchsichtig.

❿ **Skulpturenmeile** Nicht etwa in einem Park, sondern in der Mitte einer mehrspurigen Straße ist Hannovers Skulpturenmeile entstanden. Sie verbindet Herrenhäuser Gärten und Landtag und besteht aus acht monumentalen Figuren.

⓫ **Herrenhäuser Gärten** Die Herrenhäuser Gärten gehören zu Hannovers bekanntesten Attraktionen. Sie bestehen aus mehreren Bereichen, dem Berg-, dem Georgen-, dem Welfen- und natürlich dem Großen Garten. Vom Irrgarten bis zum Niederdeutschen Rosengarten hat der Große Garten so viel zu bieten, dass man mehr als einen Tag hier verbringen kann.

Museen

❶ **Niedersächsisches Landesmuseum** Schon über 150 Jahre besteht das Völker- und Naturkundemuseum. Von der aktuellen Umgestaltung sind Münzkabinett und Gemäldeausstellung mit Werken französischer Impressionisten und Alter Meister des Mittelalters nicht betroffen.

ⓘ Touristeninformation: Ernst-August-Platz 8, 30159 Hannover, Tel. 0511/12 34 51 11, E-Mail: info@hannover-tourismus.de, www.hannover.de/Tourismus

Bremen · Niedersachsen

Besucher-Tipps:

Zoo Hannover Er nennt sich Erlebnis-Zoo – mit gutem Recht. Sieben Themenwelten warten darauf, zu Wasser und zu Land entdeckt zu werden. Da gibt es zum Beispiel einen Palast im Dschungel, ein Goldgräberstädtchen Kanadas, in dem sich Bisons und Präriehunde tummeln. Oder auch ein historisches Fachwerkdorf mit deutschen Haustierrassen.

Niki de Saint Phalle Die in Paris geborene Künstlerin hatte zeitlebens eine enge Verbindung zu Hannover. So hat die erste Ehrenbürgerin der Stadt drei Beiträge zur Skulpturenmeile geliefert. Auch in den Herrenhäuser Gärten hat sie eine historische Grotte in ihrem typischen Stil mit viel Glas, Mosaiken und üppigen Frauenfiguren umgestaltet.

❷ **Historisches Museum am Hohen Ufer** Eine Siedlung »to den hogen overen« ist der Ursprung der Stadt und hat Hannover seinen Namen verliehen. »Hogen overen« bedeutet »hohes Ufer«. Genau dort befindet sich das Historische Museum. Wie Hannover wurde, was es ist, zeigt die Abteilung Stadtgeschichte, ein weiterer Bereich widmet sich dem Landleben vom 17. bis ins 20. Jahrhundert.

❸ **Sprengel Museum** Kunst aus dem 20. Jahrhundert und zeitgenössische Werke machen das Sprengel Museum weit über die Landesgrenzen bekannt. Eine umfangreiche Bibliothek lädt Besucher ein, sich mit dem einen oder anderen Thema zu befassen.

❹ **Blindenmuseum** Welche Hilfsmittel gibt es für Blinde, und wie eignen sie sich die Fähigkeiten an, die sie für den Alltag brauchen? Das Museum gibt Antworten.

Das Neue Rathaus aus dem 20. Jahrhundert im Maschpark (großes Bild), die Niki-de-Saint-Phalle-Gasse lockt mit Einkaufspassagen (kleines Bild).

Bremen · Niedersachsen

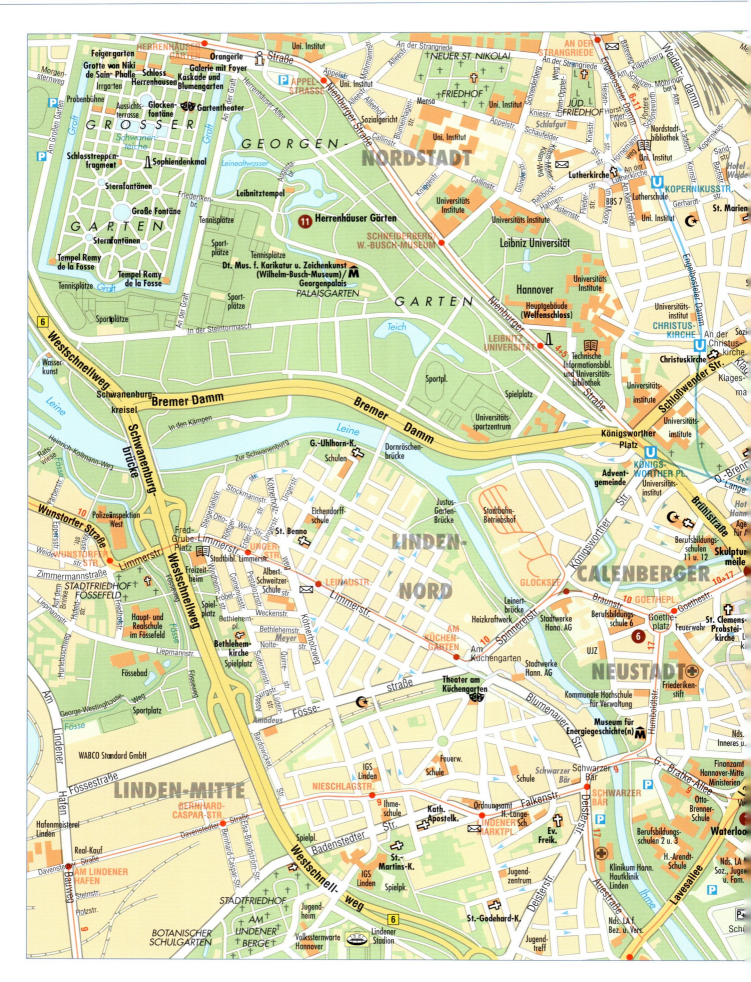

Bremen · Niedersachsen

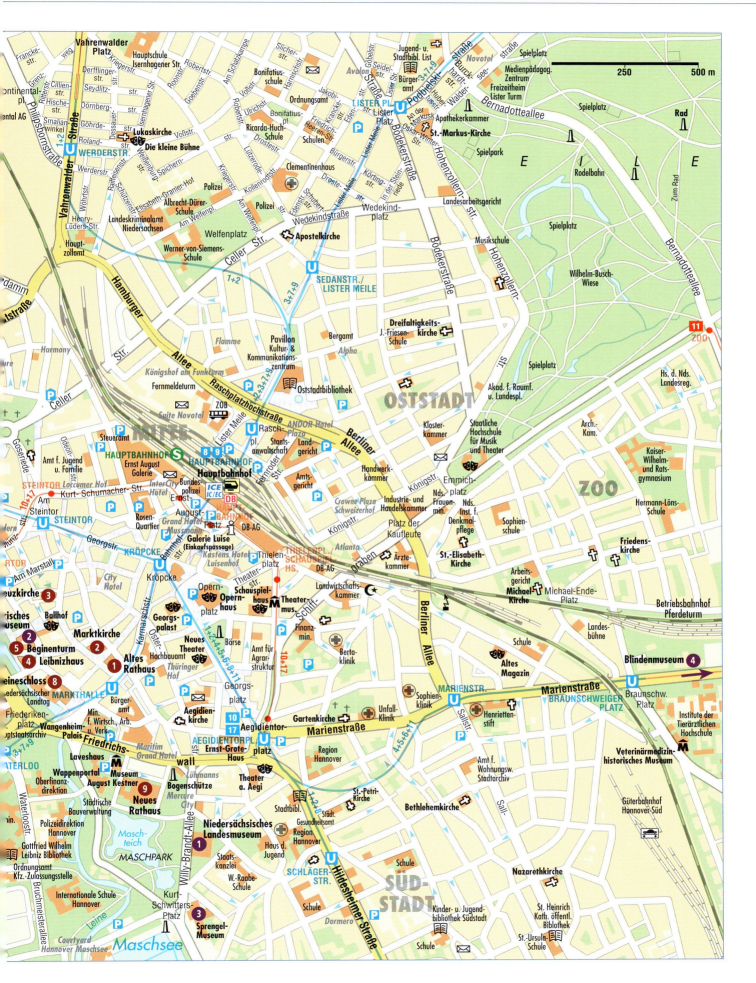

Bremen · Niedersachsen

Hildesheim

Fein herausgeputzte Fachwerkhäuser rahmen den malerischen Marktplatz ein. Ein beeindruckender Dom und eine große Zahl geschichtlich wie architektonisch interessanter Kirchen machen Hildesheim zu einem Besuchermagneten.

Von jeher dominiert die Geistlichkeit die Stadt. Lange bevor ihr 1249 das Stadtrecht verliehen wurde, entstanden ein Kloster, eine Pfarrkirche und natürlich der Dom. Er ist stolzes Zeichen für das bereits im Jahr 815 gegründete Bistum. Dennoch: Auch die weltlichen Herren nahmen Einfluss. Prachtvolle Patrizierhäuser entstanden im Lauf der Jahrhunderte. Das Tempelhaus mit seinen Türmchen, in dem Stadtbibliothek und Touristenbüro untergebracht sind, ist ein wunderbares Beispiel dafür. Oder auch das wieder errichtete Wedekindhaus am Marktplatz. Geradezu verschwenderisch verziert ist die auffällige Fassade des ehemaligen Wohn- und Geschäftshauses mit den Sprossenfenstern. In Hildesheim kann man sich kaum satt sehen vor lauter gestalterischer Pracht. Vor allem um den Markt herum scharen sich detailgetreu wieder erschaffene historische Fachwerkbauten.

Sehenswürdigkeiten

❶ **Marktplatz** Die prachtvollen Häuser, die den Markt zu einem wahren Kleinod machen, sind zum größten Teil Nachbauten ihrer Vorgänger, die den Zweiten Weltkrieg nicht überstanden haben. Eine Ausnahme macht das Bäckeramtshaus von 1825. Knochenhaueramtshaus, Rokokohaus, das Rathaus mit Glockenspiel und viele historische Gebäude mehr bilden den Rahmen für Straßenkunstfestivals, das jährliche Weinfest und natürlich den Weihnachtsmarkt.

❷ **Tempelhaus** Vom Tempelhaus, dessen Ursprünge auf das Jahr 1350 zurückgehen, hat der Krieg zumindest einen Rest verschont. Daraus entstand das heutige Gebäude. Mit seinen Türmen und dem Erker erinnert es an eine kleine Burg.

❸ **Knochenhaueramtshaus** Gegenüber vom Rathaus steht das ehemalige Zunfthaus der Fleischer. Die einzelnen Stockwerke springen optisch jeweils ein wenig vor. Die Balken ziert großartige Schnitzkunst. In den oberen Geschossen ist das Stadtmuseum zu finden, unten gibt es ein Restaurant, das auch die Gewölbe, die ehemaligen Kühlräume, nutzt.

❹ **Dom Mariä Himmelfahrt** Im elften Jahrhundert hat der Bau der dreischiffigen Querhausbasilika begonnen. Rund 300 Jahre dauerten die Arbeiten, Umbauten und Erweiterungen. Der sogenannte 1000-jährige Rosenstock im Innenhof ist Wahrzeichen der Stadt Hildesheim und gilt als heiliger Ort, an dem das Bistum entstanden ist.

❺ **St. Michael** Die romanische Kirche feierte 2010 bereits ihr 1000-jähriges Jubiläum. Es handelt sich um einen Wiederaufbau des im Krieg zerstörten Gotteshauses. Die originale Flachdecke ist unbedingt sehenswert.

❻ **Bismarckturm** Der Höhenzug des Galgenbergs liegt am Stadtrand. Vom 1905 erbauten Bismarckturm, der leider nicht durchgängig offen ist, hat man einen grandiosen Blick auf Hildesheim und seine Wälder.

❼ **St. Andreas** Die Bürgerkirche hat nicht nur eine der größten Orgeln Niedersachsens, sondern auch noch den höchsten Kirchturm. Den sollte man unbedingt erklimmen. Über eine Wendeltreppe geht es vorbei am Uhrwerk und den Glocken zur 75 Meter hoch gelegenen Aussichtsebene.

Museen

❶ **Dommuseum** Die kostbarsten Schätze des Bistums werden im Dommuseum gezeigt. Dazu gehört beispielsweise das Gründungsreliquiar aus dem beginnenden neunten Jahrhundert. Das Museum zieht in die Antoniuskirche neben dem Dom und soll pünktlich zum Jubiläum des Bistums 2015 wiedereröffnet werden.

❷ **Römer- und Pelizaeus-Museum** Das Museum, in einem sachlich-symmetrischen Bau untergebracht, überrascht mit seiner Vielfalt. Berühmt ist vor allem die Ägypten-Abteilung und der Bereich, der sich vergangenen Kulturen Amerikas widmet. Auch die Entwicklung des Homo sapiens wird dargestellt. Neu ist das Museum der Sinne, in dem angefasst werden darf und soll.

Detail der Fassade des in den 1980er-Jahren rekonstruierten Knochenhaueramtshauses am Hildesheimer Marktplatz.

UNESCO-Welterbe

Dom Mariä Himmelfahrt und Michaeliskirche Bereits vor dem Kölner Dom, nämlich 1985, wurde der Mariendom von Hildesheim mit der Michaeliskirche in die UNESCO-Welterbeliste aufgenommen. Gewürdigt werden damit die meisterliche Baukunst und die Bedeutung des Bischofs Bernward von Hildesheim, nach dem sogar eine Kunstepoche benannt wurde. Er gab eine Portaltür, heute Bernwardtür, und die Christussäule in Auftrag. Die Besonderheit: Beide wurden in einem Stück aus Bronze gegossen, damals eine technische Meisterleistung. In einer Krypta der Michaeliskirche steht der steinerne Sarkophag des Bischofs, dessen Gebeine jedoch in der Magdalenenkirche ruhen.

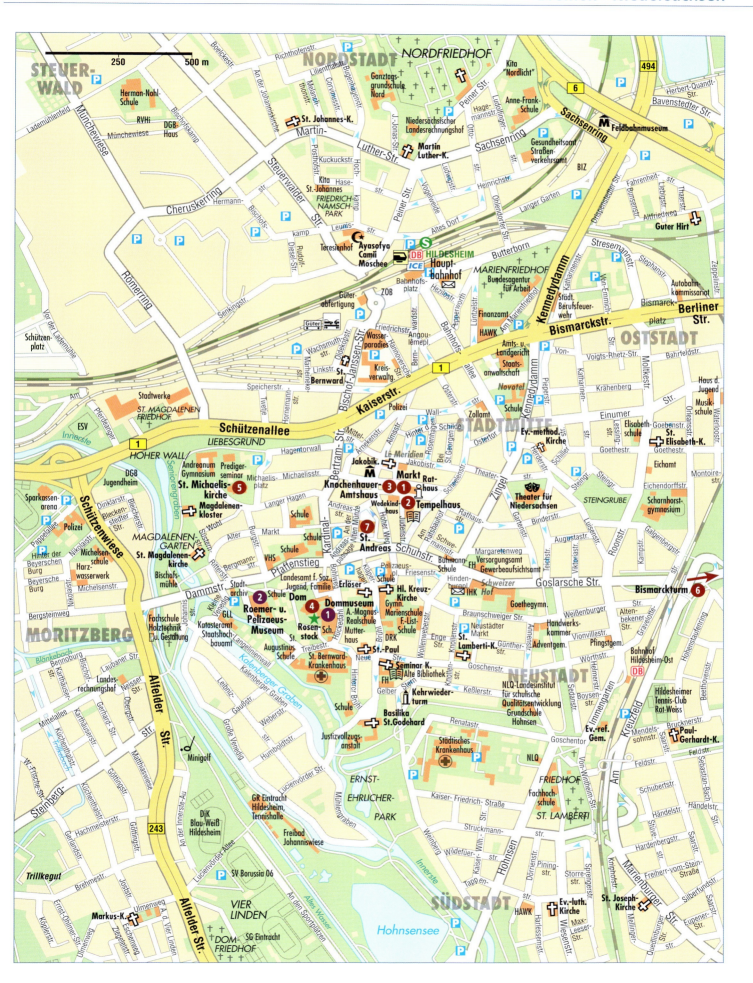

Bremen · Niedersachsen

Braunschweig

Wie ein Baum mit kräftigem Stamm sieht der von der Oker eingerahmte Stadtkern mit dem angrenzenden Bürgerpark aus der Vogelperspektive aus. Schaut man genauer hin, werden das Erbe Heinrichs des Löwen und die Spuren der Hanse sichtbar.

Die zweitgrößte Stadt Niedersachsens im Südosten des Landes trägt einen Löwen im Wappen und nennt sich »Löwenstadt«. Nicht erstaunlich, denn Heinrich der Löwe, Herzog von Sachsen und Bayern, gilt offiziell als Gründer von Braunschweig. Der Herrscher aus dem Adelsgeschlecht der Welfen ließ einen Dom errichten und auch eine Burg. Am Burgplatz erinnert die Skulptur eines Löwen an diese Zeit, als Braunschweig Residenzstadt wurde. Burg, Dom und Residenzschloss sind noch heute Zeugen jener bedeutenden Phase. Die Bewohner und die Obrigkeit gerieten allerdings rasch aneinander, was dazu führte, dass die Residenz nach Wolfenbüttel verlegt wurde. Kein Problem für die Bewohner, die fleißig und geschäftstüchtig waren und die Lage ihrer Stadt am Ufer der Oker geschickt zu nutzen wussten. Braunschweig gehört zu den Gründern der Hanse.

Sehenswürdigkeiten

❶ Burgplatz und Braunschweiger Löwe Der Platz ist das Herz der Stadt, in seinem Zentrum thront das Löwenstandbild, das der Welfe Heinrich erschaffen ließ. Die Skulptur ist eine Nachbildung, der originale Bronzeguss ist in der Burg zu bewundern. Am Burgplatz mit seiner mittelalterlichen Architektur fühlt man sich in die Vergangenheit zurückversetzt.

❷ Burg Dankwarderode Die Burg, in der Heinrich der Löwe residierte, verbreitet venezianisches Flair durch verzierte Fensterbögen und durch eine Außentreppe im Stil der Rialtobrücke. Ein Blick nach drinnen lohnt sehr. Die Pracht des Rittersaals raubt einem den Atem, auch Teile des Welfenschatzes begeistern.

❸ Dom St. Blasii Die romanische Basilika aus dem 12. Jahrhundert ist nicht weniger imposant als die Burg. Aus der Zeit der Grundsteinlegung sind das hölzerne Kruzifix und der Marienaltar erhalten. Die dreischiffige Krypta, der älteste Gebäudeteil, ist Grabstelle Heinrichs des Löwen, seiner Familie und weiterer Welfen.

❹ Altstadtmarkt Unweit des Burgplatzes befindet sich der Altstadtmarkt mit dem Rathaus, St. Martini, dem Zoll- und Landwehrhaus und der Renaissancebau des Gewandhauses mit wundervoller Schaufassade.

❺ Altstadtrathaus Das zweiflüglige Rathaus ist ein Juwel gotischer Baukunst. Fein gearbeitete Pfeilerfiguren beeindrucken ebenso wie der filigran gestaltete Laubengang. Im Erdgeschoss und im Gewölbe erzählt eine Ausstellung von der Stadtgeschichte.

❻ Liberei Im 14. Jahrhundert entstand die öffentliche Bibliothek, eine der ersten in Deutschland. Im Zweiten Weltkrieg wurde der gotische Backsteinbau schwer beschädigt. Nach der Renovierung finden hier u. a. Kunstaktionen und feiern statt.

Museen

❶ Herzog-Anton-Ulrich-Museum Sowohl die Burg Dankwarderode als auch ein Gebäude in der Museumsstraße (wegen Sanierung bis 2016 geschlossen) gehören zu einem der ältesten Kunstmuseen Europas. Der Grundstein ist die Sammlung des Namensgebers, der Gemälde von Rembrandt und Rubens, kostbare italienische Keramik und auch asiatische Werke hinterließ.

❷ Naturhistorisches Museum Bereits 1754 öffneten die Herzöge ihr Naturalienkabinett. Aquarium, Insektenabteilung, Fossilien- und Dino-Saal geben Einblicke in die Entwicklung der Erde und ihrer Lebewesen. Besondere Hingucker sind Dioramen mit nachgestellten Umgebungen verschiedener Tiere und natürlich die Schatzkammer, in der seltene naturkundliche Stücke zu bestaunen sind.

❸ Braunschweigisches Landesmuseum Im ehemaligen Verlagsgebäude Vieweghaus direkt am Burgplatz ist der Hauptstandort des Landesmuseums. In der Außenstelle Ägidienkloster ist das Jüdische Museum untergebracht, weitere Standorte sind das Archäologische Museum in Wolfenbüttel sowie ein Bauernhaus aus dem 17. Jahrhundert in Bortfeld.

Im Zentrum der Stadt liegt der Burgplatz mit der Burg Dankwarderode, dem Rathausturm, dem Loewendenkmal und dem Dom.

Besucher-Tipps:

Magniviertel Zwischen Schloss und Oker liegt das Magniviertel mit seinen reizenden historischen Fachwerkhäusern. Bunter Tupfer ist das Happy Rizzi House des New Yorker Künstlers James Rizzi.

Floßfahrt Ein unvergesslich schönes Erlebnis ist die Umrundung der Altstadt auf einem Floß. Die Floßfahrt kann man mit einem Brunch oder Frühstück, einer Stadtführung oder auch mit einer literarischen Veranstaltung, wie einer Lesung oder einem Hörkrimi, kombinieren.

Eulenspiegelbrunnen Die Figur des Eulenspiegel, wie sie über dem Brunnen hockt, hat eine faszinierende Ausstrahlung. Während die Häuser um ihn herum im Zweiten Weltkrieg zum Teil zerstört wurden, blieb er unversehrt.

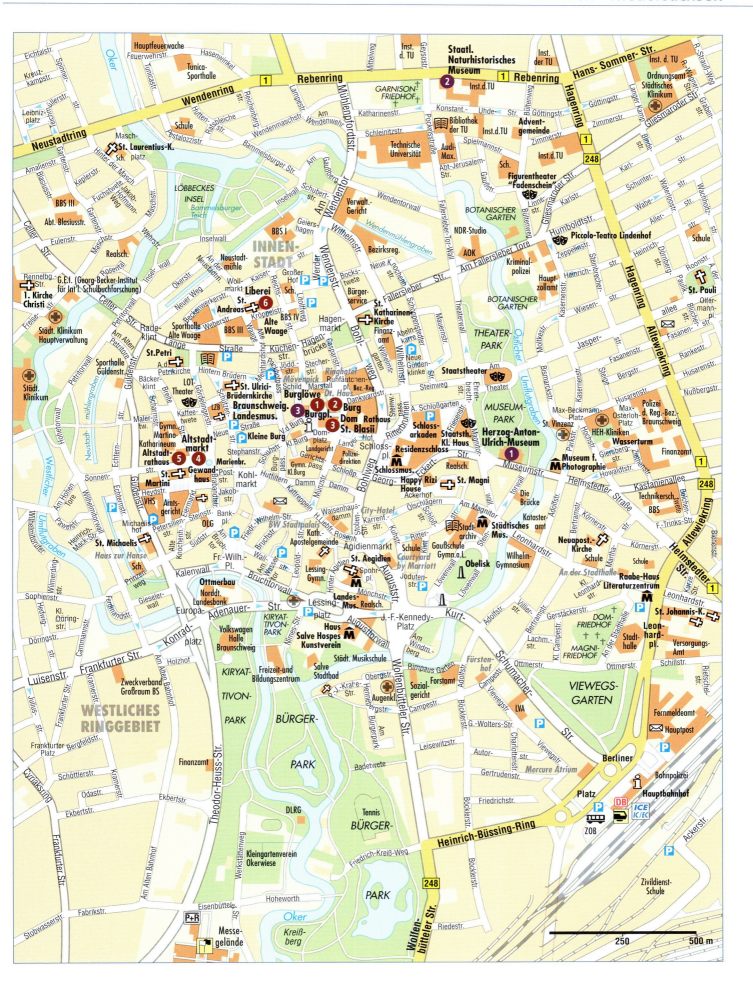

Bremen · Niedersachsen

Bremen · Niedersachsen

Wolfsburg

An der östlichen Grenze Niedersachsens liegt Wolfsburg. Eine Altstadt mit Kopfsteinpflaster und Fachwerk sucht man hier vergebens. Auch historische Kirchen wird man nicht finden. Wolfsburg ist jung. Die Stadt ist ganz und gar vom Automobilbau geprägt.

Der Stadtteil Alt-Wolfsburg in der Nordstadt weist auf einen ehemals selbständigen Gutshof mit Siedlung hin. Das Areal wurde, neben verschiedenen Grundstücken und Ortschaften, 1938 zur Stadt Wolfsburg zusammengefasst. Anlass war die Gründung des Volkswagenwerkes am Ufer des Mittellandkanals. Der Industriebetrieb benötigte eine große Zahl von Mitarbeitern, die in der Nähe eine Unterkunft finden mussten. So wurde die Gründung der Stadt kurzerhand unter der Leitung von Adolf Hitler geplant. Zur vollständigen Umsetzung kam es aufgrund des Krieges nicht. Vom historischen Erbe geblieben sind immerhin eine Burg und zwei Schlösser. Volkswagen hat, nachdem das Werk für die Rüstungsindustrie genutzt und sein Ruf schwer belastet wurde, der Stadt eine der größten Touristenattraktionen geschenkt, die im Jahr 2000 eröffnete Autostadt.

Sehenswürdigkeiten

❶ **Schloss Wolfsburg** Ende des 13. Jahrhunderts als Wasserburg errichtet, erfuhr dieses historische Gebäude der Stadt zahlreiche Veränderungen. Seit dem 16. Jahrhundert hat es seine jetzige Form. Der einstige Adelssitz erstrahlt als Schloss im Stil der Weserrenaissance. Der Graf von Schulenburg war der letzte blaublütige Besitzer, nun sind Städtische Galerie und Stadtmuseum bestens dort aufgehoben.

❷ **Burg Neuhaus** Die Wasserburg aus dem Mittelalter liegt an einem für frühere Zeiten strategisch äußerst wichtigen Platz. So ist es nicht verwunderlich, dass sie immer wieder Zankapfel der Mächtigen war. Umso erstaunlicher, dass sie so gut erhalten ist. Die aktuelle Nutzung hat sich dem Wandel der Zeit angepasst. Neben dem Burgmuseum gibt es auch einen Kindergarten und eine Turnhalle.

❸ **Schloss Fallersleben** Im Stadtteil Fallersleben liegt das bezaubernde Renaissanceschloss aus dem 16. Jahrhundert. Herzog Franz von Braunschweig und Lüneburg ließ es bauen, später diente es seiner Gattin als Witwensitz. Von der hufeisenförmigen Anlage ist nur noch der Westflügel geblieben und kann besichtigt werden. Er ist auch Heimat des Hoffmann-von-Fallersleben-Museums. Nach der Besichtigung bietet sich ein Besuch im Alten Brauhaus an.

❹ **Michaeliskirche** Schon im frühen Mittelalter gab es in Fallersleben eine Kirche. Herzog Franz errichtete daneben sein Schloss und nutzte das bereits damals existierende Gotteshaus als Schlosskirche. Ende des 18./Anfang des 19. Jahrhunderts entstand die frühklassizistische Querkirche, die noch heute zu sehen ist. Der damalige Bürgermeister und Vater von Heinrich Hoffmann von Fallersleben sorgte für ihre Errichtung, nachdem ihr Vorgängerbau verfallen war.

Museen

❶ **Städtische Galerie Wolfsburg** Im Schloss Wolfsburg präsentiert die Städtische Galerie Kunst auf sehr eigene Weise. Außer Skulpturen und Gemälden sind Videoinstallationen und Fotoarbeiten zu entdecken. Häufig gibt es Projekte mit Künstlern, die Spannendes zur Entstehung ihrer Werke zu erzählen haben. Interessant sind auch die Programme für Kinder, die nach Herzenslust ihr kreatives Potenzial ausprobieren können.

❷ **Hoffmann-von-Fallersleben-Museum** Geboren wurde der berühmte Sohn der Stadt als August Heinrich Hoffmann. Sein Vater, zeitweise Bürgermeister von Fallersleben, war Gastwirt. Wie passend, dass in August Heinrichs Geburtshaus aktuell ein Hotel mit Restaurant zu finden ist! Berühmt wurde der Hochschullehrer, weil er den Text zum »Lied der Deutschen« verfasste. Im Museum kann man nicht nur die Nationalhymne, sondern auch die vielen anderen Lieder aus seiner Feder hören. Außerdem wird einem der Mensch August Heinrich, der aus starker Verbundenheit zu seiner Heimat selbst den Beinamen von Fallersleben wählte, in seiner Zeit nahegebracht.

Das Innere eines der beiden Autotürme in der Autostadt Wolfsburg, Lager für bis zu 800 Neuwagen.

Besucher-Tipps:

Autostadt Direkt neben dem VW-Werk wartet seit 2000 eine architektonisch faszinierende Erlebniswelt. Acht Pavillons widmen sich den Fahrzeugmarken des Konzerns. Das Zeithaus ist zu einem beeindruckendem Automobilmuseum avanciert. Und die parkähnliche Außenanlage der Autostadt lädt zu fahrerischem Experimentieren ein.

Phaeno Schon das futuristische Gebäude ist großartig. Drinnen geht es spektakulär weiter. Phänomene aus Natur und Technik sind nicht einfach nur zu bestaunen, Mitmachen und Anfassen ist gefordert. Zum Beispiel beim Ufo-Bau für den Windkanal.

Allerpark Beliebter Treffpunkt ist der Allerpark mit Hochseilgarten, Wasserskianlage und Erlebnisbad.

Bremen · Niedersachsen

Wolfenbüttel

Wenn langsam die historisch anmutenden Laternen verlöschen und die Morgendämmerung die Fachwerkhäuser in sanftes Licht taucht, fühlt man sich in ein historisches Dorf versetzt. Dabei ist die einstige Welfenresidenz eine 55 000-Einwohner-Stadt.

Garnisonsstadt, Bischofssitz und Residenzstadt der Herzöge von Braunschweig und Lüneburg: Wolfenbüttel hat stets hohe Bedeutung genossen, seit die Stadt an der Oker sich im Umfeld einer Wasserburg entwickelt hat. Schlendert man durch die Innenstadt, ist das gut zu erkennen. Geschichtsträchtige Plätze und Bauwerke, wohin das Auge blickt. Optisch dominant und zentral gelegen ist beispielsweise das Schloss, in dem die Herzöge des Welfengeschlechts mehr als 400 Jahre Hof gehalten haben. Aus dieser Zeit stammt die Bastion Mühlenberg, die Reste einer mächtigen Verteidigungsanlage. Nicht weit davon die berühmte Herzog August Bibliothek und das Lessinghaus. Ergänzt wird so viel Geschichte und Kultur durch kleine Gassen, in denen Cafés und Restaurants und auch nette kleine Geschäfte zu finden sind.

Sehenswürdigkeiten

❶ Schloss Wolfenbüttel Vom Schlossplatz hat man einen guten Blick auf die rote Fassade mit ihren hell abgesetzten Sprossenfenstern. Statuen säumen die Brücke vor dem Torbogen, der in den Hof der Barockanlage führt.

❷ Herzog August Bibliothek Bereits als Kind hatte Herzog August Freude an Büchern. Als Erwachsener zählte seine Sammlung weit über 100 000 Exemplare, darunter zahlreiche mittelalterliche Handschriften.

❸ Hauptkirche Beatae Mariae Virginis 1608 wurde mit dem Bau der Kirche begonnen. Wer nicht genau hinschaut, kann sie leicht für ein Schloss halten. Ihre Türme sitzen über verzierten Giebeln, überall findet sich verschwenderische Kunst.

Die Kirche vereint Elemente der Renaissance und des Barock.

Museen

❶ Lessinghaus Gotthold Ephraim Lessing war im 18. Jahrhundert Bibliothekar in der Herzog August Bibliothek. Er lebte in dem Haus, das nun ein ihm gewidmetes Museum beherbergt, und verfasste hier unter anderem »Nathan der Weise«.

Das Hauptgebäude der Herzog-August-Bibliothek wurde 1881–86 erbaut; unter den rund 8000 Handschriften befindet sich auch das Evangeliar Heinrichs des Löwen.

Hameln

Wer Hameln hört, denkt unweigerlich an den berühmten Rattenfänger. Dabei hat die hübsche Stadt inmitten der prallen Natur des Weserberglandes so viel mehr zu bieten. Zum Beispiel eine malerische Altstadt und einige Schmuckstücke der Weserrenaissance.

Die Kreisstadt von Hameln-Pyrmont liegt am Ufer der Weser. Die Altstadt mit ihren in der zweiten Hälfte des 20. Jahrhunderts mit Liebe und Geschick sanierten Sandsteinfassaden und Fachwerkgebäuden ist von einem Wall umgeben. Das Weserbergland ist Märchenland und Hameln die Stadt der von den Brüdern Grimm aufgeschriebenen Rattenfänger-Sage. Was ist schöner, als die Geschichte als Freilichtspiel auf der Terrasse des Hochzeitshauses vor einer mittelalterlichen Kulisse zu erleben? Bei all der märchenhaften Atmosphäre sollte man nicht vergessen, dass Hameln auch Hansestadt, Festung und Industriestadt war. Davon erzählen die auffällig rote Pfortmühle, eine ehemalige Wassermühle, oder auch das Automobil-Museum im Hefehof, dem Werksgebäude der Zuckerraffinerie aus dem Jahr 1890, das längst nicht mehr in Betrieb ist.

Sehenswürdigkeiten

❶ Altstadt Auf das Pflaster gemalte Ratten leiten den Besucher zu den Sehenswürdigkeiten der Stadt. Dazu gehören die Garnisonskirche, das Rattenfängerhaus und zwei Türme, Überbleibsel der mittelalterlichen Stadtbefestigung.

❷ Rattenfängerhaus Erbaut wurde das repräsentative Giebelhaus im Stil der Weserrenaissance Anfang des 17. Jahrhunderts. Rund 300 Jahre später bekam es seinen Namen, nachdem man eine Inschrift fand. Diese kann durchaus als Augenzeugenbericht des Verschwindens der Hamelner Kinder aus der Stadt gedeutet werden.

❸ Hochzeitshaus Der Sandsteinbau von 1617 wurde für Feierlichkeiten der Bürgerschaft errichtet. Auch eine Weinschenke und eine Apotheke gab es passenderweise im Gebäude. Täglich ertönt hier ein Glockenspiel mit dem Rattenfängerlied.

Museen

❶ Museum Hameln Das Stadtmuseum liegt zentral in der historischen Altstadt. Es widmet sich natürlich der berühmten Sage vom Rattenfänger, lässt aber auch die Geschichte der Stadt und des Weserberglandes lebendig werden.

Die Fassade des Stiftsherrenhauses in der Rattenfängerstadt Hameln weist prachtvoll verziertes und bemaltes Schnitzwerk auf.

ⓘ Touristeninformation: Stadtmarkt 7A, 38300 Wolfenbüttel, Tel. 05331/86 280, E-Mail: touristinfo@wolfenbuettel.de, www.wolfenbuettel-tourismus.de
ⓘ Touristeninformation: Deisterallee 1 (am Bürgergarten), 31785 Hameln, Tel. 05151/95 78 23, E-Mail: touristinfo@hameln.de, www.hameln.de

Goslar

Bergbaustandort und kaiserliche Pfalz, kann das überhaupt zusammenpassen? Goslar, am südöstlichen Rand Niedersachsens gelegen, beweist es. Es hat den Ruf, die schönste Altstadt der Region mit dem Silber des Rammelsberges erworben zu haben.

Der Abbau reichhaltiger Metallschichten hat im Harz eine mehrere Tausend Jahre alte Tradition. Bereits im 11. Jahrhundert genießt die Goslarer Pfalz hohe Bedeutung. Davon zeugt die palastartige Anlage, in der die Kaiser ihren hohen Besuch empfangen haben. Das recht gut erhaltene Stadtbild aus dem 15. Jahrhundert hat wiederum viel mit Erz zu tun. In dieser Zeit nämlich erlebte die Förderung einen ihrer Höhepunkte.

Goslar konnte sich über hohe Einnahmen freuen, die umgehend in ein Rathaus, den Ausbau von Kirchen, die Erweiterung von Stadtmauer und Sicherungsanlagen und in vornehme Gildehäuser investiert wurden. Doch die Bodenschätze sind nicht nur Segen. Immer wieder waren sie auch Anlass für Auseinandersetzungen und Streit um Besitztumsansprüche, die die Stadt nicht selten an den Rand des Ruins brachten.

Sehenswürdigkeiten

❶ **Kaiserpfalz** Ende des 19. Jahrhunderts wurde die 1050 fertiggestellte Kaiserpfalz saniert. In ihrer Kapelle soll das Herz des Erbauers Kaiser Heinrichs III. begraben liegen.

❷ **Altstadt** Mit all ihren architektonischen Perlen ist die Altstadt Goslars beinahe so etwas wie ein Freilichtmuseum. Regelmäßig finden hier Feste wie das Altstadtfest und der Weihnachtsmarkt statt.

❸ **Rathaus mit Huldigungssaal** Im 15. Jahrhundert begann unmittelbar am Markt der Bau des Rathauses. Je nach wirtschaftlicher Lage wurde es erweitert. So wurde etwa der Ratssitzungssaal eingerichtet. Der sogenannte Huldigungssaal ist vollständig bemalt, eine originalgetreue Kopie kann besichtigt werden.

❹ **Zwinger** In dem erhaltenen Teil der ehemaligen Wehranlage sind Ritterrüstungen, Schwerter und Geräte des Strafvollzuges ausgestellt.

❺ **Großes Heiliges Kreuz** Goslar war im Mittelalter eine Großstadt mit vielen hart arbeitenden Menschen. Da war es notwendig, sich schon früh um die Kranken und Schwachen zu kümmern. 1254 wurde die städtische Armenfürsorge gegründet. In einem modernen Anbau werden auch in unserer Zeit noch Senioren versorgt.

❻ **Goslarer Dom** Heinrich III. ließ die Stiftskirche St. Simon und Judas bauen, besser bekannt als Goslarer Dom. 1819 musste sie abgerissen werden, da kein Geld für die Sanierung vorhanden war. Einzig die Domvorhalle steht noch. Der einstige Grundriss ist auf dem umgebenden Parkplatz mit einer Pflasterung gekennzeichnet.

❼ **Kaiserworth** Ende des 15. Jahrhunderts setzten die Kaufleute der Stadt dem Rathaus ein Gildehaus vor die Nase, das es in seiner Pracht beina-

UNESCO-Welterbe

Bergwerk Rammelsberg und Altstadt Goslar Die UNESCO-Kommission nahm das Bergwerk in das Welterbe auf, weil es das einzige weltweit ist, das 1000 Jahre ohne Unterbrechung betrieben wurde. Mit der Altstadt zusammen wurde erstmals eine ganze Kulturlandschaft ausgezeichnet. Seit 2010 ist der Eintrag auf der Kulturerbeliste noch umfangreicher. Auch die Oberharzer Wasserwirtschaft einschließlich des Klosters Walkenried gehört jetzt dazu. Lange vor Beginn des Industriezeitalters haben die Zisterziensermönche, Herrscher über die Hütten und den Rammelsberg, eine Anlage erdacht, die Wasserenergie geliefert hat. Damit konnten die Pumpen des Bergwerks angetrieben werden.

Bremen · Niedersachsen

Besucher-Tipps:

Marktbrunnen Es mag aufwendiger gestaltete Brunnen geben. Dennoch ist der Marktbrunnen der Mittelpunkt der Stadt und einen Besuch wert. Die untere Schale, ein Bronzeguss der Romanik, stammt nämlich aus dem 12. Jahrhundert. Oben thront der Adler, Goslars Wahrzeichen.

Schützen- und Volksfest Bei allen historischen Highlights ist Goslar auch eine lebendige Schützen-Hochburg. Während des alljährlich im Juli stattfindenden Schützen- und Volksfestes kann man die Stadt von ihrer bunten Seite kennenlernen. Zu den Traditionen zählt der Umzug mit oft 2000 Teilnehmern, der durch die gesamte Altstadt führt. Eine Kirmes mit Fahrgeschäften lässt nicht nur Kinderaugen leuchten.

he übertraf. Wer mag, kann im hier ansässigen Traditionshotel logieren.

❽ **Siemenshaus** Seit dem 16. Jahrhundert sind Mitglieder der Familie Siemens in Goslar zu Hause. Ihr Stammhaus, Sitz des Siemens-Archivs, ist ein Fachwerkbau.

Museen

❶ **Goslarer Museum** Das Stadtmuseum mit Sitz in einer Stiftskurie informiert über die Geschichte Goslars sowie über die Bodenschätze der Region. Juwel der Ausstellung ist ein aus Bronze gefertigter Altar.

❷ **Bergbaumuseum Rammelsberg** 1988 ging die Ära des Bergwerks Rammelsberg zu Ende. Es wurde daraus ein Besucherbergwerk. Das Museum entführt seine Besucher in die Welt der Mineralien und gewährt einen Blick in das Leben der Bergleute.

Die Altstadt zeugt vom Wohlstand des historischen Goslar (großes Bild); die nächtliche Außenansicht der Kaiserpfalz Goslar (kleines Bild).

Bremen · Niedersachsen

Göttingen

Im südlichsten Landkreis Niedersachsens liegt Göttingen. Die Georg-August-Universität, die älteste des Bundeslandes, bestimmt durch ihre große Anzahl Studierender, die die Fachwerkaltstadt bevölkern, maßgeblich die Atmosphäre der Stadt.

Vor allem zwei Phasen haben sichtbare Spuren in der über 130 000 Einwohner umfassenden Großstadt hinterlassen. Da war zum einen der Aufschwung der Tuchproduktion im 15. Jahrhundert. Göttingen war Mitglied der Hanse, seine Leinen- und Wollenweber stellten Produkte her, die sogleich über den in der Nähe verlaufenden Handelsweg ausgeliefert werden konnten. Detailverliebt ausgestaltete Fachwerkhäuser, die die Tuchmacher sich errichten ließen, legen Zeugnis von dieser Blütezeit ab. Nach dem Niedergang dieser Industrie, ausgelöst durch Konkurrenz aus England, war die Gründung der Universität 1734 durch Georg II. August, Kurfürst von Hannover, die neue Zukunft der Stadt. Berühmte Gelehrte und Forscher kamen scharenweise, so auch im 19. Jahrhundert die Brüder Grimm. Seit einigen Jahren ist sie Stiftungsuniversität.

Sehenswürdigkeiten

❶ Altes Rathaus Im Kern der Altstadt befindet sich das Alte Rathaus, das sich mit Fug und Recht so nennen darf. Seine Ursprünge reichen bis in das 13. Jahrhundert zurück. Bis 1978 war hier die Verwaltung untergebracht, nun darf sich das Tourismusbüro über die stilvolle Unterkunft freuen. Sehenswert sind die Malereien in der Rathaushalle sowie das Gefängnis.

❷ Gänselieselbrunnen Auf dem Marktplatz vor dem Alten Rathaus steht eines der begehrtesten Fotomotive der Stadt, ein Brunnen mit der Figur der Gänseliesel darauf. Sowohl das bronzene Mädchen als auch das Becken aus Sandstein entstanden 1901. Seither sind sie Mittelpunkt eines fröhlichen Brauchs. Jeder Doktorant, der in Göttingen seinen Abschluss macht, muss die kleine Figur küssen.

❸ Junkernschänke Mancher behauptet, unter der amüsanten Adresse Barfüßerstraße Nr. 5 in Göttingen sei das schönste Fachwerkhaus Deutschlands zu finden. Ohne Zweifel ist das mit biblischen Motiven verzierte Gebäude aus dem 15. Jahrhundert ein kleiner Schatz.

❹ St. Johannis Hinter dem Rathaus erheben sich die drei Schiffe der gotischen Hallenkirche. Die beiden achteckigen Türme ruhen auf dem sogenannten Westwerk, einem massiven zwei Stockwerke umfassenden Unterbau. Die achteckige Form findet sich an mehreren Stellen des Gotteshauses wieder. Nach Sanierung der Türme im Jahr 2005 fiel der Nordturm einem Feuer zum Opfer. Bei Fortführung seiner ursprünglichen Nutzung, als Wohnort des Turmwächters, hätte das vielleicht verhindert werden können.

❺ St. Jacobi Am Rand der Fußgängerzone öffnet die Jacobikirche ihre Pforten für Gläubige und für jene, die im Einkaufstrubel ein wenig Ruhe suchen. Auch Kunstliebhaber zieht sie an. Dafür sorgen die modernen bunten Glasfenster, die nach den Plänen des Künstlers Johannes Schreiter entstanden sind. Und vor allem der Flügelaltar aus dem Jahr 1402. Auch von außen beeindruckt St. Jacobi. Von nahezu jedem Punkt der Stadt aus ist der 72 Meter hohe Turm mit der runden Kappe zu sehen.

❻ Bismarckhäuschen Zu den prominenten Studenten Göttingens gehörte Otto von Bismarck. Eine Aussichtsplattform aus Kalkstein und ein Turm sind nach ihm benannt. In dem Häuschen, ehemals Teil der Stadtmauer, hat Bismarck ein halbes Jahr gelebt. Man erzählt sich, er habe die örtlichen Weinstuben mehr studiert als seine Bücher. Trotzdem wird das Zimmer, das im Bismarckhäuschen an ihn erinnert, Studierzimmer genannt.

❼ Alter Botanischer Garten Der historische Garten ist weit mehr als ein Park inmitten der Großstadt. Seit gut 250 Jahren dient er der botanischen Forschung und Lehre. In modernen Zeiten hat er eine wichtige Aufgabe dazugewonnen, den Artenschutz. Es gibt nicht mehr viele Orte wie den am Stadtwall, wo so viele Tiere einen geeigneten Lebensraum finden. Für Besucher sind neben den alten Bäumen vor allem die historischen Gewächshäuser sehenswert. Darunter ein Regenwald-, ein Farn- und ein Kakteenhaus. Ein eigenes Haus beansprucht die Riesenseerose Victoria aus Südamerika für sich. Es ist immer wieder ein Erlebnis, wenn sie im Sommer gegen Abend ihre stattlichen Blüten öffnet.

Museen

❶ Städtisches Museum 1889 wurde die »Städtische Alterthümersammlung« gegründet. Ihr Schicksal stand nicht von Anfang an unter einem guten Stern. Ein geplanter Museumsbau war zu teuer, erste Räumlichkeiten wurden schnell zu eng. Nach mehreren Umzügen gelangte die

ⓘ Touristeninformation: Altes Rathaus, Markt 9, 37073 Göttingen, Tel. 0551/49 98 00, E-Mail: tourismus@goettingen.de, www.goettingen-tourismus.de

Bremen · Niedersachsen

Besucher-Tipps:

Internationale Händel-Festspiele Der Komponist Georg Friedrich Händel verdankt der Stadt Göttingen eine kleine Renaissance. In der ersten Hälfte des 20. Jahrhunderts waren seine Opern aus der Mode gekommen. Die ersten Göttinger Händel-Festspiele änderten dies, führten zur Wiederentdeckung seines Werkes und wurden eine feste kulturelle Einrichtung.

Saline Luisenhall Göttingen hat heute noch eine industrielle Besonderheit erster Güte zu bieten: In ganz Europa gibt es keine zweite Pfannensaline, die noch in Betrieb ist. Man ist sich dieser Bedeutung bewusst und heißt Besucher herzlich willkommen. Wer nicht nur sehen möchte, wie die Sole verarbeitet wird, kann sie im Badehaus hautnah spüren.

Sammlung schließlich in den Hardenberger Hof in der Straße Ritterplan, wo sie sich auch jetzt noch befindet. Im Lauf der Zeit wurden immer mehr angrenzende Gebäude integriert, sodass nun ausreichend Platz für Kirchenkunst, den Tapetensaal und Sonderausstellungen ist.

❷ **Ethnologische Sammlung der Universität Göttingen** Im 18. Jahrhundert sorgten Kulturgegenstände aus der Arktis und aus der Südsee für Staunen in Göttingen. Man entschied, sie den Bürgern zugänglich zu machen, der Grundstein für ein Völkerkundemuseum war gelegt. Die Zahl der Exponate ist seither kontinuierlich gestiegen. Die Afrika-Abteilung ist inzwischen die umfangreichste. Es gibt außerdem Bereiche für Nord- und Südamerika, Ozeanien, Australien und Asien. Sie alle werden weiterhin zu Forschungszwecken genutzt.

Der Marktplatz mit dem Gänselieselbrunnen, dem Wahrzeichen der Stadt (großes Bild); das Innere der Jacobikirche (kleines Bild).

Mecklenburg-Vorpommern

Das nordöstlichste Bundesland hat wenig Menschen, dafür viel Küste und überhaupt viel Natur. Geschickte Kaufleute prägten den Aufstieg stolzer Hansestädte und Fürsten bauten neu gegründete Siedlungen zu erfolgreichen Handelsplätzen aus.

Wo Scharen von Touristen jedes Jahr ihren Urlaub verbringen, vornehmlich an der Küste zwischen Bad Doberan und Greifswald und auf den Inseln, lebten früher Slawen. Sie haben Spuren bis in die heutige Zeit hinterlassen. Bei Ausgrabungen ist man auf Reste ihrer Burgen gestoßen, rund 200 Burgwälle sind erhalten und können besucht werden. Im späten Mittelalter wanderten immer mehr Bauern aus westlichen Regionen ein und siedelten, wo vorher slawische Stämme zu Hause waren. In dieser Phase entwickelten sich die meisten Städte des Landes. Mecklenburgische und pommerische Fürsten übernahmen das Regiment und wurden bald schon zu Herzögen erhoben. Güstrow bekam ein prächtiges Renaissance-Schloss, prunkvoller und berühmter ist das Schloss von Schwerin, heute Sitz des Landtages. Die Landeshauptstadt, von Heinrich dem Löwen offiziell zur Stadt ernannt und ausgebaut, besticht mit ihrer perfekten Mischung aus sehenswerter Architektur, einem großen kulturellen Angebot und der äußerst idyllischen Seenlandschaft. Wasser ist in Mecklenburg-Vorpommern ohnehin das bestimmende Element. Allein der Müritz-Nationalpark hat eine Ausdehnung von 322 Quadratkilometern und setzt sich zum größten Teil aus Wald und eben Wasser zusammen. In seiner unmittelbaren Nähe liegt die Stadt Neustrelitz. Als ob die Altstadt, die sich wie ein Stern um den Marktplatz schmiegt, die Barockkirche und der weitläufige Schlossgarten nicht schon reizvoll genug wären, ist die Stadt auch ein wichtiger Wissenschaftsstandort. Das Deutsche Zentrum für Luft- und Raumfahrt hat in Neustrelitz eine Außenstelle. Flüsse und Seen haben vor Hunderten von Jahren meist bestimmt, wo eine Siedlung entstand, denn Menschen brauchen Wasser zum Leben. Vorteilhaft war die Lage an einem Ufer natürlich auch, weil Schiffe zu den wichtigsten Transportmitteln gehörten. So ist es nicht verwunderlich, dass sich gerade hier an der Küste besonders reiche Handelsplätze entwickeln konnten.

Die moderne Marina liegt inmitten der Innenstadt der Hansestadt Greifswald.

Blick auf den Hafen der Hansestadt Rostock vom Wasser aus.

Greifswald, Stralsund oder auch Rostock haben ihrem Zugang zur Ostsee viel zu verdanken. Greifswald ist dafür ein gutes Beispiel. Schon früh ließen sich Menschen um das neu gegründete Kloster nieder. Kaum wurde die Mündung des Flüsschens Ryck, an dem der Marktflecken lag, zum Freihafen erklärt, florierte der Handel. Nicht anders verhielt es sich bei Rostock, ebenfalls ein Mitglied der Hanse. Bis hinauf nach Riga segelten Rostocker Kaufleute, um ihre Waren zu Geld zu machen und andere Güter in die Heimat zu bringen. Für die Strapazen und Gefahren auf See wurden sie mit Wohlstand belohnt, der sich noch heute im Stadtbild widerspiegelt. Bescheidenheit und Schlichtheit sucht man bei den von ihnen erbauten Patrizierhäusern vergebens. Im Gegenteil: Man versuchte sich mit Lübeck, der Königin der Hanse, zu messen.

Großes Bild: Der Alte Hafen mit Wassertor und Nikolaikirche in der Hansestadt Wismar.

Der Strand vor dem Kurhaus im Ostseebad Binz ist von Strandkörben übersät.

Mecklenburg-Vorpommern

Schwerin

Um zu erkennen, dass in der Landeshauptstadt Mecklenburg-Vorpommerns die Großherzöge von Mecklenburg-Schwerin residierten, bedarf es keiner ausschweifenden Fantasie. Schon das in einem der sieben Seen gelegene prachtvolle Schloss zeugt davon.

Wo einst die slawische Burg Zuarin stand, präsentiert sich das dominanteste Gebäude der Stadt romantisch-verspielt, als sei es gerade von einem Zuckerbäcker fertiggestellt worden. Schon im 16. Jahrhundert hat man mit seinem Bau begonnen. Eine Besichtigung der Anlage mit ihren Gärten ist für jeden Schwerin-Besucher ein Muss. Aber auch den Marktplatz mit den restaurierten Bürgerhäusern sollte man keinesfalls verpassen.

Sehenswürdigkeiten

1 Schweriner Schloss Im 16. Jahrhundert begannen die Arbeiten an dem Residenzschloss im Stil der Renaissance. Nach dem Vorbild der Loire-Schlösser umgestaltet, veränderte sich der Prachtbau, bis er im 19. Jahrhundert seine jetzige Form bekam. Er gilt als bedeutendes Beispiel für den europäischen Historismus.

2 Schlossbrücke Die 48 Meter lange Verbindung zwischen Innenstadt und Schloss ist eine Stahlbetonkonstruktion, die mit Steinen verkleidet ist. Am Portal wachen Skulpturen von Pferdebändigern.

3 Alter Garten mit Siegessäule Den barocken Schlossgarten, im Stil eines englischen Landschaftsparks, erreicht man über eine gusseiserne Drehbrücke. Dort steht eine Säule von 1874, die an den Sieg über die Franzosen erinnert. Sie wurde aus französischen Geschützen gefertigt.

4 Staatskanzlei Bis in das 16. Jahrhundert befand sich ein Kloster am Alten Garten. 1834 wurde dort das weiße Regierungsgebäude mit seinem Säulenportal fertiggestellt.

5 Altes Palais Von der Staatskanzlei ist es nur ein Katzensprung zum Alten Palais, wo die Witwen einiger mecklenburgischer Herzöge nach dem Tod ihrer Ehemänner residierten.

6 Altstädtisches Rathaus Das Gebäude am Marktplatz hat einiges hinter sich. Drei Brände legten es in Schutt und Asche, immer wieder wurde es aufgebaut. Sein aktuelles Äußeres im Tudor-Stil bekam es 1835. Auf seinen Zinnen thront der Goldene Reiter.

Hier erinnert die Statue eines Goldenen Reiters an den Gründer der Stadt, Heinrich den Löwen. Sie ist direkt am Rathaus platziert, hinter dem auf dem Schlachtermarkt täglich – ganz anders, als der Name vermuten lässt – Blumen und Gemüse angeboten werden. Nicht zuletzt der Schweriner Dom wird wohl bei keiner Stadterkundung ausgelassen. Er ist das einzig erhaltene Bauwerk des Mittelalters.

7 Schweriner Dom 1167 erlangte die Stadt große kirchliche Bedeutung, denn sie wurde Bischofssitz. Etwa 20 Jahre dauerte der Bau des Doms, der im Lauf der Zeit zu einer gotischen Kathedrale wuchs. Der beinahe 120 Meter hohe neugotische Turm entstand erst Ende des 19. Jahrhunderts. Von dort oben hat man einen grandiosen Blick auf die gesamte Stadt. Das farblich interessant gestaltete Innere beherbergt einen um 1430 entstandenen Flügelaltar. Beeindruckend ist die aus Sandstein filigran gearbeitete Kreuzigungsszene.

Museen

1 Staatliches Museum Schwerin Unweit vom Schloss befindet sich das Staatliche Museum. Zu sehen sind Kunstwerke von der Antike bis zur Gegenwart. Ein Schwerpunkt liegt auf der niederländischen Malerei des 17. und 18. Jahrhunderts.

2 Mecklenburgisches Freilichtmuseum In Schwerin-Muess erwartet den Besucher ein lebendiges Museum. Wie haben die Bauern in der Region gelebt? Wie hat sich ihr Leben verändert? 17 alte Gebäude am Ufer des Schweriner Sees erzählen davon. Die Einrichtung ist besonders auf Kinder eingestellt, Langeweile kommt hier nicht auf.

Der Zugang zum Schweriner Stadtschloss von der Innenstadt (oben). Das Mittelschiff des Schweriner Doms (unten).

Besucher-Tipps:

Pfaffenteich Der Teich, niederdeutsch »Papendiek«, wurde im 13. Jahrhundert künstlich angelegt. Eine Überquerung mit der Fähre sollte man sich nicht entgehen lassen, denn sie bietet traumhafte Blicke auf die Altstadt.

Schleifmühle Die Wassermühle am Faulen See war seit ihrer Erbauung im 18. Jahrhundert durchaus fleißig. Für Wollspinner hat sie gearbeitet und als Graupenmühle. Zuletzt hat sie die Steinschleiferei des Großherzogs angetrieben. Noch heute kann man zusehen, wie Granitfindlinge in Form gebracht und poliert werden. Die Schauanlage zeigt außerdem historische Gerätschaften und verrät einiges über die Geschichte der Mühle und über Mineralien.

Mecklenburg-Vorpommern

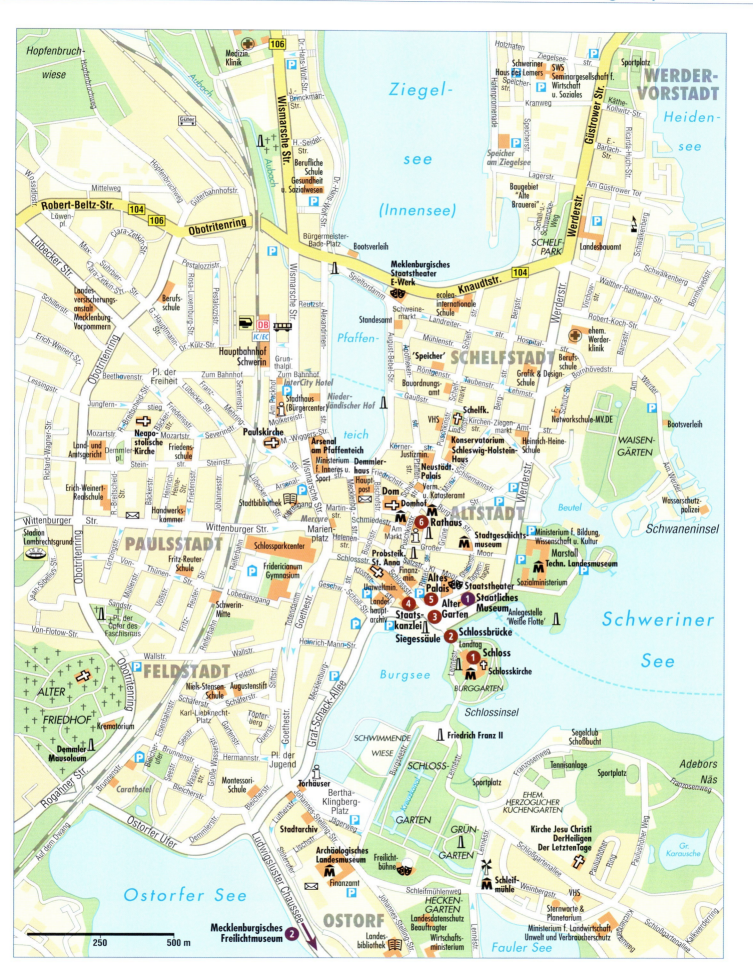

Mecklenburg-Vorpommern

Wismar

Auf den ersten Blick ist Wismar ein kleiner hübscher Ort zum Bummeln. Dabei übersieht man leicht, dass es sich um eine der bedeutendsten Hansestädte handelt. Der Dreißigjährige Krieg und die Weltkriege verschonten glücklicherweise die Altstadt.

Die nördliche Lage bescherte der Stadt unterschiedliche Herren. Waren es erst die mecklenburgischen Fürsten, besetzten 1632 die Schweden die Stadt und bekamen sie nach Ende des Dreißigjährigen Krieges zusammen mit der Insel Poel 1648 sogar offiziell zugesprochen. Erst 1903 gehörte die Stadt wieder zu Mecklenburg. Alle, die hier Einfluss hatten, hinterließen auch ihre Spuren. Da ist zum Beispiel der Fürstenhof oder das älteste Haus, der Alte Schwede. Wer Lust hat, kann sich auch auf Entdeckungsreise nach niederländischer Architektur machen. Das Schabbelhaus beispielsweise wurde von einem Utrechter Baumeister erschaffen. Er war es auch, der die Pläne für die Wasserkunst gezeichnet hat. Wismar war Rüstungsstandort und Industriehafen und ist doch immer eins geblieben: ein kleiner hübscher Ort zum Bummeln.

Sehenswürdigkeiten

❶ Altstadt Im Zentrum befindet sich der Marktplatz, einer der größten in Norddeutschland. Hier stehen einige der ältesten Gebäude der Stadt, wie das Bürgerhaus Alter Schwede, das Rathaus und die Wasserkunst.

❷ Wasserkunst Wie eine Kirchturmspitze hockt seit 1602 der Pavillon der Wasserkunst auf dem Markt. Bis Ende des 19. Jahrhunderts diente er der Trinkwasserversorgung. Davon erzählen in das kleine Bauwerk gemeißelte Schriften.

❸ Rathaus Nachdem 1807 ein Teil des Rathauses einstürzte, bekam es sein heutiges klassizistisches Äußeres. Im alten gotischen Kellergewölbe sollte man sich die Ausstellung über die Entwicklung Wismars ansehen.

❹ Bürgerhaus Alter Schwede Ein roter Backsteinbau mit Staffelgiebel und schwedischer Flagge ist das älteste Bürgerhaus Wismars. Etwa 1380 errichtet, diente das Dielenhaus zunächst einem Kaufmann als Wohngebäude. Seit es seit 1878 ein Gasthaus ist, trägt es seinen Namen.

❺ Fürstenhof Die zwei Flügel des Fürstenhofs weisen aufgrund der langen Bauzeit zwei unterschiedliche Stile auf: italienische Renaissance und Spätgotik. Der Hof ist heute Sitz des Amtsgerichts.

❻ St. Nikolai Die dreischiffige Basilika überragt die Stadt. Sie war die Kirche der Fischer und der Seefahrer. Bei Unwettern 1703 zerstörte der herabstürzende Turmhelm das Innere.

❼ Alter Hafen mit Wassertor Man kann sich kaum mehr vorstellen, dass hier einmal die Fernhandelsschiffe dicht an dicht festmachten. Der Alte Hafen liegt am künstlich angelegten Lauf der Grube. Dort steht auch das letzte von fünf Stadttoren, das Wassertor von 1450.

UNESCO-Welterbe

Historische Altstadt Wismar Zusammen mit der Altstadt von Stralsund wurde die von Wismar 2002 zum UNESCO-Welterbe erklärt. Eingeschlossen sind der Alte Hafen und drei historische Backsteinkirchen. Dabei geht es nicht einfach um die Erhaltung historischer Bauwerke, sondern um das kulturelle Erbe der Hanse, so die Begründung.

Der Sachverständigenbeirat der UNESCO steht Wismar seither zur Seite, wenn es um städtebauliche Veränderungen und Denkmalpflege geht. Man darf dabei nicht vergessen, dass es sich um einen großen Bereich der Stadt handelt, in dem Menschen leben und arbeiten. Erhalt, Alltag und touristische Nutzung müssen in Einklang gebracht werden.

ⓘ *Touristeninformation: Rathaus, Am Markt 1, 23966 Wismar, Tel. 03841/19 433, E-Mail: touristinfo@wismar.de, www.wismar.de*

Mecklenburg-Vorpommern

Besucher-Tipps:

Lohberg Ein Besuch der kleinen Kopfsteinpflastergasse lohnt sich. In den alten restaurierten Speicherhäusern haben sich gemütliche Kneipen angesiedelt.

Schwedenfest Noch heute nennen sich die Wismarer gern Südschweden, was ihr besonderes Verhältnis zu dem skandinavischen Land zeigt. Spätestens beim jährlich im August stattfindenden Schwedenfest ist klar, dass es keine bösen Gedanken gegenüber den einstigen Besatzern mehr gibt. Zwar werden auf dem Markt historische Schlachten nachgestellt und Feldlager errichtet, Live-Musik, Feuerwerk und Feierlaune stehen jedoch deutlich im Vordergrund. Eine Mischung aus Geschichtsspektakel und Stadtfest.

❽ **Alter Wasserturm** Im Mittelalter diente er als Wehrturm der Sicherheit der Stadt, 1685 wurde er zum Wasserturm umfunktioniert. Als solcher war er knapp 200 Jahre im Einsatz.

Museen

❶ **Stadtgeschichtliches Museum** Das dunkelrote Schabbelhaus, ehemaliges Wohn- und Brauhaus, ist Sitz des Museums und wird zusammen mit Nachbargebäuden bis 2016 umgebaut. Dann präsentiert es wieder die Wismarer Geschichte und Gegenwart.

❷ **phanTECHNIKUM** Aus dem technischen Landesmuseum und der Technikschau im Bürgerpark wurde das phanTECHNIKUM. In einem ehemaligen Kasernengebäude sind vier Bereiche untergebracht, die den vier Elementen zugeordnet sind. Hier lässt sich die Technikgeschichte Mecklenburg-Vorpommerns auf packende Weise erleben.

Der Wismarer Marktplatz ist der größte in Norddeutschland (großes Bild). Eines der fünf Stadttore steht am Alten Hafen (1450, kleines Bild).

Mecklenburg-Vorpommern

Rostock

Die slawische Burg Roztoc gab der späteren Hansestadt ihren Namen. Übertragen bedeutet dies »Breiter werdender Fluss«. Am Ufer der Warnow, genauer gesagt der Unterwarnow, präsentiert sich Rostock stolz als historisch einmaliges Juwel.

Rostock macht kein Aufhebens darum, aber sie ist mit über 200 000 Einwohnern die größte Stadt Mecklenburg-Vorpommerns. Das hat die See- und Hafenstadt, die durch den Handel über das Meer zu Ansehen und Wohlstand gelangt ist, gar nicht nötig. Sie hat sich gegen Freibeuter wie Klaus Störtebeker und seine Gesellen durchgesetzt, die auf der Ostsee Handelsschiffe aufgebracht haben. Und sie hat einen berühmten Feldherrn hervorgebracht: Gebhard Leberecht von Blücher, vor dem selbst Napoleon kapitulieren musste. Vom Wasser aus hat man den besten Blick auf Rostocks Silhouette, die von der alles überragenden Marienkirche dominiert wird. Schlendert man durch die Straßen, entdeckt man an jeder Ecke Historisches, vornehmlich der Backsteingotik zuzuordnen. Dank alter Aufzeichnungen konnte die Stadt nach dem Zweiten Weltkrieg wieder rekonstruiert werden.

Sehenswürdigkeiten

❶ **Altstadt** Sie liegt zwischen Stadthafen und Wallanlagen und lässt sich bestens zu Fuß durchstreifen. Ziemlich genau in ihrer Mitte steht die wuchtige Marienkirche. Um sie herum scharen sich Petri- und Nikolaikirche, das Rathaus, das Herzogliche Palais und auch die Universität.

❷ **St. Marien** Im 13. Jahrhundert begann der Bau von Rostocks wichtigster Kirche. Teile des massiven Gotteshauses, das 1454 fertiggestellt wurde, sind heute noch original erhalten. Berühmt geworden ist die Marienkirche 1989 durch die sogenannten Donnerstagsgebete, die der deutschen Wiedervereinigung vorausgingen.

❸ **Kerkhofhaus** Berthold Kerkhof, Ratsherr und Bürgermeister der Stadt, ließ sich 1470 ein Giebelhaus bauen, das seinen Reichtum zeigen sollte. Der Terrakotta-Schmuck am Stufengiebel wurde im 16. Jahrhundert zugefügt. Das Kerkhofhaus ist Sitz des Stadtarchivs und des Standesamtes.

❹ **Hausbaumhaus** Ungefähr 20 Jahre jünger als das Kerkhofhaus ist das Hausbaumhaus. Sein eigenartiger Name erklärt sich so: Die Holzkonstruktion, die das Gebäude stützt, ist wie ein Baum aufgebaut. Unten sitzt ein mächtiger Stamm, der das Gewicht trägt und viel Raum lässt, nach oben werden die Balken immer feiner, dafür gibt es mehr von ihnen.

❺ **Rathaus** Am Neuen Markt, nicht weit von der Marienkirche, steht das Rathaus. Im 13. Jahrhundert standen hier drei Giebelhäuser, die rund 200 Jahre später kurzerhand mit einer Schauwand optisch zu einem Gebäude wurden. Im 18. Jahrhundert kam noch ein barocker Vorbau hinzu.

❻ **Mittelalterliche Stadttore** Das Steintor war das imposanteste der Stadttore. Johann Albrecht I. von Mecklenburg ließ im 16. Jahrhundert den Vorgängerbau samt der gesamten Stadtbefestigung schleifen, da die Rostocker ihm nicht die gewünschte Ehrerbietung entgegenbrachten. Erhalten geblieben ist auch das benachbarte Kuhtor.

❼ **Warnemünde Leuchtturm und Teepott** Mit Warnemünde hat Rostock ein eigenes Seebad. Beliebter Treffpunkt ist das Ende der Promenade, wo Leuchtturm, Westmole und Hafeneinfahrt nicht weit sind. Wahrzeichen ist der Teepott, der seinen Namen einem Vorgängerbau, einem Teepavillon, verdankt.

Museen

❶ **Kunsthalle** Das schlichte Gebäude, das die Kunsthalle beheimatet, ist zu Zeiten der DDR entstanden. Kunstinteressierte können sich dort der ostdeutschen Moderne widmen. Ein kleiner Schatz sind Handzeichnungen des Dresdener Spätexpressionismus.

❷ **Heimatmuseum Warnemünde** Schon das Äußere des 1767 erbauten Fischerhäuschens macht Lust auf Regionalgeschichte. Seit mehr als 80 Jahren ist das Heimatmuseum darin untergebracht. Man kann eine Küche, Schlafstube und eine Diele besichtigen. Dazu gibt es Informatives über Fischer, Seefahrer, Lotsen und die ersten Badegäste sowie einen kleinen Museumsladen.

Der Möwenbrunnen von Waldemar Otto auf dem Neuen Markt in Rostock. Im Hintergrund liegt das Rathaus im Stil der Backsteingotik.

Besucher-Tipps:

Maritimes Simulationszentrum Wer die einzigartige Anlage in Warnemünde besuchen will, muss sich vorher anmelden. Sowohl der nautische als auch der technische Betrieb eines großen Schiffes kann hier so dargestellt werden, als würde man wirklich eines der Schiffe steuern.

Schiffbau- und Schifffahrtsmuseum Das Museum befindet sich passenderweise auf einem Schiff, auf dem Frachter »Dresden«. Die Geschichte des Schiffbaus an der Ostsee steht im Mittelpunkt der umfangreichen Ausstellung. Dazu gibt es eine historische Bootswerft, ein Offshore-Infocenter, ein Modellbootbecken und über 90 Objekte – vom Schwimmkran über eine Slipanlage bis zum Dampfschlepper.

ⓘ Touristeninformation: Universitätsplatz 6 (Barocksaal), 18055 Rostock, Tel. 0381/38 12 222, E-Mail: touristinfo@rostock.de, www.rostock.de

Mecklenburg-Vorpommern

Stralsund

Wer Stralsund nur als Durchgangsstation auf dem Weg zur Insel Rügen ansieht, verpasst eine ganze Menge. Man sollte sich Zeit nehmen, um durch die verschachtelten Gassen zu bummeln und damit gleichzeitig ein beeindruckendes Stück Vergangenheit zu erleben.

Roter und gelber Backstein, jede Menge Kopfsteinpflaster, verzierte Treppengiebel und verspielte Türmchen, so präsentiert sich die Innenstadt heutzutage. Ein historischer Ort. Klar, Stralsund wurde ja auch schon 1234 gegründet. Doch selbstverständlich ist der Zustand von Rathaus und Nikolaikirche, von Johanniskloster und Scheelehaus keinesfalls. Noch 1992 war die Stadt in einem erbärmlichen Zustand. Zu lange hatte man die Bausubstanz sich selbst überlassen. Hätten nicht Bund und Land die Stadterneuerung kräftig unterstützt, ergäbe sich nun ein jämmerliches Bild. So aber lässt sich die einstige Bedeutung des Handelsplatzes zwischen Bodden und Strelasund spüren. So kann man sich vorstellen, dass bis zu 300 Koggen unter der Flagge der Stadt über die Ostsee schipperten, mit Hering, Tuchen, Pelzen oder selbst gebrautem Bier an Bord.

Sehenswürdigkeiten

❶ Altstadt Über 500 Gebäude stehen hier unter Denkmalschutz. Die Entfernungen sind nicht groß, denn man hat schon seit den frühen Anfängen der Stadt jeden Winkel geschickt ausgenutzt. Drei Kirchen drängen sich zwischen den hanseatischen Dielenhäusern. Das Rathaus steht hier und das Heiliggeisthospital, jene frühe soziale Einrichtung, die im Mittelalter Armen, Alten und Reisenden, die Hilfe brauchten, ein Dach über dem Kopf bot.

❷ St. Nikolai Wie an so vielen Orten der Hanse zeigt sich hier, dass die Bürger ihre Macht auch gegenüber der Geistlichkeit behaupten konnten. Die Nikolaikirche, Stralsunds älteste Pfarrkirche, war Gotteshaus der Patrizier und Ratsherren. Hier empfing man Gesandte und hielt Sitzungen ab. Auch die geradezu verschwenderisch wirkende Ausstattung drückt Einfluss und Selbstbewusstsein aus. Die bunt bemalten Arkaden geben einen Eindruck davon. Ebenso die Relieftafeln des ehemaligen »Rigafahrergestühls« von 1420 oder auch die astronomische Uhr von 1394.

❸ Rathaus Neben der Nikolaikirche hat das Rathaus seinen Platz. Ohne Frage gehört es zu den schönsten, die Norddeutschland zu bieten hat. Allein die im 14. Jahrhundert entstandene Schauwand mit ihren runden und bogenförmigen Aussparungen hebt sich spektakulär vom blauen Himmel ab. Man muss hineingehen, um den ganzen Reiz zu erfassen. Kleine Nischen im Innenhof verraten die frühere Nutzung: Händler betrieben hier Verkaufsstände.

❹ Commandanten-Hus Ebenfalls am Alten Markt steht das spätbarocke Commandanten-Hus. Optisch macht das dreigeschossige Bauwerk mit dem schwedischen Wappen am Giebel nicht viel her, geschichtlich ist es aber durchaus interessant. Im Dreißigjährigen Krieg hat sich Stralsund nämlich den Schweden angeschlossen. 200 Jahre lang bestimmten schwedische Kommandanten die Geschicke der Stadt vom Alten Markt aus.

Museen

❶ Deutsches Meeresmuseum Überraschend ist schon das Domizil: Heimat des Meeresmuseums ist ein früheres Kloster. Die Ostsee ist ein eigener Bereich der Ausstellung gewidmet, ebenso den Walen oder der Fischerei. Stars des Museums sind aber die Bewohner von Deutschlands größtem Schildkrötenbecken. Zum Museum gehören außerdem das Ozeaneum, das Nautineum auf einer Insel im Strelasund sowie das Natureum auf dem Darß.

❷ Kulturhistorisches Museum Auch das Kulturhistorische Museum beschränkt sich nicht auf einen Standort. Und auch hier ist ein Teil der Sammlungen in einem ehemaligen Kloster untergebracht, nämlich in St. Katharinen. Basis der stadtgeschichtlichen Ausstellung ist die Sammlung des schwedischen Gouverneurs Axel Graf von Löwen. Das mittelalterliche Krämerhaus in der Mönchstraße ist mit Möbeln aus verschiedenen Zeitabschnitten eingerichtet. Außerdem liegt auf der Strelasund-Insel Dänholm das Marinemuseum.

Insbesondere die prächtige Fassade des Rathauses und der Bau der St.-Marien-Kirche ziehen in der Altstadt Stralsunds die Blicke auf sich.

UNESCO-Welterbe

Historische Altstadt Stralsund Im Olthofschen Palais am Alten Markt, es ist ein saniertes Barockgebäude, befindet sich eine Begegnungsstätte, die über das Welterbe informiert. Speziell geht es natürlich um die Altstädte von Stralsund und Wismar, die, so das Welterbekomitee, ihren mittelalterlichen Grundriss mit Quartier- und Parzellenstruktur bewahren konnten. Hansestädte in ihrer Blüte seien hier heute noch zu erleben. Das gilt auch für die Phase, als beide zu Schweden gehörten und als südlichste schwedische Festungen neue Bedeutung erlangten. Die Ausstellung im Palais präsentiert auch weitere Welterbestätten und beleuchtet das moderne Leben an derart ausgezeichneten Orten.

Mecklenburg-Vorpommern

Binz

Vom Fischerdorf, in dem die Zeit stehen geblieben zu sein scheint, zum Seebad mit mondänen Gästen – Binz hat in nur rund 50 Jahren eine erstaunliche Karriere hingelegt. Dieser forcierte Aufschwung hat unter anderem die Architektur geprägt.

Schriftliche Dokumente, die auf den Anfang des 14. Jahrhunderts datieren, erwähnen bereits den Ort Byntze auf der Insel Rügen. Fischer holen dort vornehmlich Hering aus dem Wasser. Das Leben ist bescheiden und beschwerlich. Das bleibt so, bis Fürst Malte von Putbus in Erscheinung tritt. Er wird auf Rügen geboren, als die größte deutsche Insel noch zu Schweden gehört. 1810 gründet er dort seine fürstliche Residenz und empfängt fortan Gäste, die fasziniert von der Ostsee sind: die Geburtsstunde des Insel-Tourismus. Unterkünfte und Infrastruktur werden gebraucht. Man baut ein Kurhaus, eine Seebrücke und Hotels. Viele Bauwerke entstehen im Stil der Bäderarchitektur, der sich in dieser Zeit herausbildet. Jedes Jahr steht die Architektur einen Monat lang im Mittelpunkt. Besucher können dann viele der alten Villen besichtigen.

Sehenswürdigkeiten

❶ **Bäderarchitektur** Typisch für diesen Baustil der deutschen Ostseebäder sind die Balkone und Veranden mit geschwungenen, reich verzierten Geländern aus Holz oder Metall. Häufig sind Jugendstilelemente zu sehen, Türmchen und Bogenfenster. Schöne Beispiele stehen an der Strandpromenade und in allen Seitenstraßen des Ortes.

❷ **Jagdschloss Granitz** 1837 begannen die Arbeiten an dem Jagdschloss, das wie eine kleine Burg auf dem Tempelberg thront. Das »Wochenend-Haus« des Fürsten kann besichtigt werden. Für den wunderbaren Blick auf die Insel lohnt der Aufstieg im Turm über eine kunstvolle Wendeltreppe.

❸ **Kurhaus Binz** Das Kurhaus, ein dreiflügeliger Bau an der Strandpromenade, war früher Treffpunkt Adeliger, Industrieller und Künstler. Auch heute steigt ein illustres Publikum in dem Luxushotel ab. Auf dem Platz davor finden regelmäßig Open-Air-Konzerte statt.

❹ **Seebrücke Binz** Vom Ende der 370 Meter langen Brücke, die im Jahr 1994 errichtet wurde, hat man einen großartigen Blick auf die Binzer Strandpromenade einschließlich des Kurhauses.

Das Kurhaus ist das Wahrzeichen von Binz. Es brannte 1906 ab und wurde dann nach Plänen von Otto Spalding neu errichtet.

Sellin

Weiß ist die dominierende Farbe im Seebad Sellin, das ebenfalls aus einem Fischerdorf hervorgegangen ist. Villen mit verschnörkelten Balkonen sind nicht nur in den Hauptstraßen zu entdecken. Das schönste Beispiel der Bäderarchitektur ist die Seebrücke.

Manchmal steht Sellin ein wenig im Schatten des mondänen Binz. Aber Kenner schätzen gerade seine Lage zwischen Ostsee und Selliner See direkt am Wald der Granitz. Am Steilufer kann man herrliche Spaziergänge unternehmen und von oben auf die Seebrücke, ein architektonisches Schmuckstück und Wahrzeichen des Ortes, hinabsehen. Wer nicht so hoch hinaus will, unternimmt eine Fahrt mit der Tauchglocke in das Meer. Trockenen Fußes kann man die Unterwasserwelt bestaunen. Reizvoll und ruhiger als die belebte Fußgängerzone ist das Gebiet rund um den Selliner See. Er hat einen Zugang zum Bodden und ist Teil einer Naturschutzzone, in der man mit etwas Glück Enten- oder Gänsefamilien beobachten kann. Hübsche Cafés und Hotels, ein langer Strand – die weiße Stadt an der Ostsee hat alles, was einen gelungenen Urlaub ausmacht.

Sehenswürdigkeiten

❶ **Historischer Ortskern** Linden säumen die Wilhelmstraße, die historische Prachtstraße von Sellin. Hier stehen Pensionsvillen im Stil der Bäderarchitektur. Sie tragen Namen wie »Meeresgruß« oder »Arkona«. Viele von ihnen stehen unter Denkmalschutz.

❷ **Rasender Roland/Bahnhof** Ende des 19. Jahrhunderts kam die Eisenbahn nach Rügen. Die Anbindung von Sellin trug wesentlich zur Entwicklung des Seebades bei. Inzwischen ist die Fahrt mit dem dampfbetriebenen Rasenden Roland ein Freizeitspaß. Im historischen Selliner Bahnhof empfängt ein Restaurant stilvoll seine Gäste.

❸ **Seebrücke Sellin** Sie ist die längste Seebrücke der Insel und eine der wenigen in Deutschland, auf der es ein Restaurant gibt. Erst 1998 wurde das weiße Gebäude mit Türmchen und Sprossenfenstern nach mehreren Zerstörungen wiederhergestellt.

Museen

❶ **Bernsteinmuseum** Das Museum in privater Hand liegt am Fuß der Wilhelmstraße und beantwortet alle Fragen zum »Gold der Ostsee« und zeigt eine Reihe beeindruckender Bernsteinobjekte.

Die Selliner Seebrücke wurde erst 1998 in Anlehnung an das 1941 durch Eisgang zerstörte Jugendstiloriginal in altem Glanz wiederaufgebaut.

ⓘ Touristeninformation: Im Haus des Gastes, Heinrich-Heine-Straße 7, 18609 Ostseebad Binz, Tel. 038393/14 81 48, E-Mail: info@ostseebad-binz.de, www.ostseebad-binz.de
ⓘ Touristeninformation: Warmbadstraße 4, 18586 Ostseebad Sellin, Tel. 038303/160, E-Mail: kv@ostseebad-sellin.de, www.ostseebad-sellin.de

Mecklenburg-Vorpommern

Greifswald

Bildung und Kunst sind zwei Aspekte, an denen man in Greifswald nicht vorbeikommt. Das liegt daran, dass die Universität zu den ältesten in Norddeutschland gehört. Und es liegt an Caspar David Friedrich, der in der Stadt allgegenwärtig scheint.

Keimzelle Greifswalds ist das von dänischen Zisterziensern gegründete Kloster Eldena. Nun sollte man aber nicht meinen, die knapp 55 000 Einwohner starke Stadt, 12 000 davon sind Studenten, sei komplett vergeistigt. Wären die Menschen nicht auch bodenständig, hätte sich hier keine erfolgreiche Hansestadt entwickelt. Vorhandene Salzquellen und die Lage an der Mündung des Flusses Ryck brachten den wirtschaftlichen Aufschwung ins Rollen. Aus der kleinen Siedlung wurde Greifswald, benannt nach den pommerischen Herzögen aus dem Geschlecht der Greifen. Drei Sakralbauten, die noch heute die Silhouette maßgeblich prägen, entstanden im 13. Jahrhundert, 1456 kam die Universität hinzu. Die Schäden, die zwei verheerende Brände im 18. und städtebauliche Sünden im 20. Jahrhundert angerichtet haben, konnten glücklicherweise behoben werden.

Sehenswürdigkeiten

❶ Marktplatz Der Markt besteht aus zwei Plätzen, dem großzügigen Hauptmarkt und dem kleinen Fischmarkt, der eine westliche Verlängerung bildet. Dazwischen liegt das dunkelrote Rathaus. Am Hauptmarkt sind zahlreiche historische Bauwerke zu bewundern. Zwei Wohn- und Speicherhäuser stammen aus dem 14. und 15. Jahrhundert. Charme und Schönheit des Marktplatzes kann man am besten in einem der Straßencafés genießen.

❷ Rathaus Die Grundmauern des auffälligen Rathauses stehen vermutlich seit dem 13. Jahrhundert an diesem Platz. Immer wieder wurde der Bau völlig verändert, bis Ende des 18. Jahrhunderts ein Giebelhaus mit gotischen Elementen und Anklängen der Renaissance übrig blieb.

❸ Dom St. Nikolai Im 13. Jahrhundert als Hallenkirche begonnen, veränderte man die Pläne während der Bauphase und stellte schließlich eine lang gestreckte Basilika fertig. 1653 erhielt sie eine Turmhaube, die den Bau zum Wahrzeichen der Stadt machte. In der Kirche wurde die Universität gegründet, hier finden immer noch Immatrikulationsfeiern statt.

❹ Ernst-Moritz-Arndt-Universität Greifswald Der Greifswalder Bürgermeister Heinrich Rubenow war die treibende Kraft für die Gründung der Hochschule. Nach teilweise schwierigen Zeiten begann Ende des 19. Jahrhunderts der Bau zahlreicher Universitätsgebäude, darunter der Bibliothek und einiger Kliniken. Inzwischen gehören eine biologische Forschungsanstalt auf Hiddensee, Teile des Botanischen Gartens, das Koeppen-Haus und das Caspar-David-Friedrich-Zentrum dazu.

❺ Klosterruine Eldena Die Reste der Klostermauern sind eine der beliebtesten Sehenswürdigkeiten. Sie sind nicht nur steinerne Zeugen der Stadtgründung, sondern berühmtes Motiv des Malers Caspar David Friedrich. Wer mag, lässt sich an diesem Ort zu eigenen Bildern inspirieren. Man kann die parkähnliche Anlage aber auch einfach auf sich wirken lassen oder die besondere Atmosphäre im Rahmen eines Jazzkonzerts genießen.

Museen

❶ Pommersches Landesmuseum Es begann im Jahr 2000 mit einer Gemäldeausstellung, 2005 folgten weitere Gebäude mit Exponaten der pommerischen Geschichte. Der Besucher wird auf eine spannende Zeitreise mitgenommen, von der Entstehung des für die Region wichtigen Bernsteins bis hin zur Ära von Herzögen, Bischöfen und schwedischen Königen. Schöne Ergänzung ist der Klostergarten.

❷ Caspar-David-Friedrich-Zentrum Im einstigen Wohn- und Geschäftshaus der Greifswalder Familie Friedrich wuchs Caspar David zu einem der berühmtesten Söhne der Stadt heran. In dem Gebäude in der Langen Straße präsentiert ein Museum den Künstler und sein Schaffen. Zu besichtigen ist auch noch die alte Seifensiederei seines Vaters, die einen lebendigen Eindruck des nicht immer einfachen Alltags eines Lichtgießers vermittelt.

Die Ruine des um 1200 gegründeten Klosters Eldena, der Caspar David Friedrich 1825 ein malerisches Denkmal setzte.

Besucher-Tipps:

Museumshafen Am Rande der Altstadt an der Ryck liegt der Museumshafen. Eine große Zahl kleiner und großer Segelschiffe schaukelt fröhlich vor dem mittelalterlichen Fangenturm, Teil der alten Wehranlage. Eine Museumswerft gibt es auch.

Wieck Schmucke Kapitänshäuser und Fischerkaten unter Reet, so hat Wieck, heute Ortsteil von Greifswald, sich schon zu Caspar David Friedrichs Zeit präsentiert. Er hat die Idylle mehrfach gemalt. Man sollte sich das Original unbedingt ansehen. Und natürlich die Holzklappbrücke aus dem Jahr 1887, eine der ganz wenigen ihrer Art, die noch in Betrieb sind. Einmal pro Stunde wird sie per Hand geöffnet, da macht das Zusehen Spaß. Nicht verpassen!

Neubrandenburg

Die Stadt der vier Tore, wie Neubrandenburg sich nennt, sieht auf den ersten Blick wie eine grandios erhaltene Mittelalterstadt aus. Das gilt jedoch nur für die Befestigungsanlagen, der Kern wurde im Zweiten Weltkrieg nahezu vollständig zerstört.

Wo Tollense, Oberbach und Lindebach sich treffen, liegt Neubrandenburg. Obwohl die Stadt ein gutes Stück von der Ostsee entfernt ist, gibt es ausreichend Wasser in seiner schönsten Form, denn die Ortschaft befindet sich im Herzen der Mecklenburgischen Seenplatte. Alles begann mit einer Klostergründung, die Marienkirche wurde gebaut, Holzzäune wurden durch steinerne Festungsanlagen ersetzt. Eine wirtschaftlich gute Zeit erlebten die Menschen im 14. und 15. Jahrhundert, als Neubrandenburg Residenz der Herzöge von Mecklenburg-Stargard war. Mit dem Dreißigjährigen Krieg begannen Niedergang und Zerstörung. Erst in der zweiten Hälfte des 18. Jahrhunderts ging es wieder aufwärts. Der Herzog von Mecklenburg-Strelitz bestimmte die Stadt zu seinem Sommersitz. In dieser Zeit entstanden das Schauspielhaus und das Stadtschloss, das nicht mehr existiert.

Sehenswürdigkeiten

❶ Mittelalterliche Stadttore Ein Doppelwall mit drei Gräben umgibt die Altstadt. Bis 1863 wurden die vier Tore noch über Nacht geschlossen. Das Treptower Tor ist das höchste und schönste, das Friedländer Tor ist das älteste und am besten erhalten. Das zweitälteste ist das Stargarder Tor mit seinen hoch aufstrebenden Formen. Das Neue Tor entstand erst nach 1450.

❷ St. Marien Die ehemalige Hauptpfarrkirche ist als solche nicht mehr in Betrieb. Seit 2001 fungiert die Backsteinhalle als Konzerthaus. Im Inneren präsentiert sich viel Glas, Stahl und Beton.

❸ Franziskanerkloster Unweit des Bahnhofs sind die Anfänge der Stadt eindrucksvoll zu erkennen. Das in der Mitte des 13. Jahrhunderts gegründete Franziskanerkloster zog Menschen an. Zu sehen sind die im 19. Jahrhundert stark veränderte Johanniskirche und weitere Klostergebäude.

❹ Schauspielhaus Knapp 100 Jahre wurde in dem Fachwerkbau in der Pfaffenstraße Theater gespielt. Dann folgten 100 Jahre mit ganz unterschiedlicher Nutzung, mal war es Lazarett, mal Motorradwerkstatt. Seit 1994 ist das älteste Theater des Landes wieder in Betrieb.

Museen

❶ Regionalmuseum Neubrandenburg Bereits 1872 wurde der Museumsverein gegründet, Basis für das heutige Museum. Schon damals wollte man den Bürgern Heimatgeschichte vermitteln. Im Treptower Tor, der Konzertkirche und dem Kloster findet man heute Informatives über Ur- und Frühgeschichte, aber auch über die Entwicklung der Backsteingotik.

❷ Kunstsammlung Neubrandenburg Sie versteht sich als Gegenwartsmuseum, das sich der modernen Kunst widmet. Die Hinterlassenschaften eines Malers und eines Kunsthändlers legten den Grundstein. Interessante wechselnde Ausstellungen.

Das im 14. Jahrhundert erbaute Treptower Tor im Stil der Backsteingotik ist knapp 32 Meter hoch.

Ausflugstipps:

Belvedere Herzog Adolf Friedrich IV. hat sich nicht nur eine Sommerresidenz in der Stadt eingerichtet, er gönnte sich außerdem am Westufer des Tollensesees ein Teehäuschen. Das wurde leider komplett zerstört, doch am gleichen Platz ließ Großherzogin Marie ein neues errichten, dieses Mal im Stil eines griechischen Tempels. Später wurde daraus eine Gedenkstätte für die Gefallenen des Ersten Weltkriegs. Herrlich der Blick über den See und auf die Stadt mit ihrer Wallanlage.

Burg Stargard Nur wenige Kilometer von Neubrandenburg entfernt, liegt der kleine Ort mit der gleichnamigen Burg Stargard. Landschaftlich reizvoll gelegen, hat sie einiges zu bieten.

Besucher-Tipps:

Fangelturm Der einzige verbliebene von zwei wehrhaften Wachtürmen, die ursprünglich zur örtlichen Stadtbefestigung gehörten, ist der Fangelturm. Er diente zeitweise als Gefängnis und wird aufgrund der Nähe zum ehemaligen Kloster auch Mönchenturm genannt. Nach gründlicher Sanierung steht er nun als Aussichtsturm zur Verfügung.

Fritz-Reuter-Denkmal Sieben Jahre seines Lebens hat der niederdeutsche Dichter Fritz Reuter in Neubrandenburg verbracht. Er mochte die Stadt ausgesprochen gern und suchte nicht selten zwischen alten Eichen Inspiration. Wo er das tat, mitten in den baumbestandenen alten Wallanlagen, sitzt zum Gedenken seine Bronzestatue auf einem roten Granitfuß.

ⓘ Touristeninformation: Stargarder Straße 17, 17033 Neubrandenburg, Tel. 0395/19 433, E-Mail: touristinfo@neubrandenburg.de, www.neubrandenburg-touristinfo.de

Berlin · Brandenburg

Für den Besucher bilden sie einen reizvollen Kontrast: die quirlige, multikulturelle Metropole Berlin, die »Stadt, die nie schläft«, und rundherum die idyllische Mark Brandenburg mit ihren Wäldern und Seen, ihren Alleen, Städten und kleinen Dörfern.

Der imposante Berliner Reichstag mit seiner markanten gläsernen Kuppel.

Ein Gegensatz, der sich jedoch bedingt. Denn lange Jahre ihrer Geschichte war Berlin eben nicht mehr als die Hauptstadt des Landes Brandenburg, zwar mit der Kurfürstenwürde ausgestattet, aber doch recht abgelegen und als »des Heiligen Römischen Reiches Streusandbüchse« verspottet. Doch mit dem Aufstieg Brandenburg-Preußens wuchsen auch der Reichtum und die Anziehungskraft seiner Hauptstadt. Unzählige Menschen aus den ländlichen Gebieten Brandenburgs zogen in die Metropole, um dort Arbeit und Aufstiegschancen zu finden, die sie in ihren Dörfern nicht hatten. Erst dieser Reiz, der mit der Zeit Menschen aus immer größerer Entfernung nach Berlin lockte, machte die kleine Residenz zu der Weltstadt, die sie heute ist.

Seine wachsende Größe und Bedeutung machte Berlin aber auch immer wieder zu einem Brennpunkt der Weltpolitik. Ihre dramatische Historie trägt heute ganz wesentlich zum Reiz dieser Stadt bei. Die Relikte von Mauer und Teilung stehen bei Besuchern aus aller Welt hoch im Kurs, aber auch die Mahnmale für die Schrecken der Nazizeit, weil hier an den Originalorten das im Grunde Unfassbare noch am ehesten greifbar wird. Königsschlösser stehen – auch wenn sich das Stadtschloss erst im Wiederaufbau befindet – neben Industriedenkmalen, die Bauhaus-Siedlungen, die guten Wohnraum für ärmere Schichten schaffen sollten, neben prachtvollen Gründerzeitbauten, alternative Wohnprojekte neben den Schöpfungen aktueller Stararchitekten. Alle Epochen der Berliner Geschichte sind noch präsent. Daneben sind auch immer wieder die Wunden zu erkennen, die die Geschichte schlug. Der stete Wandel wird oft als der eigentliche Charakter Berlins bezeichnet, Schicksal und Chance zugleich.

In Brandenburg dagegen bildeten sich die meisten Orte rund um die kleinen Schlösschen adliger Grundherren. Die alten Strukturen mit dem dominanten Herrenhaus und dem Dorfanger, auf dem Kirche und Löschteich zu finden sind, sind viel-

Die Berliner East Side Gallery ist ein einmaliges Projekt der Zeitgeschichte.

Beeindruckend wirkt das Neue Palais im Potsdamer Park Sanssouci.

fach noch heute gut zu erkennen. Viele der größeren Städte entwickelten sich aus einer preußischen Festung oder Garnison heraus. Oft lässt sich die planmäßige Anlage auch heute noch gut im Stadtbild erkennen. Eine Besonderheit stellt die Niederlausitz dar, die schon ab 985 als Grenzmark erschlossen wurde und erst 1815 endgültig an Brandenburg-Preußen fiel. Die wechselvolle Geschichte unter verschiedenen Herrschern hat bis heute ihre charakteristischen Spuren hinterlassen. Etwa wenn man hier plötzlich auf Sakralgebäude im böhmischen Barock stößt, die so gar nicht in das gängige Preußenbild passen wollen. Zahlreiche Spuren in Brandenburg haben auch flämische Einwanderer hinterlassen, die von den Kurfürsten gezielt angeworben wurden, um die flämische Ingenieurskunst zu importieren.

Großes Bild: Abendliche Stadtansicht von Berlin-Mitte mit der Museumsinsel (links im Bild) und dem Fernsehturm (rechts im Bild).

Vor der Volksbühne in Berlin steht das Rad der Wegelagerer.

Berlin · Brandenburg

Berlin

Seitdem Berlin wieder deutsche Hauptstadt geworden ist, hat es sich zu einem Touristenmagnet entwickelt und der Boom hält weiter an. Gerade die vielen Brüche in der Geschichte und der stete Wandel sorgen dafür, dass es stets »sexy« bleibt.

Die Antwort auf die Frage, was es in Berlin zu sehen und erleben gibt, kann nur unbescheiden ausfallen. Sie lautet schlicht: »alles!«. Keine deutsche Stadt und auch nur wenige Metropolen weltweit sind so facettenreich. Berlin bietet allen ein schier unerschöpfliches Angebot: den Museums-Freaks, den Shopping-Freunden, den Club-Gängern, den Geschichtsversessenen, den Fun-Touristen, aber auch für Kinder, Jugendliche, Senioren … Selbst Sportler und Naturfreunde können im Wald und am Wasser kleine Paradiese für sich entdecken. Am meisten kommen die auf ihre Kosten, die von jedem etwas nehmen und sich nicht auf die »Hotspots« zwischen Alexanderplatz und Ku'damm beschränken, sondern bewusst die verschiedensten Kieze und Bezirke aufsuchen, die alle ihren eigenen Charakter und ihre ganz speziellen Sehenswürdigkeiten haben.

Sehenswürdigkeiten

❶ **Unter den Linden** Im 17. Jahrhundert beschloss Friedrich Wilhelm, der große Kurfürst, seinen Reitweg vom Stadtschloss in den Tiergarten nach holländischem Vorbild mit einer Allee von Lindenbäumen zu säumen. Seine Nachfolger bauten die Allee zum Prachtboulevard aus und säumten ihn mit repräsentativen Gebäuden wie Oper, Universität etc. Heute haben sich auch ein paar Andenken-Mega-Stores dazwischengeschmuggelt.

❷ **Brandenburger Tor** Im Jahr 1791 im damals angesagten klassizistischem Stil errichtet, sollte das Tor allen Ankommenden die Weltoffenheit und Modernität der preußischen Hauptstadt vor Augen führen. Nach dem Zweiten Weltkrieg wurde es zum Symbol für Teilung und Wiedervereinigung. Schon allein die Touristen aus aller Welt bei ihren Fotosessions zu beobachten lohnt den Besuch.

❸ **Hotel Adlon** Als 1907 das Adlon eröffnete, verkauften die Spitzen der wilhelminischen Gesellschaft reihenweise ihre Palais in Berlin, um im modernen Luxus des Hotels zu logieren und auch ihre Gesellschaften hier zu geben. 1997 durch die Kempinski-Gruppe wiedereröffnet, ist es immer noch eines der glamourösesten Hotels in Deutschland.

❹ **Neue Wache** Einst waren hier die Soldaten stationiert, die die unmittelbare Umgebung des Schlosses zu bewachen hatten. Heute ist der Bau mit einer Käthe-Kollwitz-Skulptur im Inneren eine Gedenkstätte für die Opfer von Krieg und Terror. Vor allem aber gilt der Schinkel-Bau als eine der perfektesten Schöpfungen des klassizistischen Stils.

❺ **Zeughaus** Das Zeughaus, einst sowohl Waffenarsenal wie Ruhmeshalle der preußischen Armee, im Stil des strengen französischen Barock erbaut, ist das älteste erhaltene Gebäude Unter den Linden. Heute ist dort das Deutsche Historische Museum untergebracht. Besonders schön ist der Lichthof im Inneren. Es lohnt, auch auf Details zu achten, etwa auf die Köpfe der »sterbenden Krieger« über den Fenstern.

❻ **Gendarmenmarkt** Links der Deutsche Dom, rechts der fast identische Französische Dom, in der Mitte das von Schinkel entworfene Schauspielhaus: Mit diesem klassizistischen Ensemble gilt der Gendarmenmarkt als der schönste Platz Berlins. Über die Geschichte des Platzes, etwa über die Barrikadenkämpfe von 1848, informiert eine kostenlose Ausstellung im Deutschen Dom.

❼ **Friedrichstraße** Südlich der S-Bahn ist die Friedrichstraße vor allem eine Shoppingmeile, die sich bis zum Checkpoint Charlie mit seinem Museum erstreckt. Besonders beliebt: die Galeries Lafayette und das KulturKaufhaus Dussmann. Nördlich dagegen finden sich zahlreiche Kultureinrichtungen wie der Friedrichstadtpalast oder das Kabarett »Die Distel«.

❽ **Neue Synagoge** Die einst prächtige Hauptsynagoge von Berlin, die im 19. Jahrhundert im »orientalisierenden Stil« errichtet worden war, wurde nach dem Krieg nur teilweise wieder restauriert, sodass sie heute noch ein Mahnmal, aber als Centrum Judaicum auch neuer Mittelpunkt des jüdischen Gemeindelebens in Berlin ist. U. a. gehören Restaurants, Cafés und eine Galerie dazu.

❾ **Berliner Dom** Der Berliner Dom beeindruckt durch seine Größe und die verschwenderische Prachtentfaltung. Er wurde 1905 anstelle eines älteren Schinkel-Baus errichtet und knüpft im Stil an den Übergang von italienischer Hochrenaissance zum Barock an. Zu den Sehenswürdigkeiten im Inneren gehören die Kaiserloge mit Aufzug, die Hohenzollerngruft und der Kuppelumgang mit seinem wunderbaren Blick.

❿ **Kaiser-Wilhelm-Gedächtniskirche** Mit ihrem halb verkohlten Turm ist

ⓘ Touristeninformation: Pariser Platz, Südliches Torhaus, 10117 Berlin Mitte, 030/25 00 25, E-Mail: information@visitberlin.de, www.visitberlin.de

Berlin · Brandenburg

Besucher-Tipps:

Große Runde mit dem Boot Bequem und aus einer neuen Perspektive kann man die Highlights von Berlin vom Boot aus bewundern. Der Klassiker ist die große Runde über Spree und Landwehrkanal, die drei Stunden dauert. Man kommt dabei an Regierungsviertel, Museumsinsel und Nikolaiviertel vorbei, schippert aber auch durch Kreuzberg.

Karneval der Kulturen Das vielleicht bunteste Straßenfest Berlins ist der Karneval der Kulturen, der am Pfingstwochenende stattfindet. Höhepunkt ist der Umzug der Künstler- und Kostümgruppen durch Kreuzberg. Dieser dauert Stunden, da die Gruppen Tänze, Musik, Akrobatik und vieles mehr darbieten. Der Zug gilt als Demo für Toleranz und Vielfalt.

die Ruine der alten Gedächtniskirche zum Wahrzeichen von Westberlin und zu einem Mahnmal gegen den Krieg geworden. Doch auch der äußerlich unscheinbare Neubau lohnt einen Besuch. Im Inneren der Kirche erzeugen die tiefblauen Glasfenster eine meditative Stimmung und laden jeden Besucher zu einem Augenblick der Ruhe und des Innehaltens ein.

11 KaDeWe

Das Kaufhaus des Westens war schon eine Sensation, als es 1907 eröffnet wurde. Ein solch vielfältiges und dabei luxuriös präsentiertes Warenangebot hatte man bis dato noch nicht gesehen. Dieser Bann ist bis heute ungebrochen und nach wie vor sind die Feinschmeckeretage und das Restaurant im fantastischen Wintergarten auf dem Dach die größten Publikumsmagneten.

Das 1791 erbaute Brandenburger Tor wurde zum Symbol der überwundenen deutschen Teilung (großes Bild). Der beeindruckende Berliner Dom im Abendnebel (kleines Bild).

Berlin · Brandenburg

12 Kurfürstendamm Der Ku'damm ist nach wie vor Berlins luxuriösester Einkaufsboulevard. Und gerade, weil die Preise in so manchem Geschäft weit jenseits dessen liegen, was sich »Normalsterbliche« leisten können, muss man sie mal gesehen haben. Rund um die Edelboutiquen finden sich aber auch genügend Angebote für den gewöhnlichen Geldbeutel.

13 Funkturm Als er 1926 errichtet wurde, war der Funkturm am Berliner Messegelände der höchste Deutschlands. Heute steht er zwar im Schatten des Fernsehturms am Alexanderplatz, doch der Blick aus dem Restaurant in 50 Meter Höhe und den in 125 Meter Höhe liegenden Aussichtsplattformen über den Berliner Westen ist nicht weniger interessant geworden.

14 Zoologischer Garten Der Berliner Zoo gilt als der artenreichste der Welt. Zudem kann er mit schönen alten Gebäuden wie dem Antilopenhaus im maurischen Stil, dem siamesischen Elefantentor oder Jugendstil-Volieren aufwarten. Auch das angeschlossene Aquarium ist eines der größten der Welt. Außer Fischen und Meerestieren werden hier Reptilien, Amphibien und Gliedertiere gezeigt.

15 Siegessäule Die über 8 Meter hohe Statue der Siegesgöttin Viktoria, die als »Goldelse« über dem Grün des Tiergartens zu flattern scheint, ist Orientierungspunkt und zugleich eines der Berliner Wahrzeichen. Errichtet wurde sie einst als Symbol für die gewonnenen Einheitskriege zwischen 1864 und 1871. Wer den Ausblick von ihrer Spitze genießen will, muss 285 Stufen bewältigen.

16 Sowjetisches Ehrenmal Flankiert von zwei Panzern und Kanonen, erinnert das Sowjetische Ehrenmal an die Soldaten, die im Kampf um Berlin dem letzten Widerstand des NS-Regimes zum Opfer fielen.

17 Reichstagsgebäude Ein Besuch der Reichstagskuppel ist für die meisten Berlin-Besucher ein Muss. Außerdem locken auch noch ein wirklich außergewöhnliches Bauwerk und ein wunderbarer, kostenfreier Blick über die Stadt. Bei einer Führung durch den Reichstag kann man den Abgeordnetensaal sowie zahlreiche Kunstwerke im Gebäude bewundern.

18 Schloss Bellevue Der Amtssitz des Bundespräsidenten wurde für einen Bruder Friedrichs II. gebaut und gilt als erster klassizistischer Bau Preußens. Der schöne Blick in die umgebende Parklandschaft gab ihm seinen Namen.

19 Potsdamer Platz Bereits vor dem Zweiten Weltkrieg war der Potsdamer Platz Verkehrsknotenpunkt und Amüsierviertel, und diese Funktion hat er nach der Wende wieder eingenommen. An seiner modernen Bebauung scheiden sich die Geister. Viele Attraktionen wie Kulturforum, Gropius-Bau, das Holocaust-Denkmal und der Tiergarten liegen ringsum.

20 Martin-Gropius-Bau Das von Martin Gropius im Stil der italienischen Renaissance entworfene frühere Kunstgewerbe-Museum ist heute Ort für bedeutende kunst- und kulturhistorische Ausstellungen. Aber auch die Architektur des Gebäudes selbst mit großem Lichthof ist sehenswert.

21 Alexanderplatz und Fernsehturm Schön ist Berlins urbanster Platz mit

Berlin · Brandenburg

seinem chaotischen Mix aus Geschäftsgebäuden, Verkehrswegen und sozialistischer Vorzeigearchitektur nicht, aber wegen seiner zentralen Lage treffen hier die verschiedensten Menschen aufeinander, was ihn quirlig und interessant macht. Und nirgendwo kann man besser auf die Stadt herunterschauen als vom höchsten Gebäude Deutschlands (368 Meter).

22 Rotes Rothaus Der rote Klinkerbau, in dem Berlins Bürgermeister residiert, entpuppt sich bei näherem Hinsehen als interessanter Stilmix. Ein Blick in die wochentags öffentlich zugänglichen Räumlichkeiten lohnt sich.

23 Dorotheenstädtischer Friedhof Der Friedhof an der Chausseestraße steht unter Denkmalschutz. Bei einem Bummel kann man Ruhe von der Hektik der City finden und viele interessante Grabmäler und Prominentengräber entdecken, u.a. wurde hier Bertolt Brecht begraben.

24 Gedenkstätte Deutscher Widerstand Im Bendlerblock des Verteidigungsministeriums, wo am 21. Juli 1944 Claus Schenk von Stauffenberg und seine Mitkämpfer hingerichtet wurden, befinden sich heute eine Gedenkstätte, aber auch Dauer- und Sonderausstellungen über den Widerstand gegen das NS-Regime.

25 Holocaust-Mahnmal Das große Stelenfeld von Peter Eisenmann ist nicht nur ein Denkmal für die ermordeten Juden Europas, sondern auch ein Erlebnisort, wenn man sich tief in das Feld hineinbegibt, wo die Stelen immer höher und der Boden immer welliger wird. Unter dem Feld befinden sich eine Ausstellung zum Holocaust und eine Computerstation, in dem Informationen zu rund vier Millionen der Opfer zu finden sind.

26 Gedenkstätte Berliner Mauer In der Gedenkstätte an der Bernauer Straße ist ein 60 Meter langes Stück der originalen, kompletten Grenzanlagen zu sehen. Außerdem informiert eine Ausstellung über den Bau und die Geschehnisse an der Berliner Mauer.

Der Kurfürstendamm mit der Kaiser-Wilhelm-Gedächtniskirche (großes Bild). Berlin bei Nacht (links); der Martin-Gropius-Bau in Berlin-Kreuzberg (rechts).

Ausflugstipps:

Strandbad Wannsee Perfekte Erholung nach einem anstrengenden Besichtigungsprogramm ist ein Ausflug ins Strandbad Wannsee: das frisch renovierte Baudenkmal von 1907 bewundern, im Sand liegen, das kühle Nass genießen, den Blick über die Havellandschaft gleiten und die Seele baumeln lassen. Mit der S-Bahn bis Nikolassee ist es problemlos zu erreichen.

Per Boot durch die Parklandschaft Im 19. Jahrhundert ließen die Preußen-Könige das Gebiet zwischen Wannsee und Potsdam zur romantischen Parklandschaft umgestalten. Das lässt sich am besten mit dem Ausflugsdampfer erleben. Immer wieder tun sich Sichtachsen auf Kirchen und Schlösschen auf, die extra als Blickfang errichtet wurden.

Berlin · Brandenburg

Museen

① Altes Museum Das von Schinkel entworfene älteste Museum auf der Museumsinsel gilt als einer der bedeutendsten klassizistischen Bauten und ist allein schon wegen seiner Innenarchitektur sehenswert. Ausgestellt wird dort heute die Antikensammlung der Staatlichen Museen zu Berlin.

② Neues Museum Der Publikumsmagnet im erst 2009 wiedereröffneten Museum sind die Büste der Nofretete und die Ägyptische Sammlung. Daneben ist das Museum für Vor- und Frühgeschichte hier untergebracht, dessen Glanzstück der Berliner Goldhut ist. Hochspannend ist jedoch auch die Art, wie der britische Architekt David Chipperfield die Geschichte des Bauwerks in die Restaurierung mit einbezog, sodass die Wunden der Vergangenheit weiterhin sichtbar sind.

③ Pergamonmuseum Das Pergamonmuseum lockt vor allem mit seinen monumentalen Highlights. Hier sind nicht nur der riesige Pergamon-Altar, sondern auch das berühmte babylonische Ischtar-Tor samt Prozessionsstraße und das Markttor von Milet ausgestellt. Außerdem befinden sich hier das Vorderasiatische Museum mit Artefakten aus der hethitischen, sumerischen, assyrischen und altpersischen Kunst sowie das Islamische Museum.

④ Bode-Museum Auf der äußersten Spitze der Museumsinsel sind die Skulpturensammlung und das Museum für byzantinische Kunst untergebracht. Aber auch für diejenigen, die keine Fans antiker Götter, mittelalterlicher Madonnen und griechischer Ikonen sind, lohnt sich allein wegen der schönen, einzigartig geschnittenen Räume ein Besuch, der im Eintrittsticket »Museumsinsel« enthalten ist.

⑤ Alte Nationalgalerie In dem von Friedrich August Stüler entworfenen Gebäude findet man Kunstwerke vom Klassizismus über Romantik und Impressionismus bis zur beginnenden Moderne. Highlights sind Johann

Berlin · Brandenburg

Ausflugstipps:

Müggelsee Was den Westberlinern der Wannsee ist, das ist für die Ostberliner der Müggelsee. Südlich davon lädt ein Waldgebiet zum Wandern ein. Besonders idyllisch ist es am Ostufer, wo die Müggelspree in den See mündet. Hier finden sich romantische Ausflugsgaststätten, z. B. das »Neu-Venedig«, das in einer von Kanälen durchzogenen Datschenkolonie liegt.

Gärten der Welt Wer eine besonders reizvolle Abwechslung im Grünen sucht, der sollte nach Marzahn fahren. Die Gärten der Welt sind eine einzigartige Parkanlage mit chinesischer Gartenkunst, Gewächshäusern mit einem balinesischen Dschungel sowie mit einem islamischen Gartenhof und seit Neuestem auch mit einem Klostergarten.

Gottfried Schadows Prinzessinnengruppe und Caspar David Friedrichs »Mönch am Meer«. Auch Carl Spitzwegs Werke sind reichlich vertreten.

❻ **Gemäldegalerie** Verborgen hinter der Philharmonie und von außen nicht gerade schön, führt die Gemäldegalerie gegenüber anderen Museen ein Schattendasein. Dabei stoßen die Besucher hier auf eine grandiose Sammlung europäischer Malkunst vom 13. bis zum 18. Jahrhundert. Vor allem die Kollektionen früher deutscher und flämischer Malerei gehören zu den bedeutendsten überhaupt. Aber auch aus der italienischen Renaissance gibt es viele Meisterwerke zu bestaunen, etwa mehrere Boticelli-Madonnen und Tizian-Porträts.

❼ **Neue Nationalgalerie** Der schlichte Glasbau ist das einzige Nachkriegs-

Die Große Kuppelhalle des Bode-Museums auf der Berliner Museumsinsel mit Andreas Schlüters Reiterstandbild des Großen Kurfürsten.

Berlin · Brandenburg

werk von Stararchitekt Mies van der Rohe in Deutschland und gilt als Ikone der Neuen Sachlichkeit. Sie war immer wieder Ort bedeutender Ausstellungen, bevor 2014 die Sanierung begann.

⑧ Deutsches Technikmuseum Berlin
Auf über 25 000 Quadratmetern wird hier Technikgeschichte präsentiert. Der Schwerpunkt liegt auf der Entwicklung des Verkehr und der Fahrzeuge mit zahlreichen Großobjekten wie Flugzeugen, Schiffen, Autos und Bussen, aber auch der Energiegewinnung. Daneben sind u. a. fast alle Zuse-Rechner und eine historische Brauerei zu sehen.

⑨ Deutsches Historisches Museum
Einen Streifzug durch die deutsche Geschichte bietet das Deutsche Historische Museum im Zeughaus. Sehenswert ist auch der moderne Anbau des Stararchitekten I. M. Pei auf der Rückseite. Hier finden Sonderausstellungen statt.

⑩ Jüdisches Museum
Das Jüdische Museum ist gleich in dreierlei Hinsicht einzigartig und besuchenswert. Der erste gute Grund ist der ultramoderne und dabei hochintellektuelle Bau des Stararchitekten Daniel Libeskind. Der zweite der Zugang über das Untergeschoss, der den Besucher auf sehr berührende und spezielle Weise mit Holocaust und Exil konfrontiert. Und zu guter Letzt ist da natürlich die hochinteressante Ausstellung über eineinhalb Jahrtausende jüdische Geschichte in Deutschland.

⑪ Naturkundemuseum
Am bekanntesten ist das Berliner Naturkundemuseum für das weltweit größte frei aufgestellte Saurierskelett. Die Präsentation der rund 30 Millionen Objekte wird stetig überarbeitet, um neuen Anforderungen gerecht zu werden. Einzigartig ist auch die Sammlung von 276 000 Tierpräparaten, die seit 2010 in einem eigens dafür gestalteten Ausstellungsraum zu sehen ist.

⑫ Brücke-Museum
Wer die expressionistischen Meisterwerke der Maler-Vereinigung »Die Brücke« bewundern will, der muss das Zentrum verlassen und an den Rand des Grunewalds fahren. Doch nicht nur die Bilder, sondern auch die Lage lohnen den Weg, denn man lernt dabei ein ganz anderes, viel ruhigeres Berlin kennen als in der trubeligen, menschenüberlaufenen City.

⑬ Gemäldesammlung im Jagdschloss Grunewald
Die kleine, aber feine Bildersammlung im Jagdschloss Grunewald ist der frühen deutschen und holländischen Malerei gewidmet und kann mit einigen Cranach-Schönheiten wie »Lucretia« und »Judith« glänzen. Die Besichtigung lässt sich gut mit einem erholsamen Waldspaziergang am Grunewaldsee verbinden.

⑭ Bauhaus-Archiv
Hier sind Möbel, Keramiken und Gebrauchsgegenstände sowie Gemälde, Zeichnungen, Plastiken und Modelle aus der Bauhaus-Schule ausgestellt. Das angeschlossene Archiv birgt die größte Sammlung an Literatur, Dokumenten und Arbeiten aus dem Umfeld der berühmten Dessauer Kunstgewerbeschule.

Der moderne Ausstellungsbau des Deutschen Historischen Museums nach Entwürfen von Ieoh Ming Pei wurde 2003 fertiggestellt.

UNESCO-Welterbe

Museumsinsel Sie ist eine Schöpfung der Aufklärung: Die fünf Museen, die zwischen 1824 und 1930 entstanden, zeigen die Entwicklung der Zivilisation über die Jahrhunderte. Jedes von ihnen ist ein Meisterwerk der Architektur und wurde so entworfen, dass seine äußere Erscheinung eine organische Einheit mit der Kunst bildet, die im Inneren gezeigt wird.

Wohnsiedlungen Die Gartenstadt Falkenberg, die Hufeisensiedlung Britz, die Wohnstadt Carl Legien (alle Bruno Taut), die Weiße Stadt (Otto Rudolf Salvisberg/Martin Wagner) sowie die Großsiedlung Siemensstadt (Hans Scharoun/Martin Wagner) sind Zeugnisse des neuen, sachlichen Baustils und des sozialen Anspruchs der Architektur der Weimarer Republik.

Berlin · Brandenburg

Berlin · Brandenburg

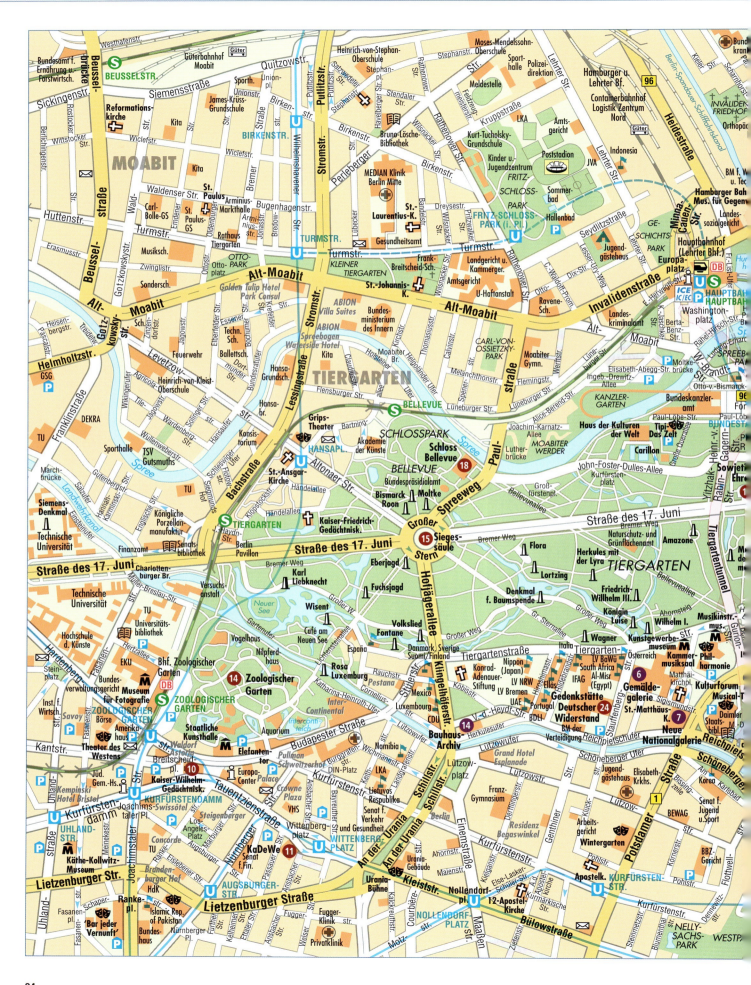

Berlin · Brandenburg

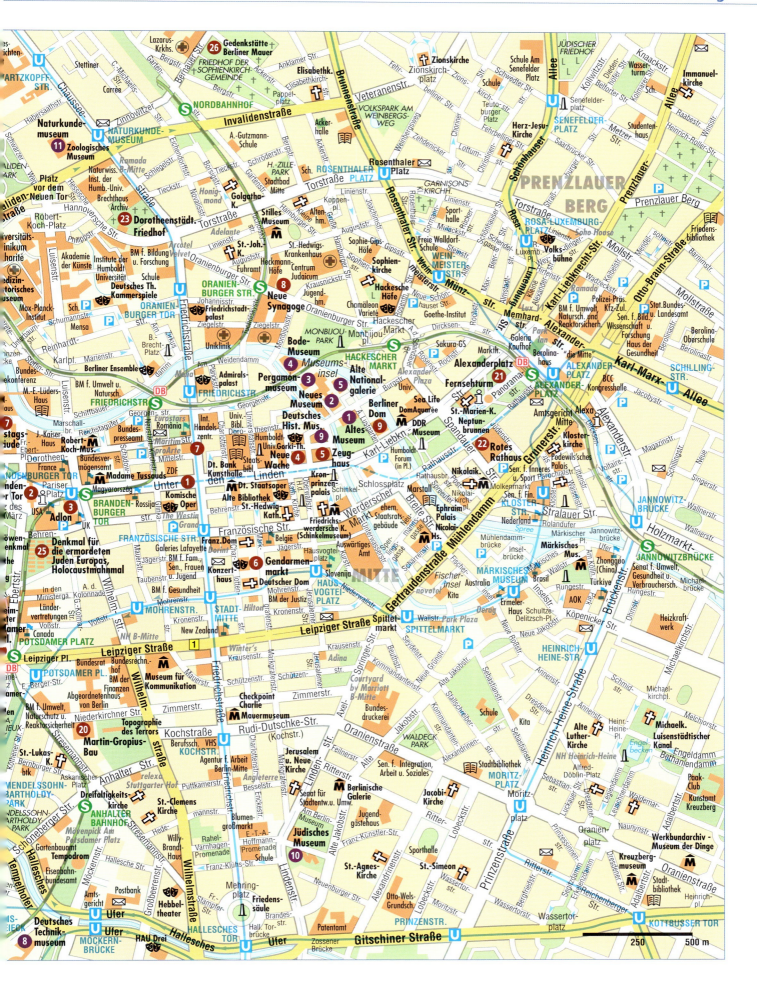

Berlin · Brandenburg

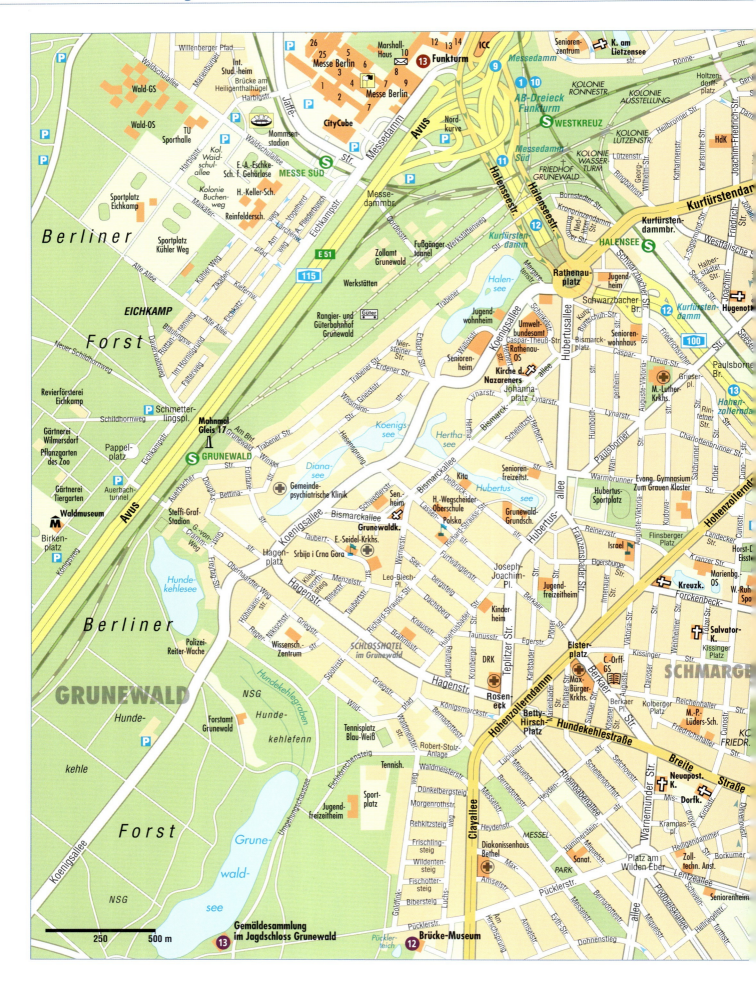

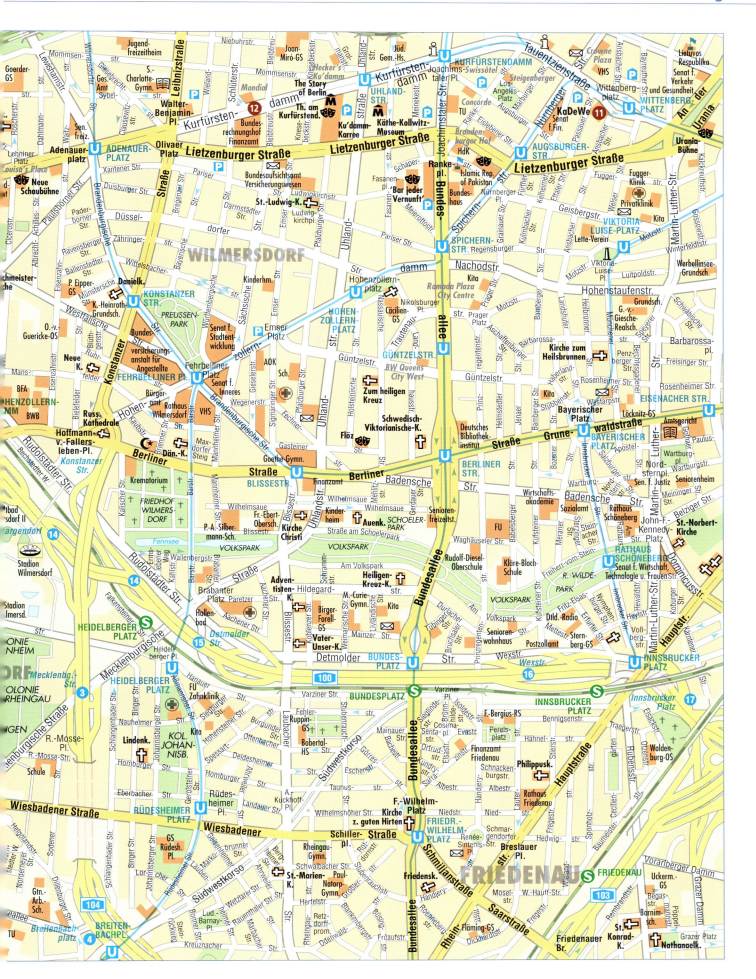

Berlin · Brandenburg

Potsdam

In nur 30 Kilometer Entfernung bietet das schmucke Potsdam mit seinen vielen Gärten und Schlössern einen großen Kontrast zu Berlin. Die brandenburgische Hauptstadt hat allerdings weit mehr zu bieten als nur Preußenromantik und Schloss Sanssouci.

Den preußischen Königen ging es damals wie so manchem Berlin-Besucher heute. Auf Dauer war ihnen ihre Hauptstadt zu anstrengend und sie legten sich zur Erholung einen »Feriensitz« in der durch die Eiszeit geprägten, abwechslungsreichen Wald- und Seenlandschaft im Südwesten zu. Bereits der große Kurfürst begann im 17. Jahrhundert, den kleinen Marktflecken Potsdam zur zweiten Residenz auszubauen. Sein Enkel, der Soldatenkönig, siedelte hier sowohl Teile seines Heeres wie französische Hugenotten an und ließ dafür neue Stadtteile errichten. Friedrich II. und dessen Nachfolger verwirklichten sich schließlich mit zahlreichen Schlossprojekten. Auf diese Weise lassen sich in Potsdam gut die Etappen der brandenburgischen Geschichte nachvollziehen, sowohl der preußische Ordnungssinn wie die Prachtentfaltung seiner Könige.

Sehenswürdigkeiten

❶ Schloss und Park Sanssouci Potsdams Publikumsmagnet nahm seinen Anfang, als Friedrich der Große den »Wüsten Berg« terrassieren, mit Weinstöcken bestücken und oberhalb des Weinbergs ein Rokoko-Schlösschen für Mußestunden anlegen ließ. Schnell kamen immer weitere Elemente dazu. Trotz der Ausdehnung von fast 300 Hektar lohnt es für Besucher, sich nicht auf Schloss Sanssouci zu beschränken, sondern auch den Rest des Parks zu erwandern und dabei die vielen reizvollen Blickachsen und weiteren Gebäude wie Römische Bäder, Schloss Charlottenhof oder die Alte Mühle zu entdecken.

❷ Chinesisches Teehaus Das vielleicht originellste Gebäude im Park Sanssouci ist das kleeblattförmige Chinesische Haus. Die unerhört prunkvolle Mischung von Rokoko-Architektur mit (vermeintlich) chinesischen Stilelementen entsprach ganz dem Geschmack des 18. Jahrhunderts, als »Chinoiserien« an den Fürstenhöfen Europas der letzte Schrei waren. Vergoldete Plastiken essender, trinkender und musizierender Chinesen rund um das Haus verleihen dem Ensemble einen heiteren Charakter.

❸ Holländisches Viertel Besonders schmuck und aufgeräumt präsentiert sich Potsdam im Holländischen Viertel. Die Giebelreihenhäuser aus rotem Ziegelstein wurden 1733 vom »Großen Kurfürsten« angelegt, um Handwerker aus dem fortschrittlichen Holland nach Brandenburg zu locken. Heute findet man dort viele kleine Läden, Galerien, Cafés und Restaurants. Im April findet ein Tulpenfest statt, im September ein Töpfermarkt und im Dezember ein holländischer Weihnachtsmarkt.

❹ Französische Kirche Die Kirche, die Friedrich der Große für die Huge-

UNESCO-Welterbe

Schlösser und Gärten von Potsdam Zwischen 1730 und 1916 legten die preußischen Könige entlang der Havel eine Parklandschaft mit rund 150 Schlössern an. Dazu gehören neben dem Park Sanssouci der Neue Garten, der Park Babelsberg, der Park Lindstedt, die Dorflage Bornstedt, die Kolonie Alexandrowka, der Pfingstberg, die Schloss- und Gartenanlagen in Glienicke, die Pfaueninsel und der Park Sacrow mit seiner Heilandskirche sowie einige kleinere Anlagen. Insgesamt umfasst das Welterbegelände über 2000 Hektar. Trotz dieser Ausdehnung und der langen Entstehungszeit bilden all diese Parks und Gebäude eine Einheit und schaffen so eine Welt für sich, ein luxuriöses, heiteres Gartenidyll.

ⓘ Touristeninformation: Am Neuen Markt 1, 14467 Potsdam, Tel. 0331/27 55 88 99, E-Mail: tourismus-service@potsdam.de, www.potsdamtourismus.de

Berlin · Brandenburg

Besucher-Tipps:

Schiffbauergasse Auf dem alten Industriegelände am Tiefen See ist heute die Kunst- und Kulturszene zu finden. Unter anderem ist hier das Hans-Otto-Theater mit seinen beiden Spielstätten ansässig, des Weiteren ein Theaterschiff, der genreübergreifende Veranstaltungsort Waschhaus, das freie Theater T-Werk sowie das Kunstmuseum FLUXUS+.

Schlössernacht Jedes Jahr im August präsentieren sich Park und Schlösser von Sanssouci von ihrer glamourösesten Seite. Zur Schlössernacht wandelt der Besucher im fantasievoll illuminierten Park und erlebt an allen Ecken Musik-, Tanz- und Theaterdarbietungen, Masken, Gaukler und Puppenspiel. Allerdings gilt es, sich dafür frühzeitig Karten zu sichern.

nottengemeinde von Potsdam errichten ließ, präsentiert sich als ungewöhnlicher Rundbau mit Kuppel und antikem Portikus und ist deutlich vom römischen Pantheon inspiriert. Geplant wurde sie von Sanssouci-Architekt Knobelsdorff.

❺ Russische Kolonie Alexandrowka Zwölf russische Bauernhäuser mit reichen Schnitzereien inmitten von Obstbaumwiesen ließ der preußische König Friedrich Wilhelm III. 1827 für die Mitglieder eines russischen Militärchors errichten. In Haus Nr. 2 sind heute ein Museum und ein Café untergebracht. Mit zum Ensemble gehört die orthodoxe Alexander-Newski-Gedächtniskirche auf dem nahen Kapellenberg.

❻ Weberviertel Das Viertel in Babelsberg wird von den kleinen Weberhäusern geprägt, die Friedrich II. 1750 anlegen ließ, um hier böhmi-

Die Parkanlagen wurden ab 1816 von Peter Joseph Lenné umgestaltet (großes Bild). Pagoden zieren den Glienicker Park (kleines Bild).

Berlin · Brandenburg

sche Protestanten anzusiedeln. Im Haus Karl-Liebknecht-Straße 23 ist ein kleines Museum untergebracht, das dienstags und donnerstags besichtigt werden kann.

❼ **Alter Markt** Der Alte Markt zwischen Havel und Nikolaikirche ist das historische Zentrum der Stadt. Derzeit werden große Anstrengungen unternommen, die einstige repräsentative Bebauung zu rekonstruieren. So wurde das alte Stadtschloss von Knobelsdorff – zumindest äußerlich – wiedererrichtet. Heute residiert hier der Brandenburger Landtag.

❽ **Nikolaikirche** Die 1837 von Schinkel errichtete Nikolaikirche hatte das Pariser Panthéon und die St. Paul's Cathedral in London zum Vorbild. Als klassizistischer Kuppelbau stellte sie einen bewussten Gegenentwurf zu den traditionellen katholischen Kirchen dar.

❾ **Neuer Markt** Der von repräsentativen Bürgerhäusern umschlossene Neue Markt gilt als einer der am besten erhaltenen Barockplätze in Europa. Den Mittelpunkt bildet die alte Malz- und Kornwaage.

Museen

❶ **Bildergalerie im Park des Schlosses Sanssouci** Die 1764 neben dem Schloss Sanssouci errichtete Bildergalerie erregte im 18. Jahrhundert weltweit große Begeisterung. Heute können die Besucher dort bekannte Meisterwerke der Hochrenaissance, des Manierismus und des Barock im kostbaren Rahmen der damaligen Zeit erleben.

❷ **Filmmuseum Potsdam im Marstall am Alten Markt** Im Gebäude des alten Schlossmarstalles informiert eine Ausstellung über die bewegte Geschichte der Babelsberger Filmstudios, die seit der Zeit der Weimarer Republik ganz eigene cineastische Maßstäbe setzten. Dazu gehören das älteste erhaltene Filmstudio der Welt, Originalkostüme, Kulissenmodelle und vieles mehr.

❸ **Haus der Brandenburgisch-Preußischen Geschichte** Wie konnte Brandenburg von »des Heiligen Römischen Reiches Streusandbüchse«, so sein etwas despektierlicher Spitzname, zur europäischen Großmacht aufsteigen? Die Ausstellung am Neuen Markt im Haus der Brandenburgisch-Preußischen Geschichte zeigt ein weitgespanntes Panorama, das auch Sozial- und Alltagsgeschichte einbezieht und über das Ende Preußens bis in das Brandenburg der Gegenwart reicht.

❹ **Jan-Bouman-Haus** Mitten im Holländischen Viertel ist in diesem nach dem Erbauer benannten Haus die ursprüngliche Einrichtung der Holland-Häuser mit Hofgebäude und Hausgarten zu besichtigen. Außerdem informieren Sonderausstellungen über die Niederländer in Brandenburg.

❺ **Museum FLUXUS +** Potsdams Museum für moderne Kunst mit dem etwas ausgefallenen Namen beherbergt eine Ausstellung zur Fluxus-Bewegung, die in den 1960er Jahren einen Angriff auf die etablierte Kunst startete. Daneben sind weitere Werke von Avantgarde-Künstlern wie Wolf Vostell, Niki de Saint Phalle, Christo, Joseph Beuys oder Yoko Ono zu sehen.

Potsdams Holländisches Viertel mit den herrlichen Giebelhäusern wird von der Propsteikirche St. Peter und Paul überragt.

Ausflugstipps:

Filmstudio Babelsberg In Babelsberg, dem ältesten und größten Filmstudio der Welt, sind im Laufe der Filmgeschichte viele legendäre Produktionen entstanden. Führungen gibt es für Gruppen gegen Voranmeldung. Im Filmpark Babelsberg dagegen erleben die Besucher in Originalkulissen spektakuläre Shows, geführte Touren, Erlebniskino und vieles mehr.

Werder Nur 10 Kilometer südwestlich von Potsdam liegt auf einem Werder, einer Havelinsel, das idyllische, gleichnamige Städtchen. Es ist gut zu Schiff, aber auch zu Fuß oder mit dem Fahrrad durch den Wildpark Pirschheide erreichbar. Die Stadt ist für ihre Obstbäume bekannt, und alljährlich im April bzw. Mai wird eine Woche lang das Baumblütenfest gefeiert.

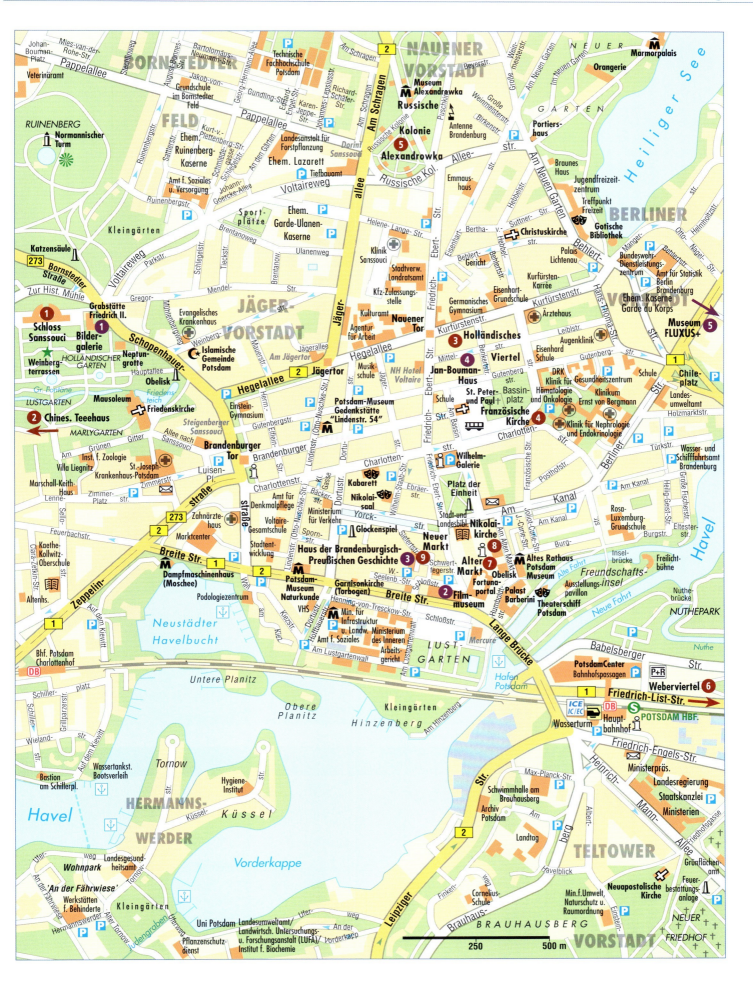

Berlin · Brandenburg

Cottbus

Die Hauptstadt der Niederlausitz strahlt mit ihrem hübschen Zentrum den Charme einer freundlichen Kleinstadt aus und präsentiert sich dem Besucher mit ihren zahlreichen Parks, Promenaden und Alleen zudem als eine der grünsten Städte Deutschlands.

Das im 13. Jahrhundert gegründete Cottbus entwickelte sich im Mittelalter zu einem Zentrum der Leinenweber- und Tuchmacherzunft, wurde durch seine Lage im Grenzgebiet zwischen Brandenburg, Sachsen und Schlesien aber auch immer wieder heftig in Mitleidenschaft gezogen. Am Ende des Dreißigjährigen Krieges lebten nur noch wenige Hundert Menschen in der Stadt und erst der Zuzug französischer Hugenotten führte wieder zu einem wirtschaftlichen Aufschwung, der während der Industrialisierung im 19. Jahrhundert anhielt. Dies schlug sich auch im Bau von repräsentativen Bürgerhäusern nieder. Der berühmteste adlige Einwohner von Cottbus dagegen, der Abenteurer Hermann von Pückler-Muskau, strebte nicht nach Prestigebauten in Stein, sondern legte im Südwesten der Stadt einen seiner berühmten Landschaftsparks an.

Sehenswürdigkeiten

❶ Altmarkt Der von barocken Bürgerhäusern gesäumte Altmarkt gilt als »gute Stube« von Cottbus. Besonders repräsentativ ist die alte Löwenapotheke, in der heute ein Apothekenmuseum untergebracht ist. Dort gibt es neben historischen Apothekeneinrichtungen auch ein altes Laboratorium und eine Giftkammer zu sehen.

❷ Oberkirche St. Nikolai Die Oberkirche aus dem 15. Jahrhundert am Altmarkt ist das größte Gotteshaus der Niederlausitz. Im Inneren kann man ein schönes Stern- und Netzrippengewölbe sowie einen großen frühbarocken Altaraufsatz mit Alabasterschnitzerei bewundern.

❸ Spremberger Turm Der Rundturm, einst Teil der Stadtbefestigung, ist zu Beginn des 18. Jahrhunderts von Schinkel auf 28 Meter erhöht und mit einem Zinnenkranz versehen worden. Er ist heute das Wahrzeichen von Cottbus und bietet einen schönen Blick über Stadt und Umgebung.

❹ Klosterkirche Die gotische Backsteinkirche gehörte einst zum Franziskanerkloster und ist der älteste Sakralbau von Cottbus. Aus ihrer Gründerzeit stammen das eindrucksvolle Kruzifix im Inneren und die Grabplatte des Cottbuser Stadtgründers Fredehelmus mit seiner Frau Adelheid und einem Krebs, dem Wappentier von Cottbus.

❺ Wendisches Viertel Ein interessantes Zeugnis der DDR-Stadtarchitektur sind die Plattenbauten im historischen Wendischen Viertel in der Cottbuser Innenstadt. Sie wurden von Künstlern mit bunten Kachelfassaden geschmückt und bekamen Fassaden und Giebelformen, die sie an den alten Baubestand angleichen sollten.

❻ Branitzer Park Der Park im Südwesten von Cottbus ist das Alterswerk von Fürst Pückler. Aus der Landschaft an der Spree schuf er einen abwechslungsreichen Landschaftsgarten mit Seen und Hügeln. Wahrzeichen ist sein Grabmal, die Seepyramide, die im Herbst mit rotem Weinlaub überzogen ist.

Museen

❶ Fürst-Pückler-Museum im Schloss Branitz In dem Barockschlösschen im Branitzer Park wird dem Besucher der aufwendige Lebensstil des exzentrischen Abenteurers Hermann von Pückler-Muskau vorgeführt. Unter anderem ist seine kostbare Bibliothek erhalten geblieben.

❷ Stadtmuseum Der Aufstieg von der slawischen Siedlung zum bedeutenden Wirtschafts- und Wissenschaftsstandort ist im völlig neu errichteten Stadtmuseum im historischen Sparkassengebäude zu sehen.

❸ Wendisches Museum Das Museum in der Altstadt ist dem sorbischen Erbe der Niederlausitz gewidmet. Es enthält die größte Sammlung an Spreewaldtrachten mit ihren ausladenden bestickten Hauben.

Das im 18. Jahrhundert erbaute Schloss Branitz im Fürst-Pückler-Park (oben). Das Innere der Oberkirche St. Nikolai (unten).

Ausflugstipps:

Fürst-Pückler-Park Bad Muskau Bevor Fürst Pückler den Park von Branitz schuf, stellte er sein Talent als Landschaftsarchitekt rund um das Schloss Muskau unter Beweis. Der 830 Hektar große Park, den er dort schuf, erstreckt sich bis nach Polen und zählt zum UNESCO-Welterbe. Interessant sind die vielen raffinierten Sichtachsen, die für reizvolle Ausblicke sorgen.

Kloster Neuzelle Italienischer Barock mitten in Brandenburg? Im ehemaligen Kloster Neuzelle, 40 Kilometer nördlich von Cottbus gelegen, kann man das erleben, da die Zisterzienserabtei im 17. Jahrhundert zu Sachsen gehörte. Der Ausflug sollte mit einem Abstecher ins westlich von Neuzelle gelegene, idyllische Schlaubetal kombiniert werden.

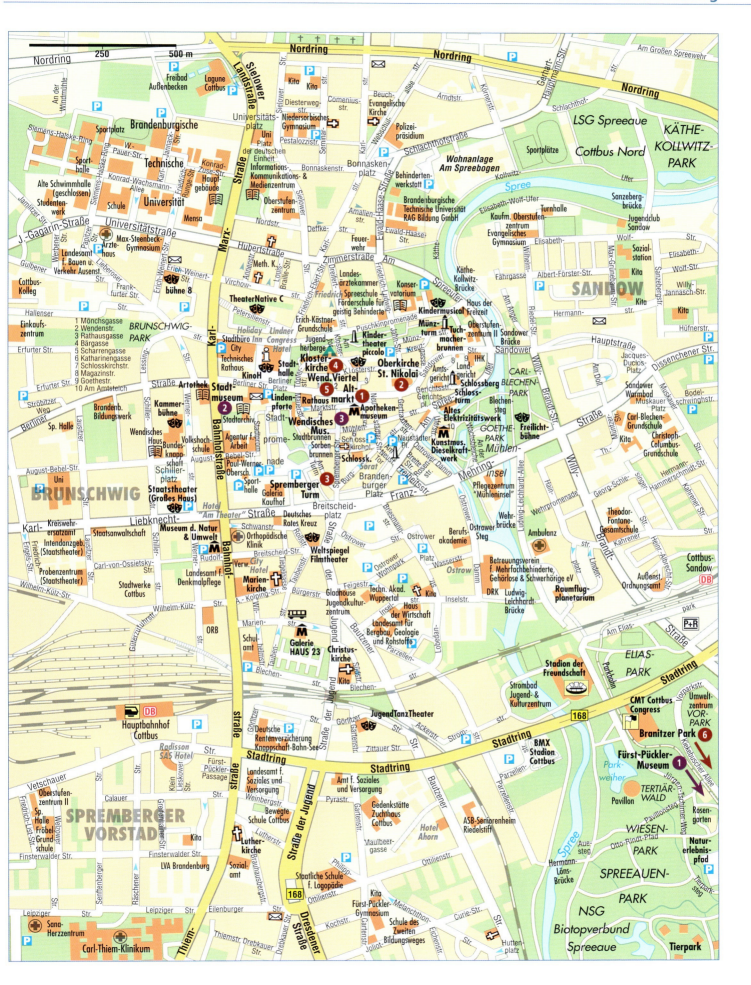

Nordrhein-Westfalen

Nordrhein-Westfalen ist mit seinen rund 18 Millionen Einwohnern das bevölkerungsreichste Bundesland Deutschlands. Es hat sogar mehr Einwohner als Deutschlands Nachbarländer Belgien, die Niederlande, Österreich oder die Schweiz.

Die Autobahn A24 führt am erleuchteten Gasometer in Oberhausen vorbei.

Flächenmäßig ist NRW das viertgrößte Bundesland. Dabei wird knapp die Hälfte der Fläche landwirtschaftlich genutzt und ein Viertel ist mit Wald bedeckt. Der Ballungsraum Rhein-Ruhr wiederum zählt mit seinen etwa zehn Millionen Einwohnern zu den 30 größten Metropolregionen der Welt. Genau dieser Gegensatz – auf der einen Seite Landwirtschaft und Natur, auf der anderen Seite Industrie und Großstadtflair – ist es, der das Land Nordrhein-Westfalen so reizvoll macht. Das deutsche Wirtschaftswunder in den 1950er-Jahren wäre ohne Nordrhein-Westfalen – und hier speziell das Ruhrgebiet – nicht denkbar gewesen. Aus dieser Zeit stammt auch die Beschreibung des westlichen Bundeslandes als »Land von Kohle und Stahl«. Der Bergbau und die Montanindustrie prägten das Ruhgebiet und seine Einwohner nachhaltig. Noch heute sind im Ruhrgebiet viele Zeugnisse aus dieser Zeit zu sehen. Wenige von ihnen sind noch in Betrieb, sie wurden im Zuge des Strukturwandels zu Industriedenkmälern, Museen oder anderen kulturellen Stätten umgewandelt. Stellvertretend sei hier auf die Zeche Zollverein in Essen verwiesen, die von der UNESCO in die Liste des Welterbes aufgenommen wurde. Als in den 1960er-Jahren immer mehr Unternehmen der Montanindustrie ihre Pforten schließen mussten, war eine Neuorientierung des Ruhrgebiets nötig. Neben der noch immer vorhandenen Industrie spielten Forschung, Kultur und der Dienstleistungssektor eine immer größere Rolle in der Region. Wer heutzutage das Ruhrgebiet besucht, findet hochmoderne Großstädte mit einem reichhaltigen Kulturangebot vor, die aber ihre industriellen Wurzeln nicht verleugnen. Wenn man sich nur wenige Autominuten aus der Metropolregion entfernt, präsentiert sich das Land von seiner anderen Seite. Nördlich und nordwestlich findet man die Regionen Niederrhein und das Münsterland, beides traditionell durch seine Landwirtschaft geprägt. Nordöstlich und östlich dominieren in Ostwestfa-

Ein Jugendstilportal im LWL-Industriemuseum Zeche Zollern in Dortmund.

Alte Industrieanlagen bestimmen so mancherorts im Ruhrgebiet die Silhouette.

len-Lippe und Sauerland die Mittelgebirge. Der Teutoburger Wald ist auch als historischer Schauplatz von Bedeutung: Vor 2000 Jahren schlugen die Germanen die Römer, Berichten römischer Autoren zufolge, in der Varusschlacht vernichtend. Das Hermannsdenkmal soll daran erinnern. Auch im Bergischen Land, das im Süden des Ruhrgebietes liegt, ist die Landschaft von Bergen geprägt. Das Rheinland, das nicht nur für seinen Karneval, sondern auch für die wunderschöne Landschaft bekannt ist, liegt nicht weit entfernt. Im Südwesten liegt der Nationalpark Eifel, der mit seinem gut ausgebauten Netz an Wander- und Radwegen ein gern besuchtes Naherholungsgebiet ist. Wer hier unterwegs ist, sollte einen Abstecher nach Aachen machen. Immerhin wählte Karl der Große die Stadt mit ihren warmen Quellen als seine Winterresidenz.

Großes Bild: Fassaden des Neuen Zollhofs von Architekt Frank Gehry im Düsseldorfer Medienhafen.

Blick vom Deutzer Rheinufer auf die Hohenzollernbrücke und den Kölner Dom.

Nordrhein-Westfalen

Münster

Das Stadtbild Münsters wird vor allem durch die vielen ebenso aufwendig wie detailliert restaurierten historischen Häuser, Kirchen und Plätze geprägt.

Münster ist eine Stadt mit vielen Gesichtern: Bischofssitz, Wissenschaftsstadt, Kulturhochburg, Skulpturenstadt, Stadt des Westfälischen Friedens, Fahrradstadt, Hansestadt – und doch bilden all diese Facetten ein einheitliches und stimmiges Gesamtbild. Die 1200 Jahre alte Metropole verbindet dabei Altes und Neues. Die verschiedenen Märkte (Prinzipalmarkt, Roggen- und Fischmarkt) laden zum Bummeln ein. Eine große Auswahl an Museen und viele historische Kirchen und Gebäude warten darauf, erkundet zu werden. Im Kuhviertel kann man die westfälische Gemütlichkeit genießen und ein wenig in Münsters Studentenleben eintauchen. Der Aasee und viele Parks laden schließlich dazu ein, der Hektik des Alltags zu entfliehen und die Seele baumeln zu lassen. Zahlreiche Kulturveranstaltungen und Feste runden das touristische Angebot ab. Aber nicht nur Münster selbst, sondern auch das Umland bieten sich für Erkundungstouren an.

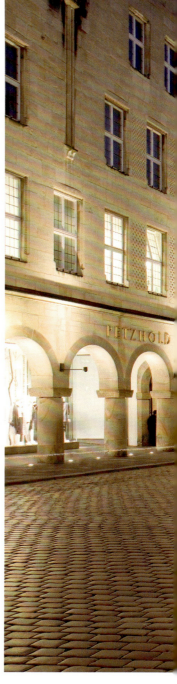

Sehenswürdigkeiten

❶ **Dom St. Paulus** Der im 13. Jahrhundert erbaute Dom ist eines der Wahrzeichen der Stadt Münster. Man sollte sich auf jeden Fall Zeit nehmen, um die astronomische Uhr, die im Spätmittelalter konstruiert wurde, in Augenschein zu nehmen. Die Domkammer zeigt die Kunst und Kultur des Domes aus zwölf Jahrhunderten und zählt mit ihren Objekten der Goldschmiede- und Textilkunst zu den bedeutendsten Schatzkammern Europas.

❷ **Prinzipalmarkt** In unmittelbarer Nähe des Domes ist der Prinzipalmarkt gelegen. Die Giebelhäuser auf beiden Seiten des Prinzipalmarktes sind eines der am meisten fotografierten Motive Münsters. Besonders ihr Baumaterial, der Baumberger Sandstein, und die Bogengänge im Erdgeschoss verleihen dem Platz seine unverwechselbare Atmosphäre.

❸ **Rathaus** Direkt am Prinzipalmarkt gelegen ist das historische Rathaus. Der gotische Bau aus der Mitte des 14. Jahrhunderts wurde – nach seiner Zerstörung im Zweiten Weltkrieg – in den 1950er-Jahren originalgetreu wiederaufgebaut. Im Friedenssaal wurde 1648 der Französisch-Niederländische Frieden, ein Teil des Westfälischen Friedens, besiegelt. Diesen historischen Ort kann man täglich (außer montags) besichtigen.

❹ **Erbdrostenhof** Unweit des Prinzipalmarktes, an der Salzstraße 38, befindet sich der Erbdrostenhof, ein barockes Adelspalais, das Mitte des 18. Jahrhunderts erbaut wurde. Neben der aufwendigen Fassade mit ihren in den 1960er-Jahren restaurierten Fresken fällt besonders die Lage des Barockbaus auf: Aus Platzgründen wurde das Gebäude diagonal auf dem Grundstück erbaut.

❺ **Clemenskirche** Zusammen mit dem Erbdrostenhof bildet die Clemenskirche einen Teil von Münsters »Barockinsel«. Sie wurde von dem Barockarchitekten Johann Conrad Schlaun zwischen 1745 und 1753 erbaut und nach dem Zweiten Weltkrieg wieder originalgetreu restauriert. Die Clemenskirche gilt als eine der bedeutendsten Barockkirchen Norddeutschlands. Besonders charakteristisch ist ihre durch eine Laterne gekrönte Kuppel.

❻ **Engelenschanze** Die Engelenschanze ist ein Teil der alten Stadtbefestigung. Benannt ist sie nach dem Pfennigkammersekretär Johann Josef Engelen, der hier seinen Wohnsitz hatte. Heute findet man hier einen idyllischen Park, der zum entspannten Verweilen einlädt.

❼ **Schlossplatz** Der Schlossplatz westlich der Innenstadt hat im Laufe der Jahrhunderte eine bewegte Geschichte hinter sich. Er fungierte als Schussfeld für Kanonen zwischen Zitadelle und Stadt, Forum für Paraden, politische Bühne für Fürstbischöfe, Könige, Kaiser, Gauleiter, Präsidenten und Kanzler, Inspirationsquelle für Skulpturkünstler aus aller Welt, Parkplatz und Fläche für diverse Events wie den dreimal jährlich stattfindenden Send. Außerdem ist er heutzutage der »Vorplatz« der Westfälischen Wilhelms-Universität.

❽ **Buddenturm** Der Turm ist Teil der Kreuzschanze, eines Bestandteils der Stadtbefestigung Münsters. Die eigentliche Befestigungsanlage wurde im 18. Jahrhundert geschliffen. Seit dem 19. Jahrhundert wurde die Kreuzschanze dann ein Park. Der Buddenturm ist der letzte noch erhaltene Teil der alten Befestigung.

Museen

❶ **Archäologisches Museum** Das 1883 gegründete Archäologische Museum zeigt eine Originalsammlung antiker Kleinkunst: Skulpturen, Gefäße, Goldschmuck, Geräte, Münzen und Siegel. Es ist in vier Bereiche gegliedert: Überblick über die Kleinkunst, Themen griechisch-römischer Kultur, Nachbarlandschaften und Bildhauerkunst.

ⓘ Touristeninformation: Klemensstraße 10, 48143 Münster, Tel. 0251/49 22 710, E-Mail: tourismus@stadt-muenster.de, www.muenster.de

Nordrhein-Westfalen

Besucher-Tipps:

Schlösser und Burgen Im Umland Münsters gibt es zahlreiche Schlösser und Wasserburgen, Herrensitze und Gartenanlagen zu entdecken. Direkt vor den Toren liegt das Haus Rüschhaus, das heute ein Museum beherbergt, das sich der Dichterin Annette von Droste-Hülshoff widmet. Sie wurde auf Burg Hülshoff geboren. Schloss Nordkirchen wird auch gerne als »Westfälisches Versailles« bezeichnet und ist für Gartenfreunde ein absolutes Muss. Die Burg Vischering in Lüdinghausen zählt zu den am besten erhaltenen Burganlagen Deutschlands. Auch das Schloss Westerwinkel in Ascheberg ist einen Besuch wert. Das Schloss liegt inmitten eines englischen Landschaftsparks. Man kann diese Schlösser von Münster aus bequem mit dem Rad erreichen.

❷ **Mühlenhof Freilichtmuseum** Das Mühlenhof Freilichtmuseum ist in unmittelbarer Nähe zum Aasee gelegen. Es zeigt in 30 historischen Bauten bäuerliche und handwerkliche Kultur der Region aus vier Jahrhunderten.

❸ **Stadtmuseum Münster** Alles Wichtige über die Geschichte der Stadt Münster von den Anfängen bis zur Gegenwart erfährt man im Stadtmuseum. Die Schwerpunkte der Ausstellung sind Stadt- und Architekturmodelle, die Gestalt und Wandel Münsters bis heute veranschaulichen.

❹ **Kunstmuseum Pablo Picasso Münster** Das im Jahr 2000 eröffnete Museum ist das erste Picasso-Museum Deutschlands. Auf rund 600 Quadratmetern lassen sich verschiedene Aspekte und Ausschnitte der umfangreichen Sammlung des Hauses zu bewundern. Sonderausstellungen befassen sich auch mit den Werken von Picassos Künstlerfreunden und Zeitgenossen.

Giebelhäuser am Prinzipalmarkt mit Blick auf die Lambertikirche (kleines Bild). Die Arkaden beherbergen Geschäfte (großes Bild).

Nordrhein-Westfalen

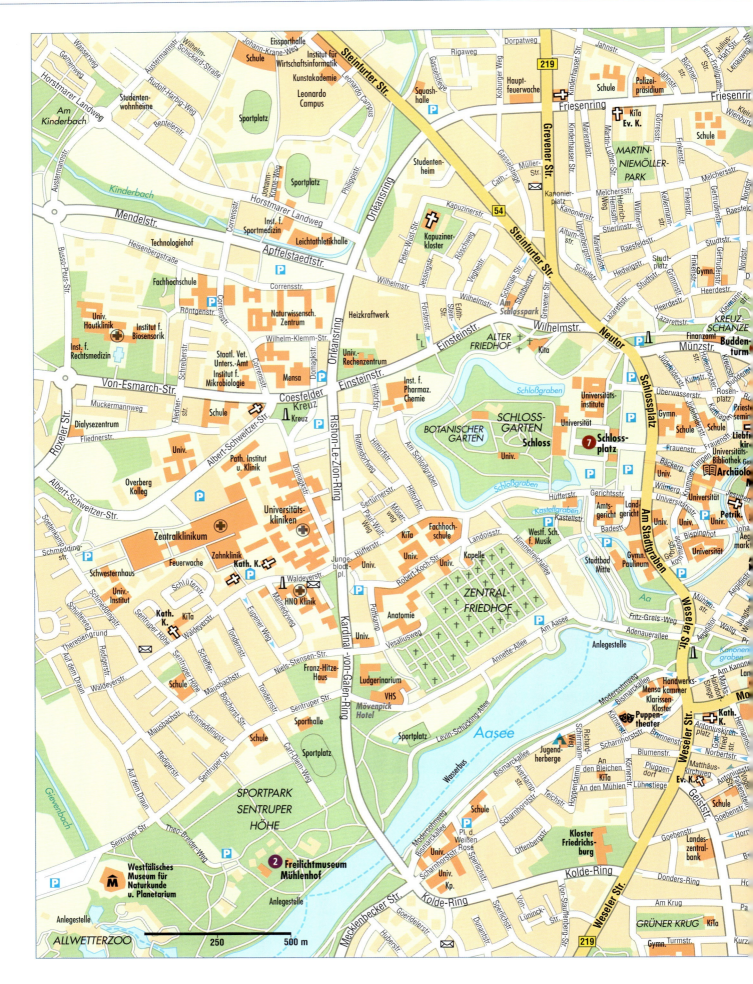

Nordrhein-Westfalen

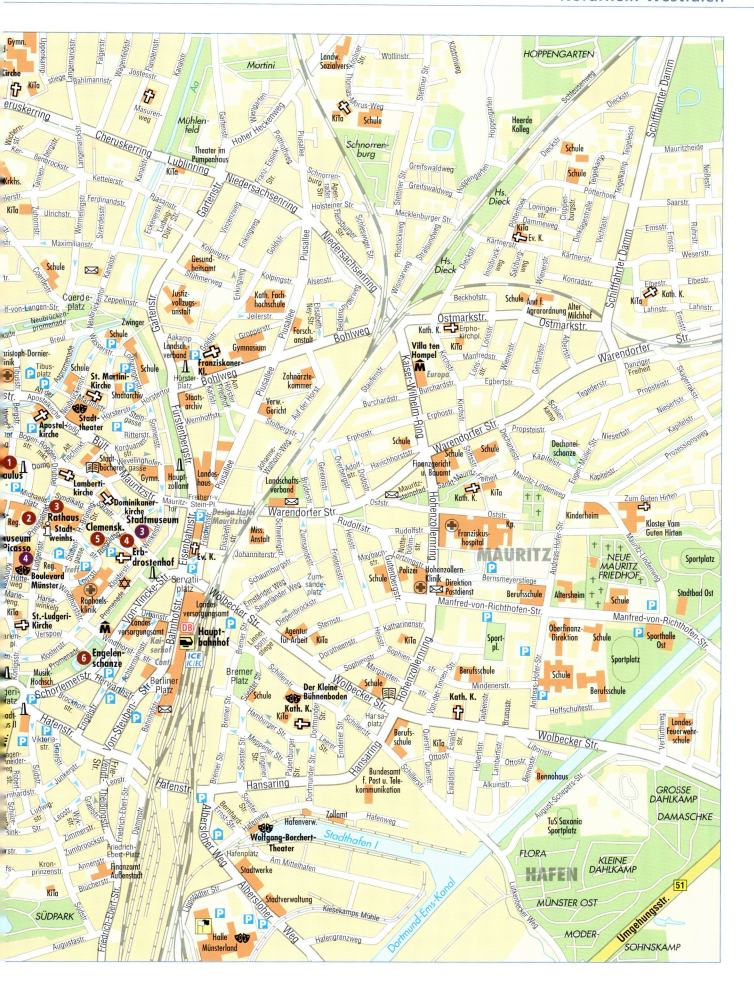

Nordrhein-Westfalen

Bielefeld

Seit einigen Jahren verbreiten Spaßvögel im Internet die Kunde, Bielefeld sei nur Illusion und existiere gar nicht wirklich. Wer einmal in die Stadt am Rande des Teutoburger Waldes fährt, wird schnell merken, dass Bielefeld ganz real und immer eine Reise wert ist.

Mit 330 000 Einwohnern zählt die 1214 gegründete Stadt im Jahr 2014 immerhin zu den 20 größten Städten Deutschlands. Die 35 000 Studenten, die an der Bielefelder Universität eingeschrieben sind, tragen sehr zum Flair der Stadt bei. Besonders Bielefelds Lage am Rande des Teutoburger Waldes garantiert ihnen eine abwechslungsreiche Freizeitgestaltung mit vielen reizvollen Wandermöglichkeiten. Historische Patrizierhäuser am Alten Markt, eindrucksvolle Kirchen, die Sparrenburg über den Dächern der Stadt – von hier aus hat man einen eindrucksvollen Blick über Bielefeld und das Umland – und 15 Museen laden zu Erkundungsgängen durch die Stadt ein. Im Botanischen Garten kann man dann die wohlverdiente Ruhe genießen. Über das ganze Jahr verteilt, sorgen unterschiedliche Kulturveranstaltungen zudem für Abwechslung und Unterhaltung in Bielefelds Stadtleben.

Sehenswürdigkeiten

❶ Altstädter Nicolaikirche Die Altstädter Nicolaikirche befindet sich in unmittelbarer Nähe der Altstadt. Die im 14. Jahrhundert erbaute Kirche ist somit die älteste Kirche Bielefelds. Der kostbare Schnitzaltar mit seinen 250 Figuren, die Szenen aus dem biblischen Leben darstellen, wurde im 16. Jahrhundert in der Werkstadt der Antwerpener Lucasgilde hergestellt.

❷ Alter Markt Ganz in der Nähe der Nicolaikirche befindet sich der Alte Markt. Hier sind die historischen Fassaden und Giebel der alten Patrizierhäuser sehenswert. Besondere Beachtung verdient dabei das Crüwell-Haus mit seinem spätgotischen Staffelgiebel.

❸ Altes Rathaus Das Alte Rathaus befindet sich direkt neben dem Stadttheater. Es wurde im Jahr 1904 eingeweiht und mischt Elemente der Gotik und Renaissance mit anderen historischen Baustilen. Im Giebel des Gebäudes ist das Stadtwappen zu erkennen. Im Erdgeschoss befindet sich ein Modell, das die Stadt im Jahr 1650 zeigt.

❹ Neustädter Marienkirche Die Neustädter Marienkirche ist weithin an ihren markanten Doppeltürmen zu erkennen. Die kreuzförmig angelegte Hallenkirche wurde im späten 13. Jahrhundert erbaut und vom Ravensberger Grafen Otto III. als Stiftskirche gegründet. Im Inneren kann man Kunstschätze aus sieben Jahrhunderten bestaunen. Dabei ist der »Bielefelder Marienaltar« aus dem Jahr 1400 ein besonders Highlight.

❺ Süsterkirche Ende des 15. Jahrhunderts wurde diese Kirche erbaut. Veranlasst wurde der Bau von den Augustinerinnen – die Schwestern standen auch bei der Namensgebung Pate (»Süstern« ist der niederdeutsche Begriff für »Schwestern«).

❻ Sparrenburg Hoch über den Dächern der Stadt liegt die Sparrenburg, eine Festungsanlage, die ursprünglich im 13. Jahrhundert erbaut wurde. Nach ihrer Zerstörung im Zweiten Weltkrieg wurde die Anlage wiederaufgebaut. Von April bis Oktober bieten die Sparrenburg-Führungen einen spannenden Einblick in das unterirdische Gangsystem und mehr als 750 Jahre Burggeschichte.

❼ Botanischer Garten In Zentrumsnähe, am Kahlen Berg, liegt der Botanische Garten. Sehenswert sind die Rhododendren- und Azaleensammlung sowie die verschiedenen Lebensräume: Steingarten, Alpinum, Arznei- und Gewürzgarten, Heidegarten und Buchenwaldflora.

Museen

❶ Historisches Museum Das Historische Museum im Ravensburger Park hat sich der Darstellung der Geschichte Bielefelds und seiner Umgebung gewidmet. Von der frühen vorstädtischen Besiedlung bis in die Gegenwart ist dokumentiert, wie die Menschen gearbeitet und gelebt haben. Ein Schwerpunkt liegt dabei auf dem Industriezeitalter.

❷ Kunsthalle Bielefeld Schwerpunkt der Ausstellung der Kunsthalle ist die deutsche und internationale Kunst des 20. und 21. Jahrhunderts. Hinzu kommen regelmäßige Wechselausstellungen.

Ein Ensemble von Renaissancehäusern steht am Alten Markt in Bielefeld.

Besucher-Tipps:

Wandern in und um Bielefeld Bedingt durch ihre Lage am Rande des Teutoburger Walds, hat die Stadt besonders Wanderfans einiges zu bieten. Insgesamt verlaufen in der Umgebung von Bielefeld etwa 580 Kilometer Wanderwege. Ein besonderes Highlight ist dabei sicherlich der Hermannsweg. Er zählt immerhin zu den Top Ten der schönsten Wanderwege Deutschlands. Der 160 Kilometer lange Weg verläuft über den Kamm des Teutoburger Waldes und von dort dann direkt durch Bielefelds Innenstadt. Dort endet er jedoch nicht, man kann dem Hermannsweg noch bis zum Bahnhof Horn-Leopoldstal folgen. Zahlreiche weitere Rundwanderwege, Lehrpfade und Geschichtsrouten runden das Angebot ab.

Nordrhein-Westfalen

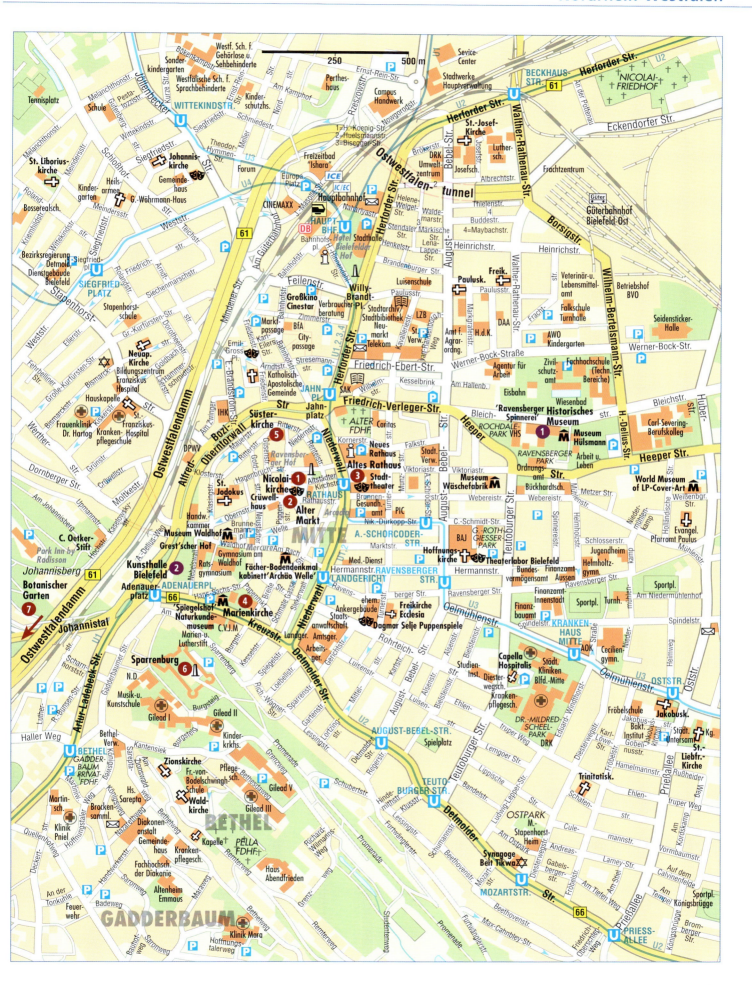

Nordrhein-Westfalen

Paderborn

Paderborn kann auf eine mehr als 2300 Jahre alte Stadtgeschichte zurückblicken. Kein Wunder, dass einem bei einem Rundgang durch die knapp 150 000 Einwohner zählende Stadt immer wieder interessante historische Gebäude und Stätten begegnen.

Bereits der Paderborner Dom mit seinem mächtigen Westturm und der Krypta vermag die Aufmerksamkeit zu fesseln. Doch auch das alte Rathaus und das Adam-und-Eva-Haus sollten auf keinem Besuchsplan fehlen. Natürlich sind dies nicht die einzigen historischen Bauten, die sich in Paderborn finden. Das Gymnasium Theodorianum ist eine der zehn ältesten Schulen Deutschlands. Bereits 1614 wurde in Paderborn die erste Universität – damals auch die erste Uni Westfalens – gegründet. Heute sind hier knapp 20 000 Studenten eingeschrieben. Aber auch die Natur ist eine Reise wert. Die Pader, der Fluss, dem die Stadt ihren Namen verdankt, ist mit einer Länge von nur vier Kilometern der kürzeste Fluss Deutschlands. Östlich Paderborns lädt das Eggegebirge zu Wander- und Fahrradtouren ein. Außerdem findet man in und um Paderborn viele Seen, die zu Ausflügen animieren.

Sehenswürdigkeiten

❶ **Paderborner Dom** Der Dom St. Maria, St. Liborius und St. Kilian ist mit seinem 92 Meter hohen Westturm kaum zu übersehen. Der gotische Kirchenbau stammt aus dem 13. Jahrhundert, einige Teile des Vorgängerbauwerks aus dem 11. und 12. Jahrhundert sind in den Bau einbezogen. Im 17. Jahrhundert hat es schließlich einige Umbauten gegeben. Die über 100 Meter lange, dreischiffige Hallenkirche hat zwei Querhäuser und eine bis unter die Vierung reichende Hallenkrypta. In der 32 Meter langen und 12 Meter breiten Krypta werden die Überreste des heiligen Liborius aufbewahrt. Das Paradiesportal, der gotische Hochaltar und die Doppelmadonna sind weitere Schätze im Inneren.

❷ **Rathaus** Das Paderborner Rathaus mit seinen drei Giebeln wurde Anfang des 17. Jahrhunderts im Stil der Weserrenaissance erbaut. Der Baumeister Hermann Baumhauer integrierte dabei auch ältere Gebäudeteile. Das Rathaus wurde 1945 fast vollständig zerstört und zwischen 1946 und 1954 wiederaufgebaut. Die Ausgestaltung des Baus geht vor allem auf den Paderborner Bildhauer Josefthomas Brinkschröder zurück. Er entwarf die Eingangstüren, das Treppengeländer, die Treppenhausfenster sowie die Haupteingangstür des großen Saales und die zugehörige Supraporte.

❸ **Gymnasium Theodorianum** Unweit des Paderborner Rathauses liegt das Gymnasium Theodorianum. Die Gründung der Schule wird auf das Jahr 799 datiert, das Theodorianum ist somit eine der zehn ältesten Schulen in ganz Deutschland. Als Gymnasium wird das Gebäude seit 1612 genutzt.

❹ **Adam-und-Eva-Haus** Eines der schönsten und auffälligsten Fachwerkhäuser Paderborns ist das Adam-und-Eva-Haus. Seinen Namen hat das 1560 erbaute dreigeschossige Haus durch den Schnitzfries, der die biblische Geschichte von Adam und Eva nacherzählt. Das Gebäude gilt als Paradebeispiel sowohl für die Architektur der Weserrenaissance als auch für die Geschichte der Reformation. Seit 1970 befindet sich hier im Haus das Museum für Stadtgeschichte.

Museen

❶ **Museum für Stadtgeschichte** Das im Adam-und-Eva-Haus beheimatete Museum zeigt in seiner Ausstellung anhand frühgeschichtlicher Funde sowie Gemälden, Grafiken, Dokumenten und Gebrauchsgegenständen die Geschichte Paderborns von der ersten Besiedlung in ur- und frühgeschichtlicher Zeit bis zum Abschluss des Wiederaufbaus nach dem Zweiten Weltkrieg. Außerdem erfährt man Interessantes zu Leben und Werk Paderborner Persönlichkeiten (wie u. a. Heinrich Aldegrever, Friedrich Wilhelm Sertürner, Pauline von Mallinckrodt oder Luise Hensel).

❷ **Museum in der Kaiserpfalz** Das Museum befasst sich mit der Geschichte Westfalens und Paderborns vom 6. bis zum 12. Jahrhundert. Dabei liegt ein Schwerpunkt auf der Pfalz Karls des Großen, die er im Jahre 777 oberhalb der Paderquellen als Erste und Einzige in Sachsen errichten ließ.

Eine Detailaufnahme der kunstvoll verzierten Fassade des Paderborner Adam-und-Eva-Hauses.

Besucher-Tipps:

Besondere Touren Wer sich die Stadt nicht per pedes ansehen möchte, bekommt in Paderborn die Gelegenheit, an ganz speziellen Touren teilzunehmen. Eine Möglichkeit ist eine Fahrt im »Berliner Pferdebus«. Mit dieser zweistöckigen Pferdekutsche können bis zu 20 Personen die Stadt oder das Umland erkunden. Eine ganz besondere Herausforderung sind die Paderborntouren mit dem Segway, dem Hightech-Roller auf zwei Rädern, den man durch Verlagerung des Körpergewichts steuert. Nach einer Einführung in Technik und Fahrweise geht die Fahrt dann auch schon los. Wer es rasanter liebt, hat die Möglichkeit das Umland mit einem Quad zu erkunden. Details erfährt man bei der Touristeninformation.

Nordrhein-Westfalen

Minden

Minden kann auf eine lange Stadtgeschichte zurückblicken. Die Stadt an der Weser wurde im Jahr 798 gegründet. Noch heute werden im Stadtbild Erinnerungen an die alten Zeiten wach – jedoch ohne dass Minden verstaubt oder altbacken wirken würde.

Die Altstadt bietet mit ihren engen Gassen und alten Fachwerkhäusern, wie dem Haus am Windloch zum Beispiel, noch immer ein mittelalterliches Flair. Auch der Dom St. Gorgonius, heute eines der architektonischen Wahrzeichen der Stadt, gewährt dem Besucher Einblicke in die Geschichte Mindens. Wer sich mehr für technische Meisterleistungen interessiert, wird hier auch fündig. Das zwischen 1911 und 1915 fertiggestellte Wasserstraßenkreuz – hier führt der Mittellandkanal über die Weser – ist nicht nur eine der wichtigsten Sehenswürdigkeiten der Region, sondern stellt auch ein Meisterwerk der Ingenieurskunst dar. Einen Ausflug zum 88 Meter hohen Kaiser-Wilhelm-Denkmal, oberhalb der Porta Westfalica gelegen, sollten Besucher Mindens auf keinen Fall verpassen. Das Denkmal bildet auch den Ausgangspunkt für viele Wanderrouten durch das Wiehengebirge.

Sehenswürdigkeiten

❶ Altstadt Nordöstlich der Fußgängerzone liegt die Mindener Altstadt, ein Stadtteil. Mit seinen engen Kopfsteinpflastergassen und den vielen Fachwerkhäusern aus dem 16. Jahrhundert ist die Altstadt ein Touristenmagnet. Und in ihr gibt es viele urige Kneipen und Museen.

❷ Dom St. Gorgonius Der mächtige Dom wurde in seiner heutigen Form im späten 13. Jahrhundert vollendet. Seine Geschichte geht aber bis ins Jahr 800 zurück, als auf dem Domhügel eine schlichte Saalkirche errichtet wurde. Im Zweiten Weltkrieg wurde der Sakralbau zerstört und danach wieder originalgetreu rekonstruiert. Für Besucher ist die Schatzkammer des Doms von Interesse: Hier werden das Mindener Kreuz (1070), der Petrischrein (1071), die Silbermadonna (1230) sowie eine Vielzahl wertvoller musealer Kostbarkeiten verwahrt.

❸ Altes Rathaus Ganz in der Nähe des Doms liegt das 1260 im gotischen Stil erbaute Alte Rathaus, um das sich ein Laubengang zieht.

❹ Haus am Windloch In der Nähe der Martinskirche befindet sich das Ende des 15. Jahrhunderts erbaute kleine Fachwerkhaus. Im 17. Jahrhundert wohnte in diesem kleinsten Haus der Stadtmusiker. Er war auch für den Betrieb der Orgel in der Martinikirche zuständig. Südlich angrenzend wurde an das Haus ein Lagerhaus errichtet, das sogenannte Windloch.

Museen

❶ Mindener Museum Das Museum befindet sich in der Oberstadt von Minden in der sogenannten Museumszeile. Thematisch befasst es sich mit der Geschichte der Stadt.

❷ Preußen-Museum Das Museum ist im Gebäude der preußischen Defensionskaserne am Simeonisplatz untergebracht. Das 1829 erbaute Gebäude wurde 1995 komplett saniert. Das Museum befasst sich mit der preußischen Geschichte in der Garnisonsstadt Minden und zeigt viele Originalexponate.

Eine Fachwerkhäuserzeile aus dem 16. Jahrhundert in der malerischen Ritterstraße in Minden.

Ausflugstipps:

Potts Park Vor den Toren Mindens befindet sich der Potts Park, ein Vergnügungspark, in dem nicht nur Kinder auf ihre Kosten kommen. Der Park liegt am Nordhang des Wiehengebirges und wurde 1969 von Karl Heinrich Pott – daher der Name – auf dem 15 Hektar großen ehemaligen Zechengelände der alten Eisenerzgrube Porta gegründet. Anders als viele der großen Vergnügungsparks legen die Betreiber weniger Wert auf spektakuläre Fahrgeschäfte, sondern auf Originalität und Mitmachaktionen. So müssen viele der Fahrgeschäfte beispielsweise mit der eigenen Muskelkraft angetrieben werden. Daher sind viele der zahlreichen Attraktionen des Parks bereits für kleine Kinder geeignet.

UNESCO-Welterbe

Kloster Corvey Im Juni 2014 wurde das Westwerk des 822 erbauten Klosters Corvey, knapp 100 Kilometer von Minden entfernt gelegen, in die Liste des UNESCO-Welterbes aufgenommen. Das Westwerk verbinde auf herausragende Weise die karolingische Architektur mit antiken Vorbildern zu einem Kunstwerk, wie die deutsche UNESCO-Kommission mitteilte. Es handelt sich hierbei um einen der Basilika vorgesetzten Kirchenraum aus rotem Bruchsteinmauerwerk mit zwei Fassadentürmen und einem zentralen Turm. Dieser Teil des Klosters wurde zwischen 873 und 885 erbaut. Im damaligen Frankenreich spielte Kloster Corvey als geistiges, religiöses und politisches Zentrum eine entscheidende Rolle in Europa.

ⓘ Touristeninformation: Domstraße 2, 32423 Minden, Tel. 0571/82 90 65 9, Email: info@mindenmarketing.de, www.minden-erleben.de

Nordrhein-Westfalen

Lemgo

Lemgo wurde 1190 am Kreuzungspunkt wichtiger Handelswege von den Herren zu Lippe gegründet. Im Spätmittelalter war Lemgo Mitglied der Hanse, daher rührt auch heute noch die Bezeichnung der etwa 41 000 Einwohner zählenden Stadt als »Alte Hansestadt«.

Lemgo hat sich aus ihrer Zeit als Hansestadt nicht nur ihre Lebendigkeit ein Stück weit bewahrt, auch einige der bedeutendsten historischen Gebäude sind erhalten geblieben oder mittlerweile liebevoll restauriert worden. Dazu zählt das Hexenbürgermeisterhaus ebenso wie das alte Rathaus oder die Marienkirche, die durch ihre wohltuende Schlichtheit zu gefallen weiß. Kulturelles Zentrum der Stadt ist der Marktplatz, auf dem vor allem im Sommer im Rahmen des »Sommertreffs« unterschiedliche Veranstaltungen stattfinden. Weit über seine Grenzen hinaus bekannt ist Lemgo durch seine erfolgreiche Handball-Bundesligamannschaft, den TBV Lemgo. Darüber hinaus ist Lemgo auch ein Hochschulstandort. Die Hochschule Ostwestfalen-Lippe, die weitere Abteilungen in Höxter und Detmold unterhält, legt ihren Schwerpunkt auf die Ingenieurwissenschaften.

Sehenswürdigkeiten

❶ Hexenbürgermeisterhaus Hexenbürgermeisterhaus ist der Beiname des historischen Bürgerhauses, das das Städtische Museum beherbergt. Erbaut wurde das Haus im späten 16. Jahrhundert. Seinen Namen hat es vom Bürgermeister und Juristen Hermann Cothmann, der von 1667 bis 1683 als Stadtoberhaupt amtierte und sich als Hexenjäger einen (unrühmlichen) Namen machte. Das Haus mitten im historischen Stadtkern ist eines der bedeutendsten Baudenkmäler städtischer Architektur der Renaissance im Weserraum.

❷ Rathaus Ein ebenso historischer wie ungewöhnlicher Bau ist das Rathaus. Es wurde in einigen unterschiedlichen Zeitabschnitten errichtet. 1325 entstand das Langhaus im Osten des Rathauses, 1480–1490 der mittlere Westgiebel, 1565 die Ratslaube an der Mittelstraße, darüber 1589 die Kornherrenstube, gleichzeitig am Südende der Marktseite die neue Ratsstube, als Höhepunkt der Weserrenaissance 1612 der Apothekenerker. In mehreren Jahrhunderten (ab 1325) haben seine Fassaden ihre heutige Gestalt erhalten. Besonders sehenswert sind die kostbaren Steinmetzarbeiten am historischen Apothekenerker.

❸ St. Marien Die Marienkirche wurde im späten 13. Jahrhundert erbaut. Obwohl es sich hierbei um einen sehr schlichten Bau handelt (oder vielleicht auch gerade deswegen), gilt die Kirche als eine der schönsten frühgotischen Hallenkirchen Westfalens. An der Ostseite der Marienkirche, an den Strebepfeilern des von außen sehr niedrig wirkenden Chorabschlusses, findet sich figürlicher Schmuck. Auch die hochgotischen Fenster, die überwiegend zwischen 1350 und 1370 entstanden sind, zählen zu den sehenswerten Details.

❹ Schloss Brake Die ersten Bestandteile des Wasserschlosses wurden gegen Ende des 12. Jahrhunderts errichtet. Und im Laufe der folgenden Jahrhunderte folgten unterschiedliche Um- und Ausbauten. Stilistisch ist das Schloss aber trotz der vielen Umbauten noch eindeutig der Weserrenaissance zuzuordnen. Seit 1986 befindet sich im Schloss das Weserrenaissance-Museum.

Museen

❶ Städtisches Museum Es befindet sich im Hexenbürgermeisterhaus und befasst sich im Wesentlichen mit der Geschichte Lemgos und seiner Umgebung. Stadtgründung, Hanse, Reformation, Hexenverfolgung, die Reisen und das Werk des Naturwissenschaftlers und Arztes Engelbert Kaempfer (1651–1716) sowie die Stadtgeschichte des 19. und 20. Jahrhunderts gehören zu den Themen der Ausstellung.

❷ Museum Junkerhaus Das Museum widmet sich ganz dem Werk des Künstlers Karl Junker (1850–1912), der auch das historische Gebäude entworfen hat. Es handelt sich um einen zweigeschossigen Fachwerkbau mit Backsteinsockel und einem quadratischem Grundriss. Sein ungewöhnliches Aussehen erhält das Haus durch die reich geschnitzte Bauornamentik. Wie außen dominiert auch im Inneren Holz die Einrichtung.

Der Marktplatz von Lemgo mit dem historischen Rathaus im Vordergrund. Das Haus gilt der UNESCO als Kunstwerk von europäischem Rang.

Besucher-Tipps:

Rundgänge Besucher der Stadt Lemgo können aus einer ganzen Reihe verschiedener Stadtrundgänge auswählen, die sich jeweils einem bestimmten Aspekt der Lemgoer Stadtgeschichte widmen. So kann man von März bis September freitagsabends ab 21 Uhr auf den Spuren der Lemgoer Nachtwächter wandeln. Ein anderer Rundgang beschäftigt sich mit dem jüdischen Leben in der Stadt. Wer den Spuren der Hexenverfolgung in Lemgo nachgehen will, kann auch zu diesem Thema einen Rundgang besuchen. Weitere thematische Stadtführungen beschäftigen sich mit den Spuren der Hanse in der Stadt, nehmen die Architektur unter die Lupe oder entführen die Besucher in den Stadtwald.

Nordrhein-Westfalen

Detmold

Detmold ist mit seinen 73 000 Einwohnern die größte Stadt des Kreises Lippe. Von 1468 bis 1918 war sie Residenzstadt, danach bis 1947 Hauptstadt des Freistaats Lippe bzw. des Landes Lippe, das 1947 in das Land Nordrhein-Westfalen eingegliedert wurde.

Geprägt wird das Stadtbild von einer großen Zahl historischer Gebäude. Da Detmold in den beiden Weltkriegen kaum zerstört wurde, blieben mehr als 600 historische Gebäude gut erhalten und können nun bei einem Bummel durch die malerische Altstadt bewundert werden. Einen besonderen Publikumsmagnet stellt das Fürstliche Residenzschloss dar, das mitten in der Stadt liegt. Umgeben ist es von einem idyllischen Park, der zum Verweilen und Ausruhen nach einer ausgiebigen Besichtigungstour durch die Stadt einlädt. Detmold ist zudem Sitz von zwei Hochschulen – der Musikhochschule und der Hochschule Ostwestfalen-Lippe. Beide Bildungseinrichtungen tragen sehr zum Flair der Stadt bei. Das nahe gelegene Hermannsdenkmal und das Landestheater der Stadt haben dafür gesorgt, dass Detmold auch von internationalen Gästen gern besucht wird.

Sehenswürdigkeiten

❶ Altstadt Da der Stadtkern kaum zerstört wurde, kann man hier mehr als 600 historische Baudenkmäler bewundern. Den Mittelpunkt der Altstadt bildet der Markplatz mit dem Donopbrunnen. Detmolds älteste Kirche, die Erlöserkirche, und das klassizistische Rathaus prägen ebenso wie die zahlreichen kleinen Gassen das Bild der Altstadt.

❷ Grabbehaus Das Grabbehaus wurde 1749 als Zuchthaus erbaut. Dort erblickte am 11. Dezember 1801 der Dramatiker Christian Dietrich Grabbe (gest. 1836) das Licht der Welt. Heute beherbergt das Grabbehaus eine kulturelle Begegnungsstätte.

❸ Fürstliches Residenzschloss Mitten in der Stadt findet man das im Stil der Weserrenaissance erbaute fürstliche Residenzschloss. Es ist inmitten eines Schlossparks gelegen. Highlights sind prunkvolle Säle mit Gobelins.

Museen

❶ Westfälisches Freilichtmuseum Auf mehr als 100 Hektar zeigen im größten Freilichtmuseum Deutschlands mehr als 90 vollständig eingerichtete Gebäude aus allen Landschaften Westfalens den geschichtlichen Hintergrund ländlichen Bauens und Lebens.

Der Rote Saal des Fürstlichen Residenzschlosses in Detmold. im 18. Jahrhundert wurde er vom Hofmaler Hans Hinrich Rundt ausgestattet.

Warburg

Die im Jahr 1036 erstmals urkundlich erwähnte Stadt im Osten Nordrhein-Westfalens zählt mit ihrer historischen Bebauung zu den schönsten Kleinstädten Westfalens. Als Hansestadt erlebte Warburg ab Mitte des 14. Jahrhunderts seine wirtschaftliche Blütezeit.

Tuche, Leder, Getreide und Bier waren u. a. die wichtigsten Waren der Warburger Kaufmannschaft in der Hansezeit. Das Vermögen, das die Warburger in dieser Zeit erwirtschafteten, wurde oft in eine rege Bautätigkeit investiert. Noch heute legen die vielen gut erhaltenen historischen Kaufmanns- und Wohnhäuser Zeugnis von dieser Blütezeit ab. Viele der historischen Gebäude stammen dabei aus einer Zeit noch vor dem 16. Jahrhundert. Als besondere Attraktion gilt die zum Teil noch gut erhaltene Stadtbefestigung. Wer nach einem Rundgang durch die Altstadt mehr über die Geschichte Warburgs erfahren möchte, wird im Stadtmuseum fündig. Das landschaftlich reizvolle Dienetal lädt den Besucher schließlich zu einer Vielzahl von Freizeitaktivitäten (Kanu- und Radtouren, Wanderungen oder Golfspielen auf einem der nahe gelegenen Plätze) ein.

Sehenswürdigkeiten

❶ Schloss Welda Das Schloss wurde zwischen 1734 und 1737 im Warburger Stadtteil Welda erbaut. Später wurden noch eine Orangerie und einige Wirtschaftsgebäude hinzugefügt. Es steht auf Holzpfählen, ist von einem Wassergraben, der sogenannten Gräfte, umgeben und liegt in einem großen historischen Barock- und Landschaftsgarten.

❷ Burg Desenberg Die Burg Desenberg ist die Ruine einer Höhenburg, die sich auf dem gleichnamigen Berg befindet. Ursprünglich soll sie im 8. Jahrhundert erbaut worden sein, erste Erwähnungen stammen aus dem Jahr 1070. Heute existieren nur noch der Bergfried und Mauerreste.

❸ Mittelalterliche Stadtbefestigung Große Teile der mächtigen Stadtmauer, fünf Wehrtürme und zwei Stadttore vom Ende des 13. Jahrhunderts sind heute noch erhalten. Sie prägen das Stadtbild Warburgs.

Museen

❶ Museum im Stern Im Museum im Stern findet sich eine Sammlung aus der Ur- und Frühgeschichte, Stadtgeschichte, Wirtschafts- und Kunstgeschichte. Eines der Glanzlichter ist hier die Grüninger-Bibel aus dem Jahr 1485.

Eine verwinkelte Fachwerkgasse führt durch die beschauliche Altstadt von Warburg – einem unbekannten Kleinod in Nordrhein-Westfalen.

ⓘ Touristeninformation: Marktplatz 5 (Rathaus), 32756 Detmold, Tel. 05231/97 73 28, E-Mail: tourist.info@detmold.de, www.stadtdetmold.de
ⓘ Touristeninformation: Hauptstraße 55, 34414 Warburg, Tel. 05641/90 850, E-Mail: info-pavillon@stadtwerke-warburg.de, www.warburg-touristik.de

Nordrhein-Westfalen

Kalkar

Kalkar entstand 1230 als »Reißbrettstadt« des Klever Grafen Dietrich auf der erhöht gelegenen Kalkarward innerhalb eines verlandeten Rheinmäanders. Trotz ihres »geplanten« Aufbaus besitzt die niederrheinische Stadt einen ganz besonderen Charme.

Bürgerhäuser aus der Zeit der Spätgotik, der Renaissance, des Barock und des Historismus prägen das Bild des Stadtkerns mit seinen historischen Straßen, Plätzen und Gassen. Besonders die Kirche St. Nicolai, die Kalkarer Mühle, das große gotische Rathaus und der Beginenhof sind sehenswert. Landschaftlich prägen der Rhein mit seinen Mäandern und weitläufige Grün- und Ackerflächen das Bild, in dem die Stadt eingebettet ist. Sie bieten die ideale Kulisse für ausgedehnte Radtouren oder Wanderungen. Der überregional bekannte Freizeitpark Wisseler See (mit Naturfreibad, Campingplätzen, Bereichen für Wohnmobile und vielem mehr) und der Freizeitpark »Wunderland Kalkar« in Hönnepel auf dem Gelände des niemals in Betrieb gegangenen Kernkraftwerkes runden das attraktive Freizeitangebot ab.

Sehenswürdigkeiten

❶ St. Nicolai Die Kirche wurde in ihrer heutigen Form nach einem Brand im Jahr 1409 errichtet. Bekannt ist sie für ihre geschnitzten Altaraufbauten und die kunstvollen Kirchenfenster. Auch die Seifert-Orgel lockt viele Besucher in die dreischiffige Hallenkirche.

❷ Kalkarer Mühle Für Windmühlenfreunde ist die 1770 erbaute Kalkarer Mühle ein absolutes Muss. Mit 27 Metern Kappenhöhe und acht Stockwerken ist sie die höchste Windmühle am Niederrhein. Das Gebäude ist regelmäßig für Besucher geöffnet.

❸ Beginenhof 1550 wurde der Beginenhof in der Kesselstraße – in der Altstadt Kalkars – erbaut. Als Beginen bezeichnet man die weiblichen Mitglieder einer christlichen Glaubensgemeinschaft, die ein frommes, eheloses Leben in einer ordensähnlichen Gemeinschaft führten – ohne dabei jedoch ein Ordensgelübde abzulegen.

Museen

❶ Städtisches Museum Zwei gotische Treppengiebelhäuser und ein Neubau beherbergen die Sammlungen mit Werken aus dem Umkreis Düsseldorfer Maler und Akademieprofessoren des 19./20. Jahrhunderts. Auch das Stadtarchiv befindet sich hier.

Blick auf die kunstvollen Altaraufbauten, Retabeln genannt, der St.-Nicolai-Kirche.

Kevelaer

Kevelaer ist der größte Wallfahrtsort Nordwesteuropas. Jährlich besuchen mehr als eine Million Pilger die Stadt. Erstmals urkundlich erwähnt wird Kevelaer im Jahr 1300, erste Siedlungen auf dem heutigen Stadtgebiet gibt es seit der späten Eisenzeit.

Die Legende besagt, dass der Handelsmann Hendrick Busman zur Weihnachtszeit 1641 eine Stimme vernahm, die ihn aufforderte, eine Kapelle zu bauen. Auch seine Frau hatte eine Erscheinung. Ihr wurde aufgetragen, ein Marienbild in der Kapelle aufzustellen. Beide kamen den Aufforderungen nach – so entstand die Gnadenkapelle. In der Folgezeit wurde immer wieder von Wunderheilungen berichtet. Dies sind die Anfänge von Kevelaer als Wallfahrtsort. Aber auch wer nicht als Pilger an den Niederrhein kommt, kann in Kevelaer einiges entdecken. Der historische Stadtkern, das alte Rathaus und der Wasserturm sind Sehenswürdigkeiten, die von allen Reisenden gern besucht werden. Eine besondere Attraktion sind Ballonfahrten, die eine Flucht aus dem hektischen Alltag und einen Blick von oben auf die Niederrheinregion ermöglichen.

Sehenswürdigkeiten

❶ Kapellenplatz Der Kapellenplatz liegt direkt im Ortskern Kevelaers. An ihm befinden sich die Gnaden- und die Kerzenkapelle. Der Platz mit den beiden sakralen Bauwerken lockt jährlich Hunderttausende Pilger an.

❷ Gnadenkapelle Der sechseckige Kuppelbau ist eine der wichtigsten Wallfahrtsstätten weltweit. Innerhalb der Kapelle befindet sich ein Bildnis der Mutter Gottes, »Die Trösterin der Betrübten«. Vor dem Bild ist eine Fensteröffnung, sodass die Pilger es auch von außen betrachten können.

❸ Kerzenkapelle Die 1645 erbaute Kerzenkapelle ist die älteste Wallfahrtskirche Kevelaers. Zahlreiche Wappenschilder, Kerzengaben, Fenster und Danksagungen dokumentieren die alte Tradition vieler Prozessionen und die Lebendigkeit der Wallfahrt. In der Wallfahrtszeit werden mehr als 300 Kerzen der verschiedenen Pilgergruppen hier aufgestellt und angezündet.

❹ Marienbasilika Die Umrisse der Mitte des 19. Jahrhunderts erbauten

Das Innere der Marienbasilika von Kevelaer: Er gilt als einer der farbenprächtigsten und größten Kirchenräume des Rheinlands.

Basilika sind durch ihren 90 Meter hohen Turm schon von Weitem zu erkennen. Zahlreiche Gemälde dokumentieren das Leben Jesu.

ⓘ Touristeninformation: Grabenstraße 66 (im Städtischen Museum), 47546 Kalkar, Tel. 02824/13 120, E-Mail: tik@kalkar.de, www.kalkar.de
ⓘ Touristeninformation: Bury-St.-Edmunds-Straße 7, 47623 Kevelaer, Tel. 02832/12 21 51, E-Mail: verkehrsbuero@stadt-kevelaer.de, www.kevelaer.de

Nordrhein-Westfalen

Gelsenkirchen

In der zweiten Hälfte des 20. Jahrhunderts stand das Ruhrgebiet vor der schwierigen Aufgabe, sich wirtschaftlich neu auszurichten. Man musste abseits der Montanindustrie neue Wege finden. Auch Gelsenkirchen stellte sich dieser Herausforderung.

Der Strukturwandel ist auch heute noch nicht vollständig abgeschlossen, aber aus der ausschließlich industriell geprägten Region wurde inzwischen ein Landstrich, in dem auch Forschung, neue Industrien, Kultur und Natur ihren Raum haben. So findet man in Gelsenkirchen natürlich eine Menge Zeugnisse alter industrieller Architektur, die stilistisch dem sogenannten Backsteinexpressionismus zuzuordnen sind. Ein schönes Beispiel hierfür ist die evangelische Altstadtkirche. Wie gut Industriekultur und Natur miteinander harmonieren können, sieht man beispielsweise im Nordsternpark auf dem Gelände der ehemaligen Zeche Nordstern. Man kann aber auch alte Schlösser und viele Museen besichtigen. Auch der Rhein-Herne-Kanal bietet sich für Ausflüge an. Besonders gut lassen er und die an seinem Rand gelegenen Ausflugsorte sich mit dem Rad erkunden.

Sehenswürdigkeiten

① Evangelische Altstadtkirche Der markante Turm der evangelischen Altstadtkirche ist ein Wahrzeichen Gelsenkirchens. Besonders auffällig ist der skelettartige obere Teil des Turms. Erbaut wurde die Altstadtkirche von 1955 bis 1956 nach Plänen des Architekten Denis Boniver. Das äußere Bild der Kirche bestimmen die rötlichen Backsteinflächen, die durch grau-weiße horizontal und vertikal verlaufende Betonbänder voneinander optisch und auch bautechnisch getrennt werden.

② Probsteikirche St. Augustinus Die im neugotischen Stil erbaute dreischiffige Backsteinbasilika ist die katholische Hauptkirche der Stadt. Erbaut wurde sie ab 1874 nach Plänen des Kölner Architekten August Carl Lange. Das gesamte Innere der Kirche wurde in zwei Bauabschnitten – zunächst 1972 und dann gegen Ende der 1980er-Jahre – neu gestaltet. Der zentrale Granitaltar mit seinen vier Bronzereliefs in der Vierung sowie die zwölf Tore des Neuen Jerusalem, die in der Apsisrundung zu sehen sind, gelten als besondere Sehenswürdigkeiten.

③ Hans-Sachs-Haus Ursprünglich wurde das von Alfred Fischer entworfene Gebäude 1927 eingeweiht und diente bis zum Jahr 2002 als Sitz der Stadtverwaltung. Es gilt als eines der bedeutendsten Bauwerke der Moderne im Ruhrgebiet und ist eines der Wahrzeichen der Stadt Gelsenkirchen. Renovierungsmaßnahmen offenbarten 2002 so große Bauschäden, dass nur noch ein Abriss infrage kam. Letztendlich einigte man sich darauf, das Gebäude unter Erhalt der ursprünglichen Fassade neu zu errichten. Das »neue« Hans-Sachs-Haus wurde schließlich 2013 eingeweiht.

④ Backsteinexpressionismus Als Backsteinexpressionismus bezeichnet man einen Baustil, der ab den 1920er-Jahren zu seiner Blüte fand. Die Architektur dieses Stils wollte, dass sich in ihren Bauten die Neuartigkeit und Dynamik der Gegenwart widerspiegelte. Das bevorzugte Baumaterial war hartgebrannter Klinker mit seinen Farbabstufungen von rot bis violett. In Gelsenkirchen findet sich heute noch eine Vielzahl von sakralen und profanen Gebäuden, die stilistisch diesem Baustil zugeordnet werden können.

Museen

① Kunstmuseum Gelsenkirchen Im Stadtteil Buer findet man das Kunstmuseum der Stadt. Neben der Gemälde- und Grafiksammlung, die sich schwerpunktmäßig mit der Kunst aus der ersten Hälfte des 20. Jahrhunderts beschäftigt, beherbergt das Haus eine Sammlung Kinetischer Kunst, die zu den größten Europas zählt. Zusätzlich zu diesen Objekten gibt es jährlich noch sechs bis acht Wechselausstellungen.

② Museum Schloss Horst Die Dauerausstellung »Leben und Arbeiten in der Renaissance« zeigt, wie die Menschen des 16. Jahrhunderts schwierige und komplexe Bauaufgaben mit einfachen und intelligenten Mitteln lösten, wie sie ihr Leben organisierten und wie weit sie damals schon europäisch vernetzt waren. Diese Ausstellung ist komplett barrierefrei zugänglich.

Das ehemalige Steinkohlebergwerk Zeche Nordstern im Gelsenkirchener Stadtteil Horst. Um sie herum ist ein Landschaftspark entstanden.

Besucher-Tipps:

Weltreise an einem Tag Auf dem Gelände des ehemaligen »Ruhr-Zoos« befindet sich nun die »Zoom Erlebniswelt«. Auch hier gibt es natürlich Tiere zu bestaunen, aber das Konzept der Erlebniswelt weicht von dem eines »klassischen« Zoos deutlich ab. Anstelle der verschiedenen Tiergehege entstanden sogenannte Erlebniswelten. Dabei handelt es sich um große Areale, die dem natürlichen Lebensraum der Tiere, die dort zu beobachten sind, nachempfunden wurden. Auf einer Fläche von mehr als 30 Hektar können Besucher die Erlebniswelten Afrika, Asien und Alaska besuchen. Den Eingangsbereich bildet der »Grimberger Hof«, der sich der Tierwelt auf heimischen Bauernhöfen widmet.

Nordrhein-Westfalen

Bottrop

Bottrop war von jeher eine ganz besondere Stadt im Ruhrgebiet. Das liegt vor allem an ihrer geografischen Lage: Im Norden reicht das Stadtgebiet ins ländlich geprägte Münsterland, im Süden ist die Stadt in der Industriekultur des Ruhrgebietes verwurzelt.

Und so wundert es eigentlich gar nicht mehr so sehr, dass gut die Hälfte des Bottroper Stadtgebietes grün ist. Der Köllnische Wald, die weitläufige Kirchheller Heide, der Stadtwald, die Hohe Heide, die Postwegmoore und Parkanlagen in unmittelbarer Nähe des Zentrums machen einen großen Teil des Stadtbildes aus und laden zum entspannten Spazierengehen ein. Auf der anderen Seite finden sich ehemalige Bergehalden und eine der wenigen noch aktiven Zechen des Ruhrgebiets. Den wirtschaftlichen Schwerpunkt bilden aber diverse mittelständische Unternehmen. Daneben hat sich Bottrop seit Jahren bemüht, den Einwohnern und Besuchern attraktive Möglichkeiten zur Freizeitgestaltung, wie den Freizeitpark Schloss Beck oder den Moviepark Bottrop, zur Verfügung zu stellen. Diverse Museen im »Museum Quadrat« bereichern das Kulturprogramm der Stadt.

Sehenswürdigkeiten

❶ **Tetraeder** Auf einer ehemaligen Bergehalde des Bergbaus wurde der Tetraeder, eine rund 50 Meter hohe Konstruktion aus Stahlrohren und Gussknoten, errichtet. Diese begehbare Skulptur enthält zwei Aussichtsplattformen, von denen sich ein einmaliger Blick über den Innenraum des Turmes, die Oberfläche der mittlerweile begrünten Halde und das Panorama der Stadtlandschaft entlang der Emscher bietet. Der Tetraeder gilt als ein wichtiges Symbol für den Strukturwandel in der Region.

❷ **Rathaus** Das zwischen 1910 und 1916 im Stil des Historismus erbaute Rathaus ist eines der Wahrzeichen Bottrops. Der Längsflügel mit dem Bogengang und dem darüber liegenden Sitzungsaal lehnt sich in seiner Front an traditionelle Rathausvorbilder an. Die oberen Geschosse werden von sechs Skulpturen aus Muschelkalkstein gegliedert: einem Künstler, einem Landwirt, einem Schmied, einem Bergmann, einem Maurer und einem Wissenschaftler. Der 51 Meter hohe Rathausturm bestimmt die Bottroper Innenstadt.

❸ **Schloss Beck** Das zwischen 1766 und 1777 erbaute Wasserschloss Haus Beck in Kirchhellen-Feldhausen gehört zu den wenigen im Ruhrgebiet erhaltenen Bauwerken nach Plänen von Johann Conrad Schlaun. Es war von Beginn an als Maison de Plaisance – ein Lustschloss also, das dem Freizeitvergnügen diente – geplant. Auch heute noch erfüllt Schloss Beck diesen Zweck, ist ihm doch ein Freizeitpark, in dem vor allem Kinder auf ihre Kosten kommen, angegliedert.

❹ **Villa Dickmann** Die im Jahr 1901 erbaute Villa ist eine der ersten und zugleich imposantesten Villen Bottrops. Die baulichen Vorbilder für die Villa waren englische Landhäuser, man findet aber auch Elemente aus der Neugotik und dem Jugendstil. Hinter der Villa befindet sich ein Park mit dichtem Busch- und Baumbestand und großen Rasenflächen.

❺ **Stolpersteine** In vielen Städten Deutschlands werden zum Gedenken an Menschen, die von den Nationalsozialisten deportiert und umgebracht wurden, sogenannte Stolpersteine gesetzt. Dabei handelt es sich um 10 mal 10 Zentimeter große Betonsteine mit einer Messingplatte, auf denen man die Namen und Lebensdaten der Menschen, der man gedenken möchte, verzeichnet sind. Die Stolpersteine werden im Gehweg unweit der ehemaligen Wohnorte der Naziopfer verlegt. Seit 2005 sind auch in Bottrop mehr als 20 dieser speziellen Gedenksteine zu finden.

Museen

❶ **Quadrat Bottrop** Das Quadrat ist ein Museumszentrum im Stadtgarten von Bottrop. Hier befindet sich das Josef-Albers-Museum, das nahezu das gesamte grafische Werk des Konstruktivisten zeigt. Die Galerie der Moderne hat sich der Präsentation konstruktiv-konkreter Kunst verschrieben. Auch »Klassiker der Moderne« werden in regelmäßigen Abständen gezeigt. Das Museum für Ur- und Ortsgeschichte sowie ein Skulpturenpark runden das Angebot des Quadrats ab.

Auf der Halde Hanel befindet sich die Installation »Totems«. Sie wurde von dem baskischen Maler und Bildhauer Agustín Ibarrola geschaffen.

Besucher-Tipps:

Action und Unterhaltung Im Bottroper Stadtteil Kirchhellen befindet sich auf dem Gelände eines ehemaligen Märchenwaldes der »Moviepark Bottrop«. Auf einer Fläche von über 45 Hektar kommen große und kleine Film- und Kinofans auf ihre Kosten. Neben Fahrgeschäften, die sich thematisch an der Filmwelt orientieren, lässt sich im »MGM Filmmuseum« die Filmwelt interaktiv erleben. Wer sich sportlich betätigen will, ist im »Alpincenter Bottrop« gut aufgehoben. Hier findet sich mit einer Länge von 640 Metern die längste Indoor-Skihalle der Welt. Entlang der Abraumhalde, auf der die Halle errichtet wurde, schlängelt sich die 30 Meter breite Piste 77 Meter ins Tal. Das Gefälle beträgt zwischen 5 und 24 Prozent.

Nordrhein-Westfalen

Oberhausen

Oberhausen ist heute ein gutes Beispiel für den gelungen Strukturwandel im Ruhrgebiet. Mit rund 215 000 Einwohnern ist Oberhausen eine mittlere Großstadt. 1758 entstand im Ortsteil Osterfeld die erste moderne Eisenschmelze des Ruhrgebietes.

Mittlerweile dominiert die Schwerindustrie nicht mehr die Stadt. Nicht Fördertürme sind die Wahrzeichen Oberhausens, sondern der Gasometer, der immer wieder zum Schauplatz spektakulärer Kunstausstellungen und -installationen wird. Hier zeigt sich auch, wie Industrie und Kultur sich gegenseitig inspirieren können. Europas größtes Einkaufs- und Vergnügungszentrum findet sich mittlerweile im Zentrum der Stadt. Aber auch einige bedeutende Zeugnisse für den Baustil des Backsteinexpressionismus, wie etwa das Rathaus oder das Bert-Brecht-Haus, lassen sich in Oberhausen besichtigen. Da rund ein Drittel des Stadtgebiets aus Gärten, Parks und Wasserflächen besteht, ist auch für erholsame Stunden bestens gesorgt. Jährlich zählt Oberhausen etwa 23 Millionen Besucher, man ist hier also durchaus auf Touristen eingestellt.

Sehenswürdigkeiten

❶ **Schloss Oberhausen** Das Schloss, das der Stadt ihren Namen gab, wurde von 1804 bis 1818 nach Plänen des Münsteraner Baumeisters August Reinking erbaut. Im Zweiten Weltkrieg wurde es fast komplett zerstört und in den 1950er-Jahren wiederaufgebaut. Südwestlich des Schlossgebäudes liegt der Kaisergarten, die älteste Parkanlage Oberhausens.

❷ **Altmarkt** Der Altmarkt befindet sich im Zentrum der Altstadt im Stadtteil Styrum. 1876 wurde hier die Siegessäule errichtet, die an Schlachten der Jahre 1864 bis 1871 erinnern soll.

❸ **Rathaus** Es wurde Ende der 1920er-Jahre auf dem »Galgenberg« erbaut. Architektonisch besonders interessant: Das Gebäude setzt sich aus Kuben zusammen, die teilweise vorspringen oder zurücktreten und unterschiedliche Höhen haben.

❹ **Burg Vondern** Die Burg wurde vermutlich ab dem 13. Jahrhundert erbaut. Die heutigen Gebäude stammen aus verschiedenen Jahrhunderten und Epochen. Das Torgebäude und die südliche Wehrmauer entstanden spätestens im 16. Jahrhundert und zeigen mit den starken Mauern und Schießscharten sowohl den wehrhaften Zweck als auch spätgotische Zierformen in Gesimsen, Fenstern und Gewölben. Das Haupthaus wurde im späten 17. Jahrhundert gebaut.

Museen

❶ **LVR Industriemuseum Oberhausen** In der alten Zinkfabrik Altenberg, direkt am Oberhausener Bahnhof, wird in diesem Museum die Geschichte der Schwerindustrie an der Ruhr erzählt. Zudem gibt es auch immer wieder Sonderausstellungen.

❷ **Spionage-Museum »Top Secret«** Alles, was man über Geheimdienste und ihre Arbeit erfahren kann, wird in diesem Museum in einer interaktiven Ausstellung präsentiert. 18 aufwendig gestaltete Themenbereiche spannen den Bogen von historischen Elementen – angefangen beim Ersten Weltkrieg bis hin zu Themen des 21. Jahrhunderts.

Der Gasometer ist das Wahrzeichen Oberhausens.

Ausflugstipps:

Emscher Landschaftspark Zwischen Duisburg und Dortmund findet man den 450 Quadratkilometer großen Emscher Landschaftspark. Er ist so etwas wie das grüne Herz des Ruhrgebiets. Der Landschaftspark ist aus regionalen Revierparks geformt, die seit den 1970er-Jahren gegründet wurden, um den Freizeitwert des Ruhrgebiets zu erhöhen. Er verbindet die fünf Revierparks miteinander. So ist ein Naherholungsgebiet entstanden, das vielfältige Sport-, Kultur- und Freizeitmöglichkeiten bietet. In Oberhausen befindet sich das Haus Ripshorst. Das dort beheimatete Informationszentrum bietet Wissenswertes zu den Projekten des Parks und ist so der ideale Ausgangspunkt für eine Erkundung.

Besucher-Tipps:

Industrie und Kultur Kaum ein anderes Bauwerk symbolisiert den Strukturwandel im Ruhrgebiet so eindrucksvoll wie der Gasometer in Oberhausen. Der 1929 erbaute Kokereigasspeicher liegt zwischen dem Rhein-Herne-Kanal und dem Einkaufs- und Erlebniszentrum CentrO. Der Gasometer ist immer wieder Schauplatz für spektakuläre Ausstellungen und Installationen renommierter Künstler. Ein Besuch lohnt sich aber auch, um »nur« das Bauwerk an sich zu besichtigen. Das Innere des Stahlgiganten bietet mit seinem sieben- bis achtfachen Echo ein einzigartiges Raumerlebnis. Ein Panoramaaufzug im Inneren fährt bis unter die Kuppel. Vom Dach hat man einen großartigen Blick über das westliche Ruhrgebiet.

ⓘ Touristeninformation: Willy-Brandt-Platz 2, 46045 Oberhausen, Tel. 0208/82 45 713, E-Mail: tourist-info@oberhausen.de, www.oberhausen-tourismus.de

Nordrhein-Westfalen

Duisburg

Spätestens mit der Schließung der Krupp-Hütte in Duisburg-Rheinhausen im Jahr 1993 stand die Stadt an einem Scheideweg. Hatte man bis dahin vor allem auf den Industriestandort gesetzt, waren nun neue Visionen gefragt.

Die Stadt nahm diese Herausforderung an und hat sich in den vergangenen 20 Jahren stark gewandelt. Mittlerweile ist aus der einstigen Industriemetropole eine Stadt mit vielen Gesichtern geworden. Die Industriekultur spielt hier zwar noch immer eine große Rolle, aber auch kulturelle Attraktionen wie die Deutsche Oper am Rhein und das Theater der Stadt konnten sich mittlerweile einen guten Namen machen. Festivals wie die Duisburger Akzente, die Duisburger Filmwoche und das Traumzeitfestival ziehen auch international viel Aufmerksamkeit auf sich. Der Duisburger Hafen ist ebenso ein Publikumsmagnet wie die Naherholungsgebiete der Stadt. Auch der Zoo erfreut sich – wie jährlich etwa eine Million Besucher zeigen – großer Beliebtheit. Der Umbruch ist in Duisburg noch nicht abgeschlossen, aber auch das macht den Reiz der Stadt aus.

Sehenswürdigkeiten

❶ **Rathaus** An der Stelle, an der im Mittelalter der Königshof stand, steht heute das Duisburger Rathaus. Das im Stil der Frührenaissance errichtete Gebäude wurde 1902 durch den Karlsruher Architekten Friedrich Ratzel fertiggestellt. Besonders sehenswert sind die Glas- und Wappenfenster, die von den Glasmalern Alexander Linnemann aus Frankfurt und seinem Sohn Otto zwischen 1900 und 1914 geschaffen wurden.

❷ **»Lebensretter«-Brunnen** Der Brunnen von Niki de Saint Phalle und Jean Tinguely ist die wohl bekannteste Sehenswürdigkeit in Duisburg. Er ist einer von sechs Brunnen auf der Brunnenmeile an der Königstraße. Der bunte Fantasievogel, an den sich eine weibliche Figur klammert, stellt das Symbol des Himmels dar und steht im Gegensatz zu dem aus Schrott und Industrieabfällen entworfenen Sockel.

❸ **Salvatorkirche** Die Geschichte der bedeutendsten Kirche Duisburgs geht bis ins 9. Jahrhundert zurück. Dieser Urkirche folgte im 10. Jahrhundert eine romanische Basilika, die 1283 durch einen Brand beschädigt wurde. Ein neuer Bau wurde 1415 vollendet. Von 1898 bis 1904 wurde die Kirche umfassend renoviert mit dem Ziel, den gotischen Stil zu rekonstruieren.

❹ **Liebfrauenkirche** Die Kirche ist eines der markantesten Bauwerke der Stadt. Die Konstruktion aus Stahl und Beton fällt vor allem wegen ihres klaren und einfachen Baustils auf. Bemerkenswert sind auch die Glasfenster aus dem »Vatikanpavillon« der Brüsseler Weltausstellung von 1958.

❺ **Jüdisches Gemeindezentrum** Das vom israelischen Architekten Zvi Hecker entworfene Gemeindezentrum im Innenhafen wurde am 21. Februar 1999 eingeweiht. Es befindet sich in unmittelbarer Nähe der alten Syna-

Ausflugstipps:

Mit der Weißen Flotte unterwegs auf dem Rhein Duisburg eignet sich hervorragend als Ausgangspunkt für eine erholsame Schifffahrt auf Rhein und Ruhr. Neben den beliebten Hafenrundfahrten bietet die Weiße Flotte noch eine Menge weiterer Schiffstouren an. Wie wäre es beispielsweise mit einem »Tatort-Dinner« auf der MS Gerhard Mercator? Wer es etwas beschaulicher liebt, kann eine Ruhrtalfahrt zum Essener Baldeneysee buchen. Auch Ausflugsfahrten nach Düsseldorf, Mülheim, Wesel oder Zons stehen regelmäßig auf dem Programm. In den Sommermonaten bietet die Weiße Flotte zudem immer wieder spezielle Fahrten für Kinder und Jugendliche, die Kinderpiratenfahrten, an.

Nordrhein-Westfalen

Besucher-Tipps:

Der Duisburger Hafen An der Mündung der Ruhr in den Rhein befindet sich der größte Binnenhafen Europas. Mit einer Gesamtfläche von zehn Quadratkilometern zieht sich der eigentliche Hafen von den Hafenbecken an der Ruhrmündung entlang des Rheins aufwärts bis nach Duisburg-Rheinhausen. 21 Hafenbecken und eine Uferlänge von etwa 40 Kilometern sorgen dafür, dass es auch für Besucher hier immer etwas zu sehen gibt. In der Hauptsaison kann man täglich dreimal Duisburg und seinen Hafen vom Wasser aus kennenlernen, in der Nebensaison immer mittwochs und an den Wochenenden. Von den Anlegestellen »Steiger Schwanentor« und »Schifferbörse« gehen die Erkundungstouren los.

goge, die 1939 während der Reichspogromnacht von den Nationalsozialisten niedergebrannt wurde.

Museen

❶ **Lehmbruck Museum** Das Museum zeigt eine in ganz Europa einzigartige Sammlung internationaler Skulpturenkunst der Moderne und verfügt über einen herrlichen Skulpturenpark. Darüber hinaus findet man ein eindrucksvoll angelegtes Skulpturenprogramm im umliegenden Stadtraum.

❷ **Museum der Deutschen Binnenschifffahrt** In dem restaurierten Jugendstilschwimmbad werden die Welt der Binnenschiffer seit den Anfängen der Schifffahrt, die Arbeit der Hafen- und Werftarbeiter, das Leben der Binnenschifferfamilien an Bord, das Schifferleben an Land sowie die Auswirkungen der industriellen Revolution vorgeführt.

Duisburgs Museen: das Kultur- und Stadthistorische Museum (kleines Bild) und das Museum Küppersmühle für Moderne Kunst (großes Bild).

Nordrhein-Westfalen

Nordrhein-Westfalen

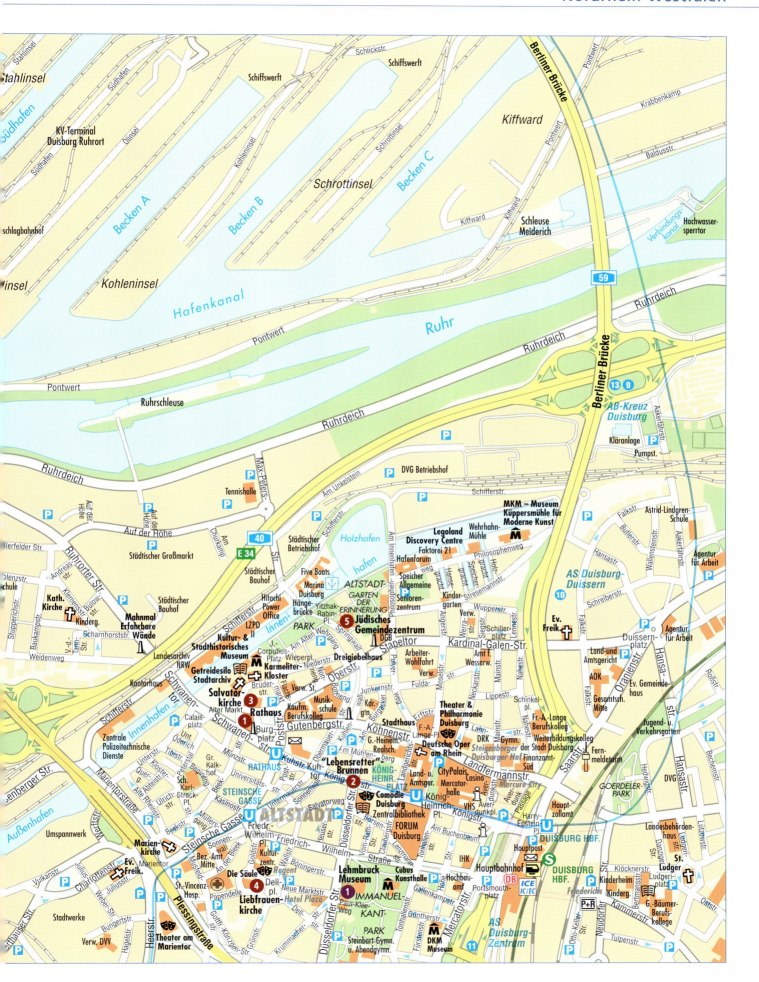

Nordrhein-Westfalen

Essen

Die Stadt im Herzen des Ruhrgebiets zählt zu den neun größten Städten Deutschlands. Ihre Ursprünge reichen bis ins Jahr 845 n. Chr. zurück, als an der Ruhr das Frauenstift Essen gegründet wurde. Essen machte sich auch als bedeutender Industriestandort und kulturelles Zentrum einen Namen.

All dies hat seine Spuren hinterlassen: Als herausragendes Beispiel, wie sich Industrie und Kultur miteinander in Einklang bringen lassen, gilt die Zeche Zollverein, die 2001 von der UNESCO zum Weltkulturerbe ernannt wurde. Hier kann man auf spannende Weise in die Bergbauvergangenheit der Stadt eintauchen. Das Museum Folkwang, das Kulturhaus Essen und der weltberühmte Domschatz stellen weitere kulturelle Highlights dar. Den historischen Spuren der Stadt kann man u. a. auf dem Denkmalpfad nachspüren. Auch die Altstadt Werden und die Altendorfer Burgruine sollten Besucher unbedingt in Augenschein nehmen. Der Grugapark, der Baldeneysee und weitere Grünflächen machen Essen zu einer der grünsten Städte Deutschlands und laden dazu ein, der Hektik des Großstadtlebens zu entfliehen.

Sehenswürdigkeiten

❶ Essener Dom und Domschatz Der Essener Dom blickt auf eine rund 1150-jährige Geschichte zurück. Bereits 850 wurde an dem Ort, wo heute der Dom zu finden ist, ein Frauenstift gegründet. Die erste Stiftskirche datiert aus dem Jahr 870 – sie wurde bei einem Brand zerstört. Die gotische Hallenkirche, die den Dom bildet, stammt aus dem 13. Jahrhundert. Wichtigste Hinterlassenschaft der Frauengemeinschaft ist der über Jahrhunderte gewachsene bedeutende Stiftsschatz. Zum Domschatz gehören u. a. wertvolle Reliquiare, vier ottonische Vortragekreuze, eine kleine Krone, die als älteste Lilienkrone der Welt gilt, und ein Prunkschwert mit Scheide, das sogar mit Kaiser Otto dem Großen in Verbindung gebracht wird. Im Dom selbst sind der Siebenarmige Leuchter (um 980 n. Chr.) und die Goldene Madonna, die älteste vollplastische Marienfigur der Welt, zu bewundern.

❷ Alte Synagoge Die Essener Synagoge wurde zwischen 1911 und 1913 erbaut und war damals eine der größten und schönsten Synagogen Deutschlands. In der Reichspogromnacht wurde ihr Inneres völlig zerstört, das Äußere blieb jedoch unversehrt. Bei wechselnder Nutzung wurde die Alte Synagoge 2010 als Haus jüdischer Kultur eröffnet. Man findet dort u. a. eine Dauerausstellung zur jüdischen, deutsch-jüdischen Geschichte und zur jüdischen Kultur der Gegenwart.

❸ Altstadt von Werden Der Stadtteil Werden ist im Süden Essens gelegen. Als ehemals selbstständige Abteistadt verfügt Werden über einen eigenen historischen Stadtkern. Besondere Sehenswürdigkeiten sind das Alte Rathaus aus dem 19. Jahrhundert, die Basilika St. Ludgerus, die als älteste Pfarrkirche nördlich der Alpen gilt, und die Evangelische Kirche mit ihren wertvollen Jugendstilmalereien. Außerdem befinden sich in Werden kleine mittelalterliche Gassen, die von gut erhaltenen historischen Häusern gesäumt sind.

❹ Burgruine Burg Altendorf Die romanische Burgruine im Stadtteil Burgaltendorf im Südosten Essens gelegen, stammt wahrscheinlich aus dem 12. Jahrhundert. Die Anlage besteht aus einer Vorburg und einer Hauptburg mit gut erhaltenen Ringmauern. Beide Teile waren in früherer Zeit von einem Wassergraben umgeben. Reste der Ecktürme sind noch vorhanden. Eine historische Brücke führt zum Wohnturm, auf dem sich in 22 Metern Höhe eine Aussichtsplattform befindet.

❺ Denkmalpfad der Stadt Essen Insbesondere im 19. Jahrhundert nahm Essen eine rasante Entwicklung vom kleinen Landstädtchen zu einer Großstadt. Bei einer Reise durch über 1000 Jahre faszinierende Architektur- und Stadtgeschichte werden auf dem Essener Denkmalpfad viele verschwundene und noch bestehende Gebäude der Essener Innenstadt anschaulich vorgestellt. So kann man die Stadtgeschichte und -entwicklung mit eigenen Augen (und auch Füßen) nacherleben.

❻ Lichtburg Essen Der denkmalgeschützte Filmpalast wurde erstmals 1928 eröffnet. Damals handelte es sich um das modernste deutsche Kino. Nach dem Zweiten Weltkrieg gab es 1950 die zweite Eröffnung, 2003 folgte dann der dritte Streich. Das Kino wurde dabei detailgetreu restauriert und mit modernster Technik ausgestattet. Bei bedeutenden Filmpremieren wird hier wieder – wie in »guten alten Zeiten« – den angereisten Filmstars ein roter Teppich ausgerollt.

Museen

❶ Museum Folkwang Das 1902 von Karl Ernst Osthaus in Hagen gegründete Museum Folkwang ist das erste Museum für zeitgenössische Kunst in Europa. 20 Jahre nach seiner Grün-

ⓘ Touristeninformation: Am Hauptbahnhof 2, 45127 Essen, Tel. 0201/19 433, E-Mail: touristikzentrale@essen.de, www.essen.de

Nordrhein-Westfalen

UNESCO-Welterbe

Zeche Zollverein und Kokerei Zollverein Die Zeche Zollverein wurde im Jahr 1932 im Stil der Neuen Sachlichkeit erbaut. Sie war damals die modernste Steinkohlezeche Europas. 1961 nahm die Kokerei ihren Betrieb auf. Am 23. Dezember 1986 fuhr nach 135 Jahren Bergbaubetrieb die letzte Schicht ein. Damit schloss die letzte der Essener Zechen ihre Tore. Man war sich schnell einig, dieses einmalige Industriedenkmal nicht verfallen zu lassen. So entstand die Idee, es kulturell zu nutzen. Es beherbergt u.a. das Ruhrmuseum, und das red dot design museum, das innovative Produktdesigns und formschöne Alltagsgegenstände präsentiert. Seit 2001 ist das Areal in der Liste des UNESCO-Weltkulturerbes aufgeführt.

dung wurden die Bestände von Hagen nach Essen verlagert. In heutiger Zeit zählt es zu den bekanntesten Museen der Klassischen Moderne. Das Museum verdankt seinen Ruf den herausragenden Sammlungen zur deutschen und französischen Malerei des 19. Jahrhunderts, der Klassischen Moderne sowie der Kunst nach 1945. Bedeutend sind auch die Bestände der Grafischen Sammlung sowie die 1978 gegründete Fotografische Sammlung, die heute zu den angesehensten ihrer Art in Europa zählt.

❷ **Kunsthaus Essen** Es wurde 1977 als Initiative von Künstlern gegründet. Heute befinden sich 14 Ateliers, in denen Maler, Zeichner und Bildhauer sowie Fotografen, Musiker und Tänzer arbeiten, unter seinem Dach. Ausstellungen, Diskussionsabende, Künstlergespräche, Musik- und Tanzperformances sprechen ein kulturell interessiertes Publikum an.

In der »Kathedrale der Arbeit« wurde bis 1986 Steinkohle gefördert.
Die Zeche Zollverein bietet heute Einblicke in die Industriegeschichte.

Nordrhein-Westfalen

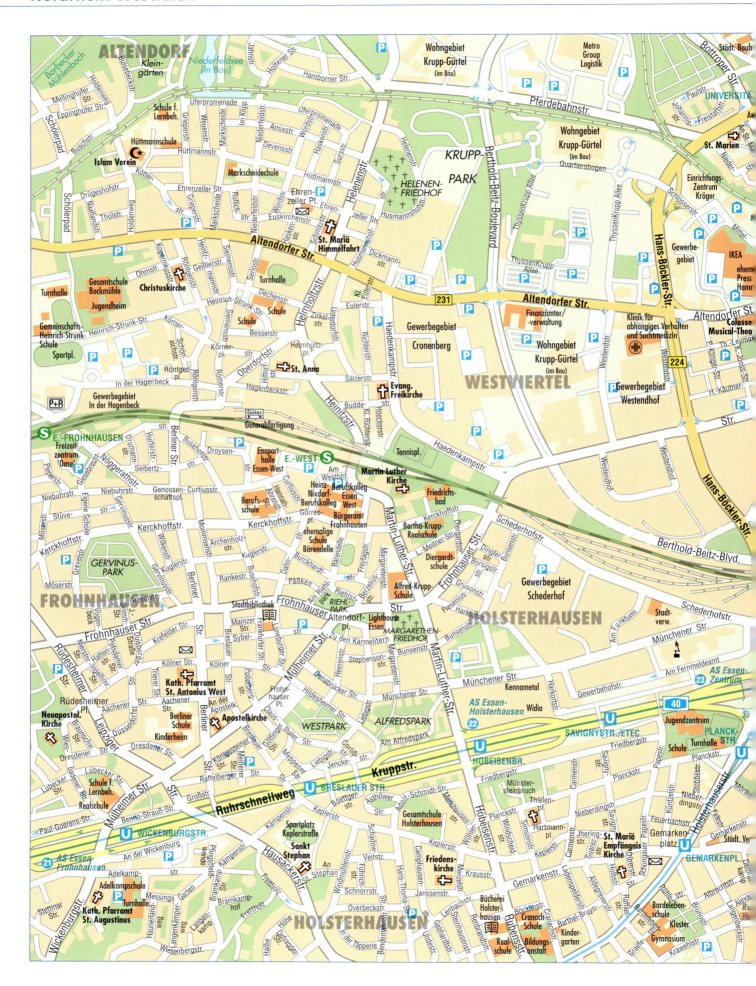

Nordrhein-Westfalen

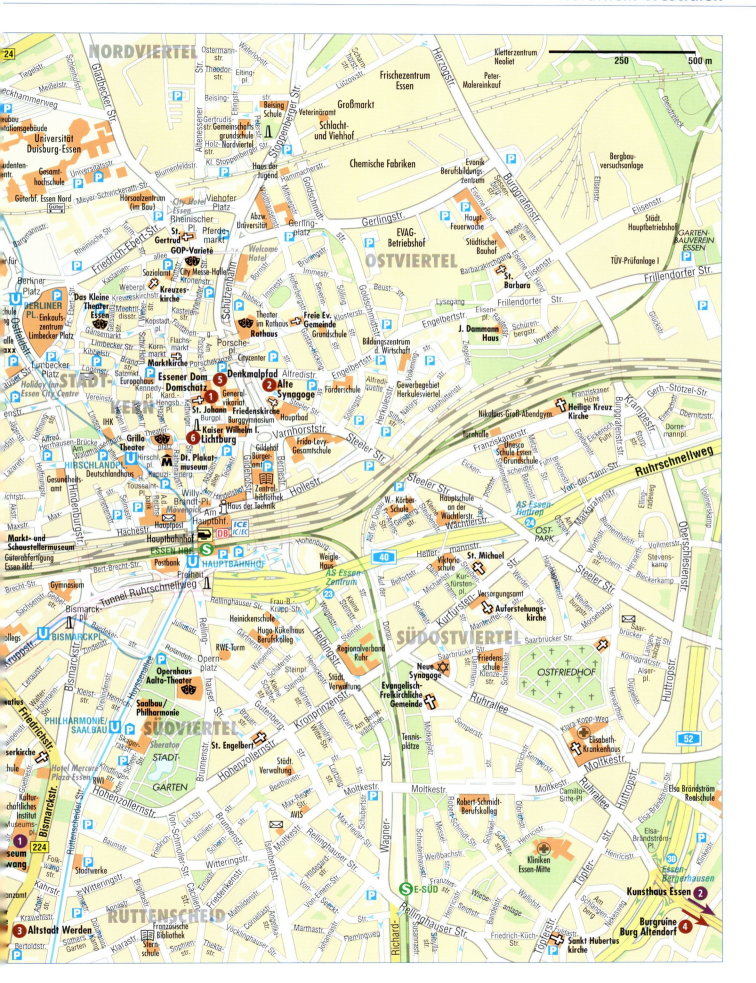

Nordrhein-Westfalen

Bochum

Wie andere Ruhrgebietsstädte hat auch Bochum in den letzten Jahrzehnten einen Wandel durchgemacht. Die frühere Kohle- und Industriestadt ist mittlerweile ein Wissenschaftszentrum geworden, das zudem viele kulturelle Highlights bereithält.

Neun Hochschulen bzw. Dependancen von Hochschulen machen Bochum zu einer wichtigen Wissenschaftsstadt. Allein die Ruhr-Universität bildet dabei etwa 40 000 Studenten aus. Bei einer Einwohnerzahl von ca. 360 000 stellen die Studenten also einen wichtigen Teil der Bevölkerung dar und prägen die Stadt. Dort, wo in Bochum früher die Hochöfen qualmten und Kohle gefördert wurde, sind mittlerweile Kulturzentren, Museen und Parks entstanden. Aber auch große Wirtschaftsunternehmen wie Opel oder BP Europe, das in Bochum seine Hauptverwaltung hat, sind nach wie vor ein wichtiger Bestandteil der Stadtkultur. Allein 40 Bühnen und Ensembles prägen die reiche Kulturlandschaft Bochums. Weit über die Grenzen des Ruhrgebiets bekannt sind das Schauspielhaus und das Musical »Starlight Express«.

Sehenswürdigkeiten

❶ Rathaus Die Bauarbeiten für das Rathaus begannen 1926 und zogen sich fünf Jahre hin – was bei einem Haus, das 500 Räume enthält, kein Wunder ist. Die Außenseite ist schlicht; das Eingangsportal und der zweistöckige erkerartige Vorbau an der rechten Front sind die einzigen Fassadenschmuckelemente. Für die Fassade wurde Muschelkalk verwendet, das Dach besteht aus Schiefer. Im Innenhof befinden sich ein Glockenturm und der »Brunnen des Glücks«.

❷ Propsteikirche St. Peter und Paul Die Propsteikirche St. Peter und Paul ist die älteste Kirchengründung Bochums. Die heutige Kirche geht auf einen Sakralbau aus dem 16. Jahrhundert zurück, der nach dem Zweiten Weltkrieg wieder rekonstruiert werden musste. Der 68 Meter hohe Kirchturm gilt als eines der Wahrzeichen Bochums. Im Inneren der Kirche befinden sich zahlreiche Kunstschätze aus verschiedenen Epochen.

❸ Mahnmal des Friedens Das »Mahnmal des Friedens« neben der Pauluskirche, im Volksmund auch »Trauernde Alte« genannt, stammt von dem Kölner Bildhauer Gerhard Marcks. Es soll an die Schrecken des Zweiten Weltkriegs und an den Bombenangriff auf Bochum am 4. November 1944 erinnern.

❹ St.-Marien-Kirche Der 70 Meter hohe Turm der neugotischen Marienkirche fällt sofort ins Auge. Das Gebäude ist mittlerweile profaniert und soll nun in das dort entstehende Musikzentrum integriert werden.

❺ Jahrhunderthalle Ursprünglich wurde die Jahrhunderthalle 1902 vom »Bochumer Verein« für eine Industrieausstellung in Düsseldorf entworfen und gebaut. Es war von Beginn an geplant, die Halle nach der Ausstellung abzubauen und in Bochum wieder zu errichten. Die Architektur des Gebäudes richtete sich nicht nach ästhetischen Gesichtspunkten, sondern war ganz auf ingenieurtechnische Überlegungen ausgelegt. Sie ist also ein frühes Beispiel für zweckbestimmte Architektur.

Museen

❶ Deutsches Bergbaumuseum Bochum Das Museum zeigt die technische Entwicklung des Bergbaus von den Anfängen bis heute im wirtschaftlichen, sozialen und kulturellen Umfeld. Gezeigt werden auf 7000 Quadratmetern Originalmaschinen und -geräte, Modelle, Schautafeln, Übersichtskarten, Mineralien- und Gesteinssammlungen und auch Exponate der Kunstgeschichte.

❷ Museum Bochum – Kunstmuseum In wechselnden Ausstellungen werden Künstler und Strömungen zeitgenössischer Kunst vorgestellt. Neben den Gattungen Malerei, Skulptur, Grafik und Zeichnung sind zunehmend auch die neuen Medien Fotografie und Video vertreten. Die Sammlungsschwerpunkte liegen dabei auf zeitgenössischer, ost- und mitteleuropäischer Kunst.

An der Jahrhunderthalle leuchten Lichtinstallationen (oben). Lohnend ist ein Besuch im Bergbaumuseum (unten).

Besucher-Tipps:

Sternenreisen Das Planetarium der Stadt Bochum wurde 1964 eröffnet. Seither zählt es – dank Umbauten und Erneuerungen der technischen Anlagen – zu den modernsten Planetarien Europas. Unter der Kuppel hat es einen Durchmesser von 20 Metern, es bietet etwa 260 Personen Platz. Derzeit verfügt das Planetarium über einen Sternenprojektor und ein System aus acht speziell entwickelten Videoprojektoren. Damit können verschiedene Shows realisiert werden. Die beliebteste Show, »Faszinierendes Weltall«, nimmt den Besucher mit auf eine Reise bis an die Grenzen des bekannten Universums. Aber auch die »Sterne über Bochum« oder der »Lebendige Kosmos« lassen sich von hier aus erkunden.

Nordrhein-Westfalen

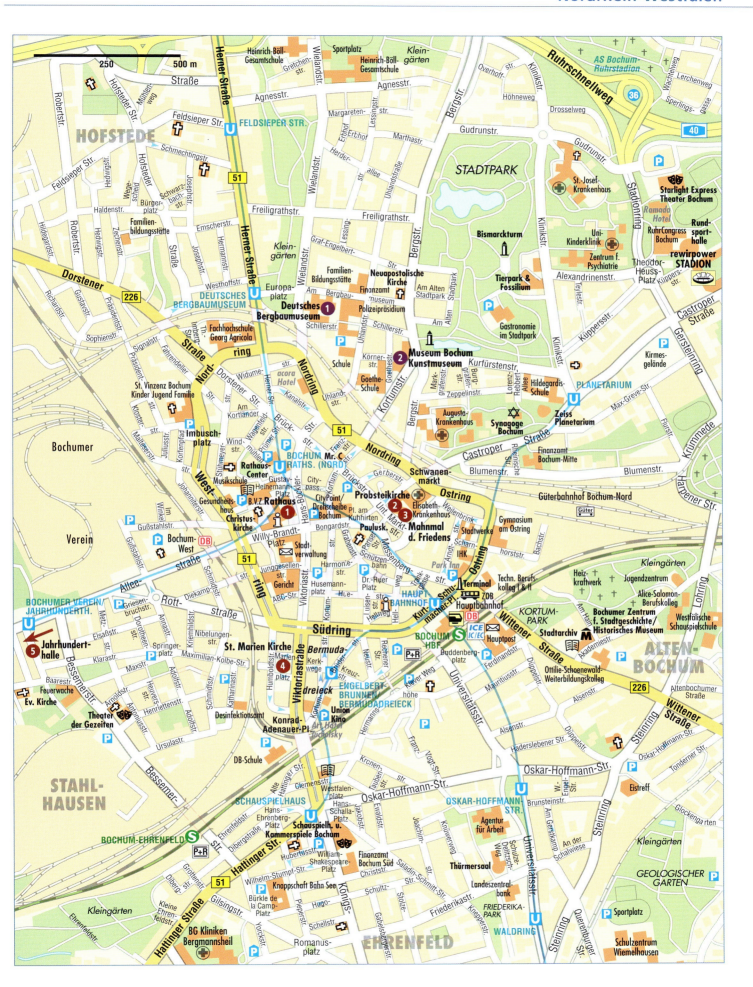

Nordrhein-Westfalen

Dortmund

Mit ihren knapp 600 000 Einwohnern ist Dortmund die größte Stadt des Ruhrgebiets. Früher in erster Linie durch Stahl, Kohle und Bier bekannt, hat sich Dortmund nun zu einem wichtigen Wissenschaftsstandort und kulturellen Zentrum entwickelt.

Mit ihren mehr als 30 000 Studenten ist die Technische Universität einer der wichtigsten Wissenschaftsstandorte in der Stadt. Acht weitere Hochschulen bzw. deren Dependancen tragen ebenso dazu bei, dass sich Dortmund den Ruf, eine Stadt des Wissens zu sein, mit Fug und Recht erarbeitet hat. Dortmund ist aber auch eine Stadt mit einer langen Geschichte. 880 wurde sie erstmals erwähnt, die Marktrechte erhielt man im Jahr 990. Noch heute finden sich im Stadtgebiet und im näheren Umland historische Gebäude und Plätze, die einen Besuch wert sind. Aber auch alte Industrieanlagen zeugen von der Geschichte Dortmunds. Viele Parks und Grünanlagen in der Stadt und um sie herum – der Westfalenpark zählt immerhin zu den größten innerstädtischen Parkanlagen Europas – prägen darüber hinaus das Bild Dortmunds.

Sehenswürdigkeiten

① Alter Markt Schon im 12. Jahrhundert trafen sich hier Kaufleute, Handwerker und Dortmunder Bürger, um Geschäfte zu machen. Mit seinen zahlreichen Straßencafés, Restaurants und Biergärten ist der Alte Markt auch heute noch ein beliebter Treffpunkt. Hier treffen sich auch die Fans von Borussia Dortmund, um die Erfolge ihres Clubs zu feiern.

② Altes Stadthaus Das Stadthaus wurde nach Entwürfen des Stadtbaumeisters Friedrich Kullrich im Neorenaissancestil erbaut. Seine Eröffnung feierten die Dortmunder im Jahr 1899. Die Fassaden bestehen aus rotem Sandstein und verputzten Flächen an den Seiten, an der Spitze des Giebels befindet sich das Stadtwappen.

③ Krügerpassage Sie ist die älteste Passage in der Innenstadt. Erbaut wurde sie im Jahr 1912. Gut zu erkennen sind die Jugendstilelemente.

④ St.-Petri-Kirche Die Stadtkirche St. Petri wurde im 14. Jahrhundert als gotische Hallenkirche gebaut. Besonders sehenswert ist der Antwerpener Flügelaltar der Lukasgilde (um 1522), bekannt als das »Goldene Wunder von Westfalen«, mit seinen Hunderten geschnitzter und vergoldeter Figuren. Allerdings sind die Figuren nur zwischen dem 1. Oktober und der Karwoche zu sehen.

⑤ Propsteikirche St. Johannes der Täufer Die Hallenkirche aus dem 14./15. Jahrhundert ist vom Dominikanerorden gegründet worden. Trotz Zerstörung im Zweiten Weltkrieg blieben die wichtigsten Kunstwerke aus dem Mittelalter erhalten. Besonders sehenswert ist der Tafelaltar von Derick Baegert (um 1470), der die älteste Abbildung der Stadt Dortmund zeigt.

⑥ Hövels Hausbrauerei Bereits seit 1518 ist die Brauerei im Besitz des Patriziergeschlechts von Hövel. Heute

Ausflugstipps:

Westfalenpark Der Westfalenpark wurde 1959 anlässlich der ersten Bundesgartenschau in Dortmund eröffnet (weitere Bundesgartenschauen fanden hier 1969 und 1991 statt). Mit einer Fläche von 70 Hektar zählt er zu den größten innerstädtischen Parkanlagen Europas. In der Mitte des Parks befindet sich der 209 Meter hohe Florianturm mit einer Aussichtsplattform in luftiger Höhe. Eine besondere Attraktion ist das Deutsche Rosarium, in dem mehr als 3800 Rosenarten aus aller Welt bestaunt werden können. Der Westfalenpark hat sich mittlerweile als Open-Air-Veranstaltungsort mit zahlreichen Festivals, Theateraufführungen und Konzerten einen überregionalen Namen gemacht.

Nordrhein-Westfalen

Besucher-Tipps:

Hohensyburg Die Burganlage der Herren von Sieburg wurde etwa 1100 aus dem Baumaterial Ruhrsandstein erbaut. Mittlerweile stehen nur noch Teile der Burg. Zwei Bergfriede, Palas (Zweikammersystem), der Mauerring und die vorgelagerten Wälle um die Hofanlage sind noch zu erkennen. Im Innern der Burg befindet sich ein Kriegerdenkmal von Fritz Bagdons aus dem Jahr 1930. Auch das Kaiserdenkmal, das zu Ehren Wilhelms des Ersten erbaut wurde, kann man noch besichtigen. Außerdem ist auch der 20 Meter hohe achteckige Vincke-Turm, der 1857 zu Ehren des Freiherrn von Vincke gebaut wurde, erhalten geblieben. In der Nähe der Burgruine wurde eine Spielbank erbaut.

ist Hövels Hausbrauerei eine der letzten aktiven Brauereien in Dortmund.

Museen

❶ **Museum für Kunst und Kulturgeschichte** Das Museum beherbergt Sammlungen zu Malerei und Plastik bis 1900, Möbel, Kunstgewerbe und Design bis zur Gegenwart, Grafik, Fotografie, Textilien, Stadtgeschichte, und Archäologie. Seit 1883 wird gesammelt – Kostbares, Seltenes, Typisches, Alltägliches. Auch das bäuerliche Westfalen ist ein Thema.

❷ **Brauerei-Museum** Dortmund wird auch die »Bierstadt« genannt. Die Ausstellung im historischen Maschinenhaus der Hansa-Brauerei von 1912 und der angrenzenden Maschinenhalle zeigt die traditionsreiche Geschichte der Dortmunder Brauwirtschaft vom Mittelalter bis zur Gegenwart.

Im Brückstraßenviertel eröffnete 2002 das Konzerthaus (kleines Bild). Zwischen Hansaplatz und Propsteikirche dominiert dagegen der Baustil der 1980er-Jahre (großes Bild).

Nordrhein-Westfalen

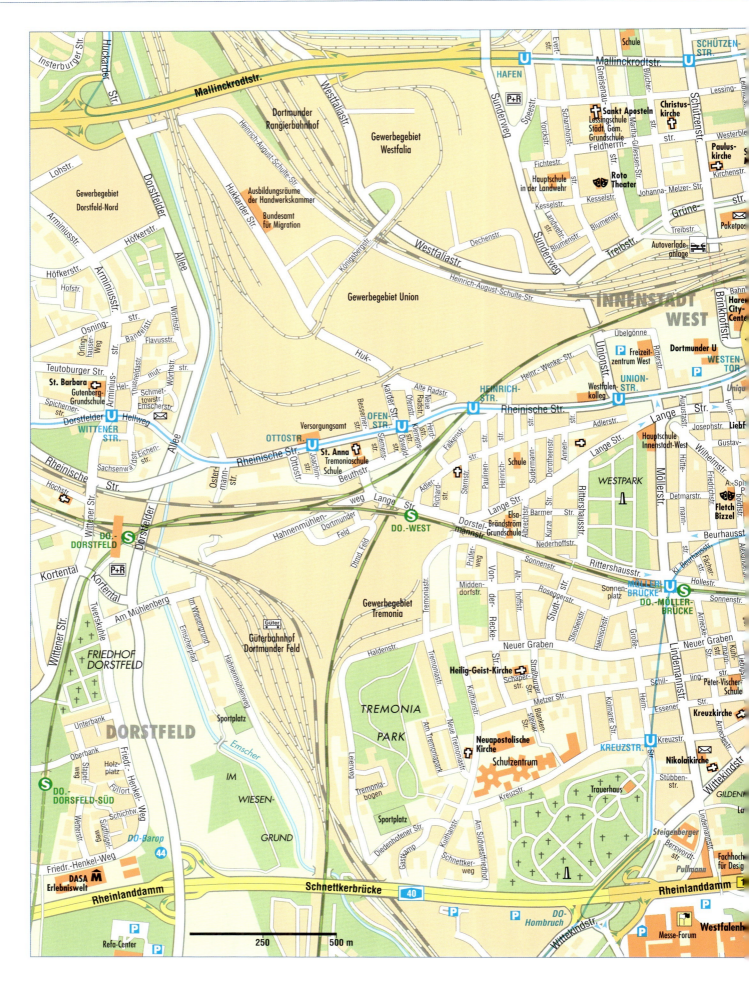

Nordrhein-Westfalen

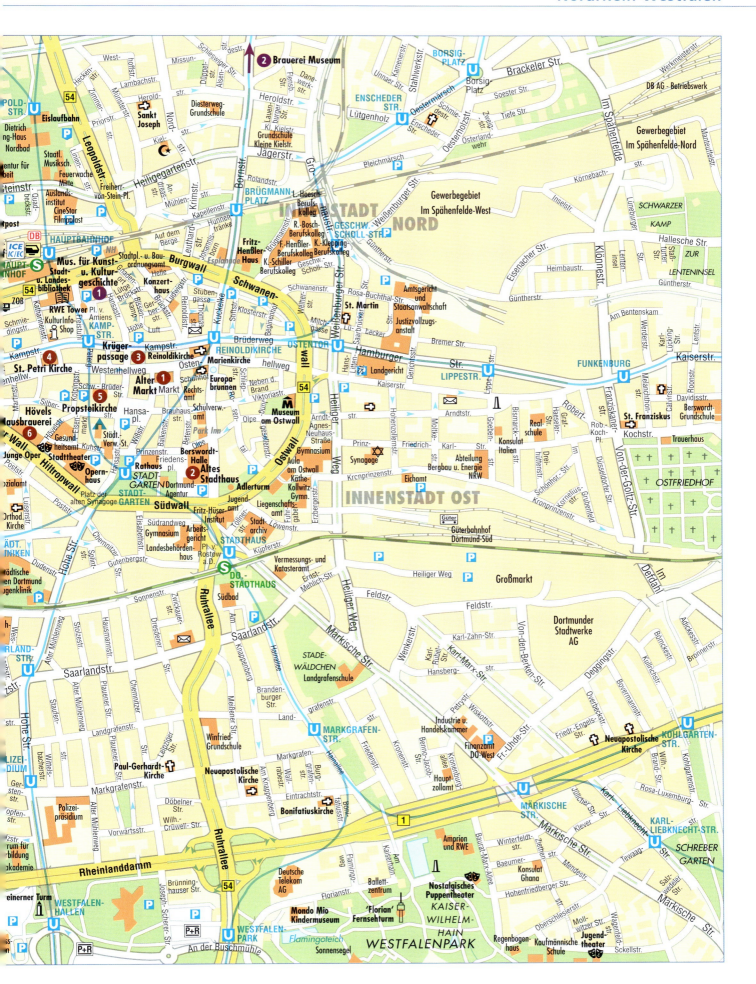

Nordrhein-Westfalen

Wuppertal

Wuppertal liegt südlich des Ruhrgebiets im Bergischen Land und ist weltweit als die »Stadt mit der Schwebebahn« bekannt. Aber nicht nur dieses herausragende Zeugnis früher Ingenieurskunst ist eine Reise wert, Wuppertal hat noch einiges mehr zu bieten.

Neben der Schwebebahn prägt vor allem das Tal der Wupper, die sich auf einer Länge von 20 Kilometern durch die Stadt schlängelt, das Stadtbild. Die teilweise steilen Hänge am Ufer sind häufig bewaldet. Überhaupt ist Wuppertal, dessen Stadtgebiet einen Grünflächenanteil von über einem Drittel aufweist, als Deutschlands grünste Großstadt bekannt. Man sollte es nicht versäumen, dem landschaftlich reizvoll gelegenen Zoologischen Garten einen Besuch abzustatten. Aber auch kulturell hat die Stadt einiges zu bieten: Das weltbekannte Tanztheater Pina Bausch hat hier seinen Sitz. Außerdem warten viele interessante Museen, wie das Von-der-Heydt-Museum oder das Völkerkundemuseum, mit interessanten Ausstellungen auf. Die knapp 20 000 Studenten der Bergischen Universität tragen ihren Teil zu einer abwechslungsreichen modernen Stadtkultur bei.

Sehenswürdigkeiten

❶ **Schwebebahn** 85 000 Fahrgäste schweben Tag für Tag kreuzungsfrei mit der im Jahr 1900 eingeweihten Schwebebahn durch die bergische Großstadt. Die Bahn legt die gut 13 Kilometer lange Strecke von Endstation zu Endstation in knapp 35 Minuten zurück. Mittlerweile ist die Schwebebahn zu dem großen Wahrzeichen der Stadt geworden.

❷ **Historisches Zentrum mit Engels-Haus** Zum Historischen Zentrum gehört das Museum für Frühindustrialisierung. Es zeigt die sozialen und technischen Veränderungen der Zeit von 1780 bis 1850 im Wuppertaler Raum. Darüber hinaus findet man dort das Engels-Haus, in dem eine Ausstellung zu Leben und Werk von Friedrich Engels gezeigt wird.

❸ **Historische Stadthalle am Johannisberg** Auf einem Hügel oberhalb der City liegt die Stadthalle aus dem Jahr 1900 mit ihren vier markanten Türmen an den Ecken. Diese bedeutende Sehenswürdigkeit der Stadt wird als Konzerthalle besonders wegen ihrer guten Akustik geschätzt.

❹ **Tippen-Tappen-Tönchen** Da Wuppertal auf Hügeln erbaut ist, findet man im Stadtgebiet zahlreiche Treppen. Die berühmteste, »Tippen-Tappen-Tönchen« genannt, führt mit 103 Stufen aus dem Elberfelder Luisenviertel auf den Ölberg.

❺ **Hardtpark** Der 200 Jahre alte Park liegt auf der Grenze zwischen den Stadtteilen Elberfeld und Barmen und ist der älteste Stadtpark Wuppertals. Er beherbergt den Botanischen Garten und eine Freilichtbühne.

❻ **Wuppertaler Brauhaus** Im Jahr 1997 eröffnet, lässt sich hier das Bier der einzigen Wuppertaler Brauerei genießen. Das Gebäude in Barmen wurde 1882 erbaut, es war eines der ersten Hallenbäder Preußens.

❼ **St. Laurentius** Die St.-Laurentius-Kirche in Elberfeld ist die bedeutendste katholische Kirche der Stadt. Sie wurde 1828–32 nach Plänen des Kirchenbaumeisters Adolph von Vagedes im klassizistischen Stil erbaut. Sie verfügt über eine Doppelturmfassade und ein Langhaus mit Satteldach. Zwischen den Türmen befindet sich der leicht vorspringende Eingangsbau. Die Kirche zählt zu den beeindruckenden klassizistischen Bauten Wuppertals.

Museen

❶ **Von-der-Heydt-Museum** Im ehemaligen Elberfelder Rathaus wird Kunst ausgestellt: niederländische Malerei des 16. und 17. Jahrhunderts, deutsche und französische Malerei von der Romantik bis zum Impressionismus, Kunst um 1900, Malerei des Expressionismus, Fauvismus, Kubismus und Futurismus, Kunst von den 1920er-Jahren bis heute.

❷ **Uhrenmuseum** Im privaten Uhrenmuseum des Juweliers Abeler zeigen etwa 2000 Objekte die Geschichte der Zeitmessung und der Uhrmacherei.

❸ **Völkerkundemuseum** Kult- und Gebrauchsgegenstände aus Afrika und Asien, wie Masken, Schmuck, Waffen oder Statuen, werden hier gezeigt.

Die Schwebebahn, das überregional bekannte Wahrzeichen Wuppertals, ist gleichzeitig das wichtigste öffentliche Verkehrsmittel der Stadt.

Besucher-Tipps:

Wuppertaler Stadttouren Für alle, die eine Stadt gern auf Schusters Rappen erkunden, hält Wuppertal eine Reihe interessanter geführter Touren bereit. Unter dem Titel »Stadtteile plus X« können die Teilnehmer jeweils einen Stadtteil genauer unter die Lupe nehmen. Das Besondere daran: Hier öffnen sich Türen, die ansonsten verschlossen bleiben. Wer gut zu Fuß ist, kann auch eine der vierstündigen Wandertouren durch die ganze Stadt buchen. Genießer werden sicherlich ihre Freude an einer Weinwanderung im Tal der Wupper haben. Für den gemütlichen Ausklang eines ereignisreichen Tages kann man dann noch eine Tour durch Wuppertals angesagteste Kneipen unternehmen.

Nordrhein-Westfalen

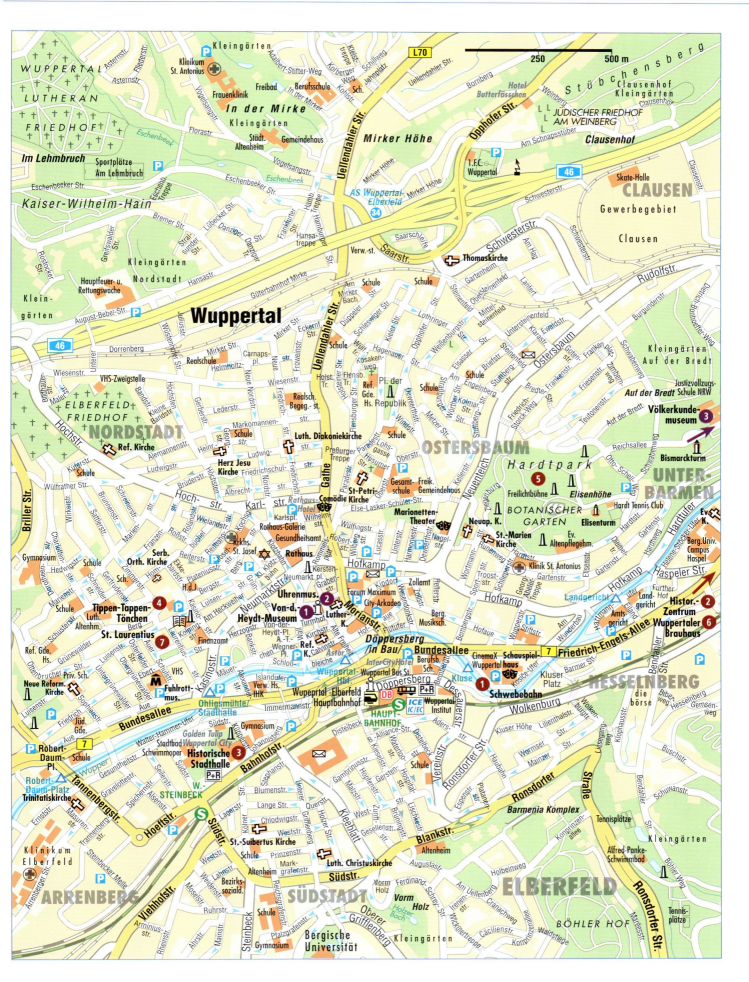

Nordrhein-Westfalen

Mülheim an der Ruhr

Der Fluss, den die Stadt ja schon in ihrem Namen führt, hatte von jeher eine große Bedeutung für Mülheim. Wurde er früher genutzt, um die geförderte Kohle zu transportieren, gilt er mittlerweile als idyllisches Naherholungsgebiet – nicht nur für Mülheimer.

Die Schließung der Zeche »Rosenblumendelle« im Jahr 1966 machte Mülheim zur ersten Stadt des Ruhrgebiets ohne Bergbau. Es war also bereits früh eine Neuorientierung gefragt. Wirtschaftlich verabschiedete man sich von der Fixierung auf die Montan- und Lederindustrie und entwickelte sich hin zum Standort für zahlreiche unterschiedliche Branchen. So haben die Lebensmittelunternehmen Aldi Süd und Tengelmann in Mülheim ihren Hauptsitz. Auf der anderen Seite nutzte man die Ruhr, um auch den Erholungswert der Stadt zu erhöhen. Und so entwickelte sich Mülheim hin zur »grünen Stadt«. Mittlerweile gilt die Stadt mit ihren 50 Prozent Grün- und Waldflächen als attraktiver Wohnort, von dem aus man schnell die anderen Ruhrgebietsstädte, aber auch die Landeshauptstadt Düsseldorf erreichen kann.

Sehenswürdigkeiten

1 Schloss Broich Der ostfränkische Herzog Heinrich errichtete es im Jahr 883 als Militärlager zum Schutz gegen die bis nach Duisburg vorgedrungenen Wikinger. Aus diesen Anfängen erwuchs eine wehrhafte Burg und schließlich Schloss Broich. Heute wird das restaurierte Schloss vor allem für Feierlichkeiten verwendet.

2 Kloster Saarn Das Zisterzienserinnenkloster wurde 1214 gegründet. Viele der heute noch erhaltenen Gebäude entstanden zu Zeiten der Äbtissin Maria Theresia von Reuschenberg zu Sillicium (1720–1741). 1936 übernahm die Stadt Mülheim die Anlage, bis 1960 wurde saniert. Nordöstlich vom Kloster befindet sich das Naherholungsgebiet Auberg.

3 Rathaus Das historische Rathaus wurde im Jahr 1915 fertiggestellt. Besonders der Turm des Bauwerks wurde zu einem Wahrzeichen der Stadt. Nach verheerenden Zerstörungen im Zweiten Weltkrieg wurde das Baudenkmal in den 1950er-Jahren wiederaufgebaut.

4 Wasserbahnhof Der Wasserbahnhof auf der Schleuseninsel der Ruhrschleuse ist der Hauptanlegeplatz der Weißen Flotte. 1927 wurde er zunächst als kleine Trinkhalle gebaut, mit den Jahren mehrfach erweitert. Als Attraktion gilt die Blumenuhr.

Museen

1 Kunstmuseum Alte Post Ein wichtiger Schwerpunkt der Sammlung sind Kunstwerke des Expressionismus. Das Museum besitzt zudem die größte Heinrich-Zille-Sammlung außerhalb Berlins.

2 Wassermuseum Aquarius Im über 100 Jahre alten Wasserturm erhalten Besucher Einblicke in die Kultur- und Industriegeschichte des Wassers und in die Abwassertechnologie.

Eine Fachwerkhäuserzeile in der Altstadt von Mülheim (oben); das Wassermuseum Aquarius (unten).

Ausflugstipps:

Entdeckungstour durch das Ruhrtal Mülheim bietet viele Möglichkeiten, das schöne Ruhrtal zu entdecken. Als Ausgangspunkt für individuelle Rad- oder Wandertouren entlang der Ruhr sollte man den Wasserbahnhof wählen. Die »Mülheimer Ruhrperlen« sind Sehenswürdigkeiten und Attraktionen entlang des Flusses, die sich mit dem Rad oder zu Fuß erkunden lassen. Man kann hier zwischen drei Thementouren, die jeweils etwa 50 Kilometer lang sind, wählen: kulturelle, industriegeschichtliche und landschaftliche Sehenswürdigkeiten stehen dann – je nach Tour – im Mittelpunkt. Wer mehr Abwechslung sucht, kann mit dem originalgetreuen Nachbau eines Wikingerschiffs über die Ruhr paddeln.

Besucher-Tipps:

Ein Bummel durch die Altstadt Nur wenige Schritte von Mülheims moderner Innenstadt entfernt – nördlich der Leinenweberstraße – liegt die Altstadt. Hier kann der Besucher schnell vergessen, dass er sich in einer Großstadt befindet. Denn die engen und verwinkelten Gassen mit ihren Fachwerkhäusern und der Petrikirche im Zentrum erinnern eher an ein kleines Dorf. Die Altstadt wurde übrigens bereits im 6. und 7. Jahrhundert erstmals besiedelt. Neben der Petrikirche sind der Kortum-Brunnen mit der Jobsfigur und das Tersteegen-Haus weitere Sehenswürdigkeiten. Ein Kraftort ist der 200 Jahre alte Friedhof am Rande der Altstadt. Besucher und Einheimische können hier die Ruhe genießen.

Nordrhein-Westfalen

Krefeld

Krefeld wird aufgrund seiner Seidenproduktion im 18. und 19. Jahrhundert auch als »Samt- und Seidenstadt« bezeichnet. Sie besteht seit 1929, historisch geht Krefeld aber auf das Kastell Gelduba zurück, das die Römer im 1. Jahrhundert n. Chr. errichteten.

Erstmals erwähnt wird Krefeld im frühen 12. Jahrhundert, die Stadtrechte erhielt man 1373 von Kaiser Karl IV. Auch heute noch kann man viele Spuren dieser langen Stadtgeschichte – angefangen bei Überresten römischer Landhäuser bis hin zu Burgruinen – finden. Das moderne Krefeld lockt mit einem vielfältigen kulturellen Angebot und als beliebtes Freizeit- und Shoppingziel. Beschaulichkeit bringen die vielen Parks und Gärten in die Stadt, die teilweise bereits im 18. und 19. Jahrhundert von wohlhabenden Seidenfabrikanten angelegt wurden. Auch das Gastronomieangebot wird von Einheimischen und Gästen geschätzt. Für Naturfreunde hält die Stadt am Niederrhein mit dem Botanischen Garten und seinem Zoo ein reizvolles Angebot bereit. Das Fehlen von Bergen lädt übrigens dazu ein, Krefeld und seine Umgebung mit dem Rad zu erkunden.

Sehenswürdigkeiten

❶ Rathaus Das bekannteste Gebäude und heutzutage ein Wahrzeichen Krefelds ist das Rathaus. Es wurde 1794 als Stadtpalais der Familie von der Leyen, die mit der Seidenweberei die Textilindustrie in der Stadt begründete, im Stil des Rheinischen Klassizismus erbaut.

❷ Burg Linn Die Wasserburg Burg Linn ist im gleichnamigen Krefelder Stadtteil gelegen. Ihre Ursprünge gehen auf einen Wohn- und Wehrturm aus dem 12. Jahrhundert zurück. Nach ihrer Renovierung 1926 erscheint die Burg in ihrer heutigen Gestalt. Sie gilt als eine der schönsten und ältesten Burgen am Niederrhein. In ihrer Vorburg befindet sich das Jagdschlösschen, in dem man u. a. einige eingerichtete Krefelder Bürgerzimmer des 18. und 19. Jahrhunderts, eine komplett eingerichtete niederrheinische Bauernküche sowie eine Sammlung mechanischer historischer Musikinstrumente bewundern kann.

❸ Geismühle Die Geismühle ist eine zwischen Krefeld und Meerbusch gelegene Turmwindmühle. Die 700 Jahre alte Getreidemühle ist eine der ältesten erhaltenen Windmühlen am Niederrhein. Sie wurde 2006/2007 grundlegend renoviert, sodass mittlerweile auch das Mahlwerk wieder voll funktionstüchtig ist. Sie kann von Mai bis Oktober an jedem 1. und 3. Sonntag im Monat von 14 bis 17 Uhr von innen besichtigt werden.

❹ St. Dionysius Die Kirche wurde 1752–1756 erbaut. Auffällig sind die beiden unterschiedlichen Türme. Den ersten erhielt sie 1768. 1840–1843 erfolgte der Anbau eines Querhauses durch den Kölner Dombaumeister Zwirner im Rundbogenstil. Der zweite Turm entstand 1893.

❺ Sollbrüggenpark Entstanden ist die heute rund sechs Hektar große Anlage im Stil eines englischen Landschaftsparks im 19. Jahrhundert. Er ist Teil der historischen Grünverbindung vom Stadtteil Linn in die Krefelder Innenstadt. Abgeschlossenheit und Schlichtheit sowie ein ausgedehnter landschaftlicher Teil mit lang gezogenen Wiesenflächen beidseitig eines Bachlaufs sind Merkmale des allseitig umfriedeten Parks.

Museen

❶ Kaiser-Wilhelm-Museum Das Museum ist ein imposantes Gebäude mitten in der Stadt, das eine Vielfalt von Baustilen, wie es einige Baumeister gegen Ende des 19. Jahrhunderts bevorzugten, zur Schau stellt. Der Schwerpunkt der Sammlung liegt auf der zweiten Hälfte des 20. Jahrhunderts. Hier finden sich Werke von Künstlern wie Andy Warhol bis Bruce Nauman und Thomas Schütte.

❷ Deutsches Textilmuseum Das Deutsche Textilmuseum gehört zu den international wichtigsten Sammlungen mit historischen Textilien und Bekleidung. Die Sammlung umfasst etwa 30 000 Objekte aus allen Teilen der Welt von der Antike bis heute.

Gegensätze einer Stadt: das Wasserschloss Burg Linn (oben) und das klassizistische Innere der Stadtkirche St. Dionysius (unten).

Besucher-Tipps:

Auf den Spuren eines berühmten Architekten Mies van der Rohe (1886–1969) gilt als einer der bedeutendsten Architekten der Moderne. Klare Linien, moderne Tragekonstruktionen aus Stahl und eine häufig großflächige Verglasung kennzeichnen sein Werk. Auch in Krefeld hat er seine Spuren hinterlassen. Die Villen Haus Lange und Haus Esters sind als Wohnhäuser für zwei Industrielle nach seinen Plänen gebaut worden. Die beiden mit dunkelrotem Backstein verkleideten Häuser konstruierte van der Rohe aus massiven Mauern und Stahlträgern. Gebaut wurden die Villen zwischen 1927 und 1930. Beide ehemaligen Wohnhäuser werden heute als Ausstellungsräume für moderne Kunst genutzt.

ⓘ Touristeninformation: Hochstraße 114, 47798 Krefeld, Tel. 02151/86 15 15, E-Mail: freizeit@krefeld.de, www.krefeld.de

Nordrhein-Westfalen

Mönchengladbach

Mit fast 270 000 Einwohnern ist Mönchengladbach die Metropole am linken Niederrhein. Geprägt wird die Stadt durch ein reizvolles Miteinander von urbanem Charakter und einem ländlichen Flair, den Mönchengladbach sich bewahrt hat.

Dass die Mönchengladbacher ihre Stadt auch gern als »Großstadt im Grünen« bezeichnen, liegt sicherlich – aber nicht nur – an der Niers, dem Fluss, der das Stadtgebiet auf mehr als 20 Kilometern durchzieht. Spätestens seit seiner gelungenen Renaturierung verkörpert er so etwas wie eine grüne Oase im geschäftigen städtischen Treiben. Aber nicht nur Naturfreunde kommen in Mönchengladbach auf ihre Kosten, entlang der Niers verläuft auch der »Kunstweg Niers«. Neben Baudenkmälern und dem bekannten Städtischen Museum gibt es eine rege städtische Kulturszene (besonders die Kabarett- und Kleinkunstszene macht immer wieder von sich reden). Für eingefleischte Shoppingfans hat Mönchengladbach noch etwas Besonderes in petto: zwei Stadtzentren, eines in Mönchengladbach-Mitte, das andere in Rheydt, das 1975 eingemeindet worden ist.

Sehenswürdigkeiten

❶ **Münster St. Vitus** Das Mönchengladbacher Münster kann auf eine sehr lange Geschichte zurückblicken. Ende des 10. Jahrhunderts gründete Erzbischof Gero von Köln auf dem Hügel eine erste Abtei. An die Westturmfassade, 1180 begonnen, wurde während des frühen 13. Jahrhunderts das dreischiffige Langhaus angebaut. 1275 weihte Albertus Magnus dann die Kirche ein. Aus dem Jahr 1260 stammt das Bibelfenster, heutzutage eines der bedeutendsten seiner Art in Deutschland. In der Schatzkammer des Münsters, die sich im ehemaligen Klostergebäude befindet, sind Reliquien aus dem 10. bis 14. Jahrhundert zu sehen.

❷ **Alter Markt** Der Alte Markt bildet zusammen mit dem Kapuzinerplatz und dem Münster das Kernstück des historischen Mönchengladbachs. An den Füßen der Abtei war hier eine Siedlung zu einem kleinen, mit einer Stadtmauer geschützten Städtchen herangewachsen. Reste dieser Mauer mit dem »Dicken Turm« sind heute noch vorhanden. Darüber hinaus zieren heutzutage verschiedene Skulpturen und Brunnen den historischen Platz, auf dem mittlerweile ein Wochenmarkt stattfindet. Viele Straßencafés sorgen zudem dafür, dass auf dem Alten Markt immer etwas los ist.

❸ **Rathaus Abtei** Der Bau des Rathauses Abtei auf dem Mönchengladbacher Abteihügel begann im Jahr 1663. Er zog sich eine ganze Weile hin, das Gebäude wurde schließlich 1705 vollendet. Die Franzosen säkularisierten das ehemalige Benediktinerkloster 1802. Bis 1835 beherbergte das Gebäude einen Spinnereibetrieb, seither wird es von der Stadt Mönchengladbach für die Stadtverwaltung genutzt.

❹ **Wasserturm** Der Wasserturm wurde im Jahr 1909 errichtet und gilt als einer der schönsten Jugendstilwassertürme Deutschlands. Dies kommt besonders nach seiner Renovierung im Jahr 1989 zur Geltung. Besucher können heutzutage besonders den tollen Panoramablick genießen. Das ehemalige Pumpenwärterhäuschen wird übrigens von jungen Kunsttalenten bewohnt, die hier jeweils für zwei Jahre ihre Zelte aufschlagen dürfen.

❺ **Stolpersteine** Der Künstler Gunter Demnig hat am 27. Januar 2006, dem Gedenktag für die Opfer des Holocaust, in Mönchengladbach-Odenkirchen die ersten drei Steine verlegt. In neun Aktionen hat der Kölner Künstler seitdem im Stadtgebiet 241 Stolpersteine an 69 Orten für Menschen verlegt, die von den Nazis verhaftet, deportiert und ermordet wurden.

Museen

❶ **Städtisches Museum Abteiberg** Das Museum wurde vom österreichischen Architekten Hans Hollein entworfen und erhielt mehrere Architekturpreise. Neben Kunstwerken des Expressionismus und Werken aus den 1960er- bis 1990er-Jahren enthält es eine Sammlung fotografischer Werke von Man Ray. Im Garten des Museums sind in einem Skulpturenpark die Werke von internationalen Bildhauern aus drei Generationen zu besichtigen.

Der Wasserturm Mönchengladbachs stammt aus der Zeit des Jugendstils.

Besucher-Tipps:

Kunst erleben und erwandern Mönchengladbach hat Kunstbegeisterten neben dem Städtischen Museum noch mehr zu bieten: 33 Kunstwerke, im Stadtgebiet verteilt, findet man auf der »Kunstmeile«. Sie ist ein Highlight des regionalen Projektes »Kunstwege«, das zur EUROGA 2002plus entstand. Als Ausgangspunkt für die Erwanderung der Kunstmeile sollte man den Abteigarten wählen. Ebenfalls zur EUROGA 2002plus entstand der »Kunstweg Niers«, der sich über 20 Kilometer an den Ufern des gleichnamigen Flusses entlangzieht. Der Kunstweg bildet zusammen mit der »Skulpturenmeile« und dem Skulpturengarten des Museums Abteiberg eine Trilogie der Open-Air-Kunst in Mönchengladbach.

Nordrhein-Westfalen

Solingen

Weltweit bekannt ist Solingen als »Stadt der Klingen«. Schon im 14. Jahrhundert wurden hier Schwerter hergestellt, im 16. Jahrhundert kamen Messer hinzu, und seit dem 19. Jahrhundert bestimmte die Schneidwarenindustrie die gesamte Solinger Wirtschaft.

Das hat sich bis heute nicht wesentlich geändert. Bei einer solch langen Tradition ist es klar, dass in der Stadt Zeugnisse dieses Handwerks zu finden sind. Das Deutsche Klingenmuseum und die beiden historischen Schleiferwerkstätten (in Solingen »Kotten« genannt) tragen diesem Erbe Rechnung. Freunde technischer Meisterleistungen sollten sich die Müngstener Brücke, die höchste Eisenbahnbrücke Deutschlands, nicht entgehen lassen. Weitere Einblicke in die Geschichte Solingens bieten das Schloss Burg an der Wupper und der historische Marktplatz Gräfrath. Das örtliche Kunstmuseum widmet sich u. a. dem Leben und Werk von Künstlern, die während des Nationalsozialismus als »entartet« galten. Trotz ihres Status als eine der ältesten Industriestädte ist Solingen auch eine grüne Stadt, eingebettet in die herrliche Umgebung der bewaldeten Wupperberge und der Ohligser Heide.

Sehenswürdigkeiten

❶ St. Clemens Die katholische Pfarrkirche wurde Ende des 19. Jahrhunderts nach Plänen des Kölner Domwerkmeisters Franz Schmitz im neugotischen Stil erbaut. Nachdem sie im Zweiten Weltkrieg schwer beschädigt wurde, erfolgte in den 1950er-Jahren der Wiederaufbau, bei dem es einige Veränderungen gegenüber den ursprünglich historischen Plänen gab.

❷ Schloss Burg an der Wupper Burg an der Wupper, heute ein Stadtteil Solingens, war im Mittelalter Hauptstadt des Bergischen Landes und Regierungssitz der Grafen von Berg. Das Anfang des 12. Jahrhunderts erbaute Schloss Burg ist heutzutage eine der größten wiederhergestellten Burganlagen Westdeutschlands.

❸ Müngstener Brücke Die Eisenbahnbrücke überspannt 107 Meter hoch und 500 Meter lang einen Taleinschnitt bei Müngsten. Bei ihrer Einweihung im Jahr 1897 galt sie als technisches Wunderwerk. Noch heute ist sie die höchste Eisenbahnbrücke Deutschlands.

❹ Marktplatz Gräfrath Am Fuße des Klosterbergs im Norden liegt Gräfrath. Dessen historischer Stadtkern wartet mit gut erhaltenen Gebäuden aus dem 18. und 19. Jahrhundert auf. Besonders sehenswert ist die oberhalb des Marktplatzes gelegene Klosterkirche St. Mariä Himmelfahrt mit drei originalen Barockaltären aus dem frühen 18. Jahrhundert.

❺ Wipperkotten und Balkhauser Kotten Kotten ist der Solinger Begriff für eine Schleiferwerkstatt. Der Wipperkotten ist eine Doppelkottenanlage im südlichen Solingen und ein Wahrzeichen der Stadt. Am Pfaffenberg liegt der Balkhauser Kotten.

Museen

❶ Deutsches Klingenmuseum Das in einem restaurierten ehemaligen Kloster aus dem 18. Jahrhundert gelegene Museum zeigt Bestecksammlungen, Blankwaffen und Schneidgeräte aus allen Epochen und Kulturen.

Der historische Marktplatz von Solingen-Gräfrath ist von alten Häusern umstanden, die mit Schieferschindeln gedeckt sind.

Ausflugstipps:

Botanischer Garten Der Botanische Garten der Stadt liegt zentral in Solingen in unmittelbarer Nachbarschaft des Klinikums und des Schulzentrums Vogelsang. Er wurde im September 1963 eröffnet. Der Botanische Garten bietet für den Besucher eine Menge Anziehungspunkte, unter anderem: Alpinum, Irisgarten, Wassergarten mit Teichanlage, Heidegarten, Bauerngarten, Staudengarten mit Heil- und Gewürzkräutern, Mauervegetation sowie eine Sichtungsfläche mit Zwiebelpflanzen und Sommerflor. Zudem gilt die Rosenpflanzung als der besondere Publikumsmagnet. Weitere Pflanzen sind im Bromelien-, Sukkulenten-, Kakteen-, Orchideen- und im Tropenhaus zu sehen.

Besucher-Tipps:

Kunstmuseum Solingen mit besonderen Exponaten Während des Nationalsozialismus wurden die Werke zahlreicher Bildender Künstler und Schriftsteller als »entartet« diffamiert und so das Leben und der Ruf dieser Menschen oftmals zerstört. Durch die »Bürgerstiftung für verfemte Künste mit der Sammlung Gerhard Schneider, Solingen« konnten der Erhalt und Verbleib einer einmaligen Sammlung dieser in Deutschland verfolgten Künstler gesichert werden. Zudem präsentiert das Museum die Sammlung »verbrannte und verbannte Dichter« der Stiftung der Else-Lasker-Schüler-Gesellschaft. Neben diesen beiden Sammlungen finden Besucher im Kunstmuseum auch die Sammlung der Stadt Solingen.

ⓘ *Touristeninformation: Rathausplatz 1, 42651 Solingen, Tel. 0202/290 36 01, E-Mail: stadtinfo@solingen.de, www.solingen.de*

Nordrhein-Westfalen

Düsseldorf

Seit 1946 ist Düsseldorf die Hauptstadt des Landes Nordrhein-Westfalen. Aber die Landespolitik stellt nur eine Facette des abwechslungsreichen Stadtlebens dar. Es gibt noch mehr Gründe, warum Düsseldorf regelmäßig unter die Städte mit der höchsten Lebensqualität weltweit gewählt wird.

Ob Kulturbesuch, Shoppingtrip, Freizeit- und Erholungsurlaub oder kulinarische Genüsse – Düsseldorf hat einiges zu bieten. Berühmt ist das Altbier, das man vor allem in der Altstadt in zahlreichen Kneipen genießen kann. Besonders fröhlich geht es in der Karnevalshochburg auch zur Faschingszeit zu. Zahlreiche Museen mit weltbekannten Sammlungen wie die Kunstsammlung NRW oder das Filmmuseum haben hier ihren Sitz. Die historischen Plätze wie der Carlsplatz oder das Rathaus, geben Einblicke in die lange Geschichte der Stadt. Freunde der Haute Couture finden auf der Kö-nigsallee ihr Eldorado. Alle namhaften Modelabels sind hier mit eigenen Boutiquen vertreten. Wer nach einer Sightseeingtour seine Ruhe sucht, wird in den zahlreichen Parks oder am Ufer des Rheins ein Plätzchen zum Entspannen finden.

Sehenswürdigkeiten

1 MedienHafen Der Düsseldorfer MedienHafen gilt als gutes Beispiel für eine gelungene Stadt(teil)sanierung. Es wurde hier keine Flächensanierung vorgenommen, die Stadt ging Grundstück für Grundstück vor. Dabei achtete man auf der einen Seite darauf, denkmalgeschützte Gebäude zu erhalten, und zum anderen, jedes Gebäude individuell auf die speziellen Bedürfnisse der neuen Besitzer zuzuschneiden. Neben diesem interessanten architektonischen Konzept sorgt eine abwechslungsreiche Gastronomie für das Wohlbefinden von Einheimischen und Besuchern.

2 Königsallee Die Königsallee dürfte eine der bekanntesten Einkaufsstraßen Deutschlands sein. Jedes Unternehmen, das in der Modebranche Rang und Namen hat, ist auf der bereits im Jahr 1804 fertiggestellten Anlage vertreten. Auf der Westseite der »Kö« haben sich mittlerweile viele Luxushotels angesiedelt. Das Angebot wird durch zahlreiche Straßencafés abgerundet. Wem das nötige Kleingeld fehlt, um auf der Königsallee seine Garderobe zu erweitern, der schlendert einfach gemütlich über die Straße und sieht sich die Schönen und Reichen an.

3 Carlsplatz Südlich der Altstadt liegt der Carlsplatz, der älteste noch betriebene Marktplatz Düsseldorfs. Seine Bewilligung als Jahrmarkt durch Herzog Wilhelm geht auf das Jahr 1482 zurück. Heutzutage findet hier einer der schönsten Wochenmärkte Deutschlands statt.

4 Burgplatz Hier befand sich bis zum Jahr 1872 die mächtige Burganlage der Grafen von Berg. Ein Feuer zerstörte die Burg fast vollständig, sodass die Ruinen 1888 abgerissen werden mussten. Lediglich ein ehemaliger Flankierturm überlebte das Inferno. Er beherbergt heute in seinen Mauern das Schifffahrt-Museum, das 2000 Jahre Schifffahrtsromantik und -alltag wieder aufleben lässt. Der Platz selbst wurde als einer der schönsten Plätze der Nachkriegszeit ausgezeichnet.

5 Reiterbild Das mächtige Standbild, das sich Kurfürst Jan Wellen schon zu Lebzeiten – nämlich 1711 – setzen ließ, gilt als eine der bedeutendsten Barockplastiken nördlich der Alpen. Zu bestaunen ist dieses 8000 Kilogramm schwere, von Gabriel Grupello geschaffene Monument auf dem Marktplatz in der Altstadt.

6 Rathaus Der Rathauskomplex in der Altstadt besteht aus drei unterschiedlich alten Gebäuden: das »Alte Rathaus« aus dem Jahr 1573, der »Wilhelminische Bau«, der 1875 entstand, und das »Grupello-Haus« aus dem Jahr 1706 (hier lebte der Schöpfer des Reiterbildes Gabriel Grupello) an der Westseite.

7 Altstadt Die Düsseldorfer Altstadt wird auch gern als »längste Theke« der Welt bezeichnet. Und das nicht zu Unrecht, immerhin findet der Besucher hier mehr als 260 Kneipen, in denen er das berühmte Altbier genießen kann. Aber nicht nur für das leibliche Wohl wird hier gesorgt, es befinden sich auch zahlreiche Museen und Baudenkmäler in dieser Gegend.

8 Alter Golzheimer Friedhof Der Friedhof in seiner heutigen Form besteht bereits seit 1816. Damals erweiterte Maximilian Friedrich Weyhe das zwölf Jahre zuvor von Hofbaumeister Caspar Anton Huschberger erschlossene Gelände. Nach mehreren Erweiterungen musste der Friedhof 1897 endgültig geschlossen werden, da es keine freien Grabstätten mehr gab. Heutzutage finden sich hier noch etwa 350 Gräber. Der Friedhof wird von den Düsseldorfern vor allem wegen seiner Ruhe geschätzt.

9 Aquazoo Der Aquazoo erfüllt gleichzeitig die Aufgaben eines naturkundlichen Museums und eines Zoos. Sein Herzstück ist die Tropenhalle. Hier kann man seltene Kroko-

Nordrhein-Westfalen

Besucher-Tipps:

Besuch im Landtag 1946 wurde Düsseldorf Hauptstadt des neu gegründeten Bundeslandes Nordrhein-Westfalen. Als solche verfügt sie natürlich auch über einen Landtag. Bis 1988 tagte der Landtag im Ständehaus am Schwanenspiegel, seither hat das Parlament im neuen Gebäude am Rheinufer seinen Sitz. Das auch architektonisch reizvolle Gebäude steht Besuchern grundsätzlich offen. Sie haben die Möglichkeit, Plenarsitzungen zu verfolgen und sich an Tagen ohne Sitzungen über das Gebäude und die Arbeit der Abgeordneten zu informieren. Hierzu werden eine Reihe unterschiedlicher Besucherprogramme – auch speziell für Kinder – angeboten (eine vorherige Anmeldung ist nötig).

dile und Warane in einer den Tropen nachempfundenen Anlage mit hoher Luftfeuchtigkeit bewundern. Darüber hinaus sind hauptsächlich Fische und Insekten zu sehen.

🔟 **Rheinuferpromenade** Neben der Königsallee gilt die Rheinuferpromenade als zweite große Flaniermeile der Stadt. Sie wurde vom Architekten Niklaus Fritschi geplant und zwischen 1990 und 1997 angelegt. Ermöglicht wurde das Projekt durch die Verlegung der Rheinuferstraße in einen Tunnel. Die Rheinuferpromenade verbindet die traditionsreiche Altstadt mit dem modernen MedienHafen und wird von Cafés und Bars gesäumt. Hier kann man ein fast mediterranes Flair genießen.

⓫ **Geburtshaus von Heinrich Heine** Der 1797 geborene Dichter Heinrich Heine ist einer der berühmtesten Söhne der Stadt (nach ihm ist auch

Düsseldorfs Highlights sind unter anderem der Funkturm (kleines Bild) und das Alte Rathaus am Marktplatz (großes Bild).

Nordrhein-Westfalen

die Universität benannt). Sein Geburtshaus findet man in der Altstadt, in der Bolkerstraße 53. Seit 2006, nach umfassender Sanierung durch die Stadt Düsseldorf, die es 1990 erwarb, ist das Haus ein Zentrum für Literatur.

Museen

❶ **Kunstsammlung NRW** Mit bedeutenden Werken, etwa von Pablo Picasso, Henri Matisse und Piet Mondrian, sowie der umfassenden Sammlung von etwa 100 Zeichnungen und Gemälden Paul Klees ermöglicht die ständige Sammlung einen einzigartigen Blick auf die Klassische Moderne. Arbeiten von Mark Rothko, Franz Kline oder der Pop-Art von Robert Rauschenberg, Jasper Johns und Andy Warhol werden im Schwerpunkt »Amerikanische Nachkriegskunst« gezeigt. Auch Werke von Joseph Beuys, Gerhard Richter, Tony Cragg oder Imi Knoebel sind in der Landessammlung zu sehen.

❷ **Hetjens-Museum/Deutsches Keramikmuseum** Das Museum zeigt mit mehr als 20 000 Exponaten die Keramikgeschichte von ihren Anfängen bis zur Gegenwart.

❸ **Stadtmuseum** Das Düsseldorfer Stadtmuseum beschäftigt sich mit Geschichte, Kunst und Kultur der Stadt Düsseldorf. Es ist das älteste Museum der Stadt und wurde bereits im Jahr 1873 gegründet.

❹ **Filmmuseum** In seiner Dauerausstellung beschäftigt sich das Museum mit den verschiedensten Aspekten der Film- und Kinogeschichte: mit Jahrmarktkinos der Frühzeit des Mediums, Animationsfilmen von Lotte Reiniger, Kostümen aus filmhistorisch bedeutenden Filmen sowie allgemeinen Themen wie Kinoarchitektur, Starwesen, Filmmontage, Filmtechnik, Tonfilm, Tricktechnik, Filmpolitik und Filmfinanzierung.

❺ **Museum Kunstpalast** Das im Jahr 2001 von Oswald Matthias Ungers neugestaltete Museum Kunstpalast zeigt Sammlungen wie die viel beachtete Rubensgalerie, die Skulpturensammlung, das Grafische Kabi-

Nordrhein-Westfalen

Ausflugstipps:

Historisches Kaiserswerth Düsseldorfs nördlicher Stadtteil wird auch von den Einwohnern gern besucht. Er verfügt über einen malerischen Ortskern mit Barockhäusern aus dem 17. und 18. Jahrhundert. Direkt am Rheinufer erhebt sich die sehenswerte Ruine der »Kaiserpfalz« des sagenumwobenen Kaisers Friedrich Barbarossa. Die Burganlage besteht heute noch aus imposanten Gemäuern, die bis zu viereinhalb Meter dick sind. Im Sommer ist sie täglich von 9 bis 18 Uhr zugänglich. In der Nähe der Burgruine findet man Cafés und Biergärten. Am Stiftsplatz liegt die St.-Suitbertusbasilika, eine dreischiffige romanische Pfeilerbasilika mit einem vergoldeten Schrein für die Gebeine des heiligen Suitbertus.

nett sowie die Glassammlung Hentrich. Viele hochkarätige Ausstellungen beispielsweise zu Miró, Dalí, Warhol oder Caravaggio ergänzen immer wieder die ständige Sammlung.

❻ **NRW-Forum Düsseldorf** Das NRW-Forum Düsseldorf zeigt wechselnde Ausstellungen. Das Programmkonzept des Ausstellungshauses verzichtet dabei bewusst auf eine Trennung zwischen »hoher« und »populärer« Kunst. Man widmet sich schwerpunktmäßig der Verschmelzung vielfältigster kultureller Bereiche wie Angewandter Kunst, Design, Werbung, Architektur, Fotografie, Video oder Mode.

❼ **Stoschek-Collection** Die Stoschek-Collection, benannt nach der Kunstsammlerin Julia Stoschek, ist eine private internationale Sammlung zeitgenössischer Kunst mit dem Fokus auf zeitbasierten Medien.

In den Lokalen der Düsseldorfer Altstadt lässt sich wunderbar ein gemütlicher Abend verbringen.

Nordrhein-Westfalen

Nordrhein-Westfalen

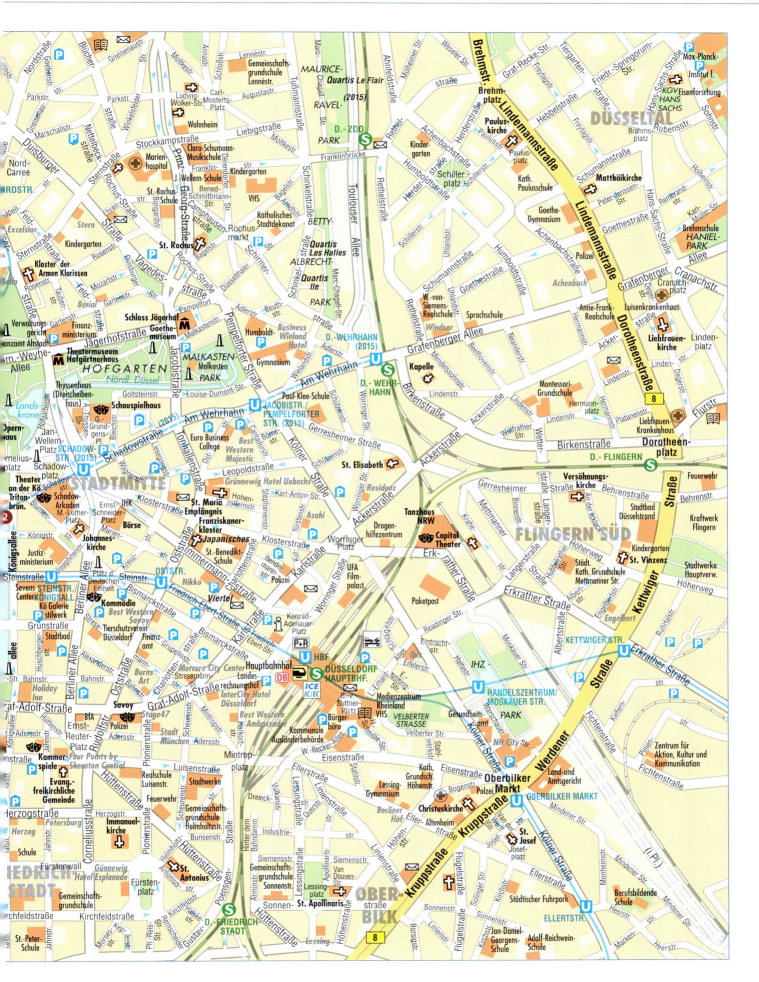

Nordrhein-Westfalen

Remscheid

Nach Wuppertal, Solingen und Leverkusen ist Remscheid die viertgrößte Stadt im Bergischen Land. Schon seit Ende des 19. Jahrhunderts wird die Stadt im Volksmund gerne auch als »Seestadt auf dem Berge« bezeichnet.

Verantwortlich für diese ungewöhnliche Bezeichnung sind die traditionell weitreichenden Handelsbeziehungen nach Übersee im Bereich der Metall- und Werkzeugindustrie. Auch heute noch spielen diese Wirtschaftszweige in Remscheid eine große Rolle, sodass es als letzte Industriestadt Nordrhein-Westfalens gilt. Die »Trasse des Werkzeugs«, ein speziell gestalteter Wanderweg, führt den Besucher auf die Spur der hier dominierenden Industrie. Aber sie offenbart auch das andere Bild Remscheids: Nahezu ein Drittel des Stadtgebietes besteht aus Wald- und Grünflächen. Insgesamt 4500 Hektar sind als Landschaftsschutzgebiete ausgewiesen. Außerdem kommen hier auch die Freunde historischer Gebäude auf ihre Kosten. Mehr als 100 alte bergische Fachwerkhäuser sind noch in der Altstadt Lennep zu finden.

Sehenswürdigkeiten

❶ Rathaus Das u-förmige Gebäude mit seiner Fassade aus Natursandstein wurde im Jahr 1906 eingeweiht. Blickfang sind der 62 Meter hohe Turm und die reich verzierte Fassade.

❷ Ehemaliges königliches Amtsgericht Bei dem 1893 errichteten Massivbau fällt der große Giebel des mittleren Gebäudeteils auf. Das Haus wurde aus gelbem Sandstein gemauert.

❸ Haus Cleff Das 1778 im Stadtteil Hasten gebaute Haus gilt als eines der schönsten Gebäude des Bergischen Landes. Die ursprünglichen Bauherren waren reiche Exportkaufleute.

❹ Altstadt Lennep Die Altstadt des größten Remscheider Stadtteils, Lennep, gilt als ein besonderes Kleinod. Sie wurde im Zweiten Weltkrieg kaum in Mitleidenschaft gezogen, und so kann man dort 116 denkmalgeschützte bergische Fachwerkhäuser bewundern. Auch die Kopfsteinpflastergassen tragen zum Flair bei.

❺ Geburtshaus von Wilhelm Conrad Röntgen Eines der Fachwerkhäuser in der Lenneper Altstadt ist das Geburtshaus von Wilhelm Conrad Röntgen, der hier 1845 das Licht der Welt erblickte.

Museen

❶ Deutsches Röntgen-Museum Das Museum befasst sich mit dem Leben und Werk von Wilhelm Conrad Röntgen. Die Darstellung der Themen ist besonders für Familien geeignet und zeitgemäß aufbereitet. Sie reicht von populärwissenschaftlichen Angaben bis hin zu fachspezifischen Informationen für den Experten, von Forscherpfaden für Kinder bis hin zu multimedialen Datenarchiven.

❷ Deutsches Werkzeugmuseum Mit seiner technik-, sozial- und kulturgeschichtlichen Sammlung – vom Faustkeil der Steinzeit bis hin zum Computerzeitalter – ist dies ein einmaliger Ort, der sich der Werkzeuggeschichte

Das Deutsche Röntgenmuseum im Remscheider Altstadtviertel Lennep fällt mit seiner grünen Schieferverkleidung auf (rechts im Bild), links dahinter liegt die katholische Kirche St. Bonaventura.

Ausflugstipps:

Trasse des Werkzeugs Die Trasse des Werkzeugs befindet sich auf der ehemaligen Bahnstrecke zwischen Remscheid und dem benachbarten Ort Hasten. Hier wurde im Rahmen der Regionale 2006 ein etwa drei Meter breiter Rad- und Wanderweg angelegt. Da die Werkzeugindustrie der wichtigste Wirtschaftszweig der Stadt ist, lag die Idee nahe, dass sich gerade diese entlang des Weges präsentieren könne. Und so dienen Produkte der Remscheider Firmen z. B. als Markierung und als gestalterische Elemente im Bodenbelag. Auf der Trasse reicht das Angebot der insgesamt fünf Ereignisflächen vom Erlebnis und Spielen auf dem Werkzeugspielplatz in Hasten bis hin zur Erholung im Bürgerpark Kremenholler Straße.

Besucher-Tipps:

Eschbachtalsperre Die Eschbachtalsperre wurde von Professor Otto Intze geplant und auf Betreiben des Remscheider Industriellen Robert Böker in den Jahren 1889 bis 1891 gebaut. Sie war damals die erste Trinkwasser-Talsperre Deutschlands. Über die Landesgrenzen hinaus war sie weltweit ein Vorbild für zahlreiche ähnliche Talsperren. Von Anfang an war die Eschbachtalsperre ein beliebtes Ausflugsziel. Schon Kaiser Wilhelm II. besuchte die Talsperre Ende des 19. Jahrhunderts. Dabei ist nicht nur der Blick von der in den 1990er-Jahren sanierten Staumauer eindrucksvoll, auch der als Waldlehrpfad gestaltete Rundweg um den Eschbachsee erfreut sich großer Beliebtheit.

ⓘ Touristeninformation: Theodor-Heuss-Platz 1, 42853 Remscheid, Tel. 02191/16 22 08, E-Mail: touristik@str.de, www.remscheid.de

Nordrhein-Westfalen

Bergisch Gladbach

Wer sich Bergisch Gladbach nähert, wird merken, dass »echte« Berge dort nicht zu finden sind. Der Name der kleinsten Großstadt NRWs stammt nicht von der Landschaft, sondern von den Grafen von Berg, die sich hier im 12. Jahrhundert niederließen.

In früheren Zeiten spielte im Bergischen Land – also auch in der Umgebung von Bergisch Gladbach – der Erzbergbau eine bedeutende Rolle. Das Bergische Museum für Bergbau, Handwerk und Gewerbe in Bensberg legt von dieser Vergangenheit Zeugnis ab. Später war die Papierherstellung ein wichtiger Industriezweig. In der ehemaligen Papiermühle Alte Dombach kann man sich darüber umfassend informieren. Eines der umstrittensten Gebäude Bergisch Gladbachs ist das Bensberger Rathaus. Der Architekt Gottfried Böhm hat hier Teile der alten Burg in einen modernen Neubau integriert – das gefällt nicht jedem. Böhm zeichnet noch für drei weitere Gebäude verantwortlich: das Bürgerhaus Bergischer Löwe, die katholische Herz-Jesu-Kirche im Stadtteil Schildgen sowie das Kinderdorf Bethanien im Stadtteil Refrath.

Sehenswürdigkeiten

❶ Bensberger Rathaus Der bekannte Architekt Gottfried Böhm hat auch in Bergisch Gladbach seine Spuren hinterlassen. Beim Bau des Rathauses hat er Teile der alten Burg mit einem modernen Neubau verbunden. Dieses Bauwerk begründete Böhms Ruhm.

❷ Bürgerhaus Bergischer Löwe Auch bei diesem Bau verband Böhm alte Bausubstanz mit neuen Elementen. Die rote Fassade und die Erker ziehen den Blick des Betrachters an.

❸ Schloss Bensberg Oberhalb von Bensberg erhebt sich das Jagd- und Lustschloss des Kurfürsten Johann Wilhelm II. von Berg. Es wurde vom italienischen Baumeister Matteo Graf d'Alberti in den Jahren 1705 bis 1711 nach Versailler Vorbild erbaut. Das Schloss beherbergt heute ein Hotel.

Museen

❶ Papiermuseum Alte Dombach Deutschlands größtes Papiermuseum zeigt, wie Papier hergestellt wird und was man daraus alles machen kann.

❷ Bergisches Museum für Bergbau, Handwerk und Gewerbe Ein Schwerpunkt des Museums liegt auf dem Erzbergbau im Bergischen Land. Darüber hinaus verfügt es über eine Freilichtanlage mit historischen Bauten.

Das herrschaftliche Schloss Bensberg ist heute ein edles Hotel. Stilecht kann sich der Gast in den kurfürstlichen Gemächern verwöhnen lassen.

Monschau

Monschau ist eines der beliebtesten Ausflugsziele in der Eifel. Ihre Einwohner selbst bezeichnen die Stadt gern als »Eifelschatz«. Wer Monschau einmal besucht hat, weiß, dass dies in keinster Weise übertrieben ist.

Das Flüsschen Rur fließt in mehreren Schleifen sehr idyllisch durch den Ortskern der Stadt. Die Altstadt von Monschau beherbergt zahlreiche – es dürften wohl mehr als 300 sein – alte und teilweise denkmalgeschützte Fachwerkhäuser sowie kleine, verwinkelte Gassen. Einige der Häuser wie das Rote Haus oder das Haus Troistorff, haben es mittlerweile zu Berühmtheit gebracht. Aber auch andere historische Stätten, wie die Burg Monschau oder die alte Senfmühle, die noch immer in Betrieb ist, sind geradezu Publikumsmagneten. Was den besonderen Reiz der Stadt ausmacht, ist ihre Lage zwischen den Berghängen des Naturparks Hohes Venn-Eifel und der Rureifel, die als eine der schönsten Landschaften in der Eifel gilt. Und so hat sich Monschau auch zum gern angesteuerten Ausgangspunkt vieler Eifelwanderungen entwickelt.

Sehenswürdigkeiten

❶ Burg Monschau Die Burg entstand vermutlich Anfang des 13. Jahrhunderts. Mitte des 14. Jahrhunderts wurde die Anlage ausgebaut und von mächtigen Ringmauern und Wehrgängen umschlossen. Heute beherbergt sie eine Jugendherberge.

❷ St. Mariä Geburt Die Mitte des 17. Jahrhunderts erbaute Pfarrkirche St. Mariä Geburt gilt als schönstes Bauwerk des Bauernbarock in der Nordeifel. Der schmucklose Bau ist aus rohem Bruchsteinmauerwerk errichtet.

❸ Rotes Haus Das Rote Haus wurde 1752 von dem Tuchmacher und Kaufmann Johann Heinrich Scheibler als Wohn- und Geschäftshaus erbaut. Seine heute noch originale Einrichtung in den Stilen Rokoko, Louis-seize und Empire ermöglicht einen Einblick in die großbürgerliche Wohnkultur der damaligen Zeit.

❹ Senfmühle Monschau In der über 100 Jahre alten Senfmühle wird heute noch nach alter Tradition Senf hergestellt. Besucher können sich hier ein Bild von der Produktionsweise des Senfs machen und später im

Fachwerkhäuser stehen an der Rur und bieten eine herrlich idyllische Ansicht inmitten der hübschen Kleinstadt Monschau mit ihrem romantischen Kern.

Senflädchen nach Herzens- und Gaumenlust die frisch verarbeiteten Produkte erstehen.

ⓘ Touristeninformation: Konrad-Adenauer-Platz 1, 51465 Bergisch Gladbach, Tel. 02202/140. E-Mail: info@bergischgladbach.de, www.bergischgladbach.de
ⓘ Touristeninformation: Stadtstraße 16, 52156 Monschau, Tel. 02472/80 480, E-Mail: touristik@monschau.de, www.monschau.de

Nordrhein-Westfalen

Bonn

Bonn kann auf eine mehr als 2000-jährige bewegte Geschichte zurückblicken und gehört somit zu den ältesten Städten Deutschlands. Besonders ihre Zeit als Hauptstadt der Bundesrepublik Deutschland prägte die Beethovenstadt.

Viele der damaligen Regierungs- und Repräsentativbauten können heute noch besichtigt werden. Der »Weg der Demokratie«, der am Haus der Geschichte beginnt, erschließt dem Besucher die wichtigsten Orte im ehemaligen Regierungsviertel. Im Haus der Geschichte selbst kann man die deutsche Nachkriegsgeschichte noch einmal hautnah erleben. Aber die Stadt bietet noch weitaus ältere historische Stätten und Gebäude wie das Münster, den Alten Friedhof oder das Alte Rathaus am Marktplatz. Auch das Kurfürstliche Schloss, in dem sich heute ein Teil der Universität befindet, mit dem Hofgarten zählt zu den Wahrzeichen der Stadt. Wer Bonn einen Besuch abstattet, sollte sich auch auf die Spuren Ludwig van Beethovens, einem der berühmtesten Söhne der Stadt, begeben. Es gibt also viel in und um Bonn herum zu entdecken.

Sehenswürdigkeiten

❶ **Alter Friedhof** Bonns Alter Friedhof ist so etwas wie eine »grüne Oase« inmitten viel befahrener Straßen. Hier findet man die Grabstätten einiger bekannter Persönlichkeiten wie Ernst Moritz Arndt oder Clara und Robert Schumann.

❷ **Altes Rathaus** Der Grundstein zum Bau des Bonner Rathauses wurde 1737 gelegt, ein Jahr später tagte der Magistrat der Stadt dort erstmals. Nach seiner Zerstörung im Zweiten Weltkrieg wurde das Gebäude mit seiner Rokokofassade 1949 wieder originalgetreu aufgebaut.

❸ **Kurfürstliches Schloss** Der Vorgängerbau des derzeitigen Schlosses wurde von Kurfürst Salentin von Isenburg 1567 bis 1577 erbaut. Nach Zerstörungen wurde das Gebäude nur teilweise aufgebaut, erst in den 1920er-Jahren erstrahlte das Schloss wieder im Glanz der frühen Jahre. 1818 schenkte der preußische König das Gebäude der neu gegründeten Friedrich-Wilhelms-Universität, deren Philosophische Fakultät dort noch immer ihren Sitz hat.

❹ **Namen-Jesu-Kirche** Die Kirche, die sich ein wenig versteckt in der Bonner Innenstadt befindet, wurde zwischen 1686 und 1717 nach Plänen des Architekten Giacomo de Candrea im Stil der Jesuitengotik errichtet, die barocke Elemente mit denen anderer Stilrichtungen verbindet. Ihr Name geht der Legende nach darauf zurück, dass an ihren Standort ein Stück Buchenholz, das den Namen Jesu trug, gefunden wurde.

❺ **Münster St. Martin** Das Münster ist im 11. Jahrhundert über den Märtyrergräbern der beiden Stadtpatrone Cassius und Florentius entstanden. Es ist die erste Kirchengroßanlage im Rheinland und gilt als eines der bedeutendsten Beispiele mittelalterlicher rheinischer Kirchenbaukunst.

❻ **Beethoven-Denkmal** Auf dem Münsterplatz steht das wohl bekannteste Bonner Beethoven-Denkmal, das Ernst Julius Hähnel gestaltete. Es wurde am 12. August 1845 zum Gedenken an Beethovens 75. Geburtstag und anlässlich des ersten Beethovenfestes enthüllt.

Museen

❶ **Bundeskunsthalle** Mit Ausstellungen und Veranstaltungen soll die »Kunst- und Ausstellungshalle der Bundesrepublik Deutschland« geistige und kulturelle Entwicklungen von nationaler und internationaler Bedeutung sichtbar machen.

❷ **Haus der Geschichte der Bundesrepublik Deutschland** Auf mehr als 4000 Quadratmetern zeigt das Haus deutsche Zeitgeschichte vom Ende des Zweiten Weltkriegs bis in die Gegenwart. Der Eintritt ist frei.

❸ **Beethoven-Haus** Das Geburtshaus Beethovens zeigt etwa 150 Exponate, darunter Porträts, Handschriften, Notendrucke, Musikinstrumente und Gebrauchsgegenstände, die einen Einblick in Beethovens Leben und Arbeiten ermöglichen.

Der Marktplatz (oben) und das Beethoven-Denkmal (unten).

Besucher-Tipps:

Wandern im Siebengebirge Im Südosten von Bonn liegt das Siebengebirge, das nicht aus sieben, sondern aus etwa 50 Bergen und Anhöhen besteht. Zu den bekanntesten Erhebungen zählen der Petersberg mit dem Bundesgästehaus und der Drachenfels mit seiner Burgruine. Für Wanderfreunde bietet das Siebengebirge einiges. So führt der Rheinsteig, der sich in voller Länge von Bonn bis Wiesbaden erstreckt, über die schönsten Teile des Mittelgebirges. Auch der 2,2 Kilometer lange Weinwanderweg ist Teil des Rheinsteigs. Natürlich kann man die einzelnen Gipfel auch ganz individuell bezwingen. Für die Mühen wird man jedes Mal durch einen wunderschönen Blick ins Rheintal belohnt.

Nordrhein-Westfalen

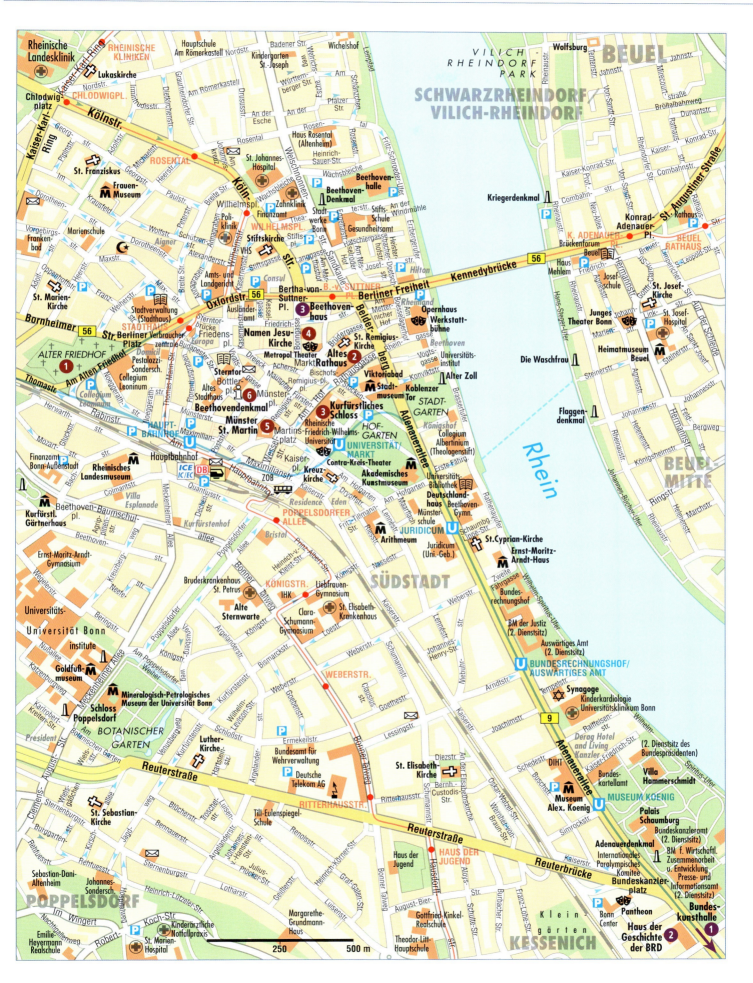

Nordrhein-Westfalen

Aachen

Kurstadt, Kaiserstadt, Wissenschaftsstadt – dies sind drei wichtige Attribute, die das Flair der Stadt Aachen ausmachen. Auch ihre geografische Lage im Dreiländereck Deutschland–Belgien–Niederlande macht sie zu etwas Besonderem.

Bereits Kelten und später römische Legionäre wussten das warme Wasser der Aachener Thermen zu schätzen. Auch der Vater Karls des Großen, Pippin der Kurze, fand Gefallen an den heißen Quellen. Auch sein Sohn Karl war von der Stadt so sehr angetan, dass er Aachen zu seinem Wohnsitz machte. Fortan diente der Aachener Dom als Krönungsstätte der deutschen Könige – 30 von ihnen nahmen hier ihre Krone in Empfang. Und im Krönungssaal im nahe gelegenen Rathaus wurde nach der Krönungszeremonie das Ereignis gebührend gefeiert. Viele Baudenkmäler erinnern noch heute an diese Zeit. Aber Aachen ist keine Stadt, die sich nur auf ihre Historie besinnt und die Gegenwart vergisst. So ist die Rheinisch-Westfälische Technische Universität eine der renommiertesten Hochschulen Deutschlands und mit ihren mehr als 40 000 Studenten eine der größten ihrer Art in Europa.

Sehenswürdigkeiten

❶ **Rathaus** Der Turm und die Grundmauern stammen aus der Zeit Karls des Großen. Darauf wurde im 14. Jahrhundert das gotische Rathaus erbaut. Zwischen 936 und 1531 fanden an diesem Ort die Festbankette der Königskrönungen statt. Den Krönungssaal aus dieser Zeit kann man noch besichtigen. Dort befinden sich Nachbildungen der Reichskleinodien. Aus dem 19. Jahrhundert stammen die ebenfalls im Reichssaal befindlichen Historienbilder der Romantik und die Fresken des Aachener Künstlers Alfred Rethel mit ihren legendären Szenen aus dem Leben Karls.

❷ **Grashaus** Das 1267 fertiggestellte Grashaus wurde zunächst als Aachener Rathaus genutzt. Heute gilt es als eines der ältesten erhalten Gebäude der Stadt. Nachdem die Aachener ihr neues Rathaus bezogen hatten, diente das Grashaus u. a. als Gefängnis.

❸ **Fischmarkt** Vom Dom kommend, erreicht man über den Domhof oder das Spitzgässchen den Fischmarkt. Wie der Name schon sagt, fand man früher die Fischhändler auf diesem Platz. Heute findet nur noch samstags ein Fischmarkt statt.

❹ **St. Michael** St. Michael wurde 1628 als Kirche des Jesuitencollegiums erbaut. Stilistisch wird die dreigeschossige Emporenbasilika dem rheinischen Manierismus zugerechnet. Die Kirche wurde im Zweiten Weltkrieg schwer beschädigt, bei ihrem Wiederaufbau vereinfachte man die ursprüngliche Dachkonstruktion.

❺ **Elisenbrunnen** Der Architekt Friedrich Schinkel erbaute den Brunnen im 19. Jahrhundert um die »Kaiserquelle«. In dem nach Kronprinzessin Elisabeth von Bayern benannten Bau sprudelt 52 Grad heißes Thermalwasser aus zwei Brunnen.

❻ **Mittelalterliche Stadtbefestigung** An einigen Stellen in der Stadt sind Teile der Stadtbefestigung – die sogenannte Barbarossamauer – sichtbar. Einen Teil kann man an der Ecke Templergraben/Pontstraße bewundern, gegenüber der Technischen Hochschule befindet sich ein weiteres Fragment. Auch weiter südlich, am Karlsgraben, findet man noch Teile dieser Stadtbefestigung.

Museen

❶ **Suermond-Ludwig-Museum** Das Museum besitzt eine der bedeutendsten mittelalterlichen Skulpturensammlungen Deutschlands. Weitere Höhepunkte bilden die Malerei der Spätgotik, des Barock, der Romantik sowie der Klassischen Moderne. Zu sehen sind Werke von Lucas Cranach, Juseppe de Ribera, Jacob Jordaens, Francesco de Zurbarân, Antonis van Dyck und Rembrandt sowie von Carl Spitzweg, Alexej von Jawlensky, August Macke, Max Beckmann und Otto Dix.

❷ **Ludwig Forum für internationale Kunst** Mit der Kunst der Gegenwart – angefangen bei der amerikanischen Pop Art bis hin zur ganz aktuellen Kunst – beschäftigt sich dieses Museum. Das fotorealistische Gemälde »Medici« von Franz Gertsch und die »Supermarket Lady« des amerikanischen Bildhauers Duane Hanson stellen zwei Highlights der Sammlung dar.

Der Aachener Dom ist ein Denkmal karolingischer Baukunst, ein Symbol deutscher Geschichte und ein einzigartiges Kunstensemble.

UNESCO-Welterbe

Aachener Dom und Domschatzkammer Bekannt ist der Aachener Dom als Krönungsstätte der deutschen Könige und als Grabstätte Karls des Großen. Aber auch sein Erscheinungsbild zieht viele Besucher an: die als »Gläserner Schrein« gebaute gotische Chorhalle (1355 bis 1414) und natürlich die künstlerische Ausstattung im Inneren. In der Domschatzkammer wird einer der bedeutendsten Kirchenschätze Europas aufbewahrt. Dazu zählen u. a. das Lotharkreuz, der sogenannte Aachener Altar, das berühmte Weihwassergefäß aus Elfenbein, der Krönungsmantel und andere kostbare Textilien. Der Dom und die Schatzkammer wurden 1978 als erstes deutsches Monument in die Liste des UNESCO-Welterbes aufgenommen.

ⓘ Touristeninformation: Friedrich-Wilhelm-Platz 1, 52062 Aachen, Tel. 0241/18 02 960, E-Mail: info@aachen-tourist.de, www.aachen.de

Nordrhein-Westfalen

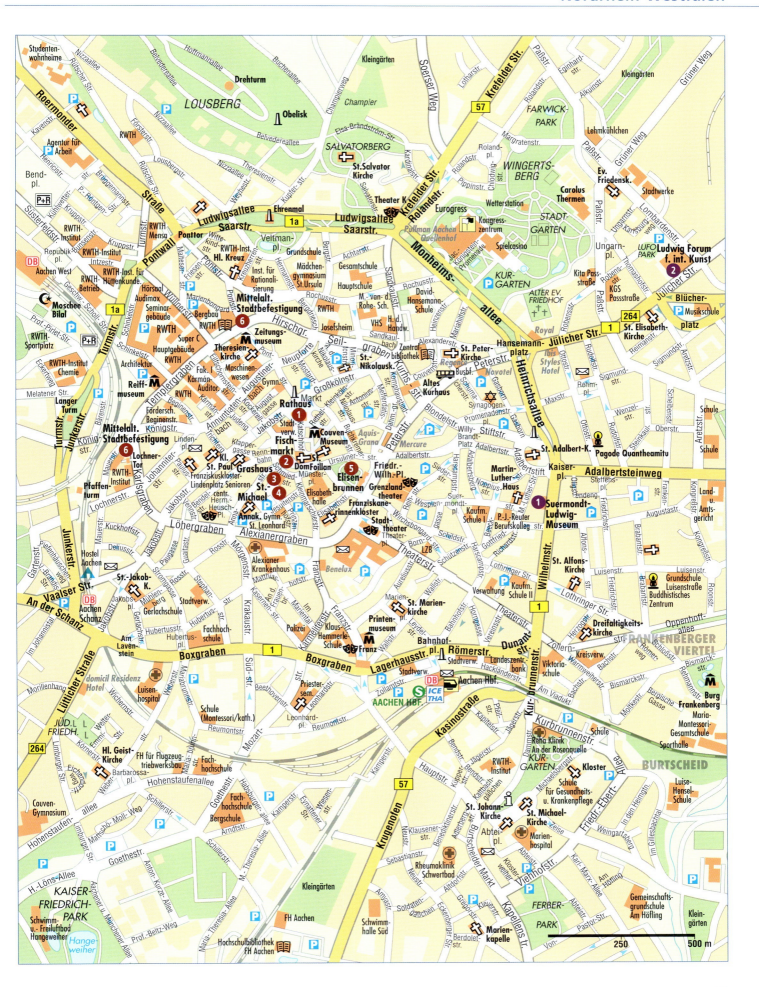

Nordrhein-Westfalen

Köln

Wenn man von der »Domstadt« spricht, weiß jeder sofort, welche Stadt damit gemeint ist: Köln. Der Dom im Zentrum der Stadt ist auch mehr als 750 Jahre nach dessen Grundsteinlegung das Wahrzeichen der lebenslustigen Millionenstadt.

Neben dem Dom verblassen eine ganze Reihe weiterer Sakralbauten ein wenig, um die jede andere Stadt Köln beneiden würde. Allein zwölf große romanische Kirchen befinden sich innerhalb der ehemaligen Stadtmauer. Aber die Stadt hat noch wesentlich mehr Sehenswertes zu bieten. Köln erhielt die Stadtrechte bereits im Jahr 50 n. Chr., damals auf Betreiben der römischen Kaiserin Agrippina. Auch heute noch können viele Zeugnisse aus der Römerzeit wie das Praetorium oder das Ubiermonument besichtigt werden. Natürlich hält Köln auch für Freunde moderner Kultur eine Menge bereit – angefangen bei den vielen Museen bis hin zu diversen Clubs und Konzerthallen. Und wer dem pulsierenden Großstadtleben eine Weile entfliehen möchte, findet am Rhein oder in den vielen Parkanlagen immer ein ruhiges Plätzchen.

Sehenswürdigkeiten

❶ **Heinzelmännchenbrunnen** Der Sage nach waren die Heinzelmännchen kleine fleißige Helfer, die den Kölnern nachts etwas von ihrer lästigen Arbeit abnahmen. Der Brunnen wurde 1899 zum 100. Geburtstag des Dichters August Kopisch, der ein Gedicht über die fleißigen Helfer geschrieben hatte, vom »Cölner Verschönerungsverein« gestiftet.

❷ **Praetorium** Das Kölner Praetorium wurde ursprünglich als Sitz des römischen Statthalters in der Stadt erbaut. 1953 wurde bei Ausschachtungsarbeiten für den Wiederaufbau des Spanischen Baus schließlich ein riesiges Feld römischer Fundamente gefunden. Die Stadt Köln entschloss sich dazu, die freigelegten Ruinen im Keller des Neubaus zu erhalten und dort ein Museum einzurichten.

❸ **Ubiermonument** Als ältester Steinbau Kölns ist das Ubiermonument gleichzeitig einer der ältesten römischen Quaderbauten nördlich der Alpen. Es war der südöstliche Eckturm der römischen vorkolonisatorischen Befestigungsanlagen. Das Bauwerk ruht auf uralten Eichenholzpfählen (die Bäume gehen noch in die Vorzeit der Gründung Kölns als Colonia Claudia Ara Agrippinensium zurück) und ist bis zu einer Höhe von 6,50 Metern heute noch erhalten.

❹ **Altes Rathaus** Dem Betrachter des historischen Kölner Rathauses fallen zwei Dinge sofort auf: der Rathausturm, den die Kölner Zünfte von 1407 bis 1414 als Zeichen ihrer Stadtherrschaft errichten ließen, und der Renaissancevorbau des Baumeisters Wilhelm Vernukken. Den 61 Meter hohen spätgotischen Turm mit seinen drei vierseitigen unteren und zwei achtseitigen Obergeschossen zieren nicht weniger als 130 Steinstatuen, nicht zu vergessen der berühmte »Platz-Jabbeck«, eine holzgeschnitzte Fratze, die bei jedem

UNESCO-Welterbe

Der Kölner Dom Mit seinen charakteristischen und weit sichtbaren Doppeltürmen, mitten in der Stadt direkt am Hauptbahnhof gelegen, ist der Dom das Wahrzeichen der Stadt. Bereits im 9. Jahrhundert stand hier eine karolingische Vorgängerkirche. Nachdem aber Erzbischof Rainald von Dassel 1247 die Reliquien der Heiligen Drei Könige nach Köln gebracht und die Stadt so zu einem der bedeutendsten Wallfahrtsorte in Europa gemacht hatte, war ein Neubau vonnöten. Daher entschlossen sich die Kölner zu einem monumentalen Neubau im Stil der französischen Gotik. Der Grundstein wurde 1248 gelegt, vollendet wurde er – nach vielen Wirren in den folgenden Jahrhunderten – erst 1880.

ⓘ *Touristeninformation: Kardinal-Höffner-Platz 1, 50667 Köln, Tel. 0221/34 64 30, E-Mail: info@koelntourismus.de, www.koelntourismus.de*

Nordrhein-Westfalen

Besucher-Tipps:

Rheinauhafen Der Blickfang im Rheinauhafen, einer ehemaligen Hafenanlage in der Kölner Südstadt, sind sicherlich die sogenannten Kranhäuser. Sie tragen ihren Namen zu Recht, denn sie sind äußerlich den typischen Hafenkränen nachempfunden. Mit dem Bau des ersten der ca. 60 Meter hohen Gebäude wurde 2006 begonnen, mit dem letzten im Jahr 2010. Zwei der Häuser werden als Bürohäuser genutzt, das dritte beherbergt exklusive Eigentumswohnungen. Neben den Kranhäusern finden sich im Rheinauhafen weitere moderne Bürogebäude und zahlreiche Cafés, Restaurants und Galerien. Nach der Besichtigung des Areals kann man gemütlich am Rhein entlang zurück in die Innenstadt schlendern.

Stundenschlag der Turmuhr das Maul aufreißt und ihre Zunge herausstreckt. Den Vorbau nennen die Kölner übrigens liebevoll ihre »Laube«.

❺ **Mikwe** Die Mikwe ist ein jüdisches Ritualbad, dessen früheste Bauphasen in die Zeit vor dem 9. Jahrhundert zurückreichen. Die Form, in der sie heute erhalten ist, stammt aus dem späten 11. Jahrhundert. Bei Ausgrabungen nach dem Zweiten Weltkrieg wurde sie wiederentdeckt und ist seither der Öffentlichkeit wieder zugänglich.

❻ **Groß St. Martin** Köln ist auch die Stadt der Kirchen. Eine der zwölf großen romanischen Kirchen in der Kölner Innenstadt ist Groß St. Martin. Die Basilika wurde im 12. Jahrhundert auf den Fundamenten römischer Bauten errichtet. Nicht nur die Kirche, auch das nach ihr benannte Martinsviertel ist mit seinen historischen Bauten sehr sehenswert.

Die Gewölbe des Kirchenschiffs im Kölner Dom (links) und der Blick auf die Altstadt (Heumarkt) mit Dom und Groß St. Martin (großes Bild).

Nordrhein-Westfalen

7 Stapelhaus Der Name des Stapelhauses leitet sich von dem sogenannten Stapelrecht ab. Dies besagte, dass eine Stadt das Recht besaß, von durchziehenden Kaufleuten zu verlangen, ihre Waren für eine bestimmte Zeit abzuladen und anzubieten. Ein Stapelhaus war also so etwas wie der Vorläufer der heutigen Kaufhäuser. 1425 bauten die Kölner das Stapelhaus für den Handel und den Verkauf von Seefisch. Die Gestalt, wie sie heute noch zu bestaunen ist, erhielt es bei einem Umbau Mitte des 16. Jahrhunderts. Das spätgotische Gebäude mit seinen wehrhaften Zinnen war mit einer Seitenlänge von 46 Metern für damalige Verhältnisse ungewöhnlich lang.

8 Alter Markt Der Alte Markt ist eine der größten Altstadtplätze Kölns – und mag dem ein oder anderen durch Übertragungen vom Kölner Karneval ein Begriff sein. Schon zu Römerzeiten war er einer der Hauptplätze der Stadt. Hier befinden sich eine Reihe historischer Gebäude. Neben dem Alten Rathaus sind das vor allem das Gaffel-Haus, in dem sich ein Ausschank der gleichnamigen Brauerei befindet, und das Roden-Haus, in dem sich bis 2012 eine historische Apotheke befand.

9 Gürzenich Der Repräsentationsbau im Herzen der Stadt – von den Kölnern auch als »die gute Stube« bezeichnet – wurde erstmals 1447 eröffnet. Die Außenfassade ist im klassisch spätgotischen Stil gehalten, die Innenräume orientieren sich stilistisch an den 1850er-Jahren. Das Gebäude wurde 1997 generalsaniert und dient nun als Veranstaltungsort.

10 St. Ursula Die Damenstiftskirche St. Ursula entstand 1135 dort, wo seit dem 4. Jahrhundert auf einem römischen Gräberfeld christliche Märtyrerinnen verehrt wurden. 1287 wurde an die Emporenbasilika ein lang gestreckter gotischer Chor angebaut. Ein besonderer Publikumsmagnet ist die im 17. Jahrhundert eingerichtete »Goldene Kammer«. Hier werden die Reliquien der ursulinischen Jungfrauen und ihrer Gefährten aufbewahrt und verehrt.

11 St. Maria im Kapitol Mit ihren insgesamt 100 Metern Länge und 40 Metern Breite ist St. Maria im Kapitol die größte romanische Kirche Kölns. Bereits im 1. Jahrhundert hatten die Römer an der Stelle, an der die heutige Kirche zu sehen ist, eine Tempelanlage errichtet. Im 11. Jahrhundert erfolgte dann der Bau von St. Maria im Kapitol im Wesentlichen in der Form, wie sich der Bau auch heute noch präsentiert.

12 St. Georg Eine der größten romanischen Kirchen Kölns ist St. Georg. Außerhalb der Römerstadt wurde 1056 unter Erzbischof Anno II. ein Chorherrenstift gegründet, dessen Kirche, eine Säulenbasilika, im Jahr 1067 geweiht wurde. Tief greifende Umgestaltungen des salischen Baus erfolgten im 12. Jahrhundert. Besonders auffällig ist der mächtige Westchor der Kirche. Auch der Zyklus farbiger Glasfenster von Johan Thorn Prikker lockt viele Besucher an.

13 St. Maria in Lyskirchen St. Maria in Lyskirchen ist die kleinste der romanischen Kirchen im Kölner Stadtgebiet. Die dreischiffige Emporenbasilika mit Osttürmen wurde zwischen

Im Museum Ludwig sind Pop Art, russische Avantgarde und deutscher Expressionismus zu sehen.

Besucher-Tipps:

Zoo und Flora Der 1860 gegründete Kölner Zoo ist der drittälteste in Deutschland. Er beherbergt auf einer Fläche von 20 Hektar mehr als 700 Tierarten. Man versucht, die Tiere in ihrem natürlichen Lebensraum zu zeigen. Im herrlichen Regenwaldhaus wurde auf 2000 Quadratmetern ein echtes Stück südostasiatischer Tropenwald nachempfunden, und im neuen Elefantenhaus können die 20 Tiere in ihrem natürlichen Sozialverbund leben. Direkt neben dem Zoo befindet sich der botanische Garten, die Flora. Er zeigt ein reichhaltiges Angebot an teils exotischen Pflanzen. Kleine Teiche und sogar einen Wasserfall gibt es. Baumriesen wie ein amerikanischer Mammutbaum stehen gleich neben einheimischen Gewächsen.

Nordrhein-Westfalen

Nordrhein-Westfalen

1210 und 1220 errichtet. Von der alten Ausstattung sind Gewölbemalereien aus der Mitte des 13. Jahrhunderts im Mittelschiff erhalten.

14 St. Severin In der Nähe des Grabes des heiligen Bischofs Severin (um 346 bis 397) formierte sich im 8. Jahrhundert eine Gemeinschaft von Klerikern, die auch eine Stiftskirche errichtete. Die ältesten Teile dieser Kirche, St. Severin, stammen aus dem 10. Jahrhundert. Spätere Erweiterungen und Veränderungen spiegeln die gesamte Epoche der Kölner Baukunst bis zum Ausgang der Gotik wider. Die alte Ausstattung im Inneren der Kirche ist zum größten Teil erhalten geblieben.

15 St. Pantaleon Die Kirche der ehemaligen Benediktinerabtei St. Pantaleon steht im Klosterbezirk. Die ottonische Saalkirche wurde im 12. Jahrhundert zu einer dreischiffigen Basilika erweitert. Die Grabstätten von Erzbischof Bruno (des Bruders Kaiser Ottos I.) und von Kaiserin Theophanu befinden sich im Inneren der Kirche.

16 St. Peter Die Pfarrkirche ist der späteste gotische Kirchenbau in Köln, der noch erhalten ist. Errichtet wurde der Sakralbau in den Jahren 1513 bis 1525. Er ist eine dreischiffige Emporenbasilika mit dreiseitigem Emporeneinbau. Der romanische Westturm ist älter als der restliche Bau, er stammt aus dem Jahr 1170. In dieser Kirche wurde Peter Paul Rubens getauft.

17 Overstolzenhaus Das Overstolzenhaus ist das älteste noch bewohnte mittelalterliche Haus der Stadt. Es wurde 1225 für eine der wichtigsten Kölner Patrizierfamilien errichtet. Noch heute fällt es vor allem durch die Pracht seines Treppengiebels auf. Teile der mittelalterlichen Ausstattung blieben erhalten. Heute hat die Kunsthochschule für Medien Köln in diesem Gebäude ihren Sitz.

18 Klassizistisches Wohnhaus am Römerturm 3 Im Jahr 1306 wurde das Klarenkloster errichtet, das hier 500 Jahre existierte. Über dem Kellergewölbe des mittlerweile zerstörten Klosters entstand 1806 ein klassizistisches Palais. Leider überstand das Haus den Zweiten Weltkrieg nicht, aber 1972 folgte sein Wiederaufbau. Das Kellergewölbe jedoch wurde nicht in Mitleidenschaft gezogen und ist heute als Sancta-Clara-Keller zu besichtigen.

19 Hohenzollernbrücke Die zwischen 1907 und 1911 gebaute Hohenzollernbrücke ist zusammen mit dem benachbarten Hauptbahnhof einer der wichtigsten Knotenpunkte im europäischen Eisenbahnnetz. Wer aus Norden kommend mit dem Zug nach Köln fährt, muss diese Brücke überqueren. Um den Vormarsch der Alliierten zu stoppen, sprengte die deutsche Wehrmacht die Brücke 1945. In den Nachkriegsjahrzehnten wurde sie rekonstruiert. An der Brücke haben Liebespaare im Laufe der Zeit etwa 40 000 »Liebesschlösser« befestigt.

Museen

1 Römisch-Germanisches Museum Das 1946 eröffnete Römisch-Germanische Museum, zentral im Schatten des Kölner Doms am Roncalliplatz gelegen, zeigt das archäologische Erbe der Stadt und ihres Umlandes von der Urgeschichte bis zum frühen Mittelalter. Die bekanntesten Werke sind das römische Mosaik mit Szenen aus der Welt des Dionysos (um 220/230 n. Chr.) und der rekonstruierte Grabbau des Legionärs Poblicius (um 40 n. Chr.).

Nordrhein-Westfalen

Besucher-Tipps:

Braushausführungen Köln ist nicht nur die Stadt der Kirchen und mit einer langen römischen Tradition, Köln ist auch die Stadt eines speziellen Bieres – des Kölsch. Derzeit gibt es in Köln und seiner näheren Umgebung etwas mehr als 30 unterschiedliche Kölschsorten. Viele der in Köln ansässigen Brauereien unterhalten in der Stadt eigene Brauhäuser. Hier kann man in uriger Atmosphäre die kölsche Lebensart und auch die typischen Gerichte wie »Himmel un Äd« oder »Halve Hahn« (es mag durchaus überraschen, was sich dahinter verbirgt ...) genießen. Verschiedene Brauhaustouren führen in die Kölner Gastronomie ein und vermitteln nebenher noch einige spannende Fakten zum Lieblingsgetränk der Kölner.

❷ **Museum Ludwig** Das Museum hat seinen Schwerpunkt auf die Kunst der Moderne seit Beginn des 20. Jahrhunderts gelegt. Die Grundlage der Ausstellung bildet die Sammlung des Politikers und Kunstsammlers Josef Haubrich. Dieser hatte während des Nationalsozialismus zahlreiche expressionistische Kunstwerke, die als »entartet« eingestuft worden waren, retten können. Ergänzt wurde diese Sammlung durch die Schenkung von rund 350 Werken Moderner Kunst des Sammlerpaars Irene Monheim und Peter Ludwig.

❸ **Wallraf-Richartz-Museum/Fondation Corboud** Das 1827 gegründete Wallraf-Richartz-Museum ist das älteste Museum der Stadt. In seiner Mittelalterabteilung bietet es einen lückenlosen Überblick über die Entwicklung der Kölner Tafelmalerei von 1300 bis 1550. Die Barockabteilung umfasst eine umfangeiche Niederländersammlung mit Hauptwerken von Rubens und Rembrandt, und die Abteilung 19. Jahrhundert ist schwerpunktmäßig Gemälden der deutschen Romantik, des französischen Realismus und des Impressionismus (u. a. mit der Sammlung Corboud) gewidmet.

❹ **Kolumba** Im Kolumba, dem Kunstmuseum des Erzbistums Köln, sind Werke aus dem Kunstbestand des Diozösanmuseums zu sehen, die im jährlichen Wechsel neu zusammengestellt werden.

❺ **Käthe-Kollwitz-Museum** In dem 1985 gegründeten Museum wird die weltweit größte Ausstellung mit Werken der Künstlerin Käthe Kollwitz gezeigt. Hinzu kommen mehrere Sonderausstellungen im Jahr. Meistens stehen diese in inhaltlichem Zusammenhang mit dem Schaffen von Käthe Kollwitz, die es wie keine andere Künstlerin vermochte, die Leiden und Probleme der unteren sozialen Schichten mit Bleistift und Pinsel darzustellen.

❻ **Rautenstrauch-Joest-Museum** Es ist das einzige völkerkundliche Museum in Nordrhein-Westfalen und zeigt Objekte der Kulturen und Religionen

St. Gereon wird von mächtigen Kuppeln geschmückt (links); Blick ins Römisch-Germanische Museum (rechts). Großes Bild: Die Skyline von Köln mit dem Rhein am Abend.

Nordrhein-Westfalen

Afrikas, Amerikas, Asiens (insbesondere Indonesiens) und Ozeaniens. Die Sammlung umfasst 65 000 Objekte, 100 000 historische ethnografische Fotografien und eine Fachbibliothek mit 40 000 Bänden.

❼ Museum Schnütgen Das Museum Schnütgen, dessen Herzstück die im 12. Jahrhundert erbaute Kirche St. Cäcilien ist, zeigt ausschließlich Kunst aus dem Mittelalter. Dazu gehören rund 2000 Werke der Schatzkunst aus Bronze, Silber, Gold und Elfenbein sowie ca. 1100 Holzbildwerke und rund 500 romanische und gotische Steinskulpturen. Außerdem gibt es eine Textiliensammlung mit 250 liturgischen Gewändern und 3500 Stoffen.

❽ Kölnisches Stadtmuseum Der Schwerpunkt der Sammlung des Kölnischen Stadtmuseums ist die Geschichte der Stadt. Beim Rundgang durch die Dauerausstellung werden die Besucher zunächst mit kölntypischen Phänomenen wie Klüngel, Kölsch, Karneval, Hänneschen-Theater, Kölnisch Wasser sowie dem in Köln erfundenen Ottomotor und den Ford-Werken bekannt gemacht. Im Erdgeschoss steht die politische Geschichte Kölns vom späten Mittelalter bis in die Nachkriegszeit im Mittelpunkt. Kultur- und wirtschaftsgeschichtliche Themen bilden das Zentrum des oberen Teils der Ausstellungsfläche.

❾ Duftmuseum im Farina-Haus Im Jahr 1708 entwickelte Johann Maria Farina in Köln einen ganz speziellen Duft, der später unter dem Namen »4711« weltberühmt werden sollte. Er stellte diesen Duft in seiner kleinen Parfumfabrik her. In diesem Haus befindet sich heute ein Museum. Eine ausführliche Ausstellung erklärt, wo die Erfolgsgeschichte des Eau de Cologne begann. Im Duftmuseum erlebt man die Faszination von drei Jahrhunderten Duft- und Kulturgeschichte, beginnend mit dem Rokoko.

❿ Schokoladenmuseum Eines der meistbesuchten Museen Kölns befasst sich mit einer der schönsten Nebensachen – Schokolade. Publikumsmagnet ist der Schokoladenbrunnen, aus dem die leckere Süßigkeit strömt und

Nordrhein-Westfalen

Besucher-Tipps:

Kostümführungen In Köln sind nicht nur während der Karnevalszeit fantasievolle Verkleidungen gefragt. Bei Kostümführungen begegnet man Schauspielern in historischen Kostümen, die den Teilnehmern verschiedene Episoden der Kölner Geschichte näherbringen. So erzählt beispielsweise ein Geist auf den nächtlichen Straßen schauerliche Geschichten. Oder bei einer anderen Führung begleitet man den Kölner Henker zu seinen blutigen Wirkungsstätten. Außerdem kann man sich von Tünnes und Schäl, den beiden Kölner Originalen, die Altstadt zeigen lassen und dabei jede Menge Anekdoten erfahren. Die unterschiedlichen Touren dauern zwischen 1,5 und 2 Stunden – die Zeit vergeht dabei wie im Flug.

mit einer Waffel probiert werden darf. Darüber hinaus gibt es zwar nichts mehr zu naschen, dafür jede Menge interessante Informationen rund um das Thema Kakao und Schokolade. Vom Anbau der Pflanzen in einem kleinen Gewächshaus über die Produktion bis hin zu historischen Plakaten und Verpackungen der Leckerei wird hier alles erklärt und gezeigt, was man schon immer über Schokolade wissen wollte.

11 Kölner Karnevalsmuseum Der Karneval gehört ebenso zu Köln wie der Dom oder sein Fußballverein, der 1. FC Köln. Das Karnevalsmuseum ist das größte seiner Art in Deutschland. Es präsentiert 200 Jahre Karnevalsgeschichte, die anhand vieler ansprechender Exponate für die Besucher lebendig wird. Für Karnevalfans ist ein Besuch Pflicht, aber auch alle anderen können hier interessante Dinge entdecken.

Oper Köln ist das Opernhaus der Bühnen der Stadt Köln, auf der rechten Seite das Stammhaus von 4711 in der Glockengasse 4.

Nordrhein-Westfalen

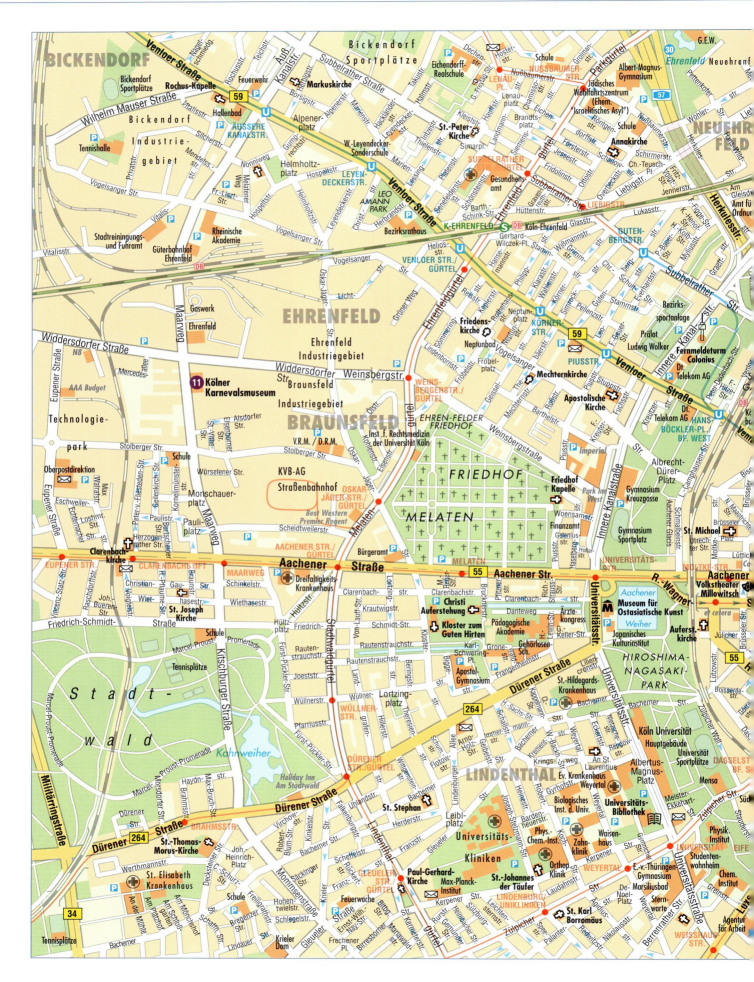

Nordrhein-Westfalen

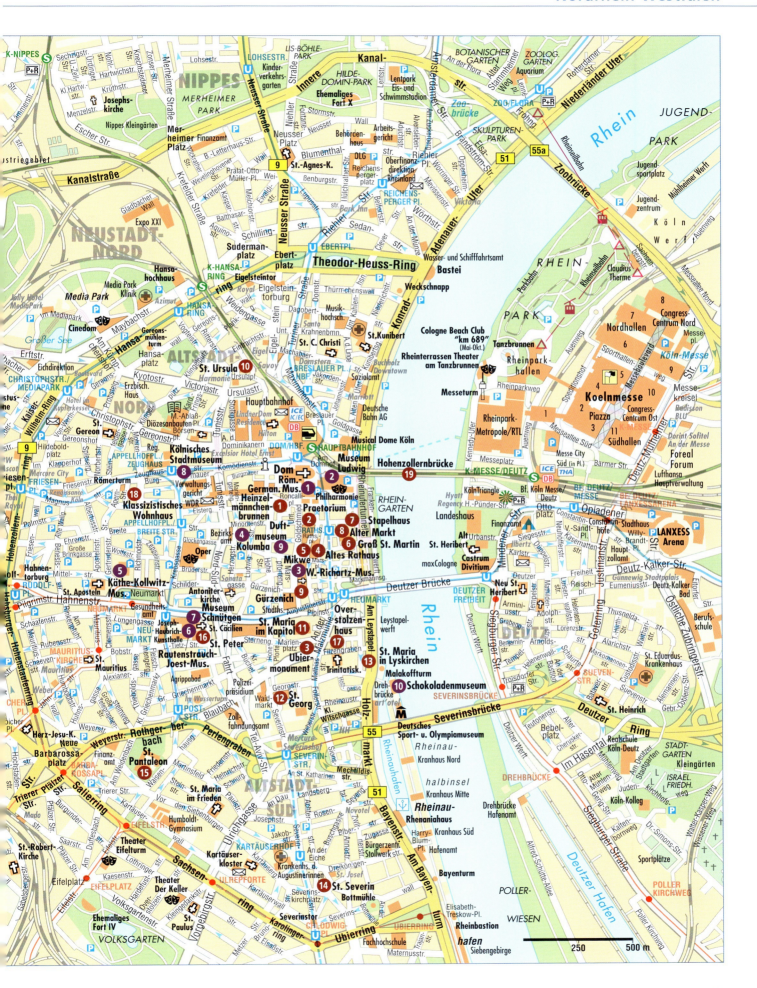

Hessen · Thüringen

Hessen, 1945 aus Großhessen, Kurhessen und Nassau gebildet, ist eines der Bundesländer mit der dichtesten Besiedelung. Ein Umstand, den man leicht vergisst, wenn man in einem der ausgedehnten Wälder wandert oder an Main und Fulda spazieren geht.

Die romantische Fachwerkaltstadt von Melsungen an der Fulda.

Mehr als ein Drittel des Landes sind Naturlandschaften. Biosphärenreservate, Natur- und Nationalparks sind zahlreich in der Mittelgebirgslandschaft von Taunus, Spessart, Odenwald, Westerwald und Rhön ausgewiesen. Neben dem Waldreichtum besticht Hessen mit seinem kulturellen Angebot in den Ballungszentren. Frankfurt mit seinem modernen Bankenviertel und der markanten Skyline, die der Stadt den scherzhaften Namen »Mainhattan« eintrug, ist jährlich Schauplatz der weltgrößten Buchmesse. Darmstadt, die Wissenschaftsstadt, Kassel, die documenta-Stadt und Wiesbaden, die Landeshauptstadt mit ihren berühmten Thermalquellen, sind die weiteren Zentren des Landes. Beschaulicher geht es in den kleineren Orten zu. Mittelalterliche Fachwerkbauten und schmale Gassen ziehen in Fulda, Limburg, Wetzlar und Marburg Touristen an. Burgen und Schlösser zeugen von der bewegten Geschichte des Landes, das von Kelten, Germanen und Römern besiedelt wurde. An der Stelle der Limburger Burg befand sich früher beispielsweise eine keltische Siedlung. Historisch bedeutsam ist auch das Landgrafenschloss Marburg, das im 11. Jahrhundert als Burg konzipiert und gebaut wurde. Es gilt als Keimzelle Hessens. Im Zuge der Christianisierung entstanden darüber hinaus zahlreiche Kirchenbauten von herausragender Bedeutung, wie der Dom in Wetzlar.

Der Freistaat Thüringen entstand am 3. Oktober 1990 aus den drei DDR-Bezirken Erfurt, Gera und Suhl. Landschaftlich dominiert der Thüringer Wald das neue Bundesland. Zahlreichen Wildtieren bietet er Schutz und Lebensraum. Dieser Reichtum an Natur soll bewahrt werden. Sieben Schutzgebiete sind inzwischen ausgewiesen, darunter der Nationalpark Hainich, der seit 1997 zum UNESCO-Weltnaturerbe zählt. Ebenso landschaftlich reizvoll sind die Flusstäler von Werra, Saale, Gera und Ilm, in denen schon zur Steinzeit Menschen siedelten. Einige dieser Siedlungen entwickelten sich zu Zentren der

Die Russische Kapelle auf der Mathildenhöhe in Darmstadt bei Nacht.

Teil des Gesamtkunstwerks Bergpark Wilhelmshöhe in Kassel ist das Schloss.

Macht und Kultur. Trutzige Burgen, herrschaftliche Schlösser und große Klöster finden sich im ganzen Land. Neben der Wartburg in Eisenach und dem Schloss Friedenstein in Gotha sind vor allem jene Städte besuchenswert, in denen man auf den Spuren berühmter Persönlichkeiten wandern kann. Goethes Zeit in Weimar, Schillers Lehre an der Universität in Jena, das Wirken der Familie Bach in Eisenach, Thomas Müntzer in Mühlhausen oder Luthers Jahre im Kloster bei Erfurt werden in Ausstellungen oder bei der Besichtigung ihrer Wohnhäuser lebendig. Der kulturelle Reichtum ist so groß, dass allein Thüringen drei Auszeichnungen als Weltkulturerbe erhalten hat. Neben der Wartburg sind das die Weimarer Bauhausstätten sowie 13 weitere Orte in der Stadt, die unter dem Titel »Klassisches Weimar« zusammengefasst sind.

Großes Bild: Die Fachwerkhäuser am Frankfurter Römerberg, dem Rathausplatz, bilden eine schöne Kulisse für das gesellige Nachtleben der Stadt.

Die im 19. Jahrhundert wiederaufgebaute Wartburg.

Hessen · Thüringen

Kassel

Ein modernes, funktionales Zentrum, prachtvolle Gebäude und Schlösser, der ausgedehnte Bergpark Wilhelmshöhe mit seinen Kaskaden sowie die größte Schau zeitgenössischer Kunst, die documenta, machen den Reiz dieser nordhessischen Großstadt aus.

Die drittgrößte Stadt Hessens liegt von Wäldern und Berghängen eingerahmt in einem ausgedehnten Talkessel, durch den sich die Fulda mit ihren Nebenflüssen schlängelt. Tiefe Wälder und liebliche Flussauen sowie der zum Weltkulturerbe zählende Bergpark machen die Stadt zu einem Erholungsort, der auch bei den eingewanderten Waschbären sehr beliebt ist. Kassel ist aber nicht nur die »Hauptstadt« der kleinen Bären, sondern auch der zeitgenössischen Kunst: Seit 1955 wird sie alle fünf Jahre für 100 Tage zu einem riesigen Ausstellungsgelände, dessen Zentrum das Fridericianum ist. Der prachtvolle Bau zeugt wie das Schloss Wilhelmshöhe und die Orangerie von der Zeit Kassels als Residenzstadt. Von 1277 bis in das 19. Jahrhundert residierten hier die hessischen Landgrafen. Die historische Fachwerkaltstadt wurde leider im Zweiten Weltkrieg weitestgehend zerstört.

Sehenswürdigkeiten

❶ **Brüderkirche** Im Jahr 1298 wurde mit dem Bau einer Kirche als Gotteshaus für den Karmeliterorden begonnen. Die im hochgotischen Stil erbaute Kirche ist heute die zweitälteste der Stadt. Bis auf wenige Ausnahmen wird sie in erster Linie für kulturelle Veranstaltungen aller Art genutzt.

❷ **Dock 4** Theater, Tanz, Musik, Open-Air-Kino und ein umfangreiches Kinder- und Jugendprogramm werden in dem 1990 gegründeten Kulturhaus geboten. Es befindet sich unweit des Friedrichsplatzes.

❸ **Orangerie in der Karlsaue** Die Orangerie entstand in den Jahren 1701 bis 1711. In dem Gewächshaus wurden Orangen gezüchtet und kälteempfindliche Pflanzen überwintert. Heute ist dort das Astronomisch-Physikalische Kabinett ansässig, das seine Sammlungen ausstellt und ein Planetarium betreibt.

❹ **Kulturbahnhof** Seit die meisten Zugverbindungen über Kassel-Wilhelmshöhe laufen, entwickelte sich der Hauptbahnhof zum Kulturbahnhof. Galerien, Veranstaltungsräume, Kinos und der Offene Kanal sind hier zu finden.

❺ **Rondell** Das Rondell ist Teil einer alten Befestigungsanlage. 1523 als Geschützturm errichtet, diente es der Familie des Landgrafen später als Essplatz mit schöner Aussicht auf die Fulda. Wer es dem Grafen gleichtun möchte, besucht den Biergarten, der sich heute dort befindet.

❻ **St. Martin** An der 1367 eingeweihten Kirche wurde über Jahrhunderte hinweg gebaut. Die beiden neugotischen Türme kamen erst Ende des 19. Jahrhunderts hinzu. Heute wird die Martinskirche für Gottesdienste und Ausstellungen genutzt.

Museen

❶ **Fridericianum** 1779 wurde das Fridericianum am Friedrichsplatz fertiggestellt. Es war eines der ersten europäischen Museen, die Kunst einer breiten Öffentlichkeit zugänglich machten. In dem klassizistischen Bau werden zeitgenössische Werke präsentiert.

❷ **Brüder Grimm-Museum Kassel** Im Palais Bellevue informiert eine Ausstellung über Leben und Werk der Märchensammler Jacob und Wilhelm Grimm wie auch über deren Bruder, den Zeichner Ludwig Emil Grimm.

❸ **Neue Galerie** Kunst vom 19. Jahrhundert bis heute mit Schwerpunkt Malerei. Der im Stil der Neorenaissance errichtete Bau wurde mehrfach umgestaltet und befindet sich an der Schönen Aussicht nahe der Karlsaue.

❹ **Deutsches Tapetenmuseum** Die geschichtliche Entwicklung der Wandbekleidung lässt sich an über 20 000 Objekten nachvollziehen. Die einzigartige Sammlung ist im Hessischen Landesmuseum untergebracht und noch bis 2020 geschlossen.

❺ **Naturkundemuseum im Ottoneum** Das älteste Herbarium Europas und der Goethe-Elefant, ein Skelett, das dem Dichter für Zeichenstudien diente, sind die Prunkstücke.

Im Bergpark Wilhelmshöhe stürzen sich von der Riesenburg zu Füßen der Herkulesfigur Wasserspiele den Hang hinab.

UNESCO-Welterbe

Bergpark Wilhelmshöhe Seit 2013 zählt der Bergpark Wilhelmshöhe zum Weltkulturerbe. Der großzügig angelegte barocke Park umfasst eine Fläche von 2,4 Quadratkilometern und ist damit der größte Bergpark in Europa. Neben dem Schloss Wilhelmshöhe, das früher von Fürsten und Königen als Sommerresidenz genutzt wurde und heute unter anderem eine Gemäldegalerie beherbergt, beeindrucken vor allem die Wasserkünste. Aus zahlreichen Teichen und Wasserfällen wird eine riesige Fontäne unterhalb des Herkules, dem Wahrzeichen Kassels, gespeist. Ein Besuch des achteckigen, 70,50 Meter hohen Monuments lohnt schon wegen der grandiosen Aussicht von der Besucherplattform.

Hessen · Thüringen

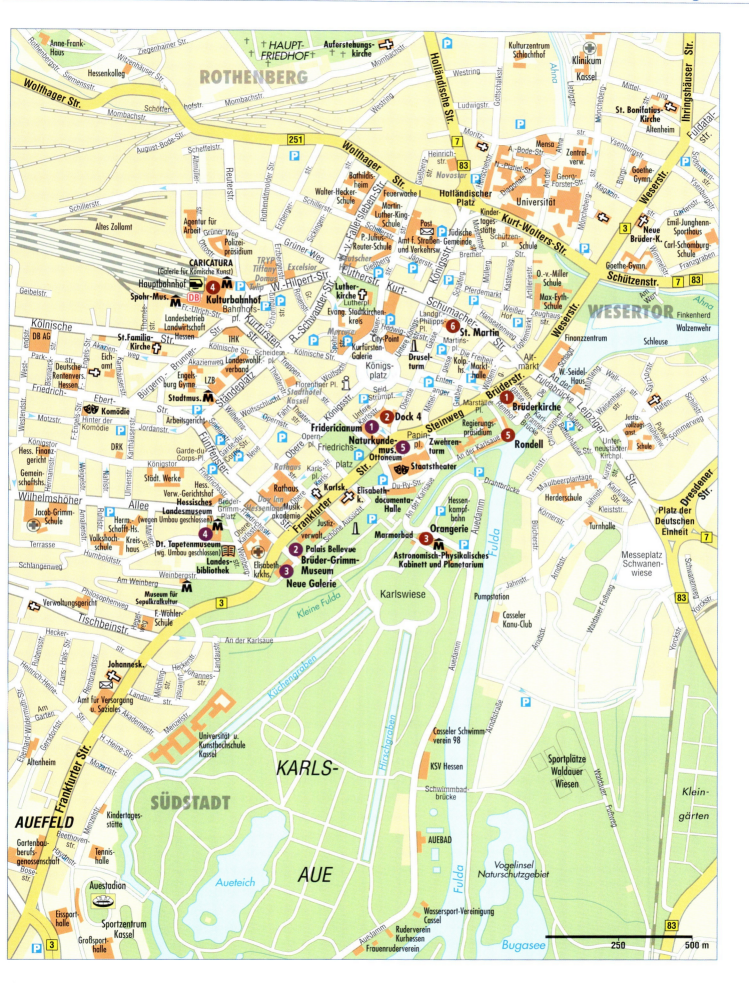

Melsungen

Melsungen liegt an der Fulda, und über den Fluss gelangt man in die historische Altstadt, die ausnahmslos aus Fachwerkhäusern besteht. Der schönste Zugang führt über die jahrhundertealte Bartenwetzerbrücke. Besonders sehenswert ist das Rathaus.

Im Zentrum der Altstadt begegnet man erneut dem Bartenwetzer. Er haust auf dem Rathaus in einem der Türme und zeigt sich täglich um 12 und um 18 Uhr. Was hat es mit dem Mann und seinem außergewöhnlichen Namen auf sich? Eine Barte bezeichnet eine Axt. Bartenwetzer waren Holzfäller, die früher in den nahe gelegenen Wald zogen, um Holz zu schlagen. Auf dem Weg dorthin wetzten (schärften) sie ihre Äxte an der Sandsteinbrücke, die nach ihnen benannt wurde. Die Brücke mit den massiven Pfeilern zählt zu den schönsten in Hessen. Dafür fällt der älteste Teil der Stadt auf den ersten Blick kaum ins Auge. Es ist ein Teil der Westwand der Stadtkirche St. Georg und stammt von einer um 1200 gebauten romanischen Kirche. Auf ihr wurde der heutige Bau errichtet. Von den alten Befestigungsanlagen der Stadt ist nur noch der Eulenturm komplett erhalten.

Sehenswürdigkeiten

❶ **Fachwerkaltstadt** Über 400 Fachwerkhäuser gibt es in der Altstadt, eines neben dem anderen. Mittelpunkt des historischen Ensembles ist das Rathaus am Markt. Läden, Restaurants, Cafés laden dazu ein, einen Blick ins Innere der alten Häuser zu werfen.

❷ **Rathaus** 1562 bis 1568 entstand das heutige »neue« Rathaus. Sein Vorgängerbau fiel einem Brand zum Opfer. Das 29 Meter hohe Gebäude mit den fünf Geschossen ruht auf einem Steinsockel und zählt zu den schönsten Fachwerkrathäusern Deutschlands. Es ist das Wahrzeichen der Stadt und gleichzeitig immer noch Verwaltungssitz.

❸ **Schloss Melsungen** Das Landgrafenschloss wurde in den Jahren 1550 bis 1557 als Jagdschloss für den Landgrafen Philipp den Großmütigen gebaut. Später war es Garnison und Sitz der Hessischen Forstakademie. Heute werden die Räume von Amtsgericht und Finanzamt genutzt. Der schöne Schlossgarten ist auf jeden Fall einen Besuch wert.

Museen

❶ **Heimatmuseum Melsungen** Im Heimatmuseum der Stadt gibt es viele interessante Informationen über den Handel und die Berufe in der Region im Wandel der Zeit, die Bedeutung des Flusses Fulda für die Stadt sowie die Architektur von Fachwerkhäusern zu entdecken.

Hübsche Fachwerkfassaden schmücken die alten Häuser, manche schon recht windschief, am Markt in Melsungen.

Besucher-Tipps:

Kunstpfad Ars Natura Melsungen bietet viele Rad- und Wanderwege. Unter anderem liegt die Stadt am Barbarossa-Fernwanderweg X8, der von Korbach bis zum Kyffhäuser verläuft. Hier ist das Kunstprojekt »Ars Natura« angesiedelt. Auf einem Abschnitt des Kunstpfads verläuft etwa ein dreieinhalbstündiger Rundweg, der über Bartenwetzerbrücke und das Waldschwimmbad durch den Stadtwald vorbei an aus natürlichen Materialien hergestellten Kunstwerken über die Carl-Braun-Hütte zur Erhebung »Weltkugel« führt und über den Wanderweg M9 am Grenzstein des Hessischen Landgrafen Philipp des Großmütigen vorbei wieder zum Ausgangspunkt verläuft (Infos unter www.melsungen.de).

Touristeninformation: Sandstraße 13, 34212 Melsungen, Tel. 05661/708 200, E-Mail: karin.braun@melsungen.de, www.melsungen.de

Korbach

Mittelalter und Moderne treffen in Korbach aufeinander. Neben Fachwerk und Fachgeschäften hat die Stadt, die sich seit 2013 Hansestadt nennen darf und eine über 1000-jährige Geschichte aufweisen kann, auch Gold und Fossilien zu bieten.

Korbach oder Curbecki, wie die Siedlung auf einer Urkunde aus dem Jahr 980 genannt wird, besitzt eine gut erhaltene Fachwerkaltstadt, die von einer Doppelringstadtmauer umgeben ist. Zwischen den Mauern befindet sich heute eine beliebte Grünanlage. Viele der alten Gebäude haben Kriege und Verwüstungen wohlbehalten überstanden. Dazu zählen neben den vielen Fachwerk- und Lagerhäusern die Kirchen St. Nikolai und St. Kilian. Der Wohlstand der Stadt ist unter anderem darauf zurückzuführen, dass Korbach 1188 das Soester Stadtrecht erhielt, am Schnittpunkt wichtiger Handelswege lag und Mitglied der Hanse war. Ebenfalls von Bedeutung sind Goldvorkommen am Eisenberg, die seit dem Mittelalter gefördert wurden. Funde ganz anderer Art werden in der 20 Meter tiefen Korbacher Spalte gemacht. Bewundern kann man sie im Museum des Ortes.

Ausflugstipps:

Ederstausee Etwa 40 Kilometer von Korbach entfernt, liegt der Edersee. Der Stausee inmitten einer 27 Kilometer langen Seenlandschaft im Natur- und Nationalpark Kellerwald-Edersee mit Strand- und Freibädern und einer schönen Uferpromenade ist nicht nur ein Erlebnis für Wanderer und Wassersportler, die Gegend um den See bildet auch eine beliebte Erlebnisregion mit zahlreichen Ausflugs- und Freizeitmöglichkeiten (z. B. Schloss Waldeck, Waldecker Bergbahn, Wildtier-Park, Sommerrodelbahn, Baumkronenweg, Kletterpark). Auch Schiffsrundfahrten werden angeboten und bei niedrigem Wasserstand kann man die Überreste der hier früher angesiedelten Dörfer besichtigen.

Sehenswürdigkeiten

❶ Altstadt mit mittelalterlichem Pranger Eine Goldspur auf den Straßen der Stadt als Wegweiser führt durch die Altstadt an Fachwerk- und Steinbauten wie dem Diemelsächsischen Bauernhaus oder dem gotischen Lagerhaus und am ehemaligen Pranger vorbei.

❷ St. Kilian Die Kilianskirche wurde zwischen 1335 und 1450 erbaut, nahezu zeitgleich mit der Nikolaikirche. Der gotische Bau mit dem prunkvollen Südportal ist das Wahrzeichen der Hansestadt.

❸ St. Nikolai Gebaut von 1359 bis 1450, befindet sich in der spätgotischen Hallenkirche das prachtvolle Wandgrab des Fürsten Georg Friedrich von Waldeck.

❹ Korbacher Spalte In der Nähe der Stadt findet man die erdhistorisch bedeutsame Korbacher Spalte. Hier befand sich einst die Küste des Zechsteinmeeres, was die zahlreichen spektakulären Fossilienfunde aus dem Oberperm erklärt.

❺ Mittelalterliche Brunnen (Kümpe) Die Wasserversorgung erfolgte im Mittelalter über Brunnen, die Kümpen. Vier davon sind heute noch erhalten: am Rathaus, dem alten Markt, bei St. Kilian und in der Lengefelderstraße.

Ein Fachwerkensemble steht in der historischen Altstadt von Korbach, dahinter liegt die evangelische Kirche St. Kilian, die ein herausragendes Beispiel für die spätgotische Baukunst in Mitteleuropa ist. Der Westturm schließt mit einer Barockhaube ab.

ⓘ Touristeninformation: Stechbahn 1, 34497 Korbach, Tel. 05631/530, E-Mail: info@korbach.de, www.korbach.de

Hessen · Thüringen

Marburg

Die Stadt an und oberhalb der Lahn ist reich an Traditionen und Historie, studentischem Leben und Flair sowie steilen Gassen. Es gibt urige Kneipen, lauschige Plätze am Fluss und ein alles überragendes mittelalterliches Landgrafenschloss zu bewundern.

Marburg liegt malerisch zwischen Berghängen. Zahlreiche Rad- und Wanderwege erschließen das Umland. So reizvoll wie die Natur ist auch die Stadt. Der gut erhaltene historische Kern, den man sich als Tourist in der Oberstadt über steile Treppen und Sträßchen erschließen kann, wartet mit vielen Sehenswürdigkeiten auf. Die erste rein im frühgotischen Stil erbaute Kirche, die erste protestantische Universität von 1527 oder die Residenz der Landgrafschaft Hessen, das Schloss, zeugen von der frühen Bedeutung Marburgs. Heute sind es neben den Touristen, die wegen der Historie kommen, vor allem die über 20 000 Studenten, die Marburg davor bewahren, ein angestaubtes Freilichtmuseum mit ehrfürchtigen Besuchern zu werden. Sie beleben und inspirieren die Stadt, die ihrerseits von der Philipps-Universität als größtem Arbeitgeber profitiert.

Sehenswürdigkeiten

❶ Elisabethkirche Elisabeth von Thüringen, die im Jahr 1222 nach Marburg kam, wurde für ihr soziales Engagement 1235 heiliggesprochen. Ihr zu Ehren begann der Deutsche Orden ein Jahr später mit dem Bau der Kirche. Fertiggestellt wurde die frühgotische Hallenkirche im Jahr 1283. Der eindrucksvolle Bau galt damals schon als Meisterwerk und wurde zum Vorbild für den Kölner Dom. Seine 80 Meter hohen Türme sind fast überall in der Stadt zu sehen. Bis 1539 befand sich das Grabmal von Elisabeth in dem Gotteshaus und zog Wallfahrer an. Landgraf Philipp der Großmütige störte sich daran und ließ die Gebeine entfernen.

❷ Marburger Schloss Aus einer Burganlage aus dem 9. oder 10. Jahrhundert entstand in rund 300 Jahren das imposante Landgrafenschloss mit seinen Wehranlagen, Kasematten und Türmen. Im Laufe der Jahre war es Wohnsitz und gräfliche Residenz, Garnison und Gefängnis. Heute werden Teile des Schlosses von der Universität für Ausstellungen und Veranstaltungen genutzt. Im Museum kann man sich über die Geschichte des Schlosses informieren und kulturgeschichtliche Sammlungen besuchen. Sehenswert sind auch der Fürstensaal, die Schlosskapelle und der Garten.

❸ Gebäude der Kugelherren Der Name Kugelherren geht auf ihre Kopfbedeckung Gugel zurück. Die Herren gehörten zum Orden der »Brüder zum gemeinsamen Leben« und gaben den Bau der beiden Gebäude in Auftrag, die sich in der Oberstadt in der Kugelgasse befinden. Im spätgotischen Kugelhaus, einem Stift, ist heute die Völkerkundliche Sammlung untergebracht. In der 1485 geweihten Kugelkirche sind spätgotische Malereien im Netzgewölbe zu besichtigen.

❹ Oberstadt mit Rathaus Die Marburger Altstadt, die Oberstadt, entstand in unmittelbarer Nachbarschaft zum Schloss. Die in Fachwerkbauweise errichteten Gebäude stehen dicht gedrängt in den schmalen, oft steilen Gassen. Steinhäuser wie das Steinerne Haus sind selten und deshalb besonders auffällig. Auch das Rathaus am Markt mit seinem sechseckigen Treppenturm fällt auf – spätestens, wenn der Rathausgockel zu jeder vollen Stunde vom Giebel kräht.

Museen

❶ Museum für Kunst und Kulturgeschichte Marburg Das Museum ist in der Stadt auf zwei Standorte verteilt. Im Schloss befindet sich die kulturgeschichtliche Sammlung mit den historischen Exponaten zu Schloss-, Stadt- und Regionsgeschichte. Im Ernst-von-Hülsen-Haus ist dagegen die Bildende Kunst zu Hause. Gezeigt werden Werke, Malerei, Skulptur und Grafik von den Alten Meistern bis zur Avantgarde nach 1945.

❷ Religionskundliche Sammlung Umfangreiche und vielfältige Sammlung von Kultfiguren, Ikonen, Rollbildern und Altären aus allen Religionen. Die Sammlung ist eine zentrale Einrichtung der Philipps-Universität und gehört zum Fachgebiet Religionswissenschaften.

Die verwinkelte Marburger Altstadt mit Blick auf das Schloss.

Besucher-Tipps:

Botanische Gärten Marburg hat gleich zwei davon: zum einen den Alten Botanischen Garten mit seinen mächtigen Bäumen und Teichen, der 1786 von der Universität zu Studienzwecken angelegt wurde. Er befindet sich in der Innenstadt am Pilgrimstein und ist jederzeit öffentlich zugänglich. Im Sommer kann es dort recht voll werden. Der zweite »Neue« Garten, den die Universität 1977 anlegte, weil der alte aus allen Nähten platzte, befindet sich auf den Marburger Lahnbergen. Um sich die große Anlage mit den Schaugewächshäusern, Wiesen, Wald und Alpinum anzuschauen, muss Eintritt entrichtet werden. Dafür können dort aber noch Hünengräber aus vorchristlicher Zeit bestaunt werden.

Hessen · Thüringen

Alsfeld

Die mittelalterlich geprägte Altstadt zählt zu den schönsten in Hessen. Das geschlossene Stadtbild mit den Fachwerkbauten und den verwinkelten Gassen gruppiert sich um den Markt mit dem Rathaus. Alsfeld ist staatlich anerkannter Erholungsort.

Alsfeld liegt in einer schönen Mittelgebirgslandschaft zwischen Vogelsberg und Schwalm. Adelesfelt, wie die Stadt früher hieß, wurde im 8. oder 9. Jahrhundert gegründet. Die Stadt war Hofsitz der Karolinger. Die Lage an der Verkehrsverbindung Via Regia von Frankfurt nach Leipzig sowie Münz-, Markt- und Stadtrechte bildeten die Grundlage für die Blüte der Siedlung. Dieser Wohlstand spiegelt sich heute noch in den Fassaden der mittelalterlichen Häuser wider. Über 400 Fachwerkhäuser aus 700 Jahren bilden den historischen Kern der Europäischen Modellstadt, ein Titel, den Alsfeld seit 1975 führen darf. Zu Recht, werden viele Besucher meinen, wenn sie auf einem Stadtrundgang an Rathaus, Hochzeitshaus, Weinhaus und Walpurgiskirche entlangspazieren und dabei Verzierungen, Schriftzüge und geheimnisvolle Symbole entdecken.

Sehenswürdigkeiten

❶ **Mittelalterliche Altstadt** Die schönsten Gebäude der Altstadt wie die Apotheke oder das Bücking-Haus lassen sich bei einer Rundtour erkunden. Im Tourismusbüro erhält man ein Faltblatt, auf dem die Route entlang der »Alsfelder Perlen«, der wichtigsten Baudenkmäler, verzeichnet ist. Tafeln an den Gebäuden informieren über die Geschichte des Hauses.

❷ **Fachwerkrathaus** Das 1512 bis 1516 errichtete Rathaus hat einen steinernen Unterbau mit spätgotischen Bögen, auf dem das Fachwerk in Rähmbauweise errichtet wurde. Anders als bei der Ständerbauweise ist jedes Stockwerk mit einem Rahmen abgeschlossen. Diese Technik machte es möglich, die oberen Stockwerke über die Grundfläche hinaus zu bauen und so mehr Platz zu gewinnen.

❸ **Walpurgiskirche** Dass die Hauptkirche der Stadt in ihrer langen Geschichte mehrmals an- und umgebaut wurde, ist schon von außen zu erkennen. Zwischen dem Turm und dem hohen Chor liegt ein niedriges Langhaus mit vier Giebeln. Der Chor entstand 1393, der quadratische Turm 1543, nachdem der frühere Turm 1394 eingestürzt war. 1836 kürzte man ihn dann um ein Geschoss. Das gotische Langhaus baute man 1472 zu einer Kirchenhalle um.

❹ **Weinhaus mit Pranger** An der Ecke des Weinhauses trifft man oft Menschen, die den Kopf in ein eisernes »Halsband« des mittelalterlichen Prangers stecken. Was heute ein beliebtes Fotomotiv ist, war im Mittelalter eine schwere Strafe für Händler, die sich des Betrugs schuldig gemacht hatten.

Museen

❶ **Regionalmuseum** Die Sammlung umfasst vor- und frühgeschichtliche Funde, Trachten und Möbel der Region aber auch den Toraschrein der 1938 niedergebrannten Synagoge.

❷ **Alsfelder Märchenhaus** In dem Fachwerkhaus werden hübsche Puppenstuben aus zwei Jahrhunderten gezeigt.

Eine schmale Gasse mit Fachwerkhäusern in der mittelalterlichen Altstadt von Alsfeld.

Ausflugstipps:

Burg Herzberg Die größte Höhenburg Hessens liegt zwischen Bad Hersfeld und Alsfeld. Sie wurde im 13. Jahrhundert auf einem Basaltgipfel oberhalb einer Handelsstraße errichtet. Bauherr war Marschall Heinrich von Romrod. Im Dreißigjährigen Krieg wurde die Burg mehrmals belagert, aber nie eingenommen. Bis ins 18. Jahrhundert war sie militärisch bedeutsam, heute kann sie ganzjährig besichtigt werden.

Mühlenmuseum in Schorbach An der Schwalm steht die einzige noch erhaltene und funktionstüchtige Wassermühle. Sie wurde 1592 errichtet. Die Außenanlagen wie Sägewerk und Wasserrad sind frei zugänglich. Wer hinein möchte, muss sich vorher anmelden.

Besucher-Tipps:

Leonhardsturm Der 27 Meter hohe Wehrturm ist der einzige erhaltene Turm der früheren Stadtbefestigung. Da er nur von der Stadtmauer aus zugänglich war, befindet sich der Eingang rund sieben Meter über dem Fuß des Turms. In seinem Inneren war früher, nur durch eine Zwischendecke von innen erreichbar, das Verlies der Stadt.

Brauerei 1858 wurde die Brauerei Alsfeld gegründet. Produziert werden dort neben dem Alsfelder Bier, das es in verschiedenen Sorten und auch in Bio-Qualität gibt, Mineralwasser und Limonade. Bei einer Besichtigung mit Verkostung kann man sich über die Geschichte des Unternehmens ebenso informieren wie über die Techniken der Braukunst.

ⓘ Touristeninformation: Markt 3 (im Weinhaus), 36304 Alsfeld, Tel. 06631/182 165, E-Mail: tca@alsfeld.de, www.alsfeld.de

Fulda

Fulda ist eng mit der Geschichte des Christentums verbunden. Darüber hinaus besticht die Stadt am Fluss mit gleichem Namen durch viel Grün und zahlreiche prachtvolle Bauten aus dem 18. Jahrhundert. Sie brachten ihr den Beinamen »Barockstadt« ein.

Das Gründungsdatum der Stadt fällt zusammen mit der Gründung eines Benediktinerklosters im Jahr 744. Nachweislich war das Gebiet um den Fluss herum aber bereits während der Steinzeit besiedelt. Bonifatius, auf dessen Missionstätigkeit die Gründung des Klosters zurückging, wurde nach seiner Ermordung im Kloster von Fulda beerdigt. Zahlreiche Pilger strömten daraufhin in die Stadt, und Bauern und Handwerker siedelten sich um das Kloster an. Als es 1220 zur Fürstabtei erklärt wurde, begann man mit der Errichtung prächtiger Residenzen, in denen die Fürstäbte und Fürstbischöfe lebten. Fulda wurde zum geistigen und politischen Zentrum. Sichtbar ist dies an den vielen eindrucksvollen Sakralbauten wie dem Dom und der großzügigen Anlage von Schloss, Parks und Gärten. Zeugnisse mittelalterlicher Baukunst finden sich auch im Stadtbild.

Sehenswürdigkeiten

❶ Michaelskirche Der trutzig wirkende Bau der Michaelskirche ist einer der herausragenden Sakralbauten aus dem Mittelalter. Errichtet wurde er als Kapelle für den Mönchsfriedhof. Bauzeit der Kirche war von 819 bis 822. Aus dieser Zeit ist noch die Krypta erhalten.

❷ Dom St. Salvator Auf dem Domplatz steht das Wahrzeichen der Stadt. Der mächtige, von 1704 bis 1712 errichtete Dom St. Salvator mit der kreuzförmigen Basilika und der Bonifatiusgruft erinnert an den Petersdom. Er steht auf den Resten der Ratgar-Basilika. Deren romanische Türme wurden kurzerhand in den Neubau integriert.

❸ Stadtpfarrkirche St. Blasius Die Kirche ist der letzte barocke Bau Fuldas. Sie wurde in den Jahren 1770 bis 1786 errichtet. Besonders auffällig ist die zwischen den Türmen hervortretende Mittelschifffassade.

❹ Fuldaer Stadtschloss Im Zentrum der barocken Altstadt befindet sich das 1706 bis 1714 gebaute Stadtschloss. Die Anlage entstand aus der Abtsburg. Sehenswert sind die Innenräume: Kaiser-, Spiegel- und Fürstensaal verfügen über schöne Deckenmalereien und Fresken.

Museen

❶ Vonderau Museum Das Museum hat eine naturkundliche und eine kulturgeschichtliche Abteilung und stellt Kunstwerke heimischer Künstler aus. Auch ein Planetarium gibt es.

❷ Deutsches Feuerwehrmuseum Die weltweit älteste fahrbare Handdruckspritze stammt aus dem Jahr 1624 und ist im Museum ebenso vertreten wie Löschboote und Spielzeugmodelle aus mehreren Jahrzehnten. Der Streifzug durch die Geschichte der Brandbekämpfung wird ergänzt durch Mitmachstationen.

Sehenswert sind das herrschaftliche Stadtschloss von Fulda (links) und der Dom mit den Barockkuppeln (rechts).

Ausflugstipps:

Fuldaaue Das Naherholungsgebiet entstand zur Landesgartenschau 1994. Sport, Spaß und Spazierengehen lassen sich hier wunderbar vereinen. Rad oder Inliner fahren, Segelfliegen, den Sinnespfad testen oder am Wasserspielplatz toben sind nur einige Möglichkeiten. Ein Umweltzentrum bietet Informationen und bei einer Kanutour über den Fluss neue Blickwinkel auf die Stadt. Touren auf eigene Faust oder mit Tourguide.

Schlitz Nordwestlich von Fulda liegt die 1200 Jahre alte Burgenstadt Schlitz. Die Befestigungsanlagen, Brunnen und historische Gebäude lassen sich vom 36 Meter hohen Hinterturm überblicken. Das Burgmuseum ist in der Vorderburg.

Besucher-Tipps:

Erlebniswelt Blockflöte Wie viele Töne lassen sich einer Blockflöte entlocken, und wie werden die beliebten Instrumente eigentlich hergestellt? Flötenbauer zeigen, wie es geht. Exponate aus fast zwei Jahrhunderten Instrumentenbau sind versammelt. Flöten und Objekte aus dem Bereich der Klangwelten dürfen auch ausprobiert werden.

Kloster Frauenberg Eine Viertelstunde Fußmarsch vom Dom entfernt, liegt auf einem der sieben Hügel Fuldas das Kloster Frauenberg, das seit 1623 vom Orden der Franziskaner geführt wird. Die spätbarocke Anlage, von der aus man einen herrlichen Blick über die Stadt und die Berglandschaft hat, ist außerhalb der Gottesdienste zu besichtigen.

ⓘ Touristeninformation: Bonifatiusplatz 1, 36037 Fulda, Tel. 0661/10 21 814, E-Mail: tourismus@fulda.de, www.tourismus-fulda.de

Wetzlar

Mittelalterliche Marktplätze mit Fachwerkhäusern, steile Gassen und Treppen, ein alles überragender Dom und barocke Bauten haben dazu geführt, dass die Altstadt von Wetzlar in ihrer Gesamtheit als eingetragenes Kulturdenkmal geführt wird.

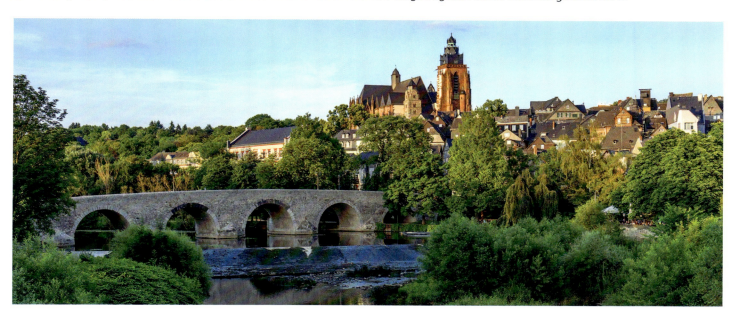

Kulturell ist Wetzlar eng mit Goethe verbunden, der von Mai bis September 1772 als Praktikant am Reichskammergericht tätig war. So kurz die Zeit seines Aufenthaltes war, so nachdrücklich sind die Spuren, die der Dichter in der Stadt hinterlassen hat. Die Veröffentlichung von »Die Leiden des jungen Werthers« 1774 löste einen wahren »Wertherboom« aus, dem die Stadt heute mit mehreren Museen und thematischen Stadtrundgängen Rechnung trägt. Viele bedeutende Bauwerke entstanden, insbesondere nachdem das Reichskammergericht von Speyer nach Wetzlar verlegt worden war. Sie wurden für die Behörde selbst errichtet, aber auch für die Beamten und deren Verhandlungspartner, die eine Unterkunft benötigten. Neben den historisch interessanten Gebäuden und Museen ist das Viseum für Optik- und Feinmechanik beeindruckend.

Sehenswürdigkeiten

❶ **Mittelalterliche Altstadt** Über die alte Lahnbrücke führt der schönste Zugang zur Altstadt von Wetzlar. Eine gut erhaltene Stadtmauer, an der sich Parks und Grünanlagen befinden, umgibt sie. Am größten Platz des Ortes steht der Dom, als schönster Platz gilt der Schillerplatz. Ein Stadtrundgang über 43 Stationen führt zu den bedeutendsten Gebäuden.

❷ **Wetzlarer Dom** An der höchsten Stelle der Stadt wurde der Dom gebaut, der merkwürdig unfertig erscheint. Sein Stilmix aus Romanik und Gotik, verputzten Flächen und rotem Sandstein setzt sich im Inneren der Kirche fort. Hinter der ersten Fassade ist eine zweite, die Kanzel ist barock, das Taufbecken romanisch, die Madonna mit Kind spätgotisch. Grund dafür ist der geplante Umbau einer romanischen Kirche zu einer gotischen Kathedrale, der nie vollendet wurde. Auch heute noch ist der Dom eigentlich zwei Kirchen in einer: Katholiken und Protestanten teilen sich das Gotteshaus.

❸ **Alte Lahnbrücke** Das beliebte Fotomotiv wird 1288 das erste Mal schriftlich erwähnt. Im Mittelalter war die Brücke Teil des bedeutenden Handelsweges zwischen Köln und Frankfurt. Auch ohne die beiden Wachtürme, die bis ins 19. Jahrhundert Brückenanfang und -ende markierten, wäre das Bauwerk mit den sieben Steinbögen beeindruckend.

❹ **Phantastische Bibliothek Wetzlar** Mehr als 200 000 Titel umfasst die Phantastische Bibliothek, die damit zu den größten öffentlich zugänglichen Sammlungen fantastischer Literatur gehört. Dazu zählen unter anderem Science-Fiction, Märchen, Sagen und Mythen, Abenteuerliteratur und Fantasy.

Museen

❶ **Goethe/Werther-Häuser** Wetzlar besitzt insgesamt zwei Museen, die eng mit dem Leben und Wirken von Goethe verbunden sind. Eines davon ist das Lottehaus, in dem seine Angebetete Charlotte Buff lebte, die ihn zu der Figur der Lotte in »Die Leiden des jungen Werthers« inspirierte. Bilder der Familie Buff, Mobiliar und umfangreiches »Werther«-Material sind dort zu sehen. Auch das Jerusalemhaus steht in enger Verbindung zum »Werther«. Hier wohnte Goethes Freund Karl Wilhelm Jerusalem bis zu seinem Freitod 1772. Er war das literarische Vorbild für die Romanfigur. Das Museum zeigt Grafiken, Briefe und Dokumente, die in Bezug zu ihrem damaligen Bewohner stehen.

❷ **Museum des Reichskammergerichts** Von 1693 bis 1806 hatte das Reichskammergericht seinen Sitz in Wetzlar. Es war das höchste Zivilgericht im Heiligen Römischen Reich Deutscher Nation. Das Museum erläutert die Aufgaben und die Funktion des Gerichtes und gibt Einblicke in die Arbeitsweise und Geschichte der Institution.

Die steinerne Brücke über die Lahn und der Dom sind die Wahrzeichen der Stadt.

Ausflugstipps:

Kletterwald Wetzlar Auf insgesamt 17 Routen mit drei Schwierigkeitsgraden kann man sich hier durch die Bäume bewegen. Mehr als 200 Hochseilelemente stehen zur Verfügung.

Besucherbergwerk Grube Fortuna 1983 kam das Aus für das letzte sich in Betrieb befindliche hessische Eisenerzbergwerk bei Solms-Oberbiel. Vier Jahre später öffnete die Grube als Besucherbergwerk wieder ihre Schächte. Jahrmillionen alte Gesteinsschichten werden auf dem Weg bis zur 150 Meter tiefen Sohle durchfahren, können in den Höhlen besichtigt und im Geopark erforscht werden. Bergleute demonstrieren ihr gefährliches Handwerk und berichten vom Leben unter Tage.

ⓘ Touristeninformation: Domplatz 8, 35573 Wetzlar, Tel. 06441/99 77 55, E-Mail: tourist-info@wetzlar.de, www.wetzlar.de

Hessen · Thüringen

Limburg an der Lahn

Die Stadt an der Lahn besitzt eine wunderbar erhaltene und liebevoll restaurierte Altstadt. Die mittelalterliche Bebauung innerhalb der alten Stadtmauer mit Lahnbrücke, Fachwerkhäusern, Burg und Dom wurde komplett unter Denkmalschutz gestellt.

Beidseitig der Lahn liegt Limburg im gleichnamigen Becken des Rheinischen Schiefergebirges. Fruchtbarer Boden, mildes Klima und die strategisch günstige Lage am Fluss, den der wichtige Handelsweg von Köln nach Frankfurt querte, begünstigten die wirtschaftliche Entwicklung der Stadt. Münz- und Stadtrecht, wie auch die erhobenen Wegezölle, die beim Queren der Brücke noch bis zum Ersten Weltkrieg fällig wurden, sorgten für die finanziellen Mittel zum Bau repräsentativer Gebäude. Unterhalb von Dom und Burg befindet sich die gut erhaltene mittelalterliche Fachwerkstadt, die sich bis zur Lahn erstreckt. Am Fluss verlaufen schöne Spazierwege. Wer es etwas sportlicher mag, kann die Silhouette der Stadt auch vom Kanu oder Paddelboot aus genießen oder mit dem Drahtesel über den Lahntal-Radweg und die Hessischen Radfernwege R7 und R8 anreisen.

Sehenswürdigkeiten

❶ **Limburger Dom** Die Silhouette Limburgs ist ohne den spätromanischen Dom St. Georg nicht denkbar. Gebaut auf einem Felsen, überragt er mit seinen sieben Türmen die Altstadt und ist weithin sichtbar. Bereits vor dem Bau des Doms, mit dem im Jahr 1212 begonnen wurde, stand dort oben eine Kirche. Vorbild für den neu errichteten Bau war unter anderem die Kathedrale von Reims. Die Weihe erfolgte 1235, knapp 600 Jahre später, 1827, wurde die Kirche zum Bischofssitz. Sehenswert sind vor allem die Fresken und der Taufstein.

❷ **Altstadt mit mittelalterlichen Hallenhäusern** Unterhalb des Dombergs befinden sich zahlreiche Wohn- und Patrizierhäuser, einige von ihnen sind als Hallenhäuser gebaut. Ihr Untergeschoss wird von einem einzigen Raum eingenommen, in den die Fuhrwerke zum Be- und Entladen geschoben wurden. Auch die anderen Häuser lohnen einen Blick, denn viele von ihnen sind mit aufwendigen Schnitzereien aus dem 13. bis 18. Jahrhundert geschmückt. In der Brückengasse steht eines mit sieben geschnitzten Holzköpfen, die die sieben Laster symbolisieren.

❸ **Fachwerkhaus Römer 2–4–6** Untersuchungen der Jahresringe in den Sparren förderten das wahre Alter des Hauses beziehungsweise der verbauten Balken zutage. Sie wurden auf das Jahr 1289 datiert, das gotische Hallenhaus wurde damit zum ältesten frei stehenden Fachwerkhaus Deutschlands erklärt. Es befindet sich in der Straße namens Römer. Die Zahlen verweisen auf die Hausnummern. Vermutlich wurde das Gebäude als Wohnsitz für einen adligen Burgmann errichtet.

❹ **Burg Limburg** Die mittelalterliche Felsenburg liegt direkt hinter dem Dom. Der heutige Bau entstand Anfang des 13. Jahrhunderts. Der Domberg ist seit 500 v. Chr. besiedelt, zuerst von den Kelten, dann folgten Merowinger und Konradiner. Die Burg vereint romanische und gotische Elemente und wird heute von verschiedenen Kirchengemeinden und als Stadtarchiv genutzt. Zentrum der Anlage ist ein quadratischer Wohnturm, an den eine schlichte Kapelle aus dem 11. Jahrhundert grenzt. Sie ist das älteste Bauwerk der Anlage.

Museen

❶ **Diözesanmuseum mit Domschatz und Limburger Staurothek** Das Museum befindet sich in einem 1544 erbauten historischen Burgmannenhaus. Gezeigt wird der wertvolle Domschatz mit vergoldeten Messkelchen und aufwendig gearbeiteten Messgewändern. Prunkstück der Sammlung ist ein byzantinisches Kreuzreliquiar, die Staurothek aus dem 10. Jahrhundert, in der Splitter vom Kreuz Jesu Christi enthalten sein sollen.

❷ **Kunstsammlungen der Stadt Limburg** Die Bestände des Heimatmuseums und die Kunstobjekte des Rathauses werden in den Räumen des Rathauses präsentiert. Darunter Grafiken, Gemälde, Zeichnungen, Scherenschnitte und Aquarelle sowie wechselnde Kunstausstellungen.

Der spätromanische Dom thront erhöht auf einem Kalkfelsen über der Lahn und Limburg und ist schon von Weitem sichtbar.

Besucher-Tipps:

Kubacher Kristallhöhle Ein paar Millionen Jahre in die Vergangenheit reist man bei einer Begehung der in Deutschland einzigartigen Kubacher Kristallhöhle. Die 30 Meter hohe Schauhöhle mit Calcitkristallen und Perltropfsteinen wurde eher zufällig in den 1970er-Jahren entdeckt. Eigentlich war man auf der Suche nach einer Tropfsteinhöhle, auf die Bergleute im 19. Jahrhundert gestoßen waren. Sie wurde damals verfüllt und geriet in Vergessenheit. Dafür ist nun die Kristallhöhle seit 1981 öffentlich zugänglich und kann im Rahmen einer 45-minütigen Führung besichtigt werden. Achtung: 912 Stufen sind zu meistern! Der Höhle sind ein Museum und ein Gesteinsgarten angegliedert.

Hessen · Thüringen

Darmstadt

Darmstadt hat viele Facetten. Die Landgrafen und späteren Großherzöge von Darmstadt-Hessen hatten hier ihren Sitz, Künstler des Jugendstil lebten und arbeiteten auf der Mathildenhöhe, heute macht Darmstadt auch als Wissenschaftsstadt von sich reden.

Die viertgrößte Stadt Hessens wartet mit einer Menge Sehenswürdigkeiten auf. Sie entstand im Mittelalter aus einer fränkischen Siedlung und wurde im 16. Jahrhundert Residenzstadt. Zahlreiche Bauten wie das Schloss, der Luisenplatz mit dem Ludwigsmonument, die Gartenanlagen und die Jugendstilkolonie zeugen von ihrer politischen und kulturellen Bedeutung, die erst mit der Gründung Hessens nach dem Zweiten Weltkrieg und der Verlegung der Landeshauptstadt nach Wiesbaden abnahm. Die alte Residenzpracht wird durch moderne Bauten wie die Waldspirale ergänzt, die nach Plänen von Friedensreich Hundertwasser entstand. Darüber hinaus bietet Darmstadt als Wissenschaftsstadt ein breites Veranstaltungsprogramm, wie Kindervorlesungen im Schloss, Vorführungen der Sternwarte oder Führungen im Europäischen Satellitenkontrollzentrum ESOC.

Sehenswürdigkeiten

❶ Altes Rathaus 1598 entstand das Alte Rathaus an der Südseite des Marktplatzes, auf dem bereits im 14. Jahrhundert Handel getrieben wurde. Dass es im Renaissancestil erbaut wurde, sieht man ihm aufgrund zahlreicher Umbauten nicht mehr an. Im Haus befinden sich das Standesamt und die Ratskeller-Hausbrauerei.

❷ Residenzschloss Der ehemalige Verwaltungssitz der Landgrafen und Großherzöge von Hessen-Darmstadt stammt aus dem frühen 13. Jahrhundert, wurde im Laufe der Jahrhunderte jedoch um verschiedene Anbauten erweitert. Genutzt wird das Schloss von der TU Darmstadt, außerdem sind darin die Landesbibliothek und ein Museum untergebracht.

❸ Prinz-Georg-Palais Im Prinz-Georgs-Garten, einer typischen Rokokoanlage, steht das Palais, das 1710 als barockes Gartenhaus errichtet wurde. Dort ist die Großherzoglich-Hessische Porzellansammlung zu besichtigen.

❹ Mathildenhöhe mit Hochzeitsturm Auf der Mathildenhöhe, einer Gartenanlage aus dem 19. Jahrhundert, gründete Großherzog Ernst Ludwig 1899 eine Künstlerkolonie. Zu dem einzigartigen Jugendstilensemble gehören Künstlerhäuser, Ateliers und der Hochzeitsturm, das Wahrzeichen von Darmstadt.

Museen

❶ Hessisches Landesmuseum Unter dem Dach des 1902 erbauten Gebäudes sind Sammlungen aus unterschiedlichen Fachdisziplinen wie Kunstgeschichte, Geologie und Zoologie versammelt. Aufgrund seiner Bandbreite zählt das Landesmuseum zu den wenigen Universalmuseen.

❷ Museum Künstlerkolonie im Ernst-Ludwig-Haus Eine Dauerausstellung informiert über die Darmstädter Künstlerkolonie (1899 bis 1914). Gezeigt werden Dokumente zum Wirken und Werk der Jugendstil-Künstler sowie Exponate wie Gemälde, Skulpturen, Möbel und Schmuck.

Neben der Russischen Kapelle steht auf der Mathildenhöhe zur Erinnerung an die Hochzeit des Großherzogs Ernst Ludwig der Hochzeitsturm.

Besucher-Tipps:

Rosenhöhe Der 1810 angelegte Landschaftspark verfügt über einen alten Baumbestand, seltene Pflanzen und mehr als 10 000 Rosen. Pavillons, Garten- und Teehäuser sowie die Mausoleen, in denen die Großherzöge beigesetzt wurden, sind weitere Highlights.

Kranichstein Im Norden von Darmstadt befindet sich das barocke Jagdschloss Kranichstein, das für Landgraf Georg I. von Hessen-Darmstadt gebaut wurde. Zu sehen sind Exponate rund um die höfische Jagd. Nicht weit davon entfernt informiert das Bioversum Kranichstein anschaulich und interaktiv über die Lebensräume von Pflanzen und Tieren sowie die Vielfalt der Natur und den Einfluss der Menschen auf sie.

UNESCO-Welterbe

Grube Messel Eine gewaltige Explosion vor 47 Millionen Jahren schuf einen 300 bis 400 Meter tiefen Magmakrater. Er füllte sich mit Wasser – die Voraussetzung dafür, dass sich tote Tiere und abgestorbene Pflanzen in einer 130 Meter dicken Sedimentschicht ablagern konnten und dort über Jahrmillionen sehr gut erhalten blieben. In der Grube Messel wurden Insekten, Urpferdchen, Vögel, Amphibien und Reptilien im Ölschiefer konserviert. Es fanden sich aber auch Pflanzen in sensationeller Vielfalt, die Rückschlüsse auf die damals herrschenden klimatischen Bedingungen zulassen. Seit 1995 ist die Grube Teil des UNESCO-Welterbes. Das Grubengelände ist im Rahmen einer Führung zu besichtigen.

ⓘ Touristeninformation: Luisenplatz 5, 64283 Darmstadt, Tel. 06151/13 45 13, E-Mail: information@darmstadt.de, www.darmstadt-marketing.de

Hessen · Thüringen

Frankfurt am Main

Die unverwechselbare Skyline »Mainhattans«, die Ballung der Banken und der tägliche Bericht vom Frankfurter Börsenparkett, Alte Meister und moderne Kunst, die Lage am Main und der Katzensprung in den Taunus sind nur einige Facetten der Metropole Frankfurt.

Frankfurt ist Business-Stadt und Finanzmetropole. Die Europäische Zentralbank und die Bundesbank haben hier ebenso ihren Sitz wie 300 weitere Geldinstitute. Ihre Präsenz in der Stadt ist unübersehbar – überragen die Hochhaustürme des Bankenviertels doch den Rest der Stadt.

Frankfurt ist aber auch Literaturstadt. Goethe wurde hier geboren, zahlreiche Verlage und die Deutsche Nationalbibliothek haben hier ihren Sitz, und jedes Jahr im Herbst öffnet die weltweit größte Buchmesse ihre Pforten. Die Stadt ist auch in anderer Hinsicht reich an Kultur. Alte Meister oder moderne Kunst, Naturgeschichte, Film oder Architektur? Museen gibt es für jeden Geschmack, viele davon sind zentral am Museumsufer zu finden. Historisch bedeutsam sind Römer, Domberg und die Paulskirche, die als Wiege der deutschen Demokratie gilt.

Sehenswürdigkeiten

❶ Dom St. Bartholomäus Der größte Sakralbau der Stadt ist zugleich das höchste historische Bauwerk und bietet mit seinem 95 Meter hohen Turm selbst den Wolkenkratzern Paroli. Neben seiner Größe ist es vor allem seine historische Bedeutung als Wahl- und Krönungskirche der Könige und Kaiser des Heiligen Römischen Reiches Deutscher Nation. Zehn Kaiser wurden in den Jahren 1562 bis 1792 im Dom gekrönt. Deshalb galt die Kirche insbesondere im 19. Jahrhundert als Symbol der nationalen Einheit. Errichtet wurde sie im 14. Jahrhundert auf einem von mehreren Vorgängerbauten. Der Westturm entstand im 15. Jahrhundert. Mehrere Erweiterungen folgten, sodass der Bau erst im 19. Jahrhundert sein heutiges Aussehen erhielt.

❷ Steinernes Haus Am Markt entstand 1464 ein spätgotisches Bürgerhaus, das ehrfürchtig das Steinerne Haus genannt wurde. Waren bisher alle Bauten in Fachwerkbauweise errichtet worden, wuchs das neue Haus aus Steinen und Mauern empor. Auftraggeber war ein Kölner Kaufmann, der den burgähnlichen Bau als Kontor für seinen Seidenhandel nutzte. Heute befindet sich in den Räumen ein Gasthaus.

❸ Römer Der Gebäudekomplex aus elf Patrizierhäusern ist seit 1405 Sitz des Rathauses und heute das Wahrzeichen der Stadt. Drei der Gebäude sind mit gotischen Treppengiebeln versehen und seit dem 19. Jahrhundert auch mit einem Balkon. Sie bilden den auffälligsten Teil der Fassade. In dem geschichtsträchtigen Haus fanden die Vorverhandlungen zur Wahl der Könige und Kaiser statt, und die Nationalversammlung hätte hier ebenfalls getagt, wenn Platz gewesen wäre. Heute werden die Räume vom Oberbürgermeister, der Stadtverordnetenversammlung und für repräsentative Zwecke genutzt. Besonders begehrt ist der schmale Balkon vor dem Kaisersaal, von dem Fussballspieler ihren Fans winken oder Politiker Reden halten.

❹ Römerberg Der zentrale Platz, der auch Samstagsberg genannt wird, weil die Karolinger an diesem Tag dort früher Gericht hielten, ist heute Treffpunkt für Touristen. Der Römer befindet sich hier ebenso wie der Gerechtigkeitsbrunnen mit der sehenden Justitia in der Mitte des Platzes und die Alte Nikolaikirche. Während des Zweiten Weltkrieges wurden große Teile der historischen Altstadt zerstört. Die wiederaufgebaute Häuserzeile auf der Ostseite lässt erahnen, wie der Römerberg vor dem Krieg aussah.

❺ Saalhof Direkt am Flussufer liegt der Saalhof, das älteste Gebäude der Stadt. Es gründet auf einer Burg der Staufer aus der Zeit um 1200. Zum Gebäudekomplex gehören die Stauferkapelle, der spätmittelalterliche Rententurm, der barocke Bernusbau aus den Jahren 1715 bis 1717 sowie der Burnitzbau von 1842. Im Saalhof ist heute das Historische Museum untergebracht.

❻ Paulskirche Der klassizistische Bau aus auffallend rotem Sandstein und mit ovalem Grundriss entstand von 1789 bis 1833. In ihr tagte 1848 bis 1849 das erste Parlament Deutschlands. Im Zweiten Weltkrieg wurde die Kirche zerstört, zügig wiederaufgebaut und konnte bereits 1948 wieder eingeweiht werden. Heute ist sie eine Gedenkstätte der Demokratie Deutschlands und wird für kulturelle und politische Veranstaltungen genutzt, wie der Verleihung des Friedenspreises des Deutschen Buchhandels im Rahmen der Buchmesse.

❼ Liebfrauenkirche Die spätgotische, dreischiffige Hallenkirche am Liebfrauenberg entstand ungefähr im Zeitraum zwischen 1310 und 1478. In einem zweiten Bauabschnitt von 1506 bis 1509 wurde der Chor errichtet. Wie so viele Gebäude Frankfurts brannte sie 1944 aus. Seit 1956 steht

Hessen · Thüringen

Besucher-Tipps:

Palmengarten Pflanzen aus fast allen Klimazonen der Erde sind im 1869 bis 1871 angelegten Palmengarten im Westend zu bewundern. Fleischfressende Pflanzen sind ebenso darunter wie Orchideen und natürlich jede Menge Palmen. Im Außengelände befinden sich zahlreiche Themengärten wie der Rosen-, Stauden- und Kakteengarten, die Steppenwiese oder das Mittelmeerbeet. Tropicarium, Palmenhaus und Pflanzenschauhaus bieten auch bei regnerischem Wetter bedachte Einblicke in die Welt der Pflanzen und die Geschichte der Botanik. Unter anderem sind dort Gewächse aus Nebelwüsten, Mooren, Regenwäldern und Bergregionen zu sehen. Der Palmengarten ist ganzjährig geöffnet.

sie wieder für Gottesdienste zur Verfügung.

❽ Dotationskirchen Für acht Kirchen zahlt die Stadt Frankfurt Unterhalt. Das wurde 1830 im sogenannten Dotationsvertrag zwischen der Stadt und den christlichen Gemeinden festgeschrieben. Die Stadt als juristischer Eigentümer kommt für die Kosten der Gebäude und ihrer Einrichtung auf, die Gemeinden nutzen sie. Dotationskirchen sind: Alte Nikolaikirche, St. Bartholomäus-Dom, St. Leonhardskirche, Liebfrauenkirche, Katharinenkirche, Dreikönigskirche, St. Peterskirche und das Dominikanerkloster.

❾ Hauptwache Das Kaffeehaus in der barocken Hauptwache ist als Treffpunkt beliebt. Das war nicht immer so, denn im 18. Jahrhundert hatte hier die Stadtwehr ihren Sitz, und den Wachstuben wie auch dem Ge-

Das moderne Banken- und Messeviertel (kleines Bild) steht im Kontrast zu den Fachwerkfassaden auf dem Römerberg (großes Bild).

Hessen · Thüringen

fängnis bleiben die meisten Menschen lieber fern.

⑩ Alte Oper Man sieht es der Alten Oper nicht an, dass sie erst im Jahr 1981 eingeweiht wurde. Das ursprüngliche Opernhaus wurde 1944 zerbombt, übrig blieb nur eine Ruine. Fast 40 Jahre stand sie auf dem Opernplatz, und man konnte sich nicht darauf einigen, ob man sie sprengen sollte. Eine Bürgerinitiative gab schließlich den Ausschlag und das nötige Geld, um das Opernhaus im Stil der italienischen Renaissance neu zu errichten. Seitdem wird es für Konzerte und als Kongresshaus genutzt. Um Opern zu hören, geht man seit 1951 in die Oper Frankfurt.

⑪ Freßgass Hinter dem Namen verbergen sich die Fußgängerzone Große Bockenheimer Straße und ihre Seitenstraße, die Kalbächer Gasse. Seit dem Ersten Weltkrieg siedelten sich in diesem Bereich der Stadt Feinkost- und Lebensmittelgeschäfte an, diese Tradition besteht bis heute. Zahlreiche Restaurants, Cafés und Läden für Gourmets sorgen dafür, dass hier niemand hungrig bleibt. Daneben laden schicke Boutiquen zum Shoppen ein.

⑫ Eschenheimer Turm Der Turm, häufig auch als Eschenheimer Tor bezeichnet, ist Teil eines mittelalterlichen Stadttores. Er wurde 1426 bis 1428 errichtet, nachdem sich die Stadt weit über die alte Mauer hinaus ausgedehnt hatte und eine zweite Stadtmauer notwendig wurde. Er ist 47 Meter hoch, unten quadratisch, oben rund und besitzt neben der Turmspitze vier weitere Ecktürmchen und einen Wehrgang. Das Erdgeschoss und das Kaminzimmer der Turmwächter werden heute von einem Gastronomiebetrieb genutzt.

⑬ Alt-Sachsenhausen Das Viertel zwischen dem Deutschherrnufer, der Dreieichstraße und der Elisabethstraße ist bekannt für seine Kneipen und Apfelweinwirtschaften. Fachwerkhäuser, Brunnen, so viele wie sonst nirgends in der Stadt, und charmante Plätze mit Kopfsteinpflaster tragen zum Flair der Gegend bei. Zahlreiche »Ebbelwoi-Wertschafte« bieten neben dem erfrischend-säuerlichen Getränk auch typische Frankfurter Gerichte wie Rindfleisch mit Grüner Soße an, die aus sieben Kräutern zubereitet wird.

⑭ Eiserner Steg Die 107 Meter lange Fußgängerbrücke wurde von 1868 bis 1869 auf Betreiben Frankfurter Bürger errichtet, um vom Römerberg in den Stadtteil Sachsenhausen zu kommen. Der Steg über den Main ist aus Stahlfachwerk und ruht auf zwei Flusspfeilern. Auf die heutige Durchfahrtshöhe von acht Metern wurde der Steg 1910 nach der Havarie eines Kohletransporters gehoben. Dazu wurden die Strompfeiler aufgemauert und die Treppenaufgänge aus Sandstein erweitert.

⑮ Gerbermühle Im Ortsteil Oberrad befindet sich in den wiederaufgebauten Räumen einer ehemaligen Getreide-, Farb- und Schleifmühle heute ein Restaurant sowie ein Hotelbetrieb. Überregional bekannt wurde sie durch den Aufenthalt von Goethe, der im Sommer 1815 in der Mühle wohnte und sich dort von der Ziehtochter und späteren Frau seines Gastgebers verzaubern ließ.

Der Frankfurter Opernplatz mit der Alten Oper, in der allerdings nur Konzerte veranstaltet werden. Direkt um die Ecke liegt die legendäre Freßgass mit ihren Lokalen.

Ausflugstipps:

Zoo Frankfurt Er ist einer der ältesten Zoos der Welt. 1858 wurde er gegründet, im Zweiten Weltkrieg zerstört und wiederaufgebaut. Unter der Leitung von Professor Bernhard Grzimek ist er ab den 1960er-Jahren berühmt geworden. Inzwischen ist der Zoo Heimat für 500 verschiedene Arten und mehr als 4500 Tiere und gleichzeitig eine grüne Oase mitten in der Stadt. Besonders sehenswert ist das Exotarium, in dem Besucher Tiere vom Polarmeer bis zum Amazonas beobachten können. Neben den dort lebenden Pinguinen, Fischen, Reptilien und Amphibien sind das größte Nachttierhaus Europas mit Fledermäusen und Erdferkeln sowie der Katzendschungel weitere Besuchermagnete.

Hessen · Thüringen

Hessen · Thüringen

Museen

① Städelsches Kunstinstitut und Städtische Galerie Das Städel zeigt Kunstwerke vom Mittelalter bis zur Gegenwart. Das Museum von Weltrang besitzt eine enorme Sammlung von Skulpturen, Gemälden, Zeichnungen und Grafiken weltberühmter Künstler aus sieben Jahrhunderten. Die Alten Meister Holbein, Dürer, Cranach, Rembrandt und Vermeer sind ebenso vertreten wie die Moderne mit Monet, Van Gogh, Cezanne, Matisse und Picasso und die Gegenwartskunst mit Bacon und Baselitz. Gegründet wurde das Museum 1815. Der Kaufmann, Bankier und Namensgeber Johann Friedrich Städel hinterließ der Stadt seine beträchtliche Kunstsammlung zum Aufbau eines Kunstinstituts.

② Goethe-Haus und -Museum Am 28. August 1749 kam Johann Wolfgang von Goethe in Frankfurt zur Welt. Sein Geburtshaus, ein Bau aus dem 17. Jahrhundert, wurde im Zweiten Weltkrieg zerstört, später aber originalgetreu wiederhergestellt. Darin befindet sich heute das Goethe-Haus. Die Familie Goethe, das sind seine Eltern sowie die Schwester Cornelia, lebte von 1733 bis 1795 in Frankfurt. Das Haus vermittelt mit den Einrichtungsgegenständen der damaligen Zeit einen Eindruck davon, wie der Dichter gewohnt hat. Persönliche Gegenstände und Dokumente vervollständigen das Bild. Im Goethe-Museum sind Gemälde der Goethezeit – vom Spätbarock bis zum Biedermeier – ausgestellt.

③ Jüdisches Museum Das Jüdische Museum befindet sich im ehemaligen Rothschild-Palais. Neben der historischen Entwicklung der jüdischen Gemeinde in Frankfurt vom 12. bis zum 20. Jahrhundert widmet sich das Museum allgemein der jüdischen Kultur. Zahlreiche Gegenstände des Alltags und vor allem zur Ausübung von religiösen Festen sind zu sehen. Eine Dependance des Museums befindet sich in der Judengasse am Börneplatz, dem historischen Zentrum jüdischen Lebens in der Stadt. Eine Dauerausstellung informiert über die Geschichte der Straße und ihrer Bewohner.

④ Historisches Museum Die Geschichte der Stadt Frankfurt ist das zentrale Thema des Historischen Museums. Verschiedene Stadtmodelle, Wissenswertes über die Stauferzeit oder die Bibliothek der Alten, ein Archiv Frankfurter Autoren, gibt es in dem historischen Gebäude am Römerberg zu sehen. Die umfangreiche Sammlung ist standesgemäß in den ehrwürdigen Mauern des Saalhofensembles untergebracht.

⑤ Museum für Moderne Kunst So modern wie die Kunst ist auch das »Tortenstück« genannte dreieckige Gebäude mit dem großen Glasdach. Seit 1991 wird im MMK internationale Kunst von den 1960er-Jahren bis heute präsentiert, in Räumen, die so einzigartig und individuell sind wie die dort gezeigte Kunst. Malerei, Bildhauerei, Film, Fotografie, Video und Performance – insgesamt mehr als 4500 Werke umfasst die Sammlung. Da immer nur ein Bruchteil davon gezeigt werden konnte, wurde Mitte 2014 eine Dependance im TaunusTurm eingerichtet. Ein weiterer externer Ausstellungsraum, MMK Zollamt, steht im ehemaligen Hauptzollamt zur Verfügung.

Hessen · Thüringen

Ausflugstipps:

Stadtwald Der Frankfurter Stadtwald zählt mit knapp 5800 Hektar Fläche zu den größten Stadtwäldern Deutschlands. Er ist wichtiger Teil des Frankfurter Naherholungsgebietes und ein beliebtes Ausflugsziel. In den drei Bereichen des Waldes, dem Unterwald, dem Schwanheimer Wald im Westen und dem Oberwald im Osten gibt es ein 450 Kilometer langes Wegenetz für Fußgänger und Radfahrer sowie 80 Kilometer Reitwege. Wer mehr als nur spazieren gehen will, findet auf den Wald- und Naturlehrpfaden, dem 43 Meter hohen hölzernen Goetheturm, am Jacobiweiher oder bei einem Besuch im forstlich-ökologischen Informationszentrum Stadtwaldhaus reichlich Abwechslung und Anregungen.

❻ Senckenberg Naturmuseum Riesige Skelette, Fossilien und jede Menge Tierpräparate beherbergt das Naturmuseum. Dargestellt werden die Entstehung und Entwicklung der Erde, die Vielfalt des Lebens und die Evolution. Zu allen naturwissenschaftlichen Bereichen, wie Biologie, Geologie, Paläontologie, Zoologie und Botanik, gibt es umfangreiche Sammlungen zu bestaunen.

❼ Liebieghaus 1909 wurde die einzigartige Skulpturensammlung in der ehemaligen Villa des Heinrich Baron von Liebieg eröffnet. Sie liegt am Museumsufer und beherbergt Werke der ägyptischen, griechischen und römischen Antike. Ferner sind Stücke aus den Epochen des Mittelalters, der Renaissance, des Barock und des Klassizismus zu sehen. Ein weiterer Schwerpunkt liegt auf Kunst aus dem ostasiatischen Raum.

❽ Deutsches Filmmuseum Auch das Deutsche Filmmuseum ist am Museumsufer ansässig. Die Dauerausstellung widmet sich den Themen »Filmisches Sehen« und »Filmisches Erzählen« und präsentiert die Geschichte des Films. Daneben gibt es regelmäßig Wechsel- und Sonderausstellungen zu Regisseuren, Schauspielern oder Filmgenres wie Western sowie zu bestimmten Themen wie Helden. Was wäre ein Filmmuseum ohne Kino? Gezeigt werden ausgezeichnete und herausragende internationale Filme sowie Filmreihen mit Klassikern, Kinderfilmen oder thematischen Schwerpunkten.

❾ Museum für Angewandte Kunst 1967 zog das Museum für Kunsthandwerk in die ehemalige Villa des Bankiers Georg Friedrich Metzler ein, nachdem die Stadt sie zu Beginn der 1960er-Jahre erworben hatte. In dem 1804 als Sommerhaus erbauten Gebäude zeigt das Museum für Angewandte Kunst, wie es heute heißt, europäisches Kunsthandwerk vom 12. bis zum 21. Jahrhundert, außerdem Design, Grafik und Buchkunst. Darüber hinaus sind Werke islamischer und ostasiatischer Kunst zu sehen.

Frankfurter Museen: Liebieghaus (links) und Schirn Kunsthalle (rechts). Zwei Welten: Der Financial District leuchtet neben dem altehrwürdigen Kaiserdom (großes Bild).

Hessen · Thüringen

Hessen · Thüringen

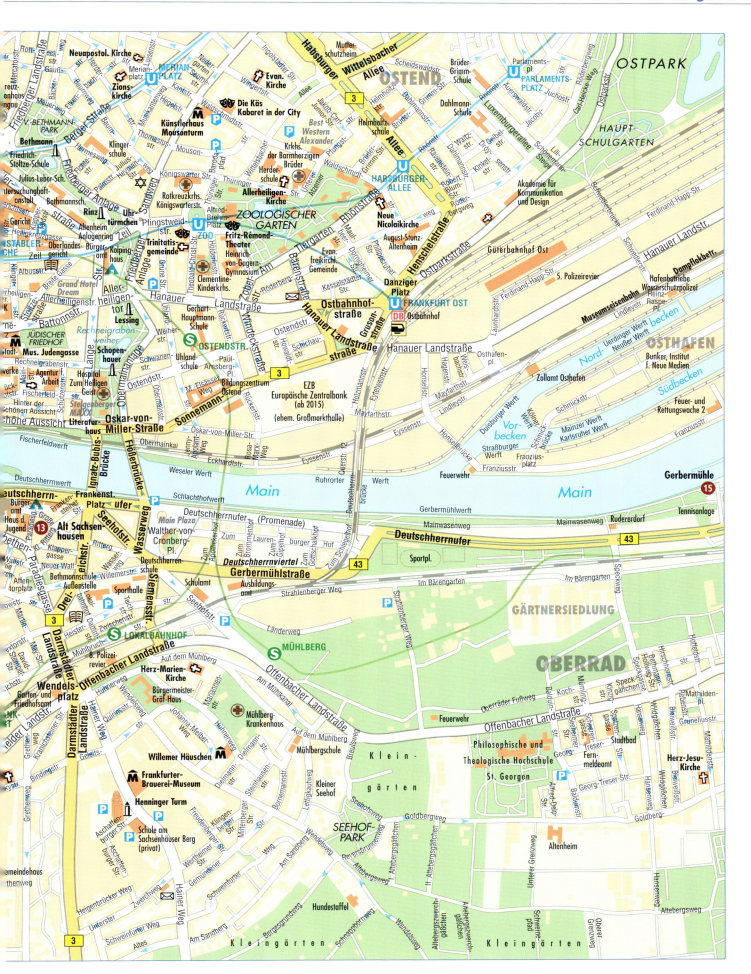

Hessen · Thüringen

Wiesbaden

Wiesbaden, seit 1946 Hauptstadt des Landes Hessen, wurde schon in der Antike wegen seiner heißen Thermalquellen geschätzt. Der Status als Kurstadt und die Residenz der Nassauer Herzöge begründeten den Glanz und die Pracht der Stadt im 19. Jahrhundert.

Eine Fachwerkaltstadt wie in anderen Orten des Landes sucht man hier vergebens. Dafür gibt es prachtvolle Boulevards und Alleen, elegante Plätze, großzügige Parks mit zahlreichen Denkmälern und reichlich herrschaftliche Villen aus dem 19. und 20. Jahrhundert. Das Casino im Kurhaus lockt Einwohner wie Besucher ebenso wie die Prachtstraße Wilhelmstraße mit ihren Boutiquen oder die Taunusstraße mit ihren Antiquitätengeschäften. Wiesbaden zählt zu den ältesten Kurbädern Europas, und man kann es in über 20 Thermalbädern den Römern gleichtun. Der schönste Ort dafür ist die Kaiser-Friedrich-Therme. Der großzügig angelegte Kurpark lädt ebenso zum Flanieren ein wie der Apothekergarten, der Schlosspark Biebrich oder der Neroberg. Empfehlenswert sind auch Ausflüge in den vor den Toren der Stadt gelegenen Rheingau.

Sehenswürdigkeiten

❶ Kurhaus Das neoklassizistische Kurhaus beeindruckt mit seiner über 120 Meter langen Säulenhalle. Kaiser Wilhelm II. pries den Bau, der an der Stelle des alten, zu klein gewordenen Kurhauses errichtet wurde, bei der Eröffnung 1907 als schönstes Kurhaus der Welt. Im ehemaligen Weinsaal befindet sich das Casino.

❷ Casino Wiesbaden Fjodor Dostojewski, der berühmte russische Schriftsteller, verspielte 1865 sein ganzes Geld in der Spielbank Wiesbaden. So wie ihm war es schon vielen mit dem Glücksspiel ergangen, denn die Stadt besaß seit 1771 eine Konzession. Bis 1810 wurde in Kneipen gewonnen und verloren, dann wurde im Casino um Geld gespielt.

❸ Hessisches Staatstheater Der Bau des Theaters wurde von Kaiser Wilhelm II. ausgeschrieben und von den Architekten Ferdinand Fellner der Jüngere und Hermann Helmer in weniger als zwei Jahren errichtet. 1894 war Eröffnung, 1902 ergänzte man den Bau um das Rokokofoyer.

❹ Neroberg Der Neroberg ist der Hausberg und ein beliebtes Ausflugsziel der Wiesbadener. Auf seinen Hängen wächst der Neroberger Wein, und vom 1851 erbauten Monopteros, einem Tempel, hat man eine wunderbare Aussicht. Hinauf kommt man mit der Nerobergbahn, einer Drahtseilbahn, die mit Wasserkraft betrieben wird.

❺ Biebricher Schloss Das dreiflüglige barocke Schloss liegt am Rheinufer. 50 Jahre wurde an ihm bis zu seiner Fertigstellung 1750 gearbeitet. Die Residenz der Fürsten und Herzöge von Nassau wird heute von der Landesregierung genutzt. Im Schlosspark findet jedes Jahr ein Reitturnier statt.

❻ Kurpark Hinter dem Kurhaus erstreckt sich der Kurpark, der 1852 angelegt wurde und sich im Stil an englischen Landschaftsgärten orientiert. Auf dem großen Teich kann man Boot fahren, und sonntags gibt es bei der Konzertmuschel klassische Musik.

❼ Kranzplatz Um den Kranzplatz und den benachbarten Kochbrunnenplatz herum entstanden im 19. Jahrhundert prachtvolle Bäderhotels. Das Hotel Schwarzer Bock ist heute das einzige noch erhaltene Haus aus dem 15. Jahrhundert. Den Krieg überstanden haben auch der Kochbrunnentempel und Teile der Kolonnaden.

Museen

❶ Museum Wiesbaden Neben bedeutenden expressionistischen Werken präsentiert das Museum eine kunstwissenschaftliche und eine naturhistorische Sammlung. Entstanden ist es aus drei selbstständigen Museen.

❷ Harlekinäum Im Humormuseum ist Schräges zu bestaunen. Surreale Erlebnisse wie der Gang durch einen Riesenkäse, lustige und überflüssige Erfindungen oder die Würdigung der Zwiebel sind hier versammelt.

Nur dem Schein dient die Schaufront des Staatstheaters, der Eingang ist auf der rückwärtigen Seite (oben); Casino im Kurhaus (unten).

Besucher-Tipps:

Sektkellerei Henkell Sie zählt zu den traditionsreichsten Sektkellereien Deutschlands. In Wiesbaden ist sie seit 1909 in einem klassizistischen Gebäude untergebracht. Das Unternehmen bietet Führungen an, in denen die mehrstöckigen Keller mit den riesigen Weinfässern ebenso besichtigt werden können wie das hauseigene Sektmuseum. Es darf probiert werden!

Kaiser-Friedrich-Therme Das historische Jugendstilthermalbad wird aus der Adlerquelle gespeist. Das Wasser der zweitgrößten Wiesbadener Thermalquelle ist über 60 Grad Celsius heiß. Das aufwendig renovierte Bad hat einen modernen Wellnesbereich mit verschiedenen Saunen und Dampfbädern, Massagen und einen Kosmetikbereich zu bieten.

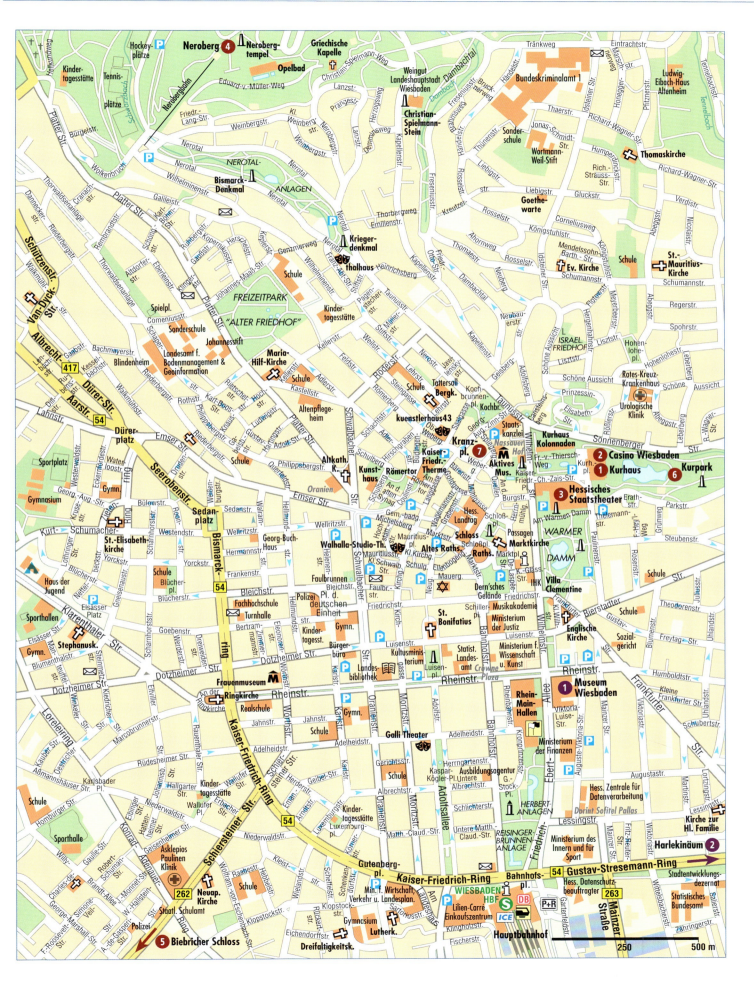

Heppenheim

Der malerische Ort mit seinen Fachwerkhäusern, hübschen Gassen und dem idyllischen Marktplatz liegt an der Bergstraße am Rand des Odenwalds inmitten von Weinhängen. Oberhalb vom Ort, auf dem Schlossberg, thront die mittelalterliche Starkenburg.

In der Fachwerkstadt sind mehr als 400 Gebäude, Denkmäler und Orte als Kulturdenkmal ausgewiesen und stehen unter Schutz. Dazu zählen die Gesamtanlage des Altstadtkerns und der Schlossberg, Kapellen, Friedhöfe, manchmal aber auch nur ein Bildstock oder ein Türsturz. Auch der Traditionsgasthof »Goldener Engel« mit seinem Portal aus dem 18. Jahrhundert steht auf dieser Liste, ebenso wie das Rathaus und die katholische Pfarrkirche St. Peter samt Pfarrhaus. Heppenheim ist aber nicht nur Denkmal, sondern auch eine lebendige Wein- und Festivalstadt. Zahlreiche Veranstaltungen wie die Gassensensation, ein Straßentheaterfestival, die Heppenheimer Festspiele oder der Bergsträßer Weinmarkt sind über die Grenzen des Ortes hinaus bekannt und beliebt. Naturfreunde finden in der Umgebung zahlreiche Wander- und Radwege.

Sehenswürdigkeiten

❶ Fachwerkaltstadt Um den Marktplatz von Heppenheim gruppieren sich Fachwerkhäuser, die aus dem 16. Jahrhundert stammen. 1693 zerstörte ein Brand viele Gebäude. Das Fachwerk wurde daraufhin neu aufgebaut. Deshalb ist es jünger als die Häuser selbst.

❷ Rathaus Das Rathaus von Heppenheim wurde 1551 errichtet, das barocke Fachwerk erst in den Jahren 1705 und 1706. Seitdem gab es mehrere Erweiterungen, und nach einem Brand in den 1950er- Jahren musste es restauriert werden. Der Turm wurde dabei mit einem Glockenspiel bestückt, das mehrmals täglich zu hören ist.

❸ Starkenburg Die Burg diente den Mönchen des Klosters Lorch als Zuflucht. Sie stammt aus dem Jahr 1065. Seit 1765 ist sie verlassen und verfallen. Der alte Bergfried musste 1924 deshalb gesprengt werden. Die Anlage besitzt heute einen neuen Bergfried, der historisch nicht korrekt am Westeingang gebaut wurde.

❹ St. Peter Neben der Burg ist der sogenannte »Dom der Bergstraße«, St. Peter, das eindrucksvollste Gebäude Heppenheims. Es entstand von 1900 bis 1904 an der Stelle einer Pfarrkirche aus dem 8. Jahrhundert. Der heutige Nordturm fußt auf Teilen der alten Kirche.

Museen

❶ Museum für Stadtgeschichte und Volkskunde Präsentiert wird in dem Museum die Stadtgeschichte Heppenheims von den Anfängen bis heute. Der Schwerpunkt wird dabei auf die Entwicklung ab dem Kaiserreich gelegt.

❷ Privates Feuerwehrmuseum Die Privatsammlung ist in einer alten Schmiede untergebracht. Ausgestellt sind Helme aus aller Herren Länder, Uniformen, Feuerlöscher und Fahrzeuge.

Der kleine Marktplatz von Heppenheim mit dem Marktbrunnen im Zentrum bietet rundum herrliche Straßencafés.

Ausflugstipps:

Naherholungsgebiet Bruchsee Heppenheims beliebtes Naherholungsgebiet ist 650 Meter lang und 210 Meter breit. Der See entstand durch Ausbaggerung von Kies und ist durch Spazierwege erschlossen. 40 Minuten dauert es zu Fuß um den See, an dem es zwei Spielplätze gibt. Im Norden befindet sich außerdem der Vogelpark Heppenheim. Vom Frühjahr bis zum Herbst können hier rund 65 Vogelarten bestaunt werden. Vögel lassen sich auch direkt am See gut beobachten, denn vielen von ihnen dient er als Brutstätte. Kormorane sind hier ebenso anzutreffen wie Graureiher, Grau-, Nonnen- oder Kanadagans. Damit sie ungestört brüten können, ist das Baden im See nicht erlaubt.

Besucher-Tipps:

Bergsträßer Weinmarkt Der Markt wird seit mehr als 50 Jahren jedes Jahr vom letzten Juniwochenende bis zum ersten Juliwochenende gefeiert. Das Sommerfest lockt an die Hunderttausend Besucher in die stimmungsvolle Altstadt. Weine der Region und andere heimische Spezialitäten, Musik und Unterhaltung werden geboten.

Martin-Buber-Haus Der jüdische Religionsphilosoph und Gelehrte Martin Buber lebte von 1916 bis zu seiner Emigration nach Jerusalem im Jahr 1938 in der Stadt Heppenheim. Das Haus, in dem er wohnte, wurde 1869 erbaut. Darin befindet sich ein Museum, das das Leben und Werk Martin Bubers zum Inhalt hat, sowie eine Bibliothek.

Hessen · Thüringen

Michelstadt

Das ungewöhnlichste Rathaus Hessens, eine ursprüngliche Altstadt mit viel Fachwerk, schmale Gassen und enge Durchlässe sind typisch für das historische Michelstadt. Der Ort liegt in einem von der Mümling durchflossenen Talabschnitt im Odenwald.

Michelstadt wird erstmals 741 n. Chr. in Schriften genannt, ist aber viel älter. Schon die Römer siedelten hier, und aus den Überresten ihrer Siedlung entstanden wahrscheinlich weitere Gebäude, dieses Mal errichtet von einem fränkischen Gutsherren. Die Anlage ist nicht mehr vorhanden, in Teilen jedoch in der frühmittelalterlichen Burganlage integriert. Im Schutz der Stadtmauer, die ebenfalls leider nicht mehr komplett erhalten ist, entstanden Fachwerkbauten, Brunnen für die Wasserversorgung, Handwerksbetriebe und sogar kleine Gärten. Erst ab dem 17. Jahrhundert baute man auch außerhalb der Mauer. Der Stadtkern hat sich so seine Ursprünglichkeit bewahrt. Das kuriose Rathaus, die Stadtmauer mit dem Diebsturm, die Kellerei oder der Löwenhof sowie die ehemalige Postkutschenstation am Markt, sind einen Besuch wert.

Sehenswürdigkeiten

❶ **Fachwerkaltstadt mit Rathaus** Das spätgotische Rathaus wurde 1484 gebaut. Unten Eichenpfosten, darüber Fachwerk und dann ein gewaltiges Dach – dieser ungewöhnliche Bau schaffte es sogar in den 1980er-Jahren auf eine Briefmarke.

❷ **Stadtkirche Michelstadt** Die spätgotische Kirche wurde im 15. Jahrhundert begonnen und 1537 mit dem Bau des Turms vollendet. Die einzelnen Bauabschnitte lassen sich gut anhand von Jahreszahlen nachvollziehen, die auf den Steinen angebracht wurden.

❸ **Burg Michelstadt** Die Burg gilt als Keimzelle der Stadt. Sie ist noch in Teilen erhalten und unter dem Namen Kellerei bekannt. Zur Anlage gehören die Zehntscheune, Amts- und Haupthaus, Remise und der Diebsturm, das frühere Gefängnis.

Museen

❶ **Odenwald- und Spielzeug-Museum** Beide Museen befinden sich in der ehemaligen Zehntscheune der Burg. Das Odenwaldmuseum informiert über das Leben und Arbeiten der Odenwälder in früheren Zeiten. Im Spielzeugmuseum gibt es historische Puppen zu sehen.

Das spätgotische Rathaus auf dem Markplatz von Michelstadt kann zu den schönsten Fachwerkbauten Deutschlands gezählt werden.

Mühlhausen

Die Stadt mit den rund 30 000 Einwohnern hatte im Mittelalter große Bedeutung. Das sieht man ihr heute noch an. Hunderte denkmalgeschützte Gebäude, mittelalterliche Kirchen und die lange Wehrmauer brachten ihr den Namen »Steinerne Chronik« ein.

Mühlhausen, zwischen Eichsfeld, Hainich und dem Höhenzug Dün gelegen, war schon in der Jungsteinzeit besiedelt. Urkundlich erwähnt wurde »mulinhuson« im Jahr 967 n. Chr. Ab dieser Zeit blühte Mühlhausen auf. Münz-, Zoll- und Stadtrechte, die Ernennung zur Freien Reichsstadt und der Beitritt zur Hanse sorgten für wirtschaftlichen Aufschwung. Glanz und politische Bedeutung kamen mit Kaisern, Königen und Landgrafen, die sich bevorzugt in der Stadt aufhielten. In dieser Zeit entstanden auch die Stadtmauer mit den Wehrtürmen und zahlreiche mittelalterliche Kirchen. In einer von ihnen, der Marienkirche, predigte im 16. Jahrhundert der radikale Reformator Thomas Müntzer. Auch die Pfarrkirche Divi Blasii ist mit einem berühmten Namen verbunden. In ihr war Johann Sebastian Bach als Organist tätig.

Sehenswürdigkeiten

❶ **St. Marien** Die zweitgrößte Hallenkirche Thüringens machte im Laufe der Jahrhunderte oft von sich reden. In dem gotischen Bau wurden die Rechtsentscheidungen des Kaisers verkündet, und Thomas Müntzer hielt dort seine »aufrührerischen« Reden. Heute befindet sich in den historischen Räumen die Müntzer-Gedenkstätte.

❷ **Rathaus** Der älteste Teil des Rathauses stammt aus dem 13. Jahrhundert. Anbauten sind für das heutige Erscheinungsbild verantwortlich, das von der Gotik über die Renaissance bis zum Barock alle Stile vereint.

❸ **Popperöder Brunnenhaus** Die sogenannte schönste Quelle Thüringens wurde 1614 geschaffen. Sitzreihen wie in einem Amphitheater, steinerne Arkaden, ein Fachwerküberbau und fünf Türmchen bilden seitdem die Kulisse für das jährlich stattfindende Brunnenfest.

Museen

❶ **Museum am Lindenbühl** Von 1868 bis 1870 wurde das Alte Gymnasium errichtet, in dem sich heute das Kulturhistorische Museum befindet. Schwerpunkt der Ausstellung ist die regionale Geschichte sowie Thüringer Kunst des 20. Jahrhunderts.

Panorama vom Rabenturm über die Altstadt von Mühlhausen mit Marienkirche, Jakobikirche und Stadtmauer mit Frauentor.

ⓘ *Touristeninformation: Marktplatz 1, 64720 Michelstadt, Tel. 06061/97 94 110, E-Mail: touristik@michelstadt.de, www.michelstadt.de*
ⓘ *Touristeninformation: Ratsstraße 20, 99974 Mühlhausen, Tel. 03601/40 47 70, E-Mail: service@touristinfo-muehlhausen.de, www.muehlhausen.de*

Hessen · Thüringen

Eisenach

Eisenach, das Tor zum Thüringer Wald, ist Wartburg-Stadt. Neben dem dominanten Gebäude wird die Stadt vor allem mit Musikern wie Bach, Telemann, Wagner oder Liszt in Verbindung gebracht. Auch Luther und Goethe haben Spuren hinterlassen.

Erste urkundliche Erwähnungen Eisenachs stammen aus dem Jahr 1189. Durch die günstige Lage an mehreren Fernhandelsstraßen gingen die Geschäfte gut, und die Stadt entwickelte sich nicht nur wirtschaftlich, sondern auch baulich. Eine Stadtbefestigung schützte die Bewohner seit Mitte des 12. Jahrhunderts. Das Nikolaitor ist eines der noch erhaltenen Stadttore. Ungefähr um diese Zeit wurde die Wartburg oberhalb der Stadt ausgebaut und gegen Ende jenes Jahrhunderts Hauptresidenz der Landgrafen von Thüringen. Von dem Moment an war sie eng mit den politischen, kulturellen und wirtschaftlichen Geschicken Eisenachs verbunden. Neben der Burg sind die Altstadt mit dem dreieckigen Karlsplatz, das Lutherdenkmal, der Markt, die Georgenkirche und natürlich die Geburts- und Wohnhäuser von Johann Sebastian Bach und Martin Luther sehenswert.

Sehenswürdigkeiten

❶ Wartburg Die Wartburg liegt 200 Meter oberhalb der Stadt auf einem schroffen Felsgrat. Der Sage nach wurde sie um 1080 von Ludwig dem Springer erbaut. Ältester Bereich ist der Palas, der in den Jahren 1157 bis 1170 errichtet wurde. In dem spätromanischen Bau sind unter anderem Ritter- und Speisesaal zu besichtigen, wie auch die farbenprächtigen Mosaike in der Elisabeth-Kemenate. Neueren Datums ist die Vorburg aus dem 14. und 15. Jahrhundert sowie der 1859 fertiggestellte Bergfried mit dem Wahrzeichen der Wartburg, dem goldenen Kreuz.

❷ Altstadt In die Altstadt gelangt man durch das Nikolaitor. Daneben befindet sich die romanische Nikolaikirche. Durch die Fußgängerzone Karlstraße gelangt man zum Markt, an dessen Südseite die Georgenkirche steht. Auch das Renaissancerathaus und das barocke Schloss, das nur acht Jahre lang als Residenz diente, befinden sich am Markt.

❸ Georgenkirche In ihr wurde die ungarische Prinzessin Elisabeth, die spätere heilige Elisabeth, getraut. Martin Luther sang hier als Chorknabe, bevor er 1521 predigte. St. Georg ist auch die Taufkirche Johann Sebastian Bachs, aus dessen Familie mehrere Organisten in der Kirche tätig waren. Ab 1708 wirkte Georg Philipp Telemann in dem Gotteshaus und führte Kirchenmusik auf.

Museen

❶ Bachhaus Das Bürgerhaus am Frauenplan galt lange Zeit als Geburtshaus von Johann Sebastian Bach. In dem 1907 eröffneten Bachmuseum kann man sich über Leben und Werk des Musikers informieren. Jede Stunde werden Orgel- und Cembalo-Stücke zum Besten gegeben.

❷ Lutherhaus Unweit des Marktes steht das Lutherhaus, in dem der Reformator während seiner Schulzeit bei der Ratsherrenfamilie Cotta wohnte. Von 1498 bis 1501 besuchte er die Lateinschule in Eisenach.

Der hübsche Marktbrunnen aus dem 16. Jahrhundert zeigt den heiligen Georg, der als Stadtpatron von Eisenach gilt.

UNESCO-Welterbe

Wartburg Die Wartburg ist seit 1999 UNESCO-Weltkulturerbe. Sie ist eng mit der kulturellen und politischen Geschichte Deutschlands verbunden. Bedeutung erlangte sie unter den Landgrafen Ludwig III. und Hermann I. als Zentrum höfischer Dichtkunst und des Minnesangs, deren Höhepunkt der sagenhafte Sängerkrieg war. Die heilige Elisabeth lebte ab 1211 auf der Burg, ebenso wie Martin Luther, der 1521 und 1522 auf der Burg versteckt gehalten wurde und dort das Neue Testament ins Deutsche übersetzte. Ein weiteres zentrales Ereignis war das Wartburgfest 1817, bei dem sich rund 500 deutsche Studenten trafen, um sich hier für die Einheit Deutschlands einzusetzen.

Besucher-Tipps:

Geodenkmal Drachenschlucht Eisenach ist die Pforte zum Thüringer Wald. Südlich der Stadt kann man in der sagenumwobenen Drachenschlucht einen Eindruck der Region bekommen. Tief eingeschnitten in die roten Felsen unterhalb der Wartburg, durchfließt der Marienbach die Schlucht. Der Weg führt am Fuß steiler Felshänge entlang, die dicht mit Moos bewachsen sind. Die engste Stelle ist die Klamm. Sie wird über einen Bohlensteg durchwandert, unter dem der Bach rauscht und gurgelt. Die Drachenschlucht ist das ganze Jahr hindurch frei zugänglich. Die Wanderung kann mit einem Abstecher zum Rennsteig, zur Landgrafenschlucht oder zur Wartburg kombiniert werden.

ⓘ Touristeninformation: Markt 24 (im Stadtschloss), 99817 Eisenach, Tel. 03691/792 323, E-Mail: info@eisenach.info, www.gastgeber-eisenach.de

Hessen · Thüringen

Gotha

Der beherrschende Bau in der Residenzstadt ist das Schloss Friedenstein. Die imposante Anlage birgt zahlreiche Kunstschätze und ist ein Besuchermagnet. Weniger glamourös, aber ebenso von Bedeutung ist Gotha als Verlags- und Versicherungsstadt.

Gotha wurde erstmals im Jahr 775 n. Chr. erwähnt. Damals herrschten die Ludowinger, und über der Stadt erhob sich die Burg Grimmenstein. Sie wurde 1567 geschleift und an ihrer Stelle das Schloss errichtet. Gotha wurde Haupt- und Residenzstadt des Herzogtums Sachsen-Gotha und entwickelte sich im 17. und 18. Jahrhundert zum Zentrum des Verlagswesens. Die Justus Perthes Verlagsbuchhandlung gab unter anderem ein Adelslexikon und Landkarten heraus. 1820 begründete die Gothaer Versicherung das deutsche Versicherungswesen. Gotha verlor nach dem Ersten Weltkrieg politisch an Bedeutung, kulturell blieb die Stadt ein lohnenswertes Reiseziel. Besucher schätzen insbesondere die Museen mit ihren wertvollen Sammlungen, das berühmte Ekhof-Theater mit der historischen Bühnentechnik, den weitläufigen Schlossgarten und die historische Altstadt.

Sehenswürdigkeiten

❶ Schloss Friedenstein mit Englischem Garten Die gewaltige barocke Schlossanlage entstand in den Jahren 1643 bis 1656. Früher war sie mit ausgedehnten Befestigungsanlagen versehen. Sie wurden fast vollständig zurückgebaut, nur die Kasematten sind heute noch zu besichtigen. Im Schloss sind mehrere Museen und das Ekhof-Theater untergebracht. Für den vielfältigen Schlosspark mit Orangerie, Parkteich und Merkurtempel sollte man ebenfalls Zeit einplanen.

❷ Schloss Friedrichsthal Das Schloss entstand 1708 bis 1711 als Sommerpalais für Herzog Friedrich II. Anders als im Schloss Friedenstein ist von der barocken Innenausstattung kaum noch etwas vorhanden, und es wird nur selten für Besucher geöffnet.

❸ Rathaus Das Rathaus am Hauptmarkt steht wie die umliegenden Gebäude unter Denkmalschutz. Das auffällige rote Gebäude mit der schönen Renaissancefassade wurde zuerst als Kaufhaus genutzt, bevor es Sitz der Stadtverwaltung wurde. Der Rathausturm kann bestiegen werden.

❹ Margarethenkirche Die älteste Pfarrkirche der Stadt wurde 1064 zum ersten Mal erwähnt. Im 17. und 18. Jahrhundert vergrößerte man den Bau und gestaltete ihn barock aus. Ihr heutiges Aussehen verdankt sie der Restaurierung in den 1950er-Jahren.

Museen

❶ Herzogliches Museum Gotha Die einzigartige Sammlung ist den Herzögen Gothas zu verdanken. Über Jahrhunderte hinweg trugen sie Schätze zusammen, die in einem eigens gebauten Museum der Öffentlichkeit präsentiert wurden. Zu sehen sind unter anderem eine ägyptische Sammlung, Gemälde, Skulpturen und Meißener Porzellan.

❷ Museum der Natur Gotha Das größte Naturmuseum des Landes zeigt die Dauerausstellung »Thüringer Wald«. Ein Diorama mit riesigen Sauriern und zahlreiche Tierpräparate vervollständigen die Sammlung.

Auf dem Hauptmarkt von Gotha steht der Schellenbrunnen und die Standfigur der Fama, dahinter liegt das Rathaus.

Ausflugstipps:

Galopprennbahn Gotha-Boxberg Eine der schönsten, aber auch sicherlich eine der schwierigsten Galopprennbahnen Deutschlands befindet sich auf dem Boxberg ein Stück außerhalb der Stadt mitten im Wald. Seit 1842 werden auf der herzoglichen Bahn Rennen bestritten. Wer nicht mit seinem Favoriten mitfiebert, kann die prächtige Kulisse von der viktorianischen Haupttribüne aus genießen.

Naturschutzgebiet Kleiner Seeberg Durch das Gebiet verläuft ein Naturlehrpfad, auf dem Gehölze erläutert werden. Hauptanziehungspunkt ist der kleine Tierpark, in dem Bären, Tiger, bedrohte Haustierrassen sowie Tiere aus dem europäischen Raum leben.

Besucher-Tipps:

Barockfest Das letzte Wochenende im August steht im Zeichen des Barock. Vor der Kulisse des Schlosses Friedenstein erwachen Herzog, Hofstaat und Gefolge zu neuem Leben. Handwerker und Händler gehen ihren Geschäften nach, Gaukler sorgen für Zerstreuung.

Ekhof-Festival Von Juni bis September präsentiert das Ekhof-Theater weniger bekannte Stücke des 18. Jahrhunderts, lädt zu Lesungen und Konzerten ein.

Gotthardusfest Am ersten Wochenende im Mai wird das beliebte Stadtfest gefeiert. Tänzer, Musiker sowie viele Schauspieler, Straßenkünstler und Handwerker sorgen für ein buntes Programm an verschiedenen Spielorten.

ⓘ Touristeninformation: Hauptmarkt 33, 99867 Gotha, Tel. 03621/50 78 57 12, E-Mail: tourist-info@kultourstadt.de, www.kultourstadt.de

Hessen · Thüringen

Erfurt

Die »Perle Thüringens« wird Erfurt auch gerne genannt. Zu Recht, finden Einwohner und Besucher, die von der historischen Altstadt, der Krämerbrücke und dem Breitstrom schwärmen. Festung und Fachwerk, Kloster und Kirchen laden zum Entdecken ein.

Die Landeshauptstadt ist die größte Stadt in Thüringen. Die Metropole war schon im Mittelalter politisch und wirtschaftlich bedeutend. 742 n. Chr. wird sie das erste Mal in den Quellen erwähnt. Zu diesem Zeitpunkt war sie bereits so wichtig, dass hier ein Bistum errichtet wurde. Geld kam durch den Handel mit dem blauen Farbstoff aus Waid in die Stadt und wurde unter anderem in die Gründung einer Universität gesteckt, die 1392 ihren Betrieb aufnahm. Martin Luther war einer ihrer Studenten. Der Wohlstand Erfurts lässt sich auch an der Fülle von historisch bedeutsamen Gebäuden ablesen. Prachtvolle Bürgerhäuser, zahlreiche Kirchen, Klöster und sogar eine Festung geben der Stadt ihr unverwechselbares Aussehen. Schon aus der Ferne ist das Ensemble von Dom und Severikirche, eines der Wahrzeichen Erfurts, auszumachen.

Sehenswürdigkeiten

❶ Altstadt Der frühmittelalterliche Stadtkern, die sogenannte Innere Altstadt, befindet sich innerhalb des Juri-Gagarin-Rings. Ausgehend vom Dom- und vom Petersberg entwickelte sich dort die Stadt. Neben dem Dom St. Marien befinden sich in diesem Bereich noch acht weitere historische Kirchen. Bedeutende Bauwerke sind ferner die Krämerbrücke, die Alte Synagoge und die Zitadelle Petersberg.

❷ Anger Die Fußgängerzone ist das Herz der Stadt. Kaufhäuser, Boutiquen und Restaurants reihen sich aneinander. Sehenswert sind auch die Gebäude selbst. Stilistisch ist von Gotik, über Barock, Renaissance und Jugendstil bis zu modernen Bauten alles vertreten. Das Kulturforum im Haus Dacheröden zeigt Ausstellungen, im Bartholomäusturm ist ein großes Glockenspiel zu bewundern, im Schwarzen Löwen residierte der schwedische Statthalter im Dreißigjährigen Krieg, und in der Kaufmannskirche gingen die Eltern von Johann Sebastian Bach die Ehe ein.

❸ Rathaus Der neugotische Bau auf dem Fischmarkt stammt aus den Jahren 1870 bis 1874. Neben der Architektur sind die öffentlich zugänglichen Gemälde im Treppenhaus und den Fluren interessant. Sie zeigen Ereignisse aus der Geschichte der Stadt. Ebenso sehenswert ist der Festsaal, der für Veranstaltungen genutzt wird. Darüber hinaus ist das Rathaus dem Oberbürgermeister und der Stadtverwaltung vorbehalten.

❹ Fischmarkt Neben dem Rathaus säumen eine Reihe von Patrizierhäusern mit klangvollen Namen den Fischmarkt. »Zum Roten Ochsen«, ein Renaissancebau, ist heute eine Kunstgalerie. Auf einem Fries sind neben den Wochentagen griechische Musen dargestellt. »Zur güldenen Krone« war ab 1615 die Poststelle, »Zum

Ausflugstipps:

Freizeitpark Stausee Hohenfelden Am Nordostufer lädt ein Strandbad zum Sprung in den Stausee. Daneben kann man hier auch Boote für eine Tour leihen, surfen und angeln. Unweit vom See befinden sich ein Kletterwald und eine neue Adventure-Golf-Anlage.

Thüringer Freilichtmuseum Hohenfelden Dörfliches Leben vom 17. bis zum 20. Jahrhundert wird anhand von 30 Museumshäusern in diesem Freilichtmuseum lebendig. Nicht alle Gebäude standen früher schon an dieser Stelle. Zum Teil kommen sie aus anderen Landesteilen.

Naherholungsgebiet Erfurter Seen Im Norden der Stadt gelegenes Seengebiet mit schönen Rad- und Wanderwegen.

Hessen · Thüringen

Besucher-Tipps:

Lichterfest im egapark Tausende Lichter verwandeln den Park inmitten von Erfurt in einen romantischen Zauberwald. Bis in den Abend wird ein buntes Programm geboten. Krönender Abschluss ist ein Feuerwerk.

Weinfest Winzer aus den verschiedenen Anbaugebieten präsentieren in der Altstadt ihre Weine. Neben den alkoholischen Genüssen gibt es auch kulinarische und musikalische.

Krämerbrückenfest Am dritten Wochenende im Juni wird das Krämerbrückenfest gefeiert. Zu dem größten Altstadtfest des Bundeslandes Thüringen kommen mehr als 100 000 Besucher. Geboten werden Gaukler und Artisten, Händler und Handwerker sowie Livemusik.

breiten Herd« aus dem 16. Jahrhundert stellt auf seiner Fassade die fünf Sinne dar, und am Gildehaus sind die vier Haupttugenden thematisiert. Das Standbild in der Mitte des Platzes zeigt den heiligen Martin.

❺ Augustinerkloster Es ist eines der größten Klöster der Stadt. 1277 von Eremiten der Ordensgemeinschaft der Augustiner gegründet, im 15. Jahrhundert mehrfach umgebaut, im Zweiten Weltkrieg zerstört und in Teilen neu errichtet, vermittelt die Anlage dennoch einen guten Eindruck mittelalterlicher Baukunst. Besonders sehenswert sind die Klosterkirche mit dem gotischen Kreuzgang, der Renaissancehof, der Kapitelsaal und die Historische Bibliothek. Viele Besucher kommen auch, um eine der Zellen zu besichtigen, in denen Martin Luther von 1505 sechs Jahre als Mitglied des Klosters lebte.

Die hochgotische Architektur des Doms erkennt man schon von außen (kleines Bild). Der belebte Erfurter Fischmarkt lädt am Abend zum Ausgehen ein (großes Bild).

Hessen · Thüringen

❻ Domplatz Beherrscht wird der rund zwei Hektar große Platz vom Dom und der Severikirche, die mit ihren insgesamt sechs Turmspitzen in den Himmel ragt. Verstärkt wird dieser imposante Eindruck durch die breite und mächtige Domtreppe, die zu den Kirchen hinaufführt. Eingerahmt wird der Platz von einer Reihe denkmalgeschützter Fachwerkhäuser wie dem »Gasthaus Zur Hohen Lilie« oder der »Grünen Apotheke«. Heute finden auf dem Domplatz zahlreiche Veranstaltungen wie das Domstufenfestival statt.

❼ Krämerbrücke Das außergewöhnliche Bauwerk ist eines der bekanntesten Wahrzeichen der Stadt. Die zunächst hölzerne, ab 1325 bereits steinerne Brücke war eine wichtige Verbindung im Ort und wurde viel benutzt. Der rege Betrieb machte das Anbieten von Waren dort besonders attraktiv, so entstanden im Mittelalter kleine Buden, die später zu Läden ausgebaut wurden. Aus 62 sehr schmalen Häusern zum Ende des 15. Jahrhunderts sind nach und nach breitere geworden, weshalb es auf der Brücke heute nur noch 32 Hausnummern gibt.

❽ Peterskirche Die ehemalige Peterskirche auf dem Petersberg muss einst ein mächtiger Bau gewesen sein. Die dreischiffige romanische Kirche war Teil des Petersklosters und entstand in den Jahren 1103 bis 1147. Jahrhundertelang dominierte sie neben Dom und Severikirche das Stadtbild. 1813 brannte sie aus. Genutzt wurde sie anschließend vom Militär als Proviantlager. Bis auf die Höhe der Seitenschiffe wurde das Gotteshaus dazu abgetragen. Heute werden die Räume für Ausstellungen des Erfurter Forums Konkrete Kunst genutzt.

❾ egapark Der egapark ist einer der weitläufigsten Blumen- und Gartenparks in Deutschland. Zu bestaunen sind neben dem größten ornamental bepflanzten Blumenbeet Europas ein wunderschöner Rosengarten, Gräser und Stauden, Fels- und Wassergärten, Schauhäuser mit tropischen Pflanzen und Schmetterlingen. Auf dem großzügigen Gelände, das die ehemalige Kanonenfestung Cyriaksburg mit einschließt, gibt es außerdem einen Spielplatz und einen Kinderbauernhof.

Museen

❶ Stadtmuseum Erfurt Allein die Spätrenaissancefassade des »Hauses zum Stockfisch« ist schon sehenswert. Hinter ihr verbirgt sich das Stadtmuseum, in dem eine Dauerausstellung über das Leben in Erfurt und Umgebung von der Steinzeit bis zur Gegenwart informiert.

Die Krämerbrücke mit ihren Fachwerkaufbauten im Abendlicht. Im Mittelalter war sie ein wichtiger Handelsknotenpunkt.

❷ Angermuseum Im ehemaligen kurmainzischen Packhof am Anger befindet sich seit 1886 eine Bildersammlung, die sich im Laufe der Zeit zu einer Kunstsammlung entwickelt hat. Zu sehen sind Gemälde vom 17. Jahrhundert bis zur Gegenwart, Kunsthandwerk ab dem 16. Jahrhundert, der Heckelraum, in dem sich die bedeutendste expressionistische Wandmalerei befindet, sowie Grafiken und eine Mittelaltersammlung.

❸ Deutsches Gartenbaumuseum Einen besseren Ort könnte es für das Gartenbaumuseum gar nicht geben: Direkt im egapark in der denkmalgeschützten Cyriaksburg wurde es 1961 zusammen mit der Internationalen Gartenbauausstellung eröffnet. Exponate und Informationen rund um den Gartenbau und die Gartenkunst durch alle Jahrhunderte gibt es zu erleben und zu sehen. Naturkundliche Aspekte werden dabei ebenso in Szene gesetzt wie historische und kulturelle. Die Cyriaksburg, ursprünglich ein Benediktinerkloster, wurde ab 1480 vom Militär zu einer Burg umgebaut. In der alten Defensionskaserne ist das Gartenbaumuseum untergebracht, die Festungstürme sind Sitz einer Sternwarte, und in der südlichen Caponniere befindet sich ein Restaurant.

❹ Naturkundemuseum Erfurt In der Altstadt von Erfurt findet man in einem historischen Waidspeicher das Naturkundemuseum. Besucher können sich dort mit der heimischen Tier- und Pflanzenwelt vertraut machen und anhand einer nachgebauten Arche einen Einblick bekommen, wie sehr die Artenvielfalt bedroht ist. Beeindruckend ist die 14 Meter hohe Eiche, die mitten im Gebäude aufragt.

Ausflugstipps:

Schloss Molsdorf Im südlichen Stadtteil Molsdorf liegt das spätbarocke Schloss. An gleicher Stelle stand im 16. Jahrhundert eine Wasserburg. Sie wurde unter Reichsgraf Gustav Adolf von Gotter grundlegend umgebaut und als Schloss gestaltet. In den Jahren seiner Residenz von 1734 bis 1748 entstand auch der prachtvolle Garten, der heute noch existiert. Im »Thüringer Versailles«, wie die Anlage auch genannt wird, sind einige Kunstsammlungen zu sehen.

Burg Gleichen Südwestlich von Erfurt ist die Burgruine mit angeschlossenem Museum zu besichtigen. Die Anlage zählt zu den »Drei Gleichen«, zu der auch die Mühlburg und die Veste Wachsenburg gehören.

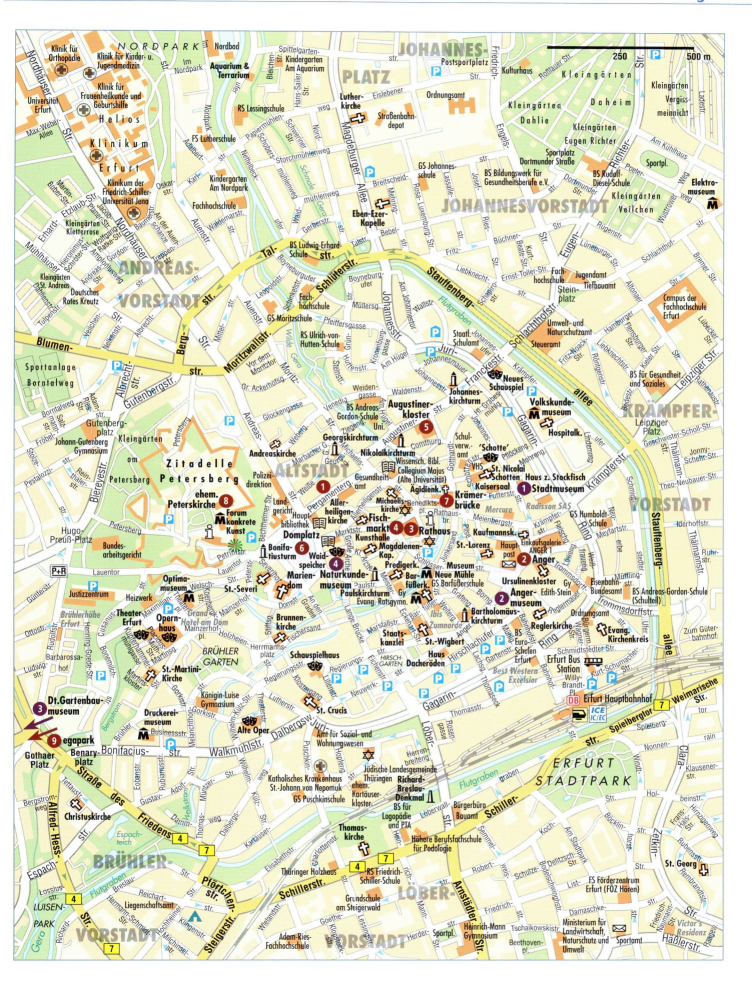

Hessen · Thüringen

Weimar

Weimar besitzt reichlich kulturelle und architektonische Schätze. Die Dichter Goethe, Schiller, Wieland und Herder bezogen hier Quartier, Liszt musizierte und komponierte, und das Bauhaus begann 1919 unter Walter Gropius mit seiner Arbeit.

Im Jahr 899 n. Chr. wird »Wibmares« erstmals urkundlich erwähnt. Im 16. Jahrhundert war Weimar Hauptstadt des Herzogtums Sachsen-Weimar. Die klassische Periode begann 1775, als Herzog Carl August I. die Regierung antrat. Über Christoph Martin Wieland, der als Prinzenerzieher am Hof war, kam auch Goethe nach Weimar. Zusammen mit Friedrich Schiller und Johann Gottfried Herder prägten die beiden das kulturelle und geistige Leben der Stadt. Den Dichtern folgten Musiker, Künstler, Schriftsteller und Philosophen. 1919 wird hier die Weimarer Verfassung verabschiedet, 80 Jahre später wird Weimar europäische Kulturhauptstadt. Neben all dem Glanz, den der Ort ausstrahlt, darf nicht vergessen werden, dass in dem 1937 errichteten KZ Buchenwald mehr als 50 000 Menschen zu Tode kamen. Heute ist das Gelände eine Gedenkstätte.

Sehenswürdigkeiten

❶ Marktplatz Das neogotische Rathaus wurde 1841 errichtet, nachdem bereits zwei Vorgängerbauten abbrannten. Besonders hörenswert ist das Glockenspiel aus Meißner Porzellan, das mehrmals am Tag erklingt. Im auffälligen Cranachhaus lebte Lucas Cranach der Ältere bis zu seinem Tod 1553. Sehenswert ist auch die Hofapotheke im Norden und das Hotel Elephant, das Schauplatz von Thomas Manns Roman »Lotte in Weimar« ist.

❷ Deutsches Nationaltheater 1908 wurde das Nationaltheater in seiner heutigen Gestalt eröffnet. An gleicher Stelle befanden sich schon zwei Vorgängerbauten. In einem von ihnen war Goethe Intendant und führte dort Stücke von Schiller auf. Neben Kunst und hochkarätigem Schauspiel bot das Haus auch der Politik eine Bühne. 1919 wurde vom Balkon des Theaters die Verfassung des neuen demokratischen Deutschlands verkündet.

❸ Herderkirche Der offizielle Name der Kirche lautet Stadtkirche St. Peter und Paul. Allerdings wird sie meistens nur Herderkirche genannt, weil Johann Gottfried Herder in den Jahren 1776 bis 1803 dort Oberhofprediger und Kirchenrat war. Schmuckstück des Gotteshauses ist der Altar von Lucas Cranach dem Älteren.

❹ Stadtschloss Das Stadtschloss oberhalb der Ilm wurde 975 das erste Mal erwähnt, damals noch als Burg. Später wurde die Anlage Wohn- und Regierungssitz der Herzöge und Großherzöge. Besonders markant ist der Turm, dessen mittelalterlicher Sockel einen barocken Aufbau bekam. Heute ist in den Räumen das Schlossmuseum untergebracht, das eine wertvolle Cranach-Sammlung zeigt.

❺ Park an der Ilm mit Goethes Gartenhaus Der Ilmpark besteht seit 1778 und wurde zu Ehren von Herzogin Luise angelegt. Prächtige Alleen mit alten Bäumen und Sichtachsen, die den Blick auf künstliche Ruinen oder Goethes Gartenhaus freigeben, machen ihn zu einem Erholungsort besonderer Art. Neben dem Pavillon des Dichters, den er 1776 von Herzog Carl August als Geschenk erhielt, ist das Römische Haus, das ehemalige Sommerhaus des Herzogs, besonders sehenswert.

❻ Historischer Friedhof Der Friedhof wurde 1818 angelegt. Anziehungspunkt und Wallfahrtsort ist die Fürstengruft, in der neben den Särgen der herzoglichen Familie auch die Sarkophage von Goethe und Schiller stehen. Allerdings ist der von Schiller leer, seit wissenschaftlich nachgewiesen werden konnte, dass die darin ruhenden Gebeine gar nicht vom Dichter stammten.

❼ Goethe- und Schiller-Denkmal Auf dem Theaterplatz steht seit 1857 das berühmte Denkmal der beiden Dichter. Zwei Männer auf einem Sockel, die sich im wahren Leben schätzten, sich hier aber keines Blickes würdigen. Auch mit dem Größenunterschied nahm es der Bildhauer Ernst Rietschel nicht so genau. Der sonst zwölf Zentimeter kleinere Goethe ist auf dem Standbild ebenso hochgewachsen wie Schiller.

❽ Wittumspalais 1769 wurde das Palais im barocken Stil erbaut. Die Herzogin Anna Amalia nutze es als Witwensitz. Dichter, Musiker und Intellektuelle trafen sich bei Abendveranstaltungen. Um 1870 wurde das Palais saniert und ein Museum eingerichtet. Es gibt einen Einblick in die Wohnkultur des Adels zur damaligen Zeit.

Museen

❶ Goethes Wohnhaus mit Goethe-Nationalmuseum Goethe lebte in dem 1709 erbauten Barockhaus am Frauenplan fast ein halbes Jahrhundert. Von 1782 bis zu seinem Tod 1832 bewohnte er die Räume, durch die sich heute scharenweise Besucher schieben. Neben den Zimmern und der Bibliothek sind seine kunst- und

Hessen · Thüringen

UNESCO-Welterbe

Ensemble Klassisches Weimar und Bauhaus-Stätten Es spricht für sich, dass Weimar gleich über zwei Welterbestätten verfügt. 1998 wurde das »Klassische Weimar« in die Liste aufgenommen. Hinter dem Sammelnamen verbergen sich 13 herausragende Bauwerke und Parklandschaften aus der Blütezeit der Klassik wie das Stadtschloss, der Park an der Ilm, die Herzogin-Anna-Amalia-Bibliothek und die Wohnhäuser von Goethe und Schiller. »Das Bauhaus und seine Stätten in Weimar und Dessau« zählen schon seit 1996 zum Welterbe. Ausgezeichnet wurden drei Gebäude: das Hauptgebäude der Bauhaus-Universität und die ehemalige Kunstgewerbeschule sowie das Haus Horn.

naturwissenschaftlichen Sammlungen zu besichtigen. Das angeschlossene Goethe-Nationalmuseum widmet sich Werk und Wirken des Dichters.

❷ **Schillers Wohnhaus mit Schiller-Museum** In der Schillerstraße 12 steht das Haus, in dem der Dichter von 1802 bis 1805 lebte. Im Dachgeschoss schrieb er die Dramen »Braut von Messina« und »Wilhelm Tell«. An der Nordseite wurde in den 1980er-Jahren ein Neubau errichtet, in dem das Schiller-Museum zu Hause ist.

❸ **Liszt-Haus Weimar** Am Westrand des Ilmparks steht ein klassizistisches Gebäude, das ursprünglich als Hofgärtnerhaus gebaut wurde. Hier wohnte der Komponist Franz Liszt in den Sommermonaten 1869 bis 1886 und unterrichtete kostenlos junge, vielversprechende Pianisten. Nach seinem Tod wurde das Haus zur Gedenkstätte.

Der Marktplatz von Weimar (großes Bild); das Goethe-Schiller-Denkmal vor deren Wirkungsstätte, dem Weimarer Theater (kleines Bild).

Hessen · Thüringen

Jena

Die ehemalige Weinbauernstadt entwickelte sich im 18. und 19. Jahrhundert zum Zentrum der deutschen geistigen Elite. Goethe, Schiller, Fichte und Hegel sind bis heute in der Stadt präsent, ebenso wie die Zeiss-Fabrik, die seit 1880 produziert.

Die zweitgrößte Stadt Thüringens liegt malerisch in das Tal der Saale eingebettet. Seit 1558 ist sie Universitätsstadt, ein Status, der wesentlich zu ihrem Wachstum und ihrer Bedeutung beitrug. Heute befindet sich hier die größte Universität des Landes. Friedrich Schiller lehrte dort ebenso wie Johann Gottlieb Fichte, Friedrich Wilhelm Joseph Schelling und Georg Wilhelm Friedrich Hegel. Ab dem Ende des 19. Jahrhunderts erwarb sich Jena einen hervorragenden Ruf im Bereich Optik und der Produktion von feuerfestem Glas. Verantwortlich dafür war die fachübergreifende Zusammenarbeit von dem Chemiker August Schott und dem Mechaniker Carl Zeiss. Während des Zweiten Weltkrieges wurden große Bereiche der Altstadt zerstört, sodass Jena viele Neubauten aufweist, unter ihnen der weithin sichtbare Jentower.

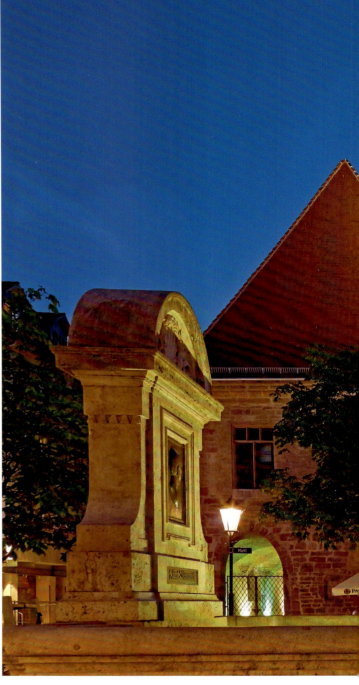

Sehenswürdigkeiten

❶ **Die Sieben Wunder von Jena** Mit den sieben Wundern warb Jena schon im 17. Jahrhundert um Besucher. Es sind der Altar der Stadtkirche St. Michael, der Kopf des Schnapphans am Rathaus, ein Drache, der Berg Jenzig, die alte Camsdorfer Brücke, der Fuchsturm und das Weigelsche Haus. Vier der sieben sind noch zu besichtigen.

❷ **Historischer Stadtkern mit Rathaus** Das Zentrum der Altstadt ist der Markt. Wichtige historische Gebäude sind das Rathaus mit der Kunstuhr, die spätgotische Stadtkirche sowie die Gebäude der Friedrich-Schiller-Universität.

❸ **Stadtkirche St. Michael** Baubeginn für die spätgotische Kirche war 1380, vollendet wurde sie im 16. Jahrhundert. Sehenswert ist das älteste Holzbildwerk Thüringens, das um 1240 entstand. Es zeigt den Erzengel Gabriel. Auch die steinerne Kanzel ist berühmt. Von ihr predigte Martin Luther.

❹ **Anatomieturm** Von dem ursprünglichen Rundturm ist nur noch der fensterlose Sockel erhalten. Der Turm war Teil der mittelalterlichen Stadtmauer. Goethe forschte in ihm über den Zwischenkieferknochen.

❺ **Jentower** Der Turm entstand in den 1970er-Jahren. Ursprünglich wurde er als Forschungszentrum entworfen, genutzt wurde er schließlich von der Universität. Von der Plattform, der sogenannten Keksrolle, hat man einen fantastischen Blick über die Stadt.

❻ **Schillers Gartenhaus** Friedrich Schiller liebte das bescheidene Gartenhaus und hielt sich hier mit seiner Familie im Sommer auf. Er schrieb viele Balladen und arbeitete unter anderem am »Wallenstein«. Im Garten steht noch der Steintisch, an dem er mit Goethe saß und debattierte.

Ausflugstipps:

Dornburger Schlösser Ungefähr 13 Kilometer nordöstlich von Jena liegen die drei Dornburger Schlösser oberhalb der Saale. Den Blick hinunter auf den Fluss wusste schon Goethe zu schätzen, der mehrmals zu Besuch auf dem Berg war und nach dem Tod von Großherzog Carl August von Sachsen-Weimar-Eisenach acht Wochen im Renaissanceschloss wohnte. Hier verfasste er seine Dornburger Gedichte. Seit 1928 befindet sich eine Goethe-Gedenkstätte im Haus. Das Alte Schloss gab es schon um 937. Damals sah es noch anders aus, denn im 16. Jahrhundert erfolgten zahlreiche Umbauten. Schmuckstück des Ensembles ist das Rokokoschloss, das in den Jahren 1736 bis 1745 gebaut wurde.

Hessen · Thüringen

Besucher-Tipps:

Botanischer Garten Rund 10 000 Pflanzen aus aller Welt sind in den Themengärten und Gewächshäusern zu sehen. Seit 1586 gibt es an dieser Stelle einen Garten. Der »Hortus Medicus in Collegio« wurde zu wissenschaftlichen Zwecken angelegt. Insbesondere sollte an Heilpflanzen geforscht werden. Die heutige Anlage entstand 1749 unter anderem auf Drängen Goethes, der sich dafür stark machte, den Garten auszubauen.

Zeiss-Planetarium Jena Das 1926 eröffnete Planetarium ist das dienstälteste der Welt. Unter dem auffälligen grünen Kuppelbau befindet sich modernste Technik. Laser- und Multivisionsshows, Vorträge und Konzerte stehen auf dem Programm.

Museen

❶ **Stadtmuseum** Der Bau aus dem 13. Jahrhundert wurde bereits als Wohnhaus, Mühle und Restaurant genutzt. Heute wird in den Räumen eine Ausstellung zur Stadtgeschichte und -entwicklung gezeigt, Kunst präsentiert und über die Geologie der Region informiert.

❷ **Romantikerhaus** Das ehemalige Wohnhaus des Philosophen Johann Gottlieb Fichte ist heute ein Literaturmuseum. Das Hauptaugenmerk der Ausstellung liegt auf den Vertretern der Deutschen Frühromantik.

❸ **Optisches Museum** Optische Instrumente aus fünf Jahrhunderten, ausführliche Informationen zu den Forschern Ernst Abbe, Carl Zeiss und Otto Schott sowie Europas größte Brillensammlung wurden zusammengetragen.

Der Bismarckbrunnen auf dem Marktplatz (großes Bild); ein Stehpult in Schillers Arbeitszimmer in seinem Jenaer Gartenhaus (kleines Bild).

Rheinland-Pfalz · Saarland

Burgen thronen über romantischen Flusstälern und üppig bewachsenen Hängen, auf denen Weinreben stehen, so weit das Auge reicht. Die beiden Bundesländer, die an Luxemburg und Frankreich grenzen, bestechen durch ein reichhaltiges Angebot an Natur und Kultur sowie durch internationales Flair und eine ungeheure Vielfalt an Städten und Landschaften.

Von der Eifel bis zum Hunsrück, vom Taunus bis zum Rheinhessischen Hügelland, in Rheinland-Pfalz geht es gebirgig zu. Unzählige Gewässer und so viele Wälder wie in keinem anderen Bundesland schaffen optisch eine reizvolle Einheit. Wirtschaftlich kann davon keine Rede sein. Nach dem Zweiten Weltkrieg wurde die französische Besatzungszone 1946 zum Land Rheinland-Pfalz, ohne Rücksicht auf historische Zusammengehörigkeit. Wo Römer, deutsche Könige, Kaiser oder auch Bischöfe, wo Schweden und Franzosen ihre Macht ausübten, haben sich die Menschen an Veränderungen gewöhnt. Sie wuchsen mit der Zeit zu einem Bundesland zusammen. Dessen größte Stadt ist mit rund 200 000 Einwohnern die Landeshauptstadt Mainz. Gefühlt sind es deutlich mehr, denn drei ehemalige Stadtteile rechts vom Rhein, die nach dem Krieg Hessens Verwaltung übertragen wurden, gehören emotional noch immer zu Mainz. In Trier schaut man auf eine deutlich ältere Geschichte zurück. Es war schon unter den Römern Stadt, auf deren Spuren man noch heute wandeln kann. Überhaupt, Städte-Urlauber kommen in Rheinland-Pfalz auf ihre Kosten. Etwa in der Edelstein-Hochburg Idar-Oberstein oder im Bischofssitz Speyer ganz im Osten. Weiter im Norden liegt Koblenz, wo am sogenannten Deutschen Eck die Mosel in den Rhein mündet. Nicht zu vergessen die von den Kelten gegründete Stadt Worms, in der die Reichsacht über Martin Luther verhängt wurde.

So klein das Saarland auch ist, so groß ist doch seine Geschichte. Umarmt von Rheinland-Pfalz im Norden und Osten, begrenzt von Frankreich und Luxemburg im Westen. In 200 Jahren mussten sich die Bewohner achtmal an eine neue Nationalität gewöhnen. Wahrscheinlich sind sie deshalb so weltoffen und kosmopolitisch. Erst 1957 wird das Saarland deutsches Bundesland. Zuvor hatte es seit Ende des Weltkriegs wirtschaftlich zu Frankreich gehört. Geblieben ist französische Lebensart, gepaart

Der Mainzer Dom verweist auf die bedeutende Vergangenheit der Stadt.

Innenansicht der spätbarocken Kirche St. Paulin in Trier.

mit süddeutschem Charme. Die Natur hat die Region reich beschenkt. Hunsrück und Schwarzwälder Hochwald, Mosel, Saar und Nahe – auf kleinem Raum erheben sich sanfte Gipfel über Flusstäler und saftiges Grün. Dazwischen liegen die Städte. Da ist zum Beispiel Saarbrücken, dessen Altstadt von der barocken Schlossanlage dominiert wird. Weiter östlich, im hübschen Bliesgau, kuschelt sich Homburg an der Saar in die Landschaft. Die ehemalige Bastion des Sonnenkönigs Ludwig des XIV. begeistert mit viel Barock. Das gilt auch für das nicht weit entfernte Neunkirchen. Wo vor wenigen Jahren noch die Hochöfen in Betrieb waren, stehen heute Tourismus und Erholung im Vordergrund. Das alte Hüttenareal erinnert auf faszinierende Weise an diese industrielle Vergangenheit.

Großes Bild: Malerisch am Ufer des Rheins liegt die kleine Stadt Bacharach mit der mittelalterlichen Burg Stahleck im Vordergrund.

Der imposante Wormser Dom St. Peter erhebt sich über der Altstadt.

Rheinland-Pfalz · Saarland

Trier

Trier nennt sich ganz selbstbewusst Deutschlands älteste Stadt. Obwohl diesen Titel auch andere Orte für sich beanspruchen, ist Triers nachweisbare Geschichte doch höchst beeindruckend. Schon bevor die Römer kamen, siedelten die Treverer hier.

Eine keltisch-germanische Siedlung war der Ursprung. Die Römer machten im Jahr 15 vor Christus eine Etappenstadt daraus, denn der Ort lag äußerst günstig dort, wo wichtige Fernwege sich kreuzten. Aus heutiger Sicht kaum zu glauben: In Trier stehen noch heute Bauwerke, die zur Zeit der ersten wirtschaftlichen Blüte entstanden sind. Das war im zweiten Jahrhundert! Es handelt sich um die berühmte Porta Nigra ebenso wie um eine Brücke über die Mosel. Im Mittelalter übernahmen vor allem die Bischöfe das Regiment. Das im Jahr 958 von Erzbischof Heinrich errichtete Marktkreuz erinnert an diese Phase. Eine Zeit der Erneuerung brachte das Ende des 18. Jahrhunderts, als man in französische Hände fiel. Wer heute nach Trier kommt, kann all diesen Zeiten nachspüren, denn sie haben überall beeindruckende Spuren hinterlassen.

Sehenswürdigkeiten

❶ Porta Nigra Die unbestritten wichtigste Sehenswürdigkeit und Wahrzeichen von Trier ist die Porta Nigra. Die Jahrtausende haben dem Bau aus Sandstein ein sprödes, beinahe schwarzes Gesicht gemalt. Zu drei Stockwerken schichteten die Römer etwa im Jahr 180 mächtige Quader zu einer Stadtmauer auf. Die Porta Nigra, die »schwarze Tür«, war das nördliche Stadttor. Es war allerdings vielmehr eine eindrucksvolle Torburg. In deren Ostturm ließ sich 1028 der griechische Einsiedler Simeon einmauern. Zu seinem Gedenken errichtete man im Tor eine Doppelkirche, die Napoleon jedoch wieder beseitigen ließ. Nur Spuren davon sind geblieben.

❷ Amphitheater Das Theater der römischen Siedlung ist sogar noch älter als die Porta Nigra. Es war dazu ausgelegt, rund 20 000 Besuchern Platz zu bieten. Das zeigt, welche Größe die Stadt damals schon hatte. Im Mittelalter als Steinbruch benutzt, sind heute nur noch die Kampfarena und die unterirdischen Räume zu sehen.

❸ Barbarathermen Die Römer waren für ihre Thermen bekannt, die auf erstaunlich moderne Art betrieben und vor allem beheizt wurden. Neben einer in Rom befindlichen Anlage sind die Barbarathermen von Trier die zweitgrößten. Leider haben auch ihr die Menschen im Mittelalter Steine genommen, die sie für Neubauten benötigten. Eine Besichtigung des Kellergeschosses ist trotzdem möglich. Das Fußbodenheizungssystem ist erhalten geblieben und kann glücklicherweise auch besichtigt werden.

❹ Kaiserthermen Drei römische Bäder gab es einmal insgesamt in Trier. Die Kaiserthermen sind die jüngste Anlage. Ihr ist das Schicksal erspart geblieben, im Mittelalter als Steinbruch zu enden. Die Menschen haben sie stattdessen einfach als Ganzes in ihre neue Stadtbefestigung einbezogen. Ab dem 19. Jahrhundert wurden die ursprünglichen Teile freigelegt. Bei einem Besuch kann man heute bestens nachvollziehen, wie die Römer gebadet haben. Kaltbad und Warmbadesaal sind ebenso zu bestaunen wie die unterirdischen Betriebsgänge.

❺ Konstantin-Basilika Als das monumentale Gebäude zu Beginn des 4. Jahrhunderts entstand, war es nicht als Sakralbau geplant. Kaiser Konstantin ließ sich vielmehr einen Thronsaal erschaffen, der Zeichen seiner unermesslichen Macht sein sollte. Kein Zweifel, dass ihm das gelungen ist. Noch heute stockt einem der Atem, wenn man den größten säulenlosen Raum der Welt, der aus der Antike erhalten ist, betritt. Nach umfangreichen Restaurierungsarbeiten wurde das Gebäude 1856 erstmals zur evangelischen Kirche geweiht.

❻ Römerbrücke Immerhin fünf von sieben Brückenpfeilern stammen noch aus der Römerzeit. Kein Wunder, dass sie nicht nur als älteste Brücke Deutschlands, sondern sogar als älteste – noch immer genutzte – Brücke nördlich der Alpen gilt. Täglich rollen Autos über das Baudenkmal, dessen Ursprünge auf das Jahr 16 vor Christus zurückgehen. Sein Aussehen hat es im Lauf der Zeit natürlich mehrfach verändert. Französische Soldaten haben es 1689 bei einer Sprengung stark zerstört. Ein Kruzifix und die Statue des heiligen Nikolaus erinnern an den Wiederaufbau im Jahr 1718. In der ersten Hälfte des 20. Jahrhunderts erfolgte eine Verbreiterung.

❼ Trierer Dom Im Zentrum der Stadt erhebt sich der Dom an einem Ort, der schon vor ihm sakrale Bauten beherbergt hat. Die erste Basilika wurde etwa im Jahr 320 fertiggestellt. Steinerne Zeugen davon traten bei Ausgrabungen zutage und können unter der Dom-Information besichtigt werden. Es folgten Erweiterungen und Umbauten. Auch Zerstörung blieb dem Gotteshaus nicht erspart.

ⓘ Touristeninformation: An der Porta Nigra, 54290 Trier, Tel. 0651/97 80 80, E-Mail: info@trier-info.de, www.trier-info.de

Rheinland-Pfalz · Saarland

Besucher-Tipps:

Palastgarten Trier hat nicht nur versteinerte Geschichte zu bieten, sondern auch ein grünes Herz. Direkt neben dem Rheinischen Landesmuseum liegt der barock gestaltete Palastgarten. Er diente den Kurfürsten im 17. und 18. Jahrhundert als Park. Nun erholen sich Trierer und Besucher auf den weitläufigen Rasenflächen zwischen Springbrunnen und Skulpturen.

Weinkulturpfad Trier ist die Weinhauptstadt von Rheinland-Pfalz. Beim Amphitheater beginnt ein gut eineinhalb Kilometer langer Kulturlehrpfad, der über den Anbau und die verschiedenen Rebsorten, über die Lese bis hin zur Verarbeitung informiert. Der Pfad endet in Olewig mit einer Kellerbesichtigung, bei der gekostet werden darf.

Wichtigste Reliquie ist der heilige Rock, angeblich der Leibrock Jesu, den Helena, Mutter von Kaiser Konstantin, nach Trier gebracht haben soll.

❽ Liebfrauenkirche Die älteste gotische Kirche Deutschlands gehört unmittelbar zum Dom. Kaiser Konstantin stiftete nämlich eine Doppelkirchenanlage, die erst 1803 endgültig in den Dom und die Liebfrauen-Basilika getrennt wurde. In der ersten Hälfte des 13. Jahrhunderts schufen gotische Baumeister aus Frankreich dieses außergewöhnliche Kunstwerk. Der Grundriss der Pfarrkirche hat die Form einer zwölfblättrigen Rose. Die Säulen und Fenster sind hoch und schlank.

❾ Igeler Säule Acht Kilometer südlich der Stadt steht ein Sandstein-Denkmal. Man muss ein wenig danach schauen, denn im Laufe der Zeit

Das Kurfürstliche Palais glänzt im Stil des Rokoko (kleines Bild). Mit 30 Metern Höhe ist die Porta Nigra mehr als beeindruckend (großes Bild).

Rheinland-Pfalz · Saarland

wurden Häuser recht dicht danebengesetzt und Bäume wuchsen es zu. Der 23 Meter hohe Pfeiler ist das Grabmonument einer römischen Tuchhändlerfamilie. Im Rheinischen Landesmuseum kann man in aller Ruhe eine Kopie in Originalgröße betrachten.

❿ **Mittelalterlicher Hauptmarkt** Ein großer Platz mit Kopfsteinpflaster, wunderbar herausgeputzte mittelalterliche Häuser, ein prächtig gestalteter Brunnen, so präsentiert sich Triers Hauptmarkt. Bis 882 lag dieser am Fluss, wurde dann aber verlegt, woran das Marktkreuz erinnert. Der Brunnen von 1595 zeigt den heiligen Petrus, Schutzpatron der Stadt, sowie die vier Tugenden Gerechtigkeit, Klugheit, Stärke und Mäßigkeit. Vom Markt hat man direkten Zugang zum Dom, auch das weiße, mit Zinnen geschmückte Repräsentationshaus des Stadtrates ist hier zu finden.

Museen

❶ **Rheinisches Landesmuseum** Natürlich hat die Zeit der Römer im größten Museum der Stadt Trier einen Schwerpunkt. Doch das ist längst nicht alles. Man rühmt sich damit, Kunst, Kultur, Wirtschaft und Alltag der ersten vier Jahrhunderte so umfassend darzustellen, wie es nirgends sonst in Deutschland getan wird. Unter den Exponaten ist der Trierer Goldschatz im Münzkabinett eines der spektakulärsten. Wer sich für die Frühzeit interessiert, kommt in den 19 Ausstellungssälen ebenso auf seine Kosten wie die Anhänger der Fürstenzeit.

❷ **Museum am Dom Trier** 1904 wurde neben dem Dom das Diözesanmuseum eröffnet. Seit 2010 trägt es nun den Namen Museum am Dom Trier. Es ist in der einstigen Königlich-preußischen Haftanstalt untergebracht, die einige Modernisierungen erfuhr, bevor man in den 1980er-Jahren die Ausstellung eröffnete. Zu ihr gehören beispielsweise Deckengemälde, die unter dem Dom entdeckt wurden und aus der Spätantike stammen. Außerdem Grabdenkmäler von heidnischen Reliefplatten bis zu aufwendigen christlichen Grabstätten. Nicht weniger interessant sind die Ikonensammlung, die Kirchturmhähne und die liturgischen Gewänder.

❸ **Drachenhaus** Der hufeisenförmige Bau im Stil des Klassizismus ist ein Beispiel jüngerer Baugeschichte. Von Oberbürgermeister Wilhelm von Haw erbaut, sollte er Wirtschaftsräume beherbergen. Wenige Jahre später wurde ein Försterhaus daraus. Auch in heutiger Zeit ist die Revierförsterei hier beheimatet. Den Namen verdankt das Drachenhaus zwei Wasserspeiern, die ursprünglich ein älteres Haus in der Trierer Innenstadt zierten.

❹ **Karl-Marx-Haus** In dem Anfang des 18. Jahrhunderts erbauten Barockgebäude in der Brückenstraße kam Karl Marx zur Welt. Erst 1904 besann man sich dieser Tatsache und plante eine Gedenkstätte. Bis zur Eröffnung – durch die Nationalsozialisten beinahe verhindert – dauerte es viele Jahre. Seit 1947 stellt das Geburtshaus nun den Menschen und Gesellschaftskritiker, seine Zeit, seine Weggefährten und natürlich auch seine Gegner vor.

Die Stadtpfarrkirche St. Gangolf ist nach dem Dom der älteste Kirchenbau von Trier. Um 1500 setzte eine barocke Umgestaltung ein.

UNESCO-Welterbe

Römische Baudenkmäler, Dom St. Peter und Liebfrauenkirche Bereits 1986 schaffte Trier es auf die deutsche Welterbeliste. Damit wurde nicht nur gewürdigt, dass sie eine der ältesten Städte Deutschlands ist, auch und gerade der Erhalt des römischen Trier, Augusta Treverorum genannt, wurde ausgezeichnet. Auf diese Weise hat der Besucher die Chance, sich römisches Leben hautnah vorzustellen und den Alltag nachzuempfinden. Ganze neun Welterbestätten sind in Trier und in der nahen Umgebung zu bestaunen. Dazu gehören natürlich die Porta Nigra, Konstantin-Basilika, Kaiserthermen, Amphitheater, Dom und Liebfrauenkirche, Römerbrücke, Barbarathermen und Igeler Säule.

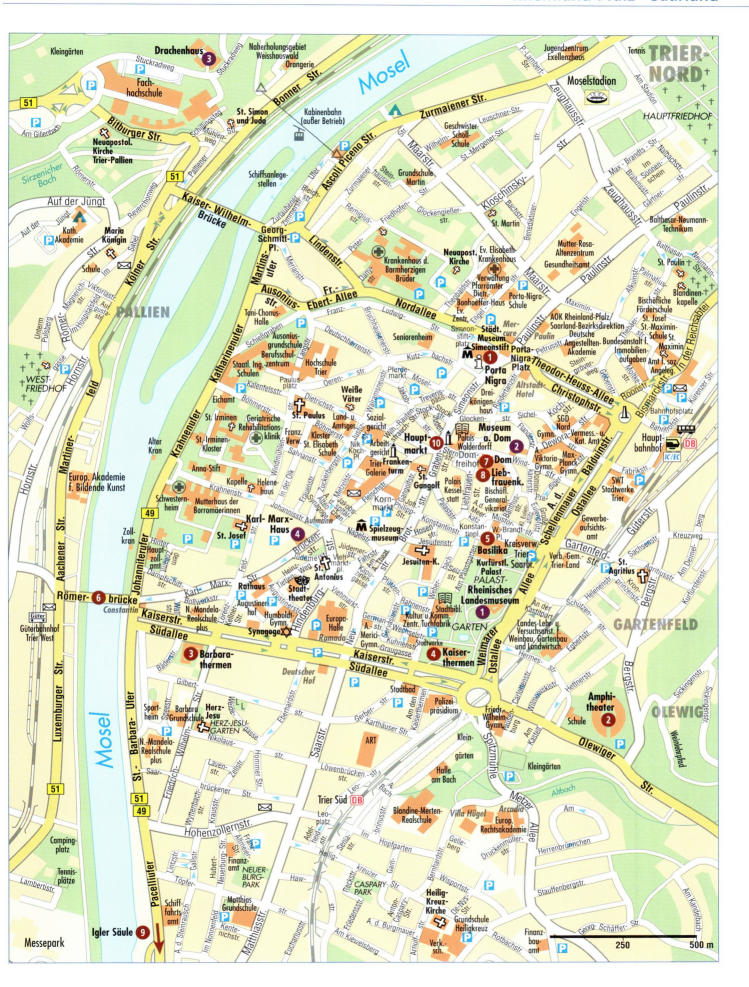

Bernkastel-Kues

Die frühere Schreibweise des Ortsnamens, nämlich Berncastell, deutet auf eine Burg hin. Grafen und Bischöfe regierten das Städtchen an der Mittelmosel. Schlendert man heute durch die Gassen, spürt man Gemütlichkeit statt bewegter Geschichte.

Wo heute die Burgruine Landshut über steile Weinhänge blickt, hat sich um das Jahr 400 ein römisches Kastell befunden, wie archäologische Funde belegen. Im 13. Jahrhundert entstehen die Burg, eine Stadtmauer und nach und nach Höfe. Auch in den folgenden Jahrhunderten ist eine intensive Bautätigkeit zu verzeichnen. Das St.-Nikolaus-Hospital wird errichtet, ebenso das Rathaus am Marktplatz. Dort stehen bunt bemalte Fachwerkhäuser als Zeugen jener vergangenen Zeit, die heutzutage den Charme von Bernkastel-Kues ausmachen. Auch der Michaelsbrunnen von 1606 ist hier zu bewundern. Er ist längst nicht der einzige sehenswerte Brunnen in der Stadt. Der Bärenbrunnen ehrt das Wappentier der Stadt, der Doctorbrunnen erinnert an die angebliche Heilung des Erzbischofs Boemund II. durch die Weinsorte Bernkasteler Doctor.

Sehenswürdigkeiten

❶ Mittelalterlicher Marktplatz Der Marktplatz im Stadtteil Bernkastel hat die schönsten und am besten erhaltenen Häuser zu bieten, darunter das Rathaus von 1608 mit dem Pranger. Und natürlich das Spitzenhäuschen, erbaut im Jahr 1416, das aussieht, als würden seine oberen Stockwerke auf seinem schmalen Sockel balancieren.

❷ Burg Landshut In den noch erhaltenen Ringmauern und den Resten von Türmen und Räumen kann man das Mittelalter spüren. Großartig ist von dort der Blick auf die Altstadt und die Mosel.

❸ St.-Nikolaus-Hospital (Cusanusstift) Humanist Nikolaus Cusanus schenkte seiner Geburtsstadt 1465 ein Hospital für mittellose Männer inklusive seiner kostbaren Bibliothek, die dort noch heute aufbewahrt wird. Die spätgotische Klosteranlage mit einer prachtvollen Kapelle dient heute noch als Alten- und Pflegeheim sozialen Zwecken.

❹ Kloster Machern Im Stadtteil Machern steht ein ehemaliges Zisterzienserkloster. Zu besichtigen ist darin ein Spielzeug- und Ikonenmuseum. Außerdem gibt es ein Weinkabinett, eine Klosterdestille und eine Klosterbrauerei.

Das Städtchen Bernkastel-Kues ist in der Region für seinen mittelalterlichen Marktplatz mit hübschen Fachwerkhäusern bekannt.

Zell (Mosel)

Wo die Mosel einen sanften Bogen macht und Weinberge sich hinter einem schmalen flachen Uferstreifen erheben, liegt das rund 4000 Einwohner zählende Städtchen Zell. Schon die Römer legten hier Rast ein, bevor sie den Fluss überquerten.

Berühmt ist Zell vor allem durch seine Weinlage »Schwarze Katz«. Dabei stammt diese Bezeichnung erst aus dem 19. Jahrhundert, während der Weinbau seit dem frühen Mittelalter nachweisbar ist. Den Ort nur darauf zu reduzieren wäre also ein Fehler. Da ist schließlich auch noch die idyllische Landschaft, die ihn zwischen Mosel und rebenbedeckten Hügeln einschließt. Nicht zuletzt das Stadtbild mit seinen verwinkelten Gassen, dem Schloss, den historischen Weinkellern und dem hübschen Pulverturm besitzt seinen ganz besonderen Reiz. Kelten haben hier gesiedelt, später die Römer. Im Mittelalter kamen die Franken, Schweden plünderten, Franzosen besetzten die Stadt. Die schlimmste Zerstörung richteten jedoch Brände in der zweiten Hälfte des 19. Jahrhunderts an, die die Pfarrkirche glücklicherweise beide überstand.

Sehenswürdigkeiten

❶ St. Peter Seit Ende des 18. Jahrhunderts gibt es die spätbarocke Saalkirche. Eine aus Holz geschnitzte Madonna und ein spätgotischer Taufstein aus dem 15. Jahrhundert sind aus einem Vorgängerbau erhalten. Ganzer Stolz der Kirche ist ein historischer Reliquienschrein, in dem ein Knochen des heiligen Petrus liegen soll.

❷ Mittelalterliche Stadtbefestigung Die Wehranlage der Stadt wurde 1689 von den Franzosen geschleift. Übrig geblieben sind vor allem der runde Pulverturm und ein eckiger Turm im Zeller Bachtal.

❸ St. Michael Im Stadtteil Merl sollte man sich die Pfarrkirche St. Michael ansehen, die einmal minoritische Klosterkirche war. Das prächtig erhaltene Bauwerk der Frühgotik besitzt einen Schnitzaltar. Der Friedhof ist einen Besuch wert. Dort steht der romanische Turm der ersten Pfarrkirche, die 1823 abgerissen wurde.

Museen

❶ Heimatmuseum im Rathaus Von der ersten Besiedelung bis zum Weinbau und der Verarbeitung von Tabak – hier kommt man der Region und ihren Menschen näher.

Markenzeichen der Region Moseltal sind unter anderem die zahlreichen Weinberge an der Moselschleife. Hier gedeihen vor allem Riesling und Müller-Thurgau.

Rheinland-Pfalz · Saarland

Cochem

Fährt man auf die Stadt zu, sieht man schon von Weitem die Burg, die hoch auf einem Gipfel sitzt. Spitzen und Türmchen lassen an ein Märchenschloss denken. Doch märchenhaft ging es in der größten Höhenburg an der Mosel sicher nicht immer zu.

Die Kreisstadt Cochem wird von der Mosel geteilt. Sie gehört zu den am häufigsten besuchten Städten zwischen Trier und Koblenz. Bereits im frühen Mittelalter herrschte hier reges Treiben. Damals waren es Händler, die die günstige Lage an der Mündung des Endertbaches in die Mosel nutzten. Etwa 1332 bekam man Stadtrechte. Erzbischof Balduin sorgte für eine Wehranlage und erweiterte die Burg erheblich. 1689 wüteten die Franzosen in der Region und legten beinahe die gesamte Stadt samt Schloss, Burg und Kapuzinerkloster in Schutt und Asche. Doch man ließ sich nicht unterkriegen. Handel und Handwerk entwickelten sich rasch, schmucke Fachwerkhäuser und eine neue Pfarrkirche wurden gebaut. Allein die Burg wurde erst Ende des 19. Jahrhunderts durch einen Berliner Geschäftsmann nach originalen Plänen wiederaufgebaut.

Sehenswürdigkeiten

❶ Rathaus und alter Marktplatz mit Martinsbrunnen An der Nordseite des Marktplatzes befindet sich das zweigeschossige Rathaus. Das barocke Bauwerk mit Mansarddach wurde 1739 errichtet, wobei man teilweise ältere bereits existierende Mauern einbezog. Neben dem ehemaligen kurfürstlichen Amtshaus mit seinem aufwendigen Portal stehen gepflegte Fachwerkbürgerhäuser. In der Mitte des Marktes steht der achtseitige Brunnen mit einer Bronzefigur des heiligen Martin.

❷ Fachwerkaltstadt Weitere gut erhaltene Fachwerkbauten stehen an der Mosel-Promenade. Sie stammen zum Teil aus dem 17. und 18. Jahrhundert. Ein besonders schönes Exemplar, das viele Urlauberfotos ziert, ist ein Fachwerkhaus in der Herrenstraße. Das sogenannte Schiefe Haus macht seinem Namen alle Ehre, denn der Giebel neigt sich bedrohlich vor. Auch erwähnenswert ist die Alte Thorschenke am Enderttor, eine der ältesten Weinstuben der Stadt.

❸ Mittelalterliche Stadttore Im Mittelalter war die Stadtmauer mit der Reichsburg verbunden. Elf Tore führten in die Stadt. Davon sind lediglich drei geblieben. Das eindrucksvollste ist das Enderttor in der heutigen Fußgängerzone. Weiter gibt es heute noch das Martinstor und das Balduinstor an der Kirchhofsmauer.

❹ Reichsburg Cochem Auf einem Berg mehr als 100 Meter über dem Fluss thront die Reichsburg. Wohl um das Jahr 1000 wurde eine erste Festung errichtet, immer wieder verändert und erweitert. Nach der Zerstörung durch die Franzosen blieb nur eine Ruine des spätgotischen Bauwerks. Ein Berliner Geheimrat ließ sie nach alten Plänen und romantischen Vorstellungen aufbauen und nutzte sie als Sommersitz. Man kann die Burg bei einer Führung erkunden oder sich ein zünftiges Rittermahl schmecken lassen.

❺ Historische Senfmühle Im 18. Jahrhundert soll es in Cochem zwei Senfmühlen gegeben haben. Nach einer Odyssee über Belgien und Holland gelangte eine Ende des 20. Jahrhunderts zurück an die Mosel. Im Stadtteil Cond auf der anderen Flussseite ist sie heute noch in Betrieb. Die Produkte können verkostet und natürlich auch gekauft werden.

❻ Burgruine Winneburg Im 11. Jahrhundert wurde die Burg oberhalb des Endertbachtales erbaut. Mitte des 17. Jahrhunderts gelangte sie in den Besitz der Freiherren von Metternich. Auch die Winneburg wurde von den Franzosen zerstört. Ein Besuch der Ruine mit Bergfried, Zwingermauern, Palas und Wirtschaftsgebäuden lohnt sich nicht nur anlässlich der regelmäßig stattfindenden mittelalterlichen Ritterfeste. Schon der Aufstieg über gewundene Pfade ist ein Erlebnis.

Die Reichsburg gilt als Sinnbild deutscher Burgenromantik. Im 19. Jahrhundert wurde sie über der mittelalterlichen Burgruine erbaut.

Ausflugstipps:

Moselfahrt Die Mosel ist das landschaftliche Herz der Region und Motor für die Entstehung der Städte. Was gibt es Schöneres, als sie bei einem Schiffsausflug ganz nah zu erleben? Während einer Tagestour zum Beispiel nach Traben-Trarbach oder Koblenz geht es durch Schleusen und vorbei an den Silhouetten der Fachwerkstädtchen.

Nürburgring Der Nürburgring ist die wohl bekannteste Rennstrecke Deutschlands. 1927 von Motorrädern eingeweiht, mauserte sie sich schnell zum Austragungsort legendärer Automobilwettkämpfe. Hier wurden auch die Silberpfeile von Mercedes aus der Taufe gehoben. Ein Museum erzählt davon. Wer will, kann sich selbst auf den Asphalt wagen.

ⓘ Touristeninformation: Endertplatz 1, 56812 Cochem, Tel. 02671/60 040, E-Mail: info@ferienland-cochem.de, www.cochem.de

Rheinland-Pfalz · Saarland

Koblenz

Bevor es Autos und Eisenbahnen gab, hatten Flüsse größte wirtschaftliche und militärische Bedeutung. Kein Wunder, dass sich am Zusammenfluss von Rhein und Mosel früh Menschen niedergelassen haben. Koblenz war Sitz von Kurfürsten und Ritterorden.

Schon in den Jahren vor Christi Geburt siedelten die Römer dort, wo Mosel und Rhein aufeinandertreffen. Kaiser Konstantin versuchte das Dorf im 4. Jahrhundert durch eine mächtige Mauer und Tore zu schützen. Ohne Erfolg. Die Römer wurden davongejagt und die Franken übernahmen die Macht. Im 11. Jahrhundert machten die Erzbischöfe von Trier Koblenz zu ihrer Nebenresidenz. Florins- und Liebfrauenkirche entstanden. Deutschritter, Franziskaner und Dominikaner kamen im 13. Jahrhundert. Auch sie hinterließen Spuren bis in die heutige Zeit, das berühmteste Bauwerk ist sicher das Deutsche Eck direkt an der Moselmündung. Schloss, kurfürstliche Burg und die Balduinsbrücke, deren Ursprünge auf das Jahr 1332 zurückgehen, sorgen für ein unvergleichliches Flair, das viele Menschen an diesen bedeutenden Ort der deutschen Geschichte zieht.

Sehenswürdigkeiten

❶ Deutsches Eck mit Kaiser-Wilhelm-I.-Denkmal 1216 ließen sich Ritter des Deutschen Ordens auf der Landspitze am Zusammenfluss von Rhein und Mosel nieder. Sie hatten das Gebiet vom Erzbischof geschenkt bekommen und gründeten eine Niederlassung ihres Ordens. Da es die Deutschritter waren und es sich um eine in das Wasser ragende Landspitze handelte, entwickelte sich der Name Deutsches Eck. 1893 begann man mit dem Bau eines Denkmals zu Ehren Kaiser Wilhelms I., das in Anwesenheit seines Sohnes 1897 eingeweiht wurde.

❷ Altstadt und Alte Münze Einige Hundert Jahre lang ließen die Kurfürsten von Trier ihre Münzen in Koblenz pressen. Der Münzplatz mitten in der Altstadt erinnert noch heute daran. Wo man jetzt über eine großzügige Fläche flaniert, befanden sich einst Gebäude mit Schlosserei, Schmelze und Glühöfen. Geblieben ist nur das Haus des Münzmeisters von 1763. Auch Görres-, Jesuitenplatz und Am Plan gehören zur Altstadt. Sie wurde im Zweiten Weltkrieg völlig zerstört, aber liebevoll wieder aufgebaut.

❸ Schloss Stolzenfels Nicht weit von der Altstadt erhebt sich das weiße Schloss, das mit seinen eckigen Türmen und Zinnen an die Burg erinnert, die im 13. Jahrhundert an diesem Fleck gestanden hat. Deren Ruine machte Koblenz dem preußischen Kronprinz Friedrich Wilhelm 1823 zum Geschenk. In 24 Jahren errichtete er daraus seine Sommerresidenz, die man heute – auch im Rahmen schauspielerisch gestalteter Führungen – besichtigen kann.

❹ Festung Ehrenbreitstein Die Festung knapp 120 Meter über dem Rhein ist nach ihrem Erbauer Ehrenbert benannt. Nach einer wechselvollen Geschichte wurde sie 1801 durch die Franzosen gesprengt. Nur 16 Jahre später begann der Wiederaufbau zur heute bestehenden Anlage, der zweitgrößten ihrer Art in ganz Europa. Man sollte mehr als einen Tag einplanen, um alles anzusehen, die Foto- und Archäologie-Ausstellungen, die Festungskirche, die Kunstresidenz und die Wunderkammer sowie natürlich den Festungspark.

Museen

❶ Forum Confluentes Seit 2013 ist Koblenz um eine Attraktion reicher. Am Zentralplatz ist ein futuristisch anmutendes Gebäude entstanden, in dem neben einer modernen Einkaufsmeile auch die örtliche Stadtbibliothek und das Mittelrhein-Museum untergebracht sind. Ebenfalls dort zu finden ist das Romanticum. Besucher können hier an Bord eines virtuellen Schiffes gehen und auf unterhaltsame Weise Vater Rhein mit seinen Landschaften und Legenden entdecken.

❷ Ludwig-Museum im Deutschherrenhaus Am Deutschen Eck unter den Augen von Kaiser Wilhelm, dessen Denkmal 1992 rekonstruiert wurde, steht das Deutschherrenhaus. Das Museum wurde auf Initiative des Koblenzer Professors Peter Ludwig eingerichtet. Es zeigt auf vier Etagen westeuropäische Kunst der Moderne. Ein Schwerpunkt liegt auf französischen Werken.

Wo Mosel und Rhein zusammenfließen, erhebt sich das Deutsche Eck aus dem Wasser – hier der Blick von der Festung Ehrenbreitstein.

UNESCO-Welterbe

Kulturlandschaft Oberes Mittelrheintal zwischen Bingen/Rüdesheim und Koblenz Unter dem Eindruck der Industrialisierung widmeten sich Künstler bewusst der Natur und der Schönheit. Es war die Zeit der Romantik. In der Region zwischen Koblenz und Rüdesheim entstanden viele kulturelle Zeugnisse, die diese Strömung mit den Mythen und der Landschaft des Rheintales verbanden. Die Einzigartigkeit dieser Kulturlandschaft würdigte die UNESCO mit der Aufnahme in die Welterbeliste. Dazu gehören Burgen wie Ehrenbreitstein oder Stolzenfels und Ortschaften, zum Beispiel St. Goar oder auch Bacharach. Aber auch bestimmte Ausblicke in die Natur sind Bestandteil dieser Erbestätte.

ⓘ Touristeninformation: Zentralplatz 1, 56068 Koblenz, Tel. 0261/19 433, E-Mail: Touristinformation@koblenz-touristik.de, www.koblenz-touristik.de

Rheinland-Pfalz · Saarland

St. Goarshausen

Das malerische Winzerstädtchen ist nicht nur Teil der Kulturlandschaft Oberes Mittelrheintal, es liegt auch im berühmten Tal der Loreley. Gern erwähnt man, dass St. Goarshausen schon 1324 Stadtrechte erhielt. Beschaulich ist es dennoch geblieben.

Es ist nicht schwer, sich in den Straßen von St. Goarshausen zurechtzufinden. Der einstige Amtssitz des Herzogtums Nassau breitet sich nicht großzügig in alle Himmelsrichtungen aus, er schmiegt sich als eher schmaler Streifen an das Ufer des Rheins. Über der Altstadt hockt als zusätzliche Orientierungshilfe Burg Katz. Streift man durch die verwinkelten Gässchen, trifft man früher oder später auf das Rathaus aus dem Jahr 1532, ein historisches Schmuckstück. Auch Reste der Stadtmauer mit zwei mittelalterlichen Türmen sowie verträumte Plätze passen vorzüglich in das Bild des romantischen Weinortes. Sowohl das kulturelle als auch das gastronomische Angebot sorgen das ganze Jahr über für einen genussvollen Aufenthalt. Ganz besonders lebendig und geradezu urig geht es allerdings im September während der jährlich stattfindenden Weinwoche zu.

Sehenswürdigkeiten

❶ **Burg Katz** Der Rhein als Handelsweg war den Mächtigen eine erfreuliche Einnahmequelle. Man errichtete Bollwerke mit Sperrmöglichkeiten, um Zoll für das Passieren des Flusses zu verlangen. Die im 14. Jahrhundert von Graf Wilhelm II. von Katzenelnbogen gebaute Burg war ein Teil davon.

❷ **Burg Maus** Etwa zur gleichen Zeit wie Burg Katz entstand nicht weit entfernt Burg Thurnberg. Die Residenz des Trierer Kurfürsten sollte Übergriffe derer von Katzenelnbogen verhindern. Weil die beiden Festungen einander zu belauern schienen, bekamen sie schnell ihre Spitznamen Katz und Maus.

❸ **Burg Rheinfels** Die Grafen aus dem Geschlecht von Katzenelnbogen ließen bereits 1245 eine Burg auf der linken Rheinseite bauen. Zunächst war sie Residenz, mit Fertigstellung von Burg Katz wurde sie zur Zollanlage. Die Gebäude wurden von den Franzosen gesprengt, die Reste als Steinbruch ausgebeutet. Dennoch ist die Ruine sehenswert. Neben dem Museum sollte man unbedingt die Kasematten und Gewölbekeller erkunden.

❹ **Loreley-Felsen** Unweit der Burg Katz ragt ein Schieferfelsen 130 Meter in den Himmel. Der Sage nach saß dort eine unglückliche Frau und bürstete ihr langes blondes Haar. Die Schiffer auf dem Rhein konnten ihre Augen nicht von ihr wenden und gingen unter. Auf dem Plateau gibt es eine Statue und ein Besucherzentrum.

❺ **Evangelische Kirche** Nach dem Abriss der alten Kirche wurde 1863 die neue geweiht. Mit ihrer fein gearbeiteten Kassettendecke und den Chorfenstern von 1929 gehört sie zum Welterbe Oberes Mittelrheintal.

❻ **St. Johannes** Auch die katholische Pfarrkirche St. Johannes der Täufer gehört zum Welterbe. Der Grundstein für die neubarocke Saalkirche wurde 1923 gelegt. Ganzer Stolz der Kirche ist ein Altarbild, das aus der Schule des Lucas Cranach stammen soll.

Blick auf die Burg Katz, die sich majestätisch über St. Goarshausen und den sich durch das Rheintal schlängelnden Fluss erhebt.

Ausflugstipps:

Römerkastell Boppard Nicht weit von St. Goarshausen ein Stückchen rheinaufwärts liegt das beschauliche Boppard. Die Stadt gründet auf einer wichtigen römischen Siedlung. Im 4. Jahrhundert wurde sie geschaffen und trug den Namen »Bodobrica«, woraus der Name Boppard entstand. Nicht nur der Name, gleich der gesamte Ort hat sich aus der römischen Siedlung entwickelt. Die Festungsmauern des Kastells schließen noch heute einen Teil der Altstadt ein.
Museum der Stadt Boppard Wenn man schon einmal da ist, sollte man unbedingt die Bugholz-Möbel im Stadtmuseum ansehen. Michael Thonet hat sie geschaffen, der die Holzbiegetechnik maßgeblich weiterentwickelt hat.

Besucher-Tipps:

Rhein in Flammen Jedes Jahr im September lohnt ein Besuch der Rhein-Stadt besonders. Dann wird nämlich zusammen mit dem Nachbarstädtchen St. Goar Weinfest gefeiert. Spektakulärer Höhepunkt und Abschluss der Weinwoche bildet die Veranstaltung »Rhein in Flammen«. Etwa 50 bunt beleuchtete Ausflugsschiffchen versammeln sich unterhalb des berühmten Loreley-Felsens. Dann beginnt von beiden Ufern ein Feuerwerkspektakel, dessen fulminantes Finale schließlich von der Flussmitte gezündet wird.
Wein- und Heimatmuseum Im historischen Stadtturm wird in die Geschichte des Ortes und des Weinbaus eingeführt. Edle Tropfen der Region können probiert werden.

Touristeninformation: Bahnhofstraße 8, 56346 St.Goarshausen, Tel. 06771/91 00, E-Mail: info@loreley-touristik.de, www.loreley-touristik.de

Rheinland-Pfalz · Saarland

Mainz

Knapp 200 000 Menschen leben in der Landeshauptstadt von Rheinland-Pfalz. Ihr Herz schlägt zwischen dem Rheinufer, der Zitadelle und dem ehemaligen Kurfürstlichen Schloss. Residenzstadt, Hauptstadt, Festungsstadt – Mainz war und ist lebendig.

Ein Spaziergang durch Mainz ist wie eine Wanderung durch die Zeit. Man kann beispielsweise am Dom beginnen, der Anfang des 11. Jahrhunderts fertiggestellt wurde. Vorbei am Marktbrunnen schlendert man nach rechts in Richtung des Rheins und stößt auf das Gutenberg-Museum, das der Erfindung des Buchdrucks im 15. Jahrhundert gewidmet ist. Ein kleiner Abstecher könnte zum ehemaligen Heiliggeistspital führen, das 1145 als Domspital gegründet wurde. Dort kann man es sich ruhig eine Weile bequem machen, denn ein Krankenhaus ist der rechteckige Bau mit seinen vier Portalen längst nicht mehr. Inzwischen ist dort ein Gasthaus eingezogen. Der Spaziergang könnte an dem mit dänischem Marmor verkleideten Rathaus enden. Nach fast 500 Jahren ohne Rathaus bekam die Stadt das moderne Gebäude, das an eine Ziehharmonika erinnert.

Sehenswürdigkeiten

❶ Fastnachtsbrunnen Mainz und die Fastnacht gehören zusammen. Um ihr ein Denkmal zu setzen, hat man 1964 einen Wettbewerb ausgeschrieben. Drei Jahre später war der Brunnen fertig, dessen Herzstück ein aus 200 Bronzefiguren bestehender Narrenturm ist.

❷ St. Stephan Um 1340 wurde die dreischiffige Hallenkirche im Stil der Gotik fertiggestellt. Sie hat ihren Platz auf einem Hügel oberhalb der Altstadt. Schatz der Kirche ist das von Marc Chagall gestaltete Glasfenster, einziges Werk des Künstlers, das in einem deutschen Gotteshaus zu sehen ist.

❸ Dom St. Martin Der Dom ist das markanteste Bauwerk der Stadt. 1009 wurde er erstmals eingeweiht, brannte aber am gleichen Tag ab. 1036 war der zweite Bau fertig. Im Lauf der Zeit gab es immer wieder Zerstörungen und Anbauten. Das Ergebnis ist ein gewaltiger Dom mit einem Westchor, dem Martinschor, und einem Ostchor, dem Stephanschor.

❹ Marktplatz mit Heunensäule Anlässlich des 1000-jährigen Dom-Jubiläums wurde der Marktplatz neu gestaltet. Der Sandsteinmonolith wurde genau in die Mitte gestellt.

❺ Altstadt Die Augustinerstraße unweit des Doms ist die Hauptstraße zum Bummeln in der Altstadt. Aber auch die Nebenstraßen, oft nur kleine romantische Gassen, machen die Altstadt aus. Zum Beispiel der Kirschgarten mit malerischen Fachwerkhäusern und dem Marienbrunnen.

❻ Kurfürstliches Schloss Das frühbarocke Schloss in Sichtweite des Rheinufers entstand im 18. Jahrhundert, ein dritter Flügel wurde 1807 angebaut. In der einstigen Residenz ist nach verschiedenen Nutzungen und Beschädigungen heute das Römisch-Germanische Zentralmuseum zu finden.

❼ Zitadelle Auf dem Jakobsberg am Südrand der Stadt liegt die Wehranlage aus dem 17. Jahrhundert. Unbedingt ansehen: das Stadthistorische Museum und die Kellergewölbe, die im Zweiten Weltkrieg als Luftschutzräume dienten.

Museen

❶ Landesmuseum Der kurfürstliche Marstall, zentral zwischen Bahnhof und Landtag gelegen, ist Teil des Landesmuseums. Die Sammlung beruht auf einer Schenkung Napoleons. Zu sehen gibt es frühgeschichtliche Funde bis hin zu Kunstwerken der Moderne.

❷ Gutenberg-Museum Ein prunkvolles Bürgerhaus im Stil der Spätrenaissance beherbergt Exponate aus rund 4000 Jahren Schriftkultur. Natürlich geht es auch um den Mainzer Johannes Gutenberg. Prunkstücke sind zwei originale Gutenberg-Bibeln. Wer mag, kann sich selbst als Setzer und Drucker versuchen.

❸ Mainzer Fastnachtsmuseum Hier dreht sich alles um die Fastnacht. Auch Nicht-Karnevalisten können Spannendes entdecken. Es gibt Kostüme und Garde-Uniformen, Informatives über die Entstehung von Motivwagen oder Ausschnitte aus Karnevalssitzungen.

Die von Fachwerkhäusern gesäumte Mainzer Augustinerstraße erstrahlt bei Nacht im Lichterglanz.

Besucher-Tipps:

Isis-Tempel Bei Bauarbeiten im Jahr 2000 wurden die Fundamente eines Tempels entdeckt, der der altägyptischen Gottheit Isis sowie der römischen Magna Mater gewidmet war. Ein sensationeller Fund nördlich der Alpen! In der Römerpassage in einem eigens eingerichteten Raum sind Statuetten, Opfergaben und auch Öllampen zu bestaunen.

Mainzer Musiksommer Jedes Jahr verwandeln sich verschiedene historische Räumlichkeiten in Konzertsäle. Junge Musiker und international bekannte Top-Stars der Klassikszene erfüllen die Stadt mit ihren Klängen. Das Festival hat sich über die Jahre einen Namen gemacht und ist ein besonders schöner Grund mehr, nach Mainz zu kommen.

ⓘ *Touristeninformation: Rheinstraße 55, 55116 Mainz, Tel. 06131/24 28 88, E-Mail: tourist@mainzplus.com, www.touristik-mainz.de*

Rheinland-Pfalz · Saarland

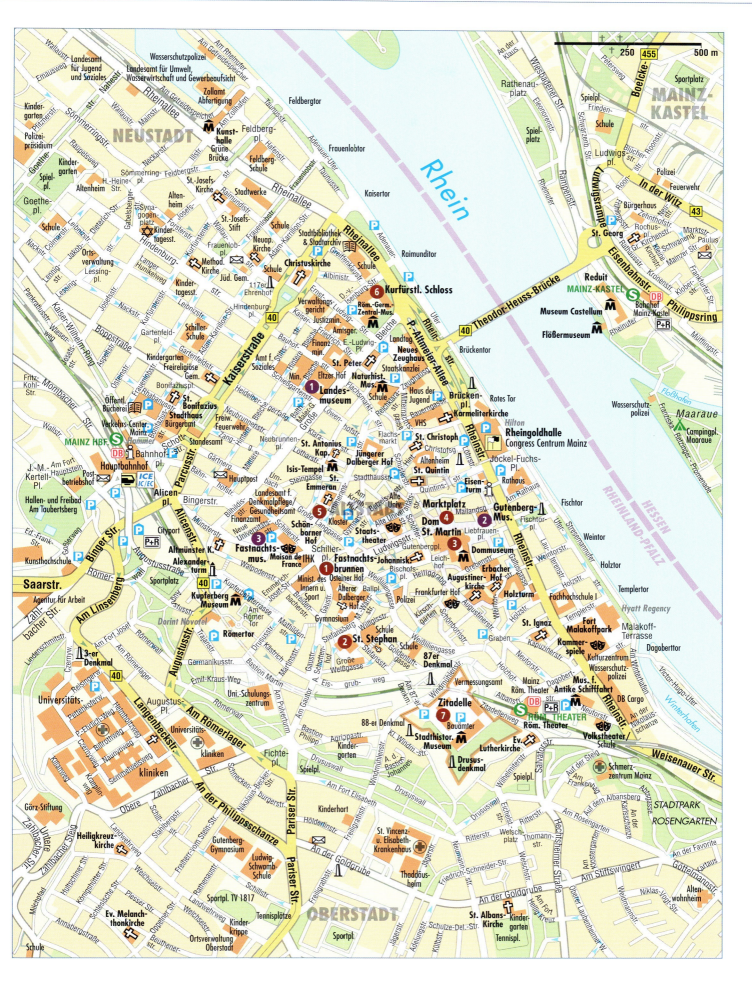

Rheinland-Pfalz · Saarland

Bacharach

Schon der Schriftsteller Victor Hugo beschrieb Bacharach als einen der reizendsten Orte. Heinrich Heine und auch Ricarda Huch fanden ebenfalls Worte der Begeisterung. Kein Wunder, verspielte Fachwerkhäuschen und altes Gemäuer schaffen Atmosphäre.

Über der Stadt erhebt sich Burg Stahleck, Wahrzeichen von Bacharach. Sie hat viele Herrscher kommen und gehen sehen. Zuerst waren es die erzbischöflichen Vögte von Köln, dann folgten die Pfalzgrafen, die Welfen und die Wittelsbacher. Bereits im frühen 13. Jahrhundert entwickelte sich der Ort zu einer bedeutenden wirtschaftlichen Macht. Weinhandel und Zölle spülten Geld in die Kassen. Die mächtige Wehranlage konnte errichtet, stolze Kirchen, aber auch reich verzierte Bürgerhäuser gebaut werden. Obwohl die Franzosen 1689 schwere Verwüstungen anrichteten, blieben einige historische Gebäude erhalten, andere wurden originalgetreu wiedererrichtet, sodass sich heute ein mittelalterlich geprägtes Stadtbild ergibt. Dafür sorgt schon die Ringmauer mit ihren Türmen.

Sehenswürdigkeiten

❶ Fachwerkaltstadt Rotbraunes Fachwerk zwischen weißem Putz, Erker und Türmchen, kunstvoll geschnitzte Türen und Kopfsteinpflaster – das ist die Bacheracher Altstadt. Besonders hübsch ist dies im Malerwinkel oder in der Oberstraße zu sehen.

❷ Alter Marktplatz Man fühlt sich zwischen den teils schiefen Häusern fast wie in einer Theaterkulisse. Die wohl berühmtesten Gebäude sind das Alte Haus von 1568, einstiges Stammlokal des Komponisten Robert Stolz, und der Altkölnische Saal, ein ehemaliges fränkisches Verwaltungsgebäude. Auch die Pfarrkirche St. Peter steht am Alten Markt.

❸ Mittelalterliche Stadtbefestigung Von 16 ehemals vorhandenen Wehrtürmen sind neun erhalten. Der wohl eindrucksvollste ist das Holztor, dessen ursprüngliche Gestalt am besten bewahrt wurde. Auch ein überdachter Wehrgang zum Rheinufer hin ist zu besichtigen.

❹ St. Peter Die Pfarrkirche aus der ersten Hälfte des 13. Jahrhunderts ist eine dreischiffige Basilika. Besonders eindrucksvoll sind die Lage auf kleiner Grundfläche an einem recht steilen Hang und die Fresken, die den Innenraum zieren.

❺ Bacharacher Werth Die lange schmale Insel im Mittelrhein ist für ihren Wein berühmt. Er gilt als für die Region geschmacklich ungewöhnlich und wird unter schwierigen Bedingungen angebaut. Die Insel wird nämlich manches Mal überflutet.

❻ Burg Stahleck Die Burg wurde schon im 11. Jahrhundert bewohnt. Und sie war früher mit der Stadtbefestigung verbunden. Der Wohnturm gehört zum ältesten Teil der Anlage. Auch der Innenhof ist zugänglich.

Der Blick auf das idyllische Bacharach, Sehnsuchtsort der Romantiker.

Ausflugstipps:

Bacharach-Steeg Der Ortsteil hat ebenfalls sehenswerte Fachwerkhäuser aus dem 16. und 17. Jahrhundert zu bieten. Adelige hatten hier ihre privaten Weinberge. Von Burg Stahlberg sind noch dicke Mauern und ein Turm erhalten. Die Anlage wird von einem Verein vor weiterem Verfall geschützt, sodass Besucher die Möglichkeit haben, einen Spaziergang über das beeindruckende Areal im Grünen zu unternehmen.
Burg Reichenstein Die Burg in Trechtingshausen soll ein ehemaliges Raubritterversteck gewesen sein. Im Museum sind kostbare Möbel und Rüstungen zu sehen, auch eine Bibliothek und eine kleine Kapelle gehören dazu. Im Hotel kann man ritterlich übernachten.

Besucher-Tipps:

Wernerkapelle Es ist gut zu erahnen, wie schön die Kapelle im Stil rheinischer Hochgotik vor ihrer Beschädigung gewesen sein muss. Auf dem Weg zur Burg kommt man an der Ruine vorbei und sollte dort rasten. Sie wurde Ende des 13. Jahrhunderts für den Jungen Werner erbaut, dessen Leiche an der Stelle gefunden worden sein soll. Die Legende besagt, das Kind habe ein helles Leuchten ausgesendet, und wilde Tiere hätten es nicht angerührt. Schaurige Wahrheit: Man lastete den Juden den Mord an dem Jungen an und rächte sich mit einem verheerenden Pogrom an der unbeliebten Bevölkerungsgruppe. Es lohnt sich dennoch, den geheimnisvollen Platz selbst zu erleben und von dort auf die Stadt zu blicken.

Rheinland-Pfalz · Saarland

Worms

Über 80 000 Menschen leben in der rheinhessischen Stadt, die sich »Nibelungenstadt« nennt. Sie ist jedoch viel mehr, sie ist Domstadt und Weinstadt, und sie ist eine jüdische Stadt mit interessanter Vergangenheit. Worms ist bunt und lebendig und unbedingt sehens-

Kommt man vom Rheinufer und passiert den Festplatz und die Wallstraße, erreicht man die Innenstadt. Sofort wird klar, dass Worms sich ihren Charakter als ehemalige römische Garnisonsstadt, als Bischofssitz, als Hauptstadt des Burgunderreichs und Residenz der Karolinger bzw. der Staufer erhalten hat. Man spürt den Stolz auf das Freiheitsprivileg, das Friedrich I. Barbarossa höchstselbst verliehen hat. Es hängt in Erz gegos-

Sehenswürdigkeiten

❶ **Dom St. Peter** Am höchsten Punkt der Altstadt, wo vorher eine alte römische Basilika stand und ein erster Dom seinetwegen abgerissen wurde, erhebt sich der wuchtige St. Peter. Eine

sen über dem Nordportal des Doms. Vom Dom sind es nur wenige Schritte zum jüdischen Friedhof. Die jüdische Gemeinde hat in der Stadtentwicklung schon im frühen Mittelalter eine große Rolle gespielt. Im 12. und 13. Jahrhundert erlebt Worms seine Blüte. Viele Gebäude entstehen. 1689 fallen die meisten den Franzosen zum Opfer. Doch davon ist wenig zu spüren. Die Stadt feiert ihre guten Zeiten.

Papstwahl hat hier stattgefunden, und Martin Luther musste vor Kaiser Karl V. treten, um sich zu erklären. Wie kein anderes Bauwerk repräsentiert der Dom die Wormser Romanik. Spektakulär ist der Hochaltar von Balthasar Neumann.

❷ **Alte Synagoge, Mikwe und Raschi-Haus** Die Synagoge im liebevoll restaurierten ehemaligen Judenviertel ist eine der ersten in Deutschland. 1175 entstand die Männersynagoge, zehn Jahre später die Mikwe, ein unterirdisches Tauchbad für rituelle Waschungen. Das Lehrhaus, die Raschi-Kapelle wurde erst 1624 erbaut.

❸ **Alter jüdischer Friedhof »Heiliger Sand«** Unzählige Besucher aus aller Welt kommen her, um die Gräber bedeutender Gelehrter, Rabbiner und Märtyrer zu sehen. Der älteste Stein datiert von 1076. Es ist eine Erfahrung der besonderen Art, zwischen 2500 Grabmalen spazieren zu gehen.

❹ **Liebfrauenkirche** Beinahe 200 Jahre wurde an der dreischiffigen gotischen Kirche gebaut. Man sollte einen Blick auf die Fenster werfen, die ein Mainzer Glaskünstler zwischen 1966 und 1995 geschaffen hat. Ebenfalls bemerkenswert ist die Lage der Liebfrauenkirche mitten in einem Weinberg. Hier wächst die bekannte »Liebfrauenmilch«.

Museen

❶ **Nibelungenmuseum** Seit 2001 gibt es das Museum, das sich auf sehr spezielle Weise dem Nibelungenlied widmet. Schon die Unterbringung in

Teilen der alten Stadtbefestigung ist außergewöhnlich gelungen. Hör- und Sehturm sind ebenso spannend gestaltet wie das Mythenlabor. Im ehemaligen Wehrturm entführen sowohl historische Stadtansichten als auch Geräusche in die Vergangenheit.

❷ **Museum der Stadt Worms im Andreasstift** Im einstigen Stiftsgebäude und der Andreaskirche wird die Geschichte der Stadt lebendig. Funde aus römischer Zeit und dem Mittelalter werden durch eine Bildergalerie ergänzt. Sehr schön und aufschlussreich ist ein Modell des alten Worms.

❸ **Stiftung Kunsthaus Heylshof** Unmittelbar hinter dem Dom in der Stephansgasse 9 findet man das Museum Heylshof. Freiherr von Heyl hat ein kleines Schlösschen inmitten einer Parkanlage bauen lassen, um dort seinen Kunstschätzen einen angemessenen Platz zu bieten. Nach dem Tod seiner Frau öffnete er sein Wohnhaus für die Öffentlichkeit und verfügte, dass seine Gemälde für jeden zugänglich sein sollten. Die Abteilung deutscher Meister ist die größte und umfasst Werke aus fünf Jahrhunderten.

Er ist das Glanzstück der Vierungskuppel des Doms: der Hochaltar aus vergoldetem Holz und verschiedenfarbigem Marmor.

Ausflugstipps:

Frankenthal Von Worms nach Frankenthal ist es nicht weit. Die Stadt durchstreift man am besten vom Wormser zum Speyerer Tor. Beide sind Stadttore aus dem 18. Jahrhundert, die an den französischen Triumphbogen erinnern. Am Rathausplatz wartet die Pfarrkirche St. Dreifaltigkeit und natürlich das Rathaus, in dessen Obergeschoss filigrane Exponate aus der berühmten Frankenthaler Porzellanmanufaktur zu sehen sind.

Musik in Lampertheim Das Alte Kino von Lampertheim ist ein Geheimtipp in Sachen Musik. Eine Künstlerinitiative stellt dort und auch unter freiem Himmel in lockeren Abständen ungewöhnliche Veranstaltungen auf die Beine – von Soul bis Schlager.

ⓘ Touristeninformation: Neumarkt 14, 67547 Worms, Tel. 06241/85 37 306, E-Mail: touristinfo@worms.de, www.touristinfo@worms.de

Rheinland-Pfalz · Saarland

Speyer

Die Stadt am linken Rheinufer macht keinen Hehl aus ihrer Vergangenheit. Sie ist eine der ältesten Städte Deutschlands. Das darf jeder spüren. Und das tut man auch, wenn man zwischen Kaiserdom, Gedächtniskirche und historischem Rathaus flaniert.

Wie an so vielen Orten in der Region zu sehen, liegt auch der Altstadtkern von Speyer innerhalb der alten Stadtmauern. Hier sind die Gassen schmal, weil immer mehr Bürger innerhalb der Befestigung ein Dach über dem Kopf brauchten. Leider teilt sie ebenfalls das Schicksal, 1689 nahezu komplett verwüstet worden zu sein. Speyer brauchte über 150 Jahre, um sich davon zu erholen und von vorn anzufangen. Das kann man sich kaum vorstellen, wenn man die Alte Münze betrachtet, das zauberhaft gestaltete Altpörtel oder die hübsche kleine Dreifaltigkeitskirche, Kleinod des Barock. Gäste der Stadt schätzen ganz gewiss die geballte Geschichte und Kultur, die sich hier an vielen Plätzen entdecken lässt. Sie begeistern sich aber auch für die Speyerer Lage in der lieblichen Tiefebene, wo der Speyerbach in den Rhein mündet und wo es noch Auenwälder gibt.

Sehenswürdigkeiten

❶ **Speyerer Dom** Was mag sich zu Füßen der größten romanischen Kirche der Welt, die so gut erhalten ist, alles abgespielt haben? Seit über 1000 Jahren steht sie dort. Vieles wurde im Laufe der Zeit verändert. Die Krypta, in der die Gräber habsburgischer, staufischer und salischer Könige und Kaiser und Bischofsgräber zu sehen sind, ist der älteste Gebäudeteil. Im Sommer lockt eine Aussichtsplattform in etwa 60 Meter Höhe.

❷ **Altpörtel** Fast 70 Türme und Tore gehörten in der Vergangenheit zur Stadtbefestigung. Geblieben ist unter anderem das westliche Stadttor, Altpörtel genannt. Im Inneren erfährt man Wissenswertes über Speyers Geschichte, insbesondere über die Zeit des Reichskammergerichts. Draußen sollte man an der Nordseite nach einer eisernen Spange suchen. Sie war das im Mittelalter gebräuchliche Speyerer Maß.

❸ **Gedächtniskirche** Sie ist das höchste Gebäude der Stadt. 105 Meter reckt sich der Turm der Gedächtniskirche in den Himmel. Die neugotische Hallenkirche wurde 1904 fertiggestellt. In der sechseckigen Vorhalle erinnert eine Bronzefigur Martin Luthers an die Reformation. Auch auf drei Fenstern ist Luther abgebildet, wie er beispielsweise die gegen ihn verhängte Bannbulle anzündet.

❹ **Rathaus** 1712 wurde der Grundstein für das Rathaus gelegt, in dem Speyers Stadtrat tagt. Auch das Stadtarchiv hat sein Zuhause in dem spätbarocken Bau mit der schmucken rotweißen Fassade. Das Rathaus steht am Alten Markt. Man sollte herkommen, wenn der Weihnachtsmarkt stattfindet und alles in funkelnde Lichter taucht.

❺ **Alte Münze** Genau wie das historische Rathaus und das Altpörtel liegt auch die Alte Münze an der Maximilianstraße, dem Flanierboulevard der Stadt. Der Name weist auf das Haus der Münzer hin, das hier stand, nachdem die Bürger das Münzrecht für sich beansprucht hatten. Das jetzige Bauwerk wurde 1784 fertiggestellt und sollte als Kaufhaus für die wieder erstarkte Stadt dienen.

Museen

❶ **Historisches Museum der Pfalz** Wie eine Festung liegt das Museum in der Nähe des Doms und zieht jedes Jahr so viele Besucher an wie kaum ein anderes im gesamten Land Rheinland-Pfalz. Neben packenden Sonderausstellungen warten die Abteilungen Früh-, Römer- und Neuzeit. Außerdem gibt es ein Weinmuseum und recht neu auch ein Kinder- und Jugendmuseum. Ein ganz besonderer Höhepunkt der Sammlungen ist der Domschatz mit den Grabbeigaben salischer Kaiser.

❷ **Feuerbachhaus** Das Leben des Malers Anselm Feuerbach war aufregend und tragisch zugleich. Der Sohn aus prominentem Haus bricht das Gymnasium ab, wird Künstler und stirbt zurückgezogen in Venedig. In seinem Geburtshaus kann man ihm näherkommen und Originalgemälde betrachten. Außer dem Museum gibt es eine Weinstube.

Der Hauptbau des Speyerer Doms wird durch mächtige Pfeiler aus Sandsteinquadern in drei Längsschiffe unterteilt. Hier fällt der Blick ins Mittelschiff.

UNESCO-Welterbe

Dom zu Speyer Der Dom St. Maria und St. Stephan wurde als zweites deutsches Denkmal auf die Liste des Weltkulturerbes gesetzt. Dass er die weltweit größte romanische Kirche ist, die es noch gibt, war ein ausschlaggebender Grund für die Ernennung. Sicher hat auch die gesamte zugehörige Anlage eine wichtige Rolle gespielt. Da ist zum Beispiel der sogenannte Domnapf, einstiger Schlusspunkt städtischer Macht. Wer sich im Mittelalter in der Stadt etwas hatte zuschulden kommen lassen und bis zum Napf floh, derjenige war vor Strafe zunächst einmal sicher. Ein weiteres Element ist der Domgarten, der an die Stelle des nach seiner Zerstörung nicht neu errichteten historischen Kreuzganges getreten ist.

Rheinland-Pfalz · Saarland

Völklingen

Die viertgrößte Stadt des Saarlands wurde auf fruchtbarer Erde errichtet, die noch dazu reich an Bodenschätzen war. Die älteste Eisenschmelze des Landes und natürlich das berühmte Industriedenkmal Völklinger Hütte erzählen heute noch lebendig davon.

Lange unterstand das Dorf den Grafen von Saarbrücken. Neben Bauern hatten Fischer, die von der Saar lebten, und Handwerker ein ordentliches Auskommen. Dann entdeckte man Eisen und Kohle. Abbau und Verarbeitung veränderten das Gesicht des Ortes, ließen ihn wachsen und prägen noch heute seinen Charakter. Die Franzosen, zeitweise Herren großer Gebiete links des Rheins, brachten Wissen und technische Verbesserungen. Im 19. Jahrhundert schließlich nahm die Industrialisierung vollends ihren Lauf. Doch keine Sorge, man braucht sich Völklingen nicht grau und dreckig vorzustellen. Mit der Industrie kam auch der Wohlstand. Repräsentative Bauwerke entstanden, wie etwa die Villen und Wohnhäuser von Beamten und Direktoren in der Richardstraße. Völklingen kommt nicht malerisch-niedlich daher, dafür bodenständig und ungeheuer interessant.

Sehenswürdigkeiten

❶ **Völklinger Hütte** Sie ist der Besuchermagnet der Stadt. Ein sieben Kilometer langer Pfad führt über das Areal, auf dem 100 Jahre Roheisen produziert wurde. Man klettert auf gigantischen Hochöfen herum, spaziert über die sogenannte Gichtbühne und weiter in die Gebläsehalle. Und vielerorts werden die schwierigen Bedingungen der Arbeiter lebendig.

❷ **St. Eligius** In der Rathausstraße steht die katholische Pfarrkirche St. Eligius. Der Vorgängerbau musste abgerissen wurden, weil er zu klein für all die Menschen wurde, die in kurzer Zeit nach Völklingen zogen. Patron des 1913 geweihten Gotteshauses ist Eligius, Schutzpatron der Schlosser und Schmiede.

❸ **Altes Rathaus** Auch am Alten Rathaus in der Bismarckstraße kann man gut ablesen, wie schnell Völklingen gewachsen ist. Keine 30 Jahre nach Fertigstellung des Gemeindehauses musste es erweitert werden. Da es längst wieder zu klein ist, hat die Stadt ein neues Rathaus. Im alten ist die Bücherei zu Hause.

❹ **Versöhnungskirche** In der ersten Hälfte des 20. Jahrhunderts bekam die Stadt die Kirche im Stil des Neobarock. Der Innenraum mit den halbkreisförmig angeordneten Bänken wirkt großzügig und weit. Besonders sehenswert ist die Kassettendecke.

❺ **Alter Bahnhof** 1893 entstand der heute noch existierende Bahnhof. Während damals Erzzüge in kurzen Abständen über die Gleise ratterten und Hunderte von Arbeitern das Bahnhofslokal nutzten, findet man dort jetzt die Touristeninformation, ein Kino sowie ein edles Restaurant.

Museen

❶ **Warndt-Heimatmuseum und Hugenottenweg** Die Region Warndt ist Glasbläsergebiet. Deshalb ist Gebrauchsglas ein Schwerpunkt des Museums. Es liegt im Ortsteil Ludweiler, dem Endpunkt des Hugenottenweges. Der Geschichtswanderweg erinnert an die Hugenotten, die die Glasbläserkunst in die Region brachten.

Die alten Gerüste des gewaltigen Industriedenkmals Völklinger Hütte leuchten nachts in neonbunten Farben.

Ausflugstipps:

Saarlouis Die Stadt wurde 1680 im Auftrag von Ludwig XIV. als Festung ausgebaut. Was ein wenig martialisch klingt, ist in Wahrheit ungeheuer spannend. So gibt es etwa auf einem Inselchen vor den Toren der Stadt Reste eines Walls, der die Schleuse schützen sollte. Mithilfe dieser Schleuse ließ sich die Saar stauen und so ein Gewässer schaffen, das Angreifer auf Distanz hielt. Inzwischen gehört die Insel zum Stadtgarten, der neben dem Stadtwald die grüne Lunge von Saarlouis ist. Ein Besuch der in den Kasematten angesiedelten Cafés sollte unbedingt zum Ausflugsprogramm gehören. Auch ein Abstecher zum Alten Friedhof mit historischem Teil und Garnisonsfriedhof ist empfehlenswert.

UNESCO-Welterbe

Völklinger Hütte 1994, nur acht Jahre nachdem der Betrieb eingestellt wurde, ist die Völklinger Hütte zum Welterbe ernannt worden. Gewürdigt wird die Tatsache, dass sämtliche Phasen der Roheisenerzeugung auf dem Gelände und damit an einem authentischen Ort nachvollzogen werden können. Diese Auszeichnung ist keine Selbstverständlichkeit, wurde doch zum ersten Mal eine Industrieanlage auf die Liste des Kulturerbes gesetzt. Wer sie besichtigen will, sollte im UNESCO-Besucherzentrum beginnen. Für eine Pause bietet sich das sogenannte Paradies an, ein einzigartiger Landschaftsgarten, der zwischen Saar und alter Kokerei in der Industriebrache angelegt wurde.

ⓘ Touristeninformation: Poststraße 1, 66333 Völklingen, Tel. 06898/13 28 00, E-Mail: tourist-info@voelklingen.de, www.voelklingen.de

Rheinland-Pfalz · Saarland

Saarbrücken

Landeshauptstadt, das klingt nach riesigen Behörden und Banken, nach breiten Straßen, Lärm und Hektik. Einen Hauch davon mag es in Saarbrücken geben, doch in erster Linie strahlt die Stadt französische Lebensart und fast süddeutsche Gemütlichkeit aus.

Eine Stadt der Gegensätze ist sie. Zwar ist davon auszugehen, dass Kelten und Römer hier siedelten, doch im Grunde beginnt die Geschichte von Saarbrücken erst Anfang des 18. Jahrhunderts nach dem Dreißigjährigen Krieg. Der hatte die Bevölkerung nahezu ausgelöscht. Es folgten die Schlachten von Ludwig XIV., die die Stadt faktisch vernichteten. Doch dann kam die Wende. Kirchen werden gebaut, ein Rathaus und eine Barockresidenz. 1909 schließlich werden Saarbrücken, St. Johann auf der anderen Saar-Seite und Malstatt-Burbach zu einer Großstadt zusammengefasst. Gegensätze finden sich auch in der Architektur. Hier das Rathaus mit Türmchen, Zinnen und Statuen, dort der zum Einkaufszentrum umgewandelte Gropiusbau am Hauptbahnhof. Hier die barocke Ludwigskirche, dort die Kirche St. Albertus Magnus, die einem Ufo gleicht.

Sehenswürdigkeiten

❶ Ludwigsplatz und Ludwigskirche Friedrich Joachim Stengel war einer der berühmtesten Architekten seiner Zeit und hat Saarbrücken seinen Stempel aufgedrückt. Gut zu sehen an der Ludwigskirche, die mit dem Ludwigsplatz und weiteren Gebäuden zu einem der bedeutendsten Barockensembles gehört.

❷ Altes Rathaus Auch das 1750 fertiggestellte Rathaus beruht auf Plänen von Stengel. Auffällig an dem Barockbau ist die Schaufassade, die zum Schlossplatz blickt.

❸ Schloss Saarbrücken Das Schloss liegt auf einem Sandsteinhügel über der Saar. Es war von Stengel als Herz des alten Saarbrücken geplant. Heute sind in der hufeisenförmigen Barockresidenz mit Mittelstück aus Stahl und Glas das Museum in der Schlosskirche und das Historische Museum Saar beheimatet.

❹ Alte Brücke Sie zählt zu den ältesten Bauwerken der Stadt und ist die älteste Brücke des Saarlandes. Von 14 Bögen im Jahr 1546 sind acht geblieben. Wegen der Begradigung der Saar wurde die Brücke kurzerhand gekürzt.

❺ St. Johanner Markt Geht man über die Alte Brücke, läuft man direkt auf den St. Johanner Markt zu, das Wohnzimmer der Saarbrücker. Altstadtfest und Weihnachtsmarkt finden hier statt. Marktbrunnen und barocke Bürgerhäuser ringsherum stammen natürlich von Friedrich Joachim Stengel.

❻ Bergwerksdirektion Saarbrücken Martin Gropius und Heino Schmieden haben Ende des 19. Jahrhunderts ein monumentales Gebäude im Stil der Neorenaissance geschaffen. Der frühere Sitz der Bergwerksverwaltung im Saarkohlerevier ist seit 2010 Teil eines Einkaufszentrums. Dank massiver Bürgerproteste blieben historische Fliesen, Bleiglasfenster und Treppen erhalten.

Museen

❶ Historisches Museum Saar Überirdisch ist es ein lebendiges Spiegelbild des Lebens im Grenzbereich zwischen Deutschland und Frankreich. Unterirdisch entführt das Museum in die Kasematten, Schießkammern und Verliese der erhaltenen mittelalterlichen Burganlage unter dem Schlossplatz.

❷ Saarlandmuseum Das Museum besteht aus mehreren Teilen. Zum einen gibt es die Moderne Galerie in der Bismarckstraße, in der es um Malerei und Plastiken des 19. bis 21. Jahrhunderts geht. Zum anderen gibt es die Alte Sammlung am Schlossplatz.

❸ Museum für Vor- und Frühgeschichte Ebenfalls am Schlossplatz nehmen archäologische Funde den Besucher mit auf eine Reise in das Saarland der Stein- oder Bronzezeit. Bis ins frühe Mittelalter führt der Ausflug, bei dem man Grabbeigaben oder auch Wandmalereien zu sehen bekommt.

Mit der Ludwigskirche bildet der Ludwigsplatz ein Barockensemble (oben). Vom Schlossplatz blickt man auf das Alte Rathaus (unten).

Besucher-Tipps:

Schwarzenbergturm Nach einem herrlich entspannenden Spaziergang durch den Stadtwald von St. Johann erreicht man den 1930 eingeweihten Turm. Gut 240 Stufen sind es hinauf bis zur Aussichtsplattform. Die Anstrengung lohnt sich, denn von der höchsten Aussichtsplattform der Stadt hat man einen großartigen Blick auf die Umgebung.

Saar-Spektakel Jedes Jahr dreht sich Anfang August alles um Wasser und Wassersport. Von Drachenbootrennen über eine Kletterwand direkt über der Saar bis Stand Up Paddling wird alles geboten, was im nassen Element möglich ist. Dazu gibt es ein Rahmenprogramm, bei dem die Kleinen sich austoben und die Großen Livemusik genießen können.

ⓘ Touristeninformation: Bahnhofstraße 31, 66111 Saarbrücken, Tel. 0681/95 90 92 00, E-Mail: info@kontour.de, www.saarbrücken.de

Rheinland-Pfalz · Saarland

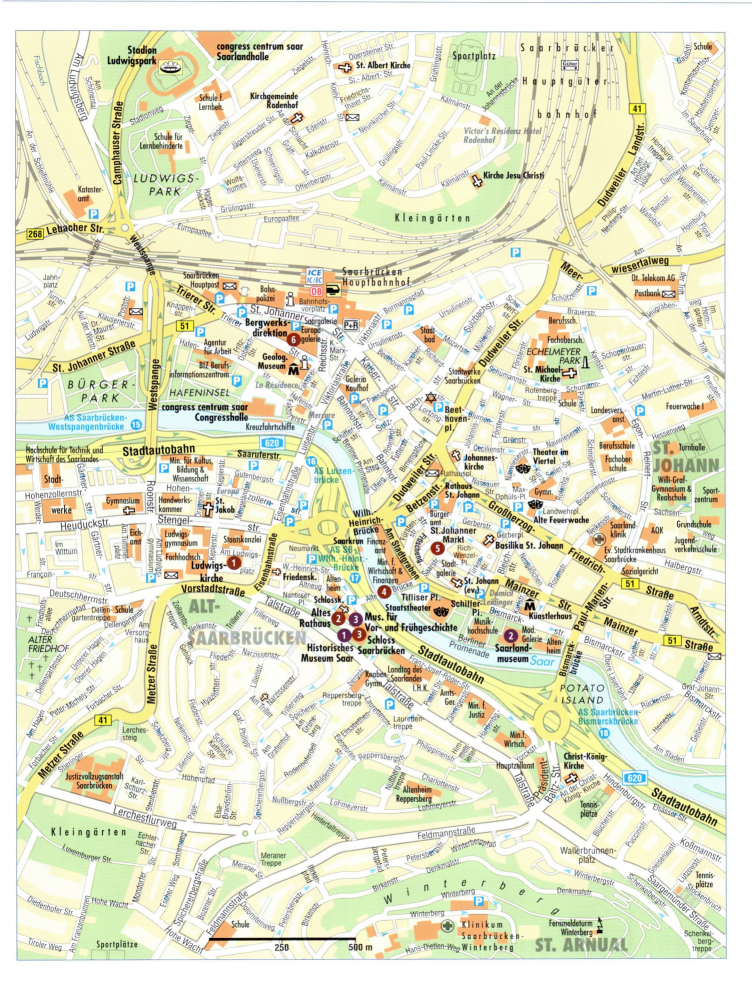

Sachsen-Anhalt · Sachsen

Die Elbe und ihre Nebenflüsse sind das breite Band, das diese beiden Bundesländer miteinander vereint. Von Magdeburg und dem Harzvorland reicht es bis nach Dresden. Die Oberlausitz mit ihrer sorbisch geprägten Geschichte und der Anbindung an Oder und Neiße präsentiert sich als charmantes Anhängsel, das in mancherlei Hinsicht eigene Wege geht.

Entlang der Elbe dehnten die sächsischen Kaiser aus dem Haus der Ottonen im 10. Jahrhundert ihre Macht stetig nach Osten aus und errichteten befestigte Burgen, die zu den Keimzellen der späteren Städte wurden. So ist das westlichere Sachsen-Anhalt mit seiner ehrwürdigen Hauptstadt Magdeburg von herausragenden Zeugnissen der hochmittelalterlichen romanischen Architektur geprägt. Auch die meisten der schönen Städtchen in und um den Harz, allen voran Quedlinburg, können auf eine mehr als 1000-jährige Kulturgeschichte zurückblicken, die vielfach im Stadtbild noch sichtbarer geblieben ist als in den großen Metropolen.

Im östlicheren Sachsen dagegen entstanden die ersten großen, bedeutenden Bauwerke im Stil der Gotik und bestimmen heute noch mit ihren hohen, spitzen Türmen viele Stadtsilhouetten. Im Laufe der Zeit verschoben sich auch die Machtverhältnisse nach Osten und mit der sächsischen Kurfürstenwürde wanderte auch der Name Sachsen vom heutigen Niedersachsen über Wittenberg und Meißen nach Dresden, das sich dann unter der Regentschaft von August dem Starken zum glanzvollsten deutschen Fürstenhof und Zentrum der barocken Lebenslust entwickelte.

Dagegen waren Leipzig und Halle von ihrer reichen Kaufmannschaft und der Bildungselite geprägt, die die dortigen Universitäten anzogen. Doch auch der Bürgerstolz verewigte sich in einer Vielzahl repräsentativer Bauten. Selbst in Chemnitz, oft als das industrielle Aschenputtel unter den großen Städten des Ostens abgetan, schlug sich der Gewinn aus den Fabriken und Betrieben im Stadtbild nieder. Während aber diese quirligen Metropolen ihr Gesicht stetig ändern, präsentieren sich andere Städte dauerhafter: Wittenberg ist noch heute so maßgeblich durch die Reformation geprägt, dass es die Bezeichnung Lutherstadt sogar im Namen trägt. Dessau erlebt man als die charmante Synthese der verspielten Schloss- und Gartenträume des Fürsten Leopold III. Friedrich Franz von

Innenansicht der St.-Marien-Kirche in Wittenberg, in der Luther predigte.

Schloss Albrechtsburg und der Dom bestimmen das Stadtbild von Meißen.

Anhalt mit der klaren Bauhausästhetik, und in den Städten der Lausitz ist noch die sorbische Kultur lebendig. Den Besucher erwarten also auf recht engem Raum sehr vielfältige Stadterlebnisse: die einen eher beschaulich und romantisch, die anderen Leckerbissen für Kunstkenner und Museumsfreunde und wieder andere modern, urban und aufregend.

Wenn man will, kann man natürlich überall noch die Spuren der gemeinsamen DDR-Vergangenheit entdecken; in der einen Stadt schneller, in der anderen erst nach genauerem Hinsehen. Doch als »ostdeutsch« über einen Kamm scheren lassen sie sich nicht. Dazu waren sie seit jeher zu unterschiedlich, und auch der Weg, den sie seit der Wende genommen haben, ist zu verschieden. Jede will für sich entdeckt werden.

Großes Bild: Das malerische Stadtbild Dresdens von der Elbe aus. Des Nachts ist das »Elbflorenz« herrlich erleuchtet.

Eine Fachwerkhäuserzeile im romantischen Städtchen Quedlinburg.

Sachsen-Anhalt · Sachsen

Magdeburg

Die Stadt an der Elbe war einst die Morgengabe, die Kaiser Otto I. seiner Frau Editha zur Hochzeit schenkte. Als Vorposten der kaiserlichen Macht wurde sie repräsentativ ausgebaut. Diese trutzige Pracht des Mittelalters ist heute noch deutlich zu spüren.

Die weithin sichtbaren, rund 100 Meter hohen Türme des Magdeburger Doms künden von der zentralen Stellung, die die Stadt seit jeher hatte: Bollwerk an der Elbe sowie Handelsknotenpunkt zwischen Ost und West. So eindrucksvoll Dom, Petrikirche und Liebfrauenkloster heute noch anmuten, sind sie jedoch nur ein Abglanz der einstigen mittelalterlichen Pracht der Ottostadt. Auch nach der verheerenden Zerstörung durch die Truppen des katholischen Feldherrn Tilly im Dreißigjährigen Krieg behielt Magdeburg seine führende Rolle in der Region. Heute verwöhnt die Landeshauptstadt Sachsen-Anhalts ihre Besucher mit einer Mischung aus einer über 1000-jährigen eindrucksvollen Geschichte und moderner Urbanität. Zu ihrem Flair gehört natürlich unabdingbar auch die Elbe, an deren Ufern die Besucher zahlreiche erholsame Grünanlagen finden.

Sehenswürdigkeiten

1 Altes Rathaus Das Alte Rathaus gilt als eines der schönsten mitteldeutschen Rathäuser. Davor symbolisiert der martialische Roland die Wehrhaftigkeit der Stadt, was aber durch einen Eulenspiegel an der Rückseite konterkariert wird. Im Turm befindet sich ein Glockenspiel, das jeden Freitag um 10 Uhr gespielt wird.

2 Gedenkstätte Johanniskirche Die oftmals zerstörte Stadtkirche gilt als Symbol für einstige Leiden. Von der Aussichtsplattform auf dem Südturm kann man bei schönem Wetter bis zum Brocken im Harz blicken.

3 Petrikirche und St. Magdalenen-Kapelle Die alte Fischerkirche an der Elbe hat nach vielfacher Ansicht die schönste Apsis der Stadt. In ihrem Schatten befindet sich mit der Magdalenenkapelle ein weiteres hochgotisches Schmuckstück. Sie ist als Ort der Besinnung und Stille täglich geöffnet.

4 Wallonerkirche Die hochgotische Klosterkirche aus dem 13. Jahrhundert beherbergt zahlreiche Kunstschätze aus zerstörten Kirchen. Im 17. Jahrhundert wurde sie an protestantische Glaubensflüchtlinge aus der Wallonie übergeben.

5 Breiter Weg Deutschlands einstmals schönster Barockboulevard fiel dem Bombardement von 1945 zum Opfer. Übrig geblieben sind einige eindrucksvolle Gründerzeitbauten wie der »Plättbolzen«. Heute ist er eine attraktive Shoppingmeile, in der sich Altes und Neues gekonnt mischen.

6 Kloster Unserer Lieben Frauen Das im 11. Jahrhundert gebaute Klosterensemble ist das älteste erhaltene Bauwerk Magdeburgs und zählt zu den bedeutendsten romanischen Bauten in Deutschland. Seit 1957 beherbergt es das städtische Kunstmuseum, in dem vor allem Kunst der Gegenwart gezeigt wird.

7 Dom Der Dom St. Mauritius und Katharina ist das Wahrzeichen der Stadt. Er wurde über dem Grab Ottos des Großen errichtet und gilt als das älteste gotische Bauwerk auf deutschem Boden. Im Inneren beeindrucken vor allem die Größe und der Hohe Chor. Außerdem ist zahlreicher wertvoller Figurenschmuck zu entdecken, etwa Ernst Barlachs Ehrenmal.

8 Kloster Berge Garten Die nach Plänen des Gartenarchitekten Joseph Peter Lenné 1825 angelegte Grünanlage auf dem Gelände eines ehemaligen Klosters war einmal Deutschlands erster Volkspark. Zu den besonderen Attraktionen zählen das von Schinkel entworfene »Gesellschaftshaus« sowie die historischen Gruson-Gewächshäuser mit über 4000 exotischen Pflanzen.

Museen

1 Kulturhistorisches Museum Die teils glanzvolle, teils tragische Geschichte der Stadt lässt sich hier gut nachvollziehen. Hier kann man auch das Original des Magdeburger Reiters, der ältesten frei stehenden Reiterplastik nördlich der Alpen, aus der Nähe bewundern. Auf der Säule über dem Alten Markt thront eine Kopie.

Magdeburg liegt am Ostrand der Magdeburger Börde an der mittleren Elbe. Blickfang des Stadtpanoramas ist der St.-Mauritius-Dom.

Besucher-Tipps:

Spectaculum Magdeburgense Alljährlich zu Pfingsten findet auf der alten Festung für vier Tage das größte Mittelalterspektakel der Region statt, bei dem vor allem viele namhafte Spielmanns- und Gauklergruppen aus der Mittelalterszene auftreten. Daneben gibt es noch einen Handwerkermarkt, Waffenübungen, Puppentheater und Kulinarisches.

Elbauenpark Auf dem Gelände der Bundesgartenschau entstand ein Freizeitpark mit Themengärten, Spielmöglichkeiten, Sportareal, Kletterturm und Sommerrodelbahn. Auf der Seebühne finden Open-Air-Veranstaltungen statt. Hingucker ist der spitzhutförmige Jahrtausendturm, in dessen Inneren Wissenschaftsgeschichte interaktiv erfahrbar wird.

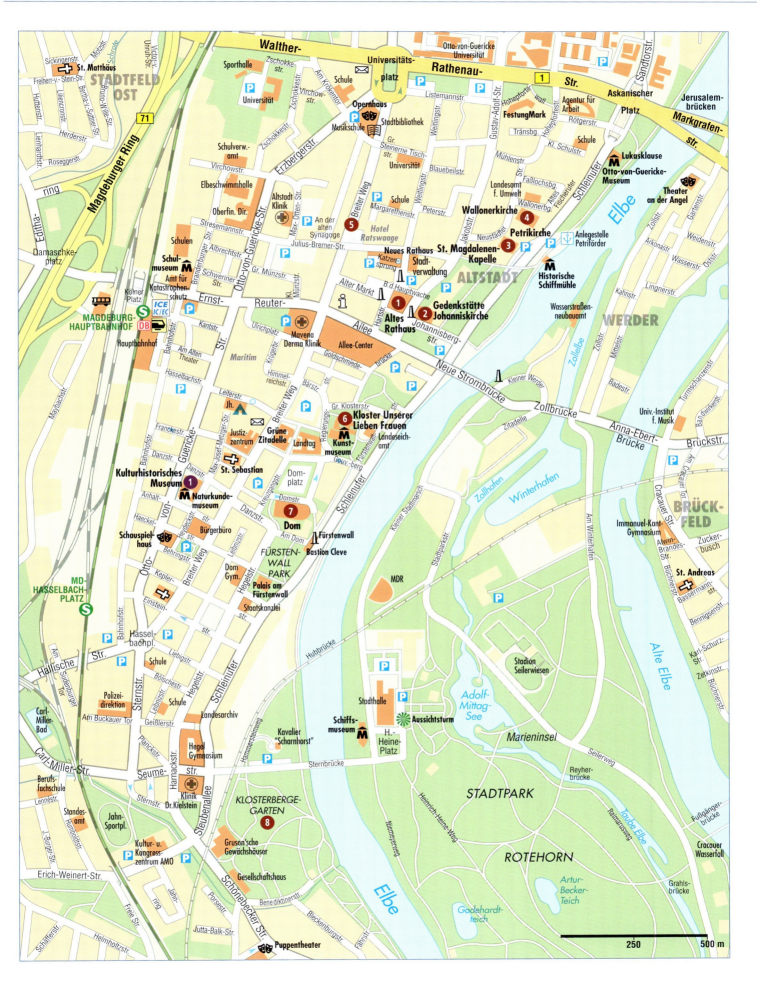

Sachsen-Anhalt · Sachsen

Werningerode

Die »bunte Stadt am Harz«, wie der Heimatdichter Hermann Löns Wernigerode wegen seiner vielen malerischen Fachwerkhäuser aus vier Jahrhunderten nannte, ist nicht nur ein schöner Ferienort, sondern auch der Ausgangspunkt der Harzer Schmalspurbahn.

Der älteste Teil von Wernigerode liegt westlich des Marktplatzes auf dem Klint, der wohl im 11. Jahrhundert durch Siedler unter Leitung eines Werner oder Werniger gerodet wurde. Bis zum späten Mittelalter hat sich der Ort dann zu einer blühenden Handelsstadt gemausert, die unter der Herrschaft der Grafen von Stolberg-Wernigerode stand und vor allem für den Tuch-, Bier- und Branntweinhandel bedeutsam war. In der Folgezeit wurde sie durch Pest, Bauernkrieg und Dreißigjährigen Krieg arg in Mitleidenschaft gezogen, was aber auch zur Folge hatte, dass man hier besonders lange der traditionellen Fachwerkbauweise treu blieb. Dies wiederum führte dazu, dass Wernigerode im romantischen 19. Jahrhundert als beliebter Ferienort entdeckt wurde. Der Bau der Harzquerbahn im Jahr 1898 tat ein Übriges, um die Stadt für Touristen attraktiv zu machen.

Sehenswürdigkeiten

❶ **Schloss Wernigerorde** Die imposante Anlage oberhalb der Stadt ist Ausweis der Macht der Grafen von Stolberg-Wernigerode. Ihr heutiges Aussehen bekam sie allerdings erst im 19. Jahrhundert, als der amtierende Graf Otto, als Bismarcks Stellvertreter auch ein bedeutender Politiker, das von seinem Urururgroßvater errichtete Barockschloss wieder auf »mittelalterlich« trimmte. Trotzdem sind die größtenteils zugänglichen prachtvollen Innenräume vor allem ein Ausweis für die Wohnkultur des Adels im 19. Jahrhundert. Im Sommer finden im Innenhof Open-Air-Konzerte statt. Daneben gibt es regelmäßige geschichtliche und Kunstausstellungen.

❷ **Altstadt** Der malerische Stadtkern besteht größtenteils aus farbenprächtigen niedersächsischen Fachwerkhäusern, die zwischen 1400 und 1800 hier entstanden und in konzentrischen Kreisen um den Marktplatz angeordnet sind. Besonders schöne Häuser sind auch in der Breiten Straße zu finden, die auf den Marktplatz mündet, etwa das Krummelsche Haus (Nr. 72) oder die Krellsche Schmiede (Nr. 95), der älteste noch arbeitende Schmiedebetrieb in ganz Deutschland.

❸ **Rathaus** Ein besonders prachtvolles Zeugnis für die Fachwerkkunst des 15. und 16. Jahrhunderts ist das Rathaus mit seinen Erkern und Türmen, dem eleganten Gebälk und den reichhaltigen Schnitzereien unter den Dachüberständen, die Narren, Gaukler und Spielleute, aber auch Heilige darstellen. Es wurde ursprünglich im 13. Jahrhundert als recht schlichter Fest- und Gerichtssaal errichtet und dann mit dem wachsenden Reichtum der Bürgerschaft immer eleganter und repräsentativer gestaltet.

❹ **St.-Sylvestri-Kirche** Die gotische St.-Sylvestri-Kirche aus dem 13. Jahrhundert wurde im Lauf der Jahrhunderte mehrmals umgebaut und umgestaltet, erhielt dann im 19. Jahrhundert aber zu weiten Teilen wieder ihr ursprüngliches Aussehen zurück. Im Inneren gibt es einen spätgotischen Schnitzaltar zu bewundern, der um 1480 in Brüssel geschaffen wurde.

Museen

❶ **Museum im Kleinsten Haus** Mitte des 18. Jahrhundert wurde ein nicht einmal drei Meter breites Fachwerkhäuschen in die Kochstraße gequetscht. In dieser Enge wohnte bis in die 1920er-Jahre ein Postschaffner mit Frau und zahlreichen Kindern. Heute ist dort ein kleines Museum untergebracht, das Einblick in die damaligen Wohnverhältnisse gibt.

❷ **Museum für Luftfahrt und Technik Wernigerode** Herzstück der Sammlung sind 55 restaurierte Flugzeuge und Helikopter. Neben zahlreichen Militärmaschinen, z. B. mehreren Starfightern und MIGs, sind auch zivile Flugobjekte aus den verschiedensten Bereichen, etwa der Landwirtschaft oder Luftrettung, zu sehen. Daneben gibt es diverses Zubehör wie Cockpits, Schleudersitze und Simulatoren, einige schöne Oldtimer, Taugerät und eine Telefonanlage aus dem Jahr 1928.

Farbenfroh präsentiert sich das Rathaus von Wernigerode – ein Aushängeschild der Fachwerkarchitektur im Harz.

Besucher-Tipps:

Erkundung des Rathauses Das Programm der Stadtführungen umfasst eine Rathaustour mit einem Guide, der als Baumeister Hilleborch kostümiert ist. Das Besondere an der Tour ist, dass sie nicht nur durch die Prunkräume geht, sondern den Bau vom Keller bis zum Dachboden durchstreift. Ein anderer Rundgang widmet sich dem Wernigeröder Brauwesen.

Harzrundreise en miniature Wer keine Zeit für alle Sehenswürdigkeiten des Harzes wie die Kaiserpfalz Goslar, die Station auf dem Brocken, die Stiftskirche in Quedlinburg etc. hat, der kann sich all diese Gebäude während der Sommersaison im Miniaturenpark »Kleiner Harz« in Wernigerode anschauen. Im Eintritt enthalten ist der Zugang zum Bürgerpark.

ⓘ Touristeninformation: Marktplatz 10, 38855 Wernigerode, Tel. 03943/55 37 835, E-Mail: info@wernigerode-tourismus.de, www.wernigerode-tourismus.de

Sachsen-Anhalt · Sachsen

Quedlinburg

Quedlinburg war im Mittelalter die Stadt der Frauen, denn auf dem Schlossberg regierten adlige Stiftsdamen. Die Altstadt rund um den Berg mit ihren Fachwerkhäusern, schmalen Gassen und kleinen Plätzen zählt zu den größten Flächendenkmälern in Deutschland.

Die kleine Siedlung Quedlinburg nahm ihren Aufschwung, als König Heinrich hier um 920 eine Königspfalz errichten ließ. Nach seinem Tod ließ ihn seine Witwe dort begraben und richtete ein Stift für unverheiratete Töchter adliger Familien ein. Die Äbtissinnen waren in der Folge oft Mitglieder der jeweiligen Königsfamilie und hatten als Reichsfürstinnen einen Sitz im Reichstag. Zeitweise wurde von Quedlinburg aus sogar ganz Deutschland regiert, da Kaiser Otto III. die Amtsgeschäfte in die Hände seiner Tante Mathilde gab, wenn er in Italien weilte. Die Herrscher selbst feierten in Quedlinburg gerne das Osterfest und statteten Stadt und Stift dementsprechend reich aus. In späterer Zeit wurde Quedlinburg dann zu einem Zentrum der Pflanzen- und Saatgutzucht, was für Wohlstand sorgte und die Stadt vor Eingriffen in die historische Bausubstanz bewahrte.

Sehenswürdigkeiten

❶ **Fachwerkaltstadt** Die Altstadt von Quedlinburg ist wegen der Vielzahl der nahezu vollständig erhaltenen historischen Straßenzüge einzigartig. Als besonders schön gelten die Lange Gasse, die Breite Straße, die Hölle, der Steinberg und die Straße Am Schlossberg. In der Wordgasse 3 ist in einem der ältesten erhaltenen Häuser das Fachwerkmuseum untergebracht.

❷ **St. Servatius** Die um das Jahr 1000 erbaute, hochromanische Stiftskirche besticht durch ihre klare, architektonische Gliederung, die damit harmonisierende Bauornamentik und die fantasievoll gestalteten Kapitele im Inneren. Nur der Chorraum wurde erst in der Gotik und dann nochmals in der NS-Zeit umgestaltet, als Himmler die Kirche für SS-Rituale nutzte. Herausragend ist auch der Domschatz mit mehreren Evangeliaren.

❸ **Münzenberg mit St. Marien** Auch der Münzenberg kann mit Fachwerk aufwarten, doch die kleinen Handwerkerhäuser geben ihm eine ganz eigene Anmutung. Den Aufstieg lohnen auch die Reste der romanischen Marienkirche und der herrliche Blick auf den Schlossberg.

❹ **Mittelalterliche Stadtbefestigung** Quedlinburg weist auch noch relativ große Reste der alten Stadtmauer auf: darunter drei Bastionen und zehn Türme, deren auffälligster der 40 Meter hohe Schreckensturm ist, in dem heute Ferienwohnungen eingerichtet sind.

❺ **Schlossmuseum** Im Renaissanceschloss ist das Stadtmuseum von Quedlinburg untergebracht. Die Ausstellung reicht bis zurück in die Bronzezeit und umfasst einen Hortfund.

❻ **Klopstockhaus** Im Geburtshaus von Klopstock kann man nicht nur den Werdegang des Dichters nachvollziehen, der zeitweise populärer als Schiller und Goethe war, sondern erfährt auch viel über das facettenreiche deutsche Kulturleben im 18. Jahrhundert.

Das kleine Fachwerkhaus mit der Adresse Finkenherd 1 in der Altstadt von Quedlinburg ist denkmalgeschützt.

Ausflugstipps:

Thale Mit dem Harz-Elbe-Express ist man von Quedlinburg aus in weniger als einer Viertelstunde in der Stadt Thale am Rand des Harzes und kann dort entweder in das romantische Bodetal hineinwandern oder mit der Seilbahn auf den Hexentanzplatz bzw. die Rosstrappe hinauffahren und von dort aus die grandiose Aussicht über das Harzvorland genießen.

Gernrode Nur sieben Kilometer von Quedlinburg entfernt gab es im Stadtteil Gernrode im Mittelalter ein weiteres bedeutendes Frauenstift. Die ehemalige Stiftskirche St. Cyriakus zählt zu den herausragenden Sakralbauten der ottonischen Zeit. Sehenswert ist auch das Schulmuseum in einer der ältesten deutschen Elementarschulen aus dem 16. Jahrhundert.

UNESCO-Welterbe

Stiftskirche, Schloss und Altstadt von Quedlinburg Die gut erhaltenen Fachwerkhäuser aus sechs Jahrhunderten in der Altstadt von Quedlinburg sind einzigartig. Dazu kommt noch, dass es sich zu großen Teilen um repräsentative Bauten mit reich verziertem Ständerwerk handelt. Außerdem blieb das mittelalterliche Straßenschema mit seinen kleinen Gassen und Plätzen erhalten, sodass sich eine besondere Authentizität ergibt. Über all dem thront mit St. Servatius ein herausragendes Zeugnis der romanischen Architektur in Deutschland. Zu guter Letzt zählt noch das Stadtschloss dazu, das der Stiftshauptmann von Quedlinburg im 16. Jahrhundert im Renaissancestil mit Volutengiebeln und »Welschen Hauben« bauen ließ.

ⓘ Touristeninformation: Markt 3–4, 06484 Quedlinburg, Tel. 03946/63 88 990, E-Mail: info@tourismus-quedlinburg.de, www.tourismus-quedlinburg.de

Sachsen-Anhalt · Sachsen

Halberstadt

Dank seiner Lage im fruchtbaren Harzvorland war Halberstadt im Mittelalter sowohl bedeutender Bischofsitz wie Handelsknotenpunkt. Während die Bischöfe beeindruckende Sakralbauten hinterließen, erbauten die Bürger wunderschöne Fachwerkhäuser.

Karl der Große machte Halberstadt im Jahr 804 zum Missionsbistum. Seine Nachfolger verliehen der Stadt dann weitgehende Rechte, um sie gerade wegen ihrer exponierten Lage im noch unerschlossenen Sachsen zu einem starken Stützpunkt von Zivilisation, Handel und Religion auszubauen. Der kirchliche und weltliche Wohlstand schlug sich auch im Stadtbild nieder. Das Zentrum von Halberstadt galt als eines der schönsten Fachwerkensembles Deutschlands. Allerdings wurde ein großer Teil davon bei den schweren Luftangriffen im April 1945 zerstört, die den Produktionsstätten der Junkers Flugzeugwerke galten. Während rund 80 Prozent der Fachwerkbauten unwiederbringlich verloren gingen, wurde das Domensemble nach dem Krieg restauriert. Bekannt ist Halberstadt auch für sein Theater, an dem Gustaf Gründgens debütierte.

Sehenswürdigkeiten

❶ Domplatz mit Dom und Liebfrauenkirche Der Dom von Halberstadt ist eine der wenigen französisch anmutenden gotischen Kathedralen in Deutschland. Im Inneren hat er viel von seiner mittelalterlichen Ausstattung behalten, etwa einen reich verzierten Lettner. Die benachbarte Liebfrauenkirche ist gut 200 Jahre älter, kann aber ebenfalls mit einem Triumphkreuz und sehenswerten Chorschranken aufwarten.

❷ St. Martini Die gotische Martinskirche mit ihren ungleichen Türmen prägt zusammen mit Dom und Liebfrauenkirche das Stadtbild.

❸ Petershof Der trutzige Bischofspalast, der das Domplatzensemble im Süden ergänzt, ist heute Sitz der Stadtverwaltung. In der aus dem 12. Jahrhundert stammenden Peterskapelle findet man die Stadtbücherei.

❹ Altstadt Wie Halberstadt vor dem Krieg ausgesehen hat, kann man am besten am Fuß der Peterstreppe feststellen, wo einige Straßenzüge mit historischen, inzwischen liebevoll restaurierten Fachwerkhäusern überlebt haben. In der Straße Voigtei ist auch noch ein letzter Vierseithof zu sehen.

Museen

❶ Vogelkundemuseum Heineanum Das vom Ornithologen Ferdinand Heine gegründete Museum verfügt über eine einzigartige Sammlung, u. a. Präparate von ausgestorbenen Arten. Daneben gibt es auch Informationen über die Vogelwelt des Harzes.

❷ Gleimhaus Im Wohnhaus des Literaten Johann Wilhelm Ludwig Gleim ist das älteste deutsche Literaturmuseum untergebracht. Gleim hinterließ 10 000 Briefe, die er mit Zeitgenossen wechselte, und ließ Kollegen wie Lessing, Klopstock oder Herder malen.

Der Stephansdom ist ein Juwel der Gotik.

Ausflugstipps:

Spiegelsberge Südlich von Halberstadt ließ im 18. Jahrhundert der Halberstädter Domherr Ernst Ludwig Christoph von Spiegel eine kahle Hügelkette in einen öffentlichen Landschaftsgarten umwandeln. Das dazugehörige Jagdschlösschen ist heute ein Restaurant, in dessen Keller das älteste Riesenweinfass der Welt zu bewundern ist.

Huy Nordwestlich von Halberstadt erstreckt sich der mit Buchen bestandene Höhenzug Huy. Dort findet man das Doppelkloster Huysburg aus dem frühen 12. Jahrhundert, das im Inneren eine ungewöhnliche Synthese aus Romanik und Barock aufweist. Ein wenig nordwestlich liegt bei Dedeleben die Westerburg, die älteste erhaltene deutsche Wasserburg.

Besucher-Tipps:

Ton am Dom Jedes Jahr am ersten Wochenende im Juli findet rund um den Dom ein Stadtfest statt, zu dem ein großer Töpfermarkt wie auch der schöne Klang von allerlei Musik-, Theater- und Varietéaufführungen gehört. Außerdem gibt es Kunsthandwerk zu bestaunen, besondere Stadtführungen, spezielle Gottesdienste und Entdeckungstouren für Kinder.

Gedenkstätte Langenstein-Zwieberge Wer die Auseinandersetzung mit ernsten Themen nicht scheut, kann im Sommer an jedem letzten Wochenende des Monats die Stollen besichtigen, die KZ-Häftlinge gegen Ende des Krieges zu graben gezwungen wurden, um die Produktionsstätten der Junkers Flugzeugwerke bombensicher unter die Erde zu verlegen.

Sachsen-Anhalt · Sachsen

Blankenburg (Harz)

Auf dem Regenstein die Reste eines alten Raubritternestes, unten ein barockes Lustschloss, im Norden die pittoreske Teufelsmauer, im Süden die steilen Höhen des Harzes – so wurde Blankenburg schon Ende des 19. Jahrhunderts zu einem beliebten Reiseziel.

Keimzelle des Ortes ist eine Burg, die die ersten Grafen im 12. Jahrhundert auf einen kahlen, »blanken« Kalksteinfelsen am Harzrand bauten. Legendär wurde Graf Albrecht II., der im 14. Jahrhundert eine Fehde gegen den Bischof von Halberstadt und die Äbtissin von Quedlinburg führte. Er mutierte in den Sagen zum Raubritter und bekam u. a. von Gottfried August Bürger in der Ballade »Der Raubgraf« ein literarisches Denkmal gesetzt.

Sehenswürdigkeiten

❶ **Historische Gärten** Die Blankenburger Schlossgärten sind eines der größten und ältesten Gartenensembles in Sachsen-Anhalt. Sie bestehen aus Tiergarten, Fasanengarten, Terrassengarten, Berggarten und Orangerie.

❷ **Raubritterburg Regenstein** Von der sagenumwobenen Burg auf dem Regenstein ist heute nur noch eine sehenswerte Ruine übrig. Auch die Aussicht, eine Panoramagaststätte und der Ritterliche Adler- und Falkenhof mit seinen Flugshows lohnen.

❸ **Teufelsmauer** Die malerische Sandsteinformation, die durch Verwitterung entstanden ist und sich durch das Harzvorland zieht, kann südöstlich von Blankenburg bestiegen werden. Vom Großvaterfelsen aus hat man einen schönen Ausblick.

Nach dem Aussterben des Grafengeschlechts 1599 fiel die Stadt dann an die Herzöge von Braunschweig-Wolfenbüttel, die das alte Schloss umbauten, ein neues hinzufügten und wunderschöne Gärten anlegten. Dies zog ab Mitte des 19. Jahrhunderts nicht nur Reisende an, sondern auch wohlhabende Pensionäre aus der Großstadt, die sich hier repräsentative Villen als Alterssitz bauen ließen, die heute noch das Stadtbild prägen.

Museen

❶ **Herbergsmuseum** Das Fachwerkhaus aus dem 17. Jahrhundert war einst eine Herberge für reisende Handwerksgesellen. Heute ist dort ein Museum untergebracht, das nicht nur den damaligen Zustand dokumentiert, sondern auch die Geschichte der zünftigen Handwerkerwalz von den Anfängen bis zur Gegenwart zeigt und erfahrbar macht.

Von der malerischen Altstadtgasse mit Fachwerkhäusern hat man einen wunderbaren Blick auf das erleuchtete Blankenburger Schloss oberhalb der Stadt.

Stolberg (Harz)

Wegen seines geschlossenen mittelalterlichen Stadtbildes und der schönen Lage wird die einstige Residenz der Grafschaft Stolberg auch gerne als »Perle des Südharzes« bezeichnet. Ihren Aufschwung verdankte sie den reichen Bodenschätzen des Mittelgebirges.

Stolberg entstand wohl schon im 8. Jahrhundert als Bergmannssiedlung am Talausgang von vier engen Tälern. Spätestens um 1210 unterstand es einer Grafenfamilie und blieb bis zu seiner Auflösung 1806 die Residenzstadt der kleinen Grafschaft Stolberg. Die schöne Innenstadt mit den vielen repräsentativen Fachwerkhäusern und der spätgotischen, dreischiffigen Martinikirche zeugt von der Blütezeit der Stadt im 16. Jahrhundert, als neben dem Bergbau auch die Handwerkerzünfte eine bedeutende Rolle spielten. Allerdings war sie auch Schauplatz der Bauernkriege und der Auseinandersetzung zwischen Martin Luther und Thomas Müntzer, der in Stolberg geboren wurde. Die einstigen Machtverhältnisse zwischen Stadtherren und Bürgertum werden noch immer durch das mächtige Schloss demonstriert, das hoch über der Stadt thront.

Sehenswürdigkeiten

❶ **Schloss Stolberg** Das Schloss der Grafen von Stolberg liegt als eindrucksvoller Renaissancebau auf einem Felssporn oberhalb der Stadt. Derzeit werden die teils von Schinkel in den klassizistischen Stil entworfenen Räume komplett saniert. Der bereits restaurierte Fürstenflügel und die Schlosskapelle können jedoch besichtigt werden.

❷ **Rathaus** Der mächtige Fachwerkbau aus dem 15. Jahrhundert weist ein besonderes Kuriosum auf: Er hat kein Treppenhaus. Die oberen Stockwerke sind nur über eine Treppe in der benachbarten Martinikirche zu erreichen.

❸ **Saigerturm** Der markante Turm aus dem 13. Jahrhundert ist ein Relikt der inneren Stadtbefestigung, die einst den Marktplatz vor Angreifern abriegeln sollte. Seinen außergewöhnlichen Aufsatz mit der doppelten Laterne erhielt er im frühen 19. Jahrhundert.

❹ **Josephskreuz** Das von Schinkel entworfene Kreuz steht auf dem 579 Meter hohen Auerberg, östlich von Stolberg. Die Besteigung lohnt sich auch wegen der schönen Aussicht. Bei gutem Wetter sind in der Ferne sowohl der Brocken wie auch der Kyffhäuser zu sehen.

Namensgebend und Grundstein für die Ortsentstehung war die in der Altstadt liegende Burg Stolberg, hier die Rittergasse mit dem Saigerturm.

ⓘ Touristeninformation: Schnappelberg 6, 38889 Blankenburg (Harz), Tel. 03944/28 98, E-Mail: touristinfo@blankenburg.de, www.blankenburg.de
ⓘ Touristeninformation: Markt 2, 06536 Stolberg (Harz), Tel. 034654/19 433, E-Mail: info@tourismus-suedharz.de, www.tourismus-suedharz.de

Sachsen-Anhalt · Sachsen

Bernburg (Saale)

Die Stadt an der Saale war vom 13. bis zum 19. Jahrhundert Residenz der Fürsten von Anhalt und verdankt dieser Vergangenheit nicht nur ein imponierendes Schloss, sondern darüber hinaus eine Fülle von Baudenkmälern aus den verschiedensten Epochen.

Bernburg nahm seinen Aufschwung, als sich die askanischen Fürsten Albrecht der Bär und sein Sohn Bernhard hier im 12. Jahrhundert ein Machtzentrum schufen und die Stadt als befestigten Flussübergang und Handelsknotenpunkt ausbauten. Aus dieser Zeit stammt beispielsweise die Stephanikirche im Stadtteil Waldau. Unter den Fürsten von Anhalt, einem jüngeren Zweig der Askanier, wurde Bernburg zur Residenzstadt. Eine wichtige Rolle für die Stadtgeschichte spielte die Eröffnung der Solvay-Werke im 19. Jahrhundert. Der belgische Konzern gewann aus den im Umkreis der Stadt reichlich vorhandenen Rohstoffen Kalk, Salz und Soda. Die anfallende Sole machte Bernburg für einige Zeit zum Kurbad und bescherte der Stadt ein prächtiges Kurhaus. Daneben entstanden in den Abraumflächen der Umgebung Seen und Erholungsgebiete.

Sehenswürdigkeiten

❶ **Schloss Bernburg** Die Residenz der Fürsten von Anhalt-Bernburg liegt auf einem Sandsteinfelsen über der Saale und wurde im 16. Jahrhundert im Stil der Renaissance errichtet. Heute befindet sich dort das Stadtmuseum, das vor allem über eine bedeutende Sammlung von Harzer Mineralien und Artefakten der Ur- und Frühgeschichte verfügt.

❷ **Carl-Maria-von-Weber-Theater** Das einstige Hoftheater aus dem 19. Jahrhundert kann auch im Inneren noch mit einer eleganten klassizistischen Ausstattung aufwarten.

❸ **Altstadt** Das Stadtzentrum von Bernburg ist von repräsentativen Bürgerhäusern aus der Renaissance und dem Barock geprägt. Das älteste Haus – ein Fachwerkbau aus dem 16. Jahrhundert – stand einst in der Breiten Straße, wurde aber abgetragen und am Markt wiederaufgebaut.

Museen

❶ **Gedenkstätte für die Opfer der NS-»Euthanasie« Bernburg** Der dunklen Seiten seiner Geschichte gedenkt Bernburg auf dem Gelände des psychiatrischen Fachklinikums, wo während der NS-Zeit über 14 000 behinderte und schwerstkranke Menschen ermordet wurden.

Eingang zum Schlosshof des auch als »Krone Anhalts« bezeichneten Renaissanceschlosses oberhalb von Bernburg.

Lutherstadt Eisleben

»Lutherstadt« nennt sich Eisleben, weil der große Reformator hier als Sohn eines Hüttenmeisters geboren wurde und 62 Jahre später starb, als er einen Streit in der Familie der Eislebener Stadtherren, der Grafen von Mansfeld, schlichten wollte.

Bereits im 10. Jahrhundert errichteten die ottonischen Könige an der Kreuzung zweier Handelsstraßen eine königliche Burg und gewährten der Siedlung Münz- und Zollrechte. Ab dem 11. Jahrhundert bauten dann die Grafen von Mansfeld Eisleben als Hauptstadt ihrer Grafschaft aus. Im 13. Jahrhundert bekamen sie das Bergrecht verliehen und begannen mit der Ausbeutung der reichen Kupfererzvorkommen in der Umgebung, die zum Aufschwung der Stadt führten. Mehrere Stadtbrände in den Jahren 1498, 1601 und 1653 vernichteten zwar den alten Fachwerkbestand, ermöglichten aber auch, dass die Stadt mit soliden Steinbauten im Renaissance- und Barockstil wiederaufgebaut werden konnte. Auch nach der Eingliederung in das Königreich Preußen 1806 genoss Eisleben sowohl als wichtiger Bergbaustandort wie auch als Lutherstadt besondere Förderung.

Sehenswürdigkeiten

❶ **Rathaus der Altstadt** Den Marktplatz der Eislebener Altstadt schmückt ein spätgotisches Rathaus aus dem 16. Jahrhundert.

❷ **St. Petri-Pauli-Kirche** Die spätgotische Hallenkirche aus dem 15. Jahrhundert zeugt vom wachsenden Wohlstand der Stadt und ist die Taufkirche Martin Luthers.

> **UNESCO-Welterbe**
>
> **Martin-Luther-Gedenkstätten in Eisleben** Luthers Geburtshaus und das angebliche Sterbehaus am Andreaskirchplatz 7 gehören gemeinsam mit den Wittenberger Lutherstätten zum Welterbe. Allerdings starb Luther tatsächlich wohl im heutigen Hotel »Graf von Mansfeld« am Markt.

❸ **Kloster Helfta** Das Zisterzienserinnenkloster ist eines der bedeutendsten deutschen Frauenklöster, heute mit Bildungs- und Exerzitienprogramm.

Museen

❶ **Luther-Geburtshaus** In Martin Luthers Geburtshaus im Petriviertel ist

Das Denkmal Luthers wurde zum 400. Geburtstag des Reformators (1883) auf dem Marktplatz von Eisleben aufgestellt.

heute ein Museum untergebracht, das bis 2007 saniert wurde und viel über den Hintergrund des großen Reformators erzählt.

Dessau

Das Bauhaus machte die Stadt am Zusammenfluss von Elbe und Mulde mit seiner revolutionären neuen Ästhetik zu Beginn des 20. Jahrhunderts berühmt. Doch auch als Residenz der anhaltinischen Fürsten war sie schon ein bedeutendes Kulturzentrum.

Die einstige Hauptstadt Anhalts präsentiert sich dem Besucher eingebettet in das Dessau-Wörlitzer Gartenreich und das Biosphärenreservat Mittelelbe. Gegründet als Handelsplatz zwischen Elbe und Mulde war sie im 15. Jahrhundert Residenzstadt der tatkräftigen Fürsten von Anhalt-Dessau. Vor allem der kunstsinnige und aufgeklärte Leopold III. Friedrich Franz war im 18. Jahrhundert bestrebt, sein Fürstentum durch wirtschaftliche und soziale Reformen, durch einen Ausbau der Infrastruktur und durch Förderung der Bildung zum modernsten deutschen Staat zu machen. Seine besondere Liebe aber galt der Anlage englischer Landschaftsgärten, die damals gerade modern wurden. Ihm ist das Dessau-Wörlitzer Gartenreich zu verdanken. Anfang des 20. Jahrhunderts war Dessau dann mit dem Bauhaus und dessen puristischem Design wieder Vorreiter der Moderne.

Sehenswürdigkeiten

❶ Dessau-Wörlitzer Gartenreich Die einmalige Gartenlandschaft setzt sich aus den Landschaftsparks Luisium, Georgium, Mosigkau, Großkühnau, Leiner Berg, Sieglitzer Berg, Oranienbaum und Wörlitz zusammen. Das Herzstück aber ist der 112 Hektar große Wörlitzer Park mit seinen zahlreichen Wasserläufen, Sichtachsen und Schmuckgebäuden. Schloss Wörlitz, von Friedrich Wilhelm von Erdmannsdorff entworfen, gilt als das älteste klassizistische Schloss auf dem europäischen Kontinent. Illustration der religiösen Toleranz, die mit der Aufklärung verbunden war, ist auch die Einbeziehung einer Synagoge in die Parklandschaft.

❷ Staatliches Bauhaus Der Umzug des Bauhaus von Weimar nach Dessau ermöglichte es dem Direktor Walter Gropius, für die Kunstgewerbeschule neue Gebäude im revolutionären puristischen Stil zu entwerfen. Inzwischen sind sowohl die Schulgebäude wie die Meisterhäuser, die als Muster für den modernen Wohnungsbau konzipiert wurden, restauriert. Am besten besichtigt man sie im Rahmen einer Führung. Daneben gibt es in Dessau-Roßlau zahlreiche weitere Bauhausbauten, etwa die Gropius-Siedlung in Törten oder die schön gelegene Gaststätte »Kornsack« an der Elbe.

❸ Residenzschloss Dessau Von der einstigen vierflügeligen Schlossanlage, die in der Frührenaissance begonnen und dann immer wieder umgestaltet und erweitert wurde, ist heute nur noch der Westflügel, Johannbau genannt, übrig. Er entstand bereits im frühen 16. Jahrhundert, wurde im 18. aber von Knobelsdorff umgestaltet. Heute ist dort das Museum für Stadtgeschichte beheimatet. Die ständige Ausstellung steht unter dem Motto »Schauplatz vernünftiger Menschen ... Kultur und Geschichte in Anhalt/Dessau« und betont die große Rolle, die die Aufklärung spielte.

❹ Mausoleum Die Begräbnisstätte der Fürsten von Anhalt, im 19. Jahrhundert im Stil der Neorenaissance als Kuppelbau von Franz Heinrich Schwechten, dem Architekten der Berliner Gedächtniskirche, errichtet, ist heute vom Tierpark der Stadt Dessau umgeben. Dieser zeichnet sich auch durch seine vielen seltenen Bäume und Sträucher aus. Die rund 120 Tierarten werden ausführlich mit ihrem Lebensraum beschrieben.

Museen

❶ Anhaltinische Gemäldegalerie im Schloss Georgium Die ehemalige Sammlung der Fürsten von Anhalt im von Erdmannsdorff entworfenen, klassizistischen Schloss umfasst rund 2000 Bilder, darunter Werke von Brueghel, Dürer, Cranach, Baldung Grien, Rubens und Tischbein.

❷ Moses-Mendelssohn-Zentrum Seinem berühmtesten Sohn, dem jüdischen Philosophen Moses Mendelssohn, hat Dessau am Mittelring 38 in der restaurierten Gropius-Siedlung von 1927 im Stadtteil Törten ein Museum eingerichtet. Dort sind auch das Archiv und die Bibliothek der Mendelssohn-Gesellschaft untergebracht und nach Anmeldung öffentlich nutzbar.

Das Bauhausgebäude wurde mehrfach mit originalgetreuen Elementen restauriert, da es im Krieg stark beschädigt worden war.

UNESCO-Welterbe

Bauhausstätten Die Bauhausgebäude, die zwischen 1919 und 1933 in Weimar und Dessau errichtet wurden, vor allem aber die Schulgebäude in Dessau, stellten mit ihrer revolutionären Ästhetik und ihrer Praktikabilität eine Initialzündung für den Einzug der Moderne in die Architektur dar und beeinflussten das Bauen im 20. Jahrhundert.

Dessau-Wörlitzer Gartenreich Mit seiner Größe und den vielen verschiedenen Komponenten ist das Dessau-Wörlitzer Gartenreich ein außergewöhnliches Beispiel für die Landschaftsgestaltung im Zeitalter der Aufklärung und demonstriert, dass neben ästhetischen auch erzieherische und ökonomische Aspekte bei der Anlage eine Rolle spielten.

Lutherstadt Wittenberg

Als Wiege der Reformation erlangte die einstige Hauptstadt des Kurfürstentums Sachsen im 16. Jahrhundert Weltgeltung. Auch heute noch ist es vor allem Martin Luther, der die Menschen aus aller Welt in die malerische Stadt an der Elbe zieht.

Es war Kurfürst Friedrich der Weiße, der Wittenberg zur prächtigen Residenz ausbauen ließ, ein neues Schloss und Befestigungsanlagen errichtete, Lucas Cranach nach Wittenberg lockte und im Jahr 1502 als erster Landesherr in Deutschland eine Universität gründete, die schnell berühmt wurde und neben anderen hervorragenden Gelehrten auch den Augustinermönch Martin Luther in die Stadt brachte. Es war ebenfalls Friedrich der Weiße, der den aufsässigen Theologen gegen die Verfolgungen von Kaiser und Papst schützte und so der Reformation zum Durchbruch verhalf. Nach seinem Tod wurde dann Torgau zur neuen kursächsischen Residenz, sodass Wittenberg ganz die Stadt der Reformation blieb. Seit 2008 finden verstärkte Sanierungsmaßnahmen statt, um die Stadt zum 500. Jahrestag der Reformation 2017 in altem Glanz präsentieren zu können.

Sehenswürdigkeiten

❶ Stadtkirche St. Marien Die gotische Basilika am Markt gilt als »Mutterkirche« des Protestantismus, weil Luther hier predigte und das Abendmahl erstmals nach reformiertem Ritus gefeiert wurde. Im Inneren befinden sich mehrere Gemälde von Lucas Cranach, darunter der »Reformationsaltar« mit dem predigenden Luther.

❷ Schloss Wittenberg mit Schlosskirche Allerheiligen Das Schloss, das Friedrich der Weiße im späten 15. Jahrhundert neu errichtete, wurde später zur Festung umgebaut. Bedeutender aber ist die Schlosskirche Allerheiligen, auch wenn umstritten ist, ob Luther wirklich seine Thesen an die Tür nagelte. Sie wurde im 19. Jahrhundert nach alten Aufzeichnungen möglichst authentisch restauriert.

❸ Rathaus und Marktplatz Der Marktplatz mit den Denkmälern von Luther und Melanchthon ist von schönen Renaissancebauten gesäumt. Dominiert wird er vom lang gestreckten Rathaus mit seinen Stufengiebeln.

❹ Cranach-Höfe Der Maler Lucas Cranach wirkte 40 Jahre in Wittenberg und betrieb hier die erfolgreichste Malwerkstatt seiner Zeit. Erst in einem Anwesen am Markt, in dessen Höfen sich heute eine Cranach-Ausstellung, verschiedene Kunstwerkstätten, ein Café und ein Museumsladen befinden, dann in der Schlossstraße.

❺ Universität »Leucorea« Wittenberg Bereits 1502 gründete Kurfürst Friedrich der Weiße in Wittenberg eine Universität, die jedoch 1814 von Napoleon geschlossen wurde. Seit 1994 sind in den Gebäuden Außenstellen der Universität Halle untergebracht: darunter das Zentrum für Reformationsgeschichte.

❻ Luthereiche Ungefähr dort, wo Luther 1520 die päpstliche Bulle, die ihm den Kirchenbann androhte, ver-

UNESCO-Welterbe

Martin-Luther-Gedenkstätten in Wittenberg In Wittenberg gehören die Wohnhäuser von Luther und Melanchthon sowie die Stadt- und die Schlosskirche als authentische Schauplätze der Reformation zum Luther-Welterbe der UNESCO. Damit wird die überragende Rolle gewürdigt, die die Entwicklung der protestantischen Konfession in der Weltgeschichte gespielt hat. Der Anschlag der 95 Thesen an der Schlosskirche in Wittenberg bedeutete nicht nur eine gewaltige Umwälzung für den christlichen Glauben, sondern beeinflusste durch die Loslösung von Rom und das Landeskirchentum auch ganz massiv die politische und soziale Entwicklung in den Ländern der christlichen Hemisphäre.

Sachsen-Anhalt · Sachsen

Besucher-Tipps:

Reformationsfest Am 31. Oktober, dem Jahrestag des Thesen-Anschlags, feiert Wittenberg das Reformationsfest. Neben festlichen Gottesdiensten gehören auch ein historisches Marktspektakel, Stadtführungen, Halloween-Treiben für Kinder und Konzerte dazu. Bereits am Wochenende zuvor beginnt traditionell das Renaissance-Musikfestival.

Elberadweg Nirgendwo liegen so viele UNESCO-Welterbestädte so dicht beieinander. Mit dem Fahrrad ist es möglich, in nur 50 Kilometern auf dem Elberadweg von Wittenberg über das Wörlitzer Gartenreich in die Bauhausstadt Dessau zu fahren. Allerdings gibt es auf der kurzen Strecke eigentlich viel zu viel zu sehen für einen einzigen Tag.

brannte, wächst heute eine Gedenkeiche. Sie wurde 1830 gepflanzt, nachdem die Franzosen den Vorgängerbaum gefällt hatten.

Museen

❶ Augusteum und Lutherhaus In dem alten Klostergebäude, das Luther als Mönch und später mit seiner Familie bewohnte, ist heute ein großes Museum zur Reformationsgeschichte untergebracht, in dem u. a. eine original eingerichtete Lutherstube zu sehen ist.

❷ Melanchthonhaus Wittenberg In dem schönen Renaissancehaus lebte Martin Luthers Kollege Philipp Melanchthon. Heute informiert das Museum nicht nur über sein Leben und Wirken, sondern gibt auch einen sehr anschaulichen Einblick in die Wohnverhältnisse der städtischen Bevölkerung von damals.

In der Lutherstadt Wittenberg wird des Reformators vielerorts gedacht: Museum Lutherhaus (kleines Bild), Standbild Luthers auf dem Marktplatz (großes Bild).

Sachsen-Anhalt · Sachsen

Halle (Saale)

Geburtsstadt von Händel mit einer der größten historischen Altstädte Deutschlands, Sitz der ersten deutschen Schokoladenfabrik, des größten Glockenspiels Europas, des ältesten erhaltenen bürgerlichen Museums: Sachsen-Anhalts größte Stadt bietet viele Highlights.

Die Stadt an der Saale führt das Gut, das sie reich gemacht hat, im Namen. Aufgrund einer geologischen Störung trat an mehreren Stellen auf dem heutigen Stadtgebiet Sole an die Oberfläche, aus dem Salzsieder das in früheren Zeiten so kostbare Salz gewannen. Der Reichtum hatte ein selbstbewusstes Bürgertum zur Folge, das Spuren hinterlassen hat. Halles im Krieg wenig zerstörte und nach und nach auch sanierte Innenstadt gilt als größtes Flächenarchitekturdenkmal in Deutschland. In den Franckeschen Stiftungen, einem einzigartigem Sozialwerk der Frühaufklärung sind der älteste bürgerliche Museumsraum und die älteste erhaltene profane Bibliothek Deutschlands zu bewundern. Die breite Au der Saale mit ihren vielen Seitenarmen, die die Stadt durchzieht, sorgt auch für einen hohen Erholungswert, etwa auf der Peißnitzinsel mit ihrer Parkeisenbahn.

Sehenswürdigkeiten

❶ **Marktkirche Unserer Lieben Frauen** Die Marienkirche zählt zu den bedeutendsten spätgotischen Bauwerken in Mitteldeutschland. Ihre vier spitzen Türme bestimmen zusammen mit dem Roten Turm auf dem Marktplatz die Silhouette der Stadt. Sie wurde im 16. Jahrhundert als prachtvoller Gegenentwurf zur Nüchternheit der Reformation errichtet und birgt einen wertvollen Cranach-Altar.

❷ **Marktplatz** Auf dem von repräsentativen Gebäuden gesäumten Marktplatz mit dem Händel-Denkmal wurde einst der Rote Turm als Symbol des Bürgerstolzes errichtet. Er beherbergt das größte Glockenspiel Europas.

❸ **Konzerthalle Ulrichskirche** Die asymmetrische spätgotische Klosterkirche mit ihrer Sauer-Orgel wird seit 1976 als Konzerthalle benutzt.

❹ **Leipziger Turm** Mit 44 Metern war der Leipziger Turm der größte Turm der alten Stadtmauer. In der Renaissance hat er eine »Welsche Haube« mit Laterne und Turmuhr aufgesetzt bekommen.

❺ **Botanischer Garten** Der Botanische Garten wurde im 17. Jahrhundert als Arzneigarten der Universität angelegt. Im 18. Jahrhundert errichtete Carl Gotthard Langhans auf dem Gelände eine achteckige Sternwarte.

❻ **Dom** Ein eigenwilliger Giebelkranz gibt dem Dom ein einmaliges Aussehen. Er wurde geschaffen, als Kardinal Albrecht von Brandenburg die gotische Dominikanerkirche umgestalten und seiner neu geschaffenen Residenz angliedern ließ.

❼ **Burg Giebichenstein** Von der Oberburg aus dem 12. Jahrhundert auf dem Giebichenstein blieb nur eine Ruine. Die 300 Jahre jüngere Unterburg beherbergt heute eine Hochschule.

Museen

❶ **Franckesche Stiftungen** Das Ensemble rund um das Historische Waisenhaus ist im 18. Jahrhundert von dem Reformpädagogen August Hermann Francke als Schule und Sozialwerk gegründet worden. Darüber informiert eine Ausstellung im Haus Nr. 28, dem ehemaligen Wohnhaus von Francke. Im Historischen Waisenhaus kann die Kunst- und Naturalienkammer, das älteste bürgerliche Museum in Deutschland, besichtigt werden.

❷ **Halloren- und Salinemuseum** Das Museum in der ehemaligen Königlich-Preußischen Saline ist der Salzsiederei gewidmet, die Halle reich machte.

❸ **Händelhaus** In dem Geburtshaus des Künstlers ist heute ein Museum untergebracht, das einerseits über den größten Sohn der Stadt informiert, aber auch eine Sammlung von 700 historischen Instrumenten zeigt.

❹ **Moritzburg-Galerie** Die Sammlung im Stadtschloss von Halle ist für Werke aus der Zeit des Expressionismus und Kunst der DDR bekannt.

Oben: Marktkirche mit Rotem Turm am Markt. In Händels Geburtshaus steht seine Musik im Mittelpunkt (unten).

Besucher-Tipps:

Stadtführung per Straßenbahn Als erste europäische Großstadt hatte Halle 1891 ein elektrisches Straßenbahnnetz. Heute werden die historischen Triebwagen für Stadtführungen genutzt. Tickets für die 1,5-stündigen Rundfahrten, bei denen im Sommer ein Stopp im historischen Straßenbahndepot inklusive ist, gibt es in der Touristeninfo am Marktplatz.

Händel-Festspiele Alljährlich im Juli finden in Halle die Händelfestspiele, das größte Musikfest in Sachsen-Anhalt statt. Neben zahlreichen Konzerten gibt es spezielle Stadtführungen und Ausstellungen rund um den berühmten Barockkomponisten. In diesem Rahmen wird auch das historische Goethetheater im benachbarten Bad Lauchstädt bespielt.

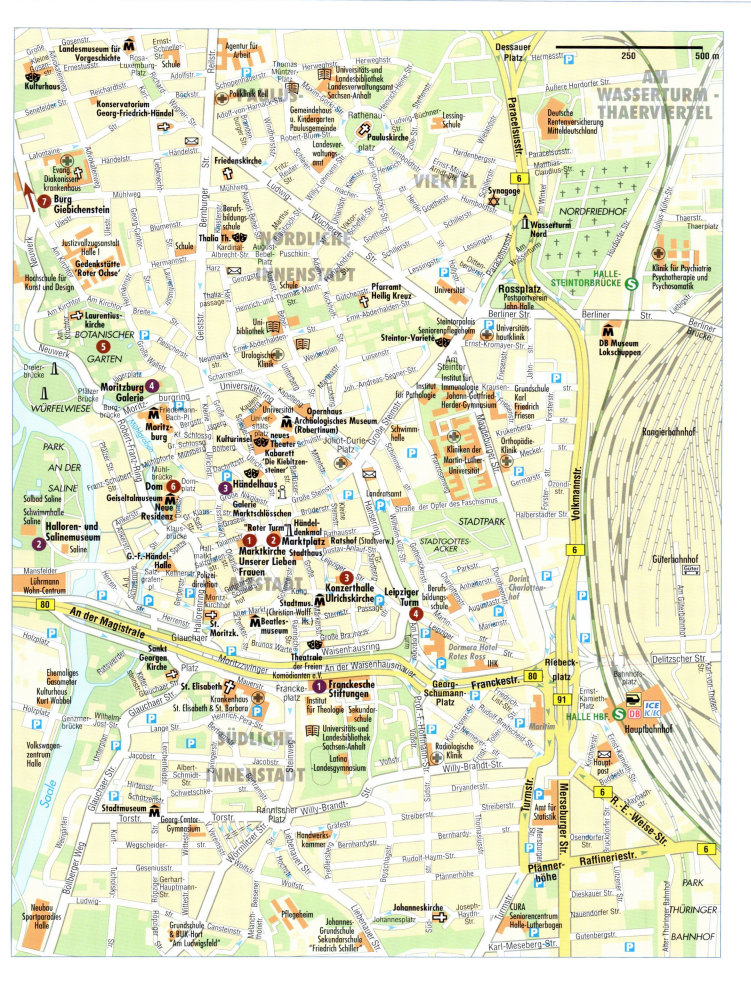

Sachsen-Anhalt · Sachsen

Leipzig

Die alte Verlags- und Messemetropole boomt wieder. Die größte Stadt Mitteldeutschlands hat ihren Besuchern heute einiges zu bieten: eine reiche Vergangenheit, ein vielfältiges Kulturleben und exzellente Möglichkeiten zum Shoppen und Ausgehen.

Leipzigs Aufschwung begann im 15. Jahrhundert, als die Stadt sich durch umfangreiche Privilegien zum Handelsknotenpunkt zwischen Ost- und Westeuropa zu entwickeln begann und aus Prag vor den Hussitenkriegen geflohene Gelehrte hier eine Universität, die drittälteste auf deutschem Boden, gründeten. Dieses Nebeneinander von Kaufmannsmetropole und Leuchtturm von Bildung und Kultur prägt die Geschichte der Stadt bis heute. Augenfälligstes Beispiel ist das berühmte Gewandhausorchester, das von reichen Kaufleuten ins Leben gerufen wurde. Aber auch in der langen Tradition als Stadt der Verlage und des Buchdrucks verbinden sich Geschäft und Kultur. Nach der Wende wurde viel vom alten Baubestand saniert und neue moderne Bauten errichtet. Als Ausgehviertel gelten vor allem die Gottschedstraße und die Südvorstadt.

Sehenswürdigkeiten

❶ **Nikolaikirche** Leipzigs größte Kirche ist als Ausgangspunkt der Montagsdemonstrationen in der DDR zu einem historisch bedeutsamen Ort geworden. Außerdem predigte hier Luther und Bach wirkte als Organist. Doch auch die ganz eigene Ästhetik der Kirche lohnt einen Besuch. Das spätgotische Bauwerk wurde im Inneren komplett klassizistisch umgestaltet. So bekamen die Säulen die Anmutung von Palmen, die Felder der Kreuzgewölbe wurden zu rosettengeschmückten Kassetten umdekoriert, die ganze Farbgebung zu einer sanften Symphonie aus Weiß, Rosé und Mintgrün.

❷ **Specks Hof** Leipzigs älteste erhaltene Ladenpassage entstand 1909 und strahlt noch ganz den Glamour der Belle Epoque aus. 1996 gewann sie auf der Immobilienmesse in Cannes den Preis für das schönste restaurierte Gebäude. Heute sind dort edle Boutiquen, aber auch ein Shop mit Ost-Produkten zu finden.

❸ **Alte Handelsbörse** Das einstige Versammlungsgebäude der Leipziger Kaufmannschaft am Naschmarkt wurde im 17. Jahrhundert im Stile eines italienischen Barockpalais gebaut. Mit seiner großen Freitreppe, den Balustraden und dem reichen, goldfarbenen Girlandenschmuck ähnelt es Lustschlössern aus Gartenanlagen der gleichen Zeit. Heute wird es für Konzerte, Lesungen und Ausstellungen genutzt. Die dem Krieg zum Opfer gefallene Innenausstattung wurde allerdings nicht in voller Pracht restauriert.

❹ **Altes Rathaus** Der mächtige Bau aus dem 15. und 16. Jahrhundert mit seinem auffälligen Turm und den sechs Renaissancegiebeln dominiert sowohl den Leipziger Marktplatz wie den Naschmarkt an seiner Rückseite. Heute sind die historischen Räumlichkeiten von den Resten alter Gefängniszellen im Keller über den Renaissancefestsaal und die Gemäldegalerien bis zum Dachboden im Rahmen der ständigen Ausstellung des Stadtgeschichtlichen Museums zu besichtigen

❺ **Barocke Bürgerhäuser** Leipzig war einst ein Zentrum des bürgerlichen Barock. Doch viel davon wurde bereits in der Gründerzeit durch neue Repräsentativbauten ersetzt, anderes fiel dem Krieg zum Opfer. An der Südseite des Marktplatzes findet sich mit dem ockergelben Königshaus jedoch noch eines der prächtigen Häuser, die einst das Stadtbild prägten. Es war früher das Gästehaus der Kommune und beherbergte unter anderem August den Starken, Friedrich den Großen und Zar Peter. Andere sehenswerte Barockbauten sind das Fregehaus in der Katharinenstraße und das Romanushaus an der Ecke Brühl/Katharinenstraße. Dieses Palais wurde Anfang des 18. Jahrhunderts für den Leipziger Bürgermeister Franz Conrad Romanus erbaut.

❻ **Barthels Hof** An der Nordwestecke des Marktes findet sich der letzte erhaltene Durchgangshof Leipzig. Das Gebäude wurde im 16. Jahrhundert errichtet und im 18. Jahrhundert für den Kaufmann Barthel barock umgebaut wurde. Der schmale, lange Hof, durch den einst die Pferdewagen fuhren, ist von hohen vierstöckigen Häusern gesäumt. Heute finden sich entlang des Hofes zahlreiche Geschäfte und ein Restaurant.

❼ **Zum Coffe Baum** Das Anfang des 18. Jahrhunderts errichtete Haus »Zum Arabischen Coffe Baum« ist eines der ältesten Kaffeehäuser in ganz Europa. Heute sind in dem barocken Gebäude mehrere Restaurants und Caféräume Wiener, Pariser und arabischer Prägung sowie ein Museum zur Kaffeekultur in Sachsen untergebracht.

❽ **Mädlerpassage/Auerbachs Keller** Die fast 150 Meter lange, viergeschossige, nach ihrem Erbauer benannte Passage zwischen der Grimmaischen

Sachsen-Anhalt · Sachsen

Besucher-Tipps:

Thomanerchor Um den weltberühmten Thomanerchor zu hören, muss man nicht ins Konzert gehen. Normalerweise kann man ihm am Sonntag im Gottesdienst umsonst und in den Motteten am Freitag um 18 Uhr und Samstag um 15 Uhr (gemeinsam mit dem Gewandhausorchester) für nur 2 Euro lauschen. Falls der Chor auf Reisen ist, treten Gastensembles auf.

Lichtfest In Erinnerung an die Montagsdemonstration vom 9. Oktober 1989 wird alljährlich an diesem Tag auf dem Leipziger Ring ein großes Lichtfest veranstaltet. Entlang des Demonstrationsweges von damals sind an verschiedenen Stationen Lichtinstallationen, Videoprojektionen, Musikdarbietungen, Tanz und Performance zu sehen.

Straße und dem Messepalast wurde 1914 eröffnet und gilt als die schönste der Stadt. Ihr musste der alte Auerbachsche Handelshof weichen. Auerbachs Keller jedoch, einen Weinausschank aus dem 15. Jahrhundert, den Goethe in seinem »Faust« unsterblich gemacht hat, integrierte man in die neue Passage. Er ist auch noch der Publikumsmagnet in der 1997 sanierten Mädlerpassage.

❾ Thomaskirche mit Bachstatue An Leipzigs ältester Kirche ist der berühmte Thomanerchor beheimatet, der schon seit 1212 besteht und damit einer der ältesten Knabenchöre überhaupt ist. Hier wirkte auch Johann Sebastian Bach in seiner Glanzzeit als Kirchenmusiker und Kantor des Chores. Die Kirche selbst hat ihre Ursprünge wohl im 12. Jahrhundert, wurde dann aber mehrfach verändert und bietet heute einen interes-

Altes und Neues verbindet sich gelungen in der Mädlerpassage (kleines Bild). Bundesverwaltungsgerichtshof und Neues Rathaus bestimmen die Kulisse (großes Bild).

Sachsen-Anhalt · Sachsen

santen Mix aus Romanik, Gotik, Barock und Neogotik. Im Inneren liegen Bach und der Minnesänger Heinrich von Morungen begraben.

🔟 **Neues Gewandhaus** Mit dem alten Gewandhaus aus dem 15. Jahrhundert, dem Messehaus der Woll- und Tuchhändler, in dessen Räumlichkeiten 1743 das Gewandhausorchester entstand, hat der von Rudolf Skoda 1981 errichtete neue Konzertsaal für das berühmte Orchester nichts mehr gemein. Der DDR-Renommierbau verfügt über eine ausgezeichnete Akustik und weist im Foyer das von Sighard Gille geschaffene größte Deckengemälde Europas auf.

⓫ **Opernhaus** Vis-à-vis des Neuen Gewandhauses liegt am Augustusplatz das Opernhaus. Hier wurde das im Krieg zerstörte Vorgängergebäude durch eine Synthese zwischen dem klassizistischen Erbe und der modernen Bauweise der 1950er-Jahre ersetzt. Vor allem das Innere mit seinen Porzellanverkleidungen und Doldenleuchten verkörpert den Nachkriegsschick. In den äußeren Reliefs kann man zwischen klassischen Theatersymbolen das Staatswappen der DDR entdecken.

⓬ **Notenspur – Notenrad – Notenbogen** Dem musikalischen Erbe der Stadt Leipzig trägt die Ausweisung von zwei Spaziergängen und einer Radtour auf den Spuren von Johann Sebastian Bach, Felix Mendelssohn-Bartholdy, Gustav Mahler und Robert Schumann Rechnung. Die beiden Spaziergänge »Notenspur« und »Notenbogen« sind rund 5 Kilometer lang. Ersterer widmet sich eher den klassischen Komponisten, letzterer der Musik des 19. und 20. Jahrhunderts. Die 36 Kilometer lange Radtour führt auch durch die Außenbezirke, wo beispielsweise Mahler lebte und Hanns Eisler geboren wurde.

⓭ **Völkerschlachtdenkmal** Das 90 Meter hohe Denkmal zählt zu den größten Europas und wurde 1913 zum 100. Jahrestag der Völkerschlacht bei Leipzig errichtet. Gerade weil der martialische Pomp, mit dem damals einer Schlacht mit über 100 000 Toten gedacht wurde, für die meisten heute unverständlich ist und das Denkmal Ort von Naziaufmärschen war, ist die Auseinander-

setzung damit interessant. Nicht zuletzt genießt man von der Spitze aus einen wunderbaren Blick über die Umgebung.

⓮ **Schillerhaus** In dem kleinen Bauernhaus mit unpassend wirkender Ehrenpforte im Leipziger Stadtteil Gohlis schrieb der 25-jährige Friedrich Schiller 1785 u. a. seine »Ode an die Freude«. Heute ist dort ein Museum untergebracht. Aber als ältestes erhaltenes Bauernhaus auf Leipziger Stadtgebiet ist das Haus auch für sich genommen interessant.

Museen

❶ **Deutsches Buch- und Schriftmuseum** Als weltweit ältestes Museum dieser Art beschäftigt sich das Leipziger Buch- und Schriftmuseum mit dem immensen und immer noch andauernden Einfluss, den neue Erfindungen rund um Schrift, Papier und Bücher immer wieder auf die Entwicklung der menschlichen Kultur nahmen. 2012 wurde die neue Dauerausstellung »Zeichen Bücher Netze: Von der Keilschrift zum Binärcode« eröffnet.

Sachsen-Anhalt · Sachsen

② Bach-Museum im Bosehaus Auf rund 450 Quadratmetern Fläche kann man im Bach-Museum in einer interaktiven Ausstellung Leben und Wirken von Johann Sebastian Bach nachspüren. Dazu gibt es immer wieder Sonderausstellungen, etwa zu Bachs Söhnen. Museum und Bach-Archiv sind im schönen, restaurierten Barockhaus des Kaufmanns Bose untergebracht, der einst am Thomaskirchhof Bachs Nachbar und Freund war.

③ Museum der Bildenden Künste Die Leipziger Gemäldesammlung geht vor allem auf zahlreiche Bürgerstiftungen aus dem 19. Jahrhundert zurück. Sie enthält rund 10 000 Werke vom 15. Jahrhundert bis zur Gegenwart. Schwerpunkte sind die alten deutschen und flämischen Meister wie Cranach und Frans Hals und Bilder der Romantik, aber auch Werke der Leipziger Schule. Nachdem das Museum lange Zeit provisorisch im Handelshof untergebracht war, residiert es seit 2004 in einem Neubau am Sachsenplatz.

④ Museum für Druckkunst Leipzig Das Museum in der Nonnenstraße trägt der Tradition Leipzigs als Verlags- und Buchdruckstadt Rechnung. Hier kann man alte Techniken wie Schriftgießerei, Setzerei, Druck und Bundbindekunst auch an originalen Geräten demonstriert bekommen und in Workshops sogar selbst ausprobieren.

⑤ Stadtgeschichtliches Museum Leipzig Das Stadtgeschichtliche Museum ist eine der am meisten besuchten Einrichtungen Leipzigs. Die ständige Sammlung zur Stadtgeschichte, die u. a. ein 25 Quadratmeter großes Stadtmodell aus dem Jahr 1823 enthält, ist im Alten Rathaus zu sehen. In einem Neubau im Böttgergässchen sind Sonderausstellungen sowie das Kinder- und Jugendmuseum »Lipsikus« untergebracht. Zum Museum gehören auch eine Ausstellung um die Befreiungskriege im Forum 1813 am Völkerschlachtdenkmal, über Schiller im Schillerhaus in Gohlis, zur Kaffeekultur im Coffe Baum und zum Sport im Museum am Sportforum.

Zu den Sehenswürdigkeiten der Stadt zählen die Fassaden am Naschmarkt (linkes Bild), der Altarraum der Nikolaikirche (rechtes Bild) und der Augustusplatz (großes Bild).

Ausflugstipps:

Deutsches Kleingarten-Museum Nahe des Elsterbeckens findet man in der Aachener Straße die denkmalgeschützte Kleingartenanlage »Dr. Schreber«, die 1876 als erste Schrebergartenkolonie entstand. Im ehemaligen Vereinsheim ist das Deutsche Kleingarten-Museum samt historischem Spielplatz und Museumsgarten untergebracht.

Rosental Wer zur Erholung ins Grüne möchte, muss in Leipzig nur in die Auwälder entlang der Elster gehen, die das Stadtgebiet durchzieht. Im Rosental nördlich des Stadtzentrums kann man von einem Aussichtsturm aus einen schönen Blick über die Innenstadt genießen. Außerdem erlaubt hier das Zoofenster kostenlose Einblicke in den Leipziger Zoo.

Sachsen-Anhalt · Sachsen

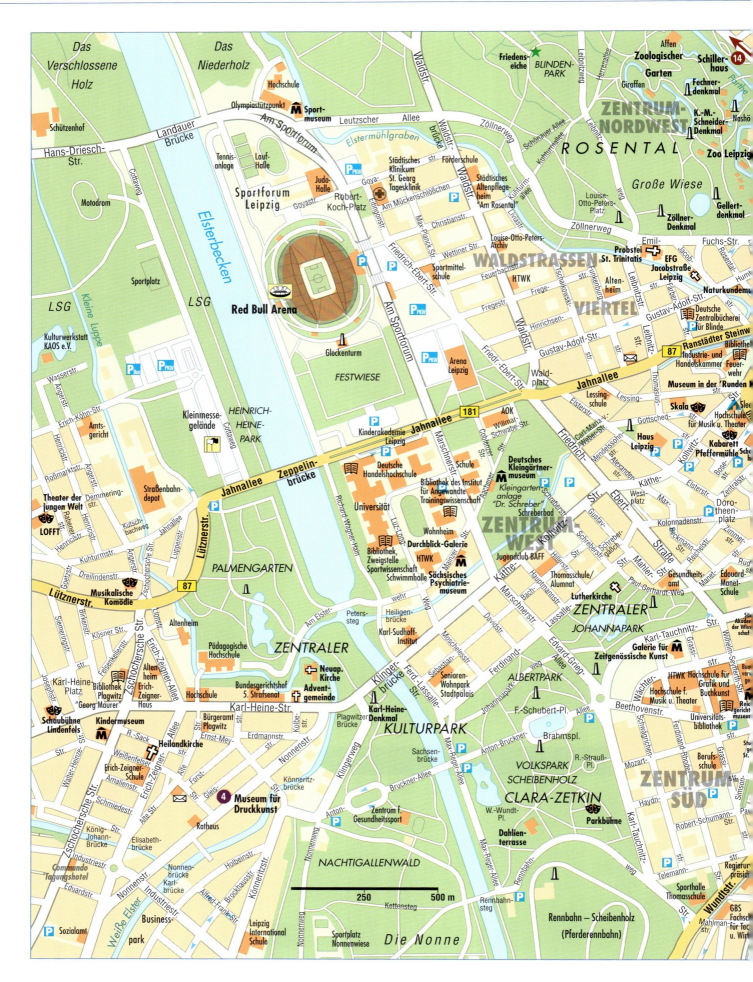

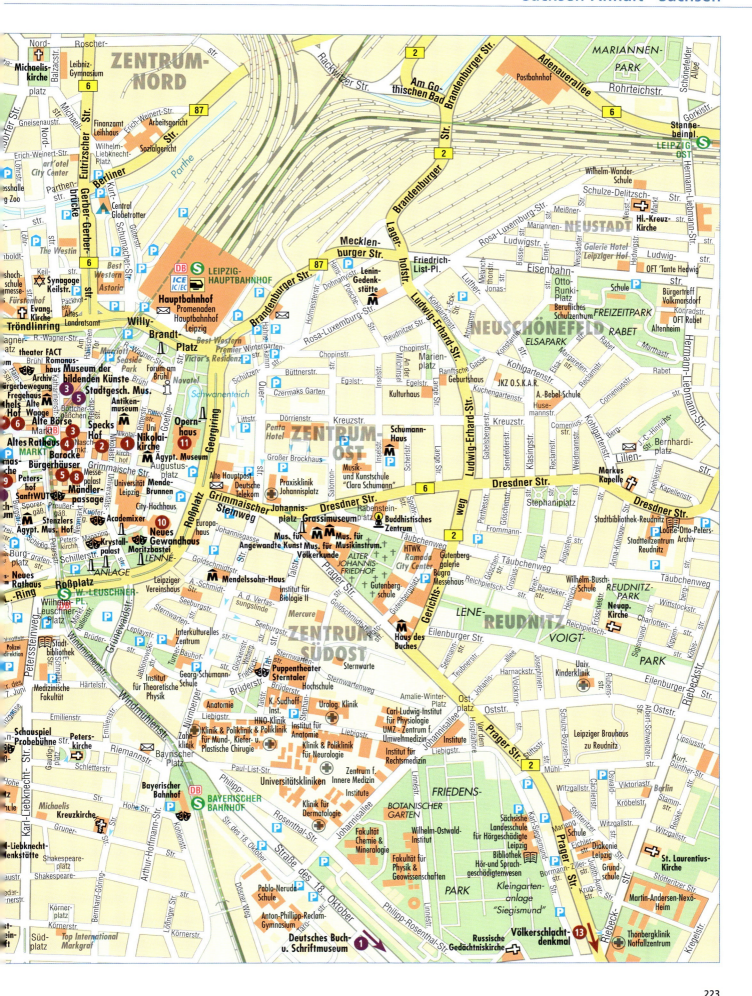

Meißen

Sachsens älteste Stadt nur auf ihr Porzellan reduzieren zu wollen, hieße, ihr Unrecht zu tun. Vor allem besticht die Wiege des heutigen Freistaates durch die gut erhaltene Altstadt rund um den Schlossberg und ihre malerische Silhouette.

Keimzelle des heutigen Bundeslandes Sachsen ist eine Burg, die König Heinrich I. im Jahr 929 auf dem Schlossberg von Meißen errichten ließ. Bis 1485 war sie Residenz der mächtigen Marktgrafen von Meißen aus dem Hause Wettin, denen 1423 auch das Kurfürstentum Sachsen übertragen wurde, worauf dessen Name auf den ganzen Herrschaftsbereich der Wettiner überging. Eine Güterteilung und die Verlegung der sächsischen Residenzen nach Wittenberg und Dresden ließen Meißen in einen sanften Dornröschenschlaf fallen, der ihm eine beschauliche Blüte, aber keine großen Veränderungen brachte. Aus diesem wurde es erst von August dem Starken geweckt, der seine Porzellanmanufaktur hier ansiedelte. Das »Weiße Gold« mit den gekreuzten Schwertern machte Meißen weltweit bekannt, ohne ihm das idyllische, kleinstädtische Gepräge zu nehmen.

Sehenswürdigkeiten

❶ Albrechtsburg Die im 15. Jahrhundert errichtete Burg gilt als ältestes deutsches Schloss und einer der schönsten gotischen Profanbauten. Der Treppenturm im Hof, »Wendelstein« genannt, lehnt sich an französische Vorbilder an. Von 1810 bis 1863 wurde sie als Porzellanmanufaktur genutzt.

❷ Meißener Dom Die Bischofskirche auf dem Burgberg gilt als einer der stilreinsten gotischen Dome. Im Inneren sind Stifterfiguren aus der Naumburger Schule, ein Lettner aus dem 13. Jahrhundert und ein Altarbild von Cranach zu bewundern.

❸ Schloss Siebeneichen Das Renaissanceschlösschen südlich der Innenstadt ist von einem der ältesten Landschaftsgärten umgeben. Im frühen 19. Jahrhundert verkehrten hier Geistesgrößen wie Kleist, Novalis und Fichte, heute ist die Sächsische Akademie für Lehrerfortbildung untergebracht.

❹ Porzellanmanufaktur Seit 1863 ist die Meißner Porzellanmanufaktur südwestlich der Innenstadt angesiedelt. Heute ist dort ein Museum zu finden, in dem Meißner Porzellan von den Anfängen bis zur Gegenwart zu bewundern ist. Außerdem gibt es Schauwerkstätten.

❺ Domherrenhof Das Palais aus dem 15. Jahrhundert samt trutzigem Wehrturm ist Teil der Befestigung auf dem Schlossberg und diente einst den Domherren als Wohnsitz. Bis 2008 wurde es als Tagungszentrum genutzt, danach bis 2013 als Hotel.

❻ Altstadt mit Rathaus Herzstück der Meißener Altstadt ist der Marktplatz mit dem spätgotischen Rathaus. Rund herum finden sich schöne alte Bürgerhäuser aus Spätgotik, Renaissance und Barock. Da größere bauliche Eingriffe an den Hängen des Schlossberges nur schwer möglich waren, konnte sie ihr geschlossenes historisches Erscheinungsbild bewahren.

Ausflugstipps:

Elbweindörfer Nordwestlich von Meißen liegen mehrere schöne Weindörfer an der Elbe, die sich gemeinsam auch als »Sächsische Riviera« touristisch vermarkten. Sie lassen sich gut per Rad über den Elberadweg und zu Fuß über den Sächsischen Weinwanderweg erreichen. Sehenswert sind auch die Schlösser von Hirschstein und Seußlitz.

Moritzburg 15 Kilometer östlich von Meißen liegt inmitten einer Wald- und Teichlandschaft das Jagdschloss Moritzburg. Weithin bekannt wurde es vor allem als Kulisse des Märchens »Drei Haselnüsse für Aschenbrödel«. Das Innere sieht allerdings ganz anders aus als im Film. So ließ August der Starke mehrere Räume mit bemalten Ledertapeten bespannen.

Sachsen-Anhalt · Sachsen

Besucher-Tipps:

Meißner Tafelkultur Einmal stilvoll von echt Meißner Porzellan speisen? Die Meißener Manufaktur macht es möglich. Jeden zweiten Freitag im Monat wird ein Drei-Gänge-Menü auf berühmten Servicen aus drei Jahrhunderten serviert – mit passenden Erläuterungen. Andere Arrangements, etwa eine Kuchentafel, sind für Gruppen ab 10 Personen buchbar.

Literaturfest Meißen Jedes Jahr in der zweiten Juniwoche findet in Meißen Deutschlands größtes kostenloses Open-Air-Lesefest statt. Traditionell sind das Mittelalter, die Renaissance und Fantasyromane die Schwerpunkte. Die Leseorte sind Open-Air-Bühnen, aber auch Kirchen, Museen, Schlösser, Galerien, Schulen, Läden, Restaurants und Cafés.

Museen

❶ **Stadtmuseum Meißen** Schon allein die Räumlichkeiten in Kirche und Kreuzgang des Franziskanerklosters sind einen Besuch wert. Interessant sind die ausgestellten großformatigen Illustrationen von Julius Schnorr von Carolsfeld zur Nibelungensage.

❷ **Porzellanmanufaktur** Das Museum auf der Albrechtsburg informiert über die Anfänge der Porzellanherstellung, aber auch über die schwierige Baugeschichte der Burg und die Anfänge des sächsischen Herrschergeschlechts der Wettiner.

❸ **Museum Patrizierhaus** Das Renaissancehaus in der Webergasse dient als Galerie, in der Werke der klassischen Moderne zu sehen sind. Vor allem bekommt man einen lebendigen Eindruck von den Wohnverhältnissen der reichen Bürger.

Der Schwerpunkt des Meißner Porzellans lag in der figürlichen Plastik (kleines Bild). Über dem Elbtal erhebt sich die Albrechtsburg (großes Bild).

Dresden

Über das »Florenz« an der Elbe muss man eigentlich keine Worte verlieren. Die sächsische Landeshauptstadt gilt zu Recht als eine der schönsten Städte Europas. Dabei gibt es noch viel mehr zu entdecken als Frauenkirche, Zwinger und Semperoper.

Dresdens Stern ging im Jahr 1485 auf. Die Brüder Ernst und Albrecht III. von Sachsen beschlossen, das Herzogtum zu teilen, und Albrecht, der den Südosten erhielt, brauchte nun eine neue Residenzstadt. Die Wahl fiel auf das unbedeutende Dresden. Seinen wahren Glanz und viel seiner heutigen Gestalt erhielt es unter Kurfürst August dem Starken. Der scheute keine Kosten und Mühen, Dresden zu einer der schönsten Städte Europas auszubauen. Im Gegensatz zu dem französischen Sonnenkönig Ludwig XIV. aber, der das gigantische Schloss Versailles zum absoluten Mittelpunkt seines Reiches machte, ließ August eine Vielzahl kleinerer Gebäude schaffen, darunter auch die ersten öffentlichen Museen. Die Bomben des Zweiten Weltkriegs richteten dann im Zentrum großen Schaden an, inzwischen aber erstrahlen die meisten wichtigen Gebäude in altem Glanz.

Sehenswürdigkeiten

❶ **Frauenkirche** Der Wiederaufbau der im Zweiten Weltkrieg zerbombten Kirche mit Spendengeldern aus aller Welt wurde zum symbolischen Akt für die Versöhnung der einstigen Kriegsgegner. Darüber hinaus ist sie ein Meisterwerk des protestantischen Barock mit einer der größten Kuppeln nördlich der Alpen.

❷ **Albertinum** Im 16. Jahrhundert als Zeughaus erbaut, gilt es als wichtiger Renaissancebau. Heute sind dort die Galerie Neuer Meister und die Skulpturensammlung untergebracht.

❸ **Brühlsche Terrasse** Auf den Resten der alten Festungsanlage ließ Graf Heinrich von Brühl eine erhöhte Promenade anlegen. Sie gewährt einen schönen Blick über die Elbe und ist von vielen Kunstwerken gesäumt.

❹ **Goldener Reiter** Als kühnen Eroberer hoch zu Ross ließ sich Kurfürst August der Starke darstellen. Das vergoldete Monument ist auf dem Neustädter Markt zu finden.

❺ **Dreikönigskirche** Nach einem Brand wurde die Kirche in der Inneren Neustadt von Zwinger-Baumeister Pöppelmann und Georg Bähr, dem Architekten der Frauenkirche, völlig neu gebaut. Besonders interessant ist das Relief eines Totentanzes.

❻ **Japanisches Palais** August der Starke ließ das Palais am Elbufer für seine Porzellansammlung umbauen. Heute sind dort Ausstellungen zu Völkerkunde bzw. Mineralogie und Geologie zu finden. Von den Parkanlagen genießt man einen besonders schönen Blick auf das Stadtzentrum.

❼ **Hofkirche** Die im römischen Spätbarock errichtete Hofkirche ist das katholische Pendant zur protestantischen Frauenkirche und heute die Domkirche des Bistums Dresden/Meißen. Innen präsentiert sie sich in ele-

Ausflugstipps:

Radebeul Dresdens westliche Nachbarstadt ist vor allem für das Karl-May-Museum und die Karl-May-Festspiele am Wochenende nach Himmelfahrt bekannt. Daneben kann die Wein-, Villen- und Gartenstadt aber mit gleich acht hübschen historischen Ortskernen, etwa Altkötzschenbroda direkt an der Elbe, und schönen alten Weinbergvillen aufwarten.

Lößnitz In den Weinbergen hinter Radebeul kann man im Weingut Schloss Hoflößnitz das Weinbaumuseum besuchen und die Weine probieren. Über die »Himmelsleiter« gelangt man zum historischen Panoramarestaurant im Spitzhaus. Durch den Lößnitzgrund nördlich der Weinberge fährt die historische Schmalspurbahn nach Moritzburg und Radeberg.

Sachsen-Anhalt · Sachsen

Besucher-Tipps:

Erlebnisführungen Dresden von seiner kulinarischen Seite erleben? Oder von seiner humorvollen? Eine Brauereiführung oder eine durch die Oper? Oder mit dem Nachtwächter? Oder dem »Grafen Brühl«? Vielleicht per Rad? Oder in der Kutsche? Die Tourismuszentrale »Dresden Information« bietet ein sehr breites Spektrum an Erlebnistouren an.

Sächsische Dampfschifffahrt An Bord der ältesten und größten Raddampferflotte der Welt lässt sich Dresdens Silhouette von der Elbe aus erleben. Es werden aber auch Ausflüge in die Sächsische Schweiz und nach Meißen angeboten. Höhepunkt des Jahres ist der Riverboat-Shuffle im Rahmen des Internationalen Dixieland-Festivals in der zweiten Maiwoche.

gantem Weiß mit zweistöckigem Prozessionsumgang.

❽ Semperoper Das Operngebäude im Stil der italienischen Renaissance gilt nicht nur wegen der grandiosen ästhetischen Komposition des Baukörpers durch Georg Semper, sondern auch wegen der Einheit von Architektur und Funktion als eines der schönsten Theater Europas.

❾ Zwinger Den Zwinger ließ August der Starke 1719 als Festgelände für die Hochzeit seines Sohnes anlegen. Wegen seiner Einheit aus Architektur und Skulpturenschmuck gilt er als eines der bedeutendsten Barockbauwerke.

❿ Altstädter Wache Am Theaterplatz befindet sich mit der von Schinkel erbauten Altstädter Wache ein Meisterwerk des Klassizismus. Heute kann man dort Kaffee trinken und Opernkarten kaufen.

Brühlsche Terrassen (kleines Bild) sowie der Opernplatz mit der Semperoper und dem Reiterdenkmal für König Johann (großes Bild).

Sachsen-Anhalt · Sachsen

⓫ Residenzschloss Zu den ältesten Bauwerken in Dresden gehört das imposante Schloss, das in seinem Kern ein klassischer Renaissancebau aus dem 16. Jahrhundert ist. Heute ist es ein Museumszentrum.

⓬ Stallhof und Fürstenzug Der Stallhof des Schlosses ist der am besten erhaltene Turnierplatz in Europa. Heute findet hier der Weihnachtsmarkt statt. An der Außenseite ist der berühmte Fürstenzug zu finden, eine Prozession aller sächsischen Herrscher, auf Meißner Kacheln gemalt.

⓭ Kreuzkirche Der größte Kirchenbau Sachsens mit dem 94 Meter hohen Turm weist eine eigenwillige Mischung aus spätbarock-klassizistischem Äußeren und neobarocker Innengestaltung mit Jugendstilelementen auf.

⓮ Großer Garten mit Botanischem Garten und Zoo Mittelpunkt der Parkanlage östlich der Altstadt ist das Gartenpalais, das von einem Barockgarten umgeben ist. Die äußeren Teile sind als englischer Landschaftsgarten angelegt. Im Westen sind der Botanische Garten und der Zoo integriert.

Museen

❶ Staatliche Kunstsammlungen Dresden Die Sammlungen des sächsischen Staates sind auf sechs Standorte verteilt: den Zwinger, das Schloss, das Albertinum, das Japanische Palais, den Jägerhof und Schloss Pillnitz.

❷ Gemäldegalerie Alter Meister Die Galerie zählt zu den renommiertesten Gemäldesammlungen der Welt. Hier kann man etwa Raffaels »Sixtinische Madonna«, Canalettos Stadtansichten sowie viele Werke von Correggio, Dürer, Rembrandt, Rubens, Tizian, van Eyck und Vermeer bewundern.

❸ Grünes Gewölbe In der Schatzkammer der sächsischen Kurfürsten werden in zehn thematisch geordneten Räumen – etwa Bernsteinkabinett, Elfenbeinzimmer oder Juwelenzimmer – Kunstgegenstände aus dem entsprechenden Material präsentiert.

❹ Städtische Galerie Dresden Die Städtische Galerie im Landhaus zeigt Werke vom 16. Jahrhundert bis in die Gegenwart, konzentriert sich aber

Sachsen-Anhalt · Sachsen

Ausflugstipps:

Loschwitz Am östlichen Stadtrand von Dresden kommt man über die Brücke »Blaues Wunder« in den schönen Villenvorort Loschwitz. Hier kann man mit zwei historischen Bergbahnen auf die Loschwitzhöhe hinauffahren, von der man eine wunderbare Aussicht über das Elbtal hat. Sehenswert sind auch die drei Elbschlösser und das Schillerhäuschen.

Pillnitz Die Schlossanlage von Pillnitz mit gleich drei großen Palais, einem barocken Lustgarten und einem umgebenden Landschaftsgarten gilt als eine der schönsten des Barock und perfektes Beispiel für die Chinoiserie-Mode. August der Starke ließ sie von den Architekten Pöppelmann und Longuelune für seine Mätresse Gräfin Cosel errichten.

zunehmend auf die Präsentation zeitgenössischer Künstler.

❺ Erich Kästner Museum Im ehemaligen Wohnhaus von Kästners Onkel können die Besucher dem Autor von »Emil und die Detektive« in einer stark multimedial und interaktiv geprägten Ausstellung näher kommen. Unter anderem sind auch Verfilmungen seiner Werke zu sehen.

❻ Deutsches Hygiene-Museum Die einzigartige Ausstellung über die Geschichte der Gesundheitsvorsorge wurde 1912 von dem Odol-Fabrikanten Linger ins Leben gerufen und seitdem immer wieder modernisiert.

❼ Stadtmuseum Dresden Die Geschichte Dresdens lässt sich im Landhaus nachvollziehen. Besonders interessant sind u. a. mehrere historische Stadtmodelle.

Von den Lang- und Bogengalerien blickt man über das barocke Gesamtkunstwerk des Zwingers mit dem Wallpavillon auf der Westseite der Anlage.

Sachsen-Anhalt · Sachsen

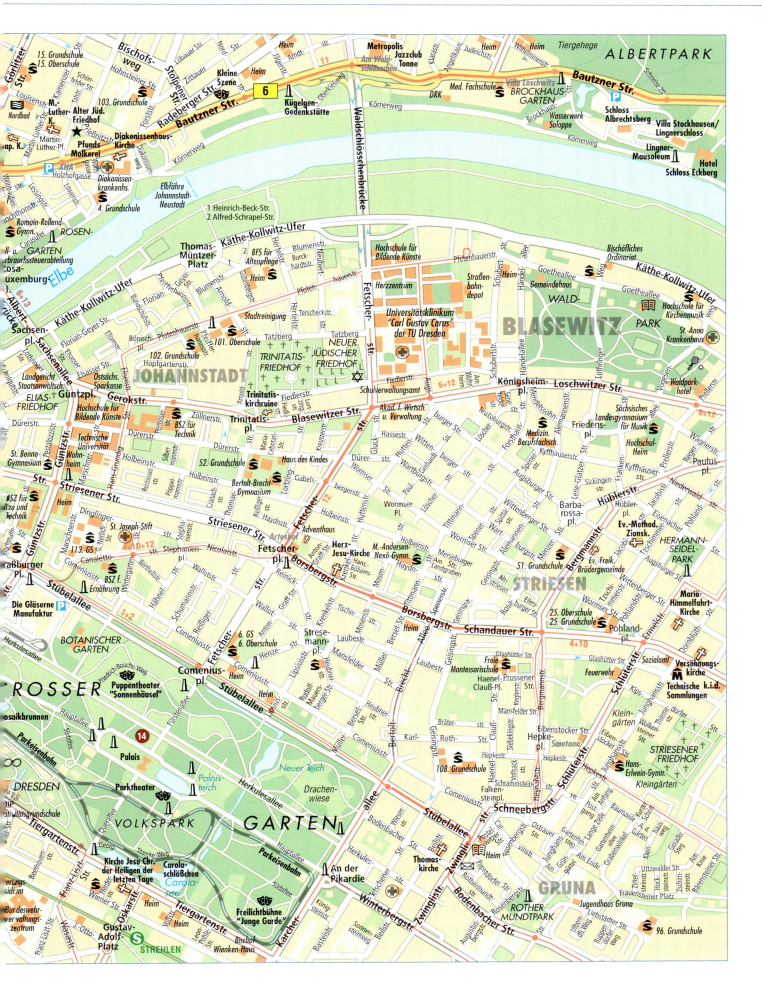

Sachsen-Anhalt · Sachsen

Bautzen

Eindrucksvoll thront die Hauptstadt der Oberlausitz auf einem Granitplateau oberhalb der Spree. Sie nur auf den berühmten Bautz'ner Senf zu reduzieren, hieße, dem Zentrum der sorbischen Kultur mit seiner 1000-jährigen Geschichte Unrecht zu tun.

928 begann König Heinrich I. im gerade eroberten Slawenland mit dem Bau der Festung Ortenburg. Durch die günstige Lage am Schnittpunkt mehrerer Handelsrouten entwickelte sich schnell eine blühende Handelsstadt, die immer wieder von Raubüberfällen und Grenzkriegen heimgesucht wurde. Trotzdem zeugt noch heute die vieltürmige Altstadt vom Reichtum der Vergangenheit. Daneben macht vor allem die exponierte Lage auf einem Felssporn, der auf drei Seiten von der Spree umflossen wird, den besonderen Reiz der Stadt aus, der so gar nicht zu dem berüchtigten Stasi-Gefängnis passen will, der den Namen Bautzens lange zu einem Synonym für Schrecken machte und der heute eine Gedenkstätte ist. Eine weitere Facette der vielschichtigen Stadtgeschichte: Seit dem 19. Jahrhundert ist Bautzen das Zentrum der sorbischen Minderheit.

Sehenswürdigkeiten

❶ Michaeliskirche Der mächtige Turm der Michaeliskirche ist das Wahrzeichen der Stadt. Hier konnten die Bautzener im Jahr 1429 einen Angriff der Hussiten abwehren. Zum Dank bauten sie dem Erzengel Michael eine Kirche mit ungewöhnlichem quadratischem Grundriss.

❷ Alte Wasserkunst Die Alte Wasserkunst ist ein Meisterwerk der Technik aus dem 16. Jahrhundert. Der Tüftler Wenzel Röhrscheidt staute die Spree unterhalb der Stadtmauer so geschickt auf, dass ihre Strömung ein Schöpfwerk antrieb, das Wasser aus dem Fluss in einen 50 Meter höheren Sammelbehälter pumpte.

❸ Dom St. Petri Der imposante, spätgotische Dom am Fleischmarkt weist gleich mehrere Kuriosa auf. Zum einen hat das Langhaus einen deutlichen Knick. Auch sonst ist es mit vier Schiffen ungewöhnlich asymmetrisch. Vor allem aber ist er seit 1524 die erste Simultankirche Deutschlands. Getrennt durch den mittelalterlichen Lettner, feiern die Katholiken ihre Messen im Chor, während die Protestanten das Langhaus nutzen.

Museen

❶ Museum Bautzen Das Stadtmuseum ist für seine reiche Sammlung zur Ur- und Frühgeschichte der Region berühmt. Aber auch die Kunstsammlung mit Werken von Lucas Cranach bis Otto Dix kann sich sehen lassen.

❷ Sorbisches Museum Bautzen Das Museum auf der Ortenburg ist die bedeutendste Ausstellung sorbischer Geschichte und Kultur überhaupt. Dort sind nicht nur Trachten oder Ostereier zu bewundern, sondern man kann sich auch über Herkunft, Sprache, Kultur und Literatur der Sorben informieren.

Blick auf die erleuchtete Ortenburg und die Alte Wasserkunst.

Ausflugstipps:

Spreeradweg Durch Bautzen führt der Spreeradweg. Er lässt sich für Tagesausflüge in die Oberlausitzer Teich- und Heidelandschaft nutzen. Ambitionierte können nach Süden in das Oberlausitzer Bergland aufbrechen. Bis zur Spreequelle sind es 54,5 Kilometer, inklusive einiger Höhenmeter, die sich auf dem Rückweg in bequeme Abfahrten verwandeln.

Weißenberg 18 Kilometer östlich von Bautzen liegt das kleine Weißenberg mit einem hübschen Barockrathaus. Vor allem aber lockt die Alte Pfefferküchlerei, ein Museum, das ganz der Produktion traditioneller Lebkuchen gewidmet ist. Neben der original eingerichteten Werkstatt sind verschiedene Veranstaltungen interessant, wie Backkurse für »Gebildgebäck«.

Besucher-Tipps:

Sorbischer Ostereiermarkt Jeweils am zweiten Wochenende nach Aschermittwoch veranstaltet der Förderkreis für sorbische Volkskultur in Bautzen seinen Ostereiermarkt. Die Besucher können sich von Künstlern die verschiedensten traditionellen Techniken erklären lassen und selbst ausprobieren. Es wird auch anderes Kunsthandwerk angeboten.

Wasserkunst und Puppenspielfest Stadtfest Ende August, bei dem neben Puppenspielkünstlern auch Livebands auftreten. Es gibt eine Stadtführung, bei der Wasserbaukünstler Wenzel Röhrscheidt seine geniale Erfindung erläutert, die nicht nur die Trinkwasserversorgung, sondern auch die Brandbekämpfung in der mittelalterlichen Stadt sicherstellte.

Sachsen-Anhalt · Sachsen

Görlitz

Ein geheimnisvoller Liebhaber hat die Stadt an der Neiße weit über Sachsen hinaus bekannt gemacht. Jedes Jahr überweist er rund eine halbe Million Euro, die dazu beigetragen haben, die heruntergekommene Altstadt wieder zu einem Schmuckstück zu machen.

Deutschlands östlichste Stadt erlebte in ihrer über 1000-jährigen wechselvollen Geschichte die verschiedensten Herren und war aufgrund ihrer Lage im Grenzgebiet zwischen Polen, Böhmen und dem deutschen Reich auch stets wichtiger Handelsknotenpunkt. Dieser Reichtum schlug sich in einem prächtigen Stadtzentrum nieder. Angefangen von der Gotik über Renaissance, Barock, Klassizismus, Gründerzeit und Jugendstil entstanden in allen Epochen repräsentative Bauten, die den Zweiten Weltkrieg nahezu unbeschadet überstanden. Allerdings präsentierten sie sich lange Zeit heruntergekommen und in einem schäbigen Grau. Mittlerweile ist die Sanierung jedoch fast abgeschlossen und Görlitz wieder zur »Perle an der Neiße« geworden. Lohnenswert ist auch der Ausflug über die Altstadtbrücke in die einstige Ostvorstadt, das heutige Zgorzelec.

Sehenswürdigkeiten

❶ Altstadt Der alte Kern von Görlitz erstreckt sich von der Neiße über Unter- und Obermarkt bis zur Bastion Kaisertrutz. Vor allem am Untermarkt und an der Brüderstraße finden sich auf engstem Raum prächtige Bürgerhäuser aus Spätgotik, Renaissance und Barock. Der rote Schönhof mit seinen Laubengängen gilt als das älteste bürgerliche Renaissancegebäude Deutschlands. Das Rathaus an der Westfront ist vor allem für seine schöne Treppe bekannt. An der Rathausapotheke auf der Nordseite des Marktes befinden sich gleich zwei alte Sonnenuhren.

❷ Nikolaikirche Die älteste erhaltene Kirche befindet sich in der Nikolaivorstadt. Die spätgotische Hallenbasilika wurde 1925 expressionistisch umgestaltet und zu einer Gedenkstätte für die Gefallenen des Ersten Weltkriegs gemacht. Auf dem benachbarten Friedhof mit seinen zahlreichen barocken Grabdenkmälern ist unter anderem der Philosoph Jakob Böhme begraben.

❸ Stadtbefestigung Das mittelalterliche Görlitz war mit einer doppelten Stadtmauer extrem stark befestigt. An diesem Bollwerk scheiterten etwa die schwedischen Truppen im Dreißigjährigen Krieg. Viele Relikte zeugen noch heute von den imposanten Verteidigungsanlagen, etwa der Nikolai-, der Reichenbacher und der Dicke Turm oder die Bastion Kaisertrutz.

❹ Flächendenkmal Mit rund 4000 denkmalgeschützten Gebäuden gilt die Innenstadt von Görlitz als Flächendenkmal. Die Kleinode befinden sich nicht nur in der Altstadt, sondern etwa auch in der Nikolaivorstadt und der Südstadt. So dominieren z. B. rund um den Post- und Marienplatz und an der Einkaufsmeile Berliner Straße Gründerzeitbauten wie das 1913 erbaute Großkaufhaus mit Lichthof und Glaskuppel.

Museen

❶ Kulturhistorisches Museum Auf drei sehenswerte Standorte, die markante Bastion Kaisertrutz, den Reichenbacher Turm und eines der schönsten Barockhäuser im Herzen der Altstadt, verteilt sich der Ausstellungsraum des Kulturhistorischen Museums. Neben den Dauerausstellungen zur Regionalgeschichte und einer reichhaltigen Bildersammlungen lohnen sich auch der Blick vom Reichenbacher Turm und die originalen Räumlichkeiten des Barockhauses. Dazu gibt es immer wieder interessante Sonderausstellungen.

❷ Rübezahl-Museum Eigentlich ist der Berggeist im Riesengebirge beheimatet. Aber die Schlesierin Ingrid Vettin-Zahn kam nach dem Krieg nach Görlitz und vermachte ihre umfangreiche Rübezahl-Sammlung ihrer neuen Heimatstadt. Seit 2005 präsentiert das Museum Literatur, Postkarten, Werbung, Puppentheater und viele Kuriosa rund um den Unhold.

Meisterwerk der Frührenaissance: die Rathaustreppe in Görlitz (oben). Das ehemalige Kaufhaus am Demianiplatz glänzt mit herrlichem Jugendstilinterieur (unten).

Ausflugstipps:

Landeskrone Der Vulkankegel, der die Stadt und das ansonsten flache Umland im Südwesten überragt, gilt als ihr Wahrzeichen. Auf dem 420 Meter hohen Gipfel steht ein Aussichtsturm, von dem aus man einen fantastischen Rundblick bis hin zum Iser- und Riesengebirge hat. Man kommt wahlweise zu Fuß über einen Naturlehrpfad oder mit einer Kleinbahn, dem »Landskron-Express«, dorthin.

Kloster St. Marienthal 20 Kilometer nördlich von Görlitz an der Neiße liegt die imposante Klosteranlage St. Marienthal. Sie ist auf dem Oder-Neiße-Radweg gut zu erreichen und mit Besichtigung, Klosterladen und Klosterschenke ein lohnendes Ziel für eine Tagestour.

ⓘ Touristeninformation: Obermarkt 32 , 02826 Görlitz, Tel. 03581/47 570, E-Mail: willkommen@europastadt-goerlitz.de, www.goerlitz.de

Sachsen-Anhalt · Sachsen

Chemnitz

»In Chemnitz wird gearbeitet, in Leipzig gehandelt und in Dresden geprasst«, heißt es in Sachsen. Der Ruf, eine unschöne Industriemetropole zu sein, hängt dem einstigen Karl-Marx-Stadt zu Unrecht nach. Seit der Wende hat es sich enorm rausgemacht.

Im Jahr 1165 vom deutschen Kaiser Friedrich Barbarossa am Kreuzungspunkt zweier Handelsrouten gegründet, war Chemnitz über weite Teile seiner Geschichte eine sehr geschäftige und auch sehr reiche Stadt. 1799 wurde sie durch die Errichtung einer Großspinnerei zum Ausgangspunkt für die industrielle Revolution in Sachsen und anerkennend als das »Sächsische Manchester« bezeichnet. Der Wohlstand, den die Fabriken in die Stadt spülten, schlug sich auch im Stadtbild nieder, das stets moderner war als das von Fürstenresidenzen oder Bischofssitzen. So gibt es z. B. viele Jugendstilbauwerke zu bewundern. Die im Zweiten Weltkrieg zerstörte Innenstadt wurde erst nach der Wende durch einen Generalplan neu geschaffen und kann heute neben restaurierten alten Monumenten zahlreiche moderne Bauten renommierter Architekten aufweisen.

Sehenswürdigkeiten

❶ Altes und Neues Rathaus Die beiden miteinander verbundenen Rathäuser der Stadt bilden ein reizvolles Ensemble am Markt. Im Inneren kann der neue Teil mit einer sehenswerten Jugendstilausstattung aufwarten. Beide Gebäude sowie der damit verbundene Hohe Turm können im Rahmen von Führungen besichtigt werden.

❷ Jakobikirche Die spätgotische Hallenkirche besticht durch ihre lichten Kreuzrippengewölbe und den eindrucksvollen Chor mit reich verziertem Chorumgang. Ungewöhnlich ist die Westfassade, die zu Beginn des 20. Jahrhunderts im Jugendstil modernisiert wurde.

❸ Siegertsches Haus Von der einstigen Pracht des Marktplatzes zeugt das Siegertsche Haus. Die rosafarbene Barockfassade mit der reichen weißen Stuckatur wurde im Krieg stark zerstört, erstrahlt inzwischen aber in altem Glanz.

❹ Roter Turm Der Wehrturm aus dem 12. Jahrhundert ist das älteste Gebäude und zugleich das Wahrzeichen von Chemnitz. Im 19. Jahrhundert diente er als Gefängnis. Unter anderem war SPD-Gründer August Bebel wegen seiner politischen Tätigkeiten hier inhaftiert.

❺ Versteinerter Wald 291 Millionen Jahre sind die verkohlten Stämme alt, die man im Museum für Naturkunde und dem Kulturzentrum DAStietz bewundern kann. Es handelt sich dabei um die Relikte von Baumfarnen und Riesenschachtelhalmen, die durch einen Vulkanausbruch umgeknickt und von Lava eingeschlossen wurden.

❻ Schlossteich Der einstige Fischteich des mittelalterlichen Benediktinerklosters wurde im Laufe der Zeit in einen Park eingebettet und durch romantische Elemente wie Brunnenanlagen und Insel ergänzt. Besonders sehenswert sind die Plastiken der »Vier Tageszeiten«, die 1869 auf der Wiener Kunstausstellung mit dem ersten Preis bedacht worden waren.

❼ Kaßberg Nur 30 Meter hoch ist der Kaßberg, doch das genügte, um ihn im 19. Jahrhundert zu einem bevorzugten Wohngebiet der Reichen zu machen, die sich so dem Rauch und Dreck der Industriebetriebe entzogen. Heute machen die vielen Gründerzeit- und Jugendstilvillen einen Bummel dort lohnenswert.

Museen

❶ Schlossbergmuseum Chemnitz Im ehemaligen Kloster Sankt Marien ist heute das Stadtmuseum untergebracht. Allein die Räumlichkeiten der spätgotischen Anlage sind einen Besuch wert. Außerdem kann man sich hier einen guten Überblick über die Stadtgeschichte verschaffen.

❷ König-Albert-Museum Der imposante Bau ist Teil des schönen Denkmalensembles am Theaterplatz. Im Inneren ist ein Teil der Kunstsammlungen Chemnitz zu bewundern, etwa Werke von Georg Baselitz oder der Romantiker. Ebenfalls zu den Kunstsammlungen gehören das Museum Gunzenhauser, das Schlossbergmuseum und das Henry-van-der-Velde-Museum in der Jugendstilvilla Esche.

Blick auf das beliebte Wasserschloss Klaffenbach im gleichnamigen Chemnitzer Stadtteil aus der Zeit der Renaissance.

Besucher-Tipps:

Tage der jüdischen Kultur Seit 1991 finden im März die Tage der jüdischen Kultur statt. Zwei Wochen lang wird den Besuchern ein anspruchsvolles und zu großen Teilen kostenfreies Programm aus Führungen, Vorträgen, viel Musik, Theater, Kabarett und Lesungen geboten, in denen sich bewusst auch das moderne, nicht orthodoxe Judentum präsentiert.

Bergparade und Weihnachtsmarkt Im Advent ist das Erzgebirge in Chemnitz zu Gast. Am Vortag des ersten Adventsonntags findet jedes Jahr die traditionelle Bergparade der Bergmannsvereine, Bruderschaften und Kapellen statt, die ein gemeinsames Konzert geben. Dazu wird auch traditionelles Kunsthandwerk aus dem Erzgebirge präsentiert.

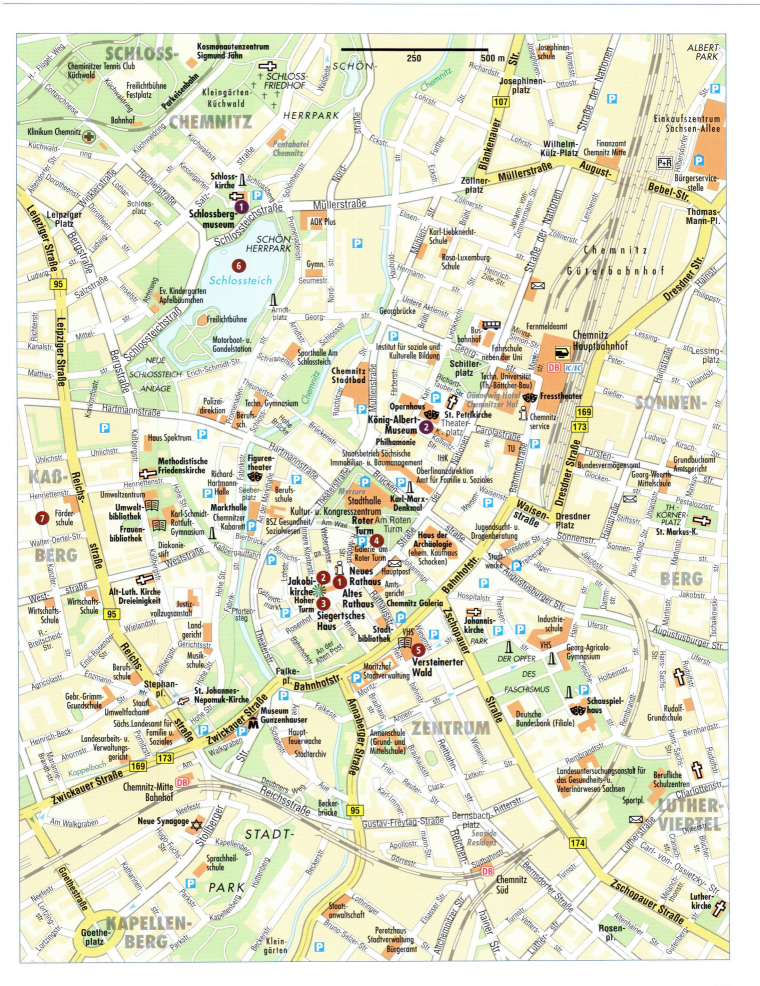

Baden-Württemberg

Baden-Württemberg glänzt mit landschaftlicher Vielfalt und nennt sogar ein »schwäbisches Meer« sein Eigen. Neben Bodensee, Schwarzwald und Schwäbischer Alb erobert auch das liebliche Taubertal die Herzen der Besucher.

Die illuminierte Front des Schlosses in der badischen Residenzstadt Karlsruhe.

Prächtige Schlossanlagen wie in Heidelberg oder der Stammsitz des preußischen Königshauses und der Fürsten von Hohenzollern lassen die Zeit der Kurfürsten und Burggrafen lebendig werden. Die staatlichen Schlösser und Gärten des Landes nehmen ihre zahlreichen Besucher mit auf eine spannende Zeitreise durch die Jahrhunderte.

Das Land ist reich an kulturhistorischen Plätzen und wertvollen Zeugnissen aus der Vergangenheit. Gleich vier Kulturstätten sind es in Baden-Württemberg, die den Titel UNESCO-Welterbe führen dürfen: die Klosterinsel Reichenau, Kloster Maulbronn, die Pfahlbauten am Bodensee bei Unteruhldingen und der Obergermanisch-Rätische Limes. Sie alle sind ein kostbares Erbe, das uns unsere Vorfahren hinterlassen haben.

1414 war es, als Baden-Württemberg, genauer gesagt die Tuchhändlerstadt Konstanz, für vier Jahre den Mittelpunkt der christlichen Welt bildete. Denn genau hier sollte ein neuer Papst gewählt werden. Auf Betreiben König Sigmunds und Papst Johannes XXIII. wurde das Konzil von Konstanz (5. November 1414 bis 22. April 1418) einberufen. Als Gastgeber fungierte Fürstbischof Otto III. von Hachberg. Nach turbulenten Ereignissen wählte das Konzil schließlich am 11. November 1417 einen neuen Papst, Martin V. Bis dato war es die einzige Papstwahl auf deutschem Boden.

Einzigartig sind auch die Landschaften Baden-Württembergs. Der höchste Berg des Hochschwarzwaldes – der Feldberg – ragt 1493 Meter hoch hinaus. Besonders als Wintersportgebiet hat sich die Region hier einen Namen gemacht. Im Sommer ist der Berg ein Paradies für Wanderer. Auch die Kleinsten kommen nicht zu kurz. Sie haben in den umgebenden Wäldern ihren eigenen »Wichtelpfad«.

Damit sind die Superlative des Landes noch längst nicht ausgeschöpft. Hat doch die viertgrößte Stadt des Landes – Freiburg im Breisgau – die meisten Sonnenstunden im Jahr zu bieten. Über 2000 Stunden, das schafft

Die holzvertäfelte alte Aula der Ruprecht-Karls-Universität Heidelberg.

Der prunkvolle Wintergarten mit Rotem Saal im Kasino von Baden-Baden.

sonst kein Ort in Deutschland. Und auch das Freiburger Münster kann mit grandiosen Zahlen aufwarten: Über mehrere Jahrhunderte wurde an diesem prächtigen Kulturdenkmal gebaut.

Malerische Städte wie Heidelberg, Ulm und Heilbronn locken mit Altem und Neuem, Kunst und Kultur und einer oftmals reizvollen Lage an den Ufern von Flüssen wie Rhein, Donau und Neckar. Neben Großstädten mit moderner Architektur finden sich charmante Dörfchen mit kleinen Fachwerkhäusern. Mit kulinarischen Genüssen wie Wein aus heimischem Anbau oder Schwarzwälder Schinken und traditionsreichen Kurorten wie dem schon von den Römern wegen seiner heißen Quellen geschätzten Baden-Baden ist für das leibliche und seelische Wohlergehen gesorgt.

Großes Bild: Die Neutorbrücke, eine Hohlkastenbrücke aus dem Jahr 1907, mit Blick auf das bekannteste Bauwerk Ulms, das nahezu die Wolken berührende Münster.

Das im 18. Jahrhundert erbaute Schloss Solitude in Stuttgart bei Nacht.

Baden-Württemberg

Mannheim

Mannheim ist als »Quadratestadt« bekannt. Die Bezeichnung rührt daher, dass die Innenstadt wie ein Schachbrett angelegt ist. Ungefähr seit 1670 werden die Häuserblocks in den Straßen als Quadrate bezeichnet. Ausgangspunkt dabei ist immer das Schloss.

Innerhalb der Quadrate gibt es in Mannheim viel zu sehen. Königliche Atmosphäre verströmt das Schloss. Die barocke Schlossanlage ist heute eine der schönsten Universitäten Deutschlands. Ihren Ursprung hat sie in der Festung »Friedrichsburg«, die 1606 von Kurfürst Friedrich IV. gegründet wurde. Das im Pfälzischen Erbfolgekrieg zerstörte Schloss wurde später mit großem Prunk wieder neu errichtet. Auch die Stadt selbst kann auf eine über 400-jährige Geschichte zurückblicken. Erstmals 766 urkundlich erwähnt, erhielt sie 1607 die Stadtprivilegien. Heute ist sie Universitätsstadt, Handelsstadt und ein wichtiger Verkehrsknotenpunkt zwischen Frankfurt und Stuttgart. Auch als Stadt der Erfinder kann sich Mannheim rühmen. Baute doch hier Karl Drais 1817 das erste Zweirad und 1886 fuhr das erste Carl-Benz-Automobil durch die Straßen.

Sehenswürdigkeiten

❶ **Barockschloss** 40 Jahre dauerte die Bauzeit. Die Grundsteinlegung erfolgte im Jahre 1720 unter Kurfürst Karl Philipp. Unter Kurfürst Karl Theodor neigte sich der Schlossbau dann seinem Ende zu. Heute zählt die Schlossanlage zu den größten Barockanlagen in Deutschland.

❷ **Wasserturm und Friedrichsplatz** Auf dem Friedrichsplatz, einer der schönsten Jugendstilanlagen in Europa, erhebt sich majestätisch der Wasserturm. Das Wahrzeichen der Stadt ist stolze 60 Meter hoch und wurde im Jahre 1886 fertiggestellt. Beeindruckend sind die aufwendig gestaltete Freitreppe und die zahlreichen Bildhauerarbeiten.

❸ **Jesuitenkirche St. Ignatius und Franz Xaver** Sie gilt als die bedeutendste Barockkirche im Südwesten. Errichtet wurde sie nach den Plänen des italienischen Architekten Alessandro Galli Bibiena. 1760 wurde die katholische Kirche eingeweiht. Nach ihrer fast vollständigen Zerstörung im Zweiten Weltkrieg glänzt sie heute wieder in alter Pracht. Herrlich anzuschauen sind die Fresken und Malereien sowie der Hochaltar.

❹ **Paradeplatz und Stadthaus N1** Er ist das Zentrum der Stadt und liegt an der Kreuzung der Geschäftsstraßen »Planken« und »Breite Straße«. Zu Zeiten der Kurfürsten fanden hier Truppenaufmärsche statt, heute flanieren Passanten, die häufig auch dem Stadthaus N1 einen Besuch abstatten. Dort befinden sich die Stadtbibliothek sowie Restaurants und Geschäfte.

❺ **Altes Rathaus und Pfarrkirche St. Sebastian** Das Ensemble ist das älteste erhaltene Bauwerk aus der Zeit der Kurfürsten. Dreimal täglich erklingt vom Turm ein Glockenspiel. Der 57 Meter hohe Turm schafft die Verbindung zwischen dem Alten Rathaus und der Pfarrkirche. Das Innere mit dem Theodor-Altar und der Marienfigur ist sehr ansprechend.

❻ **Dalberghaus** Das Dalberghaus verdankt seinen Namen seinem berühmtesten Bewohner: Wolfgang Heribert von Dalberg. Er war der erste Intendant des Mannheimer Nationaltheaters und bewohnte die Räumlichkeiten in der Zeit von 1782 bis 1806.

Museen

❶ **Kunsthalle Mannheim** 1909 gegründet, ist in der Kunsthalle eine einzigartige Sammlung von Skulpturen und Werken berühmter Maler sowie eine grafische Sammlung zu sehen.

❷ **Technoseum** Das Mannheimer Technoseum ist eines der drei großen Technikmuseen Deutschlands. In der Ausstellung werden den Besuchern 200 Jahre Technik- und Sozialgeschichte anschaulich nähergebracht.

❸ **Kulturmeile** Die Kulturmeile ist ein Museum besonderer Art. Entlang der Augustaanlage können hier die Besucher Plastiken und Skulpturen von zeitgenössischen Künstlern im Freien bewundern.

Eine kunstvoll gestaltete Jugendstillampe auf dem Friedrichsplatz in Mannheim, im Hintergrund ist der Wassertum zu sehen.

Besucher-Tipps:

Maimarkt Mannheim Er gehört zu den ältesten Institutionen der Stadt. 1613 war es, als Mannheim von Pfalzgraf Johann II. von Zweibrücken die Marktprivilegien verliehen bekam. Heute findet der Maimarkt einmal jährlich auf dem Maimarktgelände statt. An den elf Messetagen erhält man bei 1400 Austellern mit Sicherheit das eine oder andere Schnäppchen.

Besuch im Rhein-Neckar-Theater Ein interessantes Programm, das Abwechslung und Heiterkeit verspricht, und ein schöner Ausgleich zum Alltag: Ob Kabarett, Stand-up-Comedy, Komödien oder Musikrevuen, die Palette ist bunt gemischt und für viele Geschmäcker. Meist spielen hier Künstler aus der Region und auch der heimische Dialekt wird nicht vernachlässigt.

ⓘ Touristeninformation: Willy-Brandt-Platz 5, 68161 Mannheim, Tel.: 0621/29 38 700, E-Mail: touristinformation@mannheim.de, www.tourist-mannheim.de

Baden-Württemberg

Baden-Württemberg

Heidelberg

Wie komponierte schon einst Friedrich Raimund Vesely »Ich hab' mein Herz in Heidelberg verloren…«, und Joseph Victor von Scheffel schrieb: »Alt-Heidelberg, du feine, Du Stadt an Ehren reich, Am Neckar und am Rheine, Kein' andre kommt dir gleich …«

Viele Dichter und Sänger haben im Laufe der Jahrhunderte die Romantik Heidelbergs beschrieben und besungen. Bis heute hat sich Heidelberg diesen Ruf bewahrt. Paare dokumentieren am »Liebesstein« ihre Zuneigung mit Liebesschlössern, und wer seine Liebe amtlich besiegeln möchte, findet in Heidelberg die schönsten Plätze, um den Bund fürs Leben zu schließen: Neben dem historischen Trauzimmer im Rathaus und dem Spiegelsaal des Palais »Prinz Carl« am Kornmarkt können sich Brautpaare auch im Heidelberger Schloss das Jawort geben. Denn was könnte romantischer sein als die bekannteste Schlossruine der Welt? Die einstige Residenz der Pfalzgrafen und späteren Kurfürsten wurde im 13. Jahrhundert erbaut. Nachdem die Schlossgebäude zerstört waren, erstrahlt heute der Friedrichsbau wieder in neuem altem Glanz.

Sehenswürdigkeiten

❶ Heidelberger Schloss Es ist das Wahrzeichen Heidelbergs und wohl eine der berühmtesten Ruinen in der ganzen Welt. Stolz erhebt sie sich am Nordhang des Königsstuhls und ist mit ihrem roten Neckartaler Sandstein ein wahrhaft prächtiger Anblick. Einst wurde das Schloss als Residenz der Pfalzgrafen und späteren Kurfürsten im 13. Jahrhundert errichtet. Aus der mittelalterlichen Burg entstand ein stattliches Schloss. Doch der Dreißigjährige Krieg und die Pfälzischen Erbfolgekriege hinterließen Spuren an dem einst so prunkvollen Gebäude. Nachdem die Kurfürsten im 18. Jahrhundert ihre Residenz nach Mannheim verlegten, verfiel das Schloss zusehends. Nach zwei Blitzeinschlägen im Jahre 1764 blieben nur noch die Ruinen. Nur der Friedrichsbau wurde als einziger Teil des Schlosses wiederaufgebaut.

❷ Alte Brücke mit Brückentor Die Brücke aus Neckartaler Sandstein ist ein hervorragendes Zeugnis für die alte Brückenbaukunst in Stein. Erbaut wurde sie ursprünglich im 18. Jahrhundert auf Geheiß von Kurfürst Karl Theodor. Heute verbindet die Alte Brücke die Altstadt mit dem Neckarufer am Stadtteil Neuenheim. Der Vorläufer der Alten Brücke war damals noch aus Holz gebaut, bis der Kurfürst eine Steinbrücke bauen ließ. Erhalten geblieben ist auch das mittelalterliche Brückentor, das Teil der einstigen Stadtmauer war.

❸ Altstadt Die historische Altstadt von Heidelberg liegt am südlichen Ufer des Neckars. Gegründet wurde sie im 13. Jahrhundert und gegen Ende des 14. Jahrhunderts schließlich erweitert. Den Krieg überstand die Bausubstanz in der Altstadt weitgehend unbeschadet. Einzig die Alte Brücke wurde gesprengt, später aber wiederaufgebaut. In den 1970er-Jahren begann eine umfangreiche Sanierung der Altstadt. In ihrem Zuge wurden historische Gebäude abgerissen, andere saniert. Die dominierende Straße in der Altstadt, die Hauptstraße, ist heute mit 1,6 Kilometern eine der längsten Fußgängerzonen in Europa.

❹ Heiliggeistkirche Anfang des 13. Jahrhunderts befand sich an der Stelle der heutigen Kirche eine kleine Basilika. Vermutlich fiel sie im 14. Jahrhundert einem Brand zum Opfer. Statt ihrer wurde am gleichen Platz eine frühgotische Kirche errichtet, in der 1386 die Eröffnungsmesse zur Gründung der Universität Heidelberg stattfand. Als Gründungsjahr der Heiliggeistkirche gilt das Jahr 1398. Heute ist die Kirche im Besitz der Evangelischen Kirche in Baden.

❺ Haus zum Ritter St. Georg Das Haus zum Ritter ist das älteste noch erhaltene Gebäude der Stadt. 1592 wurde es von Tuchhändlern erbaut und diente später als Gasthaus. Heute beherbergt es ein Hotel. Der unter

Baden-Württemberg

Besucher-Tipps:

Heidelberger Schlossfestspiele Die Heidelberger Schlossfestspiele sind eine feste Institution der Stadt. Die Tradition der Schlossfestspiele wurde 1974 wiederbelebt, nachdem sie aufgrund des Zweiten Weltkriegs abgebrochen war. Das sommerliche Festspielprogramm begeistert mit verschiedenen Veranstaltungen für große und kleine Zuschauer.

Heidelberger Weihnachtsmarkt Er zählt zu den schönsten Weihnachtsmärkten in Deutschland, ist doch das Panorama überwältigend. Die geschmückten Weihnachtsbuden lassen die Altstadt im Lichterglanz erstrahlen. Seit 2013 lädt auch das Heidelberger Winterwäldchen zu einem weihnachtlichen Besuch ein. Ein Erlebnis, das noch lange nachwirken wird.

Denkmalschutz stehende Renaissancebau steht direkt gegenüber der Heiliggeistkirche, mitten in der Altstadt. Bei seinem Aufenthalt in Heidelberg 1838 besuchte auch der französische Schriftsteller Victor Hugo das Haus, das allen Feuerbrünsten der Vergangenheit trotzte und bis heute in seiner Pracht erhalten geblieben ist.

❻ Studentenkneipen »Zum Seppl« und »Zum Roten Ochsen« Die beiden Gasthäuser gehören zu den historischen Studentenkneipen der Stadt. Das Gebäude vom »Zum Seppl« steht unter Denkmalschutz. Heute ist es Treffpunkt für Studenten, Einheimische und Touristen, die sich an einem der urigen Holztische zu einem gemütlichen Abend zusammenfinden. 1951 war ein besonderes Jahr für das Lokal. Damals wurde es als Schauplatz des Films »Heidelberger Romanze« mit Liselotte Pulver und

Stadtansicht mit Schlossruine, Brückentor und Heiliggeistkirche (kleines Bild). **Großes Bild:** Der Kornmarkt mit Blick auf die Schlossruine.

Baden-Württemberg

O. W. Fischer genutzt. Acht Jahre später war es erneut Filmkulisse. Diesmal für die Verfilmung »Alt-Heidelberg« von Ernst Marischka.

❼ Liebesstein Gravierte Liebesschlösser zieren Brücken in aller Welt. Sie besiegeln die Liebe von Verliebten, Neuvermählten und allen Liebenden. Heidelberg hat etwas ganz Besonderes zu bieten. Hier haben Liebespaare einen mächtigen Liebesstein bekommen. An diesem können sie ihre Schlösser anbringen. Der Sandstein steht an der Nordseite der Alten Brücke, unterhalb der Nepomukterrasse.

❽ Philosophenweg Der Philosophenweg führt den Heiligenberg hinauf. Dort, wo einst die großen Dichter und Denker wie Hölderlin und Scheffel durch die Weinberge spazierten, erholen sich heute Einheimische und Besucher der Stadt. Vom Weg aus bietet sich ein grandioser Panoramablick auf das Heidelberger Schloss, die Altstadt und den Neckar.

❾ Heidelberger Bergbahn Die Heidelberger Bergbahn sind eigentlich zwei Bergbahnen. Die untere Bahn – die »Molkenkurbahn« – startet am Kornmarkt in der Altstadt, vorbei am Heidelberger Schloss bis zur Molkenkur. Die »Königstuhlbahn« ist praktisch die Anschlussbahn. Sie fährt weiter zum Königstuhl. Heute zählt die obere Bahn – die Königstuhlbahn – zu den ältesten deutschen Standseilbahnen.

Museen

❶ Kurpfälzisches Museum der Stadt Heidelberg Das Kurpfälzische Museum der Stadt Heidelberg ist im Palais Morass – einem Barockpalais in der Heidelberger Altstadt – untergebracht. Es beherbergt die kunst- und kulturhistorischen Sammlungen der Stadt Heidelberg. Ein herrliches Rundbogenportal bildet den Eingang in das Museum. Erbaut wurde das Gebäude im Jahre 1712 im Auftrag des Juristen Johann Philipp Morass, der zuvor als Rektor an der Universität Heidelberg tätig war.

❷ Deutsches Apotheken-Museum Das Deutsche Apotheken-Museum Heidelberg ist in einem der schönsten Gebäude der Stadt untergebracht. Nachdem das alte Museumsgebäude im Zweiten Weltkrieg fast völlig zerstört wurde, suchte man nach neuen Räumlichkeiten und fand sie im Heidelberger Schloss. Neben einer nachgestellten Alchemistenküche bietet das Museum äußerst interessante Einblicke in die Geschichte der Pharmazie. Die Sammlungen umfassen die Zeit von der Antike bis zum 21. Jahrhundert.

❸ Reichspräsident-Friedrich-Ebert-Gedenkstätte Diese Gedenkstätte erinnert an den ersten Reichspräsidenten der Weimarer Republik, Friedrich Ebert. Die »Stiftung Reichspräsident-Friedrich-Ebert-Gedenkstätte« wurde im Jahre 1986 durch ein Bundesgesetz eingerichtet. Aufgabe der Stiftung ist es, Eberts Andenken zu wahren und sein Wirken zu würdigen. In dem denkmalgeschützten Haus in der Heidelberger Altstadt sind Dauerausstellungen sowie Sonderausstellungen zu sehen. Zudem finden Veranstaltungen statt.

Ein Erlebnis ist die Fahrt mit der Heidelberger Bergbahn, die Besucher ohne Anstrengung, aber dafür mit schöner Aussicht auf den Königstuhl bringt.

Ausflugstipps:

Königstuhl Er ist nur wenige Kilometer von der Heidelberger Altstadt entfernt und bietet eine spektakuläre Aussicht. Darüber hinaus finden sich hier weitere Attraktionen: der Freizeitpark Märchenparadies, die Falknerei Tinnunculus und die Landessternwarte. Seit 1907 gibt es die Möglichkeit, mit der Bergbahn hinaufzufahren.

Stift Neuburg 1130 siedelten sich hier Mönche an, später war es Heimat von Klosterfrauen. Im Jahre 1926 erwarb die Erzabtei Beuron die Benediktinerabtei und besiedelte sie neu. Heute werden im Hofladen landwirtschaftliche Produkte verkauft. Die Gemeinschaft freut sich auch über Gäste, die das Leben im Kloster näher kennenlernen möchten.

Baden-Württemberg

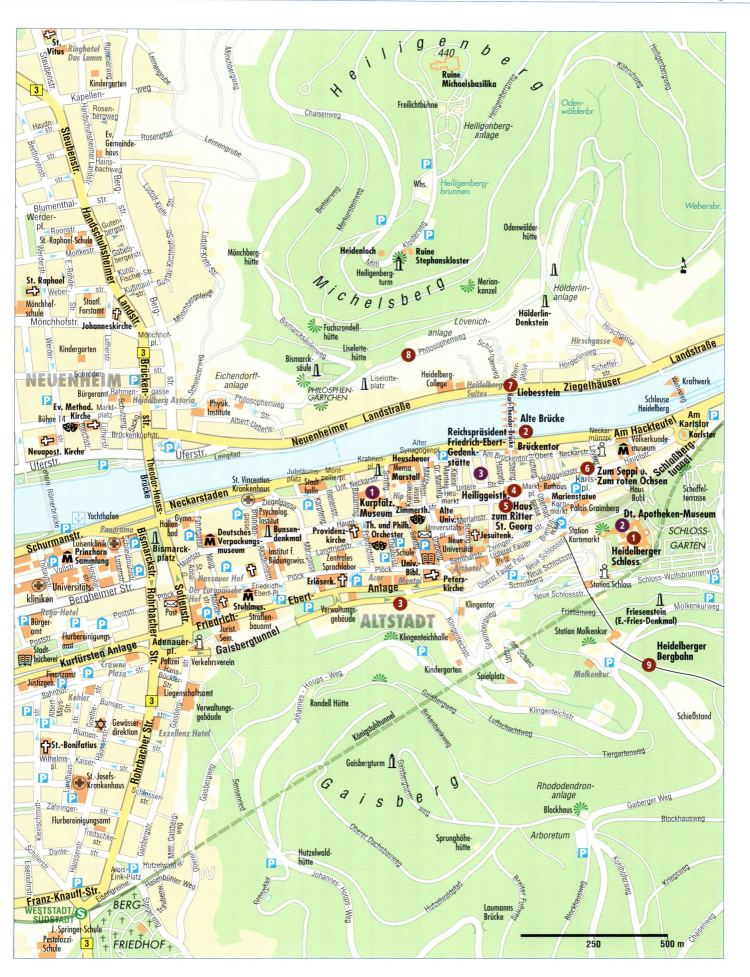

Baden-Württemberg

Karlsruhe

Die Haupt- und Residenzstadt des ehemaligen Landes Baden ist auch als »Fächerstadt« bekannt. Der Legende nach erschien Markgraf Karl-Wilhelm von Baden im Schlaf die Vision von einer strahlenförmig angelegten Residenz.

Der Grundstein für die heutige Metropole wurde 1715 gelegt. Die Straßen führten alle zu einem Zentrum: dem barocken Residenzschloss. 1801 pries der Dichter Heinrich von Kleist, die Stadt sei »wie ein Stern gebaut, ... klar und lichtvoll wie eine Regel, ... als ob ein geordneter Verstand uns anspräche.« 1823 wird das Wahrzeichen der Stadt errichtet – die Pyramide. Sie ist das Denkmal für den Stadtgründer Markgraf Karl Wilhelm. Zahlreiche klassizistische Bauwerke sind bis in die heutige Zeit erhalten geblieben. Erschaffen wurden sie vom Karlsruher Baumeister Johann Jakob Friedrich Weinbrenner. Auch der Fortschritt hat vor der Stadt nicht haltgemacht. 1825 öffnete die Technische Hochschule ihre Pforten, heute unter dem Namen KIT- Karlsruher Institut für Technologie bekannt. 1950 zog der Bundesgerichtshof nach Karlsruhe, dem 1951 das Bundesverfassungsgericht folgte.

Sehenswürdigkeiten

❶ **Schloss Karlsruhe** Errichtet wurde das Schloss im Barockstil zwischen 1715 und 1718. Bis 1918 diente es als Residenz der Markgrafen und Großherzöge von Baden. Seit 1921 ist hier der Sitz des Badischen Landesmuseums. Nachdem Brandbomben 1944 Teile des Schlosses zerstört hatten, wurde das Äußere rekonstruiert.

❷ **Marktplatz mit Pyramide** Geplant wurde der Marktplatz mit Rathaus und Stadtkirche vom Stadtbaumeister Friedrich Weinbrenner. Heute ist es der bekannteste Platz in der Stadt. Hier steht auch das Wahrzeichen von Karlsruhe – die 1823 errichtete Pyramide. Das Denkmal für den Stadtgründer Markgraf Karl Wilhelm wurde über seiner Gruft gebaut.

❸ **Schlosspark/Schlossgarten** 1967 wurde die Gartenanlage hinter dem Karlsruher Schloss anlässlich der Bundesgartenschau im Stile eines englischen Landschaftsparks angelegt. Der Schlosspark ist eine Oase der Entspannung. Die Grünflächen zieren Plastiken und Brunnen aus verschiedenen Epochen.

❹ **»Badische Weinstuben« im Botanischen Garten** Angelegt wurde der Botanische Garten im 18. Jahrhundert von Carl Christian Gmelin am Rande des Schlossgartens. Markgraf Karl Friedrich gab den Auftrag dazu. Heute sind hier zahlreiche Gewächshäuser mit tropischen Pflanzen sowie Baumarten aus verschiedenen Kontinenten zu sehen. Das Restaurant »Badische Weinstuben« mit einem wunderschönen Ambiente liegt inmitten der Anlage.

❺ **St. Stephan** Sie ist die älteste katholische Kirche der Stadt. Erbaut wurde sie von Friedrich Weinbrenner, ihre Einweihung erfolgte 1814. Im Jahre 2011 wurde die Pfarrkirche im Inneren umfassend saniert.

❻ **Bundesverfassungsgericht und Bundesgerichtshof** Karlsruhe ist als »Residenz des Rechts« bekannt. Hier sind das Bundesverfassungsgericht, der Bundesgerichtshof und die Generalbundesanwaltschaft beheimatet.

Museen

❶ **Badisches Landesmuseum im Karlsruher Schloss** Es ist das größte kulturhistorische Museum Baden-Württembergs. Sammlungen und Sonderausstellungen zeigen die regionale Kultur Badens sowie die Geschichte und Kunst des gesamten Abendlandes.

❷ **Staatliche Kunsthalle Karlsruhe** Sie wurde 1846 eröffnet. Zur Staatlichen Kunsthalle gehören drei historische Gebäude, die am Rande des Botanischen Gartens liegen. In der Jungen Halle werden Ausstellungen gezeigt, die sich speziell an Kinder und Jugendliche richten. Die Bibliothek ist mit ihren mehr als 150 000 Bänden eine der größten Museumsbibliotheken, die es in Süddeutschland gibt. Das dritte Gebäude beherbergt das Kupferstichkabinett mit mehr als 90 000 Blättern.

❸ **Staatliches Museum für Naturkunde Karlsruhe** Das Naturkundemuseum begeistert Groß wie Klein. In den Schausammlungen und im Vivarium werden einheimische und exotische Tiere und Pflanzen gezeigt.

Das im klassizistischen Stil erbaute Markgräflich-Hochbergsche Palais am Rondellplatz wurde in den 1960er-Jahren wiederaufgebaut.

Besucher-Tipps:

Karlsruher Museumsnacht Kamuna Wer Museen einmal bei Nacht kennenlernen möchte, sollte die Karlsruher Museumsnacht nicht verpassen. Im Sommer 1999 wurde die Initiative ins Leben gerufen, seitdem ist sie fester Bestandteil im Karlsruher Kulturleben. Jedes Jahr am ersten Samstag im August heißt es wieder: Wir treffen uns nachts im Museum. Ein eindrucksvolles Programm und ungewöhnliche Veranstaltungen sind garantiert.

art Karlsruhe Sammler und Kunstkäufer lieben sie gleichermaßen: die art Karlsruhe. Auf über 25 000 Quadratmetern werden verschiedene Kunststile präsentiert, sowohl die klassische Moderne als auch die Kunst der Gegenwart.

Baden-Württemberg

Baden-Württemberg

Baden-Baden

Noblesse, Genuss und internationales Publikum, all das gehört zu Baden-Baden. Das »Monaco Deutschlands« brilliert mit einem Kurhaus samt Spielcasino, pompösen Villen, herrschaftlichen Schlössern und einem unvergleichlichen Flair von großer Welt.

Berühmt wurde die Stadt vor allem durch ihre Thermalbäder. Ein Römisch-Irisches Bad war im Jahre 1877 schon eine Seltenheit und etwas Besonderes. Doch die überaus heilsame Kombination aus römischer Badekultur und irischer Badetradition findet bis heute im Friedrichsbad ihre begeisterten Anhänger und Besucher. Das Stadtbild Baden-Badens wurde vor allem durch den Aufstieg zum noblen Weltbad im 19. Jahrhundert geprägt. Damals avancierte die Stadt zur »Capitale d'été«, der Sommerhauptstadt Europas. Im Konversationshaus – dem heutigen Kurhaus – trafen sich illustre Gäste aus Wissenschaft, Kunst, Literatur und Musik. Die Besucher aus aller Welt vergnügten sich bei Konzerten, Bällen, am Spieltisch oder bei den beliebten Pferderennen auf der Rennbahn Iffezheim. Heute präsentiert sich Baden-Baden als Bäder- und Kulturstadt mit internationalem Flair.

Sehenswürdigkeiten

❶ Kurhaus mit Casino Baden-Baden
Das KurhausCasino ist das Wahrzeichen der Stadt. Hier ist eine der schönsten Spielbanken der Welt beheimatet und die Atmosphäre der historischen Spielsäle ist legendär. Doch das von Friedrich Weinbrenner erschaffene »Konversationshaus« bietet den Besuchern noch weitaus mehr: Stimmungsvolle Konzerte, rauschende Ballnächte und elegantes Shopping. Im gepflegten Kurgarten findet man Muße und Entspannung.

❷ Römische Badruinen Schon die alten Römer wussten um die Wirkung des Thermalwassers in Baden-Baden. Heute können die erhaltenen Badeanlagen besichtigt werden, ein Spaziergang durch eine mehr als 2000 Jahre alte Geschichte. Bei den Führungen in den Römischen Badruinen erfährt man Wissenswertes und kann dank der Computeranimation die historische Bäderanlage auch im 21. Jahrhundert bewundern.

❸ Friedrichsbad Das ist klassische Badekultur vom Feinsten: Das Friedrichsbad, am Fuße der malerischen Altstadt gelegen, verströmt einen ganz besonderen Charme. In diesem Thermalbad wurden die römischen und die irischen Badekulturen auf harmonische Weise vereinigt. Auch der Schriftsteller Mark Twain wusste die entspannende Wirkung des Friedrichsbades zu schätzen. So schrieb er einst: »Hier im Friedrichsbad vergessen Sie nach zehn Minuten die Zeit und nach 20 Minuten die Welt«.

❹ Neues Schloss Hoch oben auf dem Florentinerberg erhebt sich majestätisch das Neue Schloss. Einst war es die Residenz der Markgrafen von Baden, später der Markgrafen von Baden-Baden. Im Spätmittelalter wurde es mehrfach umgebaut und ergänzt. Für Besichtigungen ist das denkmalgeschützte Gebäude nicht freigegeben, doch allein der äußere Anblick ist atemberaubend.

Museen

❶ Stadtmuseum Baden-Baden Das Stadtmuseum Baden-Baden ist heute im Alleehaus auf der berühmten Lichtentaler Allee untergebracht. In der ständigen Ausstellung erhalten die Besucher interessante Einblicke in die Geschichte der Stadt. Hier lebt die 2000-jährige Tradition als Kur- und Badeort wieder auf. Sonderausstellungen ergänzen das Angebot.

❷ Brahmshaus Zu finden ist es in Baden-Baden-Lichtental. In den Sommermonaten der Jahre 1865 bis 1874 schuf der Komponist hier einige seiner Werke. Grundstück und Haus sind bis heute unverändert erhalten geblieben. In den Wohnräumen ist heute ein Museum eingerichtet, das mit Exponaten, Dokumenten und Fotos vom Leben und Schaffen des bedeutenden Komponisten und seiner Partnerin – der Komponistin und Pianistin Clara Schumann – erzählt.

❸ Staatliche Kunsthalle Baden-Baden Sie ist eine der ältesten Kulturinstitutionen der Region. Eröffnet wurde sie im Jahre 1909. Seitdem wird hier klassische, moderne und zeitgenössische Kunst ausgestellt. Durch eine Brücke ist die Kunsthalle mit dem Museum Frieder Burda verbunden.

Das Wahrzeichen der Stadt ist das Kurhaus, in dessen weitläufiger Anlage Gäste die Ruhe des Kurbezirks genießen können.

Besucher-Tipps:

Fabergé-Museum Das Museum ist dem Lebenswerk von Carl Fabergé gewidmet. Eine einzigartige Sammlung zeigt das große Spektrum seiner Arbeiten. Neben den berühmten kaiserlichen Ostereiern der Zarenfamilie sind hier auch noble Zigarettenetuis und Werke von zeitgenössischen Goldschmiedemeistern wie Boucheron, Cartier oder Sazikov zu sehen. Eine wunderbare Reise in eine andere Welt, die man sich nicht entgehen lassen sollte.
Museum Frieder Burda Im Jahr 2004 nach einem Entwurf des Architekten Richard Meier errichtet, beherbergt es das private Sammlermuseum des Stifters, das Werke der klassischen Moderne und der zeitgenössischen Kunst umfasst.

Baden-Württemberg

Gengenbach

Die malerische Lage der Stadt an der Kinzig im unteren Kinzigtal begeistert das Auge bereits von Weitem. Gengenbach liegt am Rande des Schwarzwaldes. Durch die klimatisch günstige Lage ist der Ort noch heute ein bevorzugtes Obst- und Weinanbaugebiet.

Mitten durch die Stadt fließt die Kinzig, die von den zahlreich vorhandenen Bächen des Ortes gespeist wird. In der Altstadt fühlt man sich ins Mittelalter zurückversetzt, denn das historische Stadtbild wurde bis heute bewahrt. Liebevoll renovierte Fachwerkhäuser und das imposante, über 200 Jahre alte Rathaus dominieren das Bild. Die Schwarzwaldstadt hat es geschafft, Geschichte und Neuzeit miteinander zu verbinden. Bereits die Kelten haben hier einst gesiedelt. Im Jahr 1366 wurde Gengenbach dann Kaiser Karl IV. direkt unterstellt, was die wirtschaftliche Entwicklung vorantrieb. Der Pfälzische Erbfolgekrieg hatte dann fast den Untergang der Stadt zur Folge. Doch der Wiederaufbau gelang. Die Freie Reichsstadt blühte wieder auf. Bis heute sind die Spuren der Vergangenheit in Gengenbach lebendig und bilden einen ausgewogenen Rahmen für den Übergang ins 21. Jahrhundert.

Sehenswürdigkeiten

❶ **Fachwerkaltstadt** Hier lässt sich der Charme der Jahrhunderte erleben: Durch die verwinkelten Gassen und die mittelalterlichen Tore und Türme hat sich Gengenbach ein historisches Stadtbild bewahrt. Beeindruckend zeigen sich das über 200 Jahre alte Rathaus und der Stadtbrunnen mit der imposanten Ritterfigur.

❷ **Mittelalterliche Stadtbefestigung mit Türmen** Das geschlossene mittelalterliche Stadtbild wird von den Überresten der Stadtbefestigung geprägt. Das Kinzigtor aus dem 14. Jahrhundert beeindruckt mit seinem pyramidenartigen Glockentürmchen.

❸ **Stadtkirche mit Resten des Klosters Gengenbach** Die Silhouette des malerischen Schwarzwaldstädtchens wird vor allem vom Barockturm der heutigen Stadtkirche St. Martin bestimmt. Einst verkündeten die Benediktinermönche in dem ehemaligen Kloster die christliche Botschaft.

❹ **Jakobuskapelle Bergle** Die Jakobuskapelle »Bergle« – ein Wahrzeichen Gengenbachs – liegt auf einer Anhöhe über der Stadt. Von hier aus bietet sich ein reizvoller Panoramablick auf die Stadt. Gewidmet wurde die Wallfahrtskapelle dem heiligen Jakobus. Eine Besonderheit des heutigen Baus, der aus dem 17. Jahrhundert stammt, ist die steinerne Außenkanzel sowie die Heiliggrabkapelle.

Museen

❶ **Flößerei- und Verkehrsmuseum** Im ehemaligen Bahnwärterhaus wird die Geschichte der Flößer im Kinzigtal lebendig. Hier richtete die Flößergilde Schwaibach 1991 ein Museum ein. Das letzte Floß fuhr hier im Jahre 1894 in Richtung Rhein.

❷ **Narrenmuseum im Niggelturm** Der Niggelturm wurde als frei stehender Wach- und Gefängnisturm gebaut. Der Unterbau stammt aus dem 14. Jahrhundert. Heute ist hier ein Narrenmuseum untergebracht, sehenswert sind die ausgestellten Kostüme und Masken.

Eine Fachwerkhäuserzeile in der Altstadt. Die alten Häuser in Gengenbach haben noch direkte Zugänge zu den Weinkellern.

Besucher-Tipps:

Närrisches Treiben im Kinzigtal Zur Fastnacht ist Gengenbach einfach unwiderstehlich gut gelaunt. Denn das Kinzigtal gehört zu den Fastnachtshochburgen im Schwarzwald. Fasnet, wie es in der Mundart der Einheimischen heißt, sollte man deshalb in Gengenbach nicht verpassen. Mehr als 130 Straßenumzüge begeistern sowohl kleine als auch große Narren.

Städtische Konzertreihe Im Rahmen dieses im Laufe der Jahre immer beliebter werdenden Musikereignisses präsentieren jedes Jahr bekannte Musiker und Ensembles klassische Musik auf höchstem Niveau. Die jedes Jahr mit einem neuen Programm aufwartenden Konzertabende finden in der Stadthalle am Nollen statt – ein Ohrenschmaus par excellence.

Ausflugstipps:

Glottertal Rund 40 Kilometer von Gengenbach entfernt, befindet sich das idyllische Glottertal. Bekannt ist das fruchtbare Tal mit seinen sanft geschwungenen Hügeln, Streuobstwiesen und Feldern vor allem als Drehort für die in den 1980er-Jahren hier gedrehte Fernsehserie »Die Schwarzwaldklinik«. Auch heute noch steuern zahlreiche Touristen das Klinikgebäude mit dem weltbekannten Carlsbau an. Daneben ist das Glottertal ein traditionsreiches Weinanbaugebiet, dessen Weinberge durch den 1243 Meter hohen Kandel vor Wind geschützt werden. Rund um den Berg locken Wander- und Radwege mit wunderbaren Schwarzwaldpanoramen. Im Winter finden Besucher hier mehrere Skilifte und Loipen.

ⓘ *Touristeninformation: Im Winzerhof, 77723 Gengenbach, Tel. 07803/93 01 43, E-Mail: tourist-info@stadt-gengenbach.de, www.gengenbach.info*

Baden-Württemberg

Freiburg im Breisgau

Das Münster ist Freiburgs bekanntestes Wahrzeichen – nicht die einzige Sehenswürdigkeit, die die Stadt an der Dreisam zu bieten hat. Entdeckerlust paart sich hier mit Visionen und ökologischem Anspruch. Einzigartig sind die Freiburger Bächle.

Die Freiburger Bächle fließen munter durch die malerischen Gassen der Altstadt. Sie sind seit dem Mittelalter urkundlich belegt und werden mit Wasser aus der Dreisam gespeist. Wahrzeichen Freiburgs ist das Münster. Berthold V. begann im Jahre 1200 mit dem Bau der ehemaligen Pfarrkirche, die mit ihrem 116 Meter hohen Turm alle anderen Gebäude in der Stadt überragt. Kunsthistoriker Jacob Burckhardt nannte ihn den »schönsten Turm auf Erden«. In ihrer langen, wechselvollen Geschichte musste die Stadt einige Belagerungen überstehen und wechselte mehrfach die Herrschaft. 1821 wurde sie Bischofssitz. 1899 machte die Freiburger Universität dann Schlagzeilen: Sie immatrikulierte als erste in Deutschland eine Frau. Auch heute noch sind die Studenten der Universität ein Garant für die Zukunft.

Sehenswürdigkeiten

❶ **Münster Unserer Lieben Frau** Der Bau des Freiburger Münsters zog sich über mehrere Jahrhunderte. Die heutige Kathedrale beherbergt in ihrem Inneren zahlreiche mittelalterliche Kunstwerke wie Altäre und Skulpturen. Einzigartig ist die durchbrochene Turmspitze.

❷ **Münsterplatz mit Historischem Kaufhaus** Mit seiner roten Fassade prächtig anzuschauen, dominiert das Historische Kaufhaus die Südseite des Münsterplatzes. Errichtet wurde es zwischen 1520 und 1532. Heute bieten die historischen Räume und der Innenhof einen stilvollen Rahmen für Veranstaltungen.

❸ **Wentzingerhaus/Museum für Stadtgeschichte** In Erinnerung an den Maler, Bildhauer und Architekten Johann Christian Wentzinger (1710 bis 1797) wurde in seinem von ihm selbst gestalteten Wohnhaus ein Museum eingerichtet. Das spätbarocke Gebäude beherbergt zahlreiche Kunstwerke aus 900 Jahren Stadtgeschichte.

❹ **Alte Wache** Einst war es die Hauptwache der österreichischen Wachgarnison, heute beherbergt es das »Haus der Badischen Weine«.

❺ **Schwabentor** Das Schwabentor ist das jüngere der beiden erhaltenen Stadttore. Ursprünglich war es Teil der Stadtbefestigung. Seit 1969 ist hier ein kleines privates Zinnfigurenmuseum untergebracht.

❻ **Martinstor** Es ist älter als das Schwabentor und gehörte ebenfalls zur Stadtbefestigung im Mittelalter. Um 1900 wurde das Tor aufgestockt und wuchs von 22 auf 60 Meter.

❼ **Inselviertel** Nur wenige Schritte vom Augustinerplatz entfernt, befindet sich das Inselviertel, wie die malerische Schneckenvorstadt genannt wird. Hier ist heute eine Vielzahl kleiner Geschäfte zu finden.

❽ **Erzbischöfliches Ordinariat Freiburg** Heute ist es das Hauptverwaltungsgebäude der Erzdiözese Freiburg, früher war hier das Augustiner-Chorherrenstift Allerheiligen zu finden. Später dienten Teile des Klosters als Kaserne und als Militärhospital.

Museen

❶ **Augustinermuseum** Das Augustinermuseum – eine ehemalige Klosterkirche – beherbergt Kunst vom Mittelalter bis zum Barock. Auch Malerei des 19. Jahrhunderts ist hier ausgestellt.

❷ **Archäologisches Museum Colombischlössle** Das Archäologische Museum im 1859 bis 1861 erbauten Colombischlössle nimmt die Besucher mit auf eine Zeitreise durch die Jahrtausende. Die Villa im Stil englischer Neugotik zeigt Ur- und Frühgeschichtliches. Seinen Namen verdankt es seiner Bauherrin: Gräfin Maria Antonia Gertrudis de Colombi y de Bode (1809–1863).

Der Gewerbekanal in der Freiburger Altstadt (oben). Der Hochaltar des Freiburger Münsters stammt von Hans Baldung Grien (unten).

Besucher-Tipps:

Orgelkonzerte im Münster Unserer Lieben Frau Eine hervorragende Akustik zaubert einen unvergesslichen Klang. Seit ihrer Gründung haben sich die Münsterorgelkonzerte einen erstklassigen Ruf verdient. Hier finden internationale Orgelkonzerte und Sommerkonzerte statt. Hervorzuheben sind die harmonischen Orgelklänge, die immer am Samstagmittag zur Marktzeit erklingen.

Zinnfigurenklause im Schwabentor Mehr als 10 000 kunstvolle Zinnfiguren erzählen die Geschichte des Bauernkrieges von 1525/26 und lassen das Leben im Mittelalter auferstehen. Die 1969 gegründete Zinnfigurenklause befindet sich am Schlossbergring.

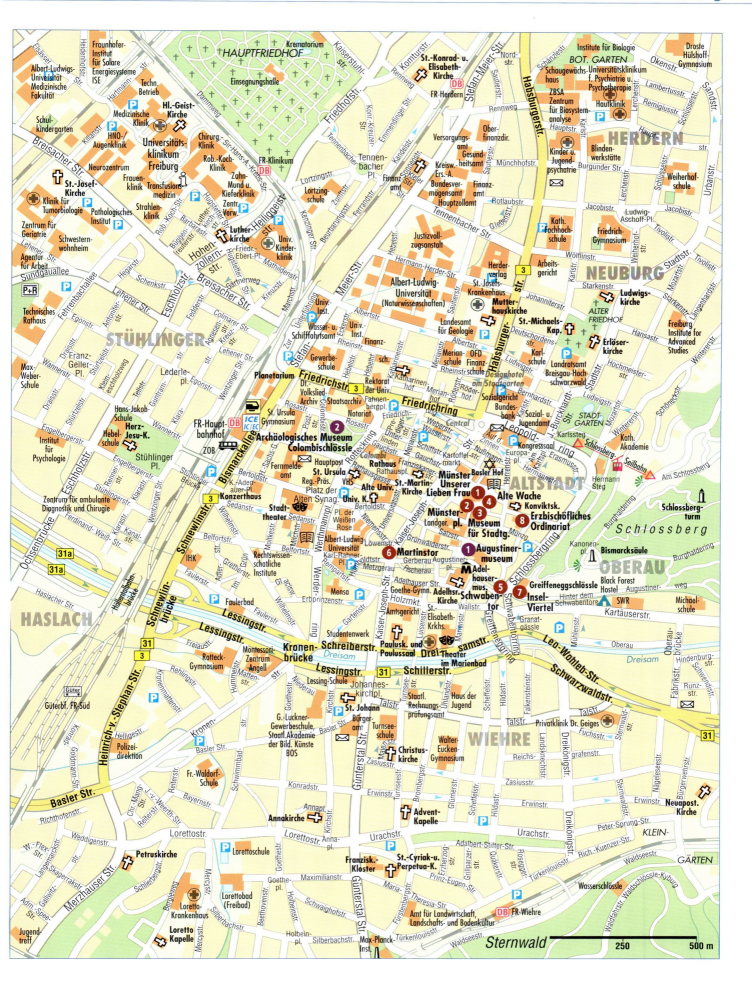

Baden-Württemberg

Schiltach

Der malerische Luftkurort im oberen Kinzigtal hat sich seinen Ruf als Fachwerkstädtchen wahrlich verdient. Auf dem romantischen mittelalterlichen Marktplatz steht das 1593 erbaute Wahrzeichen der Stadt: das Schiltacher Rathaus.

Das mittelalterliche Stadtbild erinnert an vergangene Zeiten. Schiltach, was so viel bedeutet wie »Schild am Wasser«, entstand im 11. Jahrhundert, damals als Pfarrei für die umliegenden Höfe. Nach der Überlieferung war es Mitte des 13. Jahrhunderts, als die Herzöge von Teck die Stadt Schiltach gründeten. Noch heute zeugt die Burgruine von der einstigen Befestigungsanlage. Das Flair der damaligen Zeit verspürt man am Marktplatz heute wie ehedem. Die hier mehrmals im Jahr stattfindenden Märkte und Feste lassen die Vergangenheit auch im 21. Jahrhundert lebendig werden. Verschiedene historische Sammlungen sind in den vier Museen des Ortes zu bewundern. Eine weitere Besonderheit der Fachwerkstadt, die an der engsten Stelle des Kinzigtals liegt, ist die Sämisch-Leder-Gerberei, in der heute noch Felle nach alter Gerbart verarbeitet werden.

Sehenswürdigkeiten

❶ **Fachwerkaltstadt** Nicht umsonst zählt die Schiltacher Altstadt zu den schönsten Ausflugszielen im Schwarzwald. Die Besucher erwartet eine Reise in die Vergangenheit. Liebevoll restaurierte Fachwerkhäuser, ein ländlich-romantischer Marktplatz und das 1593 erbaute Rathaus mit Staffelgiebel. Seit 1971 steht die Altstadt als Ensemble unter Denkmalschutz.

❷ **Marktplatz** Fachwerk, so weit das Auge reicht. Der erste Eindruck vom Marktplatz ist überwältigend. Nach dem Stadtbrand von 1590 wurde der zentrale Platz nach den Plänen des herzöglich-württembergischen Landesbaumeisters Heinrich Schickhardt neu aufgebaut. Heute ist er Treffpunkt für Alt und Jung. Rund um den Brunnen werden mehrmals im Jahr traditionelle Märkte und Feste abgehalten.

❸ **Burgruine Schiltach** Heute erinnern nur noch die Fundamente und einige wenige Mauerreste an die glanzvollen Zeiten von damals. Besonders sehenswert ist die gut erhaltene Holzbrücke. Im Museum am Markt können Besucher eine detaillierte Rekonstruktion der Burganlage besichtigen.

Die Fachwerkhäuser von Schiltach bilden zusammen ein beeindruckendes Stadtbild.

Museen

❶ **Museum am Markt** Hier wird die Geschichte Schiltachs lebendig. Ausgewählte Exponate erzählen von früher.

Weikersheim

Weikersheim blickt auf eine bewegte Stadtgeschichte zurück. Bereits zur Zeit des Frankenkönigs Ludwig des Frommen wurde der Ort 837 erstmals erwähnt. Heute ist der Weinbauort mit seinen zahlreichen Kulturdenkmälern ein attraktiver Besuchermagnet.

In der über 1160-jährigen Stadtgeschichte haben vor allem die Fürsten aus dem Hause Hohenlohe ihre Spuren hinterlassen. Die einstige Pracht zeigt sich noch heute im prunkvollen Renaissanceschloss mit den glanzvollen Festsälen und dem dazugehörigen großen barocken Schlosspark. Nach der Schlossbesichtigung lockt die Altstadt. Hier prägen historische Häuser das Ortsbild. Doch Weikersheim ist vor allem durch den Weinbau bekannt. Dieser dürfte bereits im 11. Jahrhundert seinen Ursprung haben. Die besten Weikersheimer Weine werden jährlich zur »Kerwe« auf dem Marktplatz präsentiert. Wein und Musik gehören schon seit jeher in dieser Region zusammen. Das zeigt sich auch beim großen Musikfest auf Schloss Weikersheim, das jährlich im Sommer im Rahmen des Hohenloher Kultursommers veranstaltet wird.

Sehenswürdigkeiten

❶ **Altstadt** Vom Gänsturm aus bietet sich ein wunderbarer Blick auf den denkmalgeschützten Stadtkern. Auch fußläufig hat die Altstadt viel zu bieten. Vor der Stadtkirche St. Georg ist es der prächtige Rokokobrunnen, der die Blicke auf sich zieht.

❷ **Schloss und Park Weikersheim** Einst der Stammsitz der Herren von Hohenlohe, ist das Schloss heute magischer Anziehungspunkt für unzählige Besucher. Sehenswert ist auch der Park, gestaltet nach dem Vorbild von Versailles.

Museen

❶ **Gänsturm mit Stadtmuseum** Das Heimatmuseum, das im Gänsturm untergebracht ist, führt mit Dauer- und Wechselausstellungen eindrucksvoll durch die Geschichte der Stadt. Der einstige Stadttorturm aus der Gotik wurde im Zweiten Weltkrieg stark zerstört und erst im Jahre 2003 wieder aufgebaut.

❷ **Tauberländer Dorfmuseum** Direkt am Marktplatz befindet sich das Tauberländer Dorfmuseum im ehemaligen Kornbau aus dem 16. Jahrhundert. Es zeigt den Kontrast des höfischen Lebens im Schloss zum dörflichen Alltag der Bevölkerung.

Zu dem Renaissanceschloss Weikersheim gehört der Schlossturm (12. Jahrhundert) und ein Park aus dem Barockzeitalter.

ⓘ Touristeninformation: Marktplatz 6, 77761 Schiltach, Tel. 07836/580, E-Mail: info@schiltach.de, www.schiltach.de
ⓘ Touristeninformation: Marktplatz 7, 97990 Weikersheim, Tel. 07934/10 20, E-Mail: info@weikersheim.de, www.weikersheim.de

Baden-Württemberg

Mosbach

Pfalzgräfin Johanna ist es der Sage nach zu verdanken, dass »'s Lumbeglöggle« in Mosbach jeden Abend um 22:45 Uhr läutet. Historisch belegt ist das allerdings nicht. Denn die Lumpenglocke wurde erst nach dem Tode der Gemahlin Ottos I. gegossen.

Mosbach wurde im 9. Jahrhundert erstmals urkundlich erwähnt. Im 13. Jahrhundert wurden ihr die Rechte als Reichsstadt verliehen. Zu Zeiten der Pfalzgrafen Otto I. und Otto II. im 15. Jahrhundert erlebte die Stadt ihre erste Blütezeit. Heute können die Besucher die malerische Altstadt bewundern, in der noch Fachwerkbauten aus dem 16. Jahrhundert erhalten sind. Aus dem 18. Jahrhundert stammen die drei Mühlen, die heute als Jugendherberge und Gastronomiebetriebe eine neue Funktion gefunden haben. Mosbach gehört zum Naturpark Neckartal-Odenwald und ist durch sein reiches geologisches Erbe auch im UNESCO-Geo-Naturpark Bergstraße-Odenwald eingegliedert. Eine Ausstellung zur Geologie wird im Stadtmuseum gezeigt. Hier wird eindrucksvoll dargestellt, dass die Gegend rund um Mosbach einst von Sauriern bevölkert wurde.

Sehenswürdigkeiten

❶ **Marktplatz mit Rathaus** Umsäumt von Fachwerkhäusern zeigt sich der Marktplatz. Neben dem Rathaus und der Kirche St. Julian steht hier das Wahrzeichen der Stadt – das Palm'sche Haus.

❷ **Palm'sches Haus** Das Haus wurde 1610 errichtet und gilt als eines der schönsten Fachwerkhäuser in Süddeutschland. Am Eckpfeiler des Hauses ist der Neidkopf zu entdecken.

❸ **Stiftskirche St. Juliana** Die Kirche wurde um 1370 errichtet. Sie ist eine Simultankirche, die zwei Konfessionen unter einem Dach vereint.

Museen

❶ **Stadtmuseum** Das Stadtmuseum zählt zu den ältesten kulturgeschichtlichen Museen in der Region. Es liegt inmitten der malerischen Altstadt und verteilt sich auf mehrere Gebäude.

❷ **KZ-Gedenkstätte Neckarelz** Die KZ-Gedenkstätte Neckarelz befindet sich in der Grundschule des Ortes. Im dortigen Museum wird die traurige Realität der nationalsozialistischen Konzentrationslager den Besuchern nähergebracht. Ausgestellt werden Originalgegenstände, Zeichnungen, Pläne und Karten.

Fassadendetail des Palm'schen Hauses. Auch das Haus Kickelhain als eines der kleinsten Fachwerkhäuser Deutschlands ist sehenswert.

Bad Wimpfen

Die imposante Silhouette der ehemals größten staufischen Kaiserpfalz empfängt seine Gäste bereits von fern. Idyllische Wohnhäuser prägen die unter Denkmalschutz stehende Altstadt und schmiegen sich in trauter Eintracht an die altehrwürdigen Prachtbauten.

Schon Kaiser Barbarossa schlug in der Stadt, die aus den drei Stadtteilen Wimpfen am Berg, Wimpfen im Tal und Hohenstadt besteht, sein Lager auf. Lange vor ihm siedelten hier die Römer. Hoch über dem Neckar wurde der Grundstein für die Pfalz gelegt, aber erst zum Ende der Stauferzeit wurde die Anlage fertiggestellt. Heute sind noch Teile davon zu besichtigen. Mit der Pfalz wuchs auch der Wohlstand. Das Wahrzeichen der Stadt Wimpfen – der Blaue Turm – hat neben einem eindrucksvollen Ausblick auf Stadt und Neckar noch eine Besonderheit zu bieten. Hier lebt die einzige Türmerin Deutschlands. Um die reichsstädtische Geschichte der Stadt nachzuerleben, lohnt ein Besuch des ehemaligen bürgerlichen Spitals. Der Steinbau aus der ersten Hälfte des 13. Jahrhunderts beherbergt eine Sammlung mit über 400 historischen Foto- und Filmkameras.

Sehenswürdigkeiten

❶ **Blauer Turm** Einst als Wehrturm erbaut, ist der Blaue Turm das Wahrzeichen der Stadt. Bis heute lebt die über 650-jährige Türmertradition fort. Besuchern bietet sich aus 53 Meter Höhe ein spektakulärer Blick.

❷ **Staufische Kaiserpfalz** Um 1200 erbaut, sind bis heute in der östlichen Altstadt zahlreiche Bauten und Teile der Umfassungsmauern erhalten geblieben. Der Rote Turm ist der östliche Bergfried der Kaiserpfalz. Hier kann die letzte Zufluchtsstätte des Burgherrn im Rahmen von Führungen besichtigt werden.

❸ **Weinstube »Feyerabend«** Dort, wo einst Könige und Kaiser Hof hielten, treffen sich heute Gäste aus aller Welt zu einem guten Glas Wein. Das markante Wirtsschild weist den Weg zu einer der bekanntesten Weinstuben Bad Wimpfens.

Museen

❶ **Museum im Steinhaus** Einst die Unterkunft der königlichen Familie, heute ein Museum. Der romanische Profanbau beherbergt Exponate zur Geschichte der Stadt und der Staufer. Beeindruckend sind die wertvollen Wandmalereien und die Funde aus der Jungstein- und Römerzeit.

Die Altstadt der mittelalterlichen Stauferpfalz und späteren Freien Reichsstadt besticht mit wunderschönen alten Fachwerkhäusern.

ⓘ *Touristeninformation: Marktplatz 4, 74821 Mosbach, Tel. 06261/91 880, E-Mail: tourist.info@mosbach.de, www.mosbach.de*
ⓘ *Touristeninformation: Hauptstraße 45, 74206 Bad Wimpfen, Tel. 07063/97 200, E-Mail: info@badwimpfen.org, www.badwimpfen.de*

Baden-Württemberg

Ludwigsburg

Barock und Gegenwart verbinden sich zu einem reizvollen Ganzen. Prunkvolle Schlösser, der Marktplatz und das Blühende Barock bilden einen faszinierenden Kontrast zum modernen Film- und Medienstandort Ludwigsburg.

Erst begann der Bau des Schlosses, dann wurde eine ganze Stadt daraus. Nach den Plänen von Herzog Eberhard Ludwig sollte ein Lustschloss für Jagden und Sommeraufenthalte errichtet werden. Doch dann entschied sich der zehnte Herzog von Württemberg dazu, auch eine Stadt anzugliedern. Als Anreiz für die Bürger zur Ansiedlung gab es Bauplatz und Baumaterial kostenlos. Darüber hinaus mussten die künftigen Hausbesitzer 15 Jahre keine Steuern zahlen. Heute spiegelt sich der barocke Charakter in den historischen Straßen, Plätzen und Gebäuden wider. Interessant sind auch die Persönlichkeiten der Stadt. So wohnte beispielsweise der Erfinder des Streichholzes – Jakob Friedrich Kammerer – in Ludwigsburg. Eduard Mörike, der bekannte Dichter und Pfarrer, wurde 1804 in der Stadt geboren.

Sehenswürdigkeiten

❶ **Residenzschloss Ludwigsburg** Einst war es die Residenz der württembergischen Könige, heute ist es das größte erhaltene Barockschloss in Deutschland. Erbaut wurde es in der Zeit von 1704 bis 1733.

❷ **Seeschloss Monrepos** Ein herrliches Kleinod inmitten einer zauberhaften Idylle. Das Rokokoschlösschen wurde im Auftrag von Herzog Carl Eugen von 1758 bis 1764 erbaut. Später wurde es im klassizistischen Stil verändert. Heute finden hier im Sommer Konzerte statt.

❸ **Jagd- und Lustschloss Favorite** Das Jagd- und Lustschloss Favorite liegt nur wenige Gehminuten vom Residenzschloss entfernt. Prunkvoll erscheint die barocke Fassade, die kunstvollen Wandmalereien beeindrucken im Inneren. Heute dient das Schloss als Kulisse für das »Nachtcafé«, eine Fernsehshow des SWR.

❹ **Torhäuser** Die gut erhaltenen historischen Torhäuser gehörten einst zur Stadtmaueranlage. Heute dienen sie als Ausstellungsräume, Museen und Archive.

❺ **Blühendes Barock** Das Residenzschloss bildet die Kulisse für das Blühende Barock. Auf rund 30 Hektar erwartet die Besucher eine faszinierende Parklandschaft. Blumenschauen und wechselnde Ausstellungen ergänzen das atemberaubende Ensemble. Die Zauberwelt im Märchengarten bringt Kinderaugen zum Leuchten.

❻ **Marktplatz** Der barocke Platz im Zentrum von Ludwigsburg wurde im 18. Jahrhundert vom italienischen Baumeister Donato Giuseppe Frisoni gestaltet. Blickpunkt sind die einander gegenüberstehenden Kirchen, die Arkadenhäuser und der Marktbrunnen, den eine Statue des Stadtgründers Herzog Eberhard Ludwig ziert.

Ausflugstipps:

Kloster Maulbronn Rund 30 Kilometer von Ludwigsburg entfernt, steht das Zisterzienserkloster Maulbronn. Es gehört zu den am besten erhaltenen mittelalterlichen Klosteranlagen und ist von der UNESCO als Weltkulturerbe anerkannt. Basilika, Kreuzgang, Kapellen und Refektorien sind im ursprünglichen Zustand erhalten geblieben.

Keltenmuseum Hochdorf Etwa 15 Kilometer von Ludwigsburg entfernt befindet sich das Keltenmuseum Hochdorf. 1978 fand man hier ein Fürstengrab. Heute können die Besucher die detailgetreu rekonstruierte Grabkammer besichtigen sowie die einzigartigen Fundstücke. Ebenso interessant ist das nachgebaute keltische Gehöft im Freibereich.

Baden-Württemberg

Besucher-Tipps:

Klassik-Open-Air am Seeschloss Monrepos Dieses Konzert wird seit über 20 Jahren als Höhepunkt der Ludwigsburger Schlossfestspiele veranstaltet. Klassische Musik und kulinarische Köstlichkeiten werden umrahmt von einem spektakulären Abschlussfeuerwerk. Ein Ereignis, das man sich als Besucher der Stadt im Sommer nicht entgehen lassen sollte.

Vergangenheit entdecken Ein kleiner Streifzug durch die Stadtgeschichte erwartet die Besucher beim Programm »Ludwigsburg für Einsteiger«. Wer mehr über die Stadt erfahren möchte und gerne auch hinter die Kulissen schaut, bekommt bei diesem Spaziergang durch die Innenstadt von kompetenten Führern faszinierende Einblicke.

Museen

❶ Museen im Schloss Besuchern des Residenzschlosses bietet sich nicht nur von außen ein prunkvolles Bild. Das Schloss beherbergt eine Barockgalerie, ein Keramikmuseum, ein Mode- und ein Theatermuseum.

❷ Ludwigsburg Museum im MIK Im Ludwigsburg Museum wird die über 300-jährige wechselvolle Geschichte der Stadt erzählt. Neben den ständigen Ausstellungen finden verschiedene Sonderausstellungen statt. Zudem beherbergt das Museum eine beachtliche Grafiksammlung, die rund 8500 Blatt umfasst.

❸ Heimatmuseum im Eglosheimer Rathaus Seit 2010 ist im Eglosheimer Rathaus das Heimatmuseum untergebracht. Die Ausstellungen wechseln jährlich und zeigen Alltags- und Gebrauchsgegenstände.

Die geometrisch gestaltete Parkanlage (großes Bild) und die Deckengemälde im Inneren des Schlosses sind beeindruckend (kleines Bild).

Baden-Württemberg

Stuttgart

Der deutsche Philosoph Georg Wilhelm Friedrich Hegel wurde 1770 in Stuttgart geboren, Friedrich Schiller schrieb hier sein Drama »Die Räuber« und Gottlieb Daimler studierte in Stuttgart Maschinenbau – die Schwabenmetropole ist weltoffen und bodenständig zugleich.

Stuttgart begeistert mit fröhlichen Musicals, prunkvollen Schlössern, interessanten Museen und nicht zuletzt durch seine Gastronomie. Geprägt durch ihre zahlreichen berühmten Söhne und Töchter, gilt Stuttgart heute als moderne Metropole, dabei hat damals alles eher klein angefangen. Laut Überlieferung soll Herzog Liudolf von Schwaben 950 nach Christi die Stadt gegründet haben. Damals war es lediglich ein Pferdegestüt, aus dem sich im Laufe der Zeit eine Siedlung entwickelte. Zu den Grafen von Württemberg gelangte Stuttgart im Jahre 1251 als Mitgift, anlässlich der Vermählung von Mechthild von Baden mit dem Grafen Ulrich I. von Württemberg. Heute ist Stuttgart die Landeshauptstadt des Bundeslandes Baden-Württemberg und mit knapp 600 000 Einwohnern auch dessen größte Stadt.

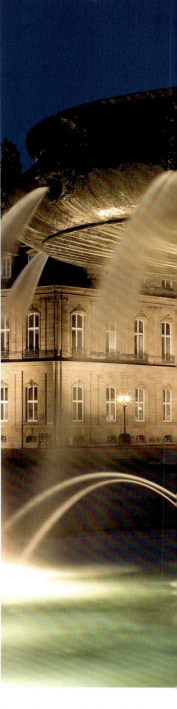

Sehenswürdigkeiten

❶ **Altes Schloss** Das Alte Schloss gehört zu den ältesten Bauwerken von Stuttgart. 941 als Wasserburg entstanden, wurde es in den nächsten Jahrhunderten mehrfach um- und ausgebaut. Im 16. Jahrhundert wurde es zu einer repräsentativen Residenz gestaltet. Durch einen Großbrand 1931 und die Bomben im Zweiten Weltkrieg wurde es nahezu zerstört. Kirche und Königsgruft blieben jedoch erhalten. Seit 1948 ist im Alten Schloss das Landesmuseum Württemberg untergebracht.

❷ **Neues Schloss** Als das Alte Schloss den Ansprüchen Carl Eugen von Württemberg nicht mehr genügte, kam es im 18. Jahrhundert zum Bau des Neuen Schlosses. Der Spätbarockbau, der im Herzen von Stuttgart liegt, wurde in Anlehnung an das Schloss von Versailles geplant. Im Zweiten Weltkrieg wurde es zerstört und später wiederaufgebaut. Heute beherbergt das Schloss das Ministerium für Finanzen und Wirtschaft.

❸ **Schlossplatz** Er ist das Herz Stuttgarts: eine wunderschöne barocke Gartenanlage, die mit der Jubiläumssäule, den beiden Springbrunnen und dem Musikpavillon zum Entspannen einlädt. Heute ist der Platz beliebter Treffpunkt und wird für Open-Air-Konzerte und Stadtfeste genutzt.

❹ **Opernhaus der Staatstheater Stuttgart (Großes Haus)** Das größte Dreispartentheater der Welt umfasst Oper, Ballett und Schauspiel. Im Großen Haus agieren die Staatsoper sowie das Stuttgarter Ballett. Seit 1924 stehen die Gebäude unter Denkmalschutz.

❺ **Grünes U** Das Grüne U sind acht Kilometer Grünanlage zum Entspannen und Erholen, die mitten durch die Stadt führen. Dazu gehören die Schlossgartenanlagen, der Rosensteinpark und die Wilhelma, der Leibfriedsche Garten, der Wartberg und der Killesberg.

❻ **Schillerplatz** Inmitten des Platzes dominiert das Schillerdenkmal. Es wurde 1839 von dem Dänen Thorvaldsen erschaffen. Rund um den Platz liegen Stiftskirche, Altes Schloss, Fruchtkasten und die Alte Kanzlei.

❼ **Stiftskirche** Sie ist das Wahrzeichen des alten Stuttgart und wurde im Laufe ihrer wechselvollen Geschichte mehrmals aus- und umgebaut. Besonders auffallend sind die unterschiedlichen Türme. Der Westturm zeigt sich in achteckiger Form, der Südturm ist viereckig.

❽ **Fruchtkasten** Der Fruchtkasten ist ein spätgotischer Steinbau gegenüber dem Alten Schloss auf dem Schillerplatz. Einst ein Kornspeicher, beherbergt er heute die Musikinstrumentensammlung des Landesmuseums Württemberg.

❾ **Markthalle** Die Stuttgarter Markthalle wurde nach Plänen des Architekten Martin Elsässer errichtet und feierte am 1. Januar 1914 Einweihung. Heute steht der Jugendstilbau unter Denkmalschutz. Auf über 3500 Quadratmetern können Kunden ihre Einkaufslust voll ausleben.

❿ **Bohnenviertel** Liebevoll renoviert, zeigt sich das Bohnenviertel heute in neuem Gewand. Im 15. Jahrhundert war es das Wohnquartier für Handwerker und Kleinhändler, heute beherbergt es urige Kneipen und Cafés. Seinen Namen verdankt es den früheren Bewohnern. Die vorwiegend arme Bevölkerung pflanzte in ihren Gärten Bohnen an und hängte diese zum Trocknen an den Häusern auf.

⓫ **Weißenhofsiedlung/Weißenhofmuseum im Haus Le Corbusier** Als 1927 auf einem Hügel vor der Stadt die Weißenhofsiedlung im Rahmen der Kunst des »Neuen Bauens« entstand, geschah das in Rekordgeschwindigkeit. Knapp vier Monate später waren 21 Häuser fertiggestellt. Der Bau des Architekten Le

Baden-Württemberg

Besucher-Tipps:

Stuttgarter Stäffeletour Wer die Stuttgarter Stäffeles einmal hautnah erleben möchte, kann sich einer der Stäffeletouren anschließen. Hier wird Geschichte lebendig. Spitzensportler muss man nicht sein, um die Treppen zu erklimmen. Spaß an Bewegung und kulturelles Interesse sind die einzigen »Voraussetzungen« für eine Stäffeletour.

Geisterführung Stadtgeschichte einmal anders erleben, nicht als klassische Stadt-, sondern als Geisterführung. Hier geht es weniger um Zahlen und Fakten zu den Sehenswürdigkeiten Stuttgarts, sondern um die Geschehnisse hinter den Kulissen. Erzählt wird von unheimlichen Begegnungen, der Stuttgarter Unterwelt und von den Geistern, die im Buchwald spuken.

Corbusier fiel dabei besonders auf. Heute ist das Weißenhofmuseum im Haus von Le Corbusier für an Architektur interessierte Besucher eine wahre Fundgrube.

❶❷ Rosensteinpark Er zählt zu den bedeutendsten Landschaftsparkanlagen, die nach dem Vorbild der Natur gestaltet wurden. Angelegt wurde er von 1824 bis 1840 von König Wilhelm I. Heute steht der Park unter Denkmalschutz und ist Heimat für das Staatliche Museum für Naturkunde sowie das Museum am Löwentor.

❶❸ Stuttgarter Stäffele Die »steilen Stuttgarter Stäffele« wurden sogar schon in einem Lied besungen. Gemeint sind damit die über 400 Treppen (Stäffele), die sich durch die Landeshauptstadt ziehen. Die meisten von ihnen stammen noch aus der Zeit, in der die Weinbauern die Hänge rund um Stuttgart bewirtschafteten.

Das Neue Schloss mit Schlossplatz im spätbarocken Stil (großes Bild) und der Schillerplatz mit der Stiftskirche und der Schillerstatue (kleines Bild).

Baden-Württemberg

14 Stuttgarter Hauptbahnhof Er liegt mitten im Stadtzentrum und steht unter Denkmalschutz. In unmittelbarer Nähe liegen die Königstraße und der Schlossgarten. Im Rahmen des umstrittenen Projekts Stuttgart 21 wird der Bahnhof umgestaltet.

15 Fernsehturm Der Stuttgarter Fernsehturm hat eine Höhe von 216,61 Metern und feierte am 5. Februar 1956 seine Einweihung. 1959 erhielt der Turm einen Architekturpreis, 1986 wurde er in die Liste der Kulturdenkmäler aufgenommen.

16 Wilhelma Entstanden ist die Wilhelma auf Anweisung König Wilhelms I., der Mitte des 19. Jahrhunderts im Park von Schloss Rosenstein einen Lustgarten anlegen ließ. Ab 1880 öffnete der König die Wilhelma auch für Besucher. Heute ist die Anlage einer der größten zoologisch-botanischen Gärten in Europa.

Museen

1 Staatsgalerie Das heutige Kunstmuseum beherbergt unter anderem Werke von Rembrandt, Picasso und Rubens. Auch Dürer, Cranach und Canaletto sind in der Staatsgalerie zu bewundern. Regelmäßige Sonderschauen und Ausstellungen ergänzen die ständige Sammlung.

2 Porsche-Museum Im Porsche-Museum lässt sich die Historie der sportlichen Fahrzeuge bis in die heutige Gegenwart anschaulich nachverfolgen. Mehr als 80 Fahrzeuge sind im Ausstellungsbereich zu sehen.

3 Mercedes-Benz-Museum 120 Jahre Automobilgeschichte zum Anfassen: Über 1500 Ausstellungsstücke, darunter 160 Fahrzeuge, dokumentieren anschaulich die komplette Entwicklung des Automobils von den Anfängen bis zu den neuesten Modellen der Gegenwart.

4 Naturkundemuseum im Schloss Rosenstein Schloss Rosenstein dient als Sitz der biologischen Sammlung des Staatlichen Museums für Naturkunde Stuttgart. Hier werden die heutige Tierwelt und ihre Lebensräume anschaulich dokumentiert. Um Tiere der Urzeit geht es im Museum

Baden-Württemberg

Ausflugstipps:

Schloss Solitude Das prunkvolle Lustschloss von Herzog Carl Eugen wurde von 1764 bis 1775 erbaut. Von seinem Standort auf einer bewaldeten Anhöhe bietet es einen wunderbaren Ausblick. Bei einem Gang durch die elegante Schlossanlage wird die Geschichte lebendig. Das Hauptschloss ist heute für Besucher geöffnet, die Flügelbauten werden von der Akademie Schloss Solitude genutzt. Die Akademie ist eine Stiftung, die jungen Künstlern aus allen Sparten Wohn- und Arbeitsstipendien gewährt. Die Stipendiaten bewohnen die alten Offizien- und Kavaliersgebäuden des Schlosses. Stipendiaten waren der Maler Neo Rauch, die Schriftstellerin Karen Duve oder der Komponist Thierry Blondeau.

am Löwentor, das gleichfalls im Rosensteinpark gelegen ist.

❺ **Hegel-Haus** Hier lebte einer der berühmtesten Söhne der Stadt – der Philosoph Georg Wilhelm Friedrich Hegel (1770–1831). Heute ist im Geburtshaus von Hegel ein Museum untergebracht.

❻ **Städtisches Lapidarium** Gelegen in einer Parkanlage, bietet das Städtische Lapidarium reizvolle Einblicke in die Bau- und Kulturgeschichte der Stadt. Zu sehen sind Überreste verschiedener Bauten sowie über 200 Plastiken.

❼ **Weinbaumuseum Stuttgart** Hier wird der historische und moderne Weinbau in Stuttgart anschaulich dokumentiert. Die in zwölf Themengebiete gegliederte Ausstellung zeigt alte Weinfässer, Trinkgefäße und Weinpressen.

Das charakteristische Markenzeichen und der Blickfang am Eingang der Neuen Staatsgalerie ist die geschwungene Glasfassade.

Baden-Württemberg

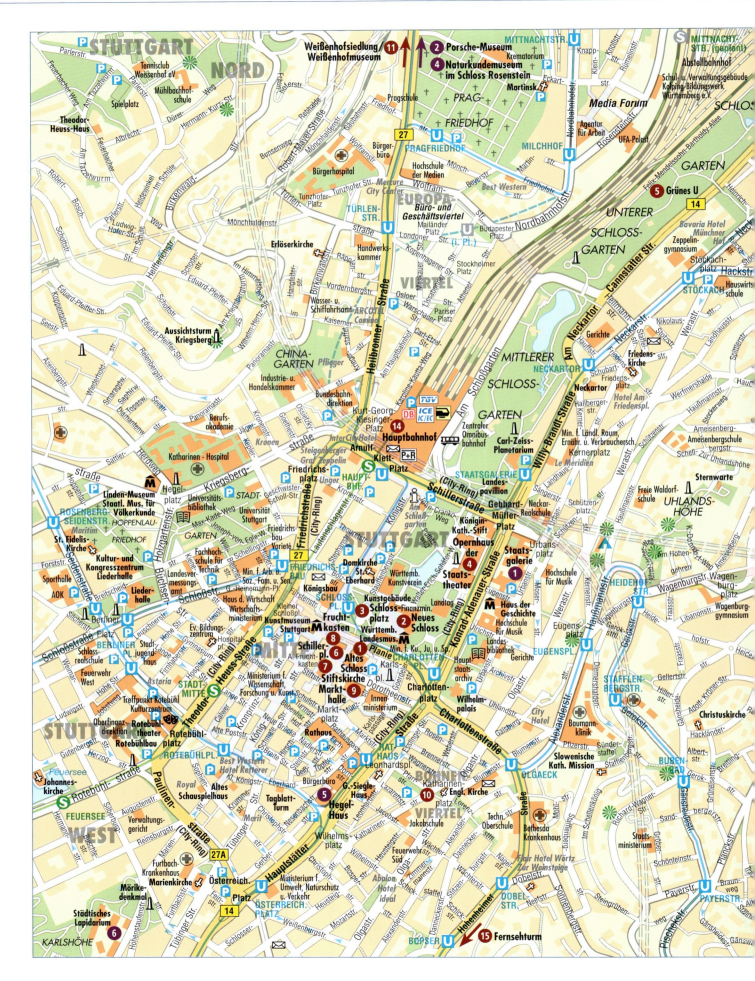

Baden-Württemberg

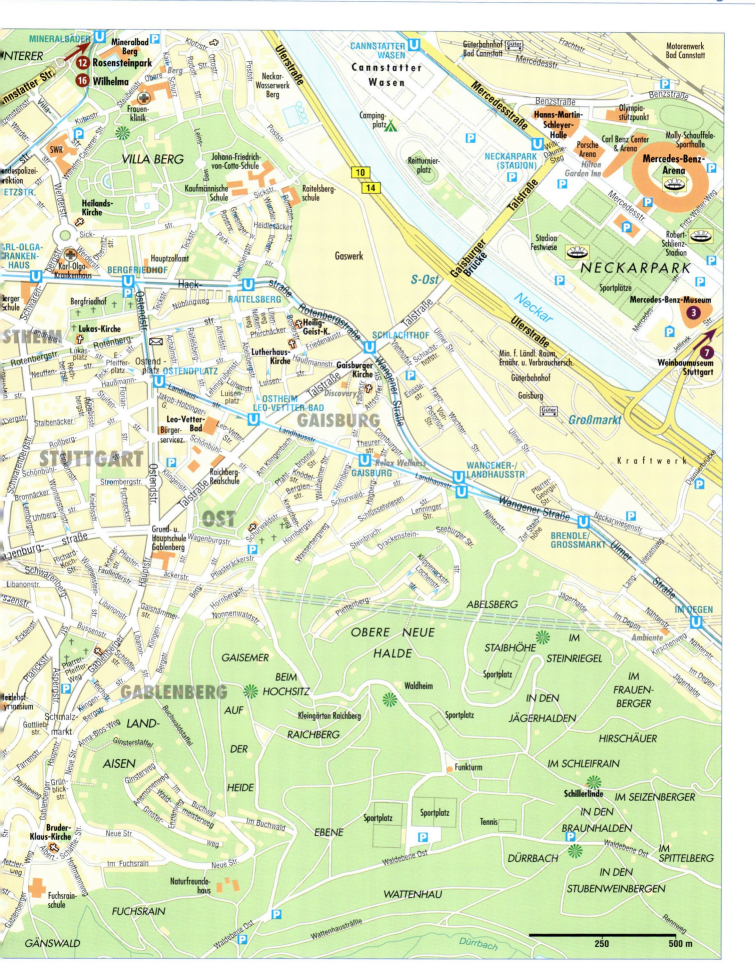

Baden-Württemberg

Esslingen am Neckar

Esslingen hat eine lange, wechselvolle Geschichte zu erzählen. Hier ergänzen sich Tradition und Moderne und ergeben eine glanzvolle Kombination. Die über 1200-jährige Geschichte der Stadt wird besonders in der historischen Altstadt deutlich.

Die ehemalige Reichsstadt liegt malerisch eingebettet im Neckartal. Einst war sie die erste und größte Industriestadt im damaligen Königreich Württemberg. Heute ist sie eine Stadt, die sich im modernen Gewand präsentiert. Trotzdem ist das geschichtliche Flair allerorts noch zu spüren. So steht in der Stadt die älteste Fachwerkhäuserzeile Deutschlands, schmiegen sich reich ausgestaltete Patrizierhäuser an ehemalige Handwerkerhäuser. Mittelalterliche Romantik verströmen auch die alten Gassen in der historischen Altstadt. Mehr als 1000 geschützte Baudenkmäler sind hier zu bewundern. Teile der einstigen Stadtmauer sind bis heute erhalten geblieben. Und über all dem thront die weithin sichtbare Esslinger Burg. Wer sich die mehr als 300 Stufen nach oben wagt, wird mit einem spektakulären Blick über die Stadt belohnt.

Sehenswürdigkeiten

❶ Fachwerkaltstadt mit Haus Webergasse 8 Das Fachwerkhaus in der Webergasse 8 stammt aus dem Jahre 1266/67. Damit ist es das älteste noch erhaltene Wohnhaus Deutschlands. Neben diesem gibt es in der Altstadt noch viele weitere wunderschöne Fachwerkhäuser zu entdecken. Insgesamt sind es mehr als 200.

❷ Stadtkirche St. Dionys Die frühgotische Stadtkirche ragt mit ihren Türmen weit in den Himmel. Erbaut wurde sie im 14. Jahrhundert. Besonders beeindruckend sind der von Peter Riedlinger im Jahre 1604 gestaltete Hochaltar und das von Lorenz Lächler erschaffene Sakramentshaus von 1486.

❸ Altes Rathaus mit Glockenspiel Das um 1420 erbaute Rathaus diente einst als Kauf- und Steuerhaus. Auffallend ist der Fachwerksüdgiebel. Vor der Nordseite errichtete Heinrich Schickhardt im 16. Jahrhundert eine Giebelfront mit einem fragilen Uhrenturm. Die später hinzugekommene astronomische Uhr ist heute die älteste funktionstüchtige schmiedeeiserne Turmuhr in Deutschland.

❹ Esslinger Burg mit dem Dicken Turm Sie ist eines der Wahrzeichen Esslingens. Hier hat nie ein Burgherr gewohnt, vielmehr gehörte die Anlage zur Stadtbefestigung. Der »Dicke Turm«, einst Artillerieturm, ist heute noch in voller Pracht zu bewundern.

Museen

❶ Archäologisches Museum St. Dionys unter der Stadtkirche Das Archäologische Museum St. Dionys hat einen ungewöhnlichen Platz. Es befindet sich unter der Stadtpfarrkirche St. Dionys am Marktplatz. Hier finden sich mittelalterliche Ausgrabungen, die von den Ursprüngen Esslingens erzählen.

Weinreben säumen den Blick auf die historische Altstadt von Esslingen, die von einigen Kirchtürmen dominiert wird.

Ausflugstipps:

Neidlinger Kugelmühle Sie ist eine besondere Attraktion im Landkreis Esslingen. In der kleinen Gemeinde Neidlingen steht heute noch eine Kugelmühle, die letzte ihrer Art, die in Deutschland zu finden ist. Hier wird die Wasserkraft dazu genutzt, aus Steinen Kugeln zu mahlen. Als Material wird Jura-Marmor genutzt, der von der Schwäbischen Alb stammt.

Burgruine Reußenstein Die Ursprünge der Burg gehen ins 13. Jahrhundert zurück. Die Überreste der Burg thronen hoch über dem Neidlinger Tal. Ihren Namen verdankt sie den Rittern Konrad und Heinrich Reuß. Nach deren Tod wechselte die Burg in den Jahrhunderten ganze elf Mal den Besitzer. Ab dem 16. Jahrhundert wurde sie nicht mehr bewohnt.

Besucher-Tipps:

Kino auf der Burg Wer Kino einmal ganz anders erleben möchte, sollte sich die Veranstaltung nicht entgehen lassen. Erstmals fand das Kino auf der Burg im Rahmen des Esslinger Kultursommers statt. Seitdem ist es über die Grenzen der Stadt bekannt. Hier erwartet die Besucher eine spektakuläre Kulisse und eine feine Auswahl von Kinofilmen.

Mittelaltermarkt zur Weihnachtszeit Esslingen in der Weihnachtszeit: Die malerischen Gassen bilden einen wunderbaren Rahmen für den Esslinger Mittelaltermarkt & Weihnachtsmarkt. Händler bieten ihre Waren an, Handwerker zelebrieren alte Handwerkskunst. Darüber hinaus gibt es ein Kulturprogramm und einen romantischen Fackelumzug zur Burg.

Touristeninformation: Marktplatz 16, 73728 Esslingen am Neckar, Tel. 0711/39 69 39 69, E-Mail: info@esslingen-marketing.de, www.tourist.esslingen.de

Baden-Württemberg

Tübingen

Bekannt ist Tübingen vor allem als Universitätsstadt. Junge Studenten und Studentinnen prägen das Stadtbild und bilden einen Gegensatz zur knapp 1000-jährigen Stadtgeschichte. Vergangenheit und Zukunft liegen hier besonders dicht beieinander.

Im Jahre 1078 wurde der Ort erstmals schriftlich erwähnt. Mitte des 12. Jahrhunderts erwarb Tübingen dann die Stadtrechte. Die bekannte Universität mit dem Wahlspruch »Attempto! – ich wag's!« wurde 1477 vom württembergischen Grafen Eberhard gegründet. Heute ist die Tübinger Universität weit über die Grenzen des Landes hinaus bekannt. Die Zukunftsmusik, die hier spielt, harmoniert bestens mit dem mittelalterlichen Flair, das in der Altstadt zu spüren ist. Darüber hinaus fasziniert die Stadt am Neckar mit herausragenden Sehenswürdigkeiten wie dem Hölderlinturm oder dem Schloss Hohentübingen. Die Museen der Stadt geben Einblicke in Geschichte, Kunst und Kultur. Entspannung finden Gäste der Stadt beim faszinierenden Stocherkahnfahren auf dem Neckar. Ein unvergessliches Erlebnis für kleine und große Besucher.

Sehenswürdigkeiten

1 Altstadt mit Rathaus Die Tübinger Altstadt lässt sich am besten per pedes erkunden. Hier stehen alte Fachwerkhäuser, imposante Kirchen und die ältesten Gebäude der Universität dicht beieinander. Das älteste Haus ist das Rathaus, das 1435 errichtet wurde. Zu den vorhandenen zwei Stockwerken gesellte sich 1508 ein drittes hinzu. Auch die astronomische Uhr von Johannes Stöffler, dem ersten Tübinger Mathematik- und Astronomieprofessor, wurde später hinzugefügt.

2 Hölderlinturm Er ist das Wahrzeichen Tübingens. Der eindrucksvolle Turm zeigt sich in mattem Gelb mit einem charakteristisch spitzen Dach. Erbaut wurde der Turm ausgangs des 18. Jahrhunderts auf dem Sockel eines ehemaligen Wehrturms. Seinen Namen verdankt der Hölderlinturm dem deutschen Lyriker Friedrich Hölderlin (1770–1843), der im ersten Stock das Turmzimmer bewohnte. Einblicke in sein Wirken gibt das im Turm eingerichtete Museum.

3 Schloss Hohentübingen Der prächtige Renaissancevierflügelbau mit Rundtürmen erhebt sich majestätisch auf dem 372 Meter hohen Schlossberg. Einst stand hier eine Burg, bis Herzog Ulrich Anfang des 16. Jahrhunderts begann, ein Schloss zu errichten. Der Bau sollte über 100 Jahre andauern. Heute beherbergt das Schloss eines der größten archäologischen Universitätsmuseen in Europa.

4 Eberhard Karls Universität Sie zählt zu den ältesten Universitäten in Europa. Begründet wurde die Universität von Graf Eberhard im Jahre 1477. Viele Gelehrte sind mit Tübingen und seiner Geschichte eng verbunden, darunter Johannes Kepler, Friedrich Hölderlin und Friedrich Hegel. Heute werden an der Tübinger Universität mehr als 280 Studiengänge angeboten.

Museen

1 Kunsthalle Tübingen Seit ihrer Gründung im Jahre 1971 ist die Tübinger Kunsthalle ein attraktiver Anziehungspunkt für Besucher aus aller Welt. Neben Werken von Renoir, Picasso und Cézanne sind hier Bilder von Degas und Rousseau ausgestellt. Auch bekannte zeitgenössische Künstler bekommen hier ein Forum geboten, darunter so illustre Namen wie Andy Warhol, Duane Hanson oder Anselm Kiefer.

2 Stadtmuseum Tübingen Ein großer Fachwerkbau beherbergt das Stadtmuseum. Das einstige Kornhaus setzt sich aus zwei Gebäuden zusammen. Das ältere Haus stammt aus dem Jahre 1454, der Querbau von 1512. Das gesamte Ensemble wurde im 16. und 17. Jahrhundert um die oberen Geschosse erweitert. Nach verschiedenen Verwendungszwecken als Deutsche Knabenschule und Realschule beherbergt es seit 1991 das Stadtmuseum. Gezeigt werden in einer Dauerausstellung Exponate zur Geschichte der Stadt. Daneben finden immer wieder Wechselausstellungen statt.

Die Stocherkähne auf dem Neckar sind bereit für die nächste Fahrt, dahinter der berühmte Hölderlinturm und eine Reihe von Altstadthäusern.

Ausflugstipps:

Burg Hohenzollern Majestätisch und gleichzeitig vereinnahmend erhebt sich der Stammsitz des preußischen Königshauses und der Fürsten von Hohenzollern auf dem Zollerberg, wie er volkstümlich genannt wird. Die heutige Burganlage wurde im 19. Jahrhundert wiederhergestellt und befindet sich bis heute im Privatbesitz der Adelsfamilie. Im Inneren erwartet die Besucher eine beeindruckende Kunstsammlung, die zahlreiche Gemälde, Silber und Porzellan sowie die preußische Königskrone umfasst. Unvergessliche Erlebnisse sind auch die zahlreichen Veranstaltungen auf der Burg wie die Sternschnuppen-Nächte, der Schlosserlebnistag oder der Königliche Weihnachtsmarkt.

Touristeninformation: An der Neckarbrücke 1, 72072 Tübingen, Tel. 07071/91 360, E-Mail: mail@tuebingen-info.de, www.tuebingen-info.de

Baden-Württemberg

Schwäbisch Hall

»Am Kocher Hall die löblich Stadt, vom Salzquell ihren Ursprung hat ...« – mit diesen Worten beginnt ein alter Spruch. Denn das weiße Gold, das der Stadt und ihren Bürgern Reichtum beschert hat, wurde in Schwäbisch Hall von 500 v. Chr. bis 1924 produziert.

Ihren Bekanntheitsgrad verdankt die Stadt vor allem der Bausparkasse, den Salzsiedern und dem Heller. Stauferkaiser Friedrich I. Barbarossa gründete in Schwäbisch Hall einst die königliche Münzstätte, in der der Heller geprägt wurde. Noch heute weht eine altehrwürdige Atmosphäre durch die Stadt. Besonders spürbar wird diese in der malerischen Altstadt, in der Fachwerkhäuser den passenden Rahmen für die mittelalterlichen Gassen bilden. Der Marktplatz zählt zu den schönsten in Süddeutschland. Hier erhebt sich die Kirche St. Michael mit dem Erzengel Michael und der imposanten Freitreppe. Wunderschön anzusehen ist auch der 1509 erbaute Marktbrunnen mit den charakteristischen drei Wasserspeiern. Neben der Vergangenheit hat sich Schwäbisch Hall auch als moderne Stadt einen Namen gemacht: als Kunst- und Museumsstadt sowie als Festspielstadt.

Sehenswürdigkeiten

❶ **Comburg/Großcomburg** Das ehemalige Kloster der Benediktiner erhebt sich hoch über dem Kochertal. Eintritt in die altehrwürdige Welt bieten drei historische Stadttore. In der Stiftskirche sind es vor allem die beiden gut gehüteten Kostbarkeiten, die besonders auffallen: Das goldene Antependium und der Radleuchter, der zu den größten des Mittelalters zählt. Über 900 Jahre ist das Kloster mittlerweile alt und präsentiert sich als eindrucksvolles Zeugnis der Vergangenheit.

❷ **St. Michael** Erhaben und eindrucksvoll über dem Marktplatz thronend, fällt als Erstes die berühmte Treppe der Kirche ins Auge des Betrachters. Geweiht wurde St. Michael am 10. Februar 1156 durch den Bischof von Würzburg. Aus dieser Zeit sind nur noch die untersten Geschosse des romanischen Westturms erhalten geblieben. Den besten Überblick über das geschäftige Markttreiben im Laufe der Jahrhunderte hat der Erzengel Michael, eine Skulptur aus Stein aus dem späten 13. Jahrhundert. 2013 wurde die Kirche mit dem Europäischen Kulturerbe-Siegel ausgezeichnet.

❸ **Fachwerkaltstadt** In der engen Altstadt ballen sich 2500 Jahre Stadtgeschichte. Durchflossen vom Fluss Kocher, zeigt sich die alte Salzsiederstadt mit den wunderschönen Gassen und den zahlreichen gut erhalten gebliebenen Fachwerkhäusern als mittelalterliches Kleinod. Im Adelshof hat bereits Kaiser Karl V. übernachtet. Im Rahmen einer Stadtführung bietet sich die Gelegenheit, die liebevoll restaurierte Altstadt mit ihren historischen Sehenswürdigkeiten näher zu erkunden.

❹ **Historischer Marktplatz** Hier dominiert die Kirche St. Michael. Auf der großen Freitreppe vor der Kirche finden heute die Freilichtspiele in den Sommermonaten statt. Wunderbar auf dem Marktplatz zu erkennen sind die verschiedenen Baustile, die den Verlauf der Jahrzehnte anschaulich zeigen. Zu den auffälligsten Sehenswürdigkeiten gehören das größte Fachwerkhaus am Marktplatz – das Clausnitzerhaus –, das spätbarocke Rathaus sowie der Marktbrunnen mit den drei Wasserspeiern.

Museen

❶ **Kunsthalle Würth** Die 2001 eröffnete Kunsthalle beherbergt eine beeindruckende private Kunstsammlung. Der Grundstein dazu wurde von Reinhold Würth bereits in den 1960er-Jahren gelegt. Heute umfasst die Sammlung rund 16 000 Kunstwerke, zu denen Grafiken, Skulpturen und Malerei vom ausgehenden 19. Jahrhundert bis in die heutige Zeit gehören.

❷ **Hällisch-Fränkisches Museum** Das Museum für Kunst- und Kulturgeschichte erstreckt sich über insgesamt sieben Gebäude. Zentrum des Ensembles ist der staufische Keckenturm, der um 1240 errichtet wurde. Auf über 3000 Quadratmetern Ausstellungsfläche bietet das Museum Einblicke in die Geschichte, Kunst und Kultur der Stadt. Immer wieder wechselnde Sonderausstellungen ergänzen die Schausammlung.

Ruderboote laden zu einer romantischen Fahrt auf dem Kocher ein, bei der man die Fachwerkfassaden der Stadt bewundern kann.

Besucher-Tipps:

Sommernachtsfest Gegen Ende des Sommers wird in Schwäbisch Hall die Nacht der Nächte gefeiert. Dann verwandelt sich der Stadtpark in ein Lichtermeer. In diese romantische Stimmung fügt sich das Musikprogramm. Krönung des Sommernachtsfestes ist das gigantische Feuerwerk, das den besonderen Zauber dieser Nacht nochmals unterstreicht.

Geschichte erleben Um in die Geschichte der Stadt einzutauchen, bietet sich eine Stadtführung an. Bei einem Bummel durch die mittelalterlichen Gassen ist auf Schritt und Tritt Sehenswertes zu entdecken. Und wer die 53 Stufen zur Kirche St. Michael erklommen hat, kann sich der reichen Fülle von Kunstwerken im Inneren des Gotteshauses widmen.

ⓘ Touristeninformation: Am Markt 9, 74523 Schwäbisch Hall, Tel. 0791/751 246, E-Mail: touristik@schwaebischhall.de, www.schwaebischhall.de

Baden-Württemberg

Kirchberg an der Jagst

Aus der einstigen Burgsiedlung entwickelte sich im Laufe der Zeit eine gräfliche Stadt. Später wurde sie zur reichsstädtischen Festung und Residenz der Fürsten von Hohenlohe. Heute zeigt sich die Stadt mit malerischer Altstadt und historischer Atmosphäre.

Der Charme der Altstadt erinnert an vergangene Zeiten. Hier steht die Zeit still und man ertappt sich bei dem Wunsch, es möge so bleiben. Zeit zum Träumen bietet auch der Schlosspark der ehemaligen Fürstenresidenz. Das Auge verweilt an prächtigen Baudetails und findet Halt an dem gepflegten Grün des Rasens. Die verkehrsgünstige Lage bei einem alten Jagstübergang war bereits im Mittelalter Grund für einen florierenden Aufschwung des Ortes. Heute führt die eigene Autobahnauffahrt zur A 6 Heilbronn-Nürnberg zahlreiche Besucher aus nah und fern in die Stadt. Besondere Anziehungspunkte bietet Kirchbergs historische Bausubstanz. Daneben lockt das Rad- und Wanderparadies rund um den Ort Ruhesuchende und Naturliebhaber. Schließlich ist das Jagsttal das »schönste Tal der Welt«, wie ein begeisterter Besucher formulierte.

Sehenswürdigkeiten

❶ **Schloss Kirchberg** Im Schloss Kirchberg, der ehemaligen Schlossresidenz der Fürsten von Hohenlohe-Kirchberg, werden seit 1967 regelmäßig klassische Konzerte geboten. Im Schlosspark kann man wie einst Adelige lustwandeln.

❷ **Nikolauskirche** Die Nikolauskirche im Stadtteil Mistlau wurde auf dem Gelände eines ehemaligen Benediktinerklosters erbaut. Besonders sehenswert sind die Fresken im Chorraum des Gotteshauses und die Taufnische.

❸ **Burg Lobenhausen** Von der einstigen Burg der Grafen von Lobenhausen, die im 12. Jahrhundert erbaut wurde, sind heute noch Reste der Ringmauer zu besichtigen. Sie liegt auf der Ostseite des Schlossberges.

Museen

❶ **Sandelsches Museum** Der Apothekersohn Theodor Sandel legte den Grundstein für das heutige Heimatmuseum. Seit 1973 ist es im ehemaligen Gebäude der Lateinschule untergebracht und beherbergt verschiedene Sammlungen, darunter Porzellan und Zinn. Darüber hinaus bietet es Einblicke in die Wohnkultur der Bauern und des Bürgertums im Laufe der Jahrhunderte.

Der Blick geht auf Schloss Kirchberg und eine Reihe von Weinstöcken, die im malerischen Umfeld der Residenz wachsen.

Vellberg

Mittelalterliches Ambiente im 21. Jahrhundert: In Vellberg fühlt man sich in die Vergangenheit zurückversetzt. Kunstvoll restaurierte Fachwerkhäuser, eine malerische Altstadt und ein prächtiges Schloss bilden das Empfangskomitee für die Besucher der Stadt.

Die Burg Vellberg wurde um 1200 von den Herren von Vellberg errichtet. Erst 1506 bekam die Stadt, die sich um den befestigten Adelssitz gebildet hatte, das Stadtrecht zugesprochen. Dominierend im Stadtbild, inmitten der reizvollen Fachwerkhäuser, thront die Burg aus dem Mittelalter noch in unseren Tagen. Beim Vellberger Altstadtrundgang laden zahlreiche historische Sehenswürdigkeiten zu einer näheren Betrachtung ein. Seit 1720 beispielsweise ziert ein wappengeschmückter Brunnen den Markt in der Stadtmitte. Von faszinierender Schönheit zeigt sich die Martinskirche Stöckenburg, die in ihrer heutigen Form um 1435 errichtet wurde. Hier findet man ein besonderes Kleinod mittelalterlicher Kunst – den Hochaltar aus der Schule Tilman Riemenschneiders. Heute ist Vellberg ein staatlich anerkannter Erholungsort.

Sehenswürdigkeiten

❶ **Altstadt** Herzstück der Stadt ist die mittelalterliche Altstadt mit dem Schloss Vellberg. Wie dazumal bildet der alte Torturm die Pforte, um in den historischen Teil der Stadt zu gelangen. Liebevoll restaurierte Fachwerkhäuser und die begehbaren mittelalterlichen Befestigungsanlagen zeigen den ursprünglichen Charakter des heutigen Erholungsortes.

❷ **Burg Vellberg (Unteres Schloss)** Heute ist das Schloss in Privatbesitz. Besonders sehenswert sind die Schlosskapelle aus dem 14. Jahrhundert und der asymmetrische Staffelgiebel.

❸ **Marktbrunnen** Früher als Viehtränke genutzt, fließt heute an zwei Tagen im Jahr köstlicher Wein aus dem gusseisernen Vellberger Marktbrunnen. Jedes Jahr am ersten Juliwochenende steigt das historische Weinbrunnenfest, eine feste Tradition im Stadtleben.

Museen

❶ **Heimatmuseum im Stadtgraben** Einst war es das Wohnhaus von Schuhmacher Johann Noller, heute ist hier das Natur- und Heimatkundemuseum der Stadt untergebracht. Neben den Dauerausstellungen ergänzen wechselnde Sonderausstellungen das Museumsangebot.

Der von allegorischen Reliefs gesäumte Vellberger Marktbrunnen aus dem Jahr 1720 besteht aus Gusseisen und ist eines der Wahrzeichen der Stadt.

ⓘ Touristeninformation: Stadtverwaltung, Schloßstraße 10, 74592 Kirchberg, Tel. 07954/98 010, E-Mail: info@kirchberg-jagst.de, www.kirchberg-jagst.de
ⓘ Touristeninformation: Im Städtle 27, 74541 Vellberg, Tel.: 07907/87 70, E-Mail: stadt@vellberg.de, www.vellberg.de

Baden-Württemberg

Ulm

Die ehemalige Reichsstadt an der Donau hat einige Superlative zu bieten. Hier steht die größte evangelische Kirche Deutschlands und zugleich der höchste Kirchturm der Welt: das Ulmer Münster – mit einer Bauzeit von über 500 Jahren.

Ulm wurde erstmals am 22. Juli 854 urkundlich erwähnt. Die Königspfalz und Freie Reichsstadt ist seit 1810 württembergisch. Zu den berühmten Persönlichkeiten der Stadt zählt der Physiker Albert Einstein (1879–1955), der in Ulm geboren wurde. Seine Relativitätstheorie war das Hauptwerk seines Lebens und veränderte unseren Blick auf die Welt. An die Widerstandskämpferin Sophie Scholl (1921–1943), die in Ulm aufwuchs, erinnert heute die Ulmer DenkStätte Weiße Rose. Besonders bekannt ist Ulm für sein gotisches Münster, aber auch für die älteste Verfassung einer deutschen Stadt. Jedes Jahr am Schwörmontag erneuert der Ulmer Bürgermeister den historischen Eid auf die Verfassung der Stadt in Erinnerung an den Großen Schwörbrief von 1397. Heute zeigt sich Ulm von seiner modernen Seite und erinnert gleichzeitig an seine mittelalterlichen Wurzeln.

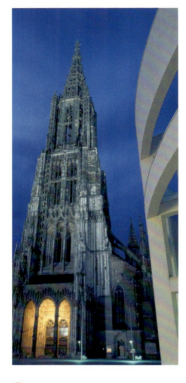

Sehenswürdigkeiten

1 Ulmer Münster In Ulm steht mit dem gotischen Münster die größte evangelische Kirche Deutschlands. Zugleich ist der Kirchturm mit über 160 Metern der höchste der Welt. Eine Besonderheit ist die Bauzeit des ursprünglich als katholische Kirche geplanten Münsters: Sie dauerte über 500 Jahre. Heute finden Veranstaltungen, Konzerte und Gottesdienste in der Kirche statt. Auch Führungen werden angeboten.

2 Rathaus Der gotische Bau, der Mitte des 14. Jahrhunderts errichtet wurde, fällt schon von Weitem durch seinen hohen Giebel auf. Bemerkenswert ist das charakteristische Bogenhaus, das in den 1950er-Jahren originalgetreu wiederaufgebaut wurde.

3 Steinhaus/Grüner Hof Das aus dem Jahr 1380 stammende Steinhaus ist das älteste noch erhaltene Gebäude in Ulm. Es gehört zum Ensemble Grüner Hof, der um 1165 in die befestigte Stadt eingegliedert wurde. Auch die älteste Kirche der Stadt – die Steinhauskapelle – ist im Grünen Hof zu finden.

4 Stadtmauer Einst sollte die 1482 errichtete Stadtmauer Schutz gegen feindliche Angriffe bieten. Heute dient sie als friedlicher Promenadenweg, der sich an der Donau entlangschlängelt.

5 Schwörhaus Das heutige Schwörhaus wurde nach einem Brand 1785 wiederaufgebaut. Heute befinden sich hier das Haus der Stadtgeschichte und das Archiv der Stadt. Vor dem Haus steht der Christofsbrunnen, den eine spätgotische Darstellung des heiligen Christopherus ziert.

6 Fischer- und Gerberviertel Die einstige Bleibe der Handwerker ist heute Heimat für Galerien und Restaurants. Das Fischer- und Gerberviertel ist das denkwürdigste Altstadtensemble von Ulm.

Museen

1 Ulmer Museum Das Ulmer Museum am Marktplatz zeigt Exemplare aus kunst- und kulturhistorischen Bereichen. Höhepunkt der archäologischen Abteilung ist mit einem Alter von über 35 000 Jahren der Löwenmensch. Neben den Dauerausstellungen sind hier immer wieder interessante Sonderausstellungen zu sehen.

2 Kunsthalle Weishaupt Die Kunsthalle Weishaupt in der Nähe des Ulmer Museums wurde im November 2007 eröffnet. Sie umfasst eine der bedeutendsten Privatsammlungen zeitgenössischer Kunst.

3 Ulmer DenkStätte Weiße Rose Die Dauerausstellung wurde im April 2000 im Einsteinhaus der Ulmer Volkshochschule eröffnet. Sie erinnert an Hans und Sophie Scholl, die als Inbegriff für den Widerstand von Teilen der deutschen Jugend gegen das Naziregime stehen.

4 Kunstpfad Universität Ulm Der Kunstpfad Universität Ulm ist ein Skulpturenweg, der sich auf dem Campus der Universität Ulm befindet. Hier sind Werke von international renommierten Künstlern wie Max Bill, Rolf Bodenseh oder Erich Hauser ausgestellt.

Von außen wirkt das Ulmer Münster gigantisch (links), im Inneren machen die filigranen bunten Glasfenster einen besonderen Eindruck (rechts).

Besucher-Tipps:

Ulmer Kulturnacht Einmal im Jahr lädt die Ulmer Kulturnacht zum Auftakt der Kultursaison ein. Interessant ist die Vielfalt der Angebote: Tanz, Klassik, Theater, Malerei, Literatur, Experimentelles und vieles mehr. Die Künstler und Künstlerinnen treten sowohl an bekannten als auch an ungewöhnlichen Schauplätzen auf. Auch ein Kinderprogramm wird angeboten.

Lichterserenade Im Rahmen der Schwörwöche findet die Lichterserenade jedes Jahr am Samstag vor dem Schwörmontag statt. Dieser Feiertag der Ulmer ist immer am vorletzten Montag im Juli. In der Dämmerung werden 5000 Windlichter auf die Donau gesetzt. Ein Schauspiel, das durch farbige Wasserfontänen märchenhaft wirkt.

Baden-Württemberg

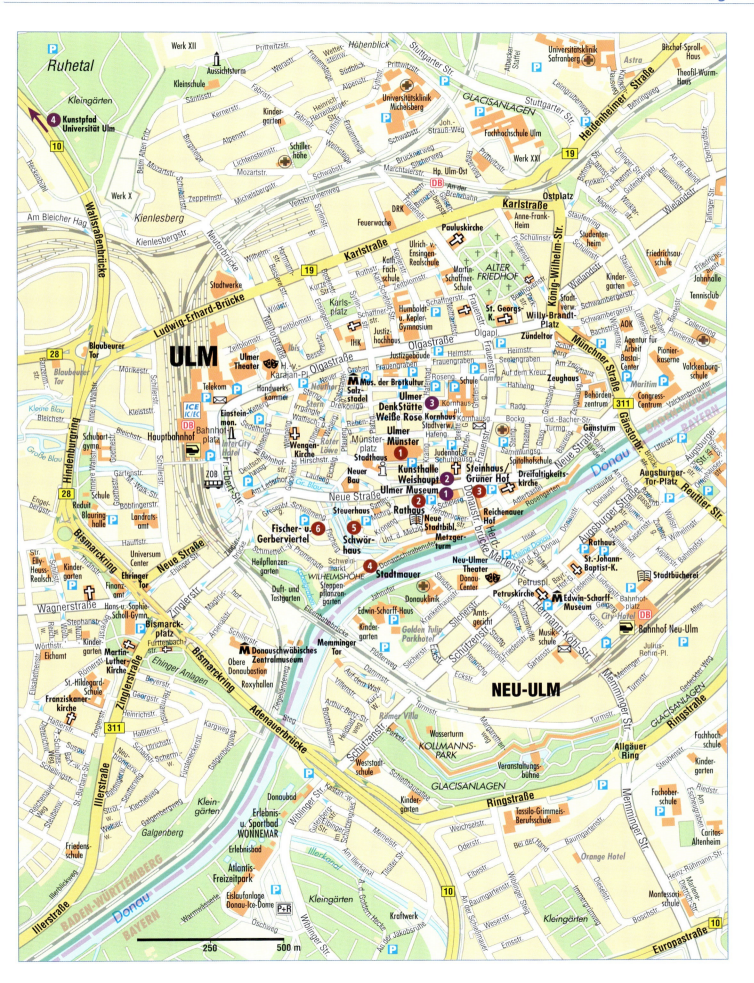

Baden-Württemberg

Meersburg

Prächtige Schlösser, Mittelalterflair in den verwinkelten Gassen und das Funkeln des Bodensees – all das macht den Zauber von Meersburg aus. Auch die bekannte deutsche Dichterin Annette von Droste-Hülshoff fühlte sich hier zu Hause.

Die kleine Stadt am nördlichen Ufer des Bodensees bezaubert mit imposanten Bauwerken. Eine mittelalterliche Burg, die erstmals 988 urkundlich erwähnt wurde, bestimmt die prächtige Stadtsilhouette. Heute ist die Burg Wahrzeichen der Stadt. Neben den repräsentativen Bauten laden malerische kleine Gässchen zum Bummel in Meersburg ein. Die gesamte Altstadt ist heute Fußgängerzone und animiert zum Flanieren und Shoppen. Doch nicht nur die Vergangenheit macht den Ort zu einem attraktiven Ausflugsziel: Darüber hinaus bietet die an der Deutschen Fachwerkstraße gelegene Stadt zahlreiche Museen, ein vielfältiges Kulturprogramm und umfangreiche Freizeitangebote. Der einstige Verwaltungssitz des Fürstbistums Konstanz hat sich im Laufe der Jahrzehnte zu einem beliebten Weinbau- und Tourismusort entwickelt.

Sehenswürdigkeiten

❶ Burg Meersburg Das Alte Schloss, wie es auch genannt wird, war einst Sitz der Konstanzer Fürstbischöfe. Ab 1841 bewohnte die Burg Annette von Droste-Hülshoff, eine der größten Dichterinnen Deutschlands.

❷ Mittelalterliche Stadtbefestigung Früher diente die Stadtbefestigung als Schutz der Burg Meersburg sowie der Ober- und Unterstadt. Im 19. Jahrhundert wurden Teile der Stadtbefestigung abgerissen, einige Mauern sind aber noch erhalten und umgeben Teile der Stadt.

❸ Stadtpfarrkirche Mariä Heimsuchung Baugeschichtlich erzählt die Stadtpfarrkirche eine interessante Geschichte: Teile des Glockenturms gehörten einst zur mittelalterlichen Stadtbefestigung, so wurde das untere Turmgeschoss bereits im 13. Jahrhundert errichtet. Das Kirchenschiff wurde dagegen erst im 19. Jahrhundert neu erbaut. Sehenswert sind besonders der im klassizistischen »Weinbrennerstil« gehaltene schlichte Kirchenraum, der Hochaltar und die Seitenaltäre.

Museen

❶ Zeppelin-Museum Meersburg Hier erinnert alles an die Zeit der historischen Zeppeline. Ausgestellt werden Originalbauteile von Luftschiffen und Gegenstände der Luftschifffahrt sowie Navigationstechnik und Funkgeräte. Dargestellt wird die Geschichte der Luftschifffahrt von den Anfängen bis hin zum Absturz der »Hindenburg«.

❷ Droste-Museum im Fürstenhäusle Das Droste-Museum liegt oberhalb der Oberstadt mitten in einem idyllischen Weinberg. Haus und Rebhang wurden 1843 von der Dichterin Annette von Droste-Hülshoff ersteigert. Das im Haus eingerichtete Museum erinnert an die bekannte Schriftstellerin.

Die Dichterin Annette von Droste-Hülshoff lebte mehrere Jahre auf der mittelalterlichen »Meersburg« und schrieb dort viele ihrer Gedichte.

Ausflugstipps:

Säntis-Schwebebahn/St. Gallen Vom Gipfel aus geht der Blick über sechs Länder. Hier kann die Seele aufatmen und neue Kräfte schöpfen. Die Talstation ist mit dem Pkw über die Autofähre Konstanz-Meersburg zu erreichen. In Verbindung mit einem Besuch in St. Gallen kann die Besteigung des Säntis als Ganztagsausflug geplant werden.

Insel Reichenau Mit der Autofähre ist die frühere Klosterinsel gut zu erreichen. Auch für einen Ausflug mit dem Passagierschiff bietet sie sich an. Besonders die gut erhaltenen Kirchen sind interessante Sehenswürdigkeiten auf der Insel. Als kompletter Tagesausflug lässt sich ein Ausflug zur Reichenau ideal mit einem Abstecher in die Konstanzer Altstadt verbinden.

Besucher-Tipps:

Internationale Schlosskonzerte Meersburg Jedes Jahr im Frühling startet die Reihe der Internationalen Schlosskonzerte. Namhafte Solisten und Ensembles krönen die Kammermusik- und Jazzabende im Neuen Schloss und setzen musikalische Glanzpunkte. Einmalig ist auch die Atmosphäre im Barocksaal mit fantastischer Aussicht auf den Bodensee.

Historisches Markttreiben zu Meersburg Hier beginnt eine spannende Zeitreise ins Mittelalter. Künstler, Händler und Handwerker aus ganz Deutschland geben Einblicke in die mittelalterliche Welt. Zeitgemäßer Ohrenschmaus und kulinarische Genüsse verschiedenster Art gehören gleichfalls dazu. Auch historische Schauspiele werden geboten.

Baden-Württemberg

Konstanz

Die Stadt beeindruckt mit ihrer einmaligen Lage zwischen Bodensee und den Schweizer Alpen. An der Hafeneinfahrt grüßt die Imperia, in der Altstadt dominiert das Münster. Ergänzt wird sie durch paradiesische Naturschönheiten auf der Insel Mainau.

Die größte Stadt am Bodensee legt beredtes Zeugnis seiner historischen Vergangenheit ab. Ehemals Sitz des größten Bistums im Römischen Reich wird hier das Mittelalter lebendig. Eindrucksvoll präsentiert sich der älteste Teil der Stadt, die Niederburg, sie war in früherer Zeit Wohnort von Kaufleuten und Handwerkern. Heute prägen urige Weinstuben, kleine Künstlerateliers und anheimelnde Cafés das Bild in den verwinkelten Gassen. Die Grenzstadt zur Schweiz zeigt sich modern und aufgeschlossen. War sie einst Schauplatz der Papstwahl, ist sie heute als Universitätsstadt weit über die Grenzen des Landes hinaus bekannt. Nicht zuletzt folgt ihr auch der Ruf als Erholungsidylle. Die zu Konstanz gehörende Insel Mainau steht für prächtige Naturschönheiten, Ruheoasen und kulturellen Augen- und Ohrenschmaus.

Sehenswürdigkeiten

❶ **Münster Unserer Lieben Frau** Entstanden ist das Konstanzer Münster als Stadt-, Bürger- und Pfarrkirche. Heute erfüllt das Münster gleich mehrere Funktionen. Es ist die Kathedrale der Erzdiözese Freiburg und zugleich die Pfarrkirche der Dompfarrei »Unserer Lieben Frau«. Die Bauzeit des Kulturdenkmals erstreckte sich über mehrere Jahrhunderte. Baubeginn war um 1200, die Vollendung erfolgte Mitte des 16. Jahrhunderts. Auch in den Jahrzehnten danach wurde das Münster immer wieder ergänzt und restauriert. Besonders sehenswert ist der Westturm. Im Erdgeschoss des Turms werden die Besucher der Portalhalle mit einem reichen Figurenschmuck aus dem 13. Jahrhundert empfangen. Einzigartig sind auch die Fenster mit wunderschönen Glasmalereien und der Hochaltar mit seinen elf Bildtafeln. Er wurde von dem Straßburger Künstler Baldung Grien im 16. Jahrhundert erschaffen.

❷ **Altstadt** Die Konstanzer Altstadt gibt wunderbare Einblicke in eine wechselvolle Stadteschichte. Zahlreiche Bauten aus dem Mittelalter blieben erhalten und bilden ein einmaliges Ensemble. Die verwinkelten Gassen beherbergen neben dem Dominikanerinnenkloster Zoffingen auch Weinstuben und Behörden.

❸ **Imperia-Statue** Diese Sehenswürdigkeit kann an der Hafeneinfahrt bewundert werden. Die Skulptur des Künstlers Peter Lenk ist neun Meter hoch und 18 Tonnen schwer. Auf ihren Händen hält die Statue zwei weitere Skulpturen: zwei Gaukler mit einer Kaiserkrone und einer Tiara auf dem Kopf.

❹ **Konzil** Im Jahre 1388 wurde es als Korn- und Lagerhaus für den südeuropäischen Handel genutzt. Auch die Konstanzer Leinwandmesse hatte hier zeitweise ihren Sitz. Während des Konzils von Konstanz vom 5. November 1414 bis zum 22. April 1418 tagte im November 1416 das Konklave in diesem Gebäude. Hier wurde Martin V., zuvor Oddo di Colonna, zum Papst gewählt. Heute dient das Konzil als Veranstaltungs- und Konzertsaal.

Museen

❶ **Archäologisches Landesmuseum Baden-Württemberg** Das Archäologische Landesmuseum zeigt in seiner Dauerausstellung vergangene Kulturen. Funde der Landesarchäologie in Baden-Württemberg runden die Einblicke ab.

❷ **Rosgartenmuseum** Hier wird das Mittelalter im 21. Jahrhundert lebendig. Das ehemalige Zunfthaus der Metzger, das 1454 entstand, beherbergt originalgetreu erhaltene Räume und Exponate aus der Zeit seiner Entstehung. In der Dauerausstellung wird den Besuchern die Kunst- und Kulturgeschichte der Bodenseelandschaft von der Steinzeit bis heute nähergebracht. Das Rosgartenmuseum ist in der Fußgängerzone der Konstanzer Altstadt zu finden.

Das Stadtpanorama von Konstanz. Man sieht den Rheintorturm, von dem aus sich früher die Rheinbrücke über den Rhein spannte.

Ausflugstipps:

Schifffahrt auf dem Bodensee Ein ganz besonderes Erlebnis ist eine Schifffahrt mit einem der Ausflugsdampfer oder den Linienschiffen quer über den Bodensee. Alternativ stehen Ausflüge mit einem Katamaran von Konstanz nach Friedrichhafen oder eine Fahrt mit dem Dampfschiff DS »Hohentwiel« zur Auswahl. Ins nahegelegene Meersburg gibt es von Konstanz aus eine regelmäßige Fährverbindung.

Besuch auf der Insel Mainau Die Blumeninsel Mainau im Bodensee bezaubert mit einer subtropischen Pflanzenwelt und Kunstausstellungen. Kinder erwartet hier ein kleines Paradies. Im Sommer finden vor dem Schloss Open-Air-Konzerte und -Filmnächte statt.

ⓘ Touristeninformation: Bahnhofplatz 43, 78462 Konstanz, Tel. 07531/13 30 30, E-Mail: info@konstanz-tourismus.de, www.konstanz-tourismus.de

Bayern

Fränkische Fachwerkidylle und südbayerische Rokoko-Seligkeit, wildromantische Bergkulisse und malerische Flusslandschaften, Biergärten und Weindörfer: Deutschlands größtes Bundesland hat davon besonders viel zu bieten.

Festung Marienberg und die Alte Mainbrücke in Würzburg.

»Beutebayern« sagen manche Ober- und Niederbayern noch heute augenzwinkernd, wenn von den aufgelösten Fürstbistümern, einstigen preußischen Residenzen und ehemals Freien Reichsstädten die Rede ist, die Bayern im Laufe der napoleonischen Kriege gewann und deren Bewohner in Bezug auf Sprache und Traditionen so ganz anders waren als die »Altbayern«. Diese Gebiete machen heute größtenteils die Regierungsbezirke Unter-, Mittel- und Oberfranken aus.

Alpenromantik und bajuwarische Biergartengaudi sucht man hier tatsächlich vergebens. Dagegen finden sich hier viele schöne alte Fachwerkstädte, die man in dieser Weise wiederum in Altbayern nicht antrifft. Vor allem in den einstigen Freien Reichsstädten, nicht nur in Franken, sondern auch in Schwaben und der Oberpfalz, die ihre Blütezeit im 13. bis 16. Jahrhundert hatten, scheint das Mittelalter fast noch lebendig zu sein. Rothenburg ob der Tauber ist nur die bekannteste von ihnen, aber lange nicht die einzige. Typisch für diese Städte, die schon vor mehr als fünf Jahrhunderten ihre große Zeit hatten, ist auch die strategische Lage auf Bergkuppen oder in Flussschleifen. Eingebettet in schöne Mittelgebirgslandschaften laden sie deshalb heute besonders im Rahmen von Aktivurlauben, etwa Fluss-Radtouren, zu einem Besuch ein.

Daneben findet man in Franken und dem bayerischen Schwaben auch zahlreiche Städte, die einstmals Residenzen geistlicher oder weltlicher Fürsten waren. Hier hat sich oft ein kunstsinniger Regent verwirklicht und ein Stadtbild von großer Einheitlichkeit hinterlassen, wie etwa die Markgräfin Wilhelmine in Bayreuth. All das, was man gemeinhin unter »typisch bayrisch« versteht, findet man dagegen in Altbayern, d. h. den heutigen Regierungsbezirken Ober- und Niederbayern. Doch auch hier tut sich bei genauerem Hinsehen eine große Vielfalt auf: Im abgelegenen Bayerischen Wald lebte es sich ganz anders als im fruchtbaren Gäuboden an der

Rathaus und Perlachturm bestimmen die Augsburger Innenstadt.

Der beleuchtete Leuchtturm und der bayerische Löwe im Hafen von Lindau.

Donau, im respektlosen Münchner Schwabing völlig anders als im frommen Altötting. Das beschauliche Landshut ist nicht mit dem weltstädtischen München zu vergleichen und die Industriestadt Ingolstadt nicht mit einem Touristenmekka wie Garmisch. Hier lenkt die große Strahlkraft, die einzelne Orte wie München, Neuschwanstein oder die Zugspitze haben, den Blick ab von Schönheiten und kulturellen Besonderheiten anderer, ebenfalls äußerst sehenswerter Städte. Doch eine so große Region wie Bayern, über 70 000 Quadratkilometer Fläche mit mehr als 12,5 Millionen Einwohnern, kann gar nicht anders, als von ihrer Vielfalt leben. Damit befriedigt das Land aber auch die verschiedensten Bedürfnisse, nicht nur derjenigen, die auf Bergtouren oder Hofbräuhaus stehen und überbordenden Wessobrunner Stuck als Ausweis ultimativer Schönheit betrachten.

Großes Bild: Mit den Alpen im Hintergrund: Stadtpanorama von Münchens Innenstadt.

Barocke Pracht: das Markgräfliche Opernhaus von Bayreuth.

Bayern

Aschaffenburg

Die idyllische Lage am Main und das milde Klima im Schutz der Spessarthöhen sorgte dafür, dass die Kurfürsten von Mainz die Stadt zu ihrer Sommerresidenz machten. Als Aschaffenburg dann 1814 an Bayern fiel, wähnte sich König Ludwig I. fast in Italien.

Bestimmt wird das Bild der Stadt durch das mächtige Schloss Johannisburg, das der Mainzer Kurfürst Johann Schweikhard von Kronberg im frühen 16. Jahrhundert aus dem für die Region typischen tiefrotem Sandstein als seine Nebenresidenz errichten ließ. Älter und bedeutender jedoch ist das nahe Stift St. Peter und Alexander, das bereits im 10. Jahrhundert durch einen Enkel Ottos des Großen gegründet und später an die Erzbischöfe von Mainz verschenkt wurde. Zwischen Stift und Schloss erstrecken sich noch heute die kleinen Gassen der Altstadt mit sehenswerten Kirchen. Zwar wurde Aschaffenburg durch die Bombardements im Zweiten Weltkrieg schwer geschädigt, die wichtigsten Gebäude jedoch baute man wieder auf, etwa Schloss, Pompejanum und das klassizistische Stadttheater, das als eines der schönsten Süddeutschlands gilt.

Sehenswürdigkeiten

❶ **Schloss Johannisburg** Das von Georg Riedinger erbaute vierflügelige Schloss gilt mit seiner symmetrischen Anlage und der schön gegliederten Fassade als eine der stilreinsten Renaissancebauten in Deutschland. Integriert wurde der Bergfried der früheren Burg. In der zweigeschossigen Schlosskapelle gibt es einen sehenswerten Altar und eine Kanzel des Bildhauers Hans Juncker. Im Schloss sind heute das Schlossmuseum, ein Ableger der Bayerischen Staatsgalerie in München, die Stifts- und Hofbibliothek und die Schlossweinstuben untergebracht.

❷ **Pompejanum** 1848 ließ König Ludwig durch seinen Hofarchitekten Gärtner an den Uferhängen des Maines einen idealtypischen Nachbau einer pompejanischen Villa errichten. Er sollte Kunstliebhabern als Anschauungsobjekt für die antike Architektur dienen. Heute sind hier Kunstwerke aus der Staatlichen Bayerischen Antikensammlung sowie eine Ausstellung über das häusliche Leben im alten Rom zu sehen. Das Highlight aber sind die farbenfroh gestalteten Räume mit ihren Wandmalereien und Mosaikfußböden selbst.

❸ **Stiftskirche St. Peter und Alexander** Eine monumentale Treppenanlage aus rotem Sandstein führt hinauf zu Aschaffenburgs ältester Kirche, deren romanischer Kern im 13. Jahrhundert gotisch umgestaltet wurde. Im Inneren sind die »Beweinung Christi« von Matthias Grünewald und eine Kopie seiner Stuppacher Madonna zu bewundern, außerdem ein Triumphkreuz aus dem 10. Jahrhundert und eine von Hans Junker gestaltete Kanzel.

❹ **Altstadtfriedhof** Der 1809 eröffnete Friedhof wurde bewusst als romantische Parkanlage angelegt und zeichnet sich durch eine Vielzahl schöner alter Grabdenkmäler aus. Unter anderem sind hier Clemens Brentano, sein Bruder Christian, seine Schwester Lulu und die Neffen Franz und Lujo begraben.

Museen

❶ **Staatsgalerie Aschaffenburg im Schloss** Aschaffenburg verfügt u. a. über eine bedeutende Cranach-Sammlung, die Kurfürst Albrecht von Brandenburg in die Stadt brachte, als er vor der Reformation aus Halle fliehen musste. Dazu kommen Kostbarkeiten aus den Mainzer Beständen, vor allem Landschaftsmalerei aus dem 17. und 18. Jahrhundert, die einst vor französischen Revolutionstruppen in Sicherheit gebracht wurden, und klerikale Prachtgewänder. Weltweit einzigartig ist die Sammlung von Korkmodellen berühmter Bauwerke aus dem antiken Rom des Konditormeisters Carl May, darunter das Kolosseum mit drei Metern Durchmesser.

❷ **Schlossmuseum** Die Ausstellung im Schloss ist im Wesentlichen der Aschaffenburger Stadtgeschichte gewidmet. Daneben sind die mit klassizistischem Mobiliar ausgestatteten einstigen kurfürstlichen Wohnräume und eine Galerie mit Gemälden der klassischen Moderne zu besichtigen, u. a. von dem in Aschaffenburg geborenen bekannten Expressionisten Ernst Ludwig Kirchner.

Das Schloss Johannisburg am Mainufer ist ein Paradebeispiel für die Ausprägung der Renaissance in Deutschland.

Besucher-Tipps:

Vom Schloss zum Pompejanum Der schönste Spaziergang der Stadt führt links des Schlosses in etwa 15 Minuten oberhalb eines Weinbergs durch eine mediterran angelegte Gartenlandschaft, auf den alten Befestigungsanlagen, vorbei an einem pittoresken Frühstückstempel zum Pompejanum. Dabei bietet sich ein schöner Blick über die Mainbiegung.

Kunsthandwerkermarkt und Carillonfest Am ersten Augustwochenende treffen sich Glockenspieler aus der ganzen Welt, um Konzerte auf dem Aschaffenburger Carillon im Ostturm des Schlosses zu geben. Zeitgleich findet im Schlosshof ein großer Kunsthandwerkermarkt statt, bei dem auch alte Handwerkstechniken vorgeführt werden.

Bayern

Miltenberg

In einer Mainschleife, eingezwängt zwischen dem Fluss und den ersten Anhöhen des Odenwalds, präsentiert sich die kleine Stadt Miltenberg auf engstem Raum als romantisches Juwel mit zwei Straßenzügen voll schönster Fachwerkhäuser.

Die Lage am Mainknie bestimmte seit jeher die Stadtgeschichte. Bereits in römischer Zeit traf hier der Grenzwall Limes auf den Main. Im 13. Jahrhundert errichteten dann die Mainzer Erzbischöfe die Festung Mildenberg als Grenzsicherung gegen Würzburg, in deren Schutz sich die kleine Stadt entwickelte, die durch Handelsprivilegien zu Wohlstand kam. Ein bedeutendes Exportprodukt ist bis in die Gegenwart der rote Buntsandstein, der in der Umgebung der Stadt gewonnen wird und seit dem Mittelalter in der ganzen Region die Bausubstanz prägt. Heute ist Miltenberg mit seiner schönen Altstadt aber auch ein beliebtes Ausflugsziel für Tagestouristen, vor allem aus dem Ballungsraum Frankfurt. Außerdem führen mit dem Main-Radweg, dem Deutschen Limes-Radweg, dem 3-Länder-Radweg und der Saar-Mosel-Main-Route gleich vier Radfernwege durch die Stadt.

Sehenswürdigkeiten

❶ **Altstadt** Mittelpunkt der Altstadt ist der steile Marktplatz mit seinem achteckigen Renaissancebrunnen. Gesäumt ist er von prachtvollen bunten Fachwerkhäusern, die sich auch entlang von Hauptstraße und Fischergasse sowie ihren Quergässchen finden.

❷ **Mildenburg** Die Burg hoch über der Stadt wurde um 1200 von den Mainzer Erzbischöfen errichtet und nach der Zerstörung im Markgräflerkrieg im 16. Jahrhundert wieder aufgebaut. Seit 2011 sind die Innenräume saniert und wieder zugänglich. Hier befindet sich nun ein Kunstmuseum, das alte Ikonen modernen Kunstwerken gegenüberstellt.

❸ **Mittelalterliche Tortürme** Von der alten Stadtmauer sind nur wenige Reste erhalten geblieben, dafür kann Miltenberg mit malerischen Tortürmen aufwarten, die die einstige Innenstadt noch nach allen Seiten markieren.

❹ **Schnatterlochtor** Der Schnatterlochturm mit seinem engen Auslass war Teil der Stadtbefestigung. Auch heute noch führt der Weg hier hindurch in nur wenigen Schritten vom Marktplatz in den Wald. Das eigentliche Schnatterloch ist ein Regensammler am Tor, von dem früher eine Entwässerungsrinne bis zum Main führte.

❺ **Hotel zum Riesen** Das im 16. Jahrhundert erbaute Haus ist mit seiner Fachwerkfassade eines der schönsten Häuser von Miltenberg und zugleich eines der ältesten deutschen Gasthäuser. Hier logierten schon Kaiser Friedrich Barbarossa, Karl IV., Maria Theresia, der Schwedenkönig Gustav Adolf, Theodor Heuss, Heinz Rühmann und Elvis Presley.

Museen

❶ **Museum der Stadt Miltenberg** Das Stadtmuseum ist in der ehemaligen Amtskellerei, einem schönen Fachwerkhaus zwischen Markt und Schnatterlochturm, untergebracht. Zur Sammlung gehören auch Informationen über die einstige jüdische Gemeinde in Miltenberg.

Fachwerkhäuser umstehen das »Schnatterloch« in Miltenberg, ein Stadttor, das einst Teil der mittelalterlichen Befestigungsanlagen war (rechts im Bild).

Ausflugstipps:

Fränkischer Rotweinwanderweg Aufgrund ihres Mikroklimas und der Bodenbeschaffenheit ist die Gegend um Miltenberg im vom Weißweinanbau geprägten Franken eine ideale Lage für rote Trauben. In Miltenberg kann man auf dem Rotweinwanderweg eine Schleife über Bürgstadt drehen oder die Route in Richtung Klingenberg in Angriff nehmen.

Kloster Engelberg Zwischen Miltenberg und Großheubach liegt auf der nördlichen Mainseite das Kloster Engelberg. Der direkteste Weg ist die Engelsstiege mit 612 Stufen, die von Kreuzwegszenen gesäumt ist. Oben entschädigen eine herrliche Aussicht, dunkles Klosterbier, deftige Brotzeiten und eine barocke Wallfahrtskirche für die Mühen des Aufstiegs.

Besucher-Tipps:

Römisches Miltenberg Westlich der Altstadt Richtung Großheubach informieren Schautafeln in der Nähe des Restaurants »Parkhof« über das alte römische Kastell in Miltenberg. Weitere Informationen gibt es im Stadtmuseum Miltenberg und im Museum der Nachbargemeinde Bürgstadt, auf deren Boden sich einst ein weiteres Kastell befand.

Theatertage Mildenburg Jeden Juli finden im großen Innenhof der Mildenburg zehn Tage lang Open-Air-Theateraufführungen statt. Neben einem jährlich wechselnden Abendprogramm gibt es jeweils auch ein Stück für Kinder. Außerdem rundet ein Konzert das Programm ab. Bei schlechtem Wetter finden die Aufführungen im Alten Rathaus statt.

ⓘ *Touristeninformation: Engelplatz 67, 63897 Miltenberg, Tel. 09371/40 41 19, E-Mail: info@miltenberg.info, www.miltenberg.info*

Bayern

Würzburg

Eingebettet in eine liebliche Hügellandschaft und steile Weinberge, an denen beste Reben heranwachsen, ist die alte fränkische Bischofsstadt am Main noch heute ein Zeugnis dafür, mit welcher Pracht die geistlichen Würdenträger von einst residierten.

Allerorten begegnet man den Heiligen Kilian, Kolonat und Totnan, drei iroschottischen Mönchen, die im 7. Jahrhundert angeblich bei dem Versuch, die Franken zu bekehren, ermordet wurden. Einige Jahrzehnte später weihte dann der heilige Bonifatius 742 den ersten Würzburger Bischof. Wie mächtig seine Nachfolger wurden, zeigen die beiden größten Gebäude der Stadt, die imposante Burg auf dem Marienberg hoch über der Stadt und das prachtvolle Barockschloss im Zentrum. Beide dienten als Bischofsresidenz. Daneben bestimmen Dutzende von Kirchtürmen und die alte Mainbrücke mit ihren mächtigen Heiligenfiguren das Stadtbild. Doch Würzburg hat auch eine lange Tradition als Universitätsstadt, und ein Studentenanteil von mehr als 20 Prozent der Einwohner sorgt dafür, dass die Frankenmetropole nicht in sakraler Ehrwürdigkeit erstarrt.

Sehenswürdigkeiten

❶ **Residenz** Das von Balthasar Neumann im 18. Jahrhundert erbaute Schloss ist vor allem für sein Treppenhaus berühmt. Das Deckengewölbe gilt als technische Meisterleistung und ist mit dem größten Fresko der Welt geschmückt. Auf 670 Quadratmetern malte Giovanni Battista Tiepolo, wie die vier damals bekannten Kontinente den Würzburger Bischof verherrlichen. Dabei ist der Übergang von Malerei zu Stuck so raffiniert, dass oft nicht zu erkennen ist, was plastisch ist oder nur so scheint. Weitere Highlights sind der bombastische Kaisersaal, der elegante Weiße Saal, der anmutige Gartensaal, das kostbare Spiegelkabinett, das als vollkommenstes Raumkunstwerk des Rokoko gerühmt wird, sowie die Hofkirche mit ihrem schier überwältigenden Barockschmuck.

❷ **Schloss und Festung Marienberg** Die imposante Festung oberhalb der Stadt geht auf eine keltische Fliehburg zurück. Im 8. Jahrhundert wurde eine erste Marienkirche errichtet, um 1200 die Grundlagen der heutigen Burg, die im 16. Jahrhundert zum Renaissanceschloss umgebaut und in der Folgezeit zur barocken Festungsanlage umgestaltet wurde. Bis zum Umzug in die neue Residenz war sie Wohn- und Regierungssitz der Würzburger Fürstbischöfe. Heute sind dort das Mainfränkische Museum und das Fürstenbaumuseum zur Stadtgeschichte untergebracht.

❸ **Dom St. Kilian** Der im 11. Jahrhundert erbaute Dom ist die viertgrößte romanische Kirche Deutschlands. Als Innenraumschmuck dient vor allem eine große Sammlung von Grabplatten, darunter die berühmte, lebensgroße Darstellung des Bischofs Rudolf von Scherenberg durch Tilman Riemenschneider.

❹ **Marienkapelle** Die gotische Bürgerkirche am Unteren Markt ist zwar

UNESCO-Welterbe

Würzburger Residenz mit Hofgarten und Residenzplatz Die Residenz der Würzburger Fürstbischöfe ist einer der größten, schönsten und stilreinsten Barockpaläste in Deutschland. Das liegt vor allem auch am gelungenen Zusammenwirken von einigen der bedeutendsten europäischen Künstler des 18. Jahrhunderts. Obwohl die Gesamtleitung Balthasar Neumann unterlag, steuerten auch der österreichische Baumeister von Hildebrandt sowie die Franzosen de Cotte und Boffrand Entwürfe bei. An der Innenraumgestaltung wirkten u. a. der venezianische Maler Tiepolo, der lombardische Stuckateur Bossi und der heimische Bildhauer van der Auwera, aber auch Künstler aus Flandern und München mit.

ⓘ Touristeninformation: Falkenhaus, Marktplatz 9, 97070 Würzburg, Tel. 0931/37 23 98, E-Mail: falkenhaus@wuerzburg.de, www.wuerzburg.de

Bayern

Besucher-Tipps:

Theaterführung und poetischer Spaziergang Wer einmal hinter die Kulissen eines Theaters schauen will, kann dies in Würzburg mit der Opernsouffleuse Cornelia Boese tun. Sie ist auch im Mainfränkischen Museum mit Führungen aktiv. Außerdem können bei ihr (www.boesesouffleuse.de) Stadtspaziergänge auf den Spuren heimischer Künstler gebucht werden.

Augustinerkirche Der Würzburger Augustinerorden wagte das Experiment, seine Kirche am Dominikanerplatz von aller barocken Pracht zu befreien und einen Andachtsort zu schaffen, der durch seine ungewöhnliche Atmosphäre, moderne Kunst, Musik und Meditation Menschen zur Besinnung einladen soll, die nicht traditionell kirchlich gebunden sind.

kirchenrechtlich eine Kapelle, aber trotzdem von imposanter Größe. Am Marktportal sind Kopien der berühmten Riemenschneider-Figuren von Adam und Eva zu sehen. Die Originale befinden sich im Mainfränkischen Museum.

❺ **Neumünster** Das Neumünster wurde über dem Grab der Märtyrer Kilian, Kolonat und Totnan errichtet. Um 1700 bekam es eine neue Fassade im Stil des bewegten italienischen Barock und wurde auch im Inneren barockisiert, hier allerdings in überwiegend zurückhaltendem, elegantem Weiß. Unter anderem waren die Wessobrunner Brüder Johann Baptist und Dominicus Zimmermann an der Ausgestaltung beteiligt. Sehenswert ist auch das Lusamgärtlein im ehemaligen Kreuzgang der Kirche. Hier befindet sich das Grabmal von Walther von der Vogelweide.

Hübsch zeichnen sich die Türme der Stadtsilhouette im Gegenlicht ab (kleines Bild). Prunkstück von Würzburg ist die Residenz aus dem 18. Jahrhundert (großes Bild).

Bayern

6 Käppele auf dem Nikolausberg Als Käppele wird in Würzburg die Wallfahrtskirche Mariä Heimsuchung inmitten der Weinberge auf dem Nikolausberg bezeichnet, zu dem ein von Kreuzwegstationen gesäumter Treppenaufgang hinaufführt. Die Wallfahrtskirche selbst ist das letzte Bauwerk von Balthasar Neumann und wurde nach seinem Tod im überschwänglichen Rokokostil ausgestattet.

7 Alte Mainbrücke Die Alte Mainbrücke mit der Festung im Hintergrund ist das Wahrzeichen Würzburgs. Die Steinbogenbrücke selbst wurde bereits im 15. Jahrhundert errichtet. 1725 gab Bischof Christoph Franz von Hutten den Auftrag, sechs jeweils 4,50 Meter hohe Heiligenfiguren auf der Südseite der Brücke aufzustellen: Kilian, Kolonat und Totnan, die heilige Maria in ihrer Gestalt als Patrona Franconiae und die heilig gesprochenen Bischöfe Burkhard und Bruno. Sein Nachfolger fügte sechs weitere Figuren hinzu.

8 Falkenhaus Weiße Stuckgirlanden im Zuckerbäckerstil garnieren die hellgelbe Fassade des Falkenhauses am Marktplatz. Heute sind in dem schönen Rokokogebäude die Touristeninformation und die Stadtbücherei untergebracht. In der Vergangenheit war das Haus ein nobles Gasthaus, in dem sich lange Zeit der einzige Konzert- und Tanzsaal der Stadt befand.

9 Alter Kranen Der Hafenkran aus dem Jahr 1773 diente dem Entladen der Schiffe auf dem Main. Er wurde durch zwei große Laufräder bewegt, die jeweils von sechs Männern angetrieben wurden. Das malerische Industriedenkmal wurde von Anfang an unter ästhetischen Gesichtspunkten geplant. Baumeister war Balthasar Neumanns Sohn Franz Ignaz. Heute ist der Platz um den Alten Kranen eine beliebte Ausgehadresse mit Biergarten und mehreren Restaurants.

10 Juliusspital Hinter der langen Fassade an der Juliuspromenade befindet sich ein Krankenhaus, das Julius Echter von Mespelbrunn 1576 errichten ließ. Der Bischof sorgte mit der Schenkung von Äckern, Wäldern und dem Weingut Juliusspital, heute dem zweitgrößten in Deutschland, für die Finanzierung. Heute noch befinden sich die »Weinstuben Juliusspital« im und die dazu gehörenden Kellereien unter dem Gebäude. Auch wird das Gelände, das im Laufe der Zeit immer weiter ausgebaut wurde, immer noch als Krankenhaus und Seniorenheim genutzt. Die repräsentativen Teile jedoch wie der Fürstenbau, die Rokokoapotheke und der Innenhof mit seinem Vierströmebrunnen können an den Wochenenden im Rahmen von Führungen besichtigt werden.

Museen

1 Museum im Kulturspeicher In dem einstigen Getreidespeicher am Alten Hafen wurden die Städtische Galerie und die Sammlung Peter C. Ruppert zusammengeführt. Während Erstere vor allem einen regionalen Bezug hat, handelt es sich bei der Letzteren um eine herausragende Kollektion Konkreter Kunst, die sich vor allem im Arrangement geometrischer Formen äußert. Außerdem gibt es immer wieder Sonderausstellungen zur Klassischen Moderne.

2 Mainfränkisches Museum Das Museum auf der Festung Marienberg widmet sich in 45 Räumen der Geschichte des mainfränkischen Raumes. Es gilt auch als bedeutendes Kunstmuseum. Das liegt vor allem an der mit rund 80 Objekten weltweit größten Sammlung von Werken Tilman Riemenschneiders, der wegen der Lebendigkeit seiner Figuren als herausragender Holzschnitzer und Bildhauer der Spätgotik angesehen wird.

3 Röntgen-Gedächtnisstätte Im ehemaligen physikalischen Institut der Universität Würzburg, wo Wilhelm Conrad Röntgen am 8. November 1895 die nach ihm benannten revolutionären Strahlen entdeckte, ist heute eine Gedächtnisstätte eingerichtet. Dort wird Röntgens damalige Versuchsapparatur gezeigt, aber auch ein Einblick in die experimentelle Physik des 19. Jahrhunderts gegeben. Führungen durch die Ausstellung sind nach Voranmeldung möglich.

Kein Geringerer als Giovanni Battista Tiepolo malte die Fresken in der Residenz (oben). Sie stellen u. a. die deutsche Geschichte und klassische Sagen dar. Unten: Blick vom Hofgarten auf die Residenz.

Ausflugstipps:

Veitshöchheim Ende des 17. Jahrhunderts ließen sich die Fürstbischöfe vor den Toren von Würzburg eine Sommerresidenz bauen, die 1753 durch Balthasar Neumann vergrößert wurde. Heute ist sie ein vor allem wegen des schönen Rokokogartens mit seinen vielen Skulpturen, Wasserspielen, Lauben und künstlichen Ruinen beliebtes Ausflugsziel.

Sommerhausen 13 Kilometer südlich von Würzburg liegen sich Sommer- und Winterhausen am Main gegenüber. Vor allem Sommerhausen ist ein reizvoller Ort mit Stadtmauer, Weinstuben, Galerien und gleich drei Theatern. Bekannt ist vor allem das kleine Torturmtheater. Auch der Sommerhausener Weihnachtsmarkt gilt als besondere Attraktion.

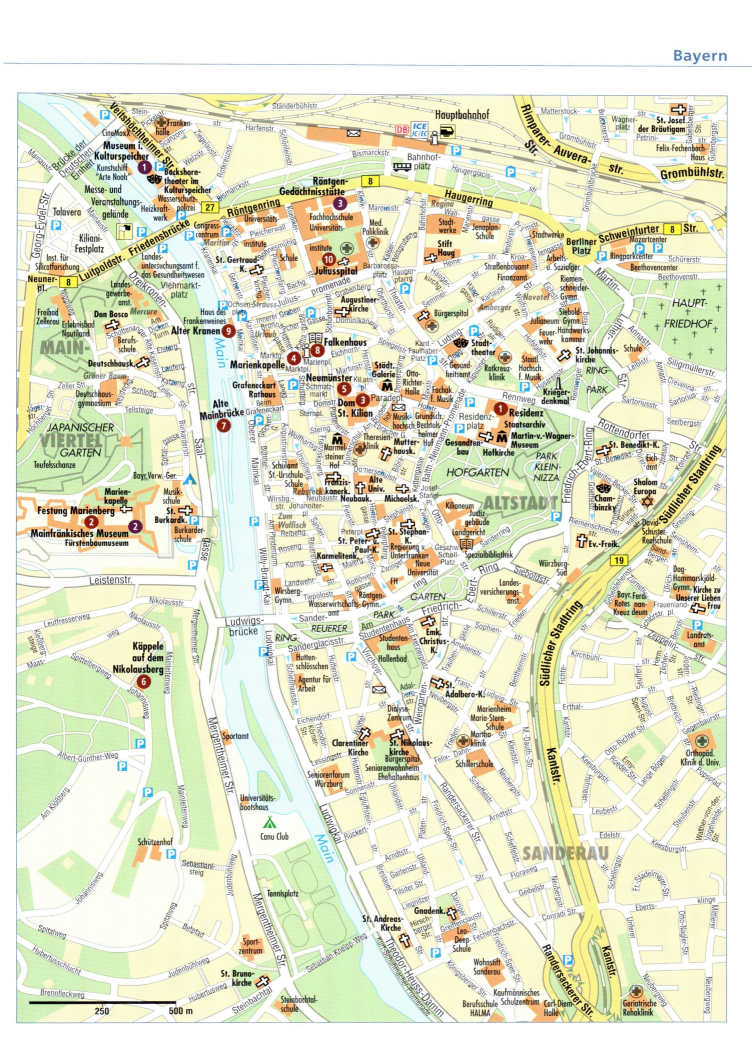

Bayern

Bayern

Nürnberg

Lebkuchen, Bratwürste, Christkindlesmarkt, mittelalterliche Kaiserherrlichkeit, Hans Sachs und Albrecht Dürer: Die größte fränkische Stadt hat mit vielen Klischees aufzuwarten, die alle irgendwie stimmen, aber natürlich längst nicht alles sind.

Es ist kein Zufall, dass die Frankenmetropole für Mittelalterflair steht. In der frühen deutschen Geschichte war Nürnberg als kaiserlicher Eigenbesitz eine der bedeutendsten Städte des Reiches und vor allem unter Karl IV. Ort wichtiger Reichstage. Doch zu Nürnbergs Geschichte gehört auch ein erfolgreiches Unternehmertum. Das beginnt bei den reichen Patriziern des Mittelalters, die der Stadt viele ihrer prächtigen Bauwerke bescherten, geht über die industrielle Revolution, als hier die erste deutsche Eisenbahn fuhr und auch Modelleisenbahnen und andere Spielzeugwaren ein Exportschlager waren, und führt bis in die Wirtschaftswunderzeit. Der unrühmlichen Rolle als Stadt der NS-Parteitage versucht man heute durch besonderen Einsatz für die Menschenrechte, etwa durch Verleihung eines Nürnberger Menschenrechtspreises, Rechnung zu tragen.

Sehenswürdigkeiten

❶ **Kaiserburg** Die Burg von Nürnberg war im Mittelalter eine der wichtigsten Kaiserpfalzen, die jeder regierende Herrscher regelmäßig aufsuchte. Sie gilt als eine der bedeutendsten Wehranlagen Europas. Die historischen Räume im Palast können entweder einzeln oder in Kombination mit dem Burgmuseum in der Kemenate besichtigt werden. Hof und Burggarten sind frei zugänglich.

❷ **St. Sebald** Die einstige Ratskirche über dem Grab des Stadtpatrons Sebaldus ist ein Meisterwerk der Gotik, das mit vielen mittelalterlichen Kunstwerken ausgestattet ist wie dem Sebaldus-Grabmal von Peter Vischer, Apostelfiguren von Veit Stoß und den teils von Dürer entworfenen farbenprächtigen Glasfenstern.

❸ **Albrecht-Dürer-Haus** Im einstigen Wohn- und Atelierhaus des berühmten Künstlers vermitteln noch nahezu originale bzw. wieder in den Originalzustand versetzte Räume ein lebhaftes Bild seines Wirkens. In der alten Werkstatt werden die historischen Drucktechniken wie Kupferstich und Holzschnitt erläutert. Außerdem sind in Wechselausstellungen Grafiken oder Kopien seiner Gemälde zu sehen.

❹ **St. Lorenz** Etwas später als St. Sebaldus im Süden der Altstadt gebaut, stand die Lorenzkirche von Anfang an etwas im Schatten der großen Schwester, was die reichen Bewohner der Südstadt jedoch dazu antrieb, sie besonders kostbar auszustatten. Erhalten sind etwa ein imposantes Sakramentshaus von Adam Kraft, eine als riesiges, schwebendes Medaillon gefasste Verkündigungsszene von Veit Stoß, viele wertvolle Altäre und alte Glasfenster.

❺ **Frauenkirche** Die Kathedrale aus dem 14. Jahrhundert weist einen ungewöhnlichen quadratischen Grundriss auf. Sie wurde von Kaiser Karl IV. für die Aufbewahrung der Reichskleinodien konzipiert. Ein Highlight ist das Uhrenspielwerk über dem Hauptportal. Jeweils um 12 Uhr verneigen sich die sieben Kurfürsten vor dem Kaiser. Im Inneren erinnert ein Davidstern an die durch ein Pogrom zerstörte Synagoge, die einst an dieser Stelle stand.

❻ **Schöner Brunnen** Der 19 Meter hohe Brunnen auf dem Hauptmarkt hat die Gestalt einer gotischen Kirchturmspitze. Auf vier Etagen ist er mit farbig bemalten Figuren geschmückt, die die neun guten Helden, die sieben Freien Künste, die sieben Kurfürsten, sieben Propheten, die vier Evangelisten und die vier Kirchenväter darstellen.

❼ **Altes Rathaus mit Lochgefängnissen** Das Nürnberger Rathaus wurde im frühen 17. Jahrhundert im Stil der Spätrenaissance erbaut. Der kulturhistorisch wertvollste Teil ist jedoch der integrierte gotische Saalbau des vorherigen Rathauses auf der Südseite. Eine Touristenattraktion sind die mittelalterlichen Kerker im Keller, die im Rahmen von Führungen besichtigt werden können.

❽ **Henkersteg und der Weinstadel** Vom malerischen alten Weinstadel, der heute ein Studentenwohnheim ist, führt der Henkersteg zum Henkersturm auf der Trödelmarktinsel in der Pegnitz. Dort musste einst der Henker abseits der normalen Leute wohnen. Heute ist die Insel mit ihren kleinen Läden und Restaurants ein idyllisches Ausgehquartier. Turm, Steg und Stadel sind zusammen eines der beliebtesten Fotomotive der Stadt.

❾ **Ehekarussell** Der offizielle Name dieses Kunstwerkes von 1981 heißt Hans-Sachs-Brunnen. Sechs überlebensgroße Figurengruppen illustrieren das Beziehungsauf und -ab, wie es der für seine Deftigkeit bekannte Spruchdichter in »Das bittersüße eh'lich' Leben« schilderte.

❿ **Johannisfriedhof** Der malerische Friedhof an der Stadtmauer wird we-

ⓘ Touristeninformation: Frauentorgraben 3, 90443 Nürnberg, Tel. 0911/23 360, E-Mail: tourismus@nuernberg.de, www.tourismus.nuernberg.de

Bayern

Besucher-Tipps:

Erfahrungsfeld Im Dunkeln essen, gemeinsam mit anderen auf einer Wipp-Scheibe balancieren, mit der Sandrifuge Muster zaubern, eine Pendelwelle in Bewegung setzen ... Seit 20 Jahren gibt es auf der Wöhrder Wiese am Pegnitzufer im Sommer ein Erfahrungsfeld, wo Jung und Alt ihre sieben Sinne auf die Probe stellen können.

Altstadtmauer Die ursprüngliche, fünf Kilometer lange Befestigung der Altstadt ist fast vollständig erhalten bzw. restauriert. Große Teile davon sind begehbar und bieten einen schönen Ausblick. Im Bereich der Burg finden sich auf den mächtigen Verteidigungsbasteien auch öffentlich zugängliche Burggärten, die zu Besichtigungspausen einladen.

gen seiner vielen Rosenbüsche auch als Rosenfriedhof bezeichnet. Vor allem die vielen schönen, historisch interessanten Grabmäler machen ihn besuchenswert. U. a. sind hier Albrecht Dürer, Hans Sachs, Veit Stoß und Anselm Feuerbach begraben.

⑪ Heilig-Geist-Spital Das Spital wurde im 14. Jahrhundert von einem reichen Nürnberger zur Versorgung der Alten und Kranken gestiftet und dient noch heute als Seniorenheim. Es wurde über einem Arm der Pegnitz errichtet und ist ein beliebtes Fotomotiv.

⑫ St. Jakob Die einstige Kirche des Deutschen Ordens wurde im Gegensatz zu vielen anderen Kirchen Nürnbergs nicht originalgetreu restauriert, sondern präsentiert sich heute als interessante Mischung zwischen Alt und Neu.

⑬ St. Elisabeth Ursprünglich die gotische Hospitalkirche des Deutschen

Kleines Bild: Aussicht über die Altstadt vom Turm beim Tiergärtnertor. **Großes Bild:** Hoch über der Altstadt thront die Kaiserburg.

Bayern

Ordens wurde St. Elisabeth in einem langwierigen Prozess klassizistisch umgebaut und beeindruckt seitdem als hoher Kuppelbau mit viel Weiß und rosageädertem Marmor.

⓮ St. Egidien Die ehemals romanische Klosterkirche wurde erst gotisch und dann barock überbaut. Das lässt im Inneren, auch wenn oft von Nürnbergs einziger Barockkirche die Rede ist, einen interessanten, sehr individuellen Raumeindruck entstehen.

⓯ Handwerkerhof Das Ensemble pittoresker Fachwerkhäuschen und Buden ist nicht original, sondern wurde zum 500. Geburtstag Albrechts Dürers in einen umbauten Hof am Königstor hineingesetzt. Doch seitdem sind die Kunstgewerbestände, Spielzeugmacher, Lebküchner, Weinstuben und die historische Bratwurstküche ein Touristenmagnet ersten Ranges.

⓰ Felsengänge Unter der Stadt diente früher ein Netz von Felsengängen den Brauereien zur Kühlung ihrer Biervorräte. Diese Gänge können heute im Rahmen von Führungen des Vereins »Nürnberger Felsengänge« ebenso besichtigt werden wie die Kasematten der Burg und Bunkeranlagen aus dem Krieg.

Museen

❶ Germanisches Nationalmuseum und Straße der Menschenrechte Das 1852 gegründete Nationalmuseum ist das größte und umfassendste Museum zur Geschichte und Kultur des deutschsprachigen Raumes mit einer Unzahl wertvoller Exponate, darunter auch bedeutende Kunstwerke von Dürer und Cranach über Rembrandt, Nolde und Kirchner bis hin zu Beuys. Ausdruck der ständigen Weiterentwicklung ist auch die 1988 erstellte Skulptur »Straße der Menschenrechte« vor dem Museum.

❷ Stadtmuseum Fembohaus In Nürnbergs schönstem Patrizierhaus aus der Spätrenaissance ist das Stadtmuseum untergebracht.

❸ Neues Museum In dem modernen Bau in Bahnhofsnähe sind zeitgenössische Kunst und modernes Design ab den 1950er-Jahren in stetig wechselnden Ausstellungen zu sehen.

❹ Deutsche-Bahn-Museum Mit Ursprüngen im Jahr 1899 ist das Bahn-Museum das älteste Eisenbahnmuseum der Welt. Zur Sammlung gehören u. a. die älteste erhaltene deutsche Dampflok und ein Nachbau der »Adler«, Deutschlands erster Lokomotive überhaupt.

❺ Spielzeugmuseum In einem alten Patrizierhaus in der Karlstraße wird mit einer außergewöhnlichen Sammlung historischen Spielzeugs Nürnbergs Tradition als Spielzeugmacherstadt Rechnung getragen.

❻ Dokumentationszentrum Reichsparteitagsgelände Auf dem ehemaligen Reichsparteitagsgelände der Nazis informieren Tafeln über diesen dunklen Teil der Geschichte. Dazu gibt es im Dokumentationszentrum eine Dauerausstellung, die sich unter dem Titel »Faszination und Gewalt« vor allem den Massenveranstaltungen der NS-Propaganda widmet.

Über die Pegnitz führt der Henkersteg mit seiner Holzbedachung. Auf der anderen Flussseite steht das ehemalige Weinstadel.

Ausflugstipps:

Fürth Nürnbergs Nachbarstadt wurde im Krieg verhältnismäßig wenig zerstört, weshalb die Innenstadt noch weitgehend von schönen Gründerzeit- und Jugendstilbauten, in der Altstadt auch von barocken Häusern und Fachwerkbauten geprägt ist. Sehr sehenswert ist auch das große Museum zur Geschichte der Juden in Franken.

Erlangen Nürnbergs zweite Nachbarin wurde als barocke Idealstadt angelegt. Auch das Schloss und das Markgrafentheater, das älteste bespielte Barocktheater Deutschlands, strahlen die Pracht des 17. und 18. Jahrhunderts aus, als die Markgrafen von Brandenburg-Bayreuth das vom Dreißigjährigen Krieg zerstörte Erlangen nach ihrem Gusto aufbauten.

Bayern

Bayern

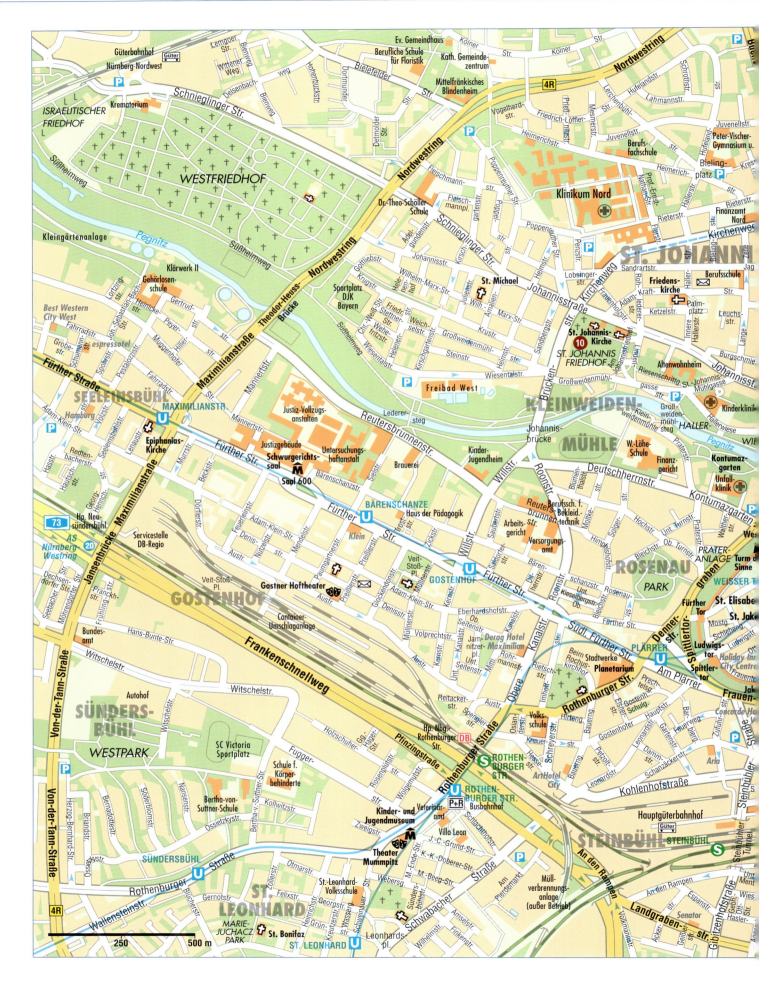

Bayern

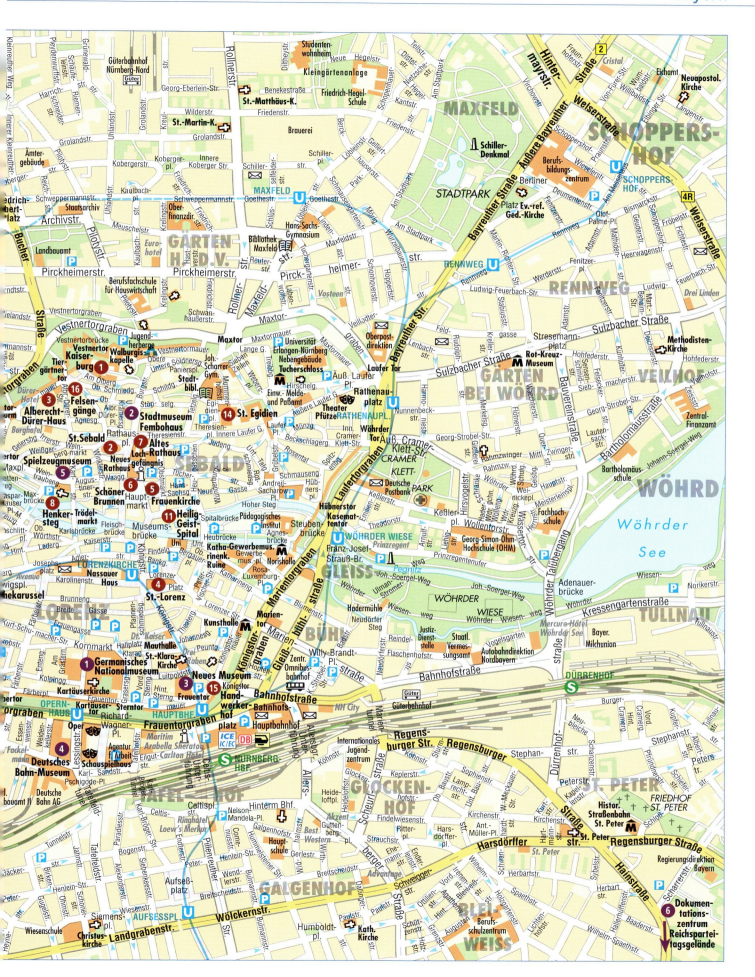

Bayern

Rothenburg o. d. Tauber

Eine wunderschöne Lage oberhalb der Tauber und ein nahezu unversehrt erhalten gebliebener Stadtkern haben die kleine Stadt in Mittelfranken weltweit zu einem Synonym für deutsche Mittelalterromantik gemacht.

Die mächtige Stadtmauer, enge Gässchen, überall Fachwerk vom prächtig geschmückten Patrizierdomizil bis hin zum windschiefen Häuschen, das sich in eine enge Lücke schmiegt, eine Silhouette voller Giebel, spitzer Kirchtürme, bulliger Wehrtürme und viele urige Restaurants und kleine Läden voller Andenken, Kunsthandwerk und Spielwaren: So lockt Rothenburg Touristenscharen aus aller Welt an. Der Legende nach ist all das dem einstigen Bürgermeister Georg Nusch zu verdanken. Denn angeblich rettete er die Stadt im Dreißigjährigen Krieg vor der Zerstörung durch die kaiserlichen Truppen, indem er einen Soldatenstiefel mit mehr als drei Litern Wein »auf ex« austrank. Danach versank die alte Reichsstadt lange in die Bedeutungslosigkeit, sodass niemand auf die Idee kam, die alte Pracht modernen Stadtkonzepten zu opfern.

Sehenswürdigkeiten

❶ **Rathaus** Im Gegensatz zu den vielen Fachwerkhäusern rundum präsentiert sich das Rathaus von Rothenburg als mächtiger Renaissancebau. Von seinem Turm aus hat man eine prächtige Aussicht über Stadt und Umgebung. Das Historiengewölbe im Keller lässt die Epoche des Dreißigjährigen Krieges wieder lebendig werden.

❷ **St. Jakob** In der gotischen Hauptkirche der Stadt sind gleich mehrere kostbare mittelalterliche Altäre zu sehen, vor allem der Heiligblutaltar von Tilman Riemenschneider mit einer eindrucksvollen Abendmahlszene und der goldglänzende Zwölfbotenaltar.

❸ **Marktplatz** Inmitten der oft engen Straßen und Gässchen liegt der überraschend großzügig angelegte Marktplatz. Um 10 Uhr morgens und abends spielen die Figuren der Kunstuhr an der Ratstrinkstube Bürgermeister Nuschs »Meistertrank« nach.

❹ **Baumeisterhaus** Die Fassade des vielleicht schönsten Renaissancehauses in Rothenburg zeigt die sieben Tugenden und die sieben Laster. Heute sind in dem Domizil des Baumeisters Leonard Weidmann ein Restaurant und ein Café untergebracht.

❺ **Rödertor** Das Osttor der alten Stadtmauer wird von zwei schönen Zoll- und Wachhäuschen mit außergewöhnlichen spitzen Helmen flankiert.

❻ **Burggarten** Anstelle der 1356 durch ein Erdbeben zerstörten Stauferburg ist im Westen der Stadt heute ein schöner Garten angelegt. Von der auf einem Felssporn gelegenen Terrasse hat man einen herrlichen Blick über das Taubertal.

❼ **Fleisch- und Tanzhaus** Während im Erdgeschoss des prächtigen Fachwerkhauses einstmals die Metzger ihre Waren anboten, diente der Festsaal im ersten Stock dem Tanz.

Ausflugstipps:

Wandern im Taubertal Wer auch das liebliche Taubertal zu Füßen von Rothenburg erkunden will, kann dies auf einem 18,5 Kilometer langen, ausgeschilderten Rundweg tun. Entlang der Tauber geht es bis Bettwar und dann über Wolfsbuch zurück. Dabei passiert man auch Detwang mit dem schönen Heiligkreuzaltar von Riemenschneider.

Creglingen Vor allem für Tilman-Riemenschneider-Fans ist die hübsche kleine Stadt, gut 15 Kilometer nordwestlich von Rothenburg gelegen, ein Muss. Hier findet sich in der Herrgottskirche nämlich der Marienaltar, eines der größten und berühmtesten Werke des fränkischen Holzschnitzers. Sehr besuchenswert ist auch das Jüdische Museum.

Bayern

Besucher-Tipps:

Turmweg Vier Kilometer lang und von 40 Türmen gesäumt, ist der Weg rund um die Altstadt von Rothenburg, die Hälfte davon kann auf der Stadtmauer gegangen werden. Wer sich die Zeit für diese Runde nimmt, bekommt einen umfassenden Eindruck von der alten Reichsstadt und kann sowohl in kleine Hinterhofgärten wie über das schöne Umland blicken.

Historisches Treiben Rothenburg wartet mit einer Reihe von Veranstaltungen auf, die das Mittelalter wieder lebendig werden lassen. Zu Pfingsten werden der Einzug der kaiserlichen Truppen und der »Meistertrank« nachgestellt, Anfang September die Reichsstadttage gefeiert. Hans-Sachs-Stücke gibt es im Winter in Schenken, im Sommer als Open-Air-Aufführungen.

Museen

❶ **Reichsstadtmuseum** Das Stadtmuseum im einstigen Dominikanerinnenkloster kann mit einer der ältesten Klosterküchen und einer Ausstellung zur Waffengeschichte von der Steinzeit bis ins 19. Jahrhundert aufwarten. Außerdem gibt es eine Abteilung zur jüdischen Stadtgeschichte mit all ihren Facetten.

❷ **Mittelalterliches Kriminalmuseum** Natürlich dürfen alte Folterinstrumente nicht fehlen. Daneben ist das Kriminalmuseum aber auch Deutschlands bedeutendste Ausstellung zur Rechtsgeschichte.

❸ **Deutsches Weihnachtsmuseum** Neben dem bekannten Laden von Käthe Wohlfahrt zeigt das Weihnachtsmuseum historischen Christbaumschmuck, Krippen, Nussknacker, Räuchermännchen und vieles mehr.

Großes Bild: Gabelung »Plönlein«, an der Siebersturm mit Kobolzeller Tor stehen. Kleines Bild: Marktplatz mit Rathaus und Georgsbrunnen.

Bayern

Dinkelsbühl

An der Romantischen Straße zwischen Würzburg und Augsburg schmiegt sich die einstige Freie Reichsstadt in eine Schleife der Wörnitz. Mit ihrem nahezu unzerstört erhaltenem, mittelalterlichen Stadtbild zieht sie zahlreiche Besucher an.

Es waren einige Kunstschüler aus München, die Dinkelsbühl vor mehr als einem Jahrhundert aus seinem Dornröschenschlaf rissen. Im Frühjahr 1889 entdeckten sie das Städtchen auf einer Radtour durch Mittelfranken und berichteten voller Begeisterung an der Münchner Akademie darüber. Daraufhin quartierten sich in den folgenden Jahren jeweils im Sommer Malschüler für mehrere Wochen in Dinkelsbühl ein und bannten voller Begeisterung ein romantisches Motiv nach dem anderen auf die Leinwand. Obwohl keiner der damaligen Dinkelsbühl-Pilger eine große Berühmtheit geworden ist, sorgte die Flut der Bilder dafür, dass auch »normale« Urlauber den Reiz des kleinen Städtchens entdeckten. Freilich hat es nicht den Ruf von Rothenburg ob der Tauber erlangt, doch dafür lässt sich die Mittelalterromantik hier mit viel weniger Trubel erleben.

Sehenswürdigkeiten

❶ Münster St. Georg Das Münster am Marktplatz gilt als eine der schönsten spätgotischen Hallenkirchen in Deutschland. Das von außen recht schlichte Gotteshaus besticht im Inneren durch seinen hohen Kirchenraum mit Netzgewölbe und langen, schlanken Glasfenstern. Es kann auch eine überaus reichhaltige Ausstattung mit mehreren gotischen Altären vorweisen. Außen lohnt sich ein genauer Blick auf die schönen Portale. Weitere Highlights: die große Weihnachtskrippe und der Blick vom Turm.

❷ Altes Rathaus »Steinhaus« Das älteste Steinhaus von Dinkelsbühl wurde im 14. Jahrhundert als Wohnsitz der Patrizierfamilie Berlin errichtet, als im Allgemeinen nur Fürsten und die Kirche den kostbaren Stein verwendeten. Im 16. Jahrhundert verkaufte die Familie dann die Vierflügelanlage, die sich um einen schönen Innenhof gruppiert, an die Stadt Dinkelsbühl. Diese richtete bis 1850 hier ihr Rathaus ein. Heute befindet sich dort das »Haus der Geschichte Dinkelsbühl von Krieg und Frieden«.

❸ Mittelalterliche Stadtbefestigung Zu den Highlights von Dinkelsbühl gehört seine 2,5 Kilometer lange, vollständig erhaltene Stadtmauer. Lediglich fünf Türme sind den Zeitläufen ganz oder teilweise zum Opfer gefallen, 21 aber, davon vier mächtige Tortürme, erhalten geblieben. Als Wahrzeichen der Stadt gilt der Bäuerlinsturm mit seinem steilen Satteldach. Auffallend ist auch der Segringer Torturm, der nach einem Einsturz barock wiederaufgebaut wurde.

❹ Wehrmühle Am Nördlinger Tor im Süden von Dinkelsbühl ist auf einzigartige Weise ein Mühlengebäude in die Stadtmauer integriert. Auch der Wehrgang der Stadtmauer wurde durch das Obergeschoss der im 14. Jahrhundert erbauten Mühle geführt und ist durch eine Reihe von Schießscharten zu erkennen. Heute befindet sich im Inneren das weltweit erste 3-D-Museum, das von den Versuchen, perspektivisch zu malen, über raffinierte Spiele mit optischen Täuschungen bis zum modernen 3-D-Film der Beschäftigung des Menschen mit der Darstellung der dritten Dimension gewidmet ist.

Museen

❶ Haus der Geschichte Dinkelsbühl von Krieg und Frieden Im Museum im Alten Rathaus lässt sich die wechselvolle Geschichte der Reichsstadt erleben. Angegliedert ist eine Galerie, die die Tradition der Malerstadt zeigt.

❷ Kinderzech'-Zeughaus Die Kinderzeche in der zweiten Julihälfte ist Dinkelsbühls großes Stadtfest. Sie entwickelte sich aus einem von der Allgemeinheit bezahlten Sommerausflug der Lateinschüler, der einen Dank für deren Chordienste darstellte. Im 19. Jahrhundert wurde dieses Fest mit der Sage verbunden, dass Kinder die Stadt im Dreißigjährigen Krieg vor den Schweden gerettet hätten. Dieses Ereignis wird nun alljährlich von über 1000 Kindern nachgespielt. Ihre historischen Kostüme und eine Ausstellung über die Kinderzeche kann man das ganze Jahr über im alten Kornhaus sehen.

Der Grüne Turm (links im Bild) und das Segringer Tor (rechts im Bild, 1655–1660 neu errichtet) sind Teile der heute immer noch gut erhaltenen Stadtmauer.

Besucher-Tipps:

Malen in Dinkelsbühl Wer möchte, kann heute noch auf den Spuren der Münchner Kunststudenten wandeln und Dinkelsbühl mit Stift und Pinsel entdecken. In dem einstigen Malerheim »Weißes Ross« ist heute die Malschule Dinkelsbühl zu Hause. Aber auch in der Malschule Weber oder den Dinkelsbühler Kunststuben werden Seminare angeboten.

Karpfenradwege Die Gegend um Dinkelsbühl ist auch für ihre Karpfen berühmt. Man kann sie gut per Fahrrad entdecken. Sowohl die kürzere Fischzüchterroute im Süden wie die längere Karpfenlandroute im Osten von Dinkelsbühl führen nicht nur über idyllische kleine Orte, sondern auch an mehreren Gasthäusern vorbei, die zur Fischmahlzeit einladen.

ⓘ Touristeninformation: Altrathausplatz 14, 91550 Dinkelsbühl, Tel. 09851/90 24 40, E-Mail: touristik.service@dinkelsbuehl.de, www.dinkelsbuehl.de

Coburg

Überragt von einer der größten deutschen Burganlagen, liegt die einstige Herzogsstadt am Südabhang des Thüringer Waldes. Zu Füßen der Veste finden die Besucher eine schöne Renaissanceinnenstadt – und ein weiteres imponierendes Schloss.

Im Laufe seiner Geschichte war die Stadt an der bayerisch-thüringischen Grenze immer wieder mal Residenz einer Nebenlinie des Hauses Wettin gewesen und dementsprechend repräsentativ ausgebaut worden. Prägend waren vor allem Herzog Franz Friedrich Anton und seine schöne Gattin Auguste. Er bescherte der Stadt ihre außergewöhnliche Kunstsammlung. Sie betrieb eine äußerst geschickte Heiratspolitik, die dazu führte, dass ihr Sohn Leopold König von Belgien wurde und ihre Enkel Victoria und Albert England regierten. Ein weiterer Enkel wurde Prinzgemahl von Portugal, ein Urenkel König von Bulgarien. Grund genug also für die Fürstenfamilie, in Sachen Repräsentation mit der erfolgreichen Verwandtschaft Schritt zu halten. Durch die deutsch-deutsche Teilung in eine Randlage gedrängt, hat die Stadt heute wieder an Bedeutung gewonnen.

Sehenswürdigkeiten

❶ **Veste Coburg** Wegen ihrer Größe und ihrer Lage wird die wunderbar erhaltene Burg auch als »Krone Frankens« bezeichnet. Im 14. Jahrhundert fiel sie an die Meißener Markgrafen, die sie stetig den geänderten militärischen und repräsentativen Erfordernissen anpassten.

❷ **Schlossplatz und Schloss Ehrenburg** Nicht weniger beeindruckend als die Veste sind das Stadtschloss der Herzöge und sein schöner Schlossplatz. Beide wurden mehrfach umgestaltet, u. a. von Schinkel im frühen 19. Jahrhundert. Auch die Räume im Inneren sind vorwiegend klassizistisch gestaltet. Der »Riesensaal« allerdings und die Hofkirche präsentieren sich in überbordendem Barock.

❸ **Marktplatz mit Rathaus und Stadthaus** Der Marktplatz ist mit Gebäuden aus der Renaissance gesäumt. Dem alten Rathaus mit seiner eher zurückhaltenden blau-goldenen Fassade steht das Stadthaus gegenüber, das in fröhlichem Rot-Weiß gehalten ist. Beide weisen die typischen zweistöckigen Coburger Erker auf.

❹ **Morizkirche** Glanzstück der dem Stadtpatron Mauritius geweihten Kirche ist ein riesiges Renaissancegrabmal, das Herzog Johann Casimir seinen Eltern errichten ließ.

Museen

❶ **Kunstsammlung der Veste Coburg** Die Sammlung gilt als eine der bedeutendsten Deutschlands. Sie umfasst Gemälde und Skulpturen u. a. von Riemenschneider, Dürer, Grünwald und Cranach, eine außergewöhnliche Kollektion an Kupferstichen, zu denen auch alte Flugblätter aus der Reformationszeit gehören, sowie Münzen, Rüstungen und Waffen.

❷ **Naturkundemuseum** Während Herzog Franz der Vater der Kunstsammlung ist, gehen die Bestände des naturkundlichen Museums am Hofgarten auf seine Gattin Auguste zurück. Heute sind neben der historischen Sammlung auch Kuriosa, etwa einer Mühle zur Murmelherstellung, zu besichtigen.

Ein großes Portal führt in den Innenhof der Veste Coburg, die auf das 10. Jahrhundert zurückgeht.

Ausflugstipps:

Rödental Der kleine Ort, sieben Kilometer nordöstlich von Coburg, kann mit Schloss und Park Rosenau, der Sommerresidenz der Coburger Herzöge, aufwarten. In der Orangerie ist mit dem Museum für modernes Glas eine Dependance der Coburger Kunstsammlungen untergebracht. Ebenfalls sehenswert: die spätgotische Johanniskirche und Kloster Mönchsröden.

Staffelstein Nur rund 18 Kilometer südlich von Coburg wird der Kurort Bad Staffelstein von zwei Juwelen der barocken Baukunst eingefasst. Im Westen liegt das mächtige Kloster Banz, heute Tagungsstätte, im Osten die von Balthasar Neumann erbaute Basilika Vierzehnheiligen, die als eines der Hauptwerke des sakralen Rokoko gilt.

Besucher-Tipps:

Hofgarten Zwischen der Veste Coburg und Schloss Ehrenburg erstreckt sich ein Landschaftsgarten, den man unbedingt erwandern sollte. Man findet hier einen Rosengarten und fürstliche Zierbauten genauso wie Kinderspielplätze und eine Menge außergewöhnlicher Bäume, etwa kalifornische und chinesische Mammutbäume und Hängebuchen.

Landestheater Coburg Das schöne klassizistische Theater lohnt schon wegen seiner Räumlichkeiten einen Besuch. Aber auch das vielfältige Programm des Drei-Sparten-Theaters kann sich sehen lassen. Sinfoniekonzerte stehen genauso auf dem Spielplan wie Opern, Musicals, klassische und moderne Stücke sowie Kindertheater und auch Kinderkonzerte.

ⓘ Touristeninformation: Herrngasse 4, 96450 Coburg, Tel. 09561/89 80 00, E-Mail: info@tourist.coburg.de, www.coburg-tourist.de

Bayern

Bamberg

Nur wenige Städte haben eine so vielfältige Topografie aufzuweisen wie das »Fränkische Rom«, das in seinem als Welterbe anerkannten Zentrum von den Armen der Regnitz malerisch eingefasst wird und sich im Westen über sieben Hügel erstreckt.

Während sich zwischen den Regnitzarmen die alte Bürgerstadt ausbreitete, war der hügelige Westen von alters her die Bischofsstadt. Malerisch verbunden sind sie durch das schöne Alte Rathaus, das mitten in die Regnitz gesetzt wurde. Von hier aus hat man den vielleicht fotogensten Blick der Stadt auf die direkt ans Wasser gebauten Häuser von »Klein-Venedig«. Jedes Jahr im August findet hier das Fischerstechen statt. Bekannt ist Bamberg aber nicht nur für seine Altstadt und seine Kirchen, sondern auch für seine vielen alten Brauereien. Das Brauhaus Schlenkerla in der Dominkanerstraße mit seinem Rauchbier gehört zu den größten Attraktionen, doch die Einheimischen zieht es in der Regel eher auf die »Keller«, wie sich die oberhalb der einstigen Kühlkeller angelegten Biergärten auf dem Stephans- und dem Kaulberg nennen.

Sehenswürdigkeiten

❶ **Altstadt** Die Altstadt von Bamberg umfasst sowohl die Domstadt wie das Zentrum zwischen den beiden Regnitzarmen. Dort findet man um mehrere aneinandergereihte Plätze schöne barocke Gebäude, viele davon von der Familie Dientzenhofer erbaut wie die St.-Martins-Kirche, das Naturkundemuseum im ehemaligen Jesuitenkolleg oder das Neue Rathaus.

❷ **Fränkisches Rom** Seinen Beinamen hat Bamberg sieben Hügeln – Abtsberg, Altenburg, Domberg, Jakobsberg, Kaulberg, Michelsberg und Stephansberg – zu verdanken, aber auch den zahlreichen Kirchen, etwa Karmelitenkloster, Oberer Pfarre und Laurenzi-Kapelle auf dem Kaulberg.

❸ **Bamberger Dom** Der alte Kaiserdom wartet mit einem schönen frühgotisch-schlichten, doppelchörigen Raum und viel sehenswertem Figurenschmuck auf. Am bekanntesten ist natürlich der Bamberger Reiter, aber auch die Gestaltung der Ostchorschranke und der Außenportale sowie das Riemenschneider-Grabmal des Kaiserpaares Heinrich und Kunigunde lohnen ein genaues Studium.

❹ **Kloster Michelsberg** Das einstige Benediktinerkloster ist auch heute noch ein imposanter Anblick. Auf alle, die den Aufstieg wagen, warten Brauereimuseum, Café und Biergarten mit wunderbarer Aussicht und eine interessante Klosterkirche, deren Kreuzgewölbe mit fast 600 verschiedenen Pflanzen ausgemalt ist. Sehenswert sind auch das Grab des heiligen Otto mit Durchschlupf und die barocke Heilig-Grab-Kapelle.

❺ **Alte Hofhaltung** Die im 16. Jahrhundert anstelle der Königspfalz errichteten Wirtschaftsgebäude der Fürstbischöfe bestechen durch ihren schönen Fachwerkinnenhof, der von einer doppelten (blumengeschmückten) Balkongalerie umgeben ist. Jeden Sommer finden hier Open-Air-Aufführungen des Stadttheaters statt.

❻ **Altenburg** Gut zwei, allerdings steile Kilometer führen durch den Wald zur Altenburg. Doch sowohl die schöne Burg wie die herrliche Aussicht belohnen für die Mühen, auch wenn die Bausubstanz größtenteils nicht aus dem Mittelalter stammt, sondern die Altenburg im 19. Jahrhundert wiederaufgebaut wurde. Außerdem gibt es eine Gaststätte, die zur Stärkung einlädt.

❼ **Neue Residenz mit Rosengarten** Die imposante Machtzentrale der Bamberger Erzbischöfe wurde im 17. Jahrhundert als Renaissancebau begonnen und im 18. von Leonhard Dientzenhofer barock vollendet. Über 40 Prunkräume im Inneren, darunter ein Spiegelzimmer, sind im Rahmen einer Führung zu besichtigen. Des Weiteren sind die Staatsgalerie und die Staatsbibliothek hier untergebracht. Unbedingt besuchen sollte man den frei zugänglichen Rosengarten hinter der Residenz. Hier kann man wunderbar verweilen und eine herrliche Aussicht über Stadt und Umland genießen.

Museen

❶ **Staatsgalerie in der Neuen Residenz** Die Bamberger Dependance der Bayerischen Staatsgalerie umfasst vor allem Meisterwerke aus der deutschen Spätgotik und Frührenaissance sowie barocke Oeuvres, die teils auch in barocker Hängung präsentiert werden. Ein Highlight ist Hans Baldung Griens »Sintflut«.

❷ **Historisches Museum Bamberg** Im Historischen Museum in der Alten Hofhaltung lässt sich die bewegte Stadtgeschichte nacherleben. Dazu gehört auch eine Galerie, in der unter dem Motto »Von Lucas Cranach über Pieter Brueghel zu Otto Modersohn« 100 Meisterwerke aus sieben Jahrhunderten Malerei präsentiert werden.

ⓘ Touristeninformation: Geyersworthstraße 5, 96047 Bamberg, Tel. 0951/29 76 200, E-Mail: info@bamberg.info, www.bamberg.info

Bayern

UNESCO-Welterbe

Altstadt von Bamberg Im Zentrum von Bamberg sind sowohl die mittelalterlichen Strukturen wie viele bedeutende Gebäude noch gut erhalten. Speziell lässt sich z. B. die alte Verzahnung zwischen Versorgungseinrichtungen wie Gemüsegärten oder Weinbergen und der städtischen Infrastruktur noch gut erkennen. Während ihrer hochmittelalterlichen Blütezeit beeinflusste die Stadt die Architektur Nord- und Osteuropas und war insbesondere ein Bindeglied zum slawischen Kulturraum. Im späten 18. Jahrhundert war sie als Wohnsitz von Geistesgrößen wie Georg Wilhelm Friedrich Hegel und E.T.A. Hoffmann ein Zentrum der Aufklärung in Süddeutschland und weist auch aus dieser Ära noch bedeutende Bauwerke auf.

❸ **Museum Kutz – Kommunikationstechnik und -geschichte** Das Museum ist der Geschichte der Kommunikation von den ersten Keilschrifttafeln bis zur Gegenwart gewidmet, konzentriert sich aber speziell auf die Entwicklung der Bürotechnik.

❹ **Fränkisches Brauereimuseum** Als Stadt mit großer Biertradition hat Bamberg auch ein Brauereimuseum, das in den Gewölben des ehemaligen Benediktinerklosters Michelsberg untergebracht ist und alle Stationen der Bierherstellung umfasst.

❺ **E.T.A-Hoffmann-Haus** In Hoffmanns einstigem Wohnhaus am Schillerplatz residiert heute die E.T.A.-Hoffmann-Gesellschaft, die sich dem Erbe des Künstlers gewidmet hat. Dazu gehören wechselnde Ausstellungen, die sich mit einzelnen von Hoffmanns Stücken und Erzählungen, seinem grafischen Werk oder der Rezeption seines Schaffens befassen.

Im Gegensatz zu Nürnberg wurde Bamberg im Zweiten Weltkrieg kaum beschädigt. Das Alte Rathaus steht in der Regnitz (großes Bild).

Bayreuth

Wagner und Wilhelmine verhalfen der Stadt am Main zu überregionalem Ruhm: Die Markgräfin baute ihre Residenzstadt zum Schmuckkästchen aus, der Musiker machte einen »grünen Hügel« vor den Toren zum Pilgerort für Opernfreunde aus aller Welt.

Eigentlich reicht Bayreuths Geschichte bis in das frühe Mittelalter zurück. Doch die Hussitenkriege, der Dreißigjährige Krieg und ein großer Stadtbrand im Jahr 1605 ließen fast nichts von der alten Bausubstanz übrig. Die Fürsten von Brandenburg-Bayreuth konnten in der Folge ihre Residenz also nach eigenem Gutdünken neu gestalten. Das tat vor allem Markgräfin Wilhelmine, eine Schwester Friedrichs des Großen, im 18. Jahrhundert.

Gemeinsam mit ihren Hofbaumeistern Joseph Saint-Pierre und Carl von Gontard schuf sie den »Bayreuther Rokoko«, der sich vor allem durch fantasievolle Innendekors auszeichnete. Wilhelmines Opernhaus war es auch, das 1870 Richard Wagner nach Bayreuth führte, was der Stadt in der Folge bei Musikfreunden Weltruf einbrachte. Doch nicht nur die Aufführungen seines Werkes sind einen Besuch wert.

Sehenswürdigkeiten

❶ Altstadt Das Zentrum des alten Bayreuth ist die Maximilianstraße, ein lang gezogener Straßenmarkt, der heute Fußgängerzone ist. Das westliche Ende dominiert die schöne Mohrenapotheke von 1610. Ältestes Gebäude ist die spätgotische Stadtkirche.

❷ Markgräfliches Opernhaus Markgräfin Wilhelmine ließ die Oper zur Vermählung ihrer Tochter im Jahr 1731 erbauen und leitete sie in der Folge selbst. Das Innere wurde als barocke Zauberwelt gestaltet.

❸ Richard-Wagner-Festspielhaus Das Festspielhaus aus Ziegelstein mit Fachwerkmuster wurde von Richard Wagner selbst entworfen und ganz auf seine Bedürfnisse zugeschnitten, nachdem er das Bayreuther Opernhaus als zu klein verworfen hatte.

❹ Villa Wahnfried Das Gebäude im Stil der Neo-Renaissance ließ sich Wagner 1874 als Wohnhaus errichten. Heute ist dort das Wagner-Museum untergebracht.

❺ Neues Schloss Äußerlich wirkt die Residenz, die 1753 nach einem Brand im alten Schloss errichtet wurde, unauffällig. Im Inneren ließ Markgräfin Wilhelmine originelle Prunkräume einrichten, etwa das Spiegelscherbenkabinett oder das Palmenzimmer.

❻ Rollwenzelei Im Hinterzimmer des einstigen Wirtshauses der Familie Rollwenzel war fast 20 Jahre lang der Dichter Jean Paul zu Gast und verfasste seine Werke. Heute ist dort ein kleines Museum eingerichtet.

❼ Schlosskirche und Schlossturm Auch die Schlosskirche mit pastellfarbenem Innenraum wurde von Markgräfin Wilhelmine nach dem Brand des alten Schlosses in Auftrag gegeben. Im Turm, der als Wahrzeichen Bayreuths gilt, windet sich ein Karrenweg um die eigentliche Treppe.

UNESCO-Welterbe

Markgräfliches Opernhaus in Bayreuth Das Opernhaus der Markgräfin Wilhelmine ist ein Meisterwerk der barocken Theaterarchitektur. Vor allem aber zählt es zu den wenigen Original erhaltenen Theatern der Zeit, obwohl es im Inneren weitgehend aus Holz und bemalter Leinwand besteht. Damit ist es nicht nur authentisches Zeugnis der damaligen Theaterbautechniken, sondern erlaubt auch, die akustischen Verhältnisse aus der Barockzeit nachzuempfinden. Es markiert zudem einen Höhepunkt des fürstlichen Theaterbaus, nimmt aber gleichzeitig durch seine Anlage als separates Gebäude, nicht integriert in einen Palast, die Ära der öffentlichen Theaterhäuser bereits vorweg.

Bayern

Besucher-Tipps:

Eremitage-Fest Natürlich gehört auch die am Ostrand von Bayreuth gelegene Sommerresidenz Eremitage zum touristischen »Pflichtprogramm«. Am besten erlebt man sie im Rahmen des Sommernachtfestes, das Ende Juli/Anfang August gefeiert wird. Zum Programm gehören Musikbühnen, ein Feuerwerk und ein romantisch beleuchteter Wirtsgarten.

Festspielpark Man braucht kein Wagnerianer zu sein, um in den Festspielpark am Grünen Hügel zu pilgern. Der schöne, jederzeit zugängliche Garten erfreut mit einer Fülle von Blumen, seltenen Bäumen und einem romantischen Seerosenteich. Eine Kuriosität ist das Wappen der Familie Wagner, das in Form von 10 000 Sonnenblumen erblüht.

Museen

❶ Gartenkunstmuseum im Schloss Fantaisie In der einstigen Sommerresidenz der Markgrafen wurde 2000 das erste Gartenkunstmuseum Deutschlands eingerichtet. Die Besucher erfahren, welche Pflanzen in den verschiedenen Epochen Mode waren, wie Plastiken, Gebäude und Wasserspiele eingesetzt wurden.

❷ Richard-Wagner-Museum In der Villa Wahnfried sind die original eingerichteten Wohnräume der Familie sowie eine Ausstellung zu Wagners Werk und der Geschichte der Bayreuther Festspiele zu sehen.

❸ Deutsches Freimaurer-Museum Das Museum dokumentiert die vielfältige Geschichte der Freimaurerei von ihren Anfängen bis in die Gegenwart. Angeschlossen sind eine Bibliothek und ein Archiv.

Zu den eindrucksvollsten Hinterlassenschaften des Markgrafen gehört das barocke Opernhaus (großes Bild). Kleines Bild: Villa Wahnfried.

Bayern

Regensburg

Regensburg, das ist Geschichte pur: Wenige Städte in Deutschland können auf eine so lange und wechselvolle Vergangenheit zurückblicken. Doch als Universitätsstadt und bedeutender Standort der Biotechnologie ist sie nicht in ihrer Historie erstarrt.

Als »nördlichste Stadt Italiens« wird Regensburg manchmal bezeichnet. Wegen der vielen alten Geschlechtertürme, die man sonst auf dieser Seite der Alpen so nicht findet, aber auch wegen des entspannten Flairs auf den schönen alten Plätzen. Vermutlich ist es nur der schlechten wirtschaftlichen Situation der Nachkriegsjahre zu verdanken, dass die vielen alten Gebäude aus dem Mittelalter und der frühen Neuzeit, als Regensburg eine der reichsten und bedeutendsten Städte Deutschlands war, keinen Modernisierungen zum Opfer fielen. Heute ist die Stadt an der Donau längst wieder zu einer prosperierenden Metropole geworden, kann mit über 1500 denkmalgeschützten Gebäuden, darunter einer Anzahl großartiger Kirchen-, Stifts- und Klosterbauten, einzigartige Zeugnisse einer glanzvollen Vergangenheit vorweisen.

Sehenswürdigkeiten

❶ **Dom St. Peter** Der Regensburger Dom gilt als bedeutendste gotische Kirche in Süddeutschland. Der Bau wurde im 13. Jahrhundert begonnen, aber erst im 19. Jahrhundert mit der Erstellung der beiden 105 Meter hohen Türme vollendet. Unter den zahlreichen Kunstschätzen im Inneren haben vor allem die mittelalterlichen Glasfenster besondere Bedeutung. Einen Besuch lohnt auch der schöne Kreuzgang. Während der Sonntagsgottesdienste sind die weltberühmten »Regensburger Domspatzen« zu hören.

❷ **Allerheiligenkapelle** Die romanische Kapelle findet sich im Kreuzgang des Regensburger Domes. Sie wurde von Bischof Hartwig II. als Begräbniskapelle angelegt und ist einer der wenigen Kirchenräume aus dem 12. Jahrhundert, der nie verändert wurde. Der Raum war völlig mit einer Darstellung des Jüngsten Gerichtes bedeckt. Davon ist noch heute relativ viel erkennbar.

❸ **Alte Kapelle** Die Kirche des Stiftes zu Unserer Lieben Frau präsentiert sich von außen als schlichter, aus dem 11. Jahrhundert stammender Bau. Im Inneren erwartet den Besucher rauschender, in Weiß und Gold gehaltener Rokoko, der u. a. von Meistern der berühmten Wessobrunner Schule geschaffen wurde. Aus religiöser Sicht der wichtigste Ausstattungsgegenstand ist aber ein altes Gnadenbild der heiligen Maria mit Kind.

❹ **Altes Rathaus** Der bedeutendste Teil des Regensburger Rathauses ist der leuchtend gelbe Anbau aus dem 14. Jahrhundert. Ursprünglich war er ein Tanzsaal, aber von 1663 bis 1806 tagte hier der »Immerwährende Reichstag«. Heute ist dort das Reichstagsmuseum eingerichtet und die originalen Räumlichkeiten, aber auch ein Folterkeller können im Rahmen von Führungen besichtigt werden.

UNESCO-Welterbe

Altstadt von Regensburg Die Innenstadt enthält seit der Römerzeit bedeutende Gebäude aus zwei Jahrtausenden und illustriert auf diese Weise, wie sich die aufeinanderfolgenden Epochen beeinflusst haben. Insbesondere die Architektur aus dem 11. bis 13. Jahrhundert weist noch alle Elemente einer bedeutenden mittelalterlichen Handelsstadt auf, etwa den zentralen Markt mit seinen großen repräsentativen Gebäuden, die engen Gassen rundherum, die große Zahl an Kirchen und klösterlichen Einrichtungen, die Patrizierhäuser und die starken Befestigungsanlagen. Auch war Regensburg als Sitz des »Immerwährenden Reichstages« von 1663 bis 1806 quasi Regierungssitz des deutschen Kaiserreichs.

ⓘ Touristeninformation: Altes Rathaus, Rathausplatz 4, 93047 Regensburg, Tel. 0941/50 74 410, E-Mail: tourismus@regensburg.de, www.regensburg.de

Bayern

Besucher-Tipps:

Weihnachtszauber Im Advent wartet Regensburg mit drei Weihnachtsmärkten auf: dem Christkindlmarkt rund um die Neupfarrkirche, dem Lucreziamarkt der Kunsthandwerker am Haidplatz und dem Romantikmarkt im Thurn-und-Taxis-Schloss. Außerdem gibt es Stadtführungen zum »Weihnachtszauber« und Christkindlschifffahrten auf der Donau.

Stadtgeschichte in Mundart Das authentische Regensburg lässt sich am besten bei Stadtführungen erleben, die von waschechten Regensburgern in Mundart gehalten werden. Im Mittelpunkt stehen dabei neben »Geschichte und Geschichten« Brauchtum und alte Traditionen. Die Führungen können von Gruppen in der Touristeninformation gebucht werden.

❺ **Porta Praetoria** Erst im 19. Jahrhundert entdeckte man, dass 300 Jahre zuvor beim Bau des Bischofhofes Reste eines römischen Torwerkes integriert worden waren. Es handelt sich um das Haupttor des einstigen Lagers Castra Regina, das die Keimzelle der Stadt bildete. Heute sind die Reste wieder freigelegt und heben sich als Naturstein von den weißgekalkten Mauern der Residenz ab. Zusammen mit der Porta Nigra in Trier ist dies die einzige erhaltene römische Toranlage nördlich der Alpen.

❻ **Steinerne Brücke** Die schöne alte Brücke mit ihren 14 Bögen wurde im Jahr 1146 errichtet, um einem französischen Kreuzfahrerheer den Übergang über die Donau zu erleichtern. Sie gilt als Meisterwerk mittelalterlicher Baukunst und wurde zum Vorbild für zahlreiche andere Steinbrücken in Europa, etwa der Karlsbrücke in Prag.

Die Steinerne Brücke und der Regensburger Dom St. Peter (großes Bild), von dem aus man eine herrliche Aussicht genießen kann (kleines Bild).

Bayern

❼ »Wurstkuchl« Das Gasthaus an der Steinernen Brücke ist eines der ältesten weltweit. Es diente wohl schon der Verpflegung der Bauarbeiter beim Bau der Steinernen Brücke bzw. war anfangs eine Art »Baubüro« und wurde erst nach der Fertigstellung der Brücke in eine Garküche umgewandelt. Heute gibt es dort Bratwürste, aber auch andere bayerische Spezialitäten. Würste, Sauerkraut und Senf werden von der Betreiberfamilie selbst hergestellt.

❽ Kloster St. Emmeram Das ehemalige Benediktinerkloster wurde 739 über dem Grab des Missionsbischofs Emmeram gegründet. Es war im Mittelalter unter anderem für seine kostbaren Buchmalereien berühmt, wurde aber 1803 aufgelöst. Die Klosterräume wurden von der Familie Thurn und Taxis zum Schloss umgebaut und können im Rahmen von Führungen besichtigt werden. Außerdem befinden sich dort ein Marstallmuseum mit historischen Kutschen und eine Schatzkammer. Die von den Brüdern Asam im rauschenden Barock ausgestattete Klosterkirche ist als Pfarrkirche öffentlich zugänglich.

Museen

❶ document Niedermünster In den Kellerräumen der romanischen Stiftskirche Niedermünster befinden sich archäologische Relikte des alten Römerlagers Castra Regina, der Pfalz der Bayern-Herzöge aus dem 8. Jahrhundert und des Stifts aus dem 9. Jahrhundert sowie Herzogs- und Heiligengräber. Diese Ausgrabungen können im Rahmen von Führungen besichtigt werden. Das Besondere sind fotorealistische 3-D-Animationen, die die verschiedenen früheren Zustände wieder zum Leben erwecken.

❷ Historisches Museum Das Museum zur Geschichte der Stadt und der Region ist im ehemaligen Minoritenkloster St. Salvator untergebracht, dessen schöne alte Räume einen Besuch lohnen. Zu den Highlights gehören Modelle der Stadt, Gemälde von Leo Klenze und eine reiche Sammlung spätmittelalterlicher bzw. frühneuzeitlicher Kunst, etwa von Albrecht Altdorfer und anderen Vertretern der »Donauschule«.

❸ Volkssternwarte Die älteste Volkssternwarte Bayerns am Ägidienplatz geht auf ein Observatorium des Klosters St. Emmeram von 1774 zurück. Sie wird von der Volkshochschule Regensburg betrieben und ist jeden Freitagabend ab 20 Uhr im Winter bzw. 21 Uhr im Sommer geöffnet. Die kostenlosen Führungen beginnen mit einer Einführung in die Himmelskunde, an die sich dann – sofern die Wetterverhältnisse es erlauben – Beobachtungen durch das Fernrohr anschließen.

❹ Besucherzentrum Welterbe im Salzstadel Im malerischen alten Salzstadel an der Steinernen Brücke befindet sich heute ein Museum, das die Geschichte Regensburgs anhand von Spielstationen und Medieninstallationen erfahrbar macht. Eines der Highlights ist ein interaktives Stadtmodell, das die Veränderungen im Laufe der Jahrhunderte aufzeigt. Die ständige Präsentation wird immer wieder auch mit Sonderausstellungen ergänzt. Der Eintritt ist frei.

Im Inneren der Walhalla liegt die Ruhmeshalle, in der Persönlichkeiten der deutschen und europäischen Geschichte versammelt sind (im Hintergrund die Statue von Ludwig I.)

Ausflugstipps:

Walhalla Allein der Anblick, wie der von Klenze entworfene neogriechische Tempel über der Donau thront, ist sehenswert. Der bayerische König Ludwig I. ließ ihn errichten, um seine Sammlung von 96 Büsten »rühmlich ausgezeichneter Teutscher« würdig auszustellen. Seitdem wurden der teils recht eigenwilligen Auswahl 33 neue Büsten hinzugefügt.

Freilichtmuseum Finsterau Keine falsche Idylle will das Freilichtmuseum an der tschechischen Grenze zeigen, sondern das Bauernleben im Bayerischen Wald mit all seinen Facetten vorführen. Die originalen Höfe reichen von der Kate bis zum eindrucksvollen Gut, aber auch Tanzsaal und Wirtshaus gehören dazu. Oft führen Handwerker alte Künste vor.

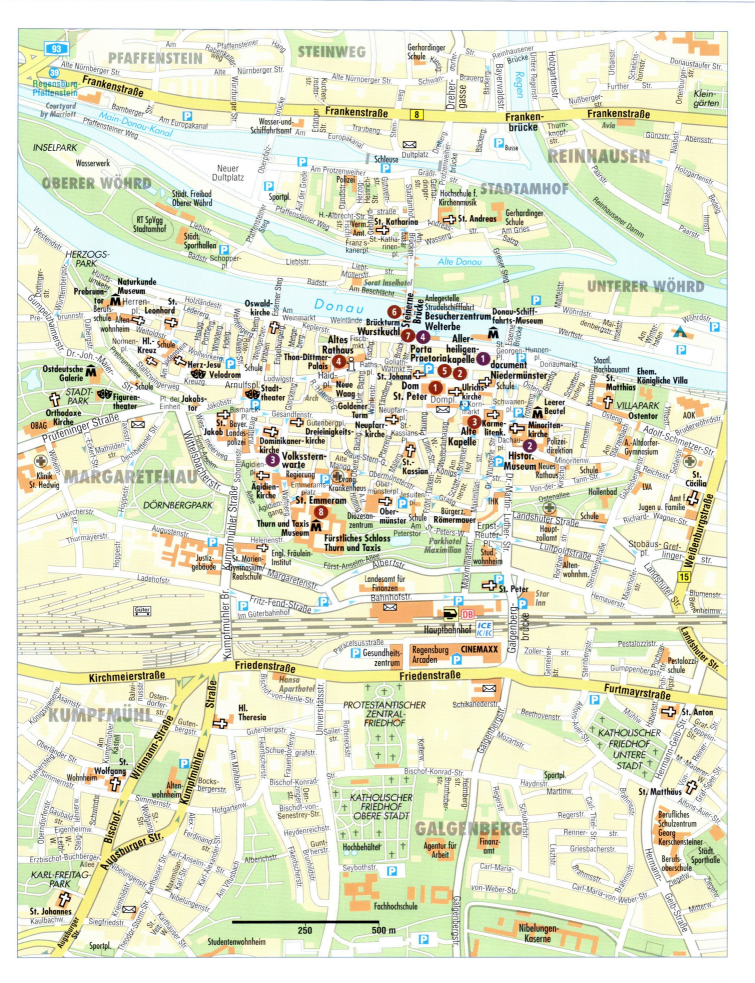

Bayern

Landshut

Bayerns höchster Kirchturm steht an der Isar in Niederbayern. Über 130 Meter hoch ragt die doppelt gekrönte Spitze der Pfarr- und Stiftskirche von Landshut in den Himmel und legt heute noch beredtes Zeugnis von der einstigen Bedeutung der Stadt ab.

Der Handel, vor allem der mit dem wertvollen Salz, bescherte Landshut im 14. Jahrhundert immense Gewinne und sorgte dafür, dass seine Herrscher über drei Generationen hinweg den Beinamen »der Reiche« trugen. Die Hochzeit, die Herzog Georg im Jahr 1475 mit der polnischen Königstochter Jadwiga hielt, gilt als eines der glanzvollsten Ereignisse des Mittelalters und wird heute noch regelmäßig mit aller Pracht nachgespielt. Da die schöne Polin aber keinen Sohn auf die Welt brachte, fielen Stadt und Region nach dem Landshuter Erbfolgekrieg, der das Umland schwer verwüstete, 1505 wieder an München. Heute sorgen der liebenswerte Charme der überschaubaren Kleinstadt einerseits und die gute Anbindung an die Metropolregion München andererseits dafür, dass Landshut äußerst attraktiv mit stetig wachsenden Einwohnerzahlen ist.

Sehenswürdigkeiten

❶ Altstadt Landshuts Innenstadt erstreckt sich entlang der Straßenzüge Altstadt und Neustadt. Die Architektur ist gotisch geprägt. Zu den schönsten Gebäuden gehört das Rathaus im Zentrum, für das drei Giebelhäuser zusammengefasst wurden. Ein prachtvoller Stilbruch ist die eindrucksvolle Stadtresidenz der Herzöge im Stil der italienischen Renaissance.

❷ Burg Trausnitz Die mächtige Burg oberhalb der Stadt war der Regierungssitz der Wittelsbacher Herzöge aus der Nebenlinie Bayern-Landshut. Im 16. Jahrhundert ließ Wilhelm V. sie im Stil der italienischen Renaissance umbauen. Highlight ist die Narrentreppe, die mit lebensgroßen Fresken aus der »Commedia dell'Arte« bemalt ist. Ein hübscher Biergarten im Innenhof lädt zum Verweilen ein, während man den Blick auf die Altstadt genießt.

❸ St. Martin Auch wenn es aus der Nähe nicht leicht fällt, gilt es, den Turm von St. Martin genau in Augenschein zu nehmen. In mehreren Stockwerken strebt er in die Höhe und wechselt dabei den Grundriss und die Fensterformen. Aber auch der schöne Innenraum der Kirche, ihr gotischer Hochaltar und die Portale sind äußerst sehenswert.

Museen

❶ Kunst- und Wunderkammer auf der Burg Trausnitz Wie viele andere Renaissancefürsten sammelte auch Herzog Wilhelm V. Dinge, die besonders schön, exotisch oder einfach nur merkwürdig waren. Ausgestopfte fremdartige Tiere gehörten genauso dazu wie Kostbarkeiten aus aller Welt und neue technische Geräte, etwa erste Automaten.

❷ Skulpturenmuseum im Hofberg Hinter der Stadtmauer am Hofberg verbirgt sich das 1998 eröffnete und direkt in den Berg hineingebaute Skulpturenmuseum, das sowohl das Werk wie auch die Sammlung des renommierten zeitgenössischen Bildhauers Fritz Koenig (geb. 1924) zeigt.

Zum Promenieren vorbei an mittelalterlichen Giebelhäusern lädt die Landshuter Altstadt ein. Im Bild der Abschnitt zwischen dem gotischen Rathaus (vorn links) und der ebenfalls gotischen Kirche St. Martin (im Hintergrund).

Ausflugstipps:

Standortübungsplatz Auloh Wandern auf dem Truppenübungsplatz? Auf dem ehemaligen Militärgelände am Ufer der Isar im Osten von Landshut hat sich nach dem Abzug der Soldaten ein ganz besonderes Biotop mit vielen seltenen Pflanzen und Tierarten gebildet. Es ist deshalb seit 2001 Naturschutzgebiet und lädt zum Wandern ein.

Altötting Bayerns bedeutendster Wallfahrtsort liegt gut 50 Kilometer südöstlich von Landshut. Ziel vieler Pilger ist eine aus Lindenholz geschnitzte Marienstatue. In der Gnadenkapelle sind etwa 2000 Votivbilder mit Wundern ausgestellt, die die Gottesmutter bewirkt haben soll. Außerdem sind hier die Herzen zahlreicher bayerischer Herrscher bestattet.

Besucher-Tipps:

Stadtführung »Von Banker und Henker« Wie wäre es, wenn einem beim Flanieren durch Landshut mit einem Mal der Henker gegenübertritt? Bei den Stadtrundgängen mit dem kleinen Theater Nikola begegnet man immer wieder Schauspielern in Originalkostümen, die in spannenden Spielszenen die Vergangenheit lebendig werden lassen.

Landshuter Hochzeit Am schönsten macht sich die Altstadt von Landshut natürlich als prachtvoller Rahmen für die Landshuter Hochzeit. Das aufwendige Spektakel, das fast einen Monat lang gefeiert wird und an dem mehr als 2000 Bürger beteiligt sind, wird jedoch nur alle vier Jahre begangen. 2017, 2021 und 2025 sind die nächsten Termine.

Straubing

Mit seinem langen Stadtplatz, gesäumt von farbenprächtigen Bürgerhäusern verschiedener Epochen, strahlt das Zentrum des Gäubodens heitere Zufriedenheit aus. Die fruchtbaren Böden dieser »Kornkammer« Bayerns prägten die Stadt seit jeher.

Untrennbar ist der Name der Stadt an der Donau auch mit Agnes Bernauer verbunden, jener unglücklichen Baderstochter, die der bayerische Herzog Ernst im Jahr 1435 ertränken ließ, weil sie es gewagt hatte, mit seinem Sohn Albrecht eine nicht standesgemäße Beziehung einzugehen. Trotz dieser schrecklichen Episode war das späte Mittelalter für Straubing eine Zeit der wirtschaftlichen Blüte. Zwischen 1335 und 1425 war Straubing sogar die Hauptstadt eines selbstständigen Fürstentums namens Straubing-Holland, das von einer Seitenlinie der Wittelsbacher regiert wurde, denen über Erbschaft auch die reichen Niederlande zugefallen waren. Anlässlich eines Wittelsbacher Fürstenbesuches wurde 1812 das Gäubodenfest ins Leben gerufen, Bayerns zweitältestes und zweitgrößtes Volksfest, das immer Mitte August stattfindet.

Sehenswürdigkeiten

❶ **Stadtplatz** Langer Platz oder Breite Straße? Jedenfalls wird Straubings Zentrum von einer 800 Meter langen autofreien Zone gebildet, an deren Seiten sich schöne Bürgerhäuser aus Gotik, Renaissance, Barock, Rokoko und Klassizismus zu einem harmonischen Ganzen fügen.

❷ **Straubinger Stadtturm** Der fast 70 Meter hohe Turm mit den fünf grünen Spitzen ist das Wahrzeichen der Stadt. Er wurde im 14. Jahrhundert als Wachturm angelegt. Ungewöhnlich ist seine Lage mitten auf dem Stadtplatz. Doch von hier aus konnten die Wächter einerseits zollpflichtige Schiffe auf der Donau, andererseits Feuersbrünste innerhalb der Stadt frühzeitig entdecken. Die Feuerglocke von 1406 zählt zu den ältesten Deutschlands.

❸ **Herzogsschloss** Das Schloss wurde im 14. Jahrhundert als Residenz der Herzöge von Straubing-Holland erbaut. Nach deren Aussterben im Jahr 1425 wurde es teils als Verwaltungssitz, teils als Kaserne genutzt und immer wieder umgebaut. Heute sind Stadtarchiv und -bibliothek sowie mehrere Ämter hier untergebracht. Vor allem aber ist der Innenhof die Kulisse für die alle vier Jahre stattfindenden Agnes-Bernauer-Festspiele.

❹ **Rathaus mit historischem Rathaussaal** Das schöne gotische Rathaus am Theresienplatz wurde zu Beginn des 13. Jahrhunderts als Handelshaus gebaut und 170 Jahre später samt den Nebengebäuden von der Bürgerschaft aufgekauft und zum Rathaus umgebaut. Seine heutige neogotische Fassade erhielt es allerdings erst im 19. Jahrhundert. Der alte Rathaussaal im Inneren wird für Konzerte und Empfänge genutzt.

❺ **St. Peter** Die romanische Kirche aus dem 12. Jahrhundert kann mit alten Kunstschätzen wie einer Christusfigur von etwa 1200 und einer spätmittelalterlichen Pietà aufwarten. Auch der Figurenschmuck der Portale ist sehenswert. Umgeben ist St. Peter von einem romantischen Friedhof mit mehreren Kapellen. In der Seelenkapelle sind Totentanz-Fresken aus dem 18. Jahrhundert zu bewundern. Die Agnes-Bernauer-Kapelle gilt als Grabstätte der unglücklichen Baderstochter, wurde aber möglicherweise nur zum Andenken an die junge Frau bzw. als Sühne für ihren Tod errichtet.

Museen

❶ **Gäubodenmuseum** Im Museum am Ludwigsplatz wird die Geschichte von Stadt und Region gezeigt. Bedeutsam sind vor allem die Abteilungen zur Vorgeschichte und Römerzeit, aber auch zur Bajuwarenzeit im Frühmittelalter. Beim Publikum erfreut sich ein Römerschatz besonderer Beliebtheit, der 1950 bei Bauarbeiten entdeckt wurde. Zu ihm gehören mehrere Paradeuniformen und eine einzigartige Sammlung von bronzenen Gesichtsmasken.

Ein Wachturm mitten in der Stadt – das ist der Straubinger Stadtturm auf dem Marktplatz (links). Einen Querschnitt durch mehrere Stilepochen bietet die Kirche St. Jakob (rechts).

Ausflugstipps:

St. Englmar Etwa 35 Kilometer nordöstlich von Straubing findet man im Bayerischen Wald rund um St. Englmar ein schönes Wandergebiet mit etwa 125 Kilometer Wanderwegen vom Kurweg bis zur Bergtour, 300 Kilometern Mountainbike-Routen, Sommerrodelbahn, Waldwipfelweg, kostenlosem Freizeit-Erlebnispark, Naturbadeweiher und Barfußweg.

Niederaltaich In dem alten Benediktinerkloster aus dem 8. Jahrhundert leben heute Benediktinermönche sowohl nach lateinischem wie benediktinischem Ritus. Neben der barocken Basilika kann auch die byzantinische Nikolauskirche besichtigt werden. Außerdem laden ein Klosterladen und eine Gaststätte in den Gewölben des Klosterhofs ein.

ⓘ Touristeninformation: Theresienplatz 2, 94315 Straubing, Tel. 09421/94 43 07, E-Mail: tourismus@straubing.de, www.straubing.de

Bayern

Passau

Wenige Städte können mit einer derart traumhaften Lage aufwarten. Eingebettet in die grünen Hügel des Bayerischen Waldes präsentiert sich die alte Bischofsstadt am Zusammenfluss von Donau, Ilz und Inn mit geradezu italienisch anmutendem Flair.

Das Potenzial ihrer Stadt erkannten die Passauer Bürger anscheinend schon im frühen 14. Jahrhundert, als sie ihr neues Rathaus im venezianischen Stil errichten ließen. Gut dreihundert Jahre später engagierten die Fürstbischöfe dann italienische Barockbaumeister, um die durch den Dreißigjährigen Krieg und einen verheerenden Brand schwer geschädigte Innenstadt wieder aufzubauen. Die prachtvolle Architektur gruppiert sich um große Plätze und kleine steile Gässchen sowie entlang der malerischen Innpromenade. Lange Zeit haftete der schönen Stadt allerdings der Ruf an, erzkonservativ zu sein. Doch das hat sich, nicht zuletzt unter dem Einfluss der 1973 gegründeten Universität und ihrer Studenten sowie deutschlandweit bekannter Kabarettisten wie Bruno Jonas und Sigi Zimmerschied geändert. Heute präsentiert sich die Stadt bunt und lebendig.

Sehenswürdigkeiten

1 Stephansdom mit Orgel Auf der höchsten Erhebung der Altstadt ragt einer der größten barocken Dome jenseits der Alpen empor. Im Inneren erinnert er mit seinem hohen schmalen Kirchenraum und farbenprächtigen Fresken an gotische Kathedralen. Dieser Mix ist darauf zurückzuführen, dass Architekt Carlo Lurago den Ostteil des mittelalterlichen Vorgängers in seinen Neubau integriert hat. Einzigartig ist die Orgel mit ihren fünf Werken. In keiner katholischen Kirche weltweit gibt es eine größere.

2 Stadtbild der Dreiflüssestadt Auf einer Landzunge zwischen Donau und Inn gelegen, erhebt sich die malerische Innenstadt gleichsam aus dem Wasser. Unbedingt sollte man sich das Dreiflüsseeck von oben anschauen und verfolgen, wie das grüne Wasser des Inns in die blauen Fluten der Donau eindringt und sich von der anderen Seite noch der moorigschwarze Zustrom der Ilz dazugesellt.

3 Rathaus Vor allem der schöne Turm des 1405 erbauten Rathauses gilt als Wahrzeichen von Passau und hat der Stadt den Beinamen »Venedig des Nordens« eingebracht. Sehenswert sind auch der Innenhof und der große Rathaussaal mit seinen Kolossalgemälden aus dem 19. Jahrhundert.

4 Veste Oberhaus mit Ausblick auf die Stadt Der Bischofssitz auf dem Georgsberg wurde im 13. Jahrhundert als Zwingburg errichtet und in der Renaissance zur repräsentativen Residenz umgebaut. Daneben wurde die Befestigung ständig modernisiert, sodass der fortschreitende Stand der Festungsbautechnik über sechs Jahrhunderte zu verfolgen ist. Im 19. Jahrhundert diente sie als Militärstrafanstalt und zur Inhaftierung politischer Gefangener. Heute sind dort das Stadt- und Regionalmuseum, eine Gemäldegalerie, eine Sternwarte und die Jugendherberge untergebracht. Sowohl die frei zugängliche Batterie Linde wie der im Sommer geöffnete Aussichtsturm bieten einen wunderbaren Blick über die Stadt.

Museen

1 Passauer Glasmuseum Eine einzigartige Sammlung von kunstvollen Gläsern aus Bayern, Böhmen, Schlesien und Österreich vom Barock bis in die Moderne sind im historischen Patrizierhaus »Wilder Mann« am Rathausplatz zu sehen. Vor allem verfügt das Museum über die weltweit größte Sammlung an »Böhmischem Glas«, das ab 1700 nach neuen Verfahren im Böhmerwald und Riesengebirge hergestellt wurde.

2 Museum Moderner Kunst – Stiftung Wörlen Passau Das 1990 eröffnete Museum zeigt vor allem die Werke von Georg Philipp Wörlen, dem Vater des Gründers, aber auch von Feininger, Schiele, Dalí, Beckmann, Picasso oder Christo. Ein besonderes Anliegen ist jedoch, eine Brücke zur modernen Kunst der Nachbarländer Österreich, Tschechien, Ungarn und Slowakei zu schlagen. Dem wird u. a. mit ständig wechselnden Sonderausstellungen Rechnung getragen. Sehenswert sind auch die Museumsräume, die in vier miteinander verbundenen Altstadthäusern untergebracht sind.

Die Marienbrücke (im Vordergrund) führt in die Innenstadt. Dort und in der heutigen Altstadt hielten sich bereits die Römer auf.

Besucher-Tipps:

Scharfrichterhaus In dem alten Henkerhaus in der Milchgasse residiert seit 1977 eine der renommiertesten deutschen Kabarettbühnen, in der sich auch heute noch die Größen der Zunft die Klinke in die Hand geben. Im Rahmen der Passauer Kabaretttage, die jedes Jahr von Oktober bis Dezember stattfinden, wird auch das »Scharfrichterbeil« vergeben.

Inn-Schifffahrt Selbstverständlich ist die Dreiflüssestadt auch per Schiff zu besichtigen. Es gibt Ausflugsfahrten auf der Donau bis Wien. Sehr schön ist jedoch auch eine Fahrt auf dem Inn durch das Europareservat »Unterer Inn« und die Vornbacher Enge. Diese wird ab Schärding angeboten, das mit dem Zug in 12 Minuten Fahrtzeit zu erreichen ist.

ⓘ Touristeninformation: Bahnhofstraße 28, 94032 Passau, Tel. 0851/95 59 80, E-Mail: tourist-info@passau.de, www.passau.de

Bayern

Nördlingen

Das hat keine andere Stadt in Deutschland zu bieten: einen mittelalterlichen Stadtkern, der noch von einer komplett erhaltenen Stadtmauer mit überdachtem Wehrgang umgeben ist. Dort oben eine Runde zu drehen, gehört zum Muss für jeden Besucher.

Es empfiehlt sich schon von Weitem einen Blick auf Nördlingen zu werfen: Man erkennt eine fast kreisrunde Stadt im Zentrum eines gewaltigen, fast 15 Millionen Jahre alten Einschlagskraters gelegen. Dieses Bild vereinigt die beiden Dinge, für die die schwäbische Stadt berühmt ist: ihr geschlossenes mittelalterliches Stadtbild und die lange Zeit so rätselhafte, erst jüngst entschlüsselte Landschaft des Nördlinger Rieses. Die fruchtbaren Riesböden und die Lage am Schnittpunkt zweier wichtiger Handelswege hatten Nördlingen im Mittelalter zu einem bedeutenden Zentrum des Fernhandels gemacht, eine Stellung, die in der Neuzeit verloren ging. Als die Stadt dann aber 1803 an Bayern fiel, war König Ludwig I. so begeistert von ihrem Erscheinungsbild, dass er die Stadtmauer unter Schutz stellte – was bald schon die ersten Touristen anlockte.

Sehenswürdigkeiten

❶ **Stadtmauer mit Wehrgang** Die Stadtmauer ist 2,6 Kilometer lang und umschließt die gesamte Innenstadt. Sie kann durchgehend begangen werden. Dabei bietet sich nicht nur ein schöner Blick über die Dächer, Gassen und Höfe der Stadt, sondern auch auf die alten Befestigungsanlagen, zu denen fünf Tortürme, elf weitere Türme und eine Bastion zählen.

❷ **St. Georg** Der 90 Meter hohe Turm der Kirche, Daniel genannt, ist das Wahrzeichen der Stadt. Er diente als Wach- und Feuerturm. Auf alle, die die 350 Stufen nach oben schaffen, wartet ein wunderbarer Rundblick. Die gotische Kirche selbst ist eine der größten Hallenkirchen in Süddeutschland.

❸ **Altstadt** Die Altstadt präsentiert sich als Ensemble aus Mittelalter und Renaissance. Unbedingt sehenswert ist der kleine Hafenmarkt mit seinen spitzgiebeligen Häusern und das hübsche gelb-weiße Franziskaner-»Klösterle« am Tändelmarkt. Etwas Besonderes ist auch das intakte Gerberviertel im Nordosten der Stadt.

❹ **Marktplatz mit Fürstenherberge und Rathaus** Der Markt der Stadt ist von einer Reihe repräsentativer Gebäude umgeben: dem Rathaus mit seiner Freitreppe, dem gelben Hotel zur Sonne, das als »Fürstenherberge« u. a. schon drei Kaiser und Goethe aufnahm, und dem Brot- und Tanzhaus, ehemals Verkaufs- und Festhalle der Tuchhändler.

Museen

❶ **Stadtmuseum Nördlingen** Im ehemaligen Heilig-Geist-Spital kann man sich über die Geschichte der Stadt, aber auch die Siedlungsgeschichte des Rieses informieren. Ein Highlight ist das Modell der Schlacht bei Nördlingen von 1634.

❷ **Stadtmauermuseum** Schautafeln zeigen, wie die Nördlinger Stadtmauer im Lauf der Jahrhunderte berannt wurde und wie man sich gegen die Angreifer verteidigte. Das Museum ist im Löpsinger Turm untergebracht.

Nördlingen aus der Vogelperspektive: Der Blick vom Turm der Georgskirche zeigt das Altstadtensemble.

Ausflugstipps:

Oettingen und Harburg 15 Kilometer nordöstlich von Nördlingen liegt die hübsche Hauptstadt der ehemaligen Grafschaft Oettingen mit schönen Fachwerkhäusern und einem Barockschloss, das im Rahmen von Führungen besichtigt werden kann. 16 Kilometer südwestlich lohnt mit der Harburg ein weiterer Besitz der Oettinger Grafen einen Besuch.

Dem Einschlag auf der Spur Im Nördlinger Ries gibt es eine ganze Reihe geologischer Lehrpfade bzw. Aussichtspunkte, von denen aus man den Krater gut erkennen kann. Darüber informiert der Geopark Ries, der dem Rieskrater-Museum angeschlossen ist, bzw. die Webseite www.geopark-ries.de. Über den Geopark können auch Führungen gebucht werden.

Besucher-Tipps:

Rieskrater-Museum Wer sich über die einzigartige Landschaft kundig machen will, der Nördlingen seinen Namen gegeben hat, der ist im Rieskrater-Museum, einem Holzhof am Eugen-Shoemaker-Platz richtig. Hier wird nicht nur über den Meteoriteneinschlag informiert, sondern auch über die Forschung, die es brauchte, um dem Ereignis auf die Spur zu kommen.

Frickhinger-Anlagen Schattiges Grün findet man im Stadtgraben zwischen Ochsenzwinger und Berger Tor. Dort ist ein lauschiger kleiner Park mit seltenen Bäumen, die auch mit Namensschildern versehen sind, einem Rosengarten und modernen Skulpturen angelegt. Außerdem gibt es einen Kinderspielplatz sowie eine Boule- und Minigolfanlage.

ⓘ Touristeninformation: Marktplatz 2, 86720 Nördlingen, Tel. 09081/84 116, E-Mail: tourist-information@noerdlingen.de, www.noerdlingen.de

Bayern

Lindau

Wer den schönsten Teil von Lindau finden will, der muss nicht am, sondern im Bodensee suchen. Das historische Zentrum der einstigen Freien Reichsstadt liegt auf einer knapp 70 Hektar großen Insel, die über zwei Dämme mit dem Festland verbunden ist.

Dort lässt sich dann nach Belieben zwischen Muße und Geschäftigkeit wechseln. Kaum ein paar Schritte sind es von den lauschigen Badestellen und der Seepromenade, die einen wunderschönen Blick über das Wasser auf die Schweizer Bergkulisse eröffnet, in die Innenstadt, wo Kirchen und Museen, Geschäfte und Restaurants auf Besucher warten. Lange Zeit teilten sich nur einige Fischer und die Kanonissinnen des Damenstiftes Unserer Lieben Frau unter den Linden die Insel. Im 11. Jahrhundert machte es jedoch der über den Investiturstreit ausgebrochene Bürgerkrieg in Schwaben auch für Kaufleute ratsam, ihren Markt lieber hier abzuhalten. Der Aufstieg zur Freien Reichsstadt ließ dann nicht lange auf sich warten und ist noch heute an den zahlreichen repräsentativen Gebäuden aus Gotik, Renaissance und Barock abzulesen, die die Innenstadt schmücken.

Sehenswürdigkeiten

❶ Stadtbild und Hafeneinfahrt mit Leuchtturm Die malerische Hafeneinfahrt ist das Wahrzeichen von Lindau. Auf der östlichen Mole hält ein sechs Meter hoher Bayerischer Löwe Wacht und blickt Ehrfurcht gebietend auf alles, was sich von der Schweiz her nähert. Den Endpunkt der westlichen Mole markiert der 33 Meter hohe Leuchtturm mit Uhrenblatt. Zusammen wurden sie Mitte des 19. Jahrhunderts errichtet und rahmen, je nachdem von welcher Seite man kommt, die Lindauer Altstadt oder die Schweizer Bergkulisse auf der gegenüberliegenden Seeseite ein. Der Leuchtturm kann bestiegen werden.

❷ Altes Rathaus Blickfang am Bismarck-Platz ist das schöne Alte Rathaus. Es stammt aus dem 15. Jahrhundert, bekam dann aber in der Renaissance seinen dekorativen Stufengiebel und die überdachte Treppe mit dem bemalten Erker. Die Wandmalereien zeigen Szenen aus der Stadtgeschichte Lindaus, etwa von dem Reichstag, der 1496 hier stattgefunden hat. Sie stammen allerdings erst aus dem 19. Jahrhundert. Auf dem Treppenerker sind die Zehn Gebote dargestellt.

❸ Mittelalterliche Stadtbefestigung Von der einstigen Stadtbefestigung der Insel sind noch einige Türme wie der Diebs- und der Pulverturm sowie mehrere Bastionen erhalten. Von diesen, etwa der Gerberschanze, der Sternschanze oder der Pulverschanze, kann man eine schöne Aussicht über Stadt und See genießen. Im Norden sind entlang der Straße »Auf der Mauer« auch noch Reste des Mauerwalls erhalten.

❹ Mangturm Der 20 Meter hohe Mangturm an der Seepromenade im Hafen war bis Mitte des 19. Jahrhunderts der Leuchtturm von Lindau und galt vor der Gestaltung der neuen Hafeneinfahrt als ihr Wahrzeichen. Seinen spitzen Helm, auf dem bunt glasierte Ziegel ein farbenfrohes Zickzackmuster bilden, bekam er allerdings erst, nachdem er außer Dienst gestellt wurde. Sein Name rührt nicht vom bayerischen Heiligen Magnus her, sondern von der ehemals benachbarten Tuch- und Manghalle, in der die Stoffe nach dem Färben gemangelt, d. h. geglättet wurden.

Museen

❶ Ehemals Reichsstädtische Bibliothek Lindau Bereits 1538 beschlossen die Lindauer Bürger die Gründung einer Stadtbibliothek und verwendeten als Grundstock wahrscheinlich den Buchbestand eines aufgelösten Franziskanerklosters. Heute umfasst das Erbe 15 000 Bände aus dem 15. bis 18. Jahrhundert. Besonders wertvoll sind die über 140 Wiegedrucke aus dem 15. Jahrhundert, die in ihrer Erscheinung noch den mittelalterlichen Handschriften ähneln. Der Eintritt ist frei.

❷ Stadtmuseum Lindau Ein Schwerpunkt der Ausstellung im barocken Haus zum Cavazzen am Marktplatz sind mechanische Musikinstrumente, die nur am Wochenende besichtigt werden können. Außerdem ist eine Galerie mit Gemälden und Plastiken vom 15. bis zum 19. Jahrhundert angegliedert. Der modernen Kunst wird mit wechselnden Sonderausstellungen Rechnung getragen.

Schmuckstück der Innenstadt: Das Alte Rathaus aus dem 15. Jahrhundert zeigt herrliche Fassadenmalereien aus der Renaissancezeit.

Besucher-Tipps:

Uferweg Auf dem knapp fünf Kilometer langen Uferweg kann man die Lindauer Insel komplett umrunden. Der Spaziergang lohnt sich wegen der immer wieder wechselnden Ausblicke. Vor allem die Hintere Insel westlich der Bahngleise ist ein beliebter Treffpunkt zum Relaxen. Bei entsprechendem Wetter sollte man auch die Badehose nicht vergessen.

Marionettenoper Seit dem Jahr 2000 werden in Lindau mit großem Erfolg Stücke wie »Die Zauberflöte«, »Carmen«, »Die Fledermaus«, »La Traviata« und »Schwanensee« in der Marionettenbühne aufgeführt. Gerade weil die Puppen(spieler) sich nicht aufs Singen konzentrieren müssen, können sie eine besondere dramatische Kraft entwickeln.

Füssen

Wo das sanfte Allgäuer Hügelland auf die wildromantische Bergwelt der Kalkalpen trifft und die grünen Wasser des Lechs in den Forggensee stürzen, bringt die einstige Sommerresidenz der Augsburger Bischöfe noch heute ihre Besucher ins Schwärmen.

Vom Massentourismus, der das benachbarte Neuschwanstein heimsucht, ist in Füssen eher wenig zu spüren. Die wenigsten der 1,5 Millionen Besucher aus aller Welt, die sich jährlich zu König Ludwigs Märchenschloss kutschieren lassen, verweilen länger in der Gegend. Dabei entgeht ihnen viel. Denn Füssen bietet nahezu alles für einen perfekten Urlaub: eine idyllische Altstadt mit kleinen Läden, Restaurants und Cafés, eine Burg, Kirchen und Museen, ein großes Musiktheater, Kur- und Wellnesseinrichtungen im Stadtteil Bad Faulenbach, das ein anerkanntes Kneipp-, Moor- und Mineralienheilbad ist, mehrere schöne Badeseen und ein traumhaftes Umland, das jedem etwas bietet. Alpinsportler finden den Herausforderungen in den Bergen, während man es auf den Wander- und Radwegen rund um den Forggensee eher gemütlich angehen lassen kann.

Sehenswürdigkeiten

❶ **Hohes Schloss Füssen** Der rotweiße Bau, der sich über die Altstadt erhebt, war Sommerresidenz der Augsburger Fürstbischöfe. Das Hohe Schloss gilt als eine der besterhaltenen Burgenanlagen Bayerns. Die Innenräume und der Aussichtsturm können in Kombination mit den Gemäldegalerien, aber auch separat besichtigt werden.

❷ **Altstadt** Mit schönen Plätzen, verwinkelten kleinen Gassen und schönen alten Bürgerhäusern hat die Altstadt von Füssen viel mittelalterliches Flair bewahrt. Zentrum sind die Reichenstraße und die Brunnengasse.

❸ **Kloster Sankt Mang** Unterhalb des Hohen Schlosses liegt das ehemalige Benediktinerkloster St. Mang, das ebenfalls im Besitz der Augsburger Bischöfe war. Es wurde im 17. Jahrhundert barock ausgebaut. Vor allem die ovale Bibliothek gilt als besonders originelle Raumschöpfung.

❹ **Musiktheater Füssen** Das riesige Festspielhaus am Ufer des Forggensees wurde im Jahr 2000 für ein Musical über Ludwig II. gebaut. Heute wird dort ein buntes Bühnenprogramm geboten. Der einzigartige Ausblick von den Galerien und Terrassen auf Neuschwanstein machen das Theater zu etwas Besonderem.

Museen

❶ **Staatsgalerie und Städtische Gemäldegalerie** Beide Galerien sind im Hohen Schloss untergebracht. Während die Staatsgalerie spätgotische Werke aus dem 16. Jahrhundert zeigt, widmet sich die Städtische Galerie der romantischen Malerei, etwa der »Münchner Malerschule«, deren Vertreter im 19. Jahrhundert die Ateliers verließen und die vielfältigen Motive des ländlichen Bayerns entdeckten.

❷ **Museum der Stadt Füssen** Schwerpunkt des Museums im Kloster Sankt Mang ist der Lauten- und Geigenbau, der in Füssen eine lange Tradition hat. Weiteres Highlight ist der »Füssener Totentanz«, eine der größten und bedeutendsten Umsetzungen des Motivs.

Sehenswert ist die Bibliothek des Klosters Sankt Mang mit ihrem ungewöhnlichen Raumkonzept.

Ausflugstipps:

Wandern um Neuschwanstein Wandertouren rund um das Königsschloss gewähren immer wieder atemberaubende Blicke auf das Märchenschloss, den Alpsee und die Bergkulisse. Eine anspruchsvolle, aber wunderschöne Tageswanderung: über den Schutzengel-Kulturweg auf den Tegelberg und über Marienbrücke, Pöllatschlucht und Gipsmühle wieder zurück.

Wieskirche Nur 20 Kilometer nordöstlich von Füssen liegt die »Wies«, UNESCO-Welterbe und Inbegriff einer Rokokokirche, 1754 von den Brüdern Johann Baptist und Dominikus Zimmermann erbaut. Von Steingaden aus führen mehrere schöne, nicht anspruchsvolle Wanderwege zur Kirche, etwa über den Brettlesweg durch die Moorlandschaft.

Besucher-Tipps:

Forggensee Im Sommer lädt der Stausee vor den Toren Füssens zum Baden und Segeln ein und kann mit Ausflugsschiffen oder vom Ufer aus per Rad erkundet werden. Im Winter ist er oft lange Zeit trocken, sodass der Seegrund selbst begangen werden kann. Dabei sieht man teilweise noch Reste der einst überfluteten Häuser und Wege.

Markthalle Das schöne gotische Kornhaus am Schrannenplatz in der Innenstadt ist heute eine attraktive Markthalle, in der an jedem Werktag frische Leckereien angeboten werden. Im Angebot sind Obst, Gemüse, Fisch und natürlich auch Allgäuer Spezialitäten, aber auch türkische und griechische Feinkost, Biobackwaren, Tee und Wein.

ⓘ Touristeninformation: Kaiser-Maximilian-Platz 1, 87629 Füssen, Tel. 08362/93 850, E-Mail: tourismus@fuessen.de, www.fuessen.de

Bayern

Augsburg

Der heilige Ulrich und Jakob Fugger, Hans Holbein und Kaiser Ferdinand, Rudolf Diesel und Bertolt Brecht, Helmut Haller und der Kasperl aus der Puppenkiste: Augsburg hat viele Gesichter, die alle für die verschiedenen Facetten dieser Stadt stehen.

Die Epoche, die die Hauptstadt des bayerischen Schwaben am meisten geprägt hat, ist zweifellos die Renaissance. Auf Schritt und Tritt begegnet man in der Innenstadt den prächtigen Bauten, die die Fugger und Welser und all die anderen reichen Patrizierfamilien hier errichten haben lassen, aber auch den schmucken Handwerkerhäusern, in denen all die für ihre Kunst in der Welt berühmten Augsburger Goldschmiede und Leinenweber lebten. Protestantische und katholische Kirchtürme, einträchtig nebeneinander, künden von dem Religionsfrieden, der hier einst erkämpft wurde. Der Tatsache, dass ihnen inzwischen der Nachbar München den Rang abgelaufen hat, setzen die Augsburger schlitzohrige schwäbische Gemütlichkeit entgegen und spielten etwa zu Toren der heimischen Bundesliga-Mannschaft den Puppenkisten-Hit »Eine Insel mit zwei Bergen«.

Sehenswürdigkeiten

❶ **Dom Unserer Lieben Frau** Der Dom stammt aus dem frühen 11. Jahrhundert und wurde mehrmals umgebaut, sodass er bei seiner Fertigstellung ein eher gotisches denn romanisches Gesicht hatte. Als besonders sehenswert gelten das Südportal und die Prophetenfenster aus dem 12. Jahrhundert.

❷ **Altstadt** Mit über 200 Hektar Fläche hat Augsburg die größte historische Innenstadt nach Köln und Hamburg. Das Zentrum bildet die Maximilianstraße zwischen Perlachturm und Ulrichsplatz, an der die repräsentativsten Gebäude aufgereiht sind. Östlich davon sind das von zahlreichen Kanälen durchzogene Lechviertel und die Jakobervorstadt vor allem durch einstige Handwerkerhäuser geprägt.

❸ **Mittelalterliche Stadtbefestigung** Von der starken Befestigung sind noch fünf Türme, vier Bastionen und lange Abschnitte der Stadtmauer erhalten. Die Terrassen der Bastion Lueginsland sind heute als Park- und Freizeitgelände gestaltet.

❹ **Rathaus mit Perlachturm** Mit seiner klaren Fassade und den zwei von grünen Hauben gekrönten Türmen gilt das von Elias Holl entworfene Rathaus als einer der bedeutendsten Renaissancebauten nördlich der Alpen. Zusammen mit dem 600 Jahre älteren, aber optisch angeglichenen Perlachturm bildet er das Wahrzeichen von Augsburg. Die Prunkräume im Inneren können besichtigt werden. Höhepunkt ist der über zwei Stockwerke gehende Goldene Saal.

❺ **Fuggerei** Ein Besuch in der ältesten Sozialsiedlung der Welt gehört zum Pflichtprogramm. Die schmucke Anlage mit ihren ockergelben Reihenhäuschen wurde im Jahr 1521 von Jakob Fugger für bedürftige Augsburger gestiftet. Im Fuggereimuseum kann man eine historische und eine moderne Schauwohnung besichtigen.

❻ **St.-Anna-Kirche** An das Westende der Kirche des ehemaligen Karmelitenklosters baute die Familie Fugger 1512 eine Kapelle nach italienischem Vorbild, die als erster Renaissancebau auf deutschem Boden gilt. An der Ausgestaltung wirkten die bedeutendsten Künstler der Zeit mit, etwa Albrecht Dürer. Die Annakirche ist heute protestantisch, die Fuggerkapelle aber weiterhin katholisch.

Museen

❶ **Kunstsammlungen im Schaezlerpalais** Allein schon der prachtvolle Festsaal und der Rokokogarten des Palais an der Maximilianstraße sind sehenswert. Die Sammlung umfasst Gemälde aus der Barockzeit, aber auch Werke von Cranach und Veronese.

❷ **Brechthaus** Das alte Handwerkerhaus in der Jakobervorstadt, in dem 1898 Bertolt Brecht geboren wurde, ist heute ein Museum für Augsburgs nicht immer geliebten, aber berühmten Sohn.

❸ **Puppentheatermuseum »Die Kiste«** Im Heilig-Geist-Spital spielt die Augsburger Puppenkiste. Seit 2001 gibt es auch ein Museum, in dem Jim Knopf, das Urmel & Co. in den Originaldekorationen zu sehen sind.

Die Figuren der drei Prachtbrunnen, Augustus, Merkur und Herkules, gewinnen durch das Wasserspiel eine schöne Leichtigkeit.

Besucher-Tipps:

Freilichtbühne am Roten Tor Im Wallgraben der alten Stadtbefestigung am Roten Tor hat die Augsburger Freilichtbühne eine besonders schöne und interessant bespielbare Kulisse. Von Mitte Juli bis Mitte August wird dort jedes Jahr ein populärer Opern-, Operetten- oder Musical-Klassiker aufgeführt, von »My Fair Lady« bis »West Side Story«.

Augsburger Hohes Friedensfest Augsburg hat einen eigenen Feiertag, das Hohe Friedensfest am 8. August, das an den Religionsfrieden von 1555 erinnert. Dem Fest geht jeweils ein etwa dreiwöchiges Programm mit Musik, Theater, Workshops und Diskussionen voraus, das sich stets um einen gesellschaftlichen Schlüsselbegriff dreht.

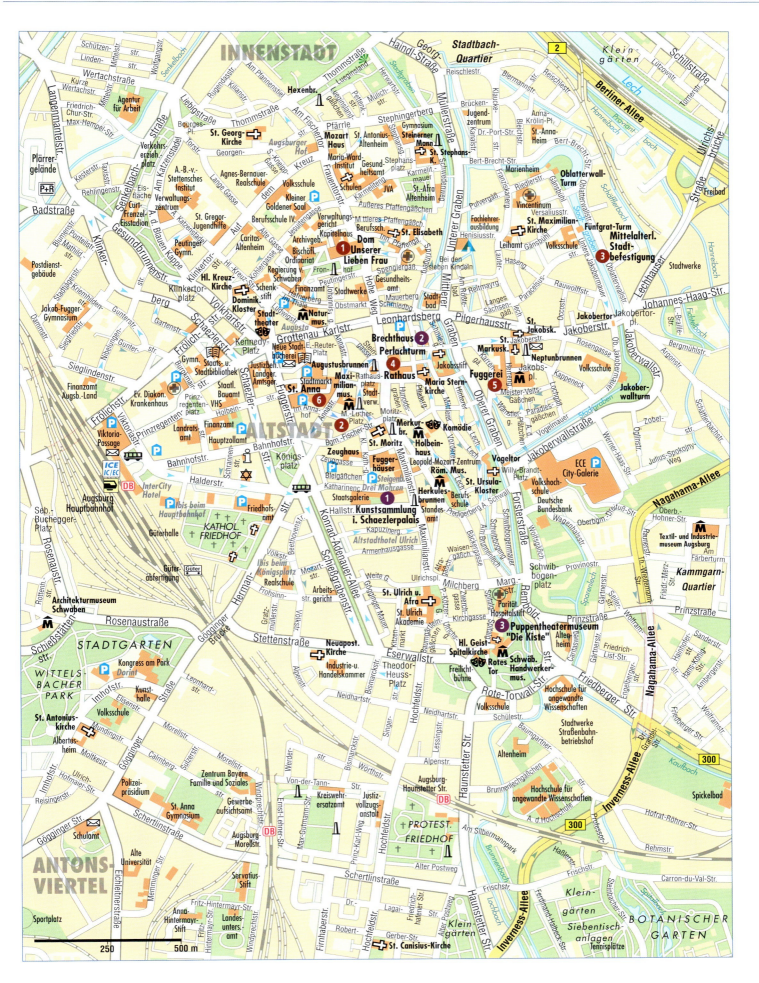

Bayern

München

Der gern gebrauchte Slogan »Laptop und Lederhose« passt nirgends in Bayern so gut wie in der Landeshauptstadt. Ein Großteil ihres Reizes beruht darauf, dass München einerseits moderne Weltstadt ist, andererseits ihre bayerische Tradition bewahrt hat.

München sei ein Dorf, heißt es manchmal, doch wer sich im Zentrum mit all seinen Kulturschätzen, Attraktionen und Shoppingmöglichkeiten inmitten von Menschenmassen aus aller Welt bewegt, wird das kaum so empfinden. Doch stärker als in anderen Großstädten ist in München das typisch Städtische auf eben dieses Zentrum konzentriert. Wer sich über den Mittleren Ring hinauswagt, der kann gemütliche Vororte finden, die tatsächlich noch dörflichen Charme haben und bei denen etwa das Kirchweihfest mit Tracht und Blaskapelle, Festgottesdienst und Frühschoppen nicht anders gefeiert wird als im ländlichen Oberbayern. Doch um bayerische Gemütlichkeit zu finden, braucht man gar nicht weit zu gehen. Idyllische Innenstadtviertel wie das Lehel, die Au oder die Isarvorstadt befinden sich nur wenige Minuten abseits der »Touristenmeilen«.

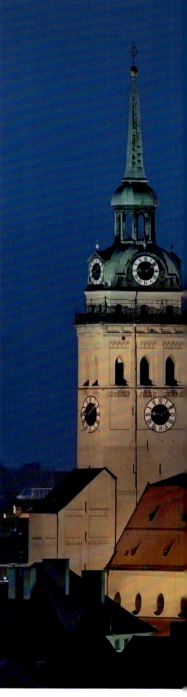

Sehenswürdigkeiten

❶ **Marienplatz mit Rathaus und Glockenspiel** Das Problem an »Münchens guter Stube« ist, dass sie meist so überfüllt ist, dass es schwerfällt, sie zu würdigen. Der Blickfang ist natürlich das Neue Rathaus, das um 1900 im neugotischen Stil errichtet wurde und die gesamte Nordseite einnimmt. Mit seinen Laubengängen und dem in die Höhe strebenden Zierrat wirkt es trotz seiner Größe nicht wuchtig. Größte Attraktion ist das Glockenspiel. Jeweils um 11, 12 und 17 Uhr (im Sommer) führen die mechanischen Figuren den Schäfflertanz auf. Um 21 Uhr erscheinen Nachtwächter und Münchner Kindl. Die Aussichtsplattform auf dem Rathausturm in 85 Meter Höhe ist öffentlich und hat einen Lift. Daneben lohnt sich aber auch ein Blick ins Gebäude und die sechs Innenhöfe. Das spätgotische Alte Rathaus ist im Osten teils über die Straße gebaut. In seinem Turm ist das Spielzeugmuseum untergebracht.

❷ **Frauenkirche** Mit ihren fast 100 Meter hohen, von grünen Hauben gekrönten Türmen ist die im 15. Jahrhundert erbaute Domkirche das Wahrzeichen von München. Im Chor sind noch einige originale Glasfenster erhalten. Darüber hinaus lohnen vor allem ein Blick auf das geschnitzte Chorgestühl, den Memminger Altar von 1500 bei der Mariensäule und das Grabmal Kaiser Ludwigs des Bayern im südlichen Seitenschiff.

❸ **St. Peter** Südlich des Marienplatzes liegt der »Alte Peter«, Münchens ursprüngliche Stadtkirche. Das Gebäude stammt aus dem 14. Jahrhundert, wurde aber im Stil des Barock umgestaltet. Am Hochaltar wirkte Egid Quirin Asam mit. Größte Attraktion ist die Aussichtsplattform in 56 Meter Höhe.

❹ **Viktualienmarkt** Münchens alter Gemüsemarkt wurde im Laufe der Zeit um Fischmarkt, Freibankhalle, Brotverkaufsläden etc. erweitert und ist heute ein Eldorado für Feinschmecker. Auf gut zwei Hektar bieten 140 Firmen vor allem Lebensmittel, aber auch Kunsthandwerk an. Allein die schönen Auslagen lohnen einen Besuch. Eine Attraktion sind auch der Biergarten und die vielen Brunnen mit Figuren Münchner Komiker.

❺ **Asamkirche** Die kleine, zwischen Wohnhäuser gequetschte Kirche gilt als eines der Hauptwerke der Brüder Asam und sollte eigentlich ihre Privatkapelle werden. Ein Fenster in der Wand erlaubte dem jüngeren Egid Quirin, von seiner Wohnung nebenan direkt auf den Hochaltar zu blicken. Im Inneren präsentiert sich die Kirche als überwältigende barocke Einheit aus Architektur, Plastik und Malerei.

❻ **Residenz mit Hofgarten** Das einstige Stadtschloss der bayerischen Herrscher zwischen Maximilianstraße und Hofgartenstraße erscheint äußerlich unspektakulär, ist aber das größte innerstädtisch gelegene Schloss Deutschlands. Die Prunkräume können ebenso wie das barocke Cuvilliés-Theater, die Schatzkammer und die Kunstsammlungen, die Porzellan, Chinoiserien, Miniaturen, Tafelsilber, Großbronzen, geistliche Gewänder und Reliquien umfassen, besichtigt werden. Als größte Attraktion gilt neben dem Theater das Antiquarium, eine 66 Meter lange, ausgemalte, im Profil nahezu halbkreisförmiger Galerie, in der antike Skulpturen ausgestellt sind. Freien Zutritt hat man zum Hofgarten, der sich jenseits der Hofgartenstraße anschließt.

❼ **Theatinerkirche** Die Theatinerkirche beherrscht mit ihrer breiten gelben Fassade im Stil des italienischen Spätbarocks den Odeonsplatz. Sie gehörte zu einem Theatinerkloster, das die damalige bayerische Kurfürstin Henriette Adelheid 1659 als Dank für die Geburt eines Erbprinzen stiftete, und sollte die wertvollste und schönste Kirche Münchens werden. Im Inneren präsentiert sie sich als Gesamtkunstwerk mit viel verspieltem

ⓘ Touristeninformation: Sendlinger Straße 1, 80331 München, Tel. 089/23 39 65 00, E-Mail: tourismus@muenchen.de, www.muenchen-tourist.de

Bayern

Besucher-Tipps:

Biergarten Die Frage, welcher Münchner Biergarten am schönsten ist, ist schwer zu beantworten. Überall gilt noch das alte Recht, dass man seine Brotzeit, wenn man möchte, selbst mitbringen darf. Also im Geschäft allerlei unkompliziert zu essende Leckereien besorgen und dann am besten einen der kleineren Gärten jenseits des Zentrums ausprobieren!

Oide Wiesn Für das Oktoberfest braucht man keine Werbung machen. Die Münchner selbst gehen seit 2010 aber bevorzugt auf die »Oide Wiesn«. Dieser abgetrennte Bereich am Südende der Wies'n kostet 3 Euro Eintritt, hat sich aber nicht der bierseligen »Gaudi« verschrieben, sondern wartet mit historischen Fahrgeschäften und nostalgischem Flair auf.

Stuck, der jedoch ganz in elegantem Weiß gehalten ist.

❽ Odeonsplatz mit Feldherrnhalle
Als Odeonsplatz wird heute meist der autofreie Platz vor der Feldherrnhalle verstanden, tatsächlich aber umfasst er den gesamten Bereich zwischen Finanz- und Innenministerium (dem ehemaligen Konzertsaal Odeon) auf der westlichen und dem gelben lang gestreckten Bazargebäude auf der östlichen Straßenseite. Er wurde von Leo von Klenze 1816 im Rahmen der Neugestaltung der Ludwigstraße als Paradeplatz angelegt. Die Feldherrnhalle wurde erst 1855 durch Friedrich von Gärtner hinzugefügt. Sie war als Ruhmeshalle für das bayerische Heer gedacht und enthält heute eine Gedenktafel für die Opfer des Hitler-Ludendorff-Putsches.

Der Blick geht auf den Marienplatz mit der Mariensäule. Im Hintergrund ist das Alte Rathaus zu sehen (kleines Bild). Großes Bild: Seit 200 Jahren ist die Frauenkirche die Kathedrale der Erzbischöfe von München und Freising.

Bayern

⑨ Ludwigstraße Die Ludwigstraße sollte Wissenschaft und Kunst, Christentum und Königsmacht von Bayern vereinen und auch noch als Paradestraße dienen. So wollte es der spätere König Ludwig I., der die Straße ab 1816 erst von Klenze, dann von Gärtner ausbauen ließ. Zwischen Feldherrnhalle und Siegestor wurden deshalb mehrere Ministerien, aber auch die (nicht mehr existierende) Kunsthalle Odeon, die Bayerische Staatsbibliothek, die Universität, das Priesterseminar und die Ludwigskirche errichtet. Charakteristikum für die klassizistischen Gebäude wurden ihre vielen Rundbogenfenster und -portale.

⑩ Englischer Garten Der Münchner liebstes Naherholungsgebiet, das hinter dem Haus der Kunst beginnt und im Norden in die Isarauen mündet, ist eine der größten und ältesten öffentlichen Parkanlagen der Welt. Er war Ende des 18. Jahrhunderts ein Versuch des ungeliebten, aus der Pfalz stammenden Kurfürsten Carl Theodor, sich beim Volk beliebt zu machen, sollte aber auch den Soldaten zur Erholung dienen. Heute nutzen dieses Angebot alle Gruppen der Bevölkerung, Einheimische und Fremde, was einen Besuch, gerade im südlichen Teil des Englischen Gartens zu einem »Sehen und gesehen werden« macht. Zu den größten Attraktionen zählen der Biergarten am Chinesischen Turm, einer 25 Meter hohen Pagode, und der schnell fließende Eisbach, der – obwohl offiziell verboten – beliebtes Bade- und Surfgewässer ist.

⑪ Schwabing Der Stadtteil nördlich des Siegestores machte sich Ende des 19. Jahrhunderts als Treffpunkt der Bohème, der Künstler und Lebenskünstler einen Namen und galt als verrücktester und freiester Ort Deutschlands. Auch heute ist die Gegend rund um die Leopoldstraße zwischen Siegestor und Münchner Freiheit noch ein angesagtes Ausgehviertel mit vielen Kneipen, OFF-Theatern und Musikcafés. Ganz nebenbei findet man dort auch viele schöne alte Jugendstilhäuser.

⑫ Königsplatz Der Königsplatz wird von drei Gebäuden im Stil der klassischen griechischen Antike gesäumt: zwei Museen, der Glyptothek und der Staatlichen Antikensammlung so-

wie den Propyläen, einem reinen Zierbau in Form eines Tores. Das Ensemble wurde 1816 von Klenze entworfen und war Teil des Plans von König Ludwig I., aus München ein »Isarathen« zu machen. Der Königsplatz sollte in diesem Rahmen das »Forum der Künste« sein. Auf dem großen freien Platz zwischen den Bauten finden im Sommer oft Open-Air-Veranstaltungen statt.

⑬ Olympiagelände Mit seinen revolutionären Zeltdächern und den in eine grüne Hügellandschaft eingebetteten Stadien wollte München 1972 den passenden Rahmen für »heitere Spiele« schaffen. Heute ist der Park ein beliebtes Freizeitgelände, in dem im Sommer häufig Veranstaltungen stattfinden. Auch in den alten Sportstätten, vor allem der Olympiahalle und der Schwimmhalle, herrscht weiter reges Leben. Der Olympiaturm hat drei Aussichtsplattformen und ein Restaurant in 180 Meter Höhe.

⑭ Schloss Nymphenburg Das Highlight des Schlosses ist natürlich die

Bayern

Ausflugstipps:

Kloster Andechs Bier und Schweinshaxen der Benediktinerabtei sind legendär. Dazu kommen eine von Johann Baptist Zimmermann ausgestattete Rokokokirche und eine herrliche Aussicht. Am besten fährt man mit der S-Bahn bis Herrsching und ersteigt den »Heiligen Berg« dann zu Fuß, um ordentlich Hunger auf die bayerischen Köstlichkeiten zu bekommen.

Possenhofen Ein Muss für Sisi-Fans, denn im hiesigen Schloss (das allerdings nicht von innen besichtigt werden kann) verbrachte sie ihre Kindheit. Außerdem gibt es im alten Bahnhofsgebäude ein Kaiserin-Elisabeth-Museum. Von hier kommt man auch in 15 Minuten zu Fuß zur schönen Badestelle »Paradies« am Starnberger See.

berühmte Schönheiten-Galerie König Ludwigs I. Daneben sind im Schloss jedoch weitere Prunkräume aus Barock, Rokoko und Klassizismus zu besichtigen, darunter ein chinesisches Lackkabinett. Im Marstallmuseum werden historische Kutschen und Nymphenburger Porzellan gezeigt. Öffentlich zugänglich ist der große, schöne Landschaftsgarten hinter dem Schloss, in dem sich weitere reizvolle Schlösschen wie Baden- und Pagodenburg befinden.

15 Tierpark Hellabrunn Der Münchner Zoo ist einer der ältesten und größten in Deutschland. Als Erster weltweit fasste er in den einzelnen Abteilungen Tiere nach Erdteilen, nicht biologischer Systematik, zusammen. Heute sind in der Anlage, die sowohl über historische wie moderne Tierhäuser verfügt, über 700 Arten zu sehen.

16 Jüdisches Zentrum am St.-Jakobs-Platz Seit 2006 hat München wieder eine zentral gelegene Hauptsynagoge, die in ihrer eigenwilligen Form an die Klagemauer, aber auch die Zelttempel der frühen jüdischen Geschichte erinnern soll. Sie kann im Rahmen von Führungen besichtigt werden. Angeschlossen sind ein Kultur- und Gemeindehaus, ein öffentliches Restaurant und ein Museum zur jüdischen Geschichte in München.

17 Nationaltheater Das von Karl von Fischer und Leo von Klenze im Stil eines griechischen Tempels erbaute Nationaltheater am Max-Joseph-Platz ist Heimat der Bayerischen Staatsoper und des Bayerischen Staatsballetts.

18 Prinzregentenstraße mit Friedensengel Die Prinzregentenstraße wurde ab 1890 von Prinzregent Luitpold mit Bayerischem Nationalmuseum und Prinzregententheater ausgebaut, sollte aber eher bürgerlichen Wohlstand denn königliche Prachtentfaltung ausdrücken. Deshalb wurde 1896 zur 25-Jahr-Feier des Sieges über Frankreich auch bewusst kein Sieges-, sondern ein Friedensdenkmal geschaffen. Der goldene Engel ist von Weitem zu

Am Max-Joseph-Platz steht das Nationaltheater (links). Prächtig erstrahlt der Königsplatz in Anlehnung an die griechische Antike (rechts). Großes Bild: Schloss Nymphenburg.

Bayern

5 Museum Brandhorst Das 2009 zwischen Alter Pinakothek und Pinakothek der Moderne eröffnete Gebäude zeigt die Kollektion moderner Kunst des Sammler-Ehepaares Brandhorst. Dazu gehören etwa Werke von Warhol, Beuys, Hirst und Polke. Interessant ist auch die Fassade aus bunten Keramikstäben, die aus verschiedenen Winkeln bzw. Entfernungen betrachtet, jeweils ganz unterschiedlich wirkt.

6 Glyptothek Münchens ältestes öffentliches Museum ist weltweit das einzige, das sich ganz auf antike Skulpturen spezialisiert hat. So lässt sich gut studieren, wie sich die Ästhetik von der archaischen zur klassischen und weiter zur hellenischen Epoche geändert hat bzw. wie fundamental sich griechische und römische Werke unterscheiden. Bekanntestes Werk ist der schlafende nackte »Barberinische Faun«.

7 Staatliche Antikensammlungen Auch der Grundstock für die Antikensammlung wurde schon von Ludwig I. gelegt, der seinen Agenten auftrug, nur besonders schöne und außergewöhnliche Stücke zu erwerben. Zu sehen sind griechische, römische und etruskische Keramikwaren und Gläser sowie Kostbarkeiten aus Bronze und Gold.

8 Staatliches Museum Ägyptischer Kunst Während das Ägyptische Museum in Berlin mit grandiosen Kostbarkeiten rund um Nofretete und Echnaton aufwarten kann, zeichnet sich die Sammlung in München vor allem durch ihre thematische Breite aus. Sie reicht von der prädynastischen Periode bis in die schon stark römisch geprägte Spätzeit und umfasst damit 5000 Jahre.

9 Haus der Kunst Der monumentale Bau wurde von Hitler für die nationalsozialistischen Kunstausstellungen errichtet und zerstörte die Verbindung zwischen Hofgarten und Englischem Garten. Nach dem Krieg diente er bis zur Errichtung der Pinakothek der Moderne als Ausstellungsort für die Sammlung Moderner Kunst. Heute finden dort Sonderausstellungen statt.

10 Deutsches Museum Noch immer ist auf der Museumsinsel die größte naturwissenschaftlich-technische Sammlung der Welt zu finden. Im Deutschen Museum werden etwa 28 000 Objekte aus rund 50 Bereichen gezeigt. Zu den Highlights zählen das begehbare dreistöckige Bergwerksmodell, die Nachbildung der Altamira-Höhle, die Modelleisenbahn und die große Sammlung an Flugzeugen. In vielen Abteilungen werden regelmäßig Ausstellungsobjekte vorgeführt, etwa der Faraday'sche Käfig in der Starkstromabteilung. Die Ausstellung wird immer wieder um neue Forschungsfelder ergänzt, etwa Nano- und Biotechnologie.

11 Münchner Stadtmuseum Unter dem Titel »Typisch München« präsentiert das Museum im ehemaligen Zeughaus der Stadt am Jakobsplatz Interessantes und Kurioses zur Stadtgeschichte. Der Ära als Hauptstadt der NS-Bewegung ist eine eigene Ausstellung gewidmet. Angeschlossen sind das Filmmuseum sowie Sammlungen zu Puppentheater und Schaustellerei, Fotografie und Weltmusik.

Die Städtische Galerie im Lenbachhaus ist in der Villa von Franz von Lenbach untergebracht (Bildmitte). 2013 ist der Neubautrakt hinzugekommen (links im Bild).

Ausflugstipps:

Freising 30 Kilometer nördlich, aber gut mit der S-Bahn erreichbar, liegt Münchens »Mutter«, die Stadt, die schon weit früher bayerischer Herrscher- und Bischofssitz war. Eine traumhafte Lage, eine gemütliche Innenstadt, das Domberg-Ensemble, der Lehr- und Versuchsgarten Weihenstephan und vieles mehr machen einen Besuch unbedingt empfehlenswert.

Pupplinger Au Das idyllische Naturschutzgebiet entlang der Isar zwischen Schäftlarn und Wolfratshausen ist bei den Münchnern vor allem für Radtouren oder Ausflüge mit den Inline-Skates beliebt. Zwei Biergärten, zahlreiche Badestellen und oft ein wunderbarer Bergblick sind genauso attraktiv wie der Ort Wolfratshausen oder das Kloster Schäftlarn selbst.

Bayern

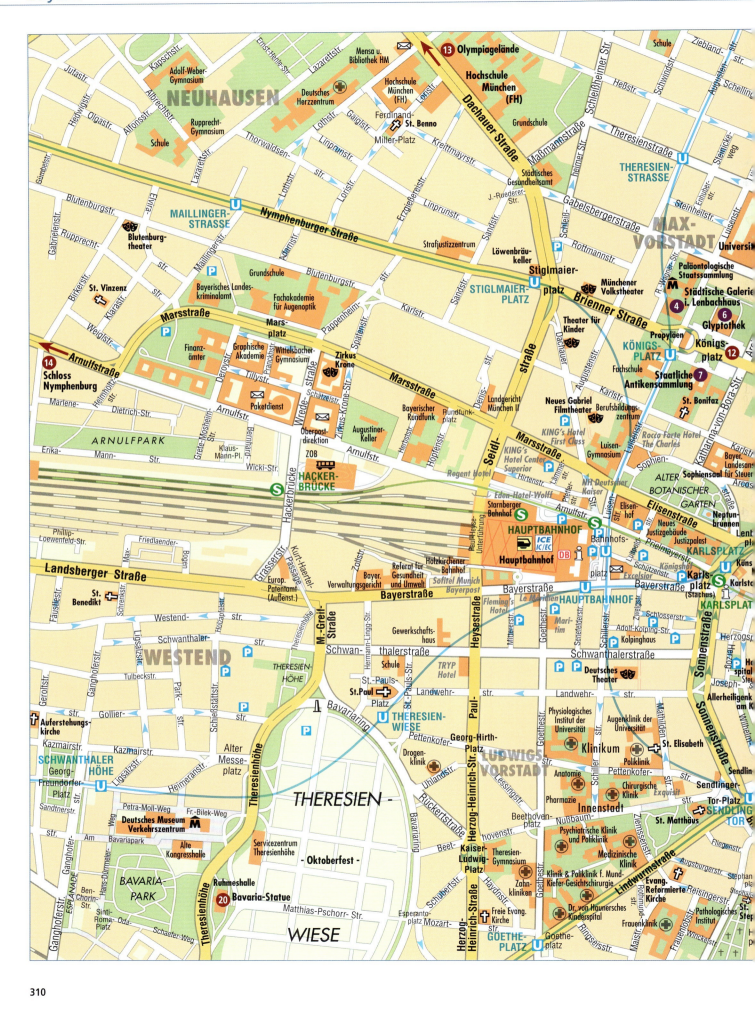

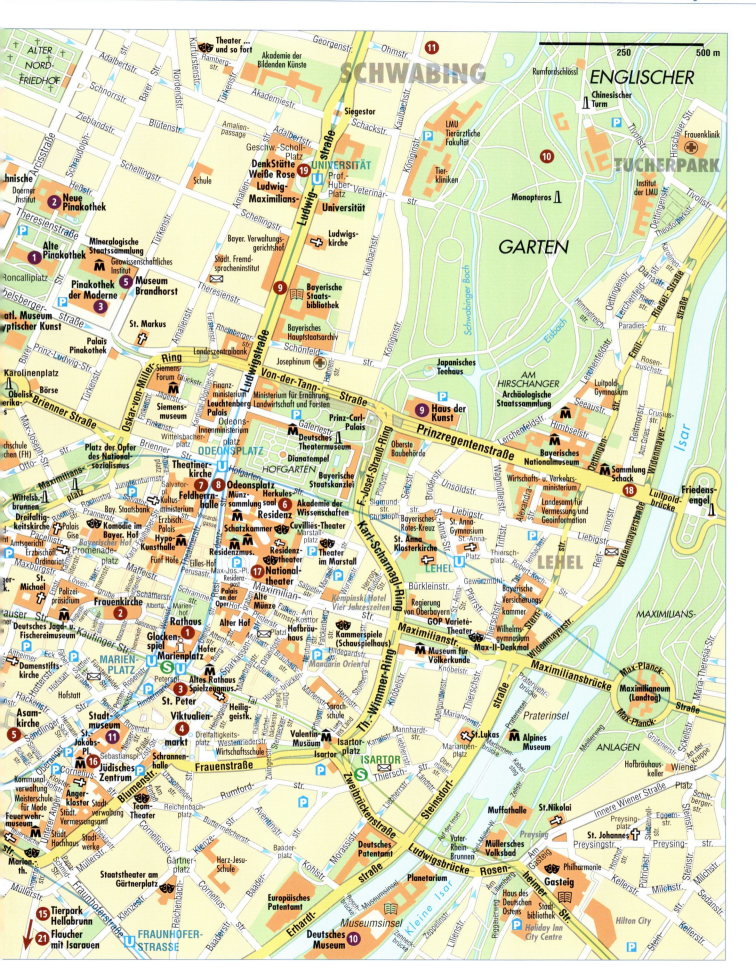

Bayern

Eichstätt

Die Wallfahrt zu den Gebeinen der heiligen Walburga, der angeblich wundertätigen Schwester von Bistumsgründer Willibald, machte Eichstätt einst bedeutend. Heute kommen die meisten Besucher wegen der wunderbaren Natur des Altmühltals.

In einer engen Schleife folgt der Verlauf der Stadt den Windungen der Altmühl rund um einen Felssporn, auf dem die Willibaldsburg thront. An ihren idyllischen Ufern, teils von dichten Weiden verhangen, lässt es sich für Kanu- und Radtouristen, die auf oder neben dem Fluss unterwegs sind, wunderbar rasten. Doch die alte Bischofsstadt verdient es, nicht nur für einen kurzen Halt besucht zu werden. Nach dem Dreißigjährigen Krieg von Baumeistern aus dem schweizerischen Graubünden wieder aufgebaut, präsentieren sich ihre schönen Plätze und einheitlichen Straßenzüge in elegantem, pastellfarbenen Barock, und natürlich kann sie – als katholische Hochburg – mit vielen prächtigen Kirchen und Klöstern aufwarten. In den Vorstädten sollte man auf die typischen Jurahäuser mit ihren flachen Dächern aus übereinandergeschichteten Kalkplatten achten.

Sehenswürdigkeiten

❶ **Willibaldsburg** Die einstige Residenz der einflussreichen Eichstätter Fürstbischöfe liegt auf einer steilen Erhebung innerhalb der Stadt. Ihre Anfänge reichen bis ins 11. Jahrhundert zurück. Sie wurde im Lauf der Zeit immer weiter befestigt und nach Plänen des Augsburger Stadtbaumeisters Elias Holl zu einem Renaissanceschloss umgebaut. Heute sind dort das Jura-Museum und das Museum für Ur- und Frühgeschichte untergebracht. Einen Besuch lohnt auch der Bastionsgarten, der dem einstmals berühmten Hortus Eystettensis aus dem 16. Jahrhundert nachempfunden ist.

❷ **Dom zu Eichstätt** Die Bischofskirche ist eine im Wesentlichen gotische Basilika mit barocker Westfassade und romanischen Türmen. Besonders schön sind der spätgotische Kreuzgang und eine angeschlossene Trauerhalle, das Mortuarium. Unbedingt gesehen haben sollte man auch den Pappenheimer Altar mit seiner aus Stein geschnitzten, unglaublich komplexen und lebendigen Kreuzigungsszene und das aus der Renaissance stammende Grabmal des Bistumsgründers, des heiligen Willibald.

❸ **Schutzengelkirche** 567 Engel sollen in der Eichstätter Universitätskirche zu sehen sein. Sie wurde im 17. Jahrhundert von den Jesuiten errichtet, die sie mit einem Bildprogramm ausschmücken ließen, das das Wirken der Schutzengel zum Heil der Menschen zeigen soll. Vom Papst mit der Gegenreformation beauftragt, wollte der Jesuitenorden so einen bewussten Kontrapunkt zur intellektuellen Nüchternheit des Protestantismus setzen.

❹ **Residenz Eichstätt** Der Barockpalast wurde ab 1700 als neuer Wohnsitz der Eichstätter Fürstbischöfe errichtet. Nach der Säkularisation diente er Napoleons Schwiegersohn Eugène Beauharnais, der mit einer bayerischen Prinzessin verheiratet war, als Wohnsitz. Heute ist dort das Landratsamt untergebracht. Ein Teil der Räumlichkeiten kann jedoch besichtigt werden. In der ehemaligen Kapelle ist eine Galerie mit Werken des Malers Carl Otto Müller zu sehen, der den Beinamen »Cézanne des Altmühltals« trägt.

Museen

❶ **Jura-Museum Eichstätt** Im Jura-Museum sind faszinierende Fossilien zu sehen, die in den westlich der Stadt gewonnen Sollnhofener Plattenkalken gefunden wurden, darunter ein Archaeopteryx und der weltweit einzige Juravenator. Gleichzeitig lässt die Ausstellung die tropische Lagunenlandschaft vor 150 Millionen Jahren lebendig werden, in der all diese Tiere lebten. Zur Veranschaulichung dienen Aquarien mit tropischen Korallen, Korallenfischen und Tieren, die als »lebende Fossilien« gelten.

❷ **Museum für Ur- und Frühgeschichte auf der Willibaldsburg** Das zweite Museum auf der Willibaldsburg geht »nur« bis zur Steinzeit zurück und zeigt zahlreiche archäologische Funde aus der Region – vom Mammutskelett über die Kelten- und Römerzeit bis zu Gräberfeldern mit reichen Grabbeigaben aus der Epoche der Merowinger im frühen Mittelalter.

Der Willibaldsbrunnen auf dem Marktplatz von Eichstätt wurde 1695 von Jakob Engel geschaffen. Auch er stellt Willibald von Eichstätt dar.

Besucher-Tipps:

Kloster St. Walburg Die Reliquien der heiligen Walburga befinden sich noch immer in der Klosterkirche des Benediktinerinnenklosters St. Walburg in Eichstätt, inzwischen in einem barocken »Neubau« aus dem 17. Jahrhundert. Die Nonnen führen auch ein Gästehaus und einen Klosterladen und feiern jedes Jahr am 25. Februar das Walburgafest.

Figurenfeld Riesige Skulpturen, unförmige Figuren, gekrümmt über eine Wiese verteilt: Der Hang »im Hessental«, östlich von Eichstätt, sieht aus wie ein Schlachtfeld – und das soll er auch. Die jederzeit öffentlich zugängliche Installation ist ein beeindruckendes Mahnmal des Künstlers Alois Wünsche-Mitterecker gegen Krieg und Gewalt.

ⓘ Touristeninformation: Domplatz 8, 85072 Eichstätt, Tel. 08421/6001400, E-Mail: tourismus@eichstaett.info, www.eichstaett.de

Ingolstadt

Die alte Universitäts- und Garnisonsstadt hält ihre Reize gut verborgen. Nähert man sich der Stadt an der Donau, nimmt man vor allem die ausgedehnten Gewerbegebiete wahr. Doch dahinter verbirgt sich eine sehr besuchenswerte Innenstadt.

Das Militär, der Handel und die Universität prägten Ingolstadts Geschichte. Im 13. Jahrhundert schuf der bayerische Herzog Otto der Erlauchte aus einer kleinen Siedlung eine befestigte Stadt mit schachbrettartigem Grundriss, die als Zollstation an der Donau dienen sollte. Daraus wurde im Laufe der Zeit eine Festung, die den Schweden im Dreißigjährigen Krieg trotzte, und einer der wichtigsten bayerischen Garnisonsorte. Heute sind davon das Armeemuseum übrig und malerische Reste der alten Befestigungen, in Grünanlagen eingebunden. Daneben entwickelte sich Ingolstadt von der mittelalterlichen Handelsmetropole im Laufe der Zeit zum florierenden Industriestandort, vor allem dem Sitz der Audi AG. Universitätsstadt ist man erst seit 1989 wieder, nachdem die hier gegründete erste Universität Bayerns 1800 nach Landshut verlegt worden war.

Sehenswürdigkeiten

❶ **Altstadt** Ingolstadt verfügt über eine weitgehend erhaltene Altstadt mit repräsentativen Gebäuden aus Gotik, Renaissance und Barock, die größtenteils noch von einer Festungsmauer und einem Grüngürtel, dem alten Festungs-Glacis, umgeben ist. Bereits aus dem 13. Jahrhundert stammen die alte Residenz »Herzogkasten« und die Morizkirche.

❷ **Kreuztor** Das sehenswerte siebentürmige Kreuztor aus dem 14. Jahrhundert ist Ingolstadts Wahrzeichen. Es war das Westtor der erweiterten Stadtbefestigung und nach dem benachbarten »Aussätzigenhaus zum Heiligen Kreuz« benannt.

❸ **Asamkirche** Die äußerlich unscheinbare, 1732 für die Marianische Studentenkongregation erbaute Kirche ist innen mit aller Pracht, für die die Brüder Asam berühmt sind, ausgestattet und enthält das größte Flachdeckenfresko der Welt. In der Sakristei ist die weltweit wertvollste Monstranz ausgestellt, in die eine Darstellung der Seeschlacht von Lepanto eingearbeitet ist.

❹ **Klenzepark** Der Klenzepark am südlichen Donauufer gegenüber der Altstadt wurde 1992 im Rahmen einer Landesgartenschau angelegt. Dabei wurden Teile der alten Festungsanlagen wie das Reduit Tilly und der Triva-Turm einbezogen. Heute ist er eine beliebte Naherholungsanlage.

Museen

❶ **Deutsches Medizinhistorisches Museum in der Alten Anatomie** Das größte deutsche Museum der Medizin beleuchtet die Geschichte der Heilkunst von der Antike bis zur Gegenwart. Dabei sind allein die barocken Räumlichkeiten des einstigen Universitätsinstituts sehenswert.

❷ **Bayerisches Armeemuseum** Die Sammlung zur bayerischen Militärgeschichte wurde 1969 in die neue Residenz Ingolstadt verlegt. Angegliedert sind eine Ausstellung zum Ersten Weltkrieg im Reduit Tilly und das bayerische Polizeimuseum im Turm Triva.

Das Neue Schloss, erbaut unter Stephan III. während des souveränes Herzogtums, beherbergt heute das Bayerische Armeemuseum.

Ausflugstipps:

Manching Bei Manching, keine zehn Kilometer südöstlich von Ingolstadt, befand sich in der Antike eine keltische Großstadt. Die einzigartigen Funde von dort sind im Kelten Römer Museum zu sehen. Die Ausstellung informiert nicht nur über die keltische Geschichte der Region, sondern auch über die nachfolgende römische Besetzung.

Donauauen Die Auengebiete zwischen Ingolstadt und dem 20 Kilometer entfernten Neuburg zählen zu den ökologisch bedeutendsten an der Donau und können gut per Rad erkundet werden. Hintergrundwissen und Führungen bietet das Info-Zentrum in Schloss Grünau in Neuburg an, dessen Innenstadt ebenfalls einen Besuch wert ist.

Besucher-Tipps:

Museum mobile Autofans kommen im Museum des Audi-Forums an der Ettinger Straße im Norden der Stadt auf ihre Kosten. Hier sind rund 50 historische Automodelle und etwa 30 Motorräder der Marken Audi, Horch, Wanderer, DKW und NSU zu bewundern. Interaktive Exponate zeigen technische Meilensteine in der Geschichte des Automobilbaus.

Frankenstein-Tour Die britische Autorin Mary Shelley ließ ihren Dr. Frankenstein in Ingolstadt an der Alten Anatomie studieren und dort sein Ungeheuer erschaffen. Passend dazu bietet auch die Touristeninformation neben anderen Erlebnis-Führungen, etwa Bier- oder Illuminaten-Touren, eine Frankenstein-Mystery-Tour ins 19. Jahrhundert an.

Bayern

Garmisch-Partenkirchen

Eingerahmt von der großartigen Bergkulisse des Ammer-, Wetterstein- und Estergebirges zogen die beiden Orte Garmisch und Partenkirchen schon früh Urlauber an, sodass sie auch als Fremdenverkehrsorte nostalgisches Flair vorweisen können.

Doch selbst bevor die Urlauber kamen, waren die Ortschaften im Loisachkessel keine armen Bauerndörfer. Partenkirchen hat seine Wurzeln in einer alten Römerstation an der Via Raetia, die von Verona über den Brenner und Seefeld nach Augsburg führte. Im Mittelalter waren alle Kaufleute, die nach Italien wollten, gezwungen, Zoll zu entrichten und ihre Waren von heimischen Fuhrleuten durch das Werdenfelser Land transportieren zu lassen. Mitte des 19. Jahrhunderts entdeckten dann die ersten Maler die Orte und mit dem Anschluss an die Eisenbahn kam es um 1900 zu einem Fremdenverkehrsboom. Garmisch und Partenkirchen entwickelten sich zum mondänen Ferienziel, wo u. a. Cosima Wagner, Richard Strauss, Lion Feuchtwanger und Heinrich Mann logierten. Auch heute finden Touristen ein umfangreiches Kultur- und Nightlifeangebot

Sehenswürdigkeiten

❶ **Zugspitze** Deutschlands höchster Berg ist die größte Attraktion. Der Aufstieg ist nur etwas für erfahrene Bergsteiger. Alle anderen können aber bequem mit der Zahnradbahn oder vom Eibsee aus mit der Seilbahn auf den Gipfel kommen.

❷ **Alpspitze mit der Aussichtsplattform AlpspiX** Garmisch-Partenkirchens Wahrzeichen wartet seit 2010 mit einer einzigartigen Aussichtsplattform auf, deren Stahlarme frei über dem Abgrund schweben. Dorthin gelangt man mit der Alpspitzbahn.

❸ **Alte Pfarrkirche St. Martin** In der Martinskirche von Garmisch sind umfangreiche Reste gotischer Fresken zu bewundern. Die neue Martins-Kirche dagegen ist ein Musterbeispiel für den Wessobrunner Barock.

❹ **Historische Ludwigstraße** Die Häuser entlang der Partenkirchener Hauptstraße wurden im 19. Jahrhundert mit Wandmalereien, Erkern etc. für den einsetzenden Fremdenverkehr schön herausgeputzt.

❺ **Partnachklammm** Der Gang durch die 700 Meter lange wildromantische

Die Ludwigstraße im Herzen von Partenkirchen ist mit ihren Fassadenmalereien das Schmuckstück des Ortes.

Klamm mit ihren brausenden Wassern ist ein Erlebnis, das zum Urlaub in Garmisch-Partenkirchen unbedingt dazugehört.

Mittenwald

Fast 1000 Meter hoch gelegen vor der wildromantischen Kulisse des Karwendel, ist Mittenwald ein Eldorado für Bergsteiger, Kletterer und Skifahrer. Zu seiner Anziehungskraft trägt bei, dass die Bewohner ihr Brauchtum zu bewahren wussten.

Die repräsentativen Häuser im Ortskern zeigen, dass auch Mittenwald von seiner Lage an der alten Handelsroute nach Italien zu profitieren wusste. Später schufen dann neue Gewerbe wie Borten- und Seidenstickerei und Geigenbau ein zusätzliches Einkommen zur Landwirtschaft. Nicht zu vergessen die Lüftlmalerei, denn nirgendwo in Oberbayern findet man so viele bunt bemalte Häuser wie hier. Große Tradition haben auch noch die Maschkera, die verschiedenen Arten von Unholden, die zu Fasching den Winter vertreiben sollen. Daneben findet man alle modernen Formen von Urlaubsinfrastruktur, auch für jene, die nicht auf sportliche Höchstleistungen in den Bergen aus sind: etwa interessante Themenwanderwege oder auf der Karwendelspitze ein Naturinformationszentrum mit Riesenfernrohr, das hilft, Adler, Gämsen und Murmeltiere aufzuspüren.

Sehenswürdigkeiten

❶ **Lüftlmalerei** Mittenwald ist eine Hochburg der Fassadenmalerei, die eine Mischung aus barocken Elementen und traditioneller Bauernmalerei ist. Heiligendarstellungen gehören genauso dazu wie die Vortäuschung plastischen Fassadendekors.

❷ **St. Peter und Paul** Die im 18. Jahrhundert errichtete Kirche ist nicht nur innen, sondern auch außen mit bunten Fresken geschmückt. Der Turm mit den beiden Kirchenpatronen gilt als Wahrzeichen der Stadt.

❸ **Karwendel** Das Gebirgsmassiv ist ein Freizeitparadies und verleiht Mittenwald seine herrliche Kulisse. Auf die Westliche Karwendelspitze fährt eine Seilbahn. Wer kleinere Herausforderungen sucht, ist mit dem Hohen Kranzberg gut bedient.

Museen

❶ **Geigenbau- und Heimatmuseum** Mittenwald ist bekannt für den Geigenbau. Schon seit 1684 werden in der Marktgemeinde dank der umliegenden Wälder Geigen gebaut und seit dem 19. Jahrhundert gibt es eine Schule, die den Geigenbau lehrt. Für

Überall im Ort trifft man auf herrliche Zeugnisse der Lüftlmalerei. Ältestes Beispiel ist die Fassade des Neunerhauses von 1746.

alle Interessierten ist ein Besuch im Geigenbaumuseum zu empfehlen. Seit 1930 erklärt dieses liebevoll gestaltete Museum das Handwerk.

ⓘ Touristeninformation: Rathausplatz 1, 82467 Garmisch-Partenkirchen, Tel. 08821/180 700, E-Mail: tourist-info@gapa.de, www.gapa.de
ⓘ Touristeninformation: Dammkarstraße 3, 82481 Mittenwald, Tel. 08823/33 981, E-Mail: touristinfo@mittenwald.de, www.alpenwelt-karwendel.de

Bayern

Wasserburg am Inn

In einer Schleife des Inn, zu sieben Achteln von Wasser umschlossen, liegt die malerische Altstadt fast wie eine Insel. Beim Betreten erweist sie sich als eine pittoreske Oase, in der sich entspannt bummeln, schauen, shoppen und verweilen lässt.

Der Salzhandel verschaffte der Stadt im Mittelalter beträchtlichen Wohlstand. Dementsprechend findet man in der Altstadt auch auf Schritt und Tritt schöne gotische Patrizierhäuser mit Laubengängen, Erkern und den typisch geraden Hausabschlüssen der Inn-Salzach-Bauweise, die die einzelnen Dächer verdecken und den Straßenzügen ein einheitliches Gepräge geben. Für Entwicklung jedoch war wenig Platz und so vollzog diese sich außerhalb der Innenstadt. Die großen Industriebetriebe und zahlreichen Berufsfachschulen, die mit dazu beitragen, dass Wasserburg noch immer eine prosperierende Stadt ist, sind alle außerhalb des alten Kerns angesiedelt. In diesem dürfen sich dafür kleine Geschäfte, Restaurants, Dienstleistungsbetriebe und Kultureinrichtungen ausbreiten, die den alten Baubestand lebendig erhalten.

Sehenswürdigkeiten

❶ **Rote Brücke und Brucktor** Der schönste Weg in die Altstadt führt von Süden auf der alten Salzstraße über die rote Innbrücke und durch das Brucktor aus dem 16. Jahrhundert.

❷ **Altstadt und Stadtbild** Seine »Insellage« verleiht Wasserburg ein Stadtbild, das man am besten von der »Schönen Aussicht« am anderen Innufer betrachtet. Zu den bemerkenswertesten Gebäuden gehören das Kernhaus mit seiner Rokokofassade gegenüber dem Rathaus und das Ganserhaus in der Schmidzeile mit seiner Renaissancebemalung.

❸ **Marktplatz mit Neuem und Altem Mauthaus, Rathaus und Marktkirche** Direkt hinter dem Brucktor geht es an den beiden gelben Mauthäusern vorbei zum Marktplatz, der von einem

schönen gotischen Rathaus mit einem doppelten Stufengiebel dominiert wird. Daneben liegt die älteste Kirche der Stadt, die im Inneren im 18. Jahrhundert barock umgestaltet wurde.

❸ **Burg und Burgkapelle** Zum Schutz der schmalen Landverbindung wurde im Westen der Stadt bereits im

Die verspielte Rokokofassade des Kernhauses am Marienplatz stammt aus dem Jahr 1738.

11. Jahrhundert eine Burg errichtet, die später zum Residenzschloss ausgebaut wurde und eine Kapelle bekam, die noch ihre Originalausstattung hat.

Burghausen

Der Superlativ, mit dem die Stadt an der Salzach aufwarten kann, ist weithin sichtbar: Auf einem nach drei Seiten steil abfallenden Bergrücken über der Altstadt erstreckt sich die mit über einem Kilometer Ausdehnung längste Burg der Welt.

Die Stadt, die die meiste Zeit ihrer Geschichte im Besitz der Herzöge von Bayern war, diente diesen dazu, den Zoll auf die Salzlieferungen aus Hallein einzukassieren. Seine Glanzzeit, die das Stadtbild bis heute prägt, erlebte Burghausen im 15. Jahrhundert. Dem folgte jedoch 1594 ein jäher Absturz, als die bayerischen Herzöge ein staatliches Salzmonopol errichteten und der Stadt alle diesbezüglichen Einnahmen entzogen. Kriege und Grenzstreitigkeiten taten ein Übriges, Burghausen in die Bedeutungslosigkeit versinken zu lassen. Aus dieser wurde es erst zu Beginn des 20. Jahrhunderts durch den Anschluss an die Eisenbahn und Ansiedlung großer Industrien, darunter Wacker-Chemie, erlöst. Da sich die neue Entwicklung aber außerhalb der Altstadt abspielte, blieb die schöne Bausubstanz bewahrt und wurde wieder neu belebt.

Sehenswürdigkeiten

❶ **Burg zu Burghausen** Die nie eroberte Burg kann frei oder im Rahmen von Führungen besichtigt werden und bietet mit ihren sechs Höfen ein schönes Anschauungsbeispiel für die Aufteilung zwischen Repräsentativ-, Wirtschafts- und Verteidigungsbauten auf einer spätmittelalterlichen Festung. Daneben lohnen auch die vielen integrierten Gärten.

❷ **Altstadt** Größtenteils gotische Häuser mit prächtigen, farbenfrohen Fassaden bestimmen das Bild der Altstadt zwischen Burgberg und Salzach. Besonders sehenswert sind der Marktplatz und die Fußgängerzone »In der Grueben« mit ihren kleinen Läden.

❸ **Hammerschmiede** Seit dem Jahr 1465 ist die historische Schmiede im Westen der Altstadt in Betrieb und ist damit die älteste noch arbeitende

Hammerschmiede Europas. Für Gruppen werden auf Anfrage Führungen angeboten.

Museen

❶ **Burgmuseum** Im alten Palas der Burg sind die damaligen Herzogsgemächer mit einer rekonstruierten

Der Blick geht auf den beleuchteten Brunnen am Stadtplatz, im Hintergrund thront die mächtige Burg.

Ausstattung aus dem 16. Jahrhundert zu besichtigen. Angegliedert ist eine Gemäldegalerie, in der Werke aus der gleichen Epoche gezeigt werden.

ⓘ Touristeninformation: Marienplatz 2, 83512 Wasserburg am Inn, Tel. 08071/105 22, E-Mail: touristik@stadt.wasserburg.de, www.wasserburg.de
ⓘ Touristeninformation: Stadtplatz 112, 84489 Burghausen, Tel. 08677/88 71 40, E-Mail: touristinfo@burghausen.de, www.tourismus.burghausen.de

Der Perlachturm – einst als Wachturm erbaut – bildet zusammen mit dem Rathaus das Wahrzeichen für die Stadt Augsburg.

Register

Aachen	140
Ahrensburg	25
Alsfeld	159
Altes Land	28
Aschaffenburg	270
Augsburg	300
Bacharach	198
Bad Muskau	92
Bad Wimpfen	251
Baden-Baden	246
Baden-Württemberg	236 ff.
Bamberg	286
Bautzen	232
Bayern	268 ff.
Bayreuth	288
Bergisch Gladbach	137
Berlin	76
Bernburg (Saale)	212
Bernkastel-Kues	192
Bielefeld	100
Binz	71
Blankenburg (Harz)	211
Bochum	118
Bonn	138
Boppard	195
Bottrop	108
Brandenburg	74, 88 ff.
Braunschweig	54
Bremen	34
Bremerhaven	38
Burghausen	315
Celle	47
Chemnitz	234
Coburg	285
Cochem	193
Cottbus	92
Darmstadt	163
Dessau	213
Detmold	105
Dinkelsbühl	284
Dortmund	120
Dresden	226
Duisburg	110
Düsseldorf	130
Eichstätt	312
Eisenach	176
Emden	41
Emscher Landschaftspark	109
Erfurt	178
Erlangen	278
Essen	114
Esslingen am Neckar	260
Eutin	20
Flensburg	12
Frankfurt am Main	164
Freiburg im Breisgau	248
Friedrichstadt	21
Fulda	160
Füssen	299
Garmisch-Partenkirchen	314
Gelsenkirchen	107
Gengenbach	247
Gernrode	209
Glottertal	247
Görlitz	233
Goslar	58
Gotha	177
Gothmund	18
Göttingen	60
Greifswald	72
Haithabu	13
Halberstadt	210
Halle (Saale)	216
Hamburg	22
Hameln	57
Hannover	48
Heidelberg	240
Helgoland	38
Heppenheim	174
Hessen	152 ff.
Hildesheim	52
Husum	21
Huy	
Ingolstadt	313
Jena	184
Kalkar	106
Karlsruhe	244
Kassel	154
Kevelaer	106
Kiel	14
Kirchberg an der Jagst	263
Koblenz	194
Köln	142
Konstanz	267
Korbach	157
Krefeld	127
Landshut	294
Leipzig	218
Lemgo	104
Limburg an der Lahn	162
Lindau	298
Lößnitz	226
Lübeck	16
Ludwigsburg	252
Lüneburg	46
Lutherstadt Eisleben	212
Lutherstadt Wittenberg	214
Magdeburg	206
Mainz	196
Mannheim	238
Marburg	158
Maulbronn, Kloster	252
Mecklenburg-Vorpommern	62 ff.
Meersburg	266
Meißen	224
Melsungen	156
Michelstadt	175

Register

Miltenberg	271
Minden	103
Mittenwald	314
Mönchengladbach	128
Monschau	137
Moritzburg	224
Mosbach	251
Müggelsee	81
Mühlhausen	175
Mülheim an der Ruhr	126
München	302
Münster	96
Neubrandenburg	73
Neuzelle, Kloster	92
Niedersachsen	32, 40 ff.
Nördlingen	297
Nordrhein-Westfalen	94 ff.
Nürburgring	193
Nürnberg	276
Oberhausen	109
Oldenburg	42
Osnabrück	44
Paderborn	102
Passau	296
Pillnitz	229
Plön	20
Potsdam	88
Quedlinburg	209
Radebeul	226
Regensburg	290
Remscheid	136
Rheinland-Pfalz	186 ff.
Rostock	68
Rothenburg ob der Tauber	282
Saarbrücken	202
Saarland	186, 201 ff.
Sachsen	204, 218 ff.
Sachsen-Anhalt	204 ff.
Schiltach	250
Schleswig	13
Schleswig-Holstein	10 ff.
Schlitz	160
Schwäbisch Hall	262
Schwerin	64
Sellin	71
Siebengebirge	138
Solingen	129
Speyer	200
Spiegelsberge	210
St. Goarshausen	195
St. Marienthal, Kloster	233
Stade	41
Stolberg (Harz)	211
Stralsund	70
Straubing	295
Stuttgart	254

Thale	209
Thüringen	152, 175 ff.
Trier	188
Tübingen	261
Ulm	264
UNESCO-Welterbestätten	
- Aachener Dom und Domschatzkammer	140
- Bamberg: Altstadt	287
- Bauhausstätten in Dessau	213
- Bayreuth: Markgräfliches Opernhaus	288
- Bergwerk Rammelsberg und Altstadt Goslar	58
- Berlin: Museumsinsel	82
- Berlin: Siedlungen der Moderne	82
- Bremer Rathaus und Bremer Roland	34
- Dessau-Wörlitzer Gartenreich	213
- Ensemble Klassisches Weimar und Bauhausstätten	182
- Essen: Zeche Zollverein und Kokerei Zollverein	115
- Grube Messel	163
- Hildesheim: Dom Mariä Himmelfahrt und Michaeliskirche	52
- Kassel: Bergpark Wilhelmshöhe	154
- Kloster Corvey	103
- Kölner Dom	142
- Kulturlandschaft Oberes Mittelrheintal	194
- Lübecker Altstadt mit Holstentor	16
- Martin-Luther-Gedenkstätten in Eisleben	212
- Martin-Luther-Gedenkstätten in Wittenberg	214
- Potsdam: Schlösser und Gärten	88
- Quedlinburg: Stiftskirche, Schloss und Altstadt	209
- Regensburg: Altstadt	290
- Speyer: Dom	200
- Stralsund: Historische Altstadt	70
- Trier: Römische Baudenkmäler, Dom und Liebfrauenkirche	190
- Völklinger Hütte	201
- Wartburg	176
- Wismar: Historische Altstadt	66
- Würzburger Residenz mit Hofgarten und Residenzplatz	272
Veitshöchheim	274
Vellberg	263
Völklingen	201
Wannsee	79
Warburg	105
Wasserburg am Inn	315
Weikersheim	250
Weimar	182
Weißenberg	232
Werder	90
Wernigerode	208
Wetzlar	161
Wiesbaden	172
Wilhelmshaven	40
Winsen an der Aller	47
Wismar	66
Wolfenbüttel	57
Wolfsburg	56
Worms	199
Worpswede	36
Wuppertal	124
Würzburg	272
Zell (Mosel)	192

Bildnachweis/Impressum

Bildnachweis

C = Corbis
G = Getty
M = Mauritius
L = Laif

S. 2/3 H. & D. Zielske, S. 4/5 Look/Karl Johaentges, S. 6/7 M/Alamy, S. 8/9 C/Harald Nachtmann, S. 10/11 H. & D. Zielske, S. 11 Look/Heinz Wohner, S. 11 H. & D. Zielske, S. 11 L/Ralf Brunner, S. 12 M/Wolfgang Diederich, S. 13 H. & D. Zielske, S. 14 Look/Holger Leue, S. 16 M/Torsten Krüger, S. 16/17 Look/Konrad Wothe, S. 18 Look/Heinz Wohner, S. 20 M/Justus de Cuveland, S. 20 M/Novarc, S. 21 G/Ulf Boettcher, S. 21 Look/S. Lubenow, S. 22 Look/Engel & Gielen, S. 22/23 M/Michael Szönyi, S. 24 A/Blickwinkel, S. 24/25 G/Knud Pfeifer, S. 25 H. & D. Zielske, S. 26/27 L/Ralf Brunner, S. 28 H. & D. Zielske, S. 32 Look/Quadriga Images, S. 32/33 Look/age fotostock, S. 33 Look/Olaf Jainz, S. 33 L/Gerhard Westrich, S. 33 M/H.-D. Falkenstein, S. 34 M/J.W.Alker, S. 34/35 H. & D. Zielske, S. 36 H. & D. Zielske, S. 36 M/Kurt Amthor, S. 38 Look/Olaf Jainz, S. 38 Look/Olaf Jainz, S. 40 L/Martin Kirchner, S. 41 Look/Ulf Böttcher, S. 41 A/nagelestock.com, S. 42 G/Quadriga Images, S. 44 L/Gerald Haenel, S. 44 L/Gerald Haenel, S. 46/47 A/Kuttig - Travel, S. 47 Look/Torsten Andreas Hoffmann, S. 48 M/Hiroshi Higuchi, S. 48/49 H. & D. Zielske, S. 52 M/Urs Schweitzer, S. 54 L/Gerald Haenel, S. 56 H. & D. Zielske, S. 57 Look/Heinz Wohner, S. 57 M/Ernst Wrba, S. 58 M/Novarc, S. 58/59 Look/Heinz Wohner, S. 60 M/Alamy, S. 60/61 M/Thomas Robbin, S. 62/63 M/Novarc, S. 63 H. & D. Zielske, S. 63 Look/Konrad Wothe, S. 63 M/Hans Zaglitsch, S. 64 M/Christian Bäck, S. 64 M/Julie Woodhouse, S. 66 H. & D. Zielske, S. 66/67 G/Travelstock44, S. 68 M/Hans Zaglitsch, S. 70 H. & D. Zielske, S. 71 C/Nico Stengert, S. 71 H. & D. Zielske, S. 72 M/Curtis, S. 73 Look/Ulf Böttcher, S. 74 G/John Lawrence, S. 74/75 G/spreephoto.de, S. 75 G/Sean Gallup, S. 75 Visum/Frank Rothe, S. 75 H. & D. Zielske, S. 76 H. & D. Zielske, S. 76/77 G/Siegfried Layda, S. 78 G/Allan Baxter, S. 78/79 C/Julie Woodhouse, S. 79 M/Alamy, S. 80/81 C/David Bank, S. 82/83 H. & D. Zielske, S. 88 Look/Ulf Böttcher, S. 88/89 C/Philip Gould, S. 90 Look/Ulf Böttcher, S. 92 H. & D. Zielske, S. 92 M/Novarc, S. 94 A/Blickwinkel, S. 94/95 Look/Heinz Wohner, S. 95 G/Michael Utech, S. 95 Look/Sabine Lubenow, S. 95 Look/Heinz Wohner, S. 96 H. & D. Zielske, S. 96/97 H. & D. Zielske, S. 100 M/Christian Bäck, S. 102 Look/Brigitte Merz, S. 103 Look/Brigitte Merz, S. 104 Look/Brigitte Merz, S. 105 M/Christian Bäck, S. 105 M/Heinz-Dieter Falke, S. 106 Huber/Klaes Holger, S. 106 M/Alamy, S. 107 Look/Brigitte Merz, S. 108 Look/Heinz Wohner, S. 109 M/Jochen Tack, S. 110 Look/TerraVista, S. 110/111 A/imagebroker, S. 114 G/F1online, S. 114 Look/Heinz Wohner, S. 118 G/Ritterbach, S. 118 Look/Heinz Wohner, S. 120 H. & D. Zielske, S. 120/121 H. & D. Zielske, S. 124 H. & D. Zielske, S. 126 Look/Brigitte Merz, S. 126 Look/Heinz Wohner, S. 127 Look/age fotostock, S. 127 M/Stefan Ziese, S. 128 M/Alamy, S. 129 M/Alamy, S. 130 G/Murat Taner, S. 130/131 Look/Sabine Lubenow, S. 132/133 Look/Sabine Lubenow, S. 136 M/Werner Otto, S. 137 Look/Brigitte Merz, S. 137 M/Alamy, S. 138 G/KFS, S. 138 C/Murat Taner, S. 140 H. & D. Zielske, S. 142 Look/Sabine Lubenow, S. 142/143 H. & D. Zielske, S. 144/145 Look/age fotostock, S. 146 H. & D. Zielske, S. 146/147 G/Jorg Greuel, S. 147 L/Huber, S. 148/149 H. & D. Zielske, S. 152 H. & D. Zielske, S. 152/153 G/Raimund Koch, S. 153 Huber/Szyszka, S. 153 Look/Heinz Wohner, S. 153 H. & D. Zielske, S. 154 L/Clemens Emmler, S. 156 H. & D. Zielske, S. 157 M/Movementway, S. 158 H. & D. Zielske, S. 159 Look/age fotostock, S. 160 C/Martin Siepmann, S. 160 L/Modrow, S. 161 M/Raimund Kutter, S. 162 H. & D. Zielske, S. 163 Look/Heinz Wohner, S. 164 H. & D. Zielske, S. 164/165 Premium/J W Alker, S. 166/167 M/Torsten Elger, S. 168 H. & D. Zielske, S. 168/169 C/Sandra Raccanello, S. 169 H. & D. Zielske, S. 172 H. & D. Zielske, S. 172 Look/Sabine Lubenow, S. 174 Look/Heinz Wohner, S. 175 H. & D. Zielske, S. 175 Look/Tobias Richter, S. 176 Look/Kay Maeritz, S. 177 M/Novarc, S. 178 M/age, S. 178/179 M/Novarc, S. 180 Look/Thomas Staniewicz, S. 182 Huber/Szyszka, S. 182/183 G/Hiroshi Higuchi, S. 184 L/Clemens Zahn, S. 184/185 M/Novarc, S. 186/187 H. & D. Zielske, S. 187 G/Stephan Rudolph, S. 187 Look/Heinz Wohner, S. 187 Look/Brigitte Merz, S. 188 Look/age fotostock, S. 188/189 L/Boening/Zenig, S. 190 M/Manfred Bail, S. 192 Look/Brigitte Merz, S. 192 M/Chris Seba, S. 193 H. & D. Zielske, S. 194 Look/Arthur F. Selbach, S. 195 H. & D. Zielske, S. 196 M/Jeff O'Brien, S. 198 H. & D. Zielske, S. 199 Huber/Schmid/Radelt, S. 200 H. & D. Zielske, S. 201 Look/Brigitte Merz, S. 202 Look/Brigitte Merz, S. 202 Look/Brigitte Merz, S. 204/205 G/Michele Falzone, S. 205 Look/age fotostock, S. 205 H. & D. Zielske, S. 205 M/fotosol, S. 206 H. & D. Zielske, S. 208 H. & D. Zielske, S. 209 H. & D. Zielske, S. 210 H. & D. Zielske, S. 211 Look/Tina und Horst Herzig, S. 211 H. & D. Zielske, S. 212 Look/Ulf Böttcher, S. 212 H. & D. Zielske, S. 213 A/Iain Masterton, S. 214 L/Berthold Steinhilber, S. 214/215 L/Berthold Steinhilber, S. 216 Look/Thomas Stankiewicz, S. 216 H. & D. Zielske, S. 218 H. & D. Zielske, S. 218/219 Look/Roetting/Pollex, S. 220 Look/Ulf Boettcher, S. 220/221 G/Murat Taner, S. 221 H. & D. Zielske, S. 224 H. & D. Zielske, S. 224/225 H. & D. Zielske, S. 226 G/Michele Falzone, S. 226/227 H. & D. Zielske, S. 228/229 H. & D. Zielske, S. 232 M/G_Hanke, S. 233 H. & D. Zielske, S. 233 H. & D. Zielske, S. 234 M/Torsten Becker, S. 236 A/Peter schickert, S. 236/237 Look/Guenter Bayerl, S. 237 Huber/ Hans-Peter Huber, S. 237 H. & D. Zielske, S. 237 Look/age fotostock, S. 238 M/Alamy, S. 240 M/Markus Lange, S. 240/241 M/Markus Lange, S. 242 M/Hartmut Röder, S. 244 M/Chris Seba, S. 246 M/Thomas Robbin, S. 247 Look/Daniel Schoenen, S. 248 M/Daniel Schoenen, S. 248 M/Alamy, S. 250 Look/Heinz Wohner, S. 250 M/Daniel Schoenen, S. 251 M/Martin Moxter, S. 251 M/Martin Moxter, S. 252 L/Dorothea Schmid, S. 252/253 H. & D. Zielske, S. 254 Look/Ingolf Pompe, S. 254/255 H. & D. Zielske, S. 256/257 M/Sven Scholz, S. 260 M/Alamy, S. 261 Look/Heinz Wohner, S. 262 H. & D. Zielske, S. 263 Look/Heinz Wohner, S. 263 C/Markus Keller, S. 264 Look/Jan Greune, S. 264 H. & D. Zielske, S. 266 H. & D. Zielske, S. 267 C/Mel Stuart, S. 268 A/Valmylmages, S. 268/269 G/Ingrid Firmhofer, S. 269 H. & D. Zielske, S. 269 H. & D. Zielske, S. 269 M/Markus Keller, S. 270 M/Michael Mucha, S. 271 Look/Thomas Stankiewicz, S. 272 Look/Andreas Strauß, S. 272/273 Look/Andreas Strauß, S. 274 H. & D. Zielske, S. 274 C/Adam Woolfitt, S. 276 L/Tobias Gerber, S. 276/277 G/Habub3, S. 278/279 L/Tobias Gerber, S. 282 Look/age fotostock, S. 282/283 G/Panoramic Images, S. 284 G/Heinz Wohner, S. 285 C/Hans P. Szyszka, S. 286 Look/Franz Marc Frei, S. 286/287 H. & D. Zielske, S. 288 M/Martin Siepmann, S. 288/289 H. & D. Zielske, S. 290 L/Tobias Gerber, S. 290/291 H. & D. Zielske, S. 292 C/Massimo Listri, S. 294 Look/Konrad Wothe, S. 295 M/Martin Siepmann, S. 295 M/Ernst Wrba, S. 296 C/Grand Tour Collection, S. 297 Look/Andreas Strauss, S. 298 M/Photononstop, S. 299 Look/Arthur F. Selbach, S. 300 H. & D. Zielske, S. 302 M/Rainer Waldkirch, S. 302/303 M/Westend61, S. 304 M/Alamy, S. 304/305 H. & D. Zielske, S. 305 M/Alamy, S. 306/307 Look/Juergen Richter, S. 308/309 Look/Wilfried Feder, S. 312 M/Udo Siebig, S. 313 M/Martin Siepmann, S. 314 C/Wilfried Krecichwost, S. 314 M/John Warburton-Lee, S. 315 Look/Thomas Stankiewicz, S. 315 M/Helmut Meyer, S. 316/317 H. & D. Zielske.

Impressum

Genehmigte Sonderausgabe für Weltbild Retail GmbH & Co. KG,
Steinerne Furt 68-72, 86167 Augsburg
Copyright © 2015 Kunth Verlag GmbH & Co. KG, München
Kartografie: Copyright © Kunth Verlag GmbH & Co. KG, München
Umschlaggestaltung: Maria Seidel, www.atelier-seidel.de
Umschlagmotive: Thinkstockphoto/Hemera/istock

Printed in Slovakia

ISBN 978-3-8289-3777-2
Einkaufen im Internet:
www.weltbild.de

Text: Jürgen Brück, Karolin Küntzel, Iris Ottinger, Christa Pöppelmann, Jana Treber

Alle Rechte vorbehalten. Reproduktionen, Speicherung in Datenverarbeitungsanlagen, Wiedergabe auf elektronischen, fotomechanischen oder ähnlichen Wegen nur mit der ausdrücklichen Genehmigung des Copyrightinhabers.

Alle Fakten wurden nach bestem Wissen und Gewissen mit der größtmöglichen Sorgfalt recherchiert. Redaktion und Verlag können jedoch für die absolute Richtigkeit und Vollständigkeit der Angaben keine Gewähr leisten. Der Verlag ist für alle Hinweise und Verbesserungsvorschläge jederzeit dankbar.